도시의 만화경

도시의 만화경萬華鏡
도시그림, 현실과 동경을 넘나들다

ⓒ손세관, 2023

초판 1쇄 펴낸날 2023년 1월 10일
초판 2쇄 펴낸날 2023년 10월 20일
지은이 손세관
펴낸이 이상희

펴낸곳 도서출판 집
디자인 로컬앤드

출판등록 2013년 5월 7일
주소 서울 종로구 사직로8길 15-2 4층
전화 02-6052-7013
팩스 02-6499-3049
이메일 zippub@naver.com

ISBN 979-11-88679-17-1 03900

- 이 책에 사용한 그림자료는 대부분 저작권자의 사용 허가를 받았으나
  몇 개는 미처 허가를 받지 못했습니다. 확인되는 대로 허가 절차를 밟겠습니다.
- 이 책에 실린 글과 사진의 무단 전재와 복제를 금합니다.
- 책값은 뒤표지에 쓰여 있습니다.

15 정암총서

도시의
만화경 萬華鏡

도시그림,
현실과 동경을
넘나들다

손세관 지음

집

머리말

도시그림,
현실과 동경憧憬을
넘나들다

나는 도시를 그린 지도와 그림을 유난히 좋아했다. 어쭙잖은 먹물로서 늘 가졌던 관심사, 그 때문이었다. 건물은 도시 속에 어떻게 섞여 들어갈까? 주택은 어떻게 모이며, 사람들은 어떻게 공동체를 만들어갈까? 건축과 도시와 인간 삶의 상관성, 그게 궁금했다. 그러니 도시를 상세히 그린 지도나 그림을 보면 예사로 넘길 수 없었다. 유럽에 가면 꼭 고지도 파는 가게를 수소문했고, 그곳에서 쓰는 시간과 돈은 아깝지 않았다. 1500년의 베네치아를 그린 〈바르바리 지도 de' Barbari Map〉, 18세기 파리를 그린 〈튀르고 지도 Turgot Map〉, 그리고 18세기 로마를 '공간'으로 그려낸 〈놀리 지도 Nolli Map〉. 그런 유명 지도를 구하려고 얼마나 발품을 팔았던지.

도시를 일러 "인간이 만든 최고의 예술품"이라 했던가. 당연히 많은 사람이 그걸 그리려 했다. 그렇지만 도시 전체를 보이는 그대로 묘사하기가 어디 쉬운가. 크고 작은 건물, 구불구불 이어지는 길, 모양이 제각각인 광장과 외부공간. 성벽, 하천, 다리, 선박, 수목 등등. 복잡하기 이를 데 없다. 그러므로 웬만한 화가는 그저 도시의 한 부분만 그리는 데 만족했다. 특정한 장소가 연출하는 독특한 경관. 열렸다 닫혔다 무쌍하게 변하는 공간. 그런 게 집약된 장소가 도시 아닌가. 그러니 한 도시를 놓고도 그리고 싶은 장면이 수백 수천. 애써 하나의 화면에 도시를 모두 담는 수고를 왜 하랴. 그런데 역사에는 기인奇人도 많다. 일일이 건물과 장소를 스케치하고 그것을 화면에 하나하나 옮기는, 집요하고 끈질긴 작업을 한 사람도 여럿 있었다. 5~6년 아니 10년이 후딱 가버리는 것은 예사였다. "미쳤다"고 할 밖에.

그런 '미친 짓'의 결과물을 독자 여러분과 함께 감상하려고 한다. 여기 도시를 (몽땅) 그려낸 열다섯 장(폭)의 그림이 있다. 인간의 지혜와 피땀이 만들어낸 인류의 보물이다. "어떻게 이렇게 그려낼 수 있을까?" 그런 생각이 절로 나는 그림들이다. 개중에는 '국보 중의 국보'로 모셔지는 그림도 있어서, 실물을 한 번 보려면 하늘의 별을 따야 한다. 여기 등장하는 그림 모두가 한 나라의 국보 반열에 들지는 않지만, 그 역사적 존재감이 결코 가볍지 않다. 나는 이 그림들을 추적하고, 복사본을 사 모으고, 여기저기 걸어놓고, 문헌을 통해 이해하고, 가끔은 연구에 활용하면서 지냈다. 내가 평소에 좋아하던 이 그림들을 이제 독자들과 함께 즐기기 위해 내놓는다. 기대하셔도 좋다.

    도시를 그리는 방식과 기법은 동양과 서양이 달랐다. 딱 잘라서 단정할 수는 없지만, 대략 그렇다. 그 이야기를 조금 해보자.
    서양에서는 도시를 주로 지도와 그림을 결합한 형식으로 그렸다. 이름하여 그림지도 pictorial map. 건물, 도로, 수목 등 도시의 모든 물리적 요소를 제 위치에다 그림으로 그렸다. 하늘에서 내려다본 모습으로. 그러니 도시 전체가 한눈에 들어온다. 전문가들은 그런 그림을 '카르토그라프 cartograph'라고 부른다. 그리스어와 라틴어에서 왔다. 그림이 지도로 인정받으려면 정확한 지리정보를 담아야 한다. 첨단기술이 있는 요즘, 그런 건 일도 아니다. 그러나 옛 화가들에게는 쉬운 일이 아니었다. 그림지도는 르네상스 시대부터 성행했는데, 당시에 그려진 그림지도는 지도와 그림의 경계를 넘나들었다. 지도라고 하기에는 좀 부정확하고, 그림이라고 하기에는 지리정보가 비교적 충실하고. 그랬다. 그런데 그런 초창기 그림지도 중에 걸출한 성취가 많다. 지도를 그린 화가가 정확성보다 더 귀한 걸 집어넣었기 때문이다. 꿈과 동경憧憬. 바로 그건데, 그 이야기는 본문에 들어가서 하기로 하자.
    어쨌든 그림지도는 주로 도시를 홍보하려는 목적에서 그렸다. 통치자 또는 도시 경영자가 그런 그림을 원했다. "보라, 내가 다스리는 도시. 참 멋지지 않은가!" 으스대기에는 그런 그림이 제격이었다. 민심을 다잡는 데도 도움이 되었다. 많은 통치자가 능력 있는 화가를 시켜서, 자신의 도시를 그렸다. 18세기에 접어들면 또 다른 목적에서 그런 그림이 필요했다. 관광. 그랬다. 여행이 활발해지고 차츰 산업으로 발전하면서 도시를 한눈에 자세히 조망하는 그림이 필요했다. 정확하기로야 2차원의 평면지도를 따라갈 수 있을까. 르네상스 시대에 등장한 평면지도는 갈수록 정교하고 세련되어 갔다. 과학이 접목된 것이다. 그렇지만 일반 관광객들에게는 정교한 평면

지도보다는 도시를 구체적으로 보여주는 그림지도가 훨씬 도움이 되었다.

처음에는 엉성하던 그림지도가 18세기 중반이 되면 수준이 최고조에 이르렀다. 치밀하고 아름다운 지도. 예술품의 반열에 올랐다. 제작 수단도 목판화에서 동판화로 바뀌었다. 그렇지만 근대로 접어들면서 그림지도의 인기는 시들해졌다. 정확성과 정보의 양이란 측면에서 평면지도를 따라갈 수 없었기 때문이다. '지도의 대표' 자리를 내놓아야 했다. 그래도 그림지도의 용도는 분명히 있었다. 바야흐로 지도는 눈부시게 다양해졌다. 이 책을 읽는 독자 여러분은 역사상 '최고'라고 인정되는 그림지도를 여럿 보시게 된다. 15세기에서 18세기 중반 그러니까 전성기에 만들어진 그림지도들이다. 그뿐 아니다. 19세기 이래 '관광의 시대'에 만들어진 탁월한 그림지도도 여럿 등장한다. 기술과 예술이 결합해서 만들어낸 인류의 빛나는 성취이다.

동양에서 그린 도시그림은 사뭇 달랐다. 세 종류가 성행했다. 평면지도, 그림지도, 그리고 도시 풍속화. 우선 지도 이야기다. 우리나라, 중국, 일본. 그들은 평면지도에 그림을 섞었다. 시가지의 도로 하천 등은 도면으로 그리고 그것을 둘러싸는 산세는 동양화로 그렸다. 특히 우리나라에서는 18세기부터 그걸 진경산수화로 그렸다. 보이는 그대로의 산세를 그린 것이다. 2차원과 3차원을 넘나드는 지도. 그건 한 폭의 산수화가 되었다. 거기서 한 발 더 나아간 지도가 그림지도다. 시가지와 주변 산세 모두를 그림으로 그린 지도. 개중에는 서양의 그림지도 기법을 적용한 것도 적지 않다. 중국이 가져온 서양의 기법이 우리나라에도 전해진 것이다. 그 결과 기법은 서양풍이고 그림은 동양풍인 그림지도가 상당수 그려졌다. 이 책의 '제14화 서울' 편에 나오는 〈경기감영도京畿監營圖〉와 〈동궐도東闕圖〉가 그런 그림지도다. 2차원으로 그렸건 3차원으로 그렸건, 진경산수화가 더해진 '그림 같은 지도'를 우리나라 지도 연구자들은 '회화식繪畵式 지도'라고 부른다. 서양식 그림지도와 구별하기 위한 용어인데, 아름다운 우리 지도에 대한 자부심까지 더해진 것이다.

가장 흥미로운 게 도시 풍속화다. 시가지 모습과 시민의 일상생활을 치밀하고 생생하게 담은 그림. 12세기 중국에서 나왔다. 북송北宋 시대에 활동한 화가 장택단張擇端, 1085~1145이 그린 〈청명상하도清明上河圖〉. 그게 시작이었다. 새로운 장르의 도시그림이 등장한 것이다. 도시를 위에서 내려다보지 않고, 도시 안팎 군데군데로 시선을 옮기면서 변화하는 시가지 풍경을 그렸다. 이어지는 각양각색의 장소. 크고 작은 건물. 번성한 상점과 즐거운 백성들. 풍부한 물자와 활력이 넘치는 행위. 생생하기 이를 데 없다. 그림에 등장하는 수많은 인간은 모두 살아서 움직인다. 이런 그림은 실제 도시를 있는 그대로 묘사했을 수도 있지만, 화가들은 그것에 꿈과 동경도 같이 불어넣었다. 화가의 상상 속 현실이기도 했다. 그런 그림은 대부분 임금께 바쳤다. 그러므로 화가들은 태평성대를 꿈꾸던 군주의 이상향을 그림 속에 녹여 넣기 위해 무진 애를 썼다.

도시 풍속화는 주로 두루마리나 병풍으로 만들어 보관하고 감상했다. 두루마리를 펼치면 10미터를 넘기가 예사고, 병풍이라면 8폭, 12폭 정도는 되어야 한다. 그러니 도시를 대상으로 대서사시를 펼쳐놓은 것이다. 이런 그림을 '풍속화'라고 부르는 게 과연 적절할까? 그림지도의 일종으로 분류하는 학자도 있다. 그렇지만 '지도'로 간주하기는 아무래도 좀 무리다. 제일 그럴싸한 용어는 '도시그림'이다. 중국과 일본에서는 '도시도都市圖'라는 용어를 쓴다. 도시 전체를 그린 그림을 아우르는 말이다. 간단해서 좋다. 한자를 쓰니 뜻이 딱 통한다. 그렇지만 젊은 세대는 그렇지 않을 것이다. 그래서 나는 '도시그림'이란 용어를 쓴다. 도시를 몽땅 그린 그림. 그림지도와 도시 풍속화는 당연히 포함되고, 평면지도라 해도 회화의 색깔을 강하게 불어넣은 예술품이라면 그것도 '도시그림'으로 친다.

도시그림은 건축, 도시계획, 지리학, 미술사, 역사 등 여러 분야에 두루 걸쳐진다. 비단 그런 분야에만 국한될까. 도시그림에는 제작 당시의 사회 제도, 경제 및 유통, 신앙과 의식儀式, 식문화食文化, 놀이, 의상, 토목 기술, 그리고 선박 제조술에 이르기까지 셀 수 없이 많은 정보가 드러난다. 그러므로 파헤치자면 끝이 없다. 세밀하게 그려진 한 장의 도시그림 속에는 수백 페이지 글보다 많은 이야기가 담겨 있다. 몇 년을 밤낮 가리지 않고 그린 그림이라면 당연히 그렇지 않겠는가. "아는 만큼 보인다"는 말처럼, 도시그림은 아는 이에게만 제대로 보인다. 그러므로 그것을 남에게 이야기해주려는 자가 있다면 그는 필시 도시, 건축, 미술, 역사를 두루 꿰뚫어야 할 것이다.

도시를 그린 지도와 그림에 관한 책을 쓰고 싶은 마음은 오래전부터 있었다. 그렇지만 막상 엄두가 나지 않았다. 내가 과연 제대로 이해하고 잘 전달 할 수 있을까? 관심을 가지고 읽으려는 독자는 과연 있을까? 여러 생각 때문에 선뜻 시작하기 어려웠다. 미술과 역사에 관한 지식도 턱없이 부족했다. 그런데도 그동안의 여러 경험에 조사와 연구를 더해 기어이 책을 펴낸 것은 다음과 같은 의욕의 바쁨 때문이다. 전공자를 위시해 도시와 건축에 관심을 가지는 사람들에게 도시그림에 담긴 이야기와 지혜를 꼭 들려줘야겠다. 그림을 좋아하는 독자들에게 도시그림의 아름다움과 심오함을 알려줘야겠다. 이 그림들을 모르고 생을 마친다면 그건 얼마나 억울한 인생인가.

열다섯 도시를 골랐다. 세계사에 빛나는 동·서양의 도시이다. 책을 열면 우리에게 익숙한 도시의 옛 모습이 눈앞에 줄줄이 펼쳐진다. 중세 시에나를 필두로 르네상스 시대의 피렌체, 베네치아를 거쳐 근세와 근대의 암스테르담, 파리, 런던, 로마, 빈으로 들어간다. 중세 카이펑開封에서, 청대淸代의 쑤저우蘇州, 베이징北京으로 간 다음 에도江戶 시대의 교토京都를 방문한다. 이슬람을 대표하는 도시 이스파한도 등장시켰으며, 조선시대 서울 이야기도 뺄 수는 없다. 그리고 20세기 뉴욕으로 가서 긴 여행을 마친다. 많은 이가 가고 싶어 하는 도시들로서, 제각각 장소의 혼genius loci이 돋올하다. 그러니 화가들이 앞다투어 이들 도시를 그렸다. 나는 도시마다 그 전체를 그린 그림 한 장을 주인공으로 내걸고 그 밖의 다양한 그림을 조연으로 등장시켜 장소의 혼을 불러들였다. 사진은 되도록 피하려 했지만 어쩔 수 없는 경우에는 그것도 동원했다.

이야기를 펼쳐나가는 방식은 이렇다. 우선 도시그림을 이야기한다. 언제 누가 왜 그렸는지. 어떤 공력이 들어갔는지. 특이성은 무엇이며. 역사적 중요성은 어떤지. 묻는다. 그렇지만 그건 논의의 몸통은 아니다. 몸통은 도시다. 도시를 이야기하기 위해서는 세부로 들어가야 한다. 그림의 여기저기를 뜯어본다. 중요한 장소, 길, 건축물, 주택을 조명한다. 도시를 보는 미시적인 눈이다. 그것과 함께 거시적·역사적 맥락도 읽어야 한다. 그림을 그린 시점을 중심으로 도시의 기원과 성장 및 변화를 이야기한다. 통치자의 생각은 일반시민의 의식과는 대척점에 있는 경우가 많다. 그런 대립구조 속에서 정치와 도시민의 일상, 귀족을 위한 건물과 서민의 주거문화와 삶을 조명한다. 이렇게 열다섯 도시를 다 읽고 나면 동서양의 도시문명을 비교론적 관점에서 이해하게 된다. 감히 말하자면, 이 책은 인류가 이룬 '도시문명의 만화경萬華鏡'이다.

대상이란 (또한) 누구를 만나느냐에 달려있다 物亦有遇也哉.

성호 이익星湖 李瀷, 1681~1763의 말씀이다. 열다섯 폭의 도시그림이 나를 만나 그 내면이 독자들에게 제대로 전달되기를 바란다. 나는 이 책을 쓰면서 태도를 완전히 바꾸었다. 이전에는 남을 가르치는 글을 썼다. 독자가 누구인지 개의치 않고 어려운 용어를 마구 남발했다. 지식을 전달한다는 알량한 자신감 때문이기도 했고 철이 없기도 했다. 그런데 이번에는 누구나 읽을 수 있는 책, 많은 이가 공감하고 즐길 수 있는 책. 그런 책을 만들려고 했다. 내용은 쉽게 풀어 썼고, 글은 되도록 간결하게 만졌다. 남을 의식하지 않고, 내가 딸에게 들려주듯 이야기를 진솔하게 풀어보려고 했다. 책에 사용된 도판을 고르는 데도 많은 공력을 들였다. 이 책이 깨달음의 즐거움은 물론이고 눈의 호사까지 함께 선사할 수 있으면 좋겠다.

나는 독자 여러분이 여행을 떠날 때 이 책을 가방에 넣고 가라고 권한다. 책을 펼쳐놓고 도시의 과거와 오늘의 모습을 비교해보면서 '좋은 도시가 어떤 도시인가'를 물어보고 그 해답을 찾기를 바란다. 거대한 콘크리트 덩어리가 마구 들어서면서 괴물처럼 변해가는 우리 도시를 떠올리면서 '아름다운 도시', '멋진 도시'의 바탕은 무엇이며 그것이 특별한 장소가 되는 요인은 무엇인가를 찾아보기 바란다. 우리는 어렴풋이나마 그것이 역사성과 고유성에 있음을 알고 있다. 첨단의 도시에서도 역사는 살아 숨 쉬어야 한다. 그리고 장소의 고유함을 이어가야 한다. 도시의 역사성과 고유함을 지켜내기 위해서는 그야말로 모든 노력을 다해야 한다는 사실을 깨달을 수 있다면, 그것이 이 책을 세상에 내놓은 작은 보람이 아닐까.

적지 않은 도판을 구하느라 힘이 많이 들었다. 위키미디어 커먼스 Wikimedia Commons의 도움이 절대적이었다. 그걸 만든 에릭 뮐러 Erik Möller라는 분을 만나면 큰절이라도 하고 싶은 심정이다. 그밖에도 여러 박물관, 미술관, 도서관, 공공기관, 지도 컬렉터, 저술가의 도움으로 귀한 도판을 많이 쓸 수 있었다. 그런 도판을 가공하는 데는 고일두 교수 서울 과학기술대학교 명예교수의 도움이 절대적이었다. "잘라라, 붙여라" 온갖 요구에도 싫은 내색 하나 없었으니, "고맙소, 오랜 산山 친구!" 처음부터 그러려고 한 건 아닌데, 책이 생각보다 두꺼워졌다. 예의 '집대성' 버릇을 못 버린 탓이다. 도서출판 집의 이상희 대표는 태평이다. "볼륨이 좀 있어야 좋다"면서. 책값 비싸지면 어쩌냐는 걱정에는 웃기만 한다. 기획 단계에서의 조언이 특정 지역에 내용이 편향되지 않고 균형을 잡는 데 큰 도움이 되었다. 아무쪼록 이 책이 출판사 재정에 그늘을 드리우지 않았으면 하는 바람이다.

2022년
늦가을 어느 날

차례

머리말	도시그림, 현실과 동경憧憬을 넘나들다	004
제1화	시에나 | 성모 마리아에게 바친 '천상의 도시'	014
	〈좋은 정부의 도시〉 암브로조 로렌체티, 1339년	
제2화	카이펑開封 | 중국 최고의 그림에 담긴 번성한 중세도시	048
	〈청명상하도〉 장택단, 12세기 초반	
제3화	피렌체 | 시민정신이 만들어낸 르네상스의 성채	082
	〈사슬지도〉 프란체스코 로셀리, 1490년	
제4화	베네치아 | 융성했던 바다의 도시, 이게 최전성기의 모습이다	118
	〈베네치아 조망 그림〉 야코포 데바르바리, 1500년	
제5화	암스테르담 | 오로지 시민의 삶을 위해 만든 다채색의 도시	156
	〈암스테르담 지도〉 발타사르 플로리스, 1625년	
제6화	쑤저우蘇州 | 천하제일의 수향水郷, 그 활기찬 모습이 눈앞에 펼쳐지다	194
	〈성세자생도〉 일명 〈고소번화도〉 서양, 1759년	
제7화	이스파한 | 이 도시는 세상의 절반과도 안 바꾸겠소	228
	〈이스파한 전경〉 얀 얀소니우스, 1657년	
제8화	파리 | 근대도시로 비상하는 18세기 파리를 생생하게 그려내다	272
	〈튀르고 지도〉 루이 브레테즈, 1739년	

제9화	로마 | 공간의 네트워크로 묘사한 영원의 도시	312
	〈놀리 지도〉 조반니 바티스타 놀리, 1748년	
제10화	런던 | 근대의 바빌론, 대영제국 수도의 두 얼굴	350
	〈열기구에서 본 런던〉 존 헨리 뱅크스, 1851년	
제11화	빈 | 육백 년 합스부르크 제국의 수도, 그 황금시대를 그리다	390
	〈확장된 빈의 파노라마〉 구스타프 파이트, 1873년	
제12화	베이징北京 | 이건 도시가 아니다. 땅 위에 새겨진 거대한 도상이다	430
	〈건륭경성전도〉 청나라 궁중 화원, 1750년	
제13화	교토京都 | 한 쌍의 6폭 병풍에 담은 에도 시대의 교토	468
	〈낙중낙외도〉 이와사 마타베에, 1615년	
제14화	서울 | 12폭 병풍에 담은 19세기 도성 밖 한양의 풍경	510
	〈경기감영도〉 작자 미상, 19세기 초반	
제15화	뉴욕 | 격자 틀 속에 펼쳐진 초고밀의 맨해트니즘	548
	〈뉴욕 조감지도〉 헤르만 볼만, 1962년	
맺음말	유전자가 살아 있는 도시가 아름다운 도시다	588
참고문헌		594
찾아보기		603

제1화

시에나

성모 마리아에게 바친 '천상의 도시'

〈좋은 정부의 도시〉 암브로조 로렌체티, 1339년

시에나

유럽 최초의 도시그림

시에나로 가는 길은 늘 경건하고 평화롭다. 아시시를 거치는 여정을 택하는 탓이다. 성 프란체스코San Francesco d'Assisi, 1182~1226의 청빈했던 삶의 흔적을 돌아보면 마음은 소슬해지고 삶의 길은 명료해진다. 성자의 고향을 떠나 서쪽을 향하면 어느덧 토스카나. 푸르른 들판이 눈앞에 펼쳐진다. 물결치듯 겹쳐지는 구릉과 평원 위에 포도밭이 지천이다. 토스카나의 풍광을 두고 사람들은 여러 미사를 늘어놓지만 내게는 그저 '평화'로 다가올 뿐이다. 꿈속 같은 풍광에 취하기를 몇 시간, 이내 시에나를 만난다. 그곳에 가는 이유는 두 가지다. 하나는 캄포 광장Piazza del Campo의 아늑하고 활기찬 분위기를 즐기고 싶어서, 그리고 다른 하나는 암브로조 로렌체티Ambrogio Lorenzetti, 1290?~1348?가 그린 프레스코 벽화 〈좋은 정부의 도시Effects of Good Government in the City〉를 보기 위해서다.

수백 년간 피렌체와 경쟁하며 토스카나를 지배해온 도시. 발전의 발전을 거듭하다 딱 멈추어버린, 그래서 그 자체가 하나의 박물관인 도시. 시에나에는 뛰어난 건물과 장소가 많다. 대성당Duomo di Siena만 해도 그렇다. 그 안팎의 아름다움은 이탈리아 반도를 통틀어 최고다. 밀라노, 피사, 피렌체가 견주어보지만 역부족이다. 그럼에도 나는 대성당보다는 늘 캄포 광장과 시청사 그리고 그 건물의 한 공간에 그려진 그림을 향한다. 도시에는 위대한 화가가 그린 그야말로 '빛나는' 그림이 곳곳에 있지만 이 그림만은 남다르게 사람

〈좋은 정부의 도시〉 부분
암브로조 로렌체티가 그린 이 그림에는 이탈리아 중세도시의 모습이 생생하게 묘사되어 있다.
©Fondazione Musei Senesi, Wikimedia Commons

을 끈다.

유럽 최초의 세속 그림이다. 중세 화가들은 교회나 수도원의 요청으로 종교화를 그렸다. 예외가 없었다. 그런데 이 그림은 도시와 농촌의 풍경을 묘사하고, 사람들의 일상을 담았다. 도시의 번영을 자랑하고, 그 속에서 살아가는 시민의 존재와 감성이 종교화 속 성인의 그것에 못지않음을 보여주었다. '도시그림'이다. 유럽 최초이니 이후에 그려진 수많은 그림지도와 도시 풍속화는 이 그림의 화법을 따랐다. 모델이 된 것이다. 홍보를 위해 도시를 그린다? 그것도 이 그림이 테이프를 끊었다. 이걸 직접 본 도시의 통치자들은 그림이 도시 홍보를 위한 최고의 수단이라는 사실을 감지했다. 이렇듯 최초 일색이지만 기특하게도 이 그림은 중세도시의 모든 것을 보여준다. 그뿐 아니다. 거기서 한발 더 나아가서, 13~14세기 이탈리아의 모든 도시공동체가 꿈꾸던 이상사회의 상像이 이 그림 속에 담겨있다.

14세기의 시에나, 도시 발전의 정점

시에나는 터를 참 잘 잡았다. 11세기까지는 그저 그런 마을에 지나지 않았다. 그런데 길 하나가 이 도시를 번영의 길로 이끌었다. 반도를 남북으로 관통하는 교역과 순례의 통로 '비아 프란치제나 Via Francigena'가 시에나를 통과한 것이다. 북유럽에서 로마에 이르는 순례길이므로 '비아 로메아 프란치제나 Via Romea Francigena'로 불리기도 하는 이 길. 그것이 없었다면 시에나는 한갓 시골 마을로 이어져 내려왔을 것이다. 멀리 몽골제국까지 이어진 이 루트는 계속해서 도시에 부와 정보를 가져다주었다. 시에나를 '도로의 산물 daughter of the road'이라고 칭하는 것이 그 때문이다. 게다가 도시 주변 곳곳에서 매장량이 풍부한 은광이 발견되었다. 덕분에 1180년경부터 시에나는 독자적인 주화를 찍었고, 국제무역과 은행업의 중심도시가 될 수 있었다. 그리고 토스카나의 절반을 지배한 공화국 Republic of Siena, 1125~1555의 수도로 오랜 세월 번영을 구가했다.

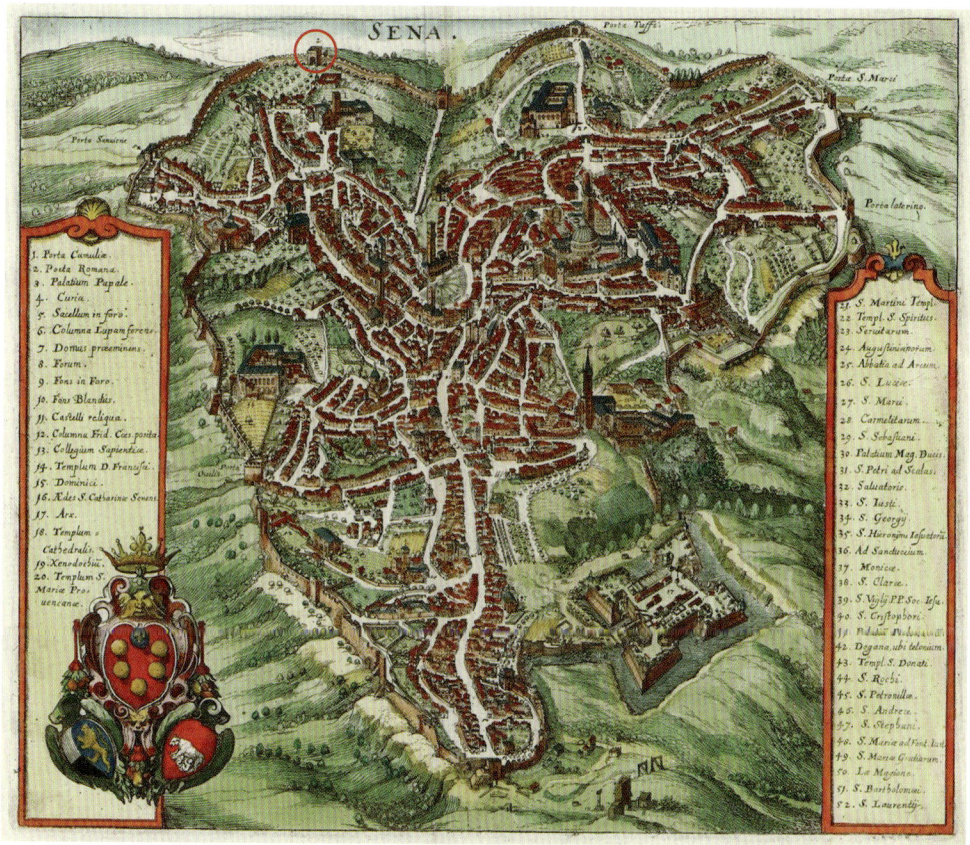

1640년 시에나를 그린 지도
이 도시는 지형의 기복이 심하고 공간구조가 복잡하다. 지도는 남북이 뒤집혔다. 도시를 아래·위로 가로지르는 비아 로메아는 캄포 광장을 끼고돌아 성문 포르타 로마나(동그라미 표시 부분)로 이어진다. ©Barry Lawrence Ruderman Antique Maps Inc., Wikimedia Commons

터가 좋으면 훌륭한 도시가 될까? 거기에 선한 정치가 더해져야 한다. 시에나는 13세기 후반부터 '9인 정부le Noveschi'라는 특별한 정치체제를 가동했다. 시민의 의사가 적극 반영되는 독특한 과두정치로, 일종의 대의 민주정치였다. 중세의 많은 도시가 일인 지배의 왕정이나 허울 좋은 공화정에 시달린 것과는 대조적이다. 평범한 시민 중에서 대표를 뽑아 그들에게 국가의 경영을 맡기는 정치. 수많은 희생을 거쳐 19세기에야 비로소 가능했던 정치체제가 13세기에 이미 등장한 것이다. '9인 정부'를 이끈 세력은 평범한 시

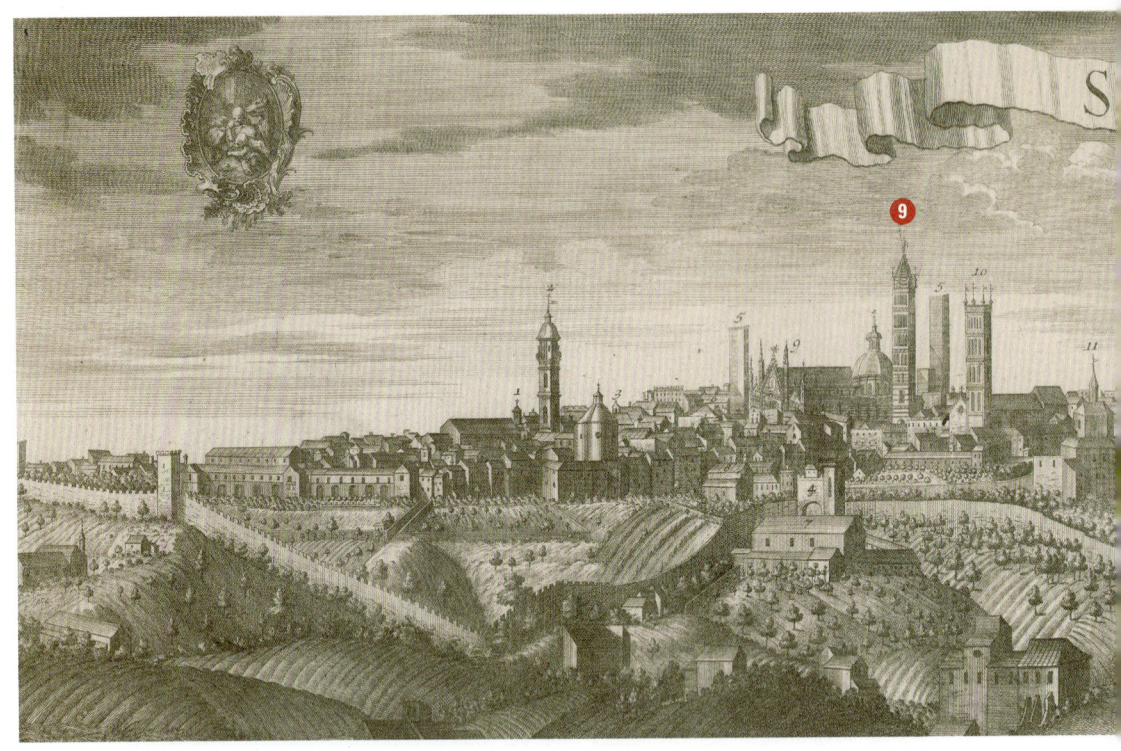

민 즉 상업과 수공업에 종사하는 중산계층이었다. 그들은 스스로를 '메차나 젠테Mezzana Gente, 중간에 속하는 사람'라고 불렀고, 대상인, 은행가 등 상류 귀족 계층과는 따로 놀았다.

    도시를 다스릴 9명의 정무관consul은 선거로 뽑았다. 무기명 투표와 추첨 등이 교묘하게 섞인 선거였으므로 결과를 전혀 예측할 수 없었다. 그렇게 뽑혀봐야 임기는 고작 두 달이다. 그러니 특정 인물에 의한 전횡과 독재는 원천적으로 불가능했다. 시민의 대표가 되면 가족으로부터도 떨어져 지내야 했다. 오로지 도시만을 생각하라는 시민의 명령이었다. 모든 공문서는 투명하게 공개되었다. 이런 정치체제로 인해서 시에나는 피렌체보다 앞서갈 수 있었다. 두 도시 간의 치열했던 경쟁 관계는 수 세기 동안 지속되었는데, 15세기 이후에는 피렌체가 시에나를 압도했으나 13~14세기는 모든 면에서 시에나가 우위에 있었다.

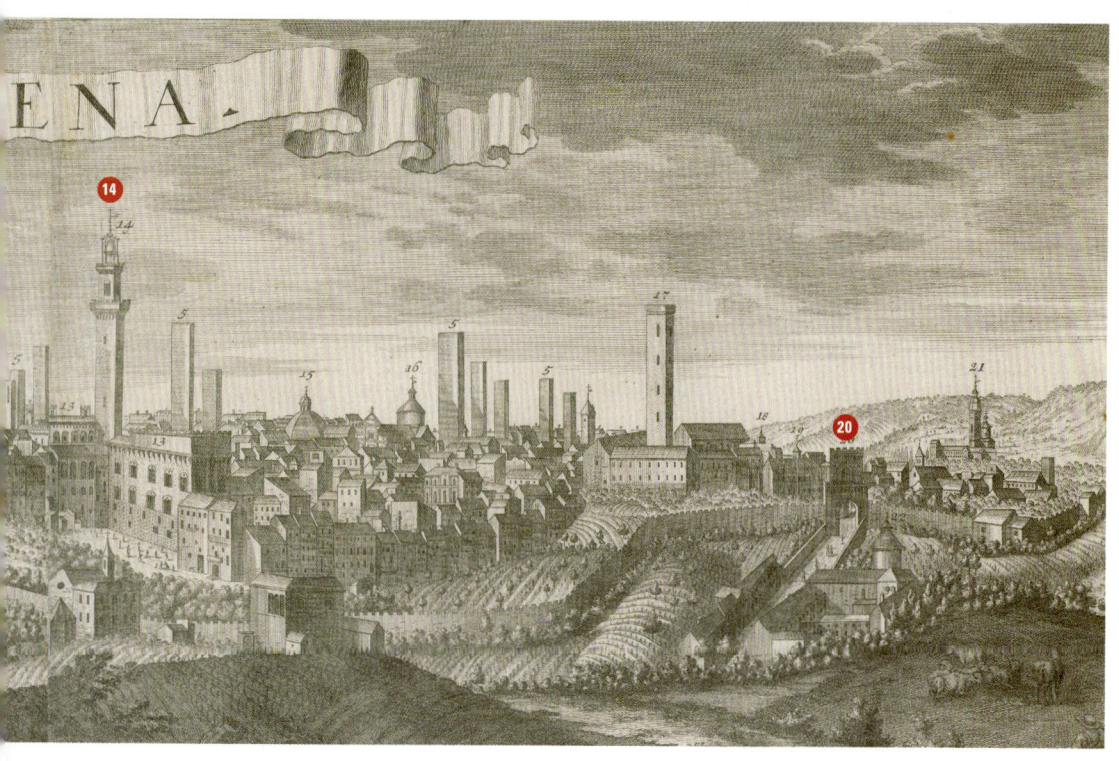

18세기 중반의 시에나
탑상주택이 여전히 위세를 떨치고 있다. 중앙에 우뚝 선 탑(14번)이 시청사의 종탑, 왼쪽 비슷하게 높은 탑(9번)이 대성당의 종탑이다. 오른쪽 20번으로 표기된 것이 도시의 정문 포르타 로마나다.
제공: Barry Lawrence Ruderman Antique Maps Inc.

체제는 69년간 1287~1355 지속되고 막을 내렸다. 그렇지만 도시의 중요한 사업은 모두 그때 시행되었다. 시청사를 새로 짓고, 성벽을 확장하고, 캄포 광장을 조성했다. 종합대학까지 설립하려고 했다. 피렌체는 감히 넘볼 수 없는 엄청난 규모의 성당을 짓는 일도 그때 시도되었다. 그런데 1348년 도시를 덮친 흑사병 때문에 그건 불가능했다. 지금의 대성당이라도 완성할 수 있었던 것은 필시 성모 마리아의 은총이었을 게다. 정부가 벌인 사업에 시민들도 적극 호응했다. 비용을 갹출하고, 재능과 기술과 노동을 제공했다. 집을 새로 짓거나 고칠 때도 스스로 자제하고 이웃의 눈치를 살폈다. 최고의 도시를 만들자는 자각과 공동체 정신이 바탕에 깔린 것이다. 식자들은 그런 정신을 '키비타스civitas'라고 부른

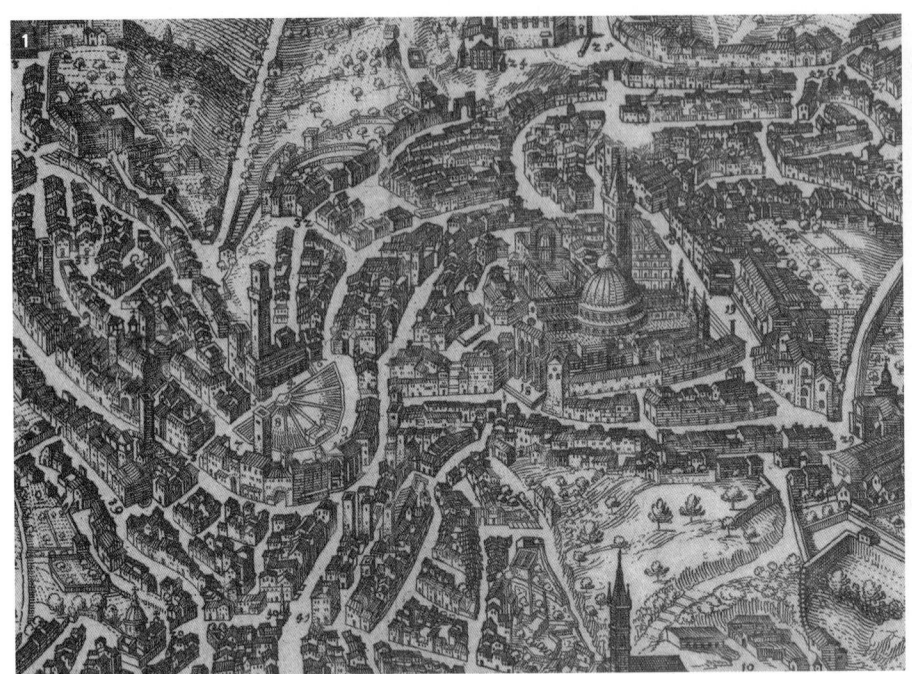

다. 라틴어의 뜻은 '시민정신' 또는 '시민의식'. 이 단어는 앞으로 이 책에 자주 등장한다.

〈좋은 정부의 도시〉가 그려진 것도 그때였다. 그림은 시청사 2층에 있다. 편의상 '시청사'로 부르지만 공화국 시절에는 정부 청사로 그리고 지금은 박물관으로 쓰이는 건물이다. 정식 명칭은 팔라초 푸블리코Palazzo Publico. 1310년 완공한 본체에 이어 '만자의 시계탑Torre del Mangia'이란 별명으로 불리는 종탑은 1348년에 올렸다. 10년 공사를 통해 당시 이탈리아에서 가장 높은 세속 건물을 지은 것이다. 경쟁 도시 피렌체의 주요 건물들을 의식해서 올린 아름다운 탑이다. 1360년 이 종탑 아래에 기계식 시계를 설치하자 종보다는 시계가 탑의 주인공이 되었다. '보이는 시계'가 '들리는 시계'를 누른 것이다. 어쨌든 종탑을 올린 시청사가 완성됨으로써 시에나에는 성聖, 대성당과 속俗, 시청사 두 중심을 가지는 공간체계가 확립되었다.

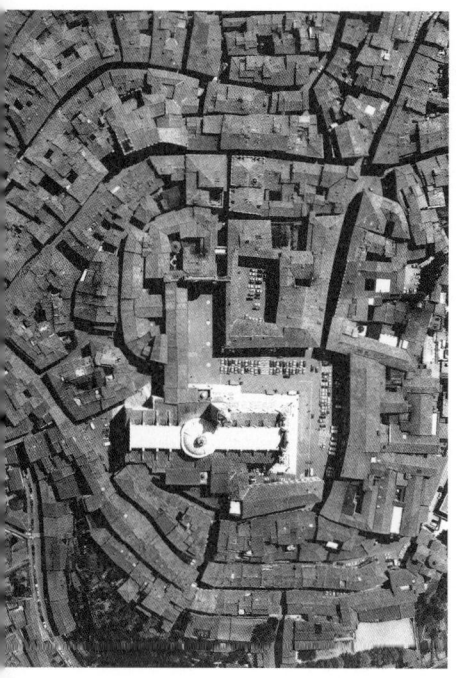

시청사가 얼추 완성되자 내부를 꾸미기 시작했다. 가장 공을 들인 공간은 2층 중앙의 대회의실Sala del Consiglio과 '9인 정부의 방Sala dei Nove'이었다. 대회의실은 공화국 의회가 회합을 갖는 공간이므로 화려하면서도 장엄해야 했다. 우선 시모네 마르티니Simone Martini, 1284~1344에게 〈마에스타Maestà〉를 그리게 했다. 시모네는 조토Giotto di Bondone, 1267~1337와 더불어 14세기 이탈리아 최고의 화가로 칭송받는 인물이다. 그는 옥좌에 앉은 성모와 아기 예수에게 경배를 표하는 30명의 성인과 천사 모습을 빼어나게 그려냈다. 이 그림을 중심으로 사방 벽이 시에나의 영광을 나타내는 그림으로 장식되었다. 대회의실을 사용한 정치인들은 방에서 울리는 이런 메시지를 들었을 것이다.

도시를 지키는 여왕 성모 마리아를 경배하라, 그리고 시에나의 영광을 이어가는 선한 정치를 펼쳐라.

'9인 정부의 방'을 장식하는 일은 암브로조 로렌체티에게 맡겼다. 규모는 대회의실보다 작지만 사실은 시청사에서 가장 중요한 공간이었다. 그런 일을 왜 암브로조에게 맡긴 것일까? 딱히 별 대안이 없었다. 암브로조가 들으면 섭섭해하겠지만 사실이 그랬다. 당시 '최고'로 인정받던 시모네가 교황의 부름을 받아 프랑스 아

1 시에나의 두 중심
왼쪽의 시청사와 캄포 광장, 오른쪽의 대성당과 전면 광장이 시에나의 중심 공간이다. 17세기에 그려진 지도의 일부. ©The Trustees of the British Museum, Wikimedia Commons

2 하늘에서 내려다본 시에나 중심부
왼쪽 그림에 방향을 맞추었다.
촬영: Compagnia Generale Ripreseaerce, Parma.
출처: Spiro Kostof, 1991

비뇨으로 떠나버린 것이다. 1335년경이었다. 그다음 선택은 로렌체티 가문의 형제 화가 암브로조와 피에트로Pietro Lorenzetti, 1280~1348였는데, 정부는 동생인 암브로조를 택했다. 창의적이고 실험적인 작업에 점수를 더 주었기 때문이다. 1337년 의뢰를 받은 암브로조는 한동안 숙고의 시간을 가졌다. 작심한 그는 1338년 2월에 일을 시작했고 16개월 동안 밤낮없이 몰두한 끝에 드디어 1339년 5월에 완성을 보았다.

정치적 이상을 담은 유럽 최초의 도시그림

정부 관리가 암브로조에게 요구한 내용은 이랬다.

> 보시오, 외국이건 국내이건 중요한 손님이 오면 이 방으로 안내합니다. 그들에게 우리 공화국이 추구하는 이상을 한눈에 설명할 수 있는 그림을 그려주시오. '좋은 정치를 통해 공정하게 나라를 다스리면 이렇게 되고, 탐욕스러운 독재자가 나라를 나쁘게 몰아가면 저렇게 됩니다. 성모 마리아가 이끄는 대로 선한 정치를 하는 우리 공화국은 항차 이러이러한 모습의 국가가 될 것이오.' 이렇게 자랑스럽게 설명할 수 있는 그림을 그려주시오.

문헌에 있는 내용은 아니지만 필시 그렇게 요구했을 것이다. 40대 후반의 암브로조는 고뇌에 빠졌다. 각종 자료를 뒤지고 연구했다. 좋은 정치와 좋은 정부의 이상이 무엇인지, 그것을 어떻게 그림으로 표현할지를 탐문했다.

우선 당대 토스카나 최고의 철학자 부르네토 라티니Brunetto Latini, 1220~1294의 책을 읽고, 그로부터 선한 정치의 덕목을 가져왔다. 거기에다 성 아우구스티누스Saint Augustine, 354~430의 사상과 아리스토텔레스Aristotle, BC384~322의 지혜를 가미했다. 그리고 로마의 사상가 키케로M. T. Cicero,

시청사 내 '9인 정부의 방'
로렌체티는 이 방의 북·동·서 세 벽에 〈좋은 정부와 나쁜 정부의 알레고리와 효과〉를 그려놓았다.
©Web Gallery of Art

BC106~43와 세네카L. A. Seneca, BC4~AD65의 문헌을 섭렵하면서 좋은 국가의 상이 어떤 것인지 알아냈다. 단지 재주 좋은 환쟁이의 경지를 넘어 철학자이자 사상가가 되었던 것이다. 그런 탐구의 결과, 암브로조는 인생 최고의 걸작을 시청사의 한 방에 구현해 놓았다.

그림은 북·동·서 세 벽에 그려져 있고, 남쪽은 창문이다. 벽은 셋이지만 주제는 넷이다. 설명하자면 이렇다. 북쪽에는 좋은 정부가 갖추어야 할 덕목, 동쪽에는 좋은 정부가 만들어낸 도시와 시골의 풍경, 서쪽에는 나쁜 정부가 행하는 악덕, 그리고 그런 정부가 만들어낸 도시와 시골의 풍경. 여기서 '덕목', '악덕'은 독자를 위한 나의 해석이고 정식으로 쓰면 '알레고리allegory'가 맞다. 이 그림을 다룬 모든 문헌에서는 '좋은 정부의 알레고리', '나쁜 정부의 알레고리'로 쓰고 있다. '알레고리'는 '비유', '풍자'라는 뜻인데, '상징적 의미' 정도로 이해하면 되겠다. 그러므로 세 벽에 펼쳐놓은 암브로조의 그림은 두 폭의 상징화와 두 폭의 풍경화, 이렇게 요약된다. 벽화 전체의 정식 제목은 이렇다. 〈좋은 정부와 나쁜 정부의 알레고리와 효과Allegory and Effects of Good and Bad Government〉.

그런데 이 그림을 두고 사람들이 붙이는 제목은 다양하다. 무얼 부각해서 보느냐에 따라 달라진다. 〈도시에서 좋은 정부의 효과〉, 〈좋은 정부가 도시에 미치는 영향〉, 〈좋은 정부와 나쁜 정부의 알레고리〉, 〈좋은 정부의 도시와 농촌〉 등. 어떤 사람은 좋은 정치를 그린 상징적 그림이란 뜻에서 〈선정도善政圖〉라고 부르기도 한다. 문헌에서 제일 많이 보여주는 장면이 동쪽 벽에 그린 '좋은 정부가 만들어낸 도시'다. 그것만 부각할 경우, 그림의 제목은 〈좋은 정부의 도시〉라고 하는 것이 무난하다. 그래서 이 책에서도 그렇게 부른다.

'좋은 정부'를 그린 북쪽과 동쪽 벽은 빛이 잘 들지만 '나쁜 정부'를 배열한 서쪽 벽은 늘 어둡다. 오랜 세월 습기에 노출되기도 했다. 그런 탓에 나쁜 정부 그림은 곳곳이 벗겨지고 색이 바랬다. 그동안 많은 전문가가 동쪽과 서쪽 벽면이 서로 대립한다고 보았다. 한쪽은 평화를, 한쪽은 전쟁을 그렸다고 해석한 것이다. 1350년의 기록에 그림의 제목을 〈전쟁과 평화War and Peace〉라고 표기한 탓이다. 그런데 근자에 나온 논문들에 따르면, 이 방은 '서→북→동'의 순서로 읽어야 한다. 원래 암브로조의 의도는 선악의 대립이 아닌 나쁜 정부에서 좋은 정부로 이어지는 변혁의 과정을 설명하려 했다는 것이다. 즉 선한 정치는 전쟁 같은 공포상황을 잠재웠고, 그 결과 이제 도시에는 평화와 번영이 넘친다는 사실을 강조했다는 것이다. 그럼 학자들의 권유에 따라 차례로 읽어본다.

나쁜 정부가 만든 도시는 범죄와 폭력이 난무하고, 공공선公共善은 몰락해 있다. 군인은 약탈을 자행했다. 건물들은 쇠락하고 곳곳이 허물어졌다. 새로운 건설? 있을 턱이 없다. 이런 정부를 지배하는 자는 폭군이다. 뿔

1 〈좋은 정부의 도시〉
선한 정치가 만들어내는 풍요롭고 평화로운 도시의 상을 그린 것으로, 시에나가 모델이다. ©Fondazione Musei Senesi, Wikimedia Commons

2 〈나쁜 정부의 도시와 농촌〉 부분
나쁜 정치의 결과, 도시는 황폐해져 건물들은 쇠락하고 곳곳이 허물어졌으며, 거리에서는 활기를 찾을 수 없다. ©Fondazione Musei Senesi, Wikimedia Commons

1 나쁜 정부의 알레고리
폭군이 중앙을 차지하고 그 주변에는 탐욕, 오만, 배신, 광란, 분열 등을 상징하는 간신들이 도열했다. 발아래에는 밧줄로 칭칭 감긴 '정의'가 내동댕이쳐 있다.
©Fondazione Musei Senesi, Wikimedia Commons

2 폭군이다
이 자는 머리에 뿔이 나고, 뻐드렁니이고, 눈은 사시이다. 그가 두른 검은 망토는 사탄의 상징이다. ©Wikimedia Commons

3 나쁜 정부의 시골 모습
전쟁으로 불에 타 언덕이 모두 검게 변했다. 유령이 출몰하니 농민들은 두려움에 떨고, 농사는 포기한지 오래다. ©Fondazione Musei Senesi, Wikimedia Commons

이 나고 송곳니가 튀어나온 흉악한 몰골이다. 검은 망토를 둘렀으니 사탄이다. 불신과 배교의 상징인 검은 염소를 밟고 있다. 폭군의 머리를 중심으로, 위와 좌우에는 탐욕, 오만, 배신, 사기, 전쟁 등을 상징하는 흉악한 간신들이 도열해 있다. 시골은 전쟁으로 불에 타 언덕이 모두 검게 변했고, 유령이 출몰한다. 농민들은 두려움에 떨고 농사는 포기한지 오래다. 이 모든 것은 바로 정의가 실종된 탓이다. 폭군의 발밑에 내동댕이쳐진 '정의'는 온몸이 밧줄로 꽁꽁 묶였다.

북쪽 벽은 딴판이다. 왼편에는 '정의'가, 오른편에는 도시를 다스리는 주권자가 있다. 정의를 호위하는 두 천사는 악한 자를 벌하고, 선한 자를 포상하며, 시민들에게 질서를 가르친다. 주권자의 어깨 위에는 '시에나 공동체, 성모 마리아의 도시 Commune Senarum, Civitas Virginis'가 약자 C·S·C·V로 표기되어 있고, 아래에는 늑대의 젖을 빠는 두 아기가 있다. 시에나 건설 신

좋은 정부의 알레고리
크게 두 부분으로 구성된다. 왼쪽 1/3은 '정의', 오른쪽 2/3는 '좋은 정부'다. 정의의 상징은 저울. 저울에서 아래로 내려가는 끈은 동아줄로 이어지고, 그걸 잡은 24명의 시에나 시민들은 우측 권좌에 앉은 주권자를 향해 나아간다. 그는 방패처럼 생긴 시에나의 인장을 들고 있으며, 믿음, 희망, 사랑, 지혜, 용기, 평화, 위엄, 절제, 정의를 상징하는 천사와 신하들이 그를 호위한다. 주권자 아래에는 두 명의 아기가 늑대의 젖을 빨고 있다. 시에나 건설신화의 주인공이다.
©Fondazione Musei Senesi, Wikimedia Commons

화의 주인공들이다. 주권자는 방패 모양의 시에나 인장을 들고 있는데, 선정善政을 상징하는 인물들이 그를 둘러싼다. 믿음, 희망, 사랑을 위시해 모두 아홉이다. 화면 아래에는 도시를 대표하는 스물네 명의 시민이 정의의 밧줄을 들고 행진하며, 반대쪽에는 군인들이 죄인들을 호위한다. 이게 좋은 정부다.

동쪽 벽은 파라다이스다. 왼편에는 다채롭고 질서 잡힌 도시가, 오른편에는 풍요로운 전원이 펼쳐진다. 시에나와 토스카나의 들판이다. 사실 그대로의 경관을 그리지는 않았다. 그렇지만 화가는 구석에 대성당의 돔과 종탑을 그려 넣음으로써 '여기는 시에나'라고 말한다. 도시는 바삐 돌아

간다. 사람들은 물건을 만들어서 팔고, 이리저리 나르고, 공부하고, 결혼하고, 집을 짓는다. 광장에서는 젊은 여인들이 노래하고 춤춘다. 도시를 남북으로 관통하는 중심 통로인 로마나 거리 Strada Romana에는 사람과 가축과 물화物貨가 분주히 오고 간다. 도시 밖 전원에서 농부들은 부지런히 농사를 짓고, 시민들은 여가를 즐긴다. 화가가 그림을 통해서 전하려 한 메시지는 단 하나. 라틴어로 '팍스pax' 즉 '평화'다. 번영, 활기 같은 부수적인 것은 모두 거기에 포함된다.

성모 마리아에게 바친 '천상의 도시'

그림에 담겨있는 이탈리아 중세도시의 모습

이 그림은 14세기 중반의 시에나와 토스카나 들판을 '찰칵' 찍은 한 장의 천연색 사진이다. 르네상스 개화를 목전에 둔 성기盛期 고딕시대의 도시와 건축 그리고 당시의 사회상이 세밀하면서도 리얼하게 묘사되어 있다. 이 그림의 가장 큰 가치다. 그러니 참 많은 사람이 그것을 연구했다. 대다수가 역사, 특히 미술사를 전공한 학자이다. 그러므로 그들의 글에서 건축과 도시공간 이야기는 별로 찾을 수 없다. 건축가, 도시설계가의 눈으로 보면 이 그림에 대해 좀 다른 이야기를 하게 된다.

제일 먼저 눈에 띄는 것이 성벽이다. 도시와 농촌을 딱 구분 짓는다. 저명한 건축·도시 역사가 스피로 코스토프 Spiro Kostof, 1936~1991는 《도시의 형태 The City Shaped》 1991에서 도시의 성립 조건을 명쾌하게 규정했다. "물리적 경계

〈좋은 정부의 시골〉
좋은 정부가 만들어낸 평화로운 시골 풍경이다. 매사냥 떠나는 사람들이 보이고, 언덕 위 곳곳에는 빌라가 자리한다. 포도밭과 과수원이 넓게 펼쳐진다. 농부들은 씨 뿌리고, 밭 갈고, 추수한다. 멀리 호수 넘어 시에나의 외항 탈라모네까지 눈에 들어온다. ©Fondazione Musei Senesi, Wikimedia Commons

가 있어야 하고, 그것을 둘러싸는 농촌이 있어야 한다." 만약 어떤 도시가 아무런 경계도 없이 끝없이 펼쳐진다면 그걸 도시라고 해야 할지 난감해진다. 중세 유럽에서 모든 도시는 성벽으로 둘러싸여 있었다. 시민을 안전하게 보호해야 했기 때문이다. 정부가 가장 신경 써서 만든 시설이 든든한 성벽이다. 그런 성벽을 경계로 도시 안에 사는 사람과 밖에 사는 사람이 계층으로 구분되었다. '성城' 또는 '성으로 보호된 도시'를 뜻하는 '부르bourgh', '부르크burg', '베르크berg'로 끝나는 지명이 무수히 생겨났다. '부르주아bourgeois'가 특권계층으로 불려온 역사적 배경이기도 하다.

시에나에는 모두 15개의 성문porta이 있었다. 그림 속 성문은 '포르타 로마나Porta Romana'다. 어떻게 알 수 있을까? 성문 위에 세워놓은 늑대 조각상이 그걸 말해준다. 로마를 창건한 전설 속 인물은 로물루스Romulus와 레무스Remus라는 쌍둥이 형제인데, 버려진 이들을 암늑대가 젖을 먹여 길렀다는 것이다. 시에나를 창건한 세니우스Senius는 레무스의 아들이자 로물루스의 조카다. 그런 연유에서 '암늑대와 쌍둥이 아기She-wolf and Twins'는 시에나의 상징이 되었고, 곳곳에 조각상이 세워졌다. 도시의 정문격인 포르타 로마나에도 세워졌다. 성문 밖 상공에는 천사가 이런 글을 들고 있다.

정의가 이 도시를 지배하므로 사악한 힘은 모두 굴복한다. 누구든, 어떤 두려움도 없이, 마음대로 다녀라. 그리고 밭 갈고 씨 뿌려라.

도시 내부는 물론이고 공화국 영내의 토스카나 전체가 안전하다는 말이다.

1 성벽과 성문
성벽을 경계로 도시와 시골이 분명하게 구분된다. 도시의 정문인 포르타 로마나로, 공중에는 천사가 두루마리를 펼쳐 들고 있다. 이 도시와 농촌은 안전하니 느긋하게 살면서 마음껏 다니라고. ©Fondazione Musei Senesi, Wikimedia Commons

2 늑대와 젖 먹는 아기 형제
포르타 로마나를 장식하는 조각상이다. ©Wikimedia Commons

3 활기찬 시가지 모습
좋은 정부가 다스리는 도시 사람들은 집 고치고, 상품을 만들어 팔고, 공부하고, 즐긴다. 공방, 구둣가게, 잡화점, 곡물상이 늘어서 있고, 오가는 사람들의 모습은 활기차고 여유롭다. ©Fondazione Musei Senesi, Wikimedia Commons

도시는 건물로 가득하다. 그 사이를 길이 지나고 시장이 형성된다. 길을 따라 이어지는 상점들, 그게 중세도시가 연출하는 경관의 첫째 요소다. 암브로조는 그걸 실감나게 그려냈다. 사람들의 분주한 움직임과 다양한 활동. 도시가 살아서 움직인다. 암브로조는 시에나의 실제 모습을 바탕으로 로마 시대 벽화를 참고하면서 도시를 그렸다. 하루 종일 시청사 2층에서 작업한 그는 창을 통해 바라보이는 도시를 조각조각 쪼개 다시 헤쳐 모았다. 화가는 여기에 투시도 화법을 적용했다. 투시도는 1415년경 건축가 필리포 부르넬레스키 Filippo Brunelleschi, 1377~1446가 창안했다고 알려져 있는데, 이 그림은 그 이전에 그려졌다. 그러므로 소실점이 명확한 '과학적' 작도법보다는 경관의 부드러운 변화가 연출되었다. 소실점을 여기저기 분산시킨 것이다. 그래서 그림은 사진처럼 자연스럽게 다가온다.

가장 많이 보이는 것은 역시 주택이다. 이 시대 이탈리아의 도시주택을 이야기하려면 우선 탑상주택 casa torre을 등장시켜야 한다. 멀리 언덕 위에 삐죽삐죽 올라온 탑이 그들이다. 이탈리아의 많은 도시에 지어진 탑상주택은 상류계층 간 파벌 싸움의 결과물이다. 황제를 지지했던 기벨린당 Ghibelline과 교황을 지지했던 겔프당 Guelf 사이의 투쟁은 좀체 그치지 않았다. 각 가문은 공격용의 높은 탑 그리고 주거와 탑이 결합된 탑상주택을 앞다투어 지었다. 1200년경 시에나에는 탑이 숲을 이룰 만큼 많았다. 14세기 초반 황제지지파의 세력이 약화되면서 대립은 소강상태로 접어들었고, 도시마다 탑의 건축을 금지하고 기존의 탑도 없애기 시작했다. 그렇지만 그 잔해는 아직도 남아 있다. 중세의 탑과 탑상주택을 실물로 보려면 시에나에서 대략 50킬로미터 떨어진 산 지미냐노 San Gimignano로 가시라.

그렇다면 중세도시에서 사람들은 어떤 주택에 살았을까? 상인과 수공업 장인들은 상점겸용 주택에, 귀족과 대상인들은 '팔라초 palazzo'라 불리는 저택에. 그렇게들 살았다. 상점겸용 주택은 전면이 좁았는데, 길을 향해 다닥다닥 붙어있었다. 이탈리아에서는 그것을 '스키에라 주택 casa a schiera'이라고 불렀다. 군대가 대형을 이루는 모습의 주택. 그런 뜻이다. 아래층은

도시를 가득 메운 탑상주택
중세 이탈리아의 많은 도시가 이랬다. 피렌체 인근 루카를 그린 것으로, 14세기의 문헌에 수록된 그림이다.
©Archivio di Stato di Lucca

상점이나 작업장으로 쓰고 위층은 주거공간으로 쓴 이런 소규모 복합건물이 중세 도시주택의 주류였다. 층수는 3층, 4층으로 계속 늘어났다. 암브로조는 2층의 상점겸용 주택을 그림 전면에 배치해 놓았다. 광장 앞이다. 그런데 이런 주택을 광장 앞에 둔 것은 사실과는 좀 다르다. 시민의 활기찬 일상을 강조하려다 보니 사실을 살짝 바꾸어 놓은 것이다.

광장이나 대로에 면해서는 팔라초가 들어섰다. 땅값이 비싼 곳에 소규모 상인주택이 들어설 수는 없었다. 수준 높은 팔라초는 15세기 즉 르네상스 시대에 등장했다. 부르넬레스키를 위시해 많은 르네상스 건축가들이 팔라초를 예술의 수준으로 올려놓았다. 그런데 14세기에 지어진 팔라초는 아직 그런 수준에 이르지 못했다. 그림 속 큰 건물들은 팔라초로 보이는데 탑상주택의 잔재를 완전히 털어내지 못했다. 건물 상부에 설치된 톱니형의 옥상 난간을 보시라. 활이나 총을 쏘거나 막기 위한 장치가 아닌가. 많은 건물의 옥상이

도시에 일반화된 상점겸용 주택
중심가에는 상점겸용 주택과 팔라초가 섞여서 이어졌다. 1927년 피렌체의 칼리말디 거리(Via Calimaldi)를 그린 것이다. 출처: Corinto Corinti, 1925~1928

유사한 모양이다. 안전과 방어가 최우선인 시대였다. 창문을 봐도 시대가 읽힌다. 첨두아치 즉 끝이 뾰족한 아치가 주종을 이루고 있다. 고딕시대의 정점이다.

지상에 세운 천상의 도시

시에나는 성모 마리아를 지극히 섬겼다. 그래서 '성모의 도시 The City of the Virgin'다. 유럽에 성모 숭배가 확산된 것은 11세기부터였다. "어머니를 잘 따르는 예수는 성모께서 바라는 바를 모두 들어주신다." 그런 믿음이 퍼진 것이다. 곳곳에 성모를 기리는 성당이 들어섰다. 파리의 노트르담 Notre-Dame, 영어로 'Our Lady' 대성당도 그중 하나다. 시에나가 굳건한 성모의 도시가 된 것은 1260년 몬타페르티 전투 Battle of Montaperti에서 피렌체에 승리하고부터다. 군사의 숫자에서 열세였던 시에나군은 전투 전날 성당에 모여 도시의 열쇠를 그녀에게 바치고 자신들을 지켜줄 것을 간절히 기도했다. 그리고 이겼다. 이후 시에나는 성모를 열성적으로 받들었다. 자연스럽게 도시의 모든 장소와 행위에 성모가 스며들었다. 1655년부터 시작한 팔리오 경마 축제Palio di Siena 역시 성모에게 감사를 바치는 행사다. 7월 2일과 8월 16일. 시에나를 이루는 17개의 커뮤니티가 겨루는 격렬한 경마 경주다. 우승을 하는 것도 중요하지만 결코 꼴찌를 하면 안 된다. 축제가 너무 소란스러워서 성모는 필시 그걸 별로 좋아하지 않을 게다.

시민들은 시에나를 '지상에 세운 천상의 도시heavenly city on earth'로 만들고자 했다. 성모가 다스리는 '신성한 도시'. 어떤 불행도 질병도 가난도 없으며, 시민 모두가 서로 믿고 사랑하고 의지하는 도시. 그리고 질서가 충만한 도시. 그런 도시여야 했다. 가장 중요한 덕목은 '질서'였다. 그건 '아름다움beauty, 강건함strength, 탁월함greatness을 갖춘 상태'로, 정부, 길드guild 같은 기관을 포함해 작은 주택부터 도시 전체에 이르기까지 모두 그래야 한다. 그렇게 될 때 라틴어로 '키비타스 데이Civitas Dei' 즉 '신성한 도시'가 된다. 이런 원대한 목표를 놓고 정부는 도시를 아름답게 만드는 사업에 매진했다. 중요한 건물과 장소를 '탁월하게' 만들고 도시 전체에 조화를 부여하는 일이었다. 9인 정부가 앞장서서 시행한 이런 사업은 시에나가 자치도시의 자격을 잃어버리는 1555년까지 이어졌다.

가장 공을 들인 곳이 캄포 광장이다. 누구나 쉽게 갈 수 있도록, 애써 도시의 중앙에 두었다. 광장의 부채꼴 윤곽은 지형의 산물이다. 도시의 Y자형 도로체계도 광장의 곡선 형상과 딱 맞아떨어진다. 9인 정부는 기존에 있던 시장 주변의 집을 모두 사들여 공간을 통일하고, 부드럽게 흘러내리

1 성모 마리아가 보호하는 시에나
1502년 제작된 목판화로, 책의 속표지로 사용되었다. ⓒArchivio di Stato di Siena

2 캄포 광장 주변
세 간선도로가 만나는 광장은 어디서든 쉽게 접근할 수 있다. 광장의 부채꼴 윤곽은 지형의 산물이지만, 부드럽게 휘어지는 길의 형상 역시 그것에 크게 작용했다. 1595년에 그려진 시에나 지도의 일부다. ⓒBiblioteca Comunale degli Intronati di Siena

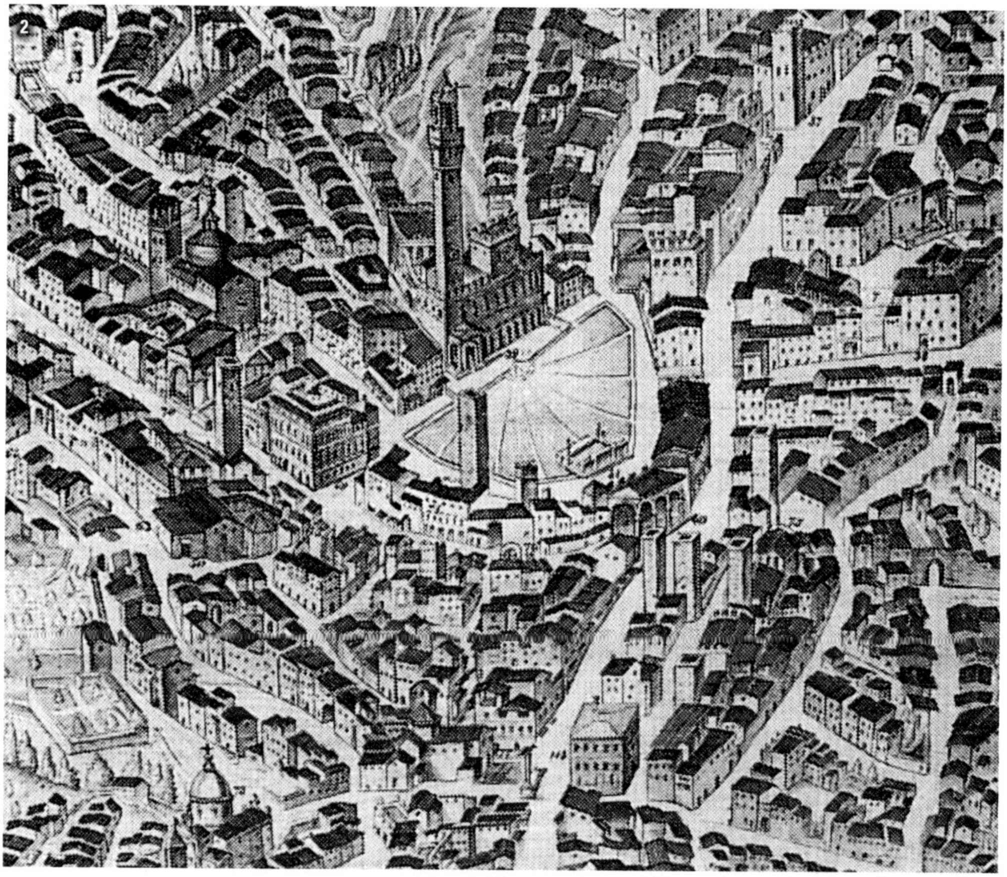

는 땅끝에 시청사와 종탑을 세웠다. 부챗살이 모이는 그곳. 누가 생각했는지 모르지만 탁월한 선택이었다. 이탈리아에 있는 수많은 도시 속 광장은 모두 저마다의 특징이 있다. 그러므로 모두 자기네 광장이 제일이라고 자랑한다. 그렇지만 캄포 광장을 넘볼 수는 없다. 멀리서 사람을 빨아들이는 흡인력, 포인트가 분명한 구심적 공간, 부드럽게 둘러싸는 표면과 그 시각적 통일성, 수평과 수직의 조화, 무엇 하나 빠지는 게 없다. 그러니 시민들이 "세상에서 가장 아름다운 광장"이라고 침이 마르게 자랑할 만했다.

    종탑 높이를 102미터로 한 것은 여러 가지를 고려한 결과다. 경쟁 도시 피렌체의 어떤 건물보다도 높아야 했고, 도시에 난립한 귀족들의 탑보

캄포 광장에서 경마 축제 팔리오가 벌어지는 광경. 그림 속 광장은 강력한 구심적 공간이다. 표면은 시각적 통일성이 분명하고, 수평과 수직의 조화 또한 두드러진다. 1818년 화가 프란체스코 넨치(Francesco Nenci)가 그렸다. ©Gescand uit tijdschrift Villa d'Arte, Wikimedia Commons

성모 마리아에게 바친 '천상의 도시'

다도 높아야 했다. 멀리 도시 밖에서도 보여야 했다.

고심 끝에 대성당의 종탑에 높이를 맞추었다. 정부의 힘은 교회의 힘과 대등하다는 신호였다. 그렇지만 대성당은 도시의 가장 높은 곳에, 시청사는 가장 낮은 곳에 있다. 이미 28미터 차이가 나는 것이다. 그러니 시청사 종탑의 실질적인 높이는 대성당의 그것보다 낮다. 성모의 체면은 유지되는 것이다. 그런데 실제는 좀 다르다. 시청사는 사람들이 가장 많이 다니는 로마나 거리와 가깝다. 따라서 사람들 눈에 보이는 시청사의 종탑은 대성당의 그것보다 높다. 어쨌든 종교의 중심과 행정의 중심이 대등하게 꼿꼿이 서 있는 광경은 여느 도시에서는 흔치 않은 것이다.

시청사와 종탑은 벽돌로 지었다. 시민의 주택 그리고 도시를 둘러싸는 성벽과 동일한 재료다. 탑의 꼭대기만 백색 대리석으로 장식했다. 흑·백을 섞어 대리석으로 지은 대성당과 완전히 다르다. 귀족들이 팔라초를 돌로 지은 것과도 대조적이다. 9인 정부는 시청사를 '축소된 시에나Siena en miniature'로 설정한 것이다. '벽돌의 도시'에 들어선 벽돌조의 시청사. 단순해 보이지만 뜻은 깊다. "도시를 다스리는 우리는 너희들 시민과 같다." 그런 뜻이다. 그런 다음 광장 주변에 새롭게 들어서는 건물의 표피는 모두 시청사의 그것에 맞추도록 했다. 창의 패턴과 리듬, 그리고 건물의 재료와 높이를 규제했다. 광장을 향해 발코니를 내는 것도 금했다. 질서와 통일성 때문이다. 상업 행위도 규제해, 가죽 제조, 정육 같은 지저분한 업종은 들어올 수 없었다.

몇 군데를 손본다고 도시가 아름다워지는 않는다. 시에나는 유럽 최초로 도시재생 사업을 했다. 로마나 거리 같은 간선가로가 집중관리 대상이었다. 정부에서는 길의 미관을 관리하는 부서를 따로 두었다. 당시 도시의 큰 골칫거리는 '발라토이ballatoi'라고 불리는 불법 설치물이었다. 암브로조의 그림에도 곳곳에 보인다. 주택을 조금이라도 넓혀보려고 2층 이상의 공간을 밖으로 돌출시킨 것이다. 무너질 위험이 있으므로 밑에서 기둥으로 받쳐야 했다. 주택이 밀집했던 중세도시에는 발라토이가 매우 흔했

1 시에나 대성당
이탈리아에서 가장 아름다운 대성당이라고 칭송되는 건물이다. 흰색과 검은색 대리석을 섞어서 만든 화려한 표면은 눈이 부실 지경이다. 볼데마르 헤르만(Woldemar Hermann)이 1832년에 그렸다. ©Dorotheum GmbH, Wikimedia Commons

2 어디서나 보이는 시청사의 종탑
영국 화가 크리스티아나 헤링햄(Christiana Harringham)이 19세기 말에 그렸다. ©The Trustees of the British Museum

성모 마리아에게 바친 '천상의 도시'

는데, 보기 흉하고, 위험하고, 통행을 방해했다. 정부는 이걸 없애면서 길의 표피를 향상시키는 사업을 꾸준히 시행했다. 도시 곳곳에 분수를 만들고 하수체계도 정비했다. 도시의 기간시설을 개선하는 데도 힘을 쏟았다는 말이다.

시에나에는 숫자 아홉을 나타내는 사인이 많다. 시청사를 앞에서 보면 가운데 건물이 높다. 이 높은 건물 상부에 설치된 톱니형의 난간을 보시라. 도드라진 판의 숫자가 아홉이다. 사방 모두가 그렇다. 캄포 광장을 내려다보면 포장된 바닥이 모두 아홉 구획으로 나뉘어 있다.

암브로조의 그림으로 다시 가보자. 전면 중앙에서 비단옷을 입은 여인들이 춤을 춘다. 그리스 신화에 나오는 아홉 여신이자 제우스 신Zeus의 딸들로, 예술과 학문을 대표한다. 한 여인은 춤 대신 탬버린을 치면서 노래를 부른다. 사실 시에나는 1338년에 공공장소에서 춤을 추거나 비단옷 같

1 발코니에서 떨어진 아이의 기적
떨어지는 아이를 복자 아우구스티누스가 날아가 구했다. 그림 속 모든 집은 불법으로 발코니를 냈다. 1328년 시모네 마르티니가 그렸고, 시에나 산타고스티노(Sant'Agostino) 교회에 있다. ©Wikimedia Commons

2 〈좋은 정부의 도시〉에 묘사된 발라토이
재력이 상당한 상인의 주택으로 보이는데, 상층부 면적 확장을 위해 저런 식의 증축을 했다. ©Fondazione Musei Senesi, Wikimedia Commons

3 시에나 시청사의 중앙부
상부 톱니형 난간의 도드라진 판의 수가 아홉이다. 1444년 캄포 광장에서 열린 집회 모습을 그린 그림의 일부다. ©Museo dell'Opera del Duomo, Wikimedia Commons

이 튀는 옷 입는 것을 금했다. 그런데 암브로조는 아랑곳하지 않고 여인들을 크게 그렸다. 왜 아홉인가? 짐작하실 것이다. 9인 정부를 상징하는 것이다. 여인들이 그리는 서클은 원이 아니다. S 커브. 시에나란 뜻이다.

번성하던 시에나에 1348년 흑사병이 덮쳤다. 5만을 헤아리던 공화국의 인구가 3분의 1로 줄어버렸다. 주력산업인 금융업은 심각한 타격을 입었다. 경쟁 도시 피렌체와 밀라노는 흑사병의 피해를 딛고 일어섰으나 시에나는 계속해서 흔들렸다. 로렌체티 형제도 흑사병으로 죽었다. 9인 정부는 1355년 문을 닫아야 했고, 밀라노의 비스콘티Visconti 가문에게 정권을 내주었다. 어찌어찌 통치권을 간신히 되찾았으나 오래 가지는 못했다. 스페인과 피렌체의 동맹군, 그들과의 싸움에서 패하면서 공화국은 문을 닫았다. 18개월을 버텼으나 역부족이었다. 1555년 4월 17일이었다. 도시의 융성도 거기서 멈추었다. 덕분에(?) 우리는 거의 완전한 모습으로 남아 있는 중

시에나

세도시를 볼 수 있게 되었다. 도시는 망했지만 암브로조의 그림은 전성기의 산물로 천연히 남아 있다. 그리고 이렇게 말하고 있다. 이 시대의 위정자들은 새겨서 들어야 한다.

한 나라를 다스릴 기회를 잡았다면, 아무쪼록 개인적인 욕심을 버리시오. 그리고 공공의 선을 위해 최선을 다하시오. 정의가 상실된 사회로 몰아가면 안 됩니다. 아차 하는 사이에 나라는 폭삭 망하고 국민의 삶은 피폐해집니다.

그리고 이렇게 이어간다.

도시는 함부로 만들어가는 게 아니오. 그건 철학의 산물이오. 질서가 바탕에 깔리지 않는다면 그리고 시민정신이 토대를 이루지 않는다면 그건 천박한 흉물이 되어버린다오. 돈과 욕망이 지배하는 괴물이…

1 춤추는 여인들
한 여인은 탬버린을 치면서 노래를 부르고, 아홉 여인은 춤을 춘다. 제우스 신의 딸들이다.
©Fondazione Musei Senesi, Wikimedia Commons

2 전쟁이다
1526년 피렌체는 교황 군대와 연합해 시에나를 공격했다. 시에나는 카몰리아 성문(Porta Camollia) 앞에 성모의 그림을 내걸고 싸워서 이겼다. 지오반니 디로렌초(Giovanni di Lorenzo)가 그렸다. 시에나는 이후 30년을 못 버티고 패망했고, 공화국은 문을 닫았다. ©Archivio di Stato di Siena, Wikimedia Commons

성모 마리아에게 바친 '천상의 도시'

제2화

카이펑 開封

중국 최고의 그림에 담긴 번성한 중세도시

〈청명상하도〉 장택단, 12세기 초반

카이펑 開封

중국의 국보 중의 국보

폭 25센티미터, 길이 5미터 남짓의 한 폭 두루마리 그림. 〈청명상하도淸明上河圖〉. 중국 북송北宋, 960~1127 말기 그러니까 1120년경 수도 카이펑開封의 모습을 그렸다. 중국인들은 이 그림을 '중국제일화中國第一畵' 즉 '국가 최고의 그림'으로 모신다. 국보 중의 국보다. 외국인에게는 '중국의 모나리자'라고 설명하는 게 제일 빠른 모양이다. 중국 어디서나 볼 수 있다. 정부청사 귀빈실, 고급 음식점, 호텔 로비 같이 폼을 잡아야 하는 공간에서는 으레 이 그림이 한 벽을 차지한다. 행상이 들이미는 기념품 중에는 이 그림을 복제한 허접한 화첩은 절대 빠지지 않는다. 매번 줄을 서야 하는 서울 서촌의 작은 중국집에도 이 그림을 모사한 큰 도자기 두 개가 놓여있다. "중국인이 있는 곳에는 꼭 이 그림이 있다"고 하면 틀린 말이 아니다.

진본은 고궁박물원, 베이징에 있다. 180만 점의 문화재를 소장하고 있는 세계 최대의 박물관. 2013년 8월, 이곳에서는 소장품 중 최고의 보물을 뽑는 행사가 열렸다. 전문가 추천과 각계 인사 투표를 통해 일차로 115점을 추려낸 다음 다시 순위를 매겼다. 〈청명상하도〉가 1위. 그리 귀하니 고궁박물원 밖에서 하는 전시는 몇 년에 한 번 할까 말까다. 1953년 고궁박물원에 소장된 이후 외출은 단 네 번. 2002년 상하이, 2004년 선양, 2007년 홍콩, 2012년 일본 도쿄, 그

〈청명상하도〉의 중심이 되는 홍교
화가는 그림에 등장하는 수많은 사람, 건물, 구조물, 동물을 모두 생생하고 다르게 그려 넣었다. 그 생동감과 디테일이 이 그림을 도시그림의 백미로 꼽히게 한다.
ⓒ고궁박물원, 베이징, Wikimedia Commons

카이펑 開封

게 다였다. 도쿄는 첫 외국 나들이였다. 전시만 하면 사람이 구름처럼 몰려든다. 몇 시간을 기다려야 간신히 입장할 수 있는데 구순 노인이나 말기 암 환자도 그걸 마다하지 않는다.

장택단張擇端, 1085~1145이 그렸다. 복제본과 모방본도 많다. 명대明代, 1368~1644의 화가 구영仇英, 1494?~1552이 그린 〈청명상하도〉가 대표적인 모방본이다. 구영이 그렸다는 〈청명상하도〉는 20점 가까이 되는데, 랴오닝성박물관에 있는 것은 진짜다. '청원본淸院本'이란 딱지가 붙은 〈청명상하도〉는 청대淸代, 1616~1912 건륭乾隆 원년 그러니까 1736년에 제작된 것이다. 당시 황제가 진본을 몹시 보고 싶어 했으나 구하지 못하자 진매陳枚, 1694?~1745를 위시한 5명의 궁정 화가가 그려서 바쳤다. 타이페이 고궁박물원에 있다. 이렇게 명·청대에 제작된 〈청명상하도〉는 주로 쑤저우를 모델로 그린 것이다. 그러므로 화풍, 색조, 대상, 크기 등 여러 측면에서 장택단의 그림과는 다르다. 현재 〈청명상하도〉라는 이름을 달고 세계 곳곳에 모셔져 있는 그림은 40점이 넘는다.

2016년 가을 우리나라 국립중앙박물관에서 〈미술 속 도시, 도시 속 미술〉이란 특별전시회가 열렸다. 그때 구영의 〈청명상하도〉와 〈성세자생도盛世滋生圖〉가 우리나라에서 처음 공개되었다. 〈성세자생도〉는 이 책 뒤에 나온다. 구영의 〈청명상하도〉는 며칠 전시하다가 이내 복제품으로 교체되었다. 가서 찬찬히 보았으나 눈에 차지 않았다. 비록 사진판을 통해서라도 장택단의 진본이 눈에 익은 사람에게 다른 〈청명상하도〉는 '글쎄'다. 구영의 〈청명상하도〉는 '청원본'보다 질이 높다고 알려져 있다. 길이 10미터에

1 구영이 그린 〈청명상하도〉의 홍교 부분
기품있는 채색으로 풍부한 내용을 담아 넣었다. 그래도 장택단의 진본을 따라갈 수는 없다. 흥미롭게 홍교는 나무다리가 아니고 돌다리로 묘사되었다. ⓒ중국 랴오닝성박물관, 선양

2 청원본 〈청명상하도〉의 홍교 부분
'청원본'이란 청나라 궁정 화가들이 그렸다는 뜻이다.
투시도 기법까지 가미된 이 그림은 곱고 산뜻하며 치밀하다.
ⓒ국립고궁박물원, 타이페이, Wikimedia Commons

이르는 그야말로 대단한 그림으로, 생동감 넘치는 구성과 기품 있는 색채감을 자랑한다. 그렇지만 진본이 존재하는 한 늘 그것에 밀린다. 나머지 2, 3차 모방본이야 더 말할 것도 없다.

〈청명상하도〉란 그림! 아, 탐나고 탐나도다

진본 〈청명상하도〉가 발산하는 개성은 압도적이다. 우선 등장인물이 엄청 많다. 550명이 넘는 사람이 등장하는데, 600명 또는 800명에 가깝다는 주장도 있다. 사람뿐 아니고 건물, 가구, 동물, 식물, 일용품 등 세상의 거의 모든 것이 등장한다. 100채 이상의 집과 누각, 60마리 이상의 가축, 170여 그루의 나무, 25척의 크고 작은 선박, 15량의 수레, 8채의 가마 등. 화가는 그 모두를 섞어서 하나의 화폭에 녹여 넣었다. 밀도감이 대단하다. 더욱 놀라운 것은, 사람도 동물도 물건도 그 표정, 동작, 복장, 조형 등 같은 것이 없다는

〈청명상하도〉 속 거리의 모습
사람들의 다양한 행위, 상인들의 표정과 몸짓, 마차를 끄는 소의 머리와 근육, 수레의 디테일, 어디 하나 적당히 그린 것이 없다.
©고궁박물원, 베이징, Wikimedia Commons

사실. 모두 개성 있고 생동감이 넘친다. 어떻게 그렇게 그릴 수 있었을까? 그저 경이로울 뿐이다.

〈청명상하도〉. 그건 단순한 그림을 넘어 한 편의 대서사시이자 고맙기 짝이 없는 학술자료다. '송대의 백과사전'이라고 불릴 만큼 당시의 온갖 것이 그려져 있으니 무엇이 부족할까. 게다가 화가의 묘사는 그림의 한계를 넘어섰다고 할 만큼 정교하고 치밀한지라 추정이나 유추가 필요 없다. 홍교, 성문 같은 복잡한 건축물도 실제 비율과 구조에 맞춰 벽돌 한 조각 기와 한 장까지 정확하고도 세밀하게 그려냈다. 〈청명상하도〉는 거대한 논문집이다. '청명상하학清明上河學'이라는 학술 분야가 생길 정도니 더 말해 무엇하랴. 관심 영역은 미술에 한정되지 않고 역사, 건축, 선박 기술, 민속, 식문화, 사회사, 교량 기술, 토목, 복식사에 이르기까지 실로 너르다.

그걸 그려낸 장택단. 그는 어떤 사람이었을까? 북송의 한림도화원翰林圖畫院에 속한 궁정 화가였다는 사실. 그밖에는 알려진 게 별로 없다. 〈청명상하도〉에 적힌 발문그림 내용이나 소장 경위를 간략히 적은 글 중에 이런 내용이 있다. "(그는) 어릴 적부터 책을 좋아했다. 카이펑에 와서 과거시험을 보았는데, 낙방한 이후 그림으로 전향했다. 배, 차, 다리, 길, 건축물을 잘 그렸다." 그가 미치광이 화가였다는 설도 있다. 카이펑에 공부하러 온 이 시골 선비는 고도의 번화하고 아름다운 광경에 취한 나머지 공부는 포기하고 환쟁이가 되었다. 그리고 일정한 거처도 없이 돌아다니면서 온 힘을 다해 〈청명상하도〉를 그렸다. 이후 우연히 임금 휘종徽宗, 재위 1100~1125을 만나 그림을 그에게 바쳤고, 그것에 반한 임금은 그를 한림도화원에서 일하게 했다는 것이다. 명·청대 화단에 떠돌던 얘기다.

떠돌던 얘기. 조금 더 옮겨본다. 이 그림이 얼마나 사람들을 매료시켰는가에 관한 이야기다. 북송이 망하자 그림은 금金, 1115~1234을 거쳐 원元, 1271~1368의 궁정에 수장되었다. 궁정의 표구 장인이 그걸 가짜와 바꿔치기해 빼돌렸고, 그때부터 주인은 수시로 바뀌었다. 그림 뒤에 붙은 발문만 14개다. 《금병매金瓶梅》란 중국의 포르노 소설이 이 그림 때문에 나왔다는 이야기. 그건 이렇다. 명나라 최고의 간신 엄숭嚴嵩, 1480~1567이 이 그림을 몹시 탐내어 소유자인 왕여王忬에게 팔기를 강요했다. 왕여는 고심 끝에 모사품을 만들어 엄숭에게 보냈는데, 당시 최고의 문필가 당형천唐荊川은 그게 가짜라고 엄숭에게 일러바쳤다. 왕여는 죽임을 당했다. 유명한 문인이었던 왕여의 아들 왕세정王世貞. 그는 3년 동안 《금병매》를 썼고, 그걸 당형천에게 선물로 보냈다. 매 페이지 끝에 독毒을 묻혀서. 책장을 넘길 때 침을 바르는 습성이 있던 당형천은 중독으로 죽어버렸다.

〈청명상하도〉가 중국 국보가 된 과정도 사뭇 극적이다. 1800년경 그림은 다시 청의 황실 소유가 되었다. 1912년 청이 망하자 그림은 마지막 황제 부의溥儀, 1906~1967의 손에 들어갔다. 그는 동생을 시켜 1,000점 이상의 황실 보물을 빼돌렸고, 그걸 만주국의 수도 창춘으로 옮겼다. 만약 부의가 빼돌리지 않았으면 그건 모두 장개석張介石, 1887~1975의 국민당에 의해 타이완으로 옮겨졌을 것이다. 역사의 아이러니다. 일본이 패망하자 부의는 그걸 몽땅 들고 일본으로 망명을 시도했으나 소련군에 붙잡혀버렸다. 선양의 둥베이박물관라오닝성박물관의 전신 창고에 처박혀 있던 그림은 1950년 양인개楊仁愷, 1915~2008란 걸출한 감식가의 눈에 띄었고, 진품으로 되살아났다. 구영의 모방본도 함께 빛을 보았다. 근대 중국 미술사 '최대의 발견'이었다. 부의가 빼돌린 보물 중 '절품絶品'으로 판정된 백여 점이 고궁박물원으로 옮겨졌다. 〈청명상하도〉의 금의환향이었다.

카이펑, 역사상 최초의 도시다운 도시

장택단이 그린 카이펑은 어떤 도시였을까? 북송에는 수도가 넷 있었다. 동·서·남·북에 하나씩. 그중에서 북경北京, 남경南京은 존재가 미미했고, 서경西京인 뤄양은 어느 정도 역할이 있었다. 실질적인 수도는 황궁이 있는 동경東京 즉 카이펑이었다. 카이펑은 이전의 중국 도시들과는 본질적으로 달랐다. 당唐, 618~907의 창안오늘날의 시안을 보면 그걸 알 수 있다. 창안과 카이

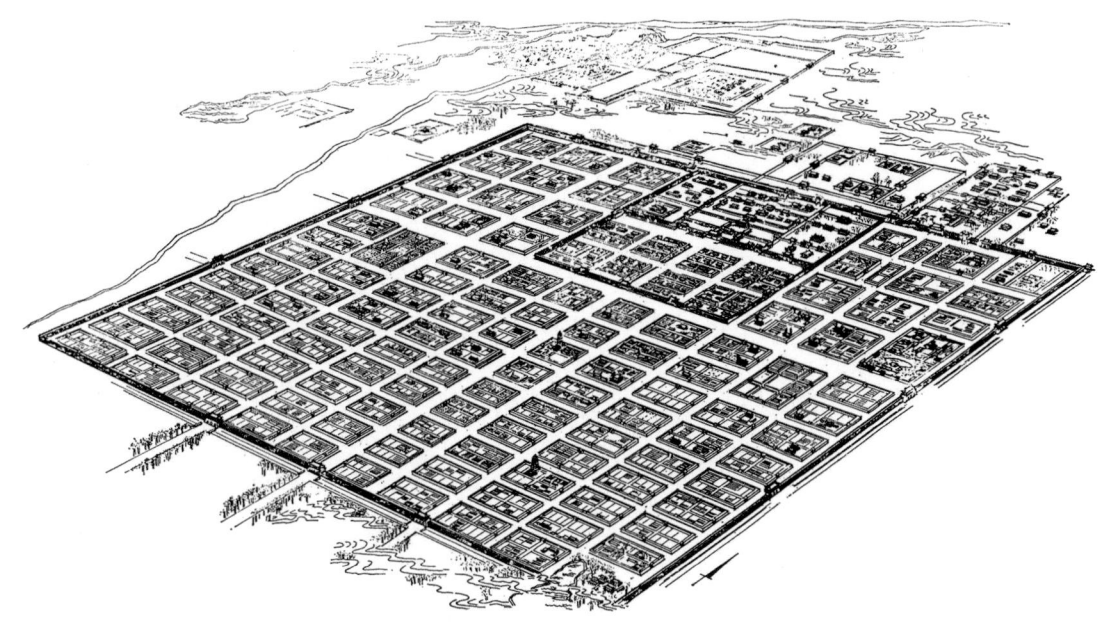

바둑판 같은 창안의 공간 구성
방벽으로 둘러싸인 주거지는
각각이 고립된 별세계다.
황궁에서 뻗어 나온 주작대로가
도시를 동·서로 딱 구분하고 있다.
그린 사람 미상

평은 모두 인구 백만이 넘는 대도시였는데, 도시를 구성하고 운영하는 시스템은 딴판이었고, 풍속과 경관도 완전히 달랐다. 창안 인구의 주류는 귀족, 관료, 군인이었으나, 카이펑의 주류는 상인이었다. 상업이 번성한 것이다. 카이펑에는 서민의 삶이 펼쳐졌고, 다양한 도시문화가 전개되었다. 중국 역사에 처음으로 나타난 도시다운 도시였다. 송대를 일컬어 '도시의 시대'라고 하는 것이 이 때문이다.

타임머신을 타고 1200년을 돌아가서 창안을 위에서 내려다볼 수 있다면, 믿기 어려운 광경에 놀라게 될 것이다. 거대한 바둑판. 높은 벽으로 착착 구분된 주거지. 이게 도시인가, 병영인가, 수용소인가? 도시에는 '방坊'이라고 불리는 110개의 주거지가 있었다. 숭인방, 태평방 같은 고상한 이름

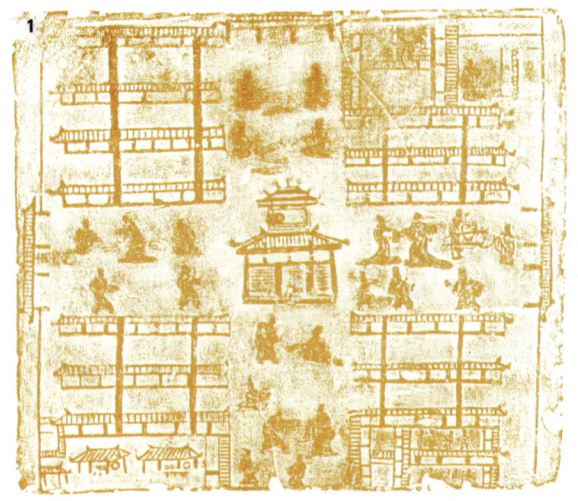 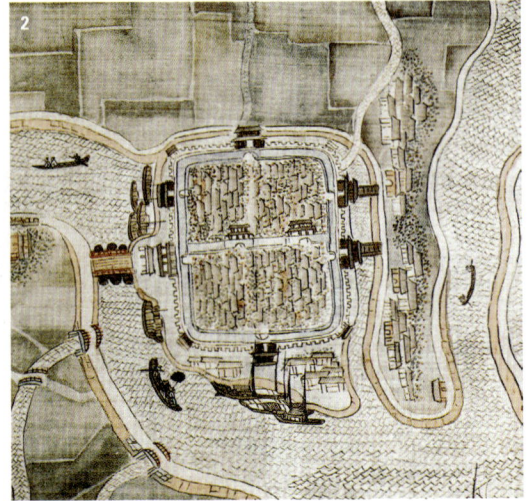

1 한나라 시대 벽돌의 탁본
벽으로 둘러싸인 중국 도시의 주거지 모습이다. 중앙에 있는 건물에서 북이나 종을 울려 통행의 금지와 허락을 알리고, 주민도 감시했다. 벽돌은 청두박물관에 있다. ©중국 청두박물관

2 그림 속 중국 도시
강으로 둘러싸인 소규모 도시지만 분명한 정사각형 형상을 취한다. 청대에 제작된 두루마리 그림의 일부다. 출처: *National Museum of Chinese History* (ed.), 1997

이 붙었지만, 방벽坊壁으로 둘러싸인 고립된 주거지였다. 아침저녁 문을 열고 닫았다. 통금제도가 있었으므로 야간 외출은 불가능했다. 황궁은 도시의 북쪽에 있었고, 거기서 뻗어 나온 거대한 길 주작대로는 도시를 동·서로 구분했다. 그리고 시장은 동·서 각 한 군데씩 있었다. 그런 도시를 걷는다고 상상해보시라. 보이는 것은 높은 벽뿐이었을 것이다.

송대 이전의 중국 도시는 통치를 위해 만든 황제 직속의 '출장소'였다. 철저히 보호하고 관리해야 했다. 성으로 둘렀고, 벽으로 주거지를 보호했다. 그런 도시를 '성시城市'라고 불렀다. 성城과 시장市場이 결합된 장소라는 의미다. '성'이란 단순히 성곽이라는 물리적 실체만을 뜻하는 게 아니고 '황제의 권위가 존재하는 곳' 또는 '신성한 곳으로 특별히 보호해야 하는 지역'을 의미했다. 그런 성시 중에서도 왕이 거하는 국가의 중심도시는 특별히 '도성都城' 또는 '제도帝都'라고 불렀다. 권력의 핵심이 되는 신성한 도시라는 의미다. 중국

의 모든 성시는 정사각형으로 만들었다. 도성은 물론이고, 수령이 왕을 대리해서 통치하는 주성州城, 주를 다스리는 도시과 현성縣城, 현을 다스리는 도시도 그랬다. 천원지방天圓地方 즉 하늘은 원형이고 땅은 정방형이라는 믿음에 근거하는 것이다. 철저한 형식주의였다.

    통치를 위한 도시가 아니라면 그럴 필요는 없었다. 특산물을 만들고 거래해 사람이 모여들면 큰 취락을 이루게 된다. 그런 곳은 '진鎭'이라고 불렀는데 아무리 번성해도 '도시'로 치지 않았다. 도자기로 유명한 징더전 그러니까 경덕진景德鎭이 바로 그런 사례. 중국 제일의 도자기 산지로 청대에는 수십만 인구가 살았다. 그렇지만 성시가 아니었으니 성벽도 방벽도 처음부터 없었다. 이렇듯 중국 도시는 발생 단계부터 역할과 자리매김이 엄격했다. 그런데 카이펑은 처음으로 그런 틀에서 벗어났다. 상업이 두드러지게 발전하자 비록 '성시'라 하더라도 통제된 도시로 존재하기 어려워진 것이다. 방벽으로 둘러싸인 도시와 주거지는 상업활동에는 맞지 않았다. 따라서 성은 그대로 두되 내부의 방벽은 허물어버릴 수밖에 없었다. 방벽의 소멸은 온갖 규제로부터 사람들을 해방시켰다. 바야흐로 '성城'의 기능은 쪼그라들고 '시市'가 우위를 점하게 된 것이다.

    제국의 수도 카이펑에 상업이 발달한 이유가 무엇일까? 바로 쌀과 수운 때문이었다. 곡창지대인 강남에서 생산한 쌀은 징항대운하京杭大運河를 통해 화북지방으로 운반되었다. 중국의 강남이란 양쯔강 이남을 말한다. 강남에서 출발한 쌀을 뤄양, 창안 등 내륙 주요 도시로 운반하기 위해서는 대운하에서 황허로 옮겨 실어야 했다. 그 지점이 카이펑이었다. 비단 쌀뿐 아니고 각종 물자가 강남으로부터 오거나 보내졌다. 수운의 요충이었던 것이다. 매년 600만 석이 넘는 쌀이 운하를 통해서 도시로 들어왔다. 대운하의 본류에서 카이펑으로 통하는 지류의 이름은 변하汴河. 기존에 있던 작은 하천 변수汴水를 확장해서 큰 배가 다닐 수 있게 만든 인공하천이었다. 그게 바로 〈청명상하도〉의 주인공이다.

    카이펑은 궁성, 내성, 외성, 삼중의 성벽을 가지는 철옹성 같은 도시였

다. 외성은 한 변이 30킬로미터에 달했는데, 성벽은 특별히 두텁고 견고했다. 대평원에 자리해 수비에 불리한데다 황허가 자주 범람해서 도시를 덮쳤기 때문이다. 궁성을 중심으로 좌우대칭의 구성을 취했고 중심 도로인 '어가御街'가 남북을 가로질렀다. 크고 작은 길이 반듯반듯 뚫렸고, 주로 단층 규모의 집이 들어서 있었다. 이런 도시에 활력을 불어넣은 것이 바로 변하였다. 변하는 도시의 동남쪽에서 진입해서 내성을 동서로 가로질러 서쪽으로 빠져나갔다. 따라서 번화가는 도시의 동쪽에서 생기기 시작해서 도시 전체로 퍼졌는데, 역시 도시의 동남쪽이 가장 번성했다.

카이펑에는 변하 이외에도 세 줄기 운하가 더 있었다. 산둥에서 들어오는 오장하五丈河, 허난으로 이어지는 채하蔡河, 그리고 북서쪽에서 들어와 궁성으로 이어지는 금수하金水河. 이렇게 거대한 수운의 동맥들이 반듯하고 단정했던 도시를 바꿔놓았다. 모든 규제와 방벽을 허물어버린 것이다.

1 카이펑을 재현한 모형
내성이 궁성을 둘러싸고 그걸 다시 외성이 둘러싸는 견고한 도시다. 궁성 전면으로 중심 도로가 뻗어나가는 좌우대칭의 반듯한 구성을 취한다. 이런 도시가 운하로 인해서 활기가 넘치는 도시로 변해갔다.
©Gary Todd, Wikimedia Commons

2 도시 속 〈청명상하도〉의 공간적 범주
그림은 도시의 동남쪽 외곽과 성내의 일부 공간만을 그린 것이다(표시한 부분). 절반이 잘려서 없어지지 않았다면 도시 서쪽 외곽의 호수 금명지까지 그림에 담겼다고 한다. 저자 다시 작도 ©趙廣超

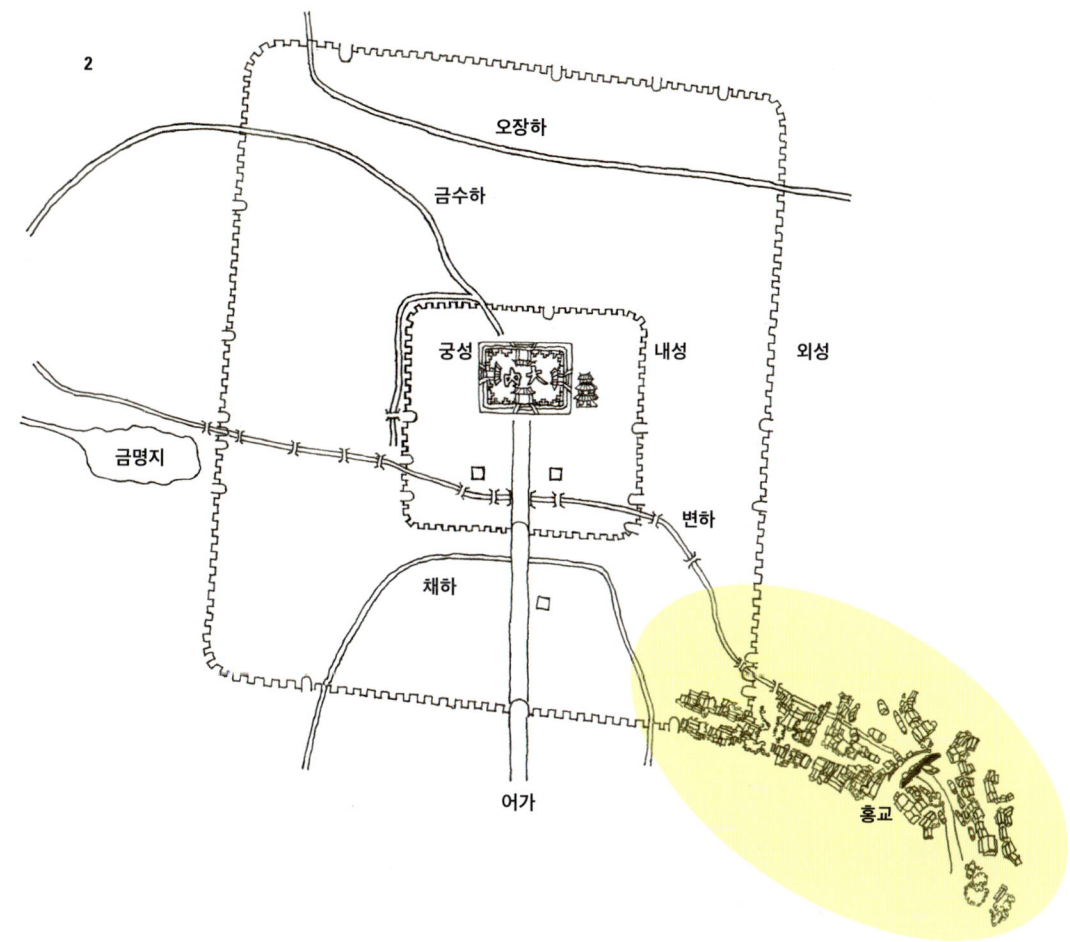

상점, 여관, 음식점, 술집, 환락가가 이어졌고, 번화가에는 큰 건물이 줄지어 들어섰다. 산둥 출신의 시골뜨기 장택단의 눈에 비친 카이펑은 경이로움 그 자체였을 것이다. 그러니 그것을 화폭에 담겠다고 마음먹은 것은 어쩌면 자연스러운 일이었다. 그것을 한 권의 책에 담은 사람도 있다. 북송 말기 카이펑에서 23년을 살았던 맹원로孟元老, 출생·사망 미상가 쓴 《동경몽화록東京夢華錄》에는 도시의 거의 모든 것이 묘사되어 있다. 그 책을 보면 그림 속 수수께끼도 술술 풀린다.

이제 '청명상하淸明上河'의 뜻이 통한다. '청명'은 청명절淸明節이다. 4월 초순. 조상을 기념하는 명절로, 성묘하고 제사 지내고 봄나들이도 한다. '상하'는 바로 변하다. 변하가 황제의 도시를 흐르는 강이므로 높여서 상하로 부른 것이다. '국가를 대표하는 강'이라는 의미를 담고 있다. 물론 공식 문서에만 그렇게 썼을 것이다. 그러니까 '청명상하'는 '청명절의 카이펑'이란 뜻이다. 제목을 〈청명상하도〉라고 정중하게 붙인 걸 보면 그림은 분명 황제의 공덕을 찬양한다. 이렇게 말이다.

천하가 태평한 봄날, 황제의 은덕으로 살아가는 신민 모두의 생활이 풍요롭고 즐겁습니다. 이런 꿈의 땅을 만들고 경영하는 이는 바로 황제이십니다.

'꿈의 땅'을 그리기 위해 화가가 선택한 장소. 그곳은 어딘가? 이런저런 설이 많다. 우선 무지개다리 홍교에 주목하는 입장이다. 《동경몽화록》에 이런 구절이 나온다.

동수문東水門 밖에서 7리를 가면 홍교라 불리는 다리가 나온다. 교각을 사용하지 않고 커다란 나무를 사용해 공중에서 받치고 있는 아치식 다리로, 붉은색으로 칠해 마치 하늘에 걸린 무지개와 같았다.

바로 그곳 일대를 그린 것이라는 주장이다. 나는 그 주장을 받아들인다. 특정한 곳이 아닌 화가의 상상 속 장소를 그렸다는 사람도 있고, 카이펑의 '평균적 변두리 시가'를 그렸다는 사람도 있다. 어떤 역사적 기록도 없으니 확인할 길이 없다.

카이펑의 교외 모습

〈청명상하도〉는 5미터가 넘는 긴 그림이지만 사실은 도시의 극히 일부분을 그린 것이다. 카이펑 동남쪽 외곽, 홍교 일대. 비록 영역은 작아도 있을

1 나귀 무리
그림의 도입부. 한 무리의 나귀가 아침을 깨우듯 개울을 따라 다가온다. ©고궁박물원, 베이징, Wikimedia Commons

2 들어오는 사람들과 나가는 사람들
말 탄 상인은 성밖으로 나가고, 가마를 앞세운 한 가족은 성을 향해 발걸음을 재촉한다. ©고궁박물원, 베이징, Wikimedia Commons

것은 다 있다. 농촌, 수변의 상업지, 성안의 도시지역. 이 세 장소를 분리하고 연결하는 매개체는 홍교다. 화가는 홍교를 중심에 놓고 그림의 분위기를 바꾼다. 한적한 교외에서 번화한 도시로. 극적이다. 카이펑의 난숙한 도시문화를 '반전'이라는 수법을 통해 펼쳐낸 것이다. 한 편의 영화처럼. 독자 여러분도 이 그림을 그렇게 읽어보시라. 그럼 일단 홍교를 건너기 전까지 걸어본다.

우선 한적한 농촌을 바라본다. 목가적인 장면을 보여주고 번화한 도시로 이끄는 수법. 화가는 의도적으로 경계를 오고 간다. 농촌에서 도시로, 이른 아침에서 대낮으로, 육지에서 운하로, 그리고 삶에서 죽음으로. 그림의 첫 부분이 재미있다. 개울을 따라 걸어오는 한 무리의 나귀. 나귀들은 고요한 아침을 깨우듯 따각 따각 소리를 내면서 다가온다. 대

조법이다. 농촌을 조금만 지나면 사람들의 발길이 분주하다. 성밖으로 나가는 말 탄 상인, 가마를 앞세우고 성을 향하는 가족. 들어가는 사람들과 나가는 사람들. 가마를 인도하는 하인과 짐 진 노복, 그리고 말 탄 주인. 대조법이다. 화가는 그림에서 이런 대조를 무수히 보여준다.

　농촌을 벗어나자 화가는 운하와 상업지를 아래·위로 나란히 보여준다. 우선 위로 간다. 나루터와 연계된 성밖 상업지. 찻집, 만둣집, 술집 등 상점의 종류가 다양하다. 찻집은 장대를 올려 깃발을 다닥다닥 매달았다. 늘어놓은 탁자들은 길을 침범한다. 송대 이전에는 상상할 수 없는 모습이다. 내건 간판들도 흥미롭다. '소주小酒'? 이건 맑은 증류주인 소주燒酒가 아니고 서민들이 마시는 값싼 양조주다. 막걸리. 중국에서 탁한 술을 맑게 증류하는 기술은 원대元代, 1271~1368에 들어왔다. 그러니까 이 그림을 그렸을 시절에는 맑은 증류주는 없었다. '왕씨지마王氏紙馬'. '지마를 파는 왕가네 집'인데, 그게 뭘까? 지마는 제사 때 대문이나 묘지에 붙이는 색종이다. 술집 바로 옆에 있는 색종이 가게. 삶과 죽음의 경계를 넘나든다.

　제일 흔한 가게는 찻집이다. 중국인에게 차를 마시지 말라는 건 죽으라는 뜻이다. 영국의 홍차든 일본의 녹차든 원산지는 모두 중국이다. 차는 중국 최고의 발명품이다. 중국 의약·농업의 창시자로 알려진 신농씨神農氏

가 산야를 다니며 약초를 구한 끝에 차에 해독의 효능이 있다는 사실을 알아냈다는 것이다. 차가 음료가 된 것은 한대漢代, BC202~220였다. 처음에는 황제나 귀족들만 즐겼는데 생산 기술과 유통체계가 확립되어 당대唐代에는 서민에게도 보급되었다. 당의 창안에는 찻집이 곳곳에 있었다. 송대가 되자 제조가 어렵고 비싼 고형차固形茶, 찻잎을 잘게 빻아 틀에 넣어 굳힌 것 대신에 값싼 엽차葉茶가 보급되었다. 덕분에 차가 서민 생활에 더욱 깊숙이 들어올 수 있었으니, 카이펑 번화가에는 찻집이 수십 미터씩 이어졌다.

운하에는 많은 배가 떠 있다. 송의 선박 제조 기술은 세계 최고였다. 얇은 목판을 촘촘히 겹쳐서 선체를 만드는 기술이 독자적이었다. 제일 많은 것은 화물선. 바닥이 평평해서 선체가 수면에 바짝 깔린다. 그다음은 여객선. 날렵하게 길고 창이 많다. 화려하게 장식했고, 차양도 달았다. 강남에서 카이펑까지 배로 6개월. 그야말로 크루즈다. 시설을 잘 갖추어야 했다. 여객선 겸용 화물선도 보이고, 유람선도 보인다. 그림에는 동력이 없는 배를 정박하는 모습도 그렸다.

1 나루터의 가게들
찻집, 술집, 만둣집 등 종류가 많다. 찻집은 길에 탁자를 늘어놓았다. 당시 차는 서민에게까지 널리 보급되었다.
©고궁박물원, 베이징, Wikimedia Commons

2 다양한 선박
25척의 선박이 등장한다. 앞에 보이는 두 배는 여객선이다.
©고궁박물원, 베이징, Wikimedia Commons

1 홍교는 그림의 중심이다
보행인과 구경꾼이 뒤섞였고, 노점상도 많이 보인다.
ⓒ고궁박물원, 베이징, Wikimedia Commons

2 혼잡한 다리
다리 위는 입추의 여지가 없는데, 주인을 모신
하인들(동그라미 속)이 먼저 지나가겠다고 다툰다.
ⓒ고궁박물원, 베이징, Wikimedia Commons

긴 밧줄을 돛대에 묶었고 강기슭에서 여러 명의 인부가 끌고 있다. 뱃머리에 서 있는 사람들은 긴 막대기를 들었다. 배를 서로 밀어내거나 당길 때 사용하는 도구다.

홍교를 건너 도시로

홍교는 그림의 중심이자 클라이맥스다. 화가의 의도대로 그곳을 좀 실감나게 읽어본다. 다리 아래는 지금 난리가 났다. 여객선 한 척이 거센 물살에 밀려 미처 돛도 눕히지 못하고 다리를 만났다. 선원들은 갖은 애를 쓴다. 한 사람은 장대로 다리를 밀어 버티고 있다. 모두 24명이나 되는 사람들이 배 위에서 허둥댄다. 다리 위 구경꾼들이 더 난리다. 난간을 넘은 자들도 있다. 밧줄을 던지고 소리를 질러댄다. "조심해!!"

3 곤경에 처한 배
미처 돛을 눕히지 못한 배가 다리를 만났다.
선원들은 허둥지둥 난리가 났다.
©고궁박물원, 베이징, Wikimedia Commons

4 다리 건너 술집 겸 음식점
전면에 특별한 구조물 '채루환문'이 서 있다.
환영한다는 사인이다.
©고궁박물원, 베이징, Wikimedia Commons

1 약 파는 좌판 아저씨는 달변이고, 바퀴 수리점 아저씨는 늘 바쁘다.
2 양고기 레스토랑 앞 번화가에는 꽃이나 죽세공품을 파는 행상이 성업 중이다.
3 귀한 집 여성은 가마를 탔고, 가마 속에서도 의자에 앉아서 갔다.
4 두세 마리 소가 끄는 지붕 덮인 수레는 오늘날 택시의 역할을 했다.
ⓒ고궁박물원, 베이징, Wikimedia Commons

다리 위도 입추의 여지가 없다. 구경꾼과 보행인이 뒤섞였다. 많은 노점상은 다 불법이다. 호객은 물론이고 옷소매도 당긴다. 다리 한가운데서 부잣집 하인들이 서로 비키라고 다툰다. 북쪽에서 두 남자가 말을 타고 다리에 올랐고 남쪽에서는 가마가 올랐다. 딱 맞닥뜨리자 우긴다. "절대 비키지 않을 거야!!"

홍교를 건너면 마주치는 2층 건물은 술집 겸 음식점이다. 전면에 이상한 구조물이 서 있다. 통나무를 가로·세로로 엮어 세운 '채루환문彩樓歡門'. 환영한다는 사인이다. '새 술新酒'이라고 쓴 천을 높이 매달았고, 대문 양쪽에는 '천지天之' '미록美祿'이라 내걸었다. '술은 하늘이 내린 아름다운 하사품'이란 뜻이다. 입구 옆 등燈에 '십천각점十千脚店'이라 썼다. 각점은 정식 면허를 받지 않은 음식점이다. 건물 안 사람은 모두 의자에 앉아 있다. 사실상 도시 전체가 의자와 탁자를 사용한다. 원래 좌식생활을 했던 중국인은 당대에 들어와 의자와 탁자가 생활가구로 정착되면서 입식생활로 전환했다. 송대에 만들어진 생활가구는 중국의 기본형이 되어 이후에도 계속 사용되었다.

성을 향하면 네거리도 만나고 광장도 만난다. 사람도 많고 탈 것도 많은데, 나귀가 사람 다음으로 많다. 등에 짐을 싣거나 사람이 혼자 타고 다닌다. 나귀가 끄는 수레도 흔하다. 네 마리 나귀가 끄는 수레는 큰 짐을 나르는 용달차다. 점잖은 남자들은 말을 타고 다녔다. 소도 제법 등장한다. 두세 마리의 소가 끄는 수레에는 지붕을 씌웠는데, 오늘날의 택시 또는 승용차의 역할을 했다. 당시 카이펑에는 사료를 만들어 공급하는 업자가 많았다. 교통의 동력인 나귀나 말의 사료는 오늘날의 휘발유다. 가마도 눈에 많이 띈다. 두 사

성문 앞 광장의 한구석
작은 점집은 영업이 잘되는 모양이다. 큰 대문집은 사합원인데 보아하니 관공서가 아니면 왕족의 저택이다.
ⓒ고궁박물원, 베이징, Wikimedia Commons

람이 메는데 꼭 교대하는 사람이 따라다닌다. 우리네 가마와는 다르게 좁고 높다. 의자에 앉아서 갔다는 뜻이다.

시가지에는 상점도 다양하고 행상과 잡상인도 많다. 약장수, 부채 파는 행상, 꽃 파는 행상 등. 차바퀴 수리점은 늘 바쁘다. 광장 구석에는 점집도 보인다. '간명看命', '신과神課', '결의決疑' 이렇게 내걸었다. "당신의 운명을 점친 다음 마음을 굳히시오." 이런 뜻이다. 광장에 면하는 건물 중에서 상업 용도가 아닌 것은 딱 둘이다. 하나는 사찰인데, 점집 옆의 큰 집은 무엇인가? 건물 넷이 중정을 둘러싸는 사합원四合院이다. 사합원과 '중국 주택'은 같은 뜻으로 써도 좋다. 그만큼 사합원은 중국 주택의 기본 형식이다. 그건 '제12화 베이징' 편에서 제대로 확인해보자. 도시에 상업이 번성하면

성문 주변
성벽이 견고한 만큼 성문도 높다. 유유히 지나가는 낙타 무리는 그림에 연속성을 주려는 기획된 조연배우다.
ⓒ고궁박물원, 베이징, Wikimedia Commons

사합원의 네 건물 중 길에 면하는 것은 상업 용도로 바뀌기도 했다. 그런데 이 집은 원래 모양 그대로다. 크고 당당한 대문을 보면, 관공서가 아니면 왕부王府, 왕족의 저택이다.

이제 성문이다. 12미터 성벽보다 더 높은 성문. 붉은색 문루門樓를 올렸고, 큰 북을 걸었다. 낙타에 짐을 실은 대상隊商의 무리가 유유히 성문을 나간다. 실크로드를 따라 명주실, 비단, 그리고 차茶를 거래하는 아랍 상인들이다. 화가가 성문의 앞뒤에 낙타를 그린 것은 다분히 의도적이다. 카이펑이 국제적인 상업도시였음을 알리면서 그림에 연속성도 준 것이다. 높은 성문이 끼어들면 그림 속 시가지의 흐름은 깨어진다. 그런데 이어지는 낙타의 모습 때문에 감상자의 시선은 오른쪽에서 왼쪽으로 부드럽게 연결된다.

카이펑 開封

양고기 레스토랑. 건물의 위용이 대단하다. 일대는 그림 속 최고의 번화가다. ⓒ고궁박물원, 베이징, Wikimedia Commons

1 거리의 만담꾼
당시 인기 있는 만담꾼은 최고 연예인의 대우를 받았다.

2 병원
'양가응증'이란 간판을 내걸었다. '생명을 존중해서 환자를 다루는 집' 그런 뜻이다.

3 전당포
'해결해 준다'는 의미의 '해'라는 간판을 내걸었다.

4 간판 없는 이발소
이 도시에는 이렇게 간판을 내걸지 않고 영업하는 가게가 많다.

5 그림의 끝부분
그림은 여기서 딱 끝난다. '조태승가'는 약국이다. 우물 앞을 유유히 지나는 말 탄 선비는 필시 고려인이다.

ⓒ고궁박물원, 베이징, Wikimedia Commons

성안은 시끌벅적하다. '손양점孫羊店'이란 양고기 레스토랑이 눈길을 끈다. 양고기는 비싼 음식이었다. '정점正店'이라고 써붙인 건물의 규모는 다른 음식점을 완전히 압도한다. 정식 면허를 받은 집이란 뜻인데, 카이펑에는 이런 정점이 72개 있었고 규모가 작은 각점脚店은 셀 수 없이 많았다. 건물은 밤에는 더욱 흥청거렸을 것이다.

이 건물과 만나는 네거리 한쪽. 수염 긴 남자가 청중을 향해 떠들고 있다. 이야기꾼이다. 송대는 환상소설과 역사소설이 활발하게 출간되었다. 소설이든 만담이든 맛깔나게 들려주는 이야기꾼은 당시로는 연예인이었다. 유명한 사람은 청중을 몰고 다녔다.

각종 서비스와 소비 패턴은 요즘과 다를 바 없다. 간판을 좀 살펴보자. 네거리 북쪽 끝에 보이는 '양가응증楊家応症' 네 글자는 병원 간판이다. 우물 옆 '조태승가趙太丞家'라고 내건 집은 약국이다. 늙은이를 젊은이로 바꿔주는 회춘환回春丸도 판다고 선전한다. '해解'라는 글씨가 걸린 집은 전당포다. 돈 걱정을 해결해주겠단다. '구주久住'로 시작하는 긴 간판은 장기 체류 손님을 받는 숙박업소 간판이다. 간판 없이

중국 최고의 그림에 담긴 번성한 중세도시

장사하는 업소도 많다. 성문 옆 이발소도 그중 하나다. 길가 우물의 모습도 이채롭다. 네 사람이 동시에 물을 길어 올릴 수 있게 '田' 자 모양으로 틀을 걸었다. 약국 앞을 유유히 지나는 말 탄 선비. 갓을 썼다. 고려인일 가능성이 크다.

그림은 여기서 갑자기 멈춘다. 그래서 이 그림의 절반이 날아갔다고 주장하는 사람이 많다. 고증에 따르면, 원래 그림에는 황궁은 물론이고 서쪽 교외의 큰 호수인 금명지金明池까지 그려져 있었다고 한다. 머리와 꼬리가 분명한 그림이라는 것이다. 그런데 휘종의 아들이자 남송南宋, 1127~1279의 첫째 임금인 고종高宗이 "잃어버린 도성을 회상해봤자 이로울 게 없다"며 그림의 반을 잘라버렸다는 것이다. 사실이라면 정말 아쉬운 대목이다.

카이펑의 융성과 종말, 그리고 〈청명상하도〉의 진정한 가치

그림을 대략 읽어봐도 카이펑의 풍요로움은 상상 이상이다. 그런데 그림에 표출된 도시의 융성은 과장되었을 수도 있다. 황제가 볼 그림이기 때문이다. 그렇다고 화가는 자신이 보지도 않은 것을 꾸며내지는 않았을 것이다. 분명한 사실은 북송 말의 카이펑은 생산과 소비뿐 아니고 사회활동도 다양하고 활발했다는 것이다. 이런 수준의 사회적 다양성은 근대 이전에는 사실상 불가능했다. 중국에서는 청대의 베이징이나 쑤저우, 유럽에서는 18세기의 파리, 런던, 빈, 암스테르담 같은 도시에서나 가능한 것이었다. 그러니 카이펑은 때 이른 '근대도시'였다.

직업도 다양했다. 그림과 《동경몽화록》이 말하는 사실이다. 황족, 고급관료, 불교 및 도교의 성직자. 그들이 지배층이었다. 그 밑에는 많은 하급관료와 군인 및 병사들이 있었다. 그다음은 상인 및 서비스업 경영자들. 거래되는 물건도 일용품에서부터 사치품에 이르기까지 종류가 많았고, 식당도 업종이 다양했다. 당시 카이펑에는 6,400개가 넘는 상점이 있었다.

수력 방앗간
물을 이용해 곡식을 빻는 방앗간이다. 북송 시대의 그림으로, 당시의 높은 기술력을 보여준다. ⓒWikimedia Commons

그곳에서 일한 점원과 종업원의 수는 대략 짐작할 수 있다. 행상과 잡상인도 많았다. 문화 수준이 높은 만큼 예술가와 예인藝人, 그리고 손재주 좋은 직인職人이 흘러넘쳤다. 수리업, 용달업, 배달업, 기생 등 각종 서비스업 종사자, 그리고 배에서 일하는 선원과 인부도 많았다. 이런 사람들을 소개하는 인력시장도 활발하게 움직였다.

전성기의 북송은 강성했다. 인구 1억 명 이상에, 국민총생산은 전 세계의 60퍼센트. 1023년에는 유가증권의 일종인 교자交子를 발행했는데, 세계 최초의 지폐였다. 물론 일반 거래는 동전을 썼다. 카이펑의 술집과 음식점 앞에는 비단과 등燈으로 장식한 광고판과 간판을 내걸었고, 환락가는 밤마다 불야성을 이루었다. 게다가 '와사瓦舍'라는 대규모 유흥장이 도시 곳곳에 있었다. 상점, 음식점, 그리고 '구란勾欄'이라는 전문공연장이 같이 있는 복합공간이다. 구란에서는 이야기와 노래를 섞은 설창說唱을 비롯해 곡예·잡기·연극·마술 등 각종 공연이 펼쳐졌다. 그랬던 카이펑. 그건 더 이상 중세도시가 아니었다. 그런 변혁의 시대를 생생하게 증언한 장택단은 억세게 운 좋은 사나이였다.

〈청명상하도〉가 완성되고 얼마 되지 않아 북송은 망했다. 휘종의 과도한 사치가 제일 큰 원인이었다. 사실 북송 말기는 정상이 아니었다. 경제는 '버블'이었고, 빈부격차는 극심했다.《수호지》의 시대적 배경이 바로 북송 말기 아닌가. 대도시에는 거지와 부랑자도 많았을 것이다. 그런데 〈청명상하도〉에는 그런 부류의 사람들은 보이지 않는다. 대신 화가는 무수히 많은 육체노동자와 임금 싼 서비스업 종사자들을 화면에 등장시켰다. 그들이 번화하고 화려한 장소들과 대조를 이루게 한 것이다. 화가는 그런 유려한 대

조법을 통해 "이 사회는 정상이 아니다"라는 신호를 보내고 있다. 예리한 감각을 지닌 화가 장택단은 국가의 다가올 위기를 예견했으며 그것을 그림에 녹여 넣었다고 하면 너무 나간 것일까.

금나라의 지배아래 들어간 카이펑은 급속히 쇠락해갔으며, 생명줄인 변하 또한 그냥 방치되었다. 황허로부터 밀려온 토사로 인해 강바닥은 점점 높아졌고 강물은 말라갔다. 시간이 갈수록, 물길이던 곳은 길이 되고 집이 들어섰으며 농지가 되었다. 그렇게 되는 데는 채 30년이 걸리지 않았다. 황허는 계속 범람했고 그때마다 도시는 조금씩 흙에 묻혔다. 결국 북송의 카이펑은 사라져버렸다. 정확히 말하자면 지하 10미터 아래에 묻혀있다. 오늘날 카이펑에 가봐야 송대의 흔적이라곤 간신히 살아남은 두 개의 탑이 전부다. 사람들은 청명상하원淸明上河園이라는 테마파크로 가서 먼 과거의 도시 모습을 더듬어보려고 하지만 다 소용없는 짓이다.

북송의 화가 왕희맹이 그린 걸작 풍경화 또는 산수화 〈천리강산도〉
대상을 극도로 추상화해서 그렸다. ©고궁박물원, 베이징, Wikimedia Commons

〈청명상하도〉의 진정한 가치는 무엇인가? 12세기 중국의 풍경화들. 대상을 극도로 추상화하여 '산은 산이요, 물은 물이로다' 정도로 그렸다. 북송의 왕희맹王希孟, 1096~1119이 그린 걸작 풍경화 〈천리강산도千里江山圖〉가 그렇다. 그런데 장택단은 정반대로 갔다. 대상을 극도로 구상화하고 그것을 촘촘히 버무려내는 특별한 그림을 그린 것이다. 대상도 특이했다. 도시. 선례가 없는 화풍에 선례가 없는 대상이었다. 사람들은 〈청명상하도〉를 일러 풍경화 또는 풍속화라고 하지만 둘 다 정확한 규정은 아니다. 그는 역사상 최초의 도시도都市圖 즉 '도시그림'을 그린 것이다. 그것도 엄청나게 사실적으로. 〈청명상하도〉는 로렌체티의 그림보다 200년 앞서서 태어난 새로운 장르의 그림이다. 그것은 이후 수많은 도시그림

길 위의 군상
세상 어느 그림에도 길의 모습을 이렇게 생생하게
그려내지는 못했다. 길은 도시의 핏줄이요 시민의 움직임은
혈액이다. 그림이 말하는 메시지다.
ⓒ고궁박물원, 베이징, Wikimedia Commons

카이펑 開封

에 엄청난 영향을 끼쳤다.

한 시대의 사회와 인간 삶을 증언하는 것. 예술가의 책임이자 사명이다. 장택단은 그것을 훌륭하게 해냈다. 시대의 밝음과 어두움을 생생하게 증언한 것이다. 더 나아가 그는 도시 공간의 본질적 가치와 원초적 모습을 우리에게 상기시켜주었다. 즉 도시 속 인간의 삶은 길을 중심으로 행해진다는 사실 말이다. 길에서 벌어지는 인간의 다양한 양태를 보여주려 할 때 다른 그림이나 사진은 무엇이든 약하다. 〈청명상하도〉의 일부를 보여주면 그걸로 끝이다. 임팩트가 대단한 것이다. 도시가 유기체라면 길은 핏줄이요 시민의 움직임은 혈액이라는 사실. 이십세기 내내 부정되었다가 다시 살아서 이어져 오는 이념이다. 장택단은 그것을 900년 전 도시의 경관을 통해서 보여준다. 도시다운 도시 그리고 인간적 삶이 충만한 도시는 고립과 단절의 공간이 아니고 소통과 교환과 배움과 순환이 일어나는 '길의 네트워크'라는 사실. 그림은 그것을 말하고 있다.

그런데 건축이나 도시와 전공을 달리하는 사람들은 〈청명상하도〉의 가치에 대해 전혀 다른 의견을 피력할 것이다. 선박 전문가들은 그들 나름대로, 음식 전문가들은 또 그들 나름대로. 이 그림의 진정한 가치는 무궁무진한 이야깃거리를 제공한다는 데 있다. 긴 인류 역사에서 그런 그림은 매우 드물다. 사람들이 〈청명상하도〉를 '신품神品' 즉 신의 경지에 있는 작품이라고 스스럼없이 말하는 것이 바로 그 때문이다.

제3화

피렌체

시민정신이 만들어낸 르네상스의 성채

⟨사슬지도⟩ 프란체스코 로셀리, 1490년

피렌체 두오모의 돔

피렌체. 이 도시를 생각하면, 제일 먼저 대성당Cattedrale di Santa Maria del Fiore의 돔이 다가온다. 유사한 사례를 찾기 어려울 정도로 강력한 도시의 아이콘이다. 이탈리아에서는 도시의 중심에 있는 대성당을 '두오모duomo'라고 부른다. 집을 뜻하는 라틴어 도무스domus에서 유래한 단어로, '하느님의 집'이다. 도시마다 자기네 두오모가 제일 아름답다면서 자랑에 열을 올린다. 시에나, 피사, 밀라노 같은 도시가 특히 그렇다. 그런데 피렌체의 두오모는 그런 '아름답다'의 경지를 넘어선다. 주변을 압도하는 장중함과 위엄. 영어로 말하자면 '그랜저grandeur'. 그런 자태를 뽐내는 특별한 건물이다. 그건 바로 건축가 브루넬레스키가 설계해서 올린 거대한 돔 때문이다. 토스카나 전체를 압도하는 이 돔은 르네상스를 넘어 서양건축사의 모든 성취를 대표하는 걸작 중의 걸작이다.

15세기 중엽의 피렌체 시민에게 이 돔은 하느님의 은총이자 시대의 기적이었다. 사실 그들은 두오모 때문에 오랫동안 마음을 졸였다. 13세기 말부터 시작된 건설은 건축가 아르놀포 디캄비오Arnolfo di Cambio, 1245~1302가 사망한 후부터 지지부진을 면치 못했다. 본체는 1418년에 모습을 드러냈지만 돔을 올리는 일이 만만치 않았다. '불가능'으로 결론 낼 무렵 브루넬레스키의 모델이 제시되었고, 돔은 기적적으로

채색된 〈사슬지도〉 부분
칙칙하던 흑백 지도가 페트리니 형제에 의해 컬러로 재현되니 도시가 생생하게 되살아났다.
ⓒMuseo di Palazzo Vecchio

시민정신이 만들어낸 르네상스의 성채

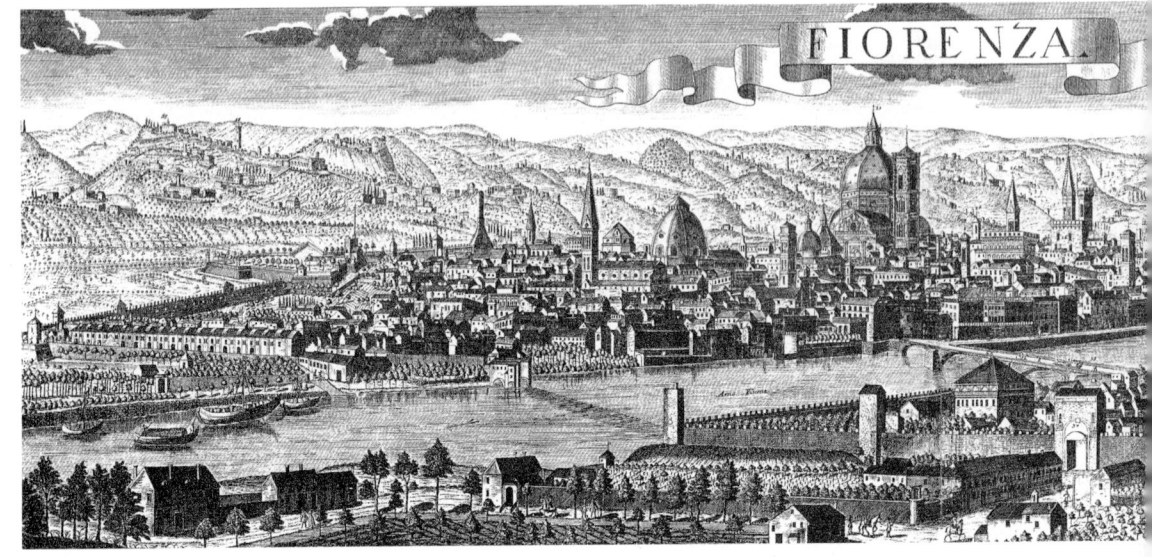

완성되었다. 1436년이었다. 르네상스 건축의 탁월한 이론가 알베르티Leon Battista Alberti, 1404~1472는 돔이 완성될 당시 30살의 청년이었다. 그 위용에 압도되어버린 그는 이렇게 읊조렸다.

저 어마어마한 돔이 드리운 그림자 속에 토스카나 사람들을 모두 담을 수 있겠다.

이 돔은 대략 두 가지 모습으로 사람을 놀라게 한다. 첫째는, 도시 한복판에 버티고 있는 태산의 이미지다. 길의 끝이든 광장의 구석이든 불쑥불쑥 나타나는 그 모습은 시시각각 다르다. 이게 도시의 치명적인 매력 포인트다. 〈전망 좋은 방A Room with a View〉1986, 〈냉정과 열정 사이冷静と情熱のあいだ〉2001 같은 영화에서도 이런 돔의 이미지가 큰 역할을 한다. 둘째는, 넓게 펼쳐진 도시의 스카이라인 위로 솟아오른 돔이다. 그건 도시 전체를 시종으로 거느리는 제왕 같은 모습이다. 그걸 감상하려는 사람들은 미켈란젤로 광장Piazzale Michelangelo으로 간다. 도시의 남쪽 언덕에 있는 이 광장 겸 공원은 늘

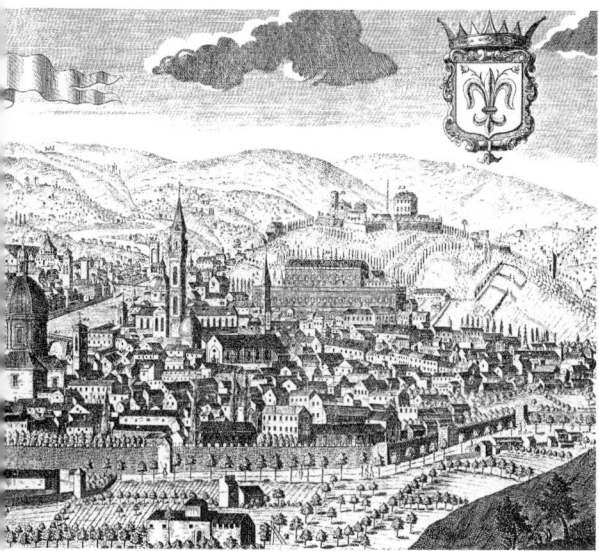

1735년 그린 피렌체 전경
화가 베르나르(F. B. Werner)는 정중앙에 대성당의 돔을 높이 올리고 주변으로 각종 교회와 청사의 돔과 종탑을 호위하듯이 배열해 이 도시의 위대함을 한껏 과시했다.
©Musei Comunali a Firenze

붐빈다. 그곳에서 내려다보는 피렌체와 그 중앙에 우뚝 선 두오모의 돔. 그건 이탈리아 최고의 도시경관이라고 해도 좋다.

피렌체의 15세기 후반을 그린 〈사슬지도〉

화가들이 그런 경관을 안 그렸을 리가 없다. 피렌체 전체를 내려다본 조감그림. 돔이 완성되었으니 그걸 중심에 둔 그림을 그리려는 시도가 많았다. 그걸 처음으로 해낸 사람은 프란체스코 로셀리Francesco Rosselli, 1445~1513?였다. 화가 겸 지도제작자였던 그가 1490년에 완성한 〈사슬지도La Veduta della Catena, The Chain Map〉. 로셀리는 그것을 '지도'라고 그렸지만, 엄격히 말하면 '지도에 가까운 그림'이다. "이건 그림지도요." 그렇게 시원하게 인정해주면 좋겠지만 주저할 수밖에 없는 사연은 곧 나온다. 도시그림이 과학의 옷을 입기 전에 그려진 그림지도다. 그럼에도, 지도를 연구하는 학자들은 이 그림을 '유럽 최초의 그림지도'로 받아들인다. 로셀리가 그것에 쏟은 정성, 그리고 도시를 아름답게 그려내기 위해서 들인 눈물겨운 노력. 그것도 그런

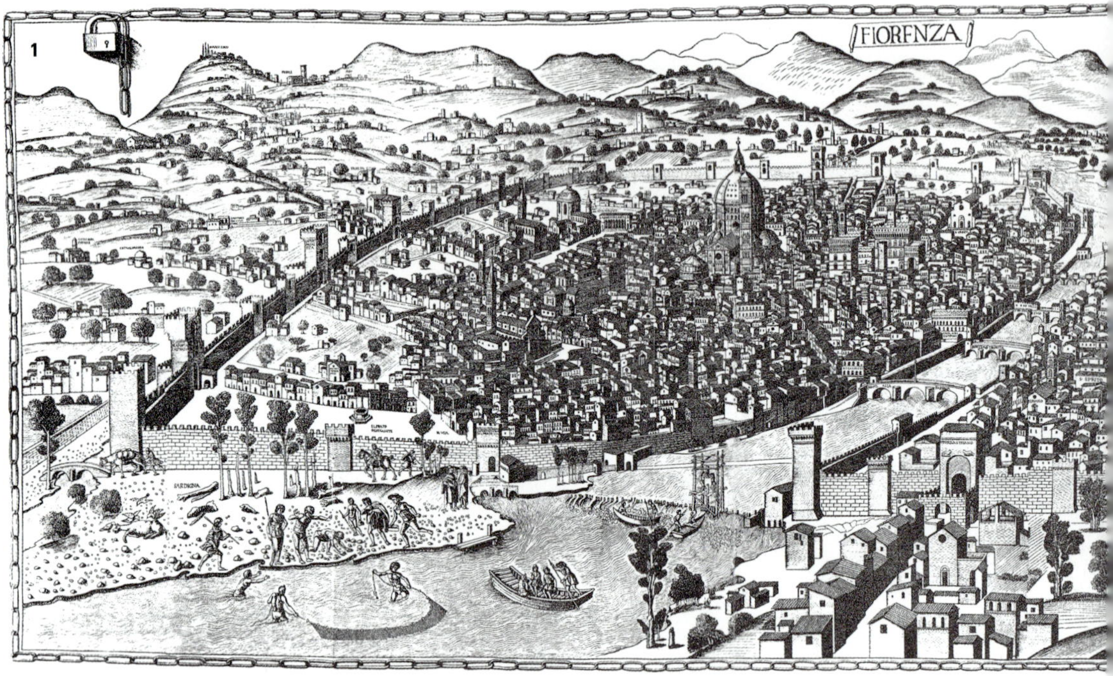

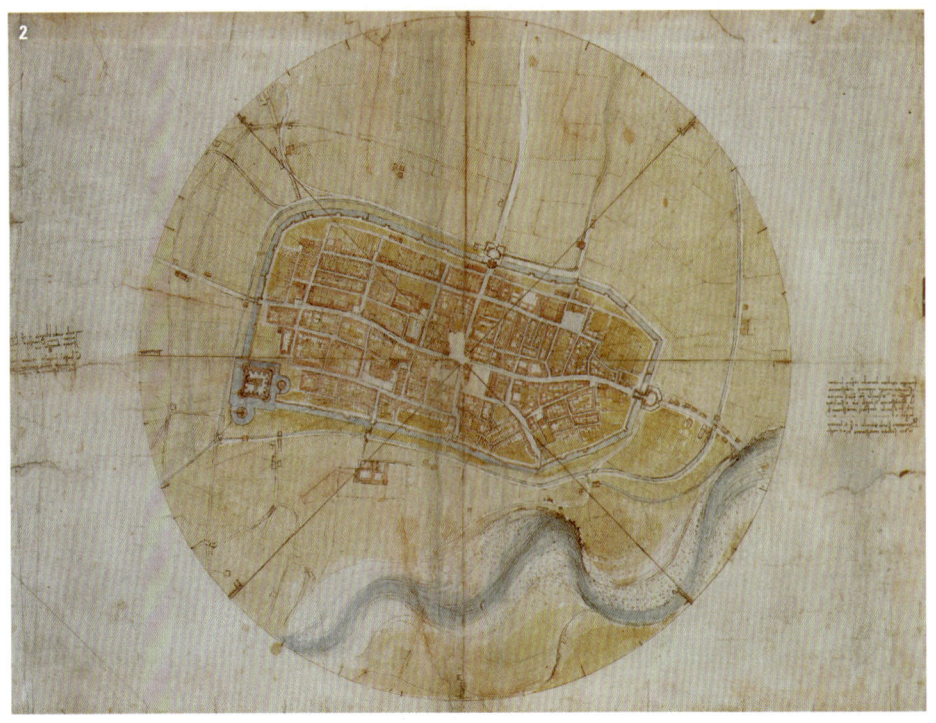

피렌체

1 〈사슬지도〉
프란체스코 로셀리가 그려 8장의 목판화로 제작한 유럽 최초의 그림지도다. 로셀리는 이 지도를 그리기 위해 피렌체의 높은 종탑은 모두 올랐고, 그렇게 그린 스케치를 짜깁기해서 지도를 완성했다.
ⓒMusei Comunali a Firenze

2 이몰라 지도
레오나르도 다빈치가 1502년 그린 지도로, 역사상 최초의 과학적 지도다. ⓒRoyal Collection, Wikimedia Commons

판정에 한몫했을 것이다.

15~16세기에 그린 그림지도가 그림과 지도의 경계를 넘나든 이유는 짐작이 간다. 화가가 그렸기 때문이다. 당시에는 화가가 지도를 그리고 지도제작자가 그림을 그렸다. 그러니 지도제작자와 화가의 구분은 없었다. 모두가 3차원 공간을 사실적으로 묘사하기 위해 나름의 방법을 동원했지만, 과학과는 거리가 멀었다. 레오나르도 다빈치Leonardo da Vinci, 1452~1519만은 예외였다. 그가 1502년에 그린 이몰라Imola, 피렌체 북동쪽의 소도시 지도. 그건 구글 지도만큼 정확하다. 그는 자신이 발명한 주행거리 측정기odometer와 자기컴퍼스magnetic compass를 동원해 공간의 크기와 사물 사이의 거리를 정확히 파악했고, 극좌표polar coordinates라는 기하학적 수단을 이용해 충실한 지리징보를 수집했다. 역사는 그를 평면지도ichnographic map의 창시자로 기록한다. 그러나 모든 화가가 다빈치 같을 수는 없었을 테니 그들의 지도 제작은 한동안 미숙했다.

프란체스코 로셀리. 우리에겐 생소한 이름이다. 그렇지만 유럽에서는 조선의 김정호 만큼이나 중요한 인물이다. 그림지도의 개척자이기 때문이다. 피렌체에서 태어나 세밀화가로 활동했던 그는 30살 즈음에 고향을 떠나야 했다. 이복형이 진 빚 때문이었다. 헝가리로 갔고, 4년 동안 왕실에 소속되어 지도를 만들었다. 그리고 1482년 고향으로 돌아오자마자 지도와 그림을 판화로 제작·판매하는 가게를 열었다. 1495년에 제작한 판화 〈성모승천assumption of virgin〉을 보면, 인물과 도시를 세밀하게 그려내는 능력이 탁월했음을 알 수 있다. 그래도 주력 상품은 어디까지나 지도였다. 당시 지도를 제작해서 파는 곳은 이탈리아 전체에서 로셀리의 가게가 유일했다. 그가 만든 지도는 세계지도를 위시해서 로마,

프란체스코 로셀리가 1495년에 제작한 판화 〈성모승천〉 부분
인물과 도시 묘사가 세밀하다.
©Cleveland Museum of Art, Wikimedia Commons

콘스탄티노플, 피사, 피렌체 등 대상이 다양했다.

　유럽 최초의 그림지도. 1482~1490년 사이에 8장의 목판화로 제작되었다. 모두 이어 붙이면 58×146센티미터 크기가 된다. 아쉽게도 그때 만든 판화는 다 사라지고 딱 한 장만 남아 있다. 한 세트도 아니고 8장 중 한 장만. 다행스럽게 로셀리는 원래 그림을 바탕으로 1510년에 목판을 다시 제작했고, 그때 만든 인쇄본 한 세트가 베를린 시립미술관 Staatliche Museen zu Berlin, Kupferstichkabinett에 보관되어 있다. 15세기 후반의 피렌체를 세밀하게 보여주는 이 귀한 그림을 사람들은 채색된 상태로 보기 원했다. 페트리니Petrini 집안의 형제 화가인 프란체스코Francesco와 라파엘로Raffaelo가 그런 시도를 했고, 1887년 곱게 채색된 그림이 완성되었다. 이건 팔라초 베키오 미술관Museo di Palazzo Vecchio에 있다.

 컬러로 재현된 〈사슬지도〉. 칙칙한 흑백의 도시가 살아있는 도시로 다시 태어났다. 색감이 생생하고 자연스럽다. 도시의 각종 행사에는 이 그림이 단골로 사용된다. 그러니 피렌체에 가면 이 그림을 발에 차일 정도로 보게 된다. 채색된 〈사슬지도〉가 이렇게 인기 있는 이유는 바로 그 생생함 때문이다. 2012년 피렌체의 역사를 지도와 그림으로 보여주는 전시회 〈피렌체의 자취Tracce di Firenze〉가 팔라초 베키오에서 열렸을 때도 이 그림이 주인공이었다. 독자 여러분도 채색된 〈사슬지도〉를 한 장 사서 벽에 걸어두시길. 르네상스 시대의 피렌체가 눈앞에 펼쳐지는 행복감을 맛볼 수 있으니까요.

〈사슬지도〉의 비밀

이 그림을 '사슬지도'라고 부르는 이유는 테두리의 모습 때문이다. 그림의 사방으로 사슬이 둘러져 있고 왼쪽 위에서 자물쇠로 채웠다. 로셀리는 피렌체의 구석구석을 다 그린 다음 그것이 안전하게 보호된 도시라는 사실을 만천하에 알리고 싶었다. 그래서 그림을 사슬과 자물쇠로 채운 것이다.

 비행기나 드론이 없던 15세기에 이런 그림을 그렸으니 화가는 도대체 어떤 방법을 사용한 것일까? 대단한 능력자가 아닌가. 그림은 매우 그럴싸하다. 그러니 잘못된 부분이 있으리라는 생각은 전혀 들지 않는다. 로셀리가 노린 게 바로 그것이었다. 사실처럼 보이는 것. 우리가 어떤 드로잉을 지도라고 할 때 그 전제는 올바른 지리정보에 있다. 정확하면서도 객관적인. 그런데 〈사슬지도〉는 그것과는 상당한 거리가 있다. 이 그림은 교묘한 위장술을 통해 '진짜에 매우 가깝게' 그려낸 것이다. 그렇다고 해서 화가를 비난할 생각은 없다. 그렇게 하고자 그가 기울인 노력이 너무 가상한 것이다.

 어떻게 그렸는지 추정해 본다. 우선 도시를 바라본 조망점이다. 미켈란젤로 광장처럼 도시의 남쪽에서 피렌체를 내려다보면 아르노강 Arno River 이 동서로 흐른다. 그런데 이 그림에서 강은 남북으로 비스듬히 흐른다. 조망점을 남서쪽 교외의 높은 지점에 둔 것이다. 여러 연구에 따르면, 도시를 이렇게 바라보기에 제일 적당한 장소는 산 프레디아노 성문 Porta San Frediano 밖에 있는 몬테 올리비에토 Monte Olivieto 성당의 종탑이다. 그런데 로셀리가 이 그림을 그렸을 때 그 종탑은 수리 중이어서 사람이 올라갈 수 없었다. 어떻게 된 것일까? 화가가 꼭 그 종탑에 오르지 않고도 이 그림을 그릴 수 있었다는 뜻이다. 그야말로 수수께끼 아닌가.

그걸 푸는 데는 16세기에 활동한 탁월한 건축가이자 화가 조르조 바사리 Giorgio Vasari, 1511~1574 의 자서전이 도움이 된다. 그는 1561년 팔라초 베키오의 '클레멘스 7세의 방 Sala di Clemente VII'에 피렌체를 조감해서 그린 프레스코 벽화를 완성했다. 1529년 도시가 신성로마제국 군대의 침공을 받아 십 개월 동안 포위된 상황을 그린 것이다. 바사리의 사실적 묘사에 놀란 토스카나 대공 즉 코지모 1세 Cosimo I de' Medici, 1519~1574 가 그에게 어떻게 이런 그림을 그릴 수 있냐고 물어보았는데, 그것에 대한 화가의 대답을 요약하면 이렇다.

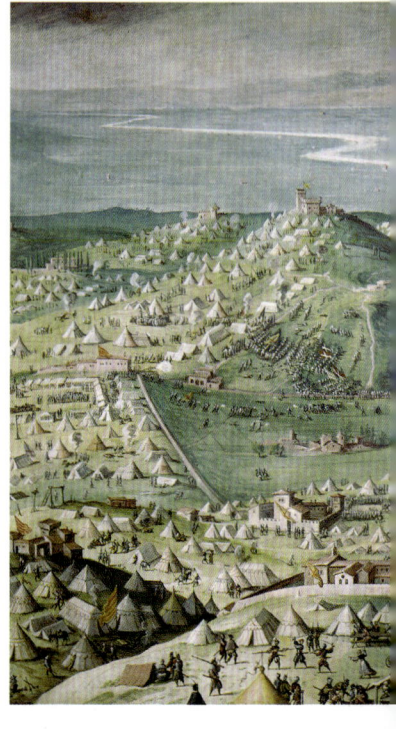

〈포위된 피렌체〉
1529년 피렌체가 신성로마제국 군대에 10개월 동안 포위된 상황을 조르조 바사리와 제자들이 그린 것이다. ©Palazzo Vecchio, Wikimedia Commons

도시 전체를 한 지점에서 모두 그리는 건 불가능합니다. 그래서 일단 오를 수 있는 가장 높은 곳으로 올라갑니다. 그곳에서 한 장소를 그린 다음 위치를 옮겨서 다른 장소를 그리는 행위를 반복합니다. 컴퍼스를 이용해 방향성을 고려하면서 범위를 넓혀나갑니다. 그런 다음 한 시점을 정해 그동안 그린 그림을 모아서 녹여내면 자연스러운 도시그림을 그릴 수 있습니다.

짜깁기. 그렇다. 바사리는 도시의 높은 곳을 다니면서 여러 장의 그림을 그린 다음 그것을 조합했다. 약 80년 전에 로셀리가 했던 수법이다. 로셀리는 피렌체의 높은 곳은 대부분 올랐다. 특히 그가 설정한 조망라인에 걸치는 건물을 집중적으로 올랐는데, 두오모의 돔은 단골로 올랐던 장소다. 그렇게 모은 많은 스케치를 짜깁기해 만들어 낸 것이 〈사슬지도〉다. 그런데 바사리가 그린 피렌체와 로셀리가 그린 피렌체는 크기와 디테일에서 상당한 차이가 있다. 당연히 두 사람이 들인 시간과 공력은 엄청나게 달랐다. 바사리가 높은 곳에 열 번 정도 올랐다면 로셀리는 백 번은 올랐을 것이다. 그런 시간과 노고를 어떻게 이해해야 할지 모르겠다.

도시에 대한 절절한 사랑. 바로 그것이다. 사실 15세기 피렌체 시민의 도시 사랑은 대단했다. 인본주의 사상가 레오나르도 브루니 Leonardo Bruni,

1370~1444는 1403년에 쓴 책 《피렌체 찬가 Laudatio Florentinae Urbis》에서 이렇게 단언했다.

> 어느 누구도 이 도시보다 더욱 빛나고 영광스러운 곳을, 세상 어디에서도 발견할 수 없을 것입니다. … 이 도시는 경탄할 만한 탁월함을 지니고 있어, 어느 누구의 웅변력으로도 그것을 충분히 표현할 수 없습니다.

두오모에 돔을 올리기 훨씬 전에 쓴 글이 이렇다면 그것을 올린 이후의 피렌체 시민의 도시 사랑은 더 말할 필요도 없다. 브루니와 공감했던 로셀리는 피렌체의 탁월함을 화폭에 담기 위해 그가 할 수 있는 '모든 짓'을 다 했다.

1 만돌라로 장식한 예수 그리스도
피렌체 산타 크로체 성당 벽화
©Wikimedia Commons

2 독일 소도시 고문서 속의 만돌라
©Wikimedia Commons

그 모든 짓은 그림의 조망점을 잡을 때부터 시작되었다. 도시를 이런 방향으로 바라본 것은, 그렇게 해야 도시가 아몬드 형상으로 보이기 때문이다. 아몬드? 술안주로 먹는 건과류 아몬드. 그 형상이 '만돌라mandorla'의 형상이다. 만돌라는 '아몬드 형상의 빛'으로, '거룩한 빛'이다. 그리스도나 성모같이 거룩한 인물을 둘러싸는 신비로운 후광. 부활 이후 천상에 오른 그리스도는 만돌라로 둘러싸였다. 많은 성화에 나타나는 그리스도의 모습이다. 그러니까 로셀리는 피렌체를 '신성한 도시'로 설정한 것이다. 그리고 아몬드 형상을 분명하게 드러내기 위해 성벽 높이를 실제보다 많이 과장해서 그렸다. 견고하게 방어된 도시라는 인상도 주고 싶었으리라.

그림의 주인공은 어디까지나 두오모다. 실제로 로셀리가 취한 조망점에서 도시를 바라보면 두오모는 왼쪽으로 상당히 치우친다. 그런데 화가는 그것을 그림의 중앙에 두었다. 그리고 돔을 밑에서 받치는 몸통drum을 의도적으로 많이 높여서 그렸다. 돔이 과장되게 우뚝 서 있는 것이다. 그가 이렇게 한 것은 15세기 피렌체 시민이 가졌던 도시에 대한 우월감 때문이다. 그들은 피렌체를 '새로운 예루살렘New Jerusalem'이라고 생각했다. 그것은 《요한 계시록》에 나오는 도시로서, 장차 예수 재림으로 이루어질 새 하늘과 새 땅에 들어설 하나님의 영원한 도성이다. 중심에 '솔로몬의 성전Temple of Solomon'이 우뚝 서 있는 찬란한 도시. 여러 예술작품에 묘사된 '새로운 예루살렘'이다. 로셀리의 조작 행위를 이해할 수 있는 대목이다.

'조작'은 여기에 그치지 않는다. 남서쪽과 북서쪽을 향하는 중요한 건물을 모두 밝게 처리한 것은 그렇다고 쳐도,

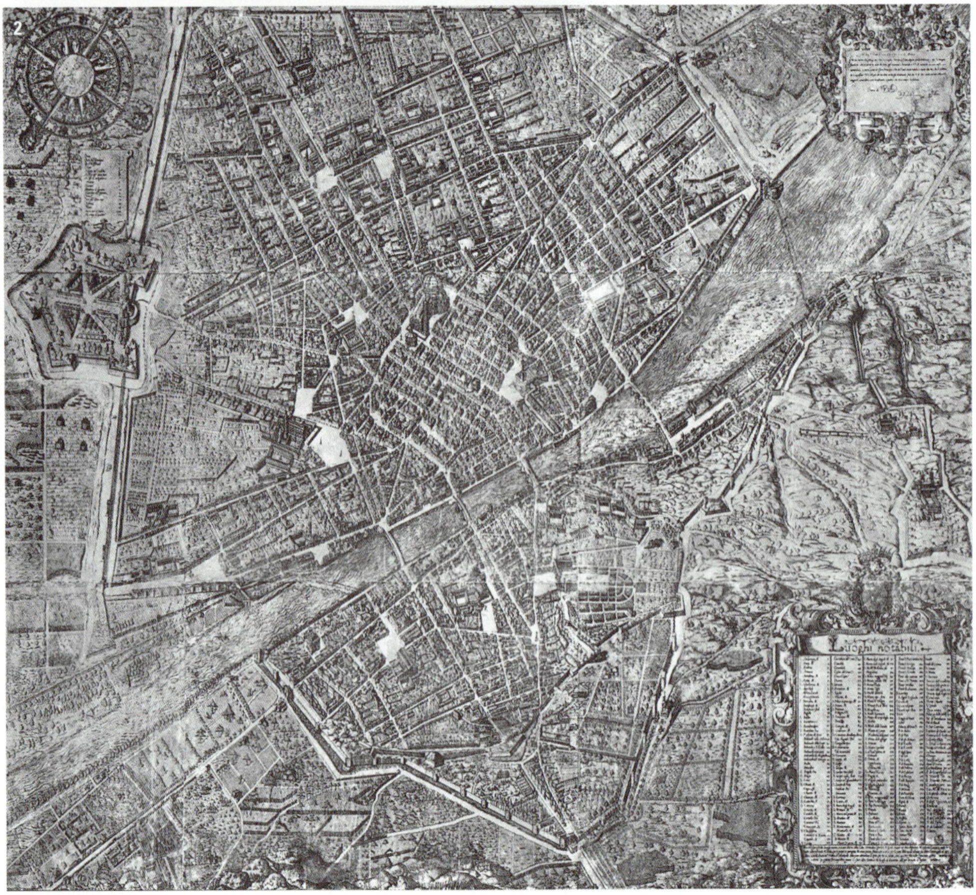

1 로셀리는 지도의 오른쪽 아래 구석에 자신의 모습을 그려 넣었다
©Museo di Palazzo Vecchio

2 〈본시뇨리 지도〉
스테파노 본시뇨리가 1584년에 완성한 피렌체 지도. 정확성의 측면에서 로셀리의 그림지도와 늘 비교된다.
©Musei Comunali a Firenze

카르미네 성당Basilica di Santa Maria del Carmine처럼 북쪽을 향하는 건물까지도 그렇게 한 것은 도를 넘었다. 돌아서 있거나 가려져서 안 보이는 건물을 슬쩍 틀어서 얼굴을 드러내게 한 경우도 많다. 자랑스러운 건축물이 모습을 숨기는 것이 아쉬웠던 게다. 의도는 알겠는데, 그렇게 함으로써 이 그림은 '온전한 그림지도'가 될 자격을 잃어버렸다. 그래도 로셀리는 이 그림이 '진짜'라는 것을 설득하기 위해 오른쪽 하단에 '스케치하는 남자'를 그려 넣었다. "이 남자가 언덕 위에 앉아 도시를 보이는 그대로 그렸소." 그런 뜻이다. 물론 남자는 로셀리 자신이다.

〈사슬지도〉는 가슴의 눈으로 그린 지도다. 그렇기 때문에 이후에 나온 지도들과 자주 비교된다. 특히 1584년 스테파노 본시뇨리Stefano Bonsignori, ?~1589가 그린 피렌체 조감지도는 단골로 등장하는 비교 대상이다. 백 년 가까운 시차를 두고 르네상스 시대의 피렌체를 그렸기 때문이다. 수도사였던 본시뇨리는 이 시노를 1576년부터 8년 동안 씨름한 끝에 완성했다. 그는 그것을 '엑소노메트릭 작도axonometric drawing'라는 방법으로 그렸다. 그 작도법에 대해서는 '제8화 파리' 편에서 설명하니 참고하시라. 어쨌든 그렇게 그리려면 우선 도시의 평면을 화면에 깔아야 한다. 그러므로 조작은 불가능하다. 본시뇨리의 지도는 조망점이 비행기만큼 높아서 모든 건물과 길이 일목요연하게 보인다. 그러므로 르네상스 시대 피렌체의 아름다움을 이미지와 분위기로 느끼려면 채색된 〈사슬지도〉를, 정확한 정보를 얻으려면 본시뇨리의 지도를 보면 된다.

질서 잡힌 르네상스 도시

본시뇨리의 지도에 묘사된 16세기 후반의 피렌체는 놀랍도록 '근대적'이다. 중세의 흔적이 사라져 버리고 질서가 뚜렷한 바로크풍의 도시가 되었다. 수 세기 동안 전개된 도시 가꾸기 사업의 결실이다. 도시공간을 체계적으로 만들면서 환경을 조금씩 개선하는 사업. 그것이 비좁고 무질서했

산타 마리아 노벨라 광장
피렌체의 주요한 교회 전면에 조성된 광장의 하나. 주세페 조키의 1744년 그림
©The Trustees of the British Museum

던 도시를 싹 바꾸어놓은 것이다. 1333년 성벽을 새롭게 구축한 것이 계기가 되었다. 로셀리가 그린 바로 그 높은 성벽이다. 도시의 영역이 넓어진 것을 계기로 '우리 도시를 아름답게 만들겠다!'는 자발적 시민의식이 탄력을 받았다. 사실상 통치자는 사업을 인정만 했을 뿐 그것을 주도한 것은 시민이었다. 능력 있는 건축가들이 두 팔을 걷어붙이고 도왔으니 그것도 큰 힘이 되었다.

결과는 이랬다. 중앙에서 종교와 행정의 중심이 쌍을 이루고, 도시를 남북으로 관통하는 뚜렷한 공간 축이 생겼다. 주요 지점을 연계하는 도로망이 유기적인 네트워크를 이루고, 아르노강의 남과 북도 원활하게 연결되었다. 본시뇨리의 지도를 시에나의 지도와 비교해보시라. 르네상스 도시와 중세도시의 차이가 분명히 보인다. 중세에는 도시 공간들이 폐쇄적이었고, 각각이 고립되었다. 그리고 그런 고립성 속에서 각 커뮤니티는 자족성을 누렸다. 반면, 르네상스 시대에는 공간을 서로 연계시키고, 원활한 네트워크를 위해서 도시의 틀을 개조해나갔다. 중세도시가 보행자 위주로 돌아갔다면, 르네상스 도시는 보행자와 마차가 동시에 움직였다. 따라서 르네상스 시대 피렌체는, 근대도시에는 미치지 못했으나 중세도시에 비한다면 움직임이 빠르고 순환은 원활했다.

교구가 일상생활의 터전이 되었던 피렌체에서는 각 지구의 중심에 교회가 자리했다. 산타 크로체Santa Croce, 산타 마리아 노벨라Santa Maria Novella 같은 교회였다. 그런 교회 전면에는 여유로운 광장이 조성되었다. 교회뿐 아니고 병원, 고아원 같은 공공시설 전면에도 광장이 자리했다. 도시 전체의 중심과 각 지구의 중심이 분명해진 것이다. 그런 지구의 중심에서 변두리를 향해서 직선의 도 루망이 뻗어나갔다. 새로운 성벽의 건설과 함께 넓어진 도시의 영역. 그 전체로 직선의 도로가 이어진 것이다. 방사형 가로체계. 그게 반듯반듯한 주거지를 만들어냈고, 서민주택이 그곳에 건설되었다. 시대는 르네상스였지만 도시의 공간구조는 이미 바로크를 향하고 있었다. 그러니 유럽의 많은 도시가 피렌체의 이런 공간구조를 부러워하고 본받으려 했다. 16세기 후반 교황 식스토 5세Sixtus V가 로마를 개조할 때 피렌체의 이런 공간구조를 많이 연구했다고 한다.

도시가 질서를 갖추어가는 것과 때를 맞추어 르네상스가 개화되었다. 피렌체는 새 시대를 맞이할 준비도 되었고 여건도 갖추어져 있었지만 운도 참 좋았다. 언덕에서 내려다보면 한눈에 들어올 만큼 작은 도시에서 한 세기에 한 명 태어나기도 어려운 천재 건축가 수십 명이 앞다투어 아름다운 건물을 짓는 황금기가 전개된 것이다. 중세 때는 상상도 할 수 없는 우아하고 조화로운 건물이 도시 곳곳에 들어섰다. 로셀리는 그런 도시의 모습을 빠짐없이 '지도'에 담고 싶었을 것이다. 그가 지도를 구상하고 그렸던 그 시절, 피렌체는 르네상스의 불꽃으로 활활 타오르고 있었다.

르네상스 시대 피렌체의 풍경

르네상스 시대의 피렌체. 그 자취를 살피려면 어떤 루트를 따라가는 것이 좋을까? 도시 전체가 박물관인 이 도시는 발길 닿는 곳이면 어디든 르네상스의 자취다. 그런데 '시민의식에 의한 자발적 도시 가꾸기'와 '군주에 의한 권위적 사업'의 대조적 양상을 보려면 도시를 남북으로 관통하는 축을 따라가는 게 좋다. 로셀리의 시대에서 본시뇨리의 시대를 거쳐 19세기에 이르는 도시의 변화를 한눈에 볼 수 있는 공간 축이다. 그것은 북서쪽 산티시마 안눈치아타 광장 Piazza della Santissima Annunziata에서 시작해 중심부를 관통하고 아르노강을 건넌다. 그리고 남동쪽의 팔라

피렌체를 남북으로 관통하는 공간 축
16세기 말에 완성된 축이다.
ⓒGiovanni Fanelli, Mandragora, Firenze

① 산티시마 안눈치아타 성당과 전면 광장
② 피렌체 시립고아원
③ 세르비 거리
④ 피렌체 대성당
⑤ 산 조반니 세례당
⑥ 칼차이우올리 거리
⑦ 구 시장(메르카토 베키오)
⑧ 오르산미켈레 성당
⑨ 팔라초 베키오
⑩ 시뇨리아 광장
⑪ 우피치 미술관
⑫ 바사리 회랑
⑬ 베키오 다리
⑭ 산타 트리니타 다리
⑮ 팔라초 피티와 보볼리 정원

채색된 지도 속 산티시마 안눈치아타 광장
정면 로지아가 설치된 건물은 피렌체 최초의 르네상스 건축인 시립고아원이다. ©Museo di Palazzo Vecchio

초 피티Palazzo Pitti와 그 후면의 보볼리 정원Giardino di Boboli에서 끝난다. 이 축은 로셀리의 지도에서는 동서로, 본시뇨리의 지도에서는 남북으로 뻗어 있다.

　산티시마 안눈치아타 광장. 르네상스 건축의 발상지이자 피렌체 공간 변화의 핵이다. 시작은 미미했다. 13세기 후반 성모마리아 하인회Servite Order의 수도사들이 이곳에 교회를 짓기 시작했을 때, 그 정면을 미래의 돔을 향하게 한 것이다. 두오모의 건축이 시작되기도 전이었다. 선견지명이 있던 수도사들은 교회 전면에 넓은 땅을 확보해 광장을 예비해두었다. 피렌체 최초의 르네상스 건축인 시립고아원Ospedale degli Innocenti이 광장의 오른편에 들어선 것은 15세기 초반. 브루넬레스키가 광장에 면하는 로지아loggia, 한쪽이 트인 홀이나 복도를 완성한 것이 1427년이었다. 아홉 개의 아치가 연속된 이 로지아는 새 시대가 열렸음을 알리는 신호탄이었다. 로셀리는 그걸 정성스

완성된 산티시마 안눈치아타 광장
브루넬레스키의 선도로 시작된 작업이 최초의 르네상스식 광장으로 완성되었다. 주세페 조키의 1744년 그림 ⓒThe Trustees of the British Museum

럽게 지도에 그려 넣었다.

주목할 것은 그다음 건축가들의 태도다. 선배의 작업을 군말 없이 따른 것이다. 교회 정면을 설계한 건축가도, 시립 고아원 맞은편 건물을 설계한 건축가도 그랬다. 하나같이 광장을 향해 로지아를 배열한 것이다. 두 사람 모두 내로라 하는 건축가였으므로 자신의 색채를 드러내고 싶었을 게다. 그렇지만 조화로운 도시공간을 위해 꾹 참았다. 그들은 르네상스 사람이었다. 어떤 도시설계 이론가는 이를 두고 '둘째 사람의 법칙Principle of the Second Man'이라는 개념을 만들었다. 앞사람의 작업을 따를 것인가 말 것인가. 그건 뒷사람의 권리이지만 책임도 따른다는 것. 최초의 르네상스식 광장이 이렇게 완성되었다. 여기서 시작되는 세르비 거리Via dei Servi

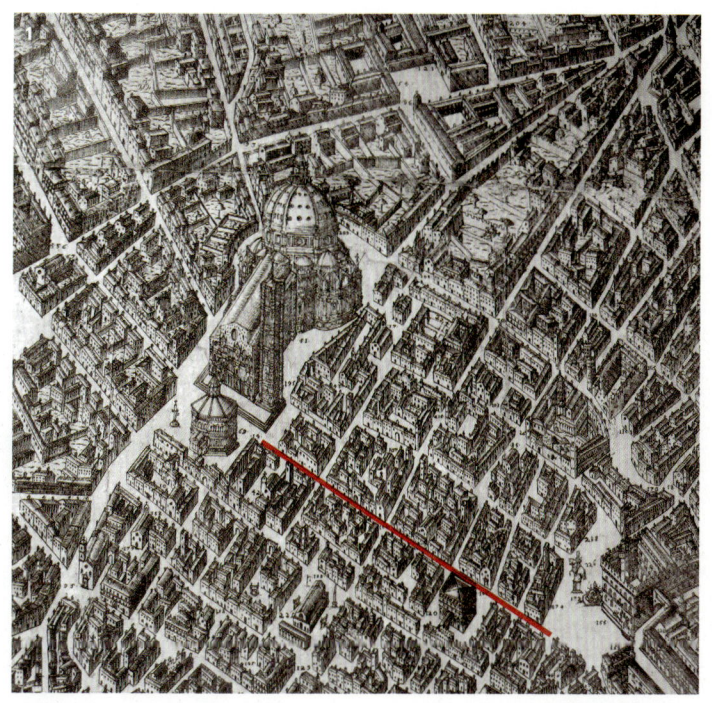

1 〈본시뇨리 지도〉 속 칼차이우올리 거리

종교의 중심과 정치의 중심을 잇는 도시에서 가장 중요한 길이다. ©Musei Comunali a Firenze

2 확장된 칼차이우올리 거리

왼쪽은 19세기 이전의 모습이고, 오른쪽은 1844년 확장 이후의 모습이다. ©Biblioteca Nazionale Centrale di Firenze

는 두오모의 돔을 향해 직선으로 뻗어간다. 바로크식 도시공간의 탄생이었다.

두오모를 지나면 곧장 만나는 길이 칼차이우올리 거리Via dei Calzaiuoli다. 종교의 중심인 두오모와 정치의 중심인 시뇨리아 광장Piazza della Signoria을 잇는 길이다. 도시에서 가장 중요한 길이지만 르네상스 시대 이전에는 좁고 혼잡한 상업거리였다. 14세기 후반부터 이 길의 확장을 시작했다. 때를 맞추어 메디치 가문의 수장 코시모Cosimo de' Medici, 1389~1464는 도시의 전략적인 장소에는 상업시설을 두지 않는다는 방침을 세웠다. 이 길 주변의 가게들이 거기에 해당되었다. 당시 도시에서 가장 힘센 단체였던 모직상인 길

1 채색된 지도 속 시뇨리아 광장
로셀리가 묘사한 광장 모습이다. 정작 광장은 안 보이고, 오르산미켈레 성당, 팔라초 베키오, 란치 로지아는 선명하다.
©Museo di Palazzo Vecchio

2 그림 속 시뇨리아 광장
이 광장은 시민 중심의 정치가 펼쳐지는 도시에서 가장 중요한 공간이었다. 주세페 조키가 18세기 중반에 그린 그림
©Wikimedia Commons

드Arte della Lana가 운영하는 가게들이었다. 그들은 새로운 방침에 군말 없이 따랐다. 통 큰 양보였다. 도시를 아름답게 만들겠다는 정책에는 반대할 수 없었다. 그게 시민정신이다. 시장거리를 방불하던 도시의 중요한 길들이 서서히 질서를 잡아갔다.

길을 빠져나오면 시뇨리아 광장이 펼쳐진다. 여러 시대에 걸쳐 만들어진 도시의 가장 너른 공간이다. 이곳은 시민의식과 자유로운 정치참여를 상징하는 곳이다. 시민은 길드를 조직해서 정치에 참여하고, 권리를 주장하고, 의무를 다

했다. 광장은 그런 시민 중심의 정치가 펼쳐지는 장이었다. 이곳에 자부심을 가졌던 로셀리는 두오모의 자태에 버금가도록 그것을 묘사했다. 팔라초 베키오는 물론이고 14세기 말에 들어선 '란치 로지아Loggia dei Lanzi'까지 세밀하게 그렸다. 시민들이 이 로지아를 매우 좋아했기 때문이다. 미켈란젤로Michelangelo, 1475~1564 역시 광장 전체를 이런 로지아로 감싸자고 제안했다. 다소 어수선한 광장을 르네상스 미학으로 통일시키고자 한 것인데, 아쉽게도 실현되지 못했다.

광장에서 우피치Uffizi의 중정으로 들어가면, 비로소 완벽한 르네상스 세계가 펼쳐진다. 우피치는 '오피스'라는 뜻이다. 공화정이 괴멸된 후 토스카나 공국의 초대 통치자가 된 코지모 1세는 산재한 행정부의 사무실을

1 우피치
아르노강에서 우피치를 통해서 바라보는 시뇨리아 광장. 이건 르네상스 최고의 투시 경관이다. 주세페 조키가 18세기 중반에 그렸다. ©Rijksmuseum, Wikimedia Commons

2 피렌체의 다리
르네상스 시대 아르노강에 있던 네 개의 다리 중에서, 산타 트리니타 다리(앞)와 베키오 다리(뒤)의 모습이다. 1744년 주세페 조키가 그렸다. ©The Trustees of the British Museum

한곳에 두고 싶었다. 바사리를 건축가로 임명했고, 1559년에 건물을 신축하는 공사를 시작했다. 군주의 명령에 의한 사업이었다. 두 채의 긴 건물이 마주 보는 구성이다. 바사리의 해법은 절묘했다. 시뇨리아 광장의 '웅성거리는 힘'을 받아서 좁은 중정에 응축시켰다가 아르노강에 이르러 '쾅' 터트린다. 공간을 '꽈~악' 좁혔다가 '화~악' 펴는 연출. 그건 하나의 드라마다. 강에서 우피치를 통해서 바라보는 시뇨리아 광장. 르네상스 최고의 투시경관이다. 18세기에 활동한 화가 주세페 조키Giuseppe Zocchi, 1711~1767는 그걸 참 잘 묘사했다.

로셀리의 지도든 본시뇨리의 지도든 아르노강에는 모두 네 개의 다리가 걸려있다. 그중에서 단테Dante Alighieri, 1265~1321가 베아트리체Beatrice를 처

시민정신이 만들어낸 르네상스의 성채

음 만난 산타 트리니타 다리Ponte Santa Trinita가 사람들의 발길을 끌기도 하지만, 도시의 공간 축은 역시 베키오 다리Ponte Vecchio로 이어진다. 원래 나무다리였다가 1177년에 돌다리가 되었으나 1333년 대홍수 때 유실되어 버렸다. 폭도 넓히고 바닥에 돌을 깔아 단단해진 다리가 1345년에 다시 놓였다. 이 다리 위에는 가게가 늘어섰는데 200년 동안은 푸줏간이 그걸 차지했다. 당시에 쇠고기는 별로 먹지 않았으니 가게 앞에는 양·닭·비둘기·토끼 고기를 늘어놓았고, 안에서는 가축을 죽이고 해체했다.

문제는 대공 코지모 1세가 거처를 팔라초 피티로 옮기면서부터였다. 대공은 시민과 마주치지 않고 팔라초 베키오에서 우피치를 거쳐 팔라초 피티를 오갈 수 있는 통로, 즉 회랑을 요구했다. 이번에도 바사리가 차출되었다. 그는 대공의 재촉에 쫓기면서 다섯 달 만에 이 회랑을 완성했다. 그게 코리도이오 바사리아노Corridoio Vasariano 즉 '바사리 회랑'이다. 회랑은 베키오 다리 위를 지날 수밖에 없었다. 백정 작업이 벌어지는 지저분한 장소를 오고 가던 대공은 딸을 프랑스 왕에게 출가시키게 되자 더는 참을

베키오 다리와 그 위를 지나는 바사리 회랑
코지모 1세가 시민과 마주치지 않고 출퇴근하는 통로였다. ©The Trustees of the British Museum

수 없었다. 푸줏간은 쫓겨났고, 대신 귀금속 상점이 들어섰다. 공화정이 괴멸되고 군주가 다스리는 공국이 들어선 이후의 도시 변화는 과거와는 양상이 달랐다. 설득과 타협은 없어지고, 모든 것이 명령과 굴종으로 진행되었다. 르네상스 전개의 견인차가 되었던 피렌체의 시민의식은 서서히 사라져 갔다.

귀족 저택 팔라초, 도시건축의 모델

바사리 회랑은 팔라초 피티에서 끝이 난다. 건물의 원래 주인은 루카 피티Lucca Pitti, 1389~1472. 은행가였던 그는 메디치 가문의 후원을 받아 사업을 키웠고, 이내 막강한 권력자가 되었다. 한때 그를 도왔던 코시모 데메디치가 늙어가자 루카는 메디치 가문에 도전장을 내민다. 두오모 근처 라르가 거

팔라초 메디치
코시모 데메디치는 주변의 눈을 의식해서 나름 검소한 팔라초를 시었다. 1744년 주세페 조키가 그린 그림 ©The Trustees of the British Museum

시민정신이 만들어낸 르네상스의 성채

1 채색된 지도 속 팔라초 피티
로셀리가 묘사한 이 피티 가문의 저택은 일곱 칸 규모로, 비교적 소박했다. ©Museo di Palazzo Vecchio

2 크게 증축된 팔라초 피티
이 저택은 18세기까지 계속 규모를 키웠고, 피렌체 최대의 팔라초가 되었다. 1744년 주세페 조키가 그린 그림 ©The Trustees of the British Museum

리Via Larga에 면한 팔라초 메디치보다 더 큰 저택을 건축하기로 결심한 것이다. 그리고 최고의 건축가 브루넬레스키를 불러 피렌체에서 가장 큰 규모의 팔라초를 설계해달라고 요구했다. 게다가 특별한 주문까지 덧붙였다. 새 건물의 창문은 팔라초 메디치의 대문보다 크게 하고, 중정은 팔라초 메디치 전체가 들어갈 수 있는 크기로 하라는 주문이었다. 치졸한, 졸부다운 요구였다.

브루넬레스키가 그걸 다 받아들였을 리는 없다. 그런데 그는 팔라초 메디치의 설계를 퇴짜 당한 이력이 있다. 건물이 너무 화려했기 때문인데, 마음의 상처는 컸다. 브루넬레스키는 거부된 설계안을 활용했을 것이다. 그가 죽고 한참 지난 1458년 건물이 우선 완성되었고, 1472년에 총 일곱 칸 규모로 다시 증축되었다. 로셀리는 그걸 지도에 잘 그려놓았다. 지금의 웅장한 팔라초 피티는 후대에 크게 확장된 것이다. 로셀리가 야산으로 그린 뒷마당은 본시뇨리의 지도에는 잘 꾸며진 바로크풍의 정원으로 변해있다. 베르사유 궁전을 모델로 조성한 보볼리 정원이다. 메디치 가문의 위세를 꺾기 위해 건축된 이 건물은 한 세기 후에 메디치 가문에 팔려 코시모 1세의 소유가 되었다. 아이러니가 아닌가.

15세기 말 피렌체에는 팔라초 건설이 붐을 이루었다. 건축가를 구하기가 어려울 정도였고 재료도 품귀였다. 성공한 가문은 예외 없이 새로운 저택을 지었다. 시작은 메디치 가문에서 했다. 신중했던 코시모 데메디치는 주변의 눈을 의식해서 나름 '검소한' 팔라초를 지었다. 브루넬레스키의 설계를 퇴짜 놓은 것도 그 때문이다. 그러나 그 이후에 저택을 지은 가문은 대부분 크고 화려하게 지었다. 곧 보시게 될 스트로치Strozzi 가문의 팔라초가 특히 그랬다. 지금껏 언급한 세 팔라초에다 알베르티가 설계한 팔라초 루첼라이Palazzo Rucellai를 합친 네 채의 팔라초가 15세기 피렌체 팔라초의 4대 걸작으로 간주된다. 이 네 건물은 제2차 세계대전을 거치면서도 전혀 손상되지 않고 그대로 남아 있다.

당시 졸부 가문들의 저택에 대한 허세는 도를 지나쳤다. 나폴리 왕가

팔라초 스트로치
허세가 많았던 필리포 스트로치는 땅을 넓게 확보한 다음 집 짓는데 돈을 퍼부었다. 1744년 주세페 조키가 그린 그림 ©The Trustees of the British Museum

의 자금을 관리해서 돈을 모은 스트로치 가문의 주인 필리포 스트로치Filippo Strozzi the Elder, 1428~1491가 그 선봉에 있었다. 그는 시장Mercato Vecchio과 가까운 요지에 저택 지을 땅을 사들였다. 집 앞에 광장까지 조성할 요량으로 주변의 집들을 몽땅 사서 허물어버렸다. 그리고 전 재산의 3분의 1을 공사에 쏟아부었다. 그렇지만 결국에는 돈이 떨어져 건물의 지붕 격인 처마돌림띠cornice는 끝내 완성하지 못했다. 웃기는 것은, 저택의 1층에 상가를 배열하려 했다는 것이다. 임대료 수입 때문이었는데, 세 아들이 먹고살 일을 걱정했다는 것이다. 그렇지만 도시의 실권자 메디치 가문이 우려를 표하자 상가를 두는 건 포기해야 했다.

"팔라초는 르네상스 시대 귀족의 저택이다." 그리 얘기하고 나면 그걸로 끝인가? 아니다. 사실상 팔라초는 건축사에서 엄청나게 중요한 존재로 자리매김한다. 도시주택 팔라초, 그리고 같은 시대 교외에 들어선 귀족의 별장 빌라villa. 그 둘이 근대주택의 시작이었다. 아름다운 외관, 프라이버시의 확보, 가족만을 위한 스위트홈의 이념 등이 그것들로부터 시작되었다. 그런데 팔라초는 다른 측면에서도 큰 기여를 했다. 바로 도시건축의 모델. 근대가 되자 도시에는 엄청나게 많은 종류의 건물이 들어섰다. 공공청사, 오피스, 아파트 등. 대로변에 열을 맞춰 들어선 도시건축. 그 조화롭고 단정한 표면과 우아한 내부. 그 모델이 팔라초였다. 수평·수직을 착착 맞춘 당당한 도시건축. 피렌체에서 시작된 팔라초가 아니었다면 서구도시에 수준 높은 도시건축이 정착될 때까지는 상당한 시간이 걸렸을 터. 팔라초를 설계한 르네상스 건축가들의 공이 크다.

서민주택이 도시의 주인공이다

졸부 귀족들이 저택을 짓기 위해 시내의 주택을 마구 사들이는 바람에 일반 시민의 주택이 턱없이 부족했다. 코시모의 손자이자 '위대한 자'로 불렸던 로렌초Lorenzo de' Medici, 1449-1492는 그걸 그냥 두고 볼 수 없었다. 그는 1489년 새로운 법령을 제정했다. 시민이 새롭게 주택을 지을 경우 세금을 감면한다는 내용이었다. 그리고 교황에게는 수도회 등 종교단체가 소유한 땅을 택지로 전환해 달라는

그림 속 상인주택
도심에 들어선 부유한 상인의 주택. 피렌체 산타 마리아 델 카르미네 수도원에 그려진 프레스코 벽화의 일부다. ©Brancacci Chapel, Wikimedia Commons

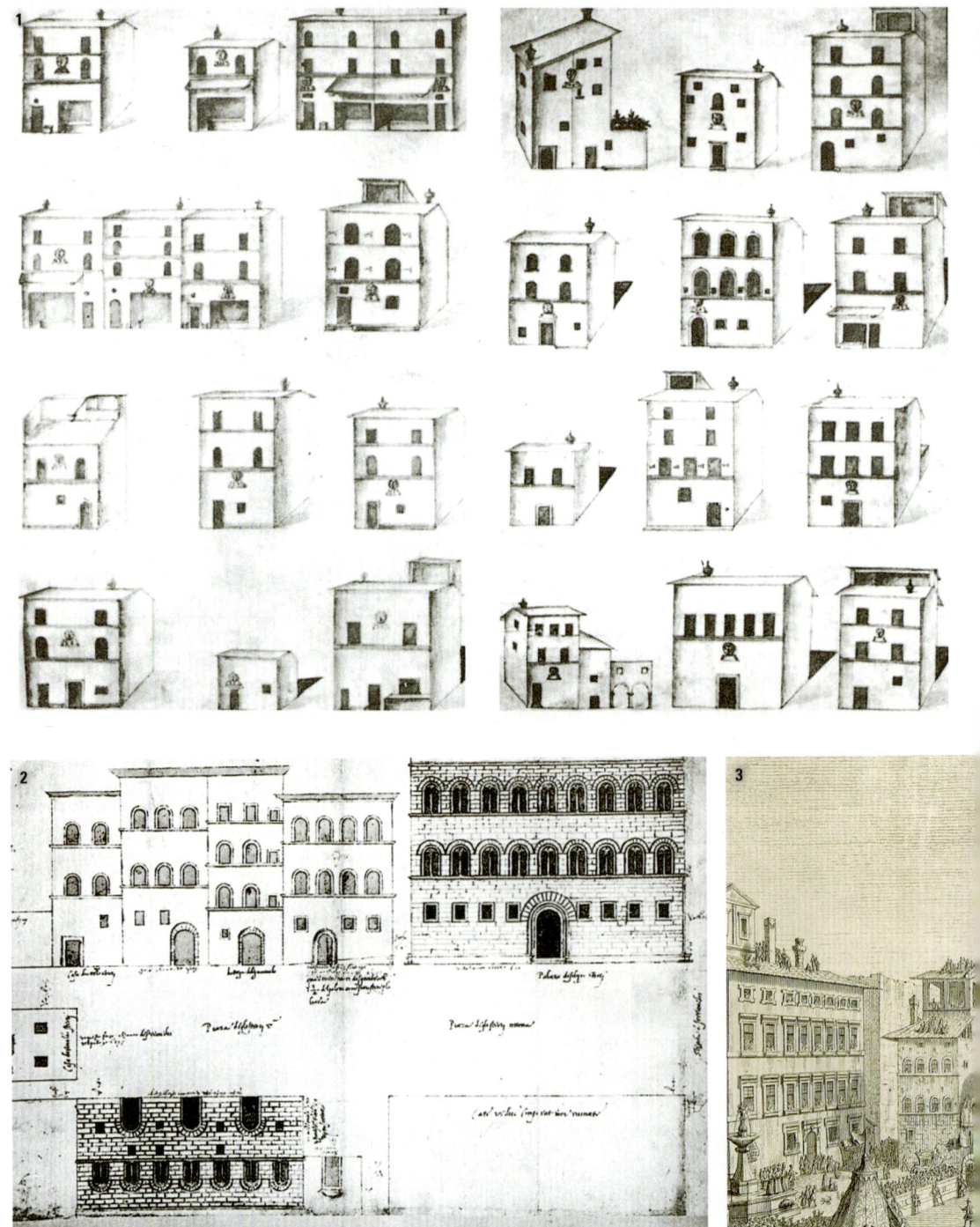

1 토지대장 속 서민주택의 모습
18세기에 그려진 토지대장이다. 산티시마 안눈치에타 수도원에서 작성한 것이다. ©Archivio di Stato di Firenze

2 팔라초와 상인주택
르네상스 시대 피렌체의 도심에는 이렇게 팔라초와 상인주택이 섞여서 이어졌다. ©Galleria degli Uffizi

3 산타 크로체 광장 주변의 주택
시간이 갈수록 주택의 높이는 높아지고, 넓어지고, 용도도 다양해진다. 1744년 주세페 조키가 그렸다. ©The Trustees of the British Museum

요청을 했다. 당시 시내의 많은 땅은 종교단체가 소유하고 있었다. 교황도 메디치 가문의 청을 무시할 수 없었으니 각 종교단체에 명을 내려 땅을 내놓도록 했다. 이런 로렌초의 노력 덕분에 피렌체 시내에는 상인과 장인의 집이 많이 들어섰다. 성벽과 가까운 노는 땅도 대량으로 개발되었고, 집을 지어 서민들에게 임대되었다.

당시 지어진 상인과 장인 그리고 서민들의 주택. 어떤 모습이었을까? '제1화 시에나' 편에서 잠시 언급했던 도시의 서민주택. 기억하시나요? 상점겸용 주택. 1층에는 상점이나 공방이 있고, 2~3층에는 살림집이 있는 소규모 복합건물. 이탈리아에서는 이런 주택을 '스키에라 주택'으로 부른다고 했습니다. 길을 향해 다닥다닥 붙어있어 마치 군대가 대형을 이루는 모습이기 때문에 그렇게 부른다고요. 중세때 이탈리아 도시에 등장해서 온 국토로 퍼져나갔고, 알프스산맥을 넘어 전 유럽에 정착한 도시주택. 오늘날에도 상

당히 많은 사람이 그런 주택에 살고 있다. 시민의 대다수가 상업과 수공업으로 먹고살았던 중세와 근세의 유럽 도시에서 모든 주택은 당연히 길에 면해야 했다. 그러니 주택의 폭은 좁을 수밖에 없었다. 그런 주택이 도시에 촘촘히 들어서자 가로경관을 지배했고, 당연히 그게 도시의 주인공이 되었다.

피렌체 도심에는 팔라초가 군데군데 자리했고, 그 사이사이에 상인의 주택이 들어섰다. 돈 많은 상인들은 비록 팔라초는 짓지 못했지만 나름 우아한 주택을 짓고 살았다. 그렇지만 성벽에 가까운 변두리에 지어진 주택들은 소박했다. 당시에도 세금이나 임대료를 걷을 목적으로 토지대장을 상세하게 작성해 놓았는데, 그곳에 그려진 주택들의 모습은 아직도 생생하다. 높이는 기껏해야 3층이다. 그런데 18세기에 피렌체 도심을 그린 그림을 보면 주택의 높이는 4~5층이 보통이다. 그게 6~7층으로 늘어나는 것은 단지 시간문제였다. 주택의 폭도 늘어났다. 붙어있는 주택을 사들여 폭을 넓히는 사업이 꾸준히 진행된 탓이다. 그렇게 넓혀진 주택은 아파트가 되었고, 오피스도 되고 호텔도 되었다. 도시주택의 변화, 그 양상은 무궁무진하다.

15~16세기 이탈리아 여러 도시에서 행해진 서민주택의 공급. 그 주체가 종교단체였다는 사실이 흥미롭다. 수도회를 위시한 종교단체는 도시 안팎 곳곳에 다양한 형태의 부동산을 소유하고 있었다. 주로 투자 목적으로 구입한 땅이다. 그들은 그것을 빌려주거나 개발해 상당한 이익을 창출했다. 그렇게 벌어들인 돈으로 교회와 수도원을 운영하고, 병원과 고아원을 건립하는 등 여러 가지 구빈 활동을 전개했다. 그들은 당시 도시를 정치적으로 경영했던 상공시민 계층과 더불어 가장 힘 있는 경제 운영 세력이었다. 종교단체는 특히 서민 주거지 개발에 힘을 기울였다. 여러 도시 중에서, 특히 피렌체에서 활동한 종교단체들이 그런 사업에 열성적이었다.

수도회에서는 수사들을 감독관으로 임명해 주거지를 개발했다. 그리고 그렇게 개발한 땅은 계약에 따라 임대했다. 땅을 팔지 않고, 주로 이십

년 단위로 빌려주었다는 사실. 그게 흥미로운 점이다. 땅을 임대한 사람들은 대다수가 소규모 주택개발업자였다. 그들은 석공, 벽돌공, 목수 등 건축 장인 출신이었는데, 약간의 돈을 모아 집을 지어 팔거나 또는 임대하는 사업을 했다. 보통 2~20필지 단위로 주택을 지었으므로 피렌체 변두리에는 비슷한 모양의 주택들이 연이어 들어섰다. 앞서 언급한 토지대장 속 주택 그림을 보시라. 15~16세기 피렌체에서 행해진 이런 식의 주택개발 사업은 18~19세기 런던에서 행해진 주택개발 사업과 방식이 너무 흡사하다. 그건 이 책의 '제10화 런던' 편에서 다시 이야기하기로 한다.

제4화

베네치아

융성했던 바다의 도시,
이제 최전성기의 모습이다

〈베네치아 조망 그림〉 야코포 데바르바리, 1500년

15세기의 베네치아

바다의 도시이자 미궁의 도시, 베네치아. 한때 이 도시에 매료되어 참 많이도 갔다. 그리고 책도 한 권 펴냈다. 나를 이 도시로 이끈 사람은 일본의 도시학자 진나이 히데노부陣內秀信, 1947~. 베네치아학에서 시작해서 '도시의 공간인류학'을 개척했다고 인정받는 사람. 끊임없이 공부하고, 새로운 주제로 줄줄이 책을 펴내는 부지런한 학자. 은퇴한 요즈음도 뭔가를 파헤치고 있을 것이다. 일본에서는 건축·도시 분야뿐 아니고 일반 독자들도 "진나이 상이 이번에는 무슨 책을 펴내나?" 하면서 기다린다. 그나 나나 베네치아에 매료된 이유는 단 하나다. 아름다워서? 물과 어우러진 도시환경이 매력적이어서? 그건 모두 인정한다. 그렇지만 진짜 이유는 바로 '배울 게 많아서'이다.

베네치아는 아름다운 도시일 뿐 아니라 지혜롭게 건설된 도시다. 그러므로 배울 게 참 많다. 이 도시는 늘 인구에 비해 토지가 협소했다. 그럼에도 불구하고 유럽의 어느 도시보다 옥외공간이 많으며, 엄청나게 밀도가 높지만 답답하게 느껴지지 않는다. 공간을 교묘하게 나누고 연결하여 한 뼘의 땅이라도 가치 있게 활용했기 때문이다. 공간을 아껴 쓰는 수법에서는 베네치아인을 따라갈 수 없다. 따라서 이 도시는 살아있는 교과서다. 건축과 도시 그리고 특히 주거환경에 관심을 가지는 사람은 이 도시를 예사로 보면 안 된다. 독자 여러분도 그곳에 가서 오래 머물면서 구석구석 찬

〈베네치아 조망 그림〉 부분
야코보 데바르바리가 그린 그림지도로, 베네치아 최전성기인 1500년의 모습을 보여준다. ©Museo Correr, Wikimedia Commons

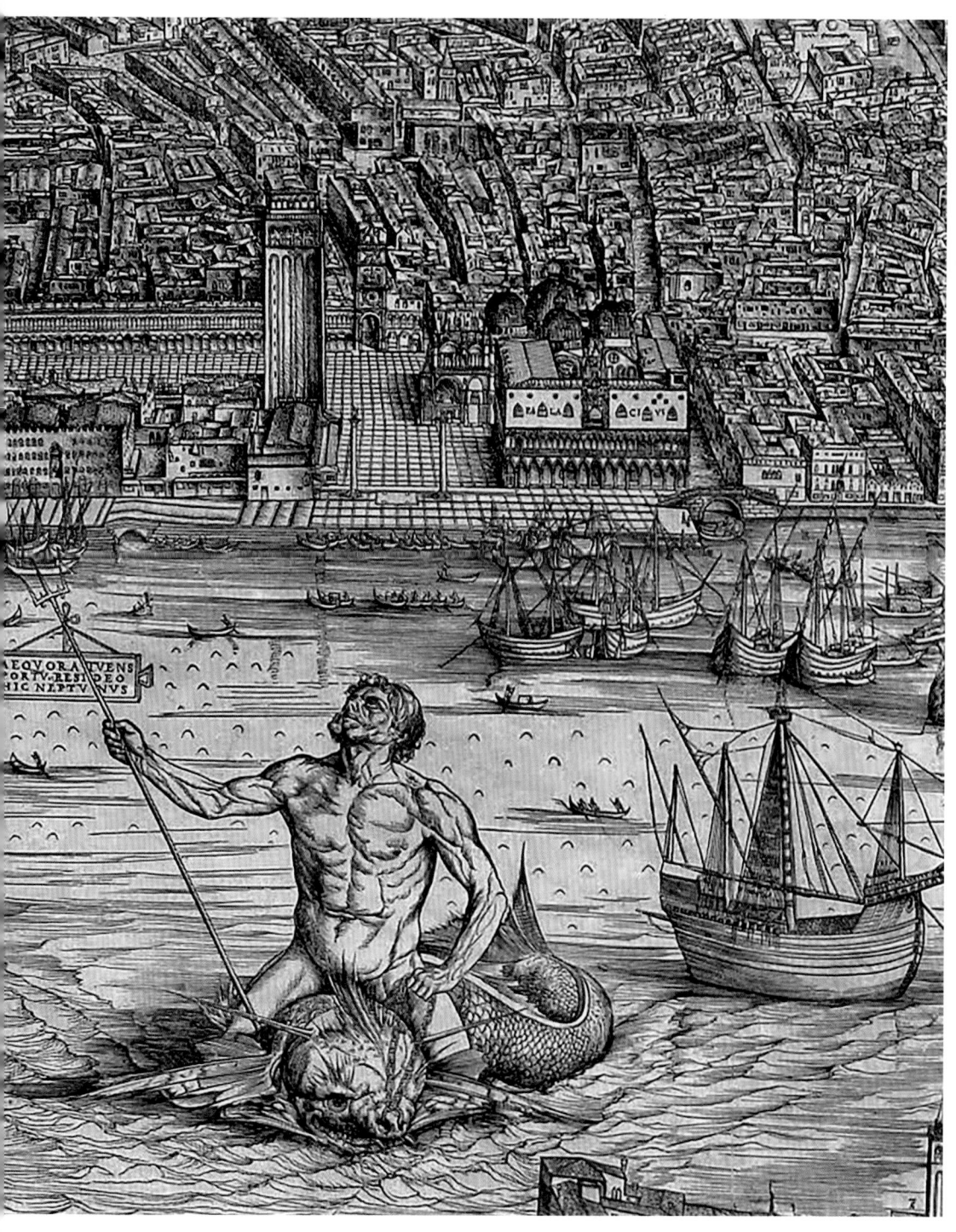

융성했던 바다의 도시, 이게 최전성기의 모습이다

찬히 돌아보시라.

아드리아 바다 갯벌 한자락에서 소박하게 출발한 이 도시가 찬란한 도시문화를 형성해 간 과정. 그건 신데렐라 동화 같은 이야기다. 근근이 살아가던 이 도시가 맞이한 절호의 찬스는 십자군 전쟁. 11세기 말부터 200년간 지속된 십자군 전쟁은 베네치아를 부유한 도시로 만들어주었다. 제4차 십자군 전쟁이 특히 그랬다. 십자군과 베네치아 해군이 연합해 난공불락의 콘스탄티노플을 점령하자 엄청난 전리품이 베네치아로 쏟아져 들어왔다. 1204년이었는데, 그때부터 도시는 승승장구. 최대 라이벌인 제노바를 굴복시키고, 이어서 오스만 투르크Osman Turk, 오늘날의 튀르키예를 꺾었다. 지중해 동쪽 일대를 완전히 장악한 것이다. 15세기 초반이었다.

정치도 잘했다. 베네치아는 처음부터 끝까지 같은 정치체제를 유지했다. 권력이 한 사람에게 집중되지 않는 공화제. 소수의 지도자가 돌아가며 나라를 다스리는 과두정치. 로마의 공화정 시대와 흡사한 체제였다. 공화정을 포기하고 메디치 가문이 세습으로 다스리는 군주국으로 변모한 피렌체와는 사뭇 대조적이었다. 결과적으로, 베네치아는 이탈리아의 여러 도시국가 중에서 가장 지혜롭게 나라를 운영했다. 덕분에 15세기 중반부터 베네치아는 경쟁할 상대가 없었다. 정치적으로, 경제적으로, 그리고 군사력에서. 기독교를 신봉하는 모든 나라 중에서 단연 최고였다.

문화적으로도 그랬다. 베네치아 사람들은 지중해 주변을 다니면서 비잔틴과 이슬람 문화를 흡수했고, 그것을 그리스·로마 문화와 버무려서 베네치아풍의 르네상스를 꽃피웠다. 그들의 건축문화는 수준도 높았지만 무엇보다도 다양했다. 고딕, 르네상스, 비잔틴, 이슬람이 공존했다. 그런 복합

복합적인 건축문화
베네치아는 고딕, 르네상스, 비잔틴, 그리고 이슬람이 공존하는 건축문화를 발전시켰다. 도시의 현관인 피아제타의 모습이다. 지오반니 바티스타(Giovanni Battista)가 19세기에 그렸다.
ⓒThe Trustees of the British Museum

적인 양상은 두칼레 궁전Palazzo Ducale과 산 마르코 성당Basilica di San Marco 같은 공공건축은 물론이고 일반 시민의 주택에까지 스며들었다. 언젠가 《뉴욕 타임스The New York Times》는 '인류 역사상 최고의 것'을 선정했는데, 최고의 시대로 '15세기 베네치아'를 꼽았다. 당시 베네치아만큼 수준 높고 다양한 문화를 자랑하면서, 이상과 열정과 자긍심으로 넘쳤던 장소와 시대는 없었다.

산 마르코 성당

베네치아 중심에 들어선 비잔틴 양식의 건축. 동서 문화교류의 상징이다. 인상파 화가 오귀스트 르누아르(Auguste Renoir)가 1881년 그렸다. ©Minneapolis Institute of Art, Wikimedia Commons

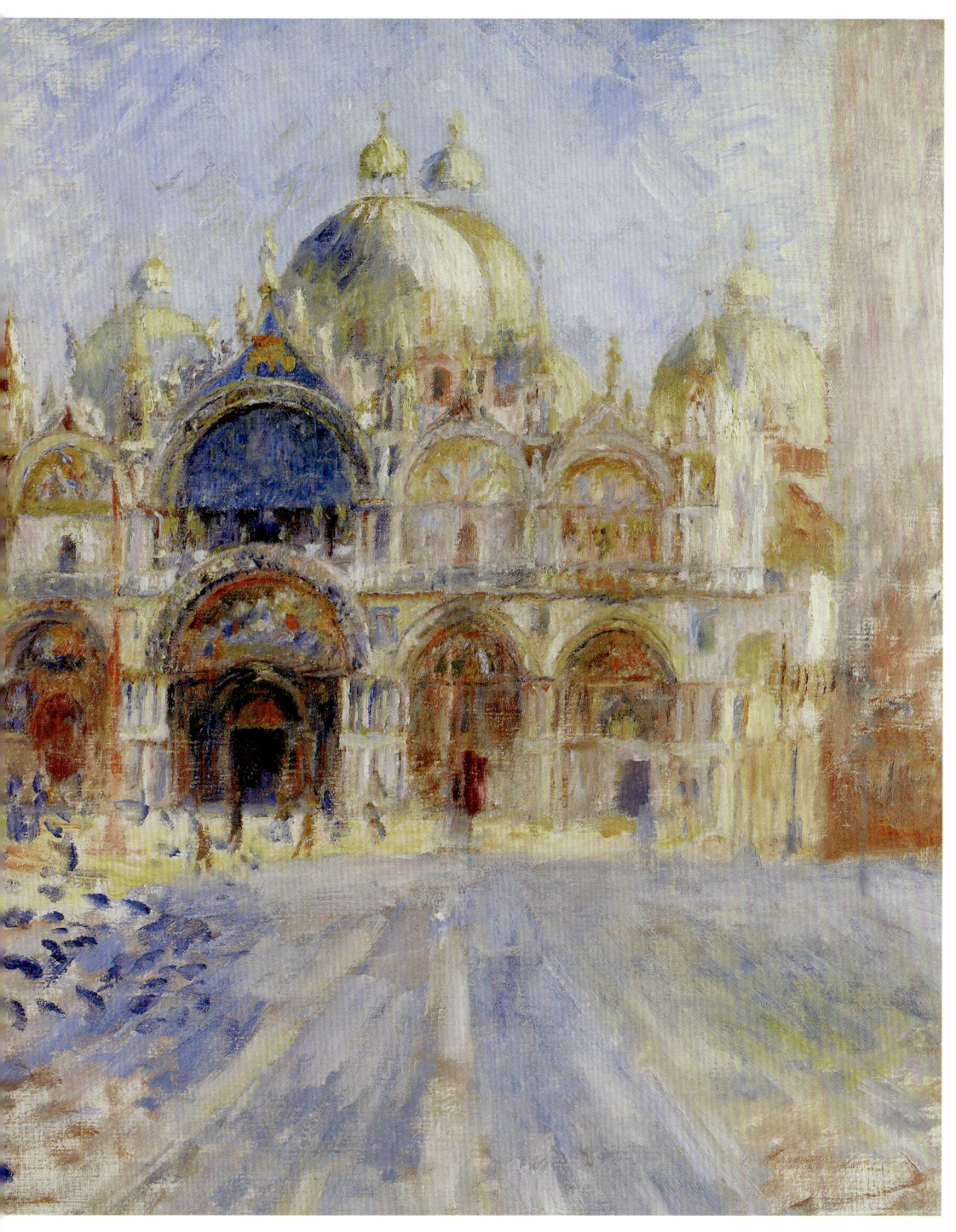

융성했던 바다의 도시, 이게 최전성기의 모습이다

야코포 데바르바리가 그린 〈베네치아 조망 그림〉

그런 베네치아도 아쉬운 게 하나 있었다. 도시를 한눈에 보여주는 그림이나 지도가 없었다는 것. 그런데 1500년 10월 어느 날 안톤 콜브Anton Kolb, 1474~1566라는 독일 상인이 베네치아 원로원Senate에 이런 청원을 했다.

> 제가 이 뛰어난 도시를 묘사한 새로운 지도를 만들었습니다. 정확하고도 세밀하게 그린 것입니다. 작업이 얼마나 정교한지 믿기 어려울 것입니다. 최고의 기술을 구사했습니다. 종이도 그동안 본 것들과는 크기와 질이 전혀 다릅니다. 제가 이 지도에 관한 모든 권리를 행사할 수 있게 해주십시오. 독점 판매의 권한을 주시고, 투자한 자금을 회수할 수 있도록 세금도 면제해주십시오. 그리고 외국으로의 자유로운 반출도 허락해주시기 바랍니다.

과연 대단한 그림지도였다. 크기도 엄청났거니와 도시의 묘사가 정교하기 이를 데 없었다. 모두 6장의 목판화로 이루어졌는데, 한 장의 크기는 66×99센티미터. 그동안 유럽에서는 그런 크기의 종이를 생산한 적이 없으니 특

〈베네치아 조망 그림〉
베네치아를 조감해서 그린 최초의 그림지도인데, 그 섬세함을 이후 지도들도 뛰어넘지 못했다. ⓒMuseo Correr, Wikimedia Commons

별히 제작된 것이었다. 이어 붙이면 대략 135×280센티미터 크기로, 4제곱미터에 가깝다. 가격은 당시 통용되던 금화 세 닢 즉 3두카토ducat를 받겠다고 요청했는데, 그건 숙련된 인쇄 장인의 한 달 치 봉급이었다. 오늘날의 가치로 본다면 족히 수백만 원은 되겠다. 지도를 보고 놀라버린 베네치아 정부는 그것을 4년 동안 독점 판매할 수 있는 권한을 안톤 콜브에게 주었다. 역사상 최초의 저작권 및 독점판매권이었다.

콜브는 지도에 대해 장광설을 늘어놓았다. 3년의 준비기간이 걸렸고, 일일이 수작업으로 찍어낸다는 등. 그런데 정작 그림을 누가 그렸는지는 밝히지 않았다. 한동안 이 지도는 독일 화가 알브레히트 뒤러Albrecht Dürer,

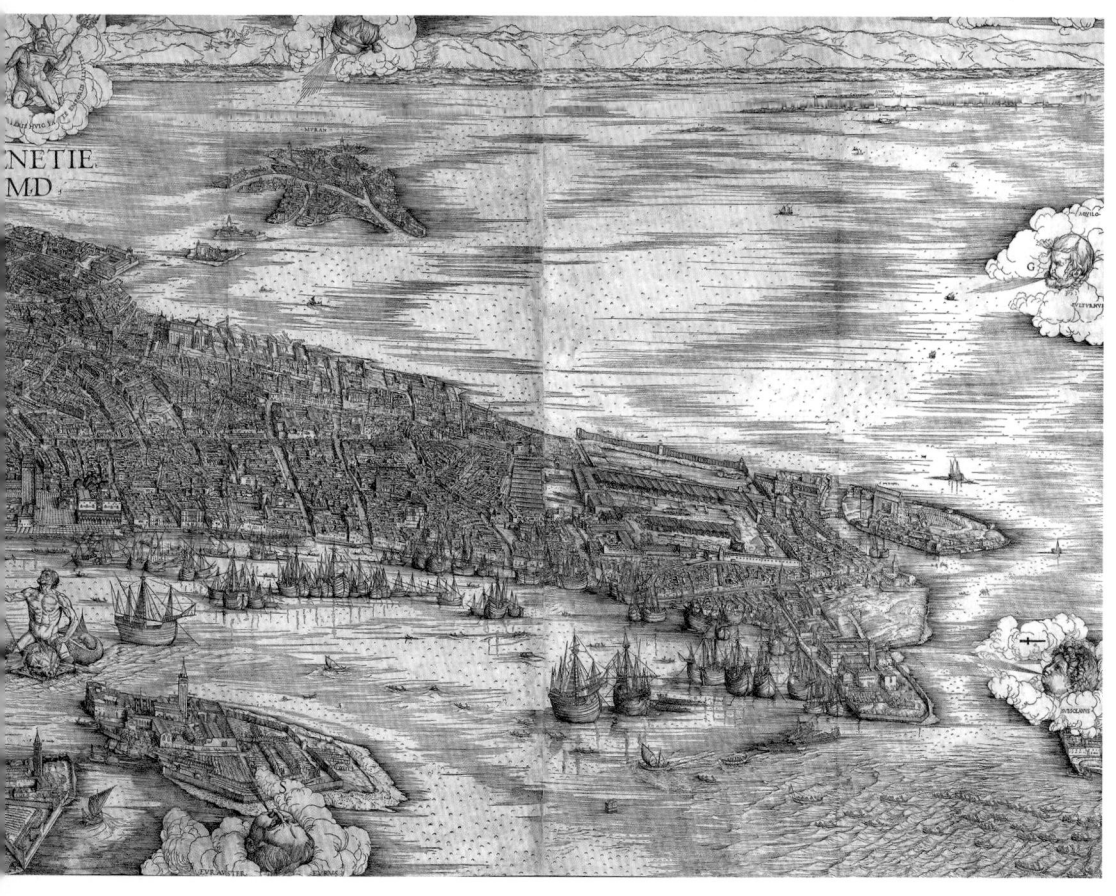

융성했던 바다의 도시, 이게 최전성기의 모습이다

1471~1528가 그린 것으로 알려졌다. 콜브가 독일사람인 데다가 뒤러와 가깝게 지냈기 때문이다. 독일 르네상스를 대표하는 뒤러는 판화에도 뛰어난 능력을 발휘했다. 그런데 그림의 스타일과 디테일로 미루어볼 때 아무래도 뒤러의 것은 아니라는 의견이 계속 나왔다. 드디어 1855년, 매우 학구적인 수집가 한 사람이 "이 지도를 그린 사람은 베네치아 사람인 야코포 데바르바리Jacopo de' Barbari, 1450?~1516이전"라고 밝혔다. 모든 증거가 확실했다.

바르바리의 생애에 관해서는 정확한 자료가 없다. 1500년까지는 베네치아에서, 그 이후에는 주로 독일에서 활동했다는 사실만은 확실하다. 그의 화풍은 독특하고 개성이 강했다. 그런데 어떻게 베네치아 지도를 그리게 되었을까? 다시 알브레히트 뒤러가 등장한다. 뒤러는 1494년부터 베네치아에 일 년가량 머물렀는데 그때 바르바리를 만났다. 그의 그림에 매료된 뒤러는 안톤 콜브에게 그 이야기를 했고, 콜브는 이내 바르바리에게 접근했다. 지도를 만들자고 설득한 것이다. 필시 피렌체의 〈사슬지도〉를 보여주면서, "우리는 저것보다 더 크고 상세한 지도를 만들자"고 부추겼을 것이다. 애향심을 자극한 것이 주효했던지, 바르바리는 1497년 어느 날부터 '미친 듯이' 지도를 그렸다. 끝내기까지는 3년이 걸렸다. 그걸 전해 받은 콜브는 장인을 고용해서 목판을 완성했고, 정부에 권리를 요청했다.

베네치아를 조감해서 그린 최초의 그림지도다. 물론 그 이전에도 베네치아를 그린 지도는 많았다. 그렇지만 도시 전체를 한눈에 내려다본 그림지도는 이것이 최초다. 〈베네치아 조망 그림Veduta di Venezia, View of Venice〉이 공식 명칭인데, 흔히 〈바르바리 지도de' Barbari Map〉라고 부른다. 이 지도에는 만 개가 넘는 굴뚝, 114개의 교회, 47개의 수도원, 103개의 종탑, 그리고 253개의 다리가 묘사되어 있다. 얼마나 정교한지 작은 주택의 창문 하나하나까지 세세하게 그려놓았다. 이런 정교함은 이후에 나온 어떤 베네치아 지도도 뛰어넘지 못했다.

베네치아는 신성한 돌고래다

우선 이게 왜 바르바리의 그림인지 따져보자. 드러난 증거는 두 가지다. 첫째는, 라틴어 'VENETIE MD'라는 글자 위에 그려진 상업과 교역의 신 메르쿠리우스Mercurius. 라틴어로 M은 천, D는 오백. 그러니까 이 지도의 타이틀은 '베네치아 1500년'이다. 그 위에 그려진 메르쿠리우스. 영어로는 머큐리Mercury. 이 용맹한 신은 '카두케우스Caduceus의 지팡이'를 들고 있다. 두 마리의 뱀이 똬리를 틀고 있는 지팡이. 바리바리는 그걸 그리는데 능했고, 자신이 제작한 판화에는 꼭 등장시켰다. 따라서 카두케우스의 지팡이는 바르바리의 사인sign이다. 둘째는, 화가 자신의 얼굴. 지도 주변에는 바람을 의인화한 8개의 얼굴이 그려져 있다. 나머지 모두는 어린이의 얼굴인데, 오른쪽 위, 즉 '북동풍'은 수염 난 장년의 얼굴이다. 바르바리 본인이다. 그는 그림에 자신의 얼굴을 슬쩍 그려 넣는 취미가 있었다.

바르바리가 이 지도를 그린 수법은 프란체스코 로셀리가 피렌체를 그렸을 때의 그것과 큰 차이가 없다. 스케치를

1 상업과 교역의 신 메르쿠리우스
그는 카두케우스의 지팡이를 들고 있다. ©Wikimedia Commons

2 바르바리 지도 속 '북동풍'
이 수염 난 아저씨는 바르바리 자신이다. ©Wikimedia Commons

모아서 짜깁기하는 수법. 바르바리는 그림 그리는 조수를 여러 명 고용했고, 콜브는 그 비용을 댔다. 그들은 도시에 있는 103개의 종탑에 모두 올랐다. 그렇게 그려진 많은 스케치는 바르바리의 손에서 '버무려졌고' 하나의 조망점에서 바라본 것처럼 조정되었다. 그가 선택한 조망점은 산 조르조 마조레 성당Chiesa di San Giorgio Maggiore의 종탑. 산 조르조 마조레는 두칼레 궁전 바로 앞에 떠 있는 작은 섬이다. 그곳 성당의 종탑에 오르면, 산 마르코 광장이 한눈에 들어온다. 그리고 도시가 '쫘~악' 펼쳐진다. 베네치아를 조망할 수 있는 제일 적당한 장소다. 그렇지만 성당의 종탑 높이 정도에서는 도시를 이 지도처럼 그려내는 것은 불가능하다. 바르바리는 500미터 상공에 가상의 드론을 하나 띄웠다.

한 치의 오차도 없이 있는 그대로의 도시를 그리는 일은 과학의 영역이다. 그런데 바르바리는 예술가였다. 그의 지도는 전쟁에 쓰이지도 않았고, 세금 걷는 데 쓰이지도 않았다. 공공기관이나 귀족의 저택에 걸어두는 전시용이었다. 그걸 쳐다보면서, "베네치아, 정말 융성하고 아름다운 도시구나!" 그런 감탄사가 터져 나오면 지도를 그린 목표는 달성하는 것이다. 바르바리는 그것에 충실했다. "도시의 아름다움과 영광을 보여주자." 그런 마음을 가지면 작업은 예술의 영역에 들어온다. 약간의 왜곡과 과장은 문제도 아니다. 바르바리가 그린 〈베네치아 조망 그림〉은 시종일관 예술의 영역에 있었다.

도시는 심하게 늘어져 있다. 18세기에 그려진 정상적인 지도와 비교해 보시라. 복어처럼 통통해야 할 도시가 고등어처럼 날씬하게 변해있다. 이유는 곧 알게 된다. 대운하Canal Grande의 길이도 늘어났다. 그러니 조망점에서 바라보면 안 보이는 게 정상인 건물들도 얼굴을 드러냈다. 도시의 모든 건물은 높이가 과장되었다. 두칼레 궁전을 보시라. 폭과 길이는 줄어들고 높이는 현저히 높아졌다. 도시의 모든 종탑도 원래보다 높아졌다. 조망점을 높게 잡으면 도시의 건물이 모두 보이지만, 그 대신 높이는 쭈그러든다. 그러면 안 된다. 올릴 수밖에. 건물을 요리조리 틀어서 그린 경우는 셀 수

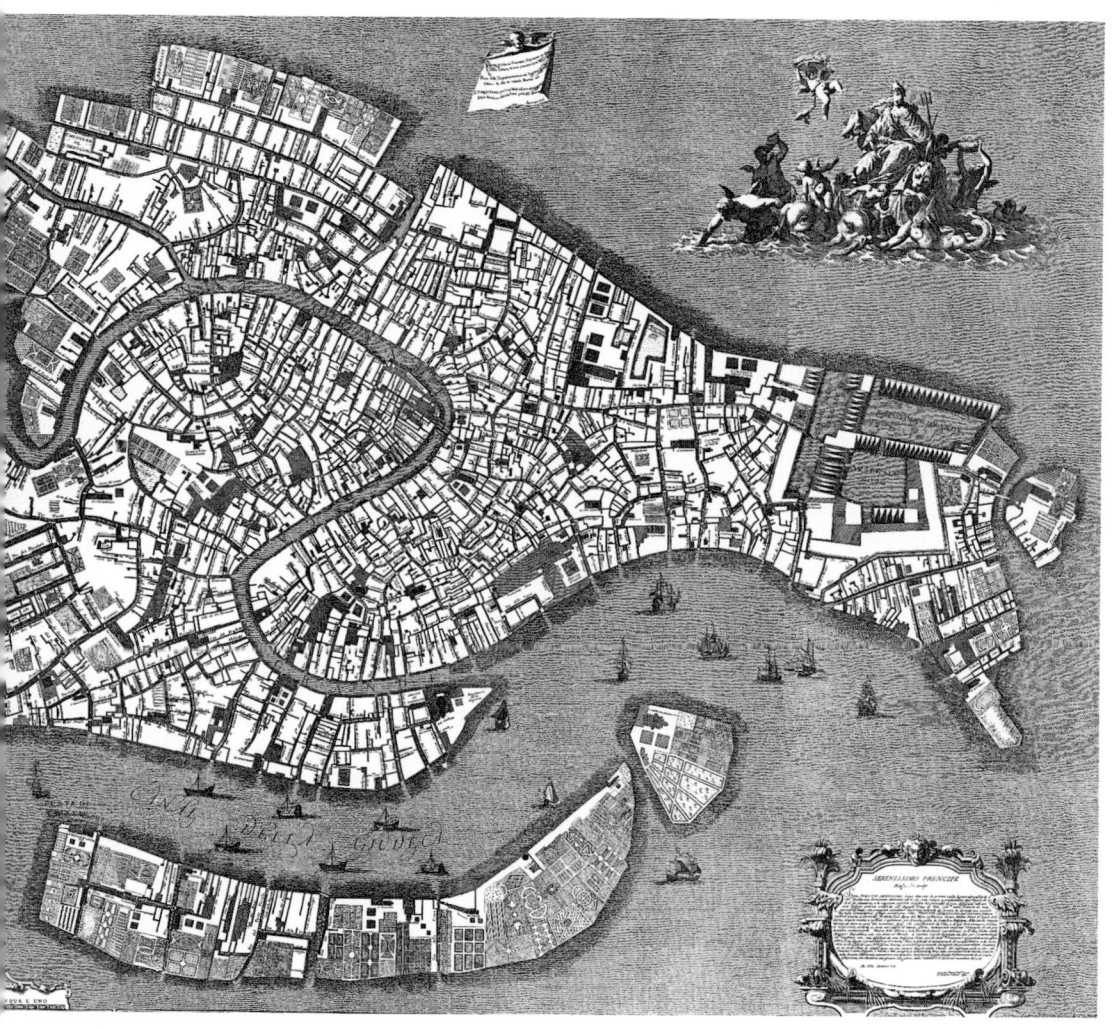

〈바로니 지도〉
1729년 주세페 바로니가 그린 베네치아 지도. 왜곡이나 과장 없이 도시를 그려낸 평면지도이다.
ⓒMuseo Correr, Venezia

없이 많다.

그런데 이런 정도의 조정과 과장은 약과에 불과했다. 바르바리의 더 큰 목표는 따로 있었다. 도시의 윤곽을 날렵하고 역동적으로 만들어서 돌고래처럼 보이게 하는 것. 왜 하필이면 돌고래일까? 그게 베네치아의 상징이기 때문이다. 중세 이래로 유럽의 도시들은 상징 동물을 하나씩 정했다.

로마는 사자, 피사는 독수리, 밀라노는 큰 뱀, 그런 식이었다. 지도의 아래를 보시라. 두칼레 궁전의 전면에 등장하는 또 하나의 신. 바다의 신 넵투누스Neptunus다. 우리에게는 넵튠Neptune이라는 영어식 이름이 쏙 들어온다. 삼지창을 들고 포효하는 이 신이 타고 있는 것이 바로 돌고래다. 창에는 이런 글귀가 걸려있다.

나 넵투누스, 이 항구에 살면서 바다를 지킨다.

그 말은, 베네치아가 돌고래가 되어 아드리아 바다와 지중해를 지킨다는 뜻이다.

베네치아 사람들은 그들의 도시와 돌고래를 동일시하는 데 열중했다. 이유는 많았다. 첫째는, 비너스Venus다. 파도에서 태어난 미의 여신 비너스는 베네치아와 발음이 유사하다. '베니스Venice'로 읽으면 더 그렇다. 비너스는 조각과 그림에서 늘 돌고래와 같이 있다. 움직일 때는 돌고래를 타고 다니고, 목욕도 돌고래의 도움을 받아서 한다. 그러니 '비너스처럼 아름다운

1 바다의 신 넵투누스
포효하는 이 신이 타고 있는 것이 바로 돌고래다. ©Wikimedia Commons

2 돌고래에 올라탄 비너스
16세기 초반에 제작된 판화 ©The Trustees of the British Museum

3 돌고래의 주둥이
바르바리는 실제보다 좀 과장해서 운하의 입구를 그렸고, 돌고래의 주둥이처럼 보이게 했다. ©Museo Correr, Wikimedia Commons

도시 베네치아'는 당연히 돌고래여야 한다. 둘째는, 돌고래는 예로부터 구원자이자 난파선의 구조자로서, 안전과 행운과 날쌤의 상징이었다. 해상무역의 나라인 베네치아의 시민은 늘 위험한 항해를 해야 했으므로 안전이 필수였고 속도감 또한 중요했다.

돌고래는 종교적인 의미도 깊다. 성서에 언급되지는 않지만 늘 부활을 상징하는 동물로 묘사되었다. 삼지창에 몸이 찔려있는 돌고래는 십자가에 매달린 예수를, 그리고 그것을 떨쳐버린 돌고래는 부활한 예수였다. 그러므로 돌고래

융성했던 바다의 도시, 이게 최전성기의 모습이다

는 구원을 향하는 교회나 도시를 표현할 때 자주 사용되었다. 베네치아는 어느 도시보다도 신심이 지극한 도시였다. 게다가 예루살렘을 향하는 항해의 출발점이었다. 그러므로 당연히 성스러운 도시의 위상을 가져야 했다. 바르바리가 애써 이 도시를 돌고래로 형상화한 이유다. 다시 지도로 눈을 돌려 보자. 왼쪽 끝부분, '서풍'을 상징하는 얼굴 아래에 크게 벌어진 틈. 운하의 입구를 과장되게 확대한 것이다. 돌고래의 주둥이다. 이후에 그려진 베네치아의 그림지도에는 대부분 이런 식으로 주둥이가 강조되었다.

도시를 ○○처럼 보이게 하려고 지도를 조작한다? 흥미롭지 않은가. 르네상스 화가들은 그렇게 했다. 피렌체를 그린 로셀리와 베네치아를 그린 바르바리. 3년을 훨씬 넘는 긴 시간을 한 장의 지도에 쏟아부었으니 마음만 먹으면 정확하게 그려낼 수 있었을 것이다. 그렇지만 그들은 정확성보다 더 귀한 걸 불어넣었다. 도시를 향한 꿈과 이상. 그들은 자신의 도시를 지극히 사랑했고, 그것에 대한 자긍심은 하늘을 찔렀다. "이 도시는 지구상의 어떤 도시보다 우월하고 위대하다." 그러니 그걸 자랑하기 위해서는 무엇이든 할 수 있었다. 17세기로 접어들면 더 이상 그렇게 지도를 그리지 않았고, 18세기에는 거의 완벽한 그림지도들이 나왔다. 그렇지만 르네상스 시대에 그려진 두 장의 그림지도는 어떤 지도보다 생생하고 활기차다. 화가의 뜨거운 마음이 고스란히 녹아있기 때문이다.

이 세 곳이 베네치아의 심장이요

도시의 윤곽을 돌고래로 완성해낸 바르바리는 본격적인 '베네치아 자랑'에 돌입했다. 잘 보여주려고 특별히 애쓴 곳은 세 곳. 산 마르코 광장 Piazza San Marco, 리알토 시장 Mercato di Rialto, 그리고 국영 조선소 아르세날레 Arsenale. 그는 이 세 곳의 우수함을 제대로 알리기 위해 신의 도움까지 청했다. 바다의 신 넵투누스는 산 마르코 광장 바로 앞에서 "내가 이 항구를 지키고 있으니 꼼짝 말라"고 포효한다. 상업과 교역의 신 메르쿠리우스는 리알토를

바르바리 지도 속 산 마르코 광장
르네상스 양식이 가미되기 이전, 비잔틴 양식이 우위를 보이는 모습이다. ©Museo Correr, Wikimedia Commons

가리키면서 "나 메르쿠리우스는 이 특별한 시장을 늘 따뜻하게 보살핀다"고 외친다. 조선소를 지키는 신은 특별히 내세우지 않았다. 그렇지만 산 마르코에서 아르세날레 사이의 드넓은 항구에 정박된 수많은 배들이 그 역할을 대신하고 있다.

  1500년의 산 마르코 광장. 11세기부터 수백 년간 기울인 정성이 어느 정도 결실을 보아 (아래위가 뒤집힌) L자 모양의 반듯한 광장이 되었다. 명실상부한 베네치아의 중심이다. 광장의 명쾌한 윤곽. 그건 복잡하게 얽혀있는 도시의 나머지 공간과는 완전한 대조를 이룬다. L자 공간 중 산 마르코 성당의 전면에 펼쳐진 장대한 공간은 '피아차Piazza', 바다를 향해 열린 작은 공간은 '피아제타Piazzetta'. 각각 그렇게 부른다. 피아차가 베네치아의 '거실'이라면 피아제타는 베네치아의 '현관'이다. 현관에는 도시의 수호성인인 산 마르코와 산 테오도로San Teodoro를 상징하는 두 개의 기둥을 바다를 향해

베네치아

1 18세기 초반의 산 마르코 광장
16세기에 증·개축된 결과 르네상스 양식이 우세한 공간이 되었다. 1730년경 카날레토가 그렸다. ©Fogg Museum, Wikimedia Commons

2 산 마르코 광장의 북쪽 면
증·개축된 르네상스 양식의 벽체와 1499년에 완성된 시계탑. 1703년에 만든 동판화이다. ©The Trustees of the British Museum

세웠다. 바르바리는 지도의 전면 중앙에 그걸 자랑스럽게 그려 넣었다.

산 마르코 광장의 전체적인 분위기는 르네상스다. 그걸 배경으로, 두칼레 궁전과 산 마르코 성당이 존재를 또렷이 드러낸다. 바르바리가 자세히 그린 광장의 북쪽 면은 12세기 말에 비잔틴 양식으로 구축된 것이다. 하층부에는 큰 아치가 아케이드로 이어지고 상층부에는 작은 아치가 반복된다. 바르바리가 붓을 들었을 때는 2층 규모였다. 16세기 초반에 르네상스 양식으로 증·개축되어 3층으로 높아졌으나 벽체의 리듬은 그대로 유지되었다. 건물 상부의 톱니 모양 장식도 그대로 두었다. 화가 카날레토Canaletto, 1697~1768가 18세기 초반에 그린 광장 그림을 통해 확인해보시라. 정부에서는 이 벽체의 끝에 새로운 시계탑을 세웠고, 1499년에 준공했다. 아슬아슬했다. 조금만 늦었으면 시계탑은 지도에 등장하지 못할뻔했다.

바르바리가 그린 종탑과 카날레토가 그린 종탑은 많이 다르다. 특히 꼭대기 첨탑 부분이 그렇다. 바르바리가 그린 첨탑은 가설구조물이다. 1489년에 벼락이 종탑을 때려 나무로 만든 첨탑이 사라져버렸다. 12세기에 건설된 이 종탑은 자주 화재 피해를 입었다. 등대 역할도 같이 했기 때문이다. 배의 안전한 항행을 위해 밤이 되면 꼭대기에 횃불을 피워 올렸다. 그게 자주 화재를 발생시켰다. 바르바리가 이 지도를 완성한 후 오래지 않아 종탑은 지진으로 내려앉았다. 드디어 1513년, 종탑은 오늘날의 모습으로 구축되었다. 꼭대기에 가브리엘 천사 상을 얹은 100미터에 육박하는 탑이었다. 이후에도 종탑은 계속해서 화재에 시달렸고, 1902년에 또다시 내려앉아 버렸다. 오늘날 우리가 오르는 종탑은

1912년에 다시 세운 것이다.

대운하는 Z자 곡선을 그리면서 도시를 관통한다. 5킬로미터에 달하는 이 물길의 중심에 리알토 다리Ponte di Rialto가, 그리고 그것과 연계해서 리알토 시장이 넓게 자리했다. 지금은 작은 어시장에 불과하지만 15세기의 리알토 시장은 대단히 규모가 컸다. 지중해 일대뿐 아니라 전 세계로부터 상인들이 들어와 상관을 열었다. 리알토는 어원이 '리보 알토Rivo Alto', '높은 지대'라는 뜻이다. 지대가 높았으니 도시 건설이 이곳에서 시작되었고, 오랜 세월 상업활동의 거점이자 국제무역의 중심지가 되었다. 큰 배들이 대운하로 들어와 이곳에 화물을 내렸고 다시 싣고 나갔다. 리알토 다리는 대운하를 가로지르는 유일한 다리였다. 1854년까지는 그랬다.

바르바리 시대에는 목조다리였는데, 큰 배들이 지날 때는 가운데를 들어 올렸다. 바르바리도 그걸 잘 그려놓았지만, 화가 비토레 카르파초

1 바르바리 지도 속 리알토
베네치아 상업활동의 거점이자 국제무역의 중심지였다. 당시 리알토 다리는 나무다리였다.
©Minneaplolis Museum of Art, Wikimedia Commons

2 〈십자가의 기적〉 부분
가운데를 들어 올렸다 내리는 리알토 다리의 모습이 실감나게 묘사되어 있다. 비토레 카르파초의 1494년 그림 ©Gallerie dell'Accademia, Wikimedia Commons

Vittore Carpaccio, 1465~1526가 1494년에 그린 그림 〈십자가의 기적 Miracle of the Cross at the Ponte di Rialto〉에는 더욱 실감나게 묘사되어 있다. 바르바리는 다리 주변에 많은 배를 정박시켰다. 그곳이 번성한 시장임을 알리고 싶었던 게다. 다리는 자꾸 무너졌으므로 아무래도 석조다리를 놓아야 했다. 1554년 설계안을 공모하자 미켈란젤로, 팔라디오 Andrea Palladio, 1508~1580 같은 당대 최고의 건축가들이 앞다투어 안을 제출했다. 그런데 막상 선택된 설계안은 무명의 안토니오 다폰테 Antonio da Ponte, 1512~1597가 그린 것이다. 날렵한 아치가 대운하를 단번에 가로지르는 혁신적인 디자인이었다.

새 다리가 건설되자 대운하의 성격과 분위기가 많이 달라졌다. 우선 큰 배들이 다니지 않았다. 다리를 들어 올릴 수 없었기 때문이다. 배들도 원인을 제공했다. 조선 기술이 발달해 범선이 자꾸 커지니 대운하로 들어가는 게 불가능했다. 큰 배들은 산 마르코와 아르세날레 사이에 펼쳐진 스

베네치아

키아보니 해안Riva degli Schiavoni에 정박했다. 그곳에서 화물을 작은 배로 옮겨 실은 후 리알토 시장이나 대상인의 상관으로 날랐다. 크고 작은 배들이 오가면서 왁자지껄하던 운하는 훨씬 안정되고 조용한 공간으로 변했다. 그리고 점차 도시의 무대장치가 되어갔다. 상류계층의 저택이 들어서기에 더없이 좋은 장소가 된 것이다. 이곳에 저택을 가지지 못한 가문은 행세하는 귀족 축에 들 수 없었다.

바르바리는 600척에 이르는 배를 지도에 등장시켰다. 148척은 상선, 85척은 작은 화물선, 300척은 곤돌라 같은 작은 보트이다. 둥글고 땅딸막하게 그려진 배들이 범선. 돛을 달고 멀리 다니는 상선이다. 길고 납작하면서 수십 개의 노가 설치된 배는 갤리선galley. 역시 상선이다. 모두 베네치아를 먹여 살린 무역선이었다. 바르바리는 배뿐 아니고 그것을 건조하는 조선소도 곳곳에 그려 넣었다. 당시 베네치아에는 유럽 최대의 조선소인 아르세날레가 버티고 있었지만 민간이 운영하는 조선소도 많았다. 그가 이렇게 많은 배와 조선소를 보여준 것은 베네치아가 막강한 해양국가임을 과시하려는 속셈이었다.

베네치아 정부는 귀한 손님들에게 꼭 아르세날레를 보여주었다. 일종의 기죽이기였다. 도시가 해상무역을 시작하던 1104년에 만든 이 시설은 십자군 전쟁과 함께 성장을 거듭했고, 수천 명의 기술자가 일을 하는 본격적인 산업단지가 되었다. 그리고 그 주변에는 노동자들이 모여 사는 서민 주거지가 넓게 형성되었다. 바르바리는 국가기밀인 이 시설을 당당하게 그려서 보여주었다. 초기의 아르세날레Arsenale Vecchio는 해안에서 깊숙이 들어간 곳에 있었고, 운하를 통해서 접근했다. 그런데 배의 수요가 많아지자

1 새로운 리알토 다리
날렵한 아치가 대운하를 단번에 가로지르는 혁신적인 디자인이다. ⓒH. Dibrand, Wikimedia Commons

2 바르바리 지도에 묘사된 배들
둥글고 땅딸막한 배는 범선, 길고 납작한 배는 갤리선이다. 모두 상선이다. ⓒMuseo Correr, Wikimedia Commons

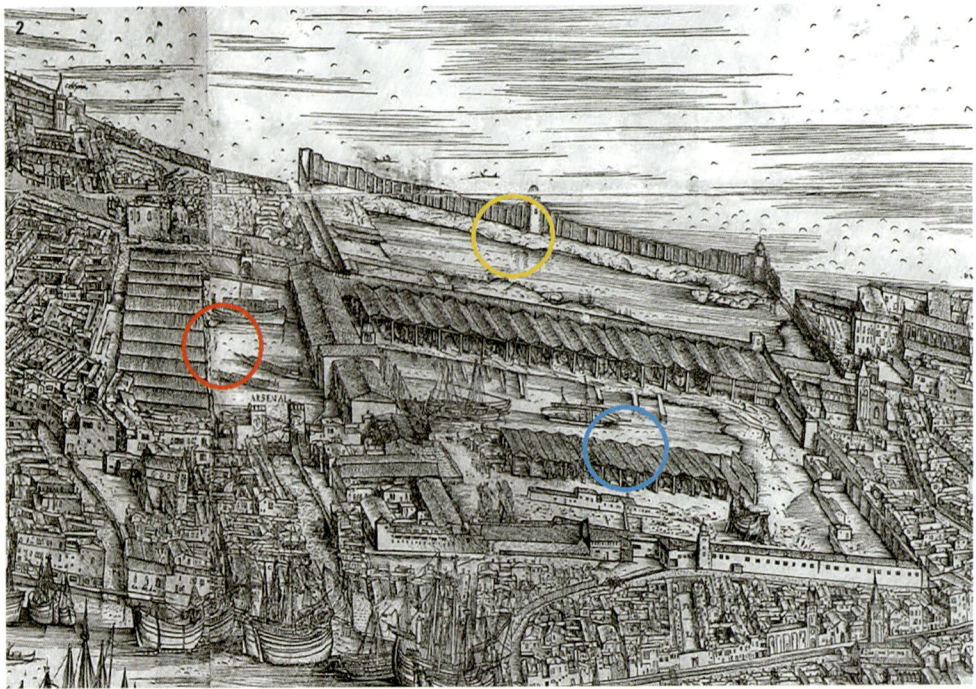

1 아르세날레의 정문
해안에서 깊숙이 들어간 곳에 있어 운하를 통해서 접근했다. 19세기 중반 화가 주세페 비손(Giuseppe B. Bison)이 그렸다. ©Wikimedia Commons

2 바르바리 지도 속 아르세날레
처음에는 작게 출발했으나(붉은색), 새로운 작업장을 크게 만들었고 (파란색), 북쪽에 또하나의 작업장을 짓고 있다(노란색). ©Museo Correr, Wikimedia Commons

새로운 아르세날레Arsenale Nuovo를 동쪽에 추가했다. 대단한 규모였다. 그런데 그것도 부족했던지 북쪽에 또 하나의 조선소Arsenale Nuovissimo를 만들고 있다.

다핵적 도시, 그리고 광장 중심의 도시문화

바르바리가 공들여 묘사한 세 곳과 대운하 주변. 그때나 지금이나 도시의 핵심적 장소다. 그러므로 참 많은 사람이 찾는다. 산 마르코 광장과 리알토 다리 주변은 발 디딜 틈도 없다. 그 정도 둘러보고 대운하를 오고 가는 것으로 보통 사람들의 관광은 끝이다. 그야말로 수박 겉핥기다. 바르바리가 살아있다면 "이 도시는 그렇게 봐서는 안 된다"고 얘기할 것이다. 그는 도시의 구석구석을 알뜰하게 묘사했고, 모든 장소에 골고루 무게감을 주었다. 지도는 이렇게 말하고 있다.

> 베네치아의 매력은 몇몇 특정한 장소나 건물에 있는 게 아니다. 진짜 매력 포인트는 다양한 생활의 장이 어우러진 도시공간 전체에 녹아있다. 그러므로 구석구석 다니면서 그 속에 담긴 비밀을 하나하나 풀어내는 것이 이 도시를 제대로 보는 방법이다.

베네치아는 물의 도시인 동시에 미궁의 도시다. 둘은 서로 상승작용을 일으킨다. 그 결과는 독특하고 변화 많은 경관, 그리고 강력한 장소성이다. 애초부터 '계획'과는 거리가 먼 이 도시에는 모든 것이 자생적, 우연적, 자연적이다. 그러니 '축', '직선적 조망' 같은 것은 없다. 그런 측면에서 베네치아는 굴곡진 미로가 복잡하게 엮인 이슬람 도시와 유사한

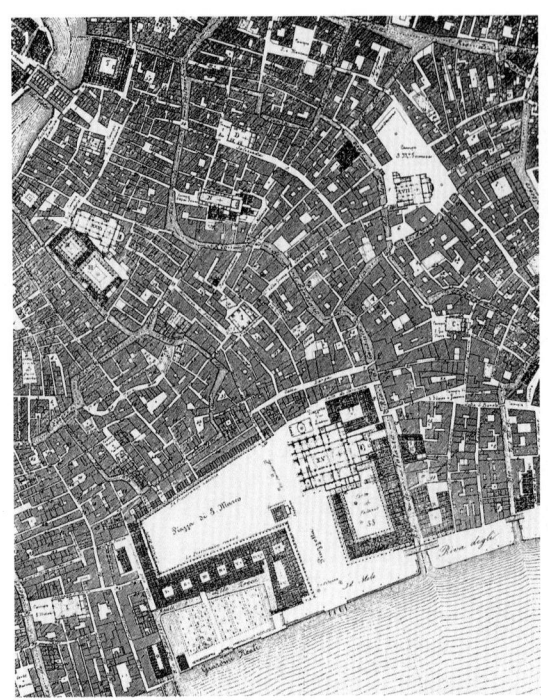 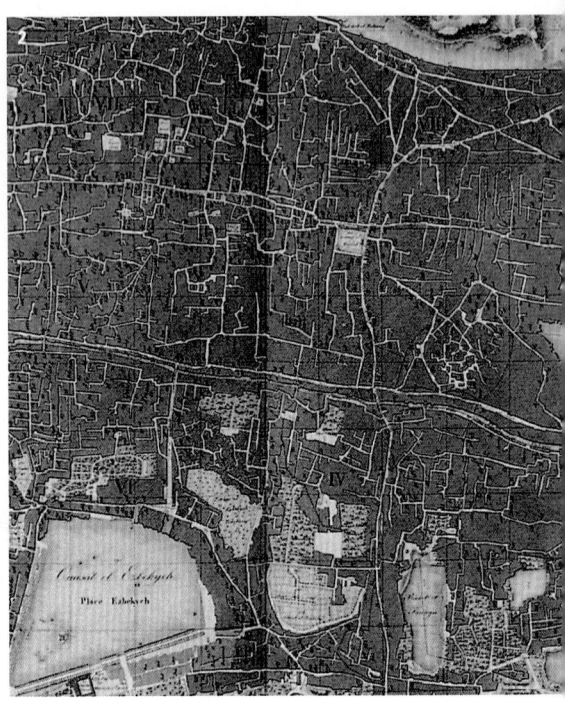

점이 많다. 페즈Fez, 카이로Cairo, 다마스쿠스Damascus 같은 도시 말이다. 그런데 베네치아는 물 때문에 그런 도시보다 훨씬 변화가 풍부하고 극적이다. 막혔다가 트이기를 반복하는 전망, 끊어질 듯 이어지면서 요리조리 방향을 바꾸는 길, 갑자기 눈앞에 나타나는 넓은 운하와 광장. 그야말로 흥미진진이요 예측 불가다.

이런 변화무쌍함이 베네치아 최고의 매력이다. 그런데 그 바탕은 이 도시가 지니는 특유의 공간구조에 있다. 다핵적 구조. '다핵多核'이란 말은 중심이 하나가 아니고 많다는 의미다. 베네치아는 수십 개의 독립된 교구가 모인 다핵 도시다. 한둘의 중심에 의해서 통합된 구조를 이루고 있지 않은 대신, 많은 섬이 모자이크처럼 모여서 커다란 집합체를 이룬다. 그것은 여타의 유럽 도시와 완전히 다른 공간구조다. 대다수의 유럽 도시는 한둘의 중심지를 핵으로 삼아 마치 나무의 나이테가 늘어가듯이 그 규모를 확

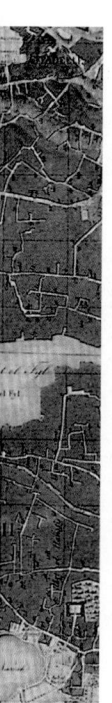
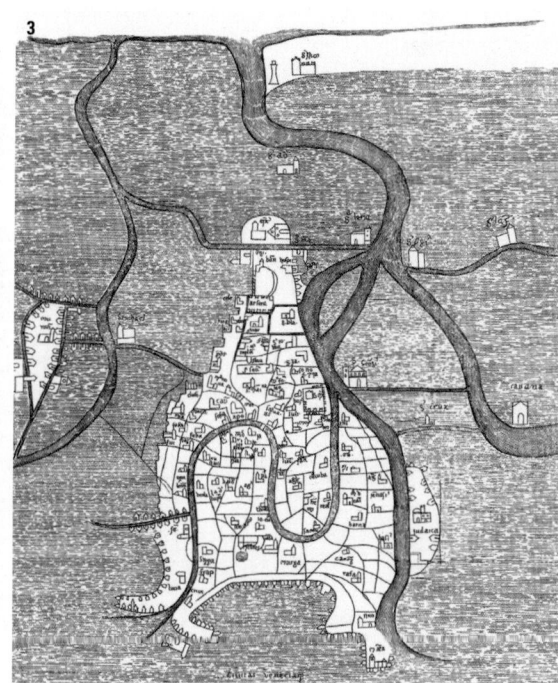

1 베네치아 중심부
굴곡진 미로가 복잡하게 얽인 모습이 이슬람 도시의 공간구조와 유사하다.
출처: Nuova Planimetria, 1846.
©Museo Civico Correr

2 이집트 카이로
18세기 초반에 그린 지도다. 이슬람 도시 특유의 미로 체계를 보여준다. 출처: E. E. Jomard (ed.), Description de l'Egypt, 1821-30.

3 〈테만차 지도〉
베네치아를 그린 최초의 지도다. 도시가 자리를 잡아갈 때부터 교구 중심의 다핵적 공간구조가 정착되었음을 보여준다. ©Museo Civico Correr

장해갔다. 그걸 '단핵적 구조'라고 하는데, 피렌체가 대표적이다.

베네치아를 그린 최초의 지도를 보자. 〈테만차Temanza 지도〉라고 불리는 이 단순한 지도는 1150년경의 베네치아를 묘사한 것이다. 도시가 자리를 잡아갈 때였는데, 이미 다핵적 공간구조가 정착되어 있었다. 가는 선은 수로이고, 집처럼 보이는 것은 교회다. 수로로 둘러싸인 교구, 그리고 그 중심에 자리하는 교회. 바르바리 시대에는 그런 교구가 60여 개 있었고, 최전성기에는 70여 개에 이르기도 했다. 교구의 중앙에는 광장이, 그 한 모퉁이에는 교회가, 그리고 교회 옆에는 종탑이 있었다. 예외가 없었다. 도시에 솟아오른 100개가 넘는 종탑. 바르바리 지도에도 잘 묘사되어 있지만, 1722년 안토넬리G. Antonelli가 그린 지도가 더욱 그럴싸하다. 안토넬리는 도시를 마치 고슴도치처럼 그렸다.

바르바리의 지도에는 참 많은 광장이 등장한다. 광장은 교구마다 적어

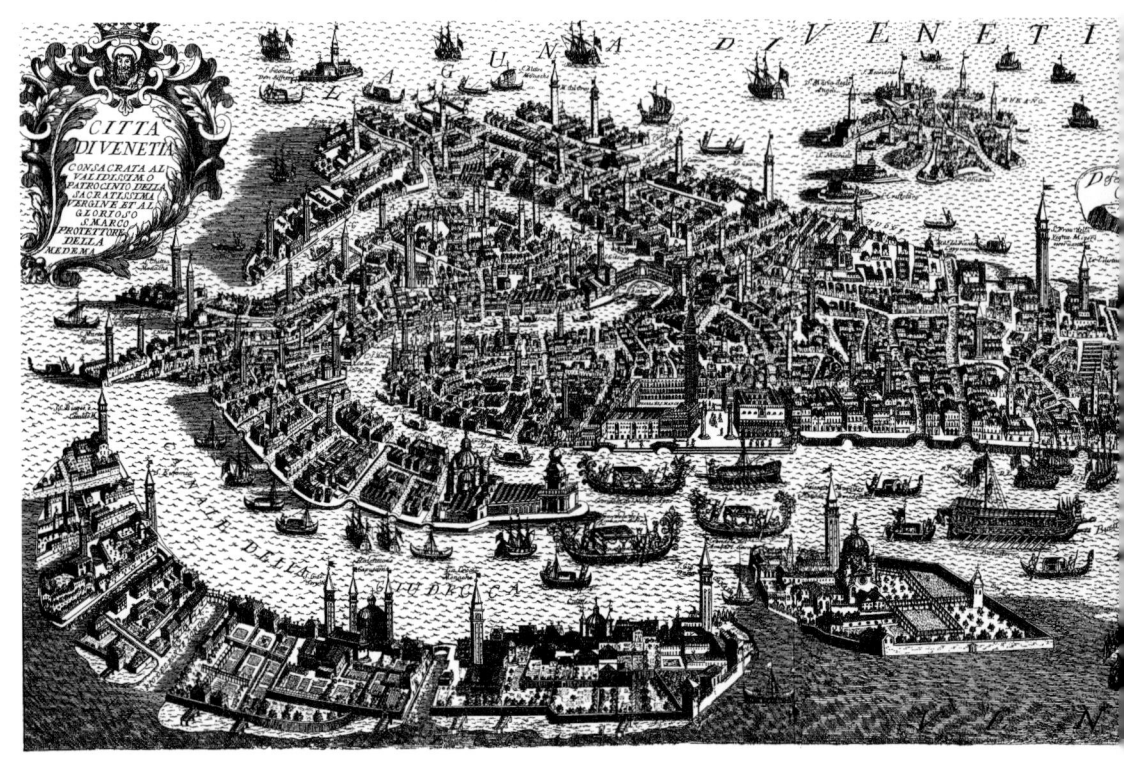

도 하나는 있었다. 베네치아를 '운하와 광장의 도시'라고 부르는 근거다. 이탈리아어로 광장은 '피아차'인데 베네치아에서 그렇게 부르는 광장은 단 하나, 산 마르코 광장뿐이다. 다른 광장은 모두 '캄포campo'다. 그건 밭이나 과수원 같은 전원을 의미하는 단어다. 도시가 처음 자리 잡던 시기. 그때의 광장은 수목이 자라거나 가축을 풀어 기르는 공간이었다. 그런데 14~15세기에 교구마다 인구가 마구 늘어나면서 광장에도 큰 변화가 생겼다. 주택이 광장을 빙 둘러싸면서 밀집한 것이다. 광장의 윤곽은 뚜렷해지고 성격은 도회적으로 변했다. 각 교구에서는 서둘러 광장의 바닥을 돌로 포장했다. 바르바리는 미처 포장하지 못한 광장도 그대로 그렸다.

    시민의 일상생활은 광장을 중심으로 전개되었다. 각종 행사도 그곳에서 벌어졌다. 미사가 끝난 후에 모이는 사교의 장이었을 뿐 아니라 정기적으로 장이 서고 축제도 열렸다. 산 폴로 광장Campo San Polo처럼 규모가 큰 광

안토넬리가 그린 지도
백 개가 넘는 교회의 종탑을 강조해서 그려, 도시가 마치 고슴도치처럼 보인다. 개인 소장.
출처: Giocondo Cassini, 1982

장에서는 '황소 몰이' 같은 역동적인 놀이가 벌어지기도 했다. 광장 주변에는 시장, 신용조합 같은 생활과 직결되는 시설이 모여 있었다. 그리고 '포초pozzo'라고 불리는 우물. 광장의 중앙에는 꼭 큰 우물이 있었다. 모든 가정에 식수를 공급하기 위한 필수 시설이었다. '포초'는 지하수가 아니고 빗물을 모아서 쓰는 특별한 우물이었다. 부자들은 주택의 마당에 그걸 설치했지만 서민들은 광장에 있는 공동우물을 이용해야 했다.

광장 주변에는 행세깨나 하는 가문이 집을 지었다. 물론 베네치아 최고의 부호들은 대운하 주변으로 모여들었다. 그렇지만 그곳에 땅을 구하는 건 하늘의 별 따기였다. 좀 넓은 운하에 면하는 주택도 인기가 있었는데, 그것도 경쟁이 치열했다. 그다음이 광장에 면하는 주택이다. 소귀족이나 부유한 중산계층이 그런 곳에 살았다. 한쪽은 광장에, 다른 한쪽은 운하에 면하는 땅. 기가 막힌 땅이었다. 그렇지만 그런 건 드물었고, 한쪽은 광장이나 운하에 면하고 다른 한쪽은 길에 면하기만 해도 좋았다. 열거한 것은 모두 도시의 표면을 이루는 땅이다. 그런데 서민주택은 그런 표면에 얼굴을 드러낼 수 없었다. 서민들은 교구의 후미진 구석 또는 광장의 후면에 모여서 살았다.

서민들이 모여 사는 지역에도 크고 작은 옥외공간이 있었다. '캄피엘로campiello' 또는 '코르테corte'. 캄피엘로는 '소광장', 코르테는 '공터' 정도로 부르는 게 적절하겠다. 그런 곳에도 우물은 꼭 있었다. 이렇듯 이 도시에는 옥외공간도 많았거니와 그 크기와 역할도 다 달랐다. 큰 순서대로 정리하면, '피아차-캄포-캄피엘로-코르테' 이렇게 된다. 각각 도시의 중심, 교구의 중심, 지역의 중심, 골목의 중심이다. 이

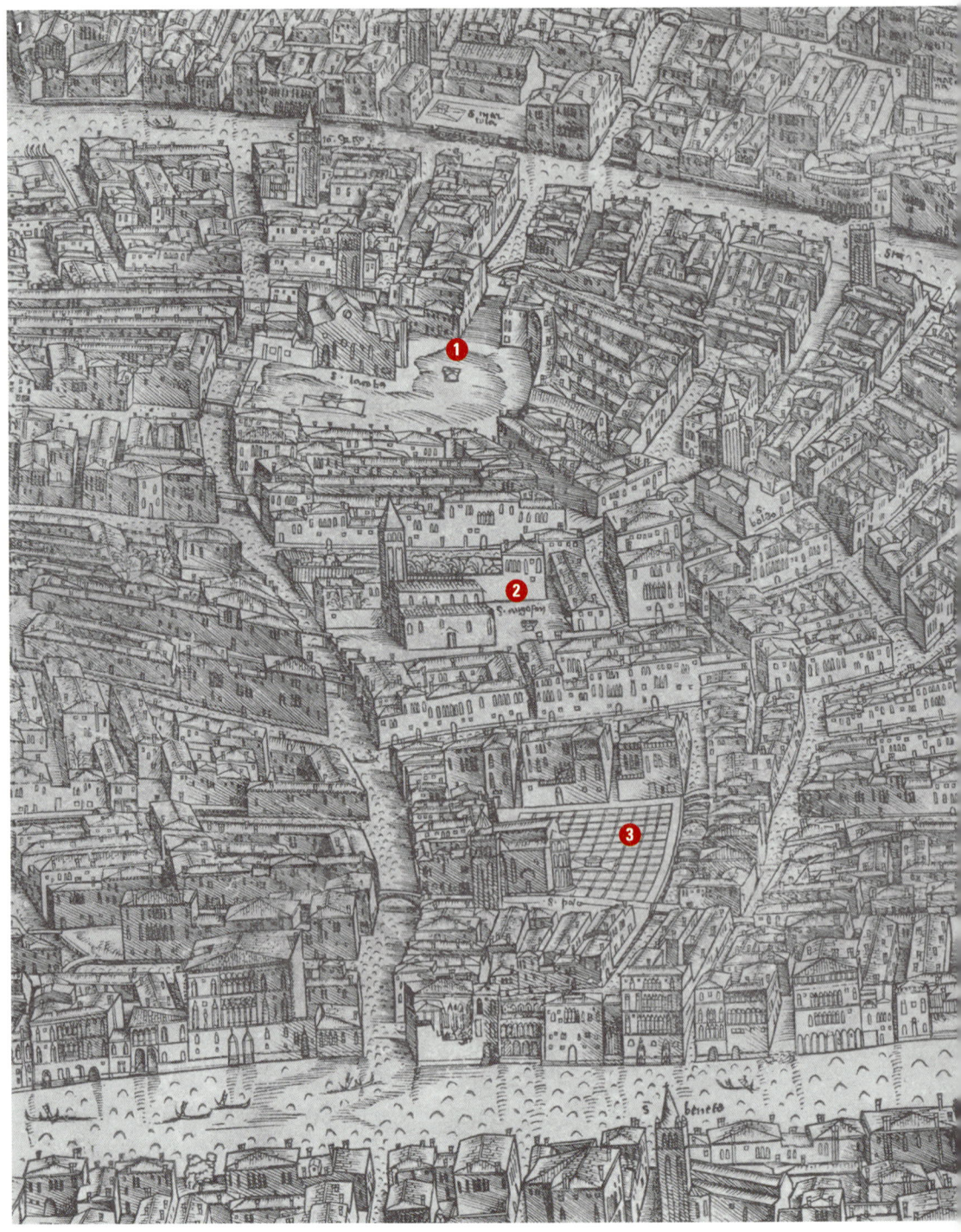

1 바르바리 지도 속 교구와 광장
베네치아 주거지 속 광장은 모두 '캄포'라고 불리운다. ©Museo Correr, Wikimedia Commons

①캄포 산 자코모.
당시엔 비포장 광장이었다.
②캄포 산타고스틴
③캄포 산 폴로

2 캄포 산타 마리아 포르모사
한 구석에 교회가 있고 종탑이 우뚝 선, 베네치아 광장의 전형적인 모습이다. 중앙에 큰 우물이 있는 것도 그렇다. 화가 안토니오 비센티니(Antonio Visentini)가 18세기 중반에 그렸다. ©The Trustees of the British Museum

런 공간구조 덕분에 베네치아 사람들은 긴밀한 공동체를 형성했다. 도시 전체로 그럴 수는 없었겠지만, 교구와 지역 공동체는 끈끈했다. '동네'란 원래 같은 우물을 쓰는 구역이란 뜻 아닌가. 그들은 곳곳에 놓인 우물을 같이 쓰면서 '우리 동네'를 만들었고, 그것을 지켜냈다. 관광객이 뜸한 후미진 곳의 주민들은 오늘날까지도 그렇게 살고 있다.

베네치아의 주택, 동양의 주택이자 지혜로운 주택이다

베네치아의 집 이야기를 조금 해보자. 베네치아의 주택은 이탈리아의 다른 도시와 확연히 다르다. 우선 대운하에 늘어선 귀족들의 팔라초를 보자. 화려하다. 그런데 더 놀라운 것은 엄청 개방적이란 사실이다. 무겁고, 폐쇄적이고, 무표정한 이웃 도시의 건물들과는 딴판이다. 피렌체의 팔라초

융성했던 바다의 도시, 이게 최전성기의 모습이다 149

대운하에 늘어선 팔라초
화려하기도 한데, 더 놀라운 것은 무척 개방적이란 사실이다. 역시 비센티니의 그림이다.
©The Trustees of the British Museum

를 상기해보시라. 지중해를 평정한 베네치아는 안전이 보장되었고, 귀족들 사이에 분쟁도 없었다. 따라서 주택은 방어의 몸짓을 취할 필요가 없었다. 게다가 건물의 기초를 견고히 하는 기술이 계속 발전하면서 주택을 물에 바짝 붙여서 지을 수 있었다. 비잔틴과 이슬람으로부터 들여온 화려하고 섬세한 장식기법은 이 도시만의 특제품이었다. 그러니 운하에 면한 상류층 주택들은 마음껏 열고 꾸몄다. 구석진 곳에 있는 서민주택들까지도 자신의 존재를 부끄러워하지 않았다.

그렇지만 인구는 많고 땅은 한정되어 있었다. 넉넉지 않은 땅에 되도록 많은 주택을 수용하려면? 답은 중정이다.

개방적인 팔라초
팔라초 벤드라민 칼레르지 (Vendramin-Calergi). 대표적인 르네상스 양식의 팔라초다. 카날레토가 1750년경에 그렸다.
©Wikimedia Commons

고층이 아니라면 답은 그뿐이다. 마당을 안에 품으면 주택은 앞뒤·좌우로 다닥다닥 붙여서 지을 수 있다. 서울의 북촌이나 서촌의 한옥을 생각해보시라. 가장 적극적인 중정 이용 사례는 '제7화 이스파한' 편에 잘 나온다. '중정 있는 주택'은 내부의 프라이버시를 확보하는데도 그만이다. 그런 이유에서 동양 문화권 국가에서는 주로 '중정형 주택'을 지었다. 이슬람 제국, 중국, 우리나라 등. 아주 무더운 나라가 아니라면 대부분 그랬다. 그걸 베네치아가 따른 것이다. 이슬람 제국과 활발한 교역을 했던 베네치아는 그곳으로부터 중정을 가져왔고 유럽에서는 가장 특별한 주거문화를 만들어냈다. 그러므로 주택에만 국한해본다면 베네치아는 동양

융성했던 바다의 도시, 이게 최전성기의 모습이다

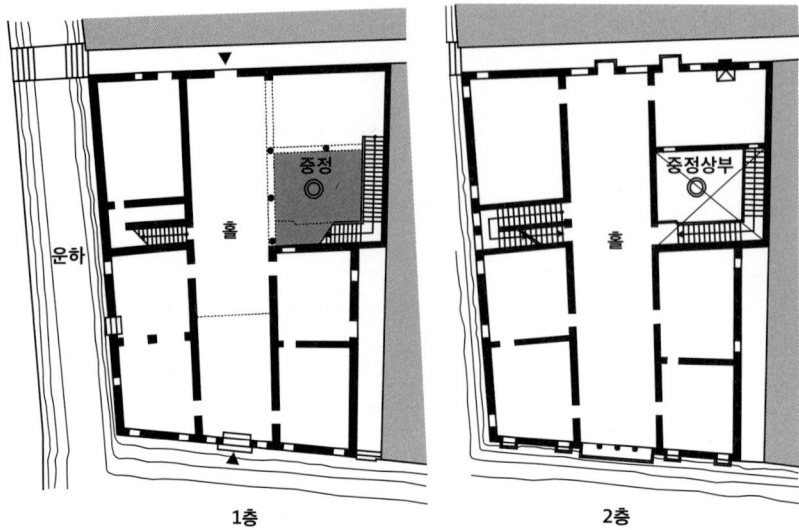

1층   2층

**베네치아의 전형적인
삼열구성 주택**
저자 다시 작도.
출처: Paolo Maretto, 1986

의 일부다.

　처음에는 'ㄴ자' 형식을 취했다. 주택의 두 면이 마당을 감싼 것이다. 그런데 집이 계속 늘어나자 'ㄷ자' 형식으로 바뀌었다. 한글을 모르는 서양에서는 그걸 'C형 평면'이라고 부른다. 한쪽은 운하에 면하고, 다른 한쪽은 길이나 광장에 면하는 주택. 얼굴이 두 개이니 모두 잘 꾸며야 한다. 실내의 공간구성은? 우선 주택의 앞뒤를 가로지르는 긴 홀을 가운데 두었다. 거실이자 사교를 위한 공간이다. 그 좌우에 침실 등 생활공간을 두었다. 중정은? 주택 측면 중앙에 두었다. 이렇게 하면 주택의 앞·뒷면이 모두 얼굴이 되면서 운하와 육지 양쪽으로 직접 통하게 된다. 이런 주택을 (일본의 베네치아 연구자들은) '삼열구성三列構成 주택'이라고 부른다. '좌우대칭 주택'이라고 불러도 좋으련만. 어쨌든 이게 베네치아 주택의 표준형이다.

　상당한 재력가가 아니면 독립된 주택을 가질 수 없었다.

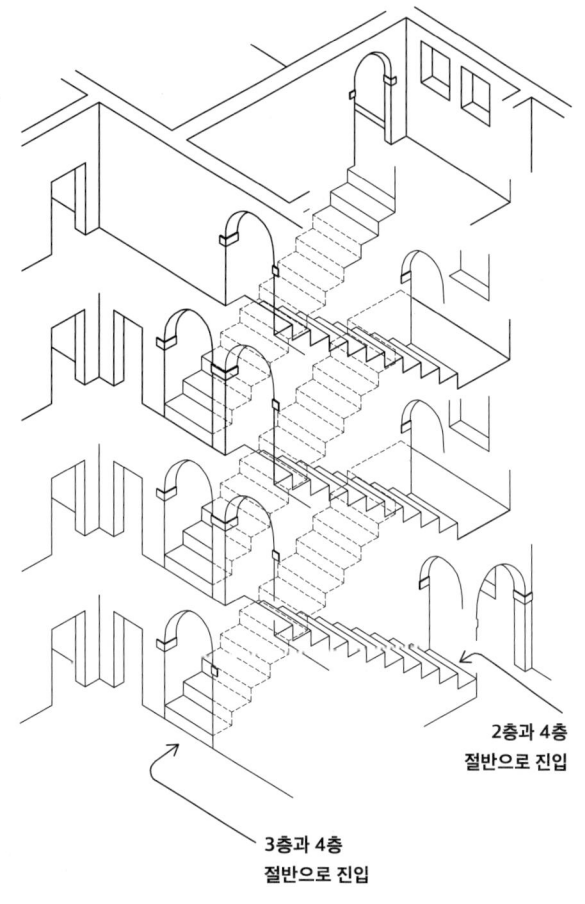

레오나르도 계단이 설치된 베네치아의 4층 주택
한쪽으로는 2, 4층으로 오르고, 또 다른 한쪽으로는 3, 4층으로 오른다. 저자 다시 작도.
출처: Egle Trincanato, 1995

2층과 4층 절반으로 진입

3층과 4층 절반으로 진입

웬만한 부자들도 집을 공유했다. 어떻게? 도시에서 제일 흔한 4층 규모의 주택. 그걸 두 가족이 반씩 소유했는데, 그 방식은 이렇다. 1층 및 중층은 반씩 나눴다. 2층은 A가족이, 3층은 B가족이 소유했다. 그리고 4층도 반씩 나눴다. 그렇게 나눈 공간을 서로 간에 방해 없이 사용하는 장치가 있었다. 양쪽에서 오르는 '레오나르도 계단'. 한쪽에서 오르면 2층, 4층으로 통하고, 다른 한쪽에서 오르면 3층, 4층으로 통한다. 레오나르도 다빈치가 프랑스 샹보르성Château de Chambord에 이런 계단을 설치했다고 해서 붙여진 이름이다. 밖에서 보면 공간을 그렇게 나누는지 전혀 모른다. 한 채의 독립된 팔라초처럼 보일 뿐. 그런 건물에 두 가족이 '똘똘한 한 층'을 각각 소

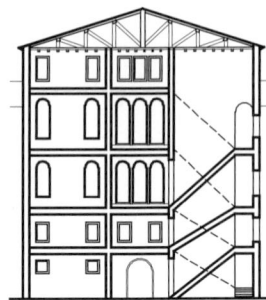

두 가구가 공유하는 베네치아 주택의 외관과 단면
밖에서 보면 공간을 나누는지 전혀 모른다. 저자 다시 작도.
출처: Paolo Maretto, 1986

유한 것이다. 얼마나 현명한 시스템인가. 베네치아의 웬만한 주택은 모두 그렇게 사용되었다.

삼열구성과 중정. 그게 베네치아 주택의 기본이지만, 그 변형도 헤아릴 수 없이 많다. 주택의 위치와 규모가 각양각색이기 때문이다. 땅이 좁은 경우에는 삼열구성 대신 간소한 이열구성二列構成을 취했다. 규모가 작은 주택에서는 그마저도 쉽지 않았다. 그래도 어떻게든 그 기본적 구성은 유지하고자 했다. 중정의 규모와 위치, 그리고 존재하는 방식에도 변화가 많았다. 땅이 좁은 경우에는 두 집이 중정을 서로 붙였다. 그게 작은 중정을 따로 사용하는 것보다 채광 통풍 등에서 유리했다. 여러 집이 하나의 중정을 공유하는 경우도 흔하다. 큰 마당을 중심으로 3~4채의 작은 주택이 붙는 것이다. 이런 모든 상황을 보면 다음과 같은 선조의 말씀이 떠오른다.

궁극에 달하면 변화가 일어나고, 변화가 일어나면 길이 열린다窮則變, 變則通.

베네치아인들은 이 궁리 저 궁리를 했고, 이 방법 저 방법 다 써보았다. 주택을 집합시키고, 수직·수평으로 공간을 나누고, 채광과 통풍을 해결하고, 이웃과 부딪치지 않으면서 개개 주택으로 진입하는. 그 모든 경우에 있어서 최적의 방법을 구하고 수준 높은 해결책을 찾았다. '내 것'과 '공동의 것'을 적절히 구분하고 규정하는 데 각종 지혜를 끌어모은 것이다. 그들은 효율성과 함께 여러 조건에 유연하게 대응하는 탄력성 또한 추구했다. 때문에, 협소함 속에서도 풍요로움을 성취할 수 있었다. 집합과 밀도의 문제에 대해서 너무나도 단순하고 기계적인 방법으로 대처하는 우리 도시를 보면서 나는 늘 이렇게 한탄한다.

"베네치아를 보면 모든 답이 있는데…"

제5화

암스테르담

오로지 시민의 삶을 위해 만든
다채색의 도시

〈암스테르담 지도〉 발타사르 플로리스, 1625년

진정한 시민의 도시

또 다른 물의 도시 암스테르담으로 간다. 이 도시를 둘러보면 없는 게 많다. 유럽의 웬만한 대도시라면 응당 있는 대성당, 궁전, 성채는 물론이고, 변변한 수도원도 없다. 담 광장Dam Square에 서 있는 네덜란드 왕궁은 궁전으로 지은 건물이 아니다. 원래가 시청사였다. 웅장하고 멋을 낸 건물이라고는 19~20세기에 건축한 몇 채 간신히 꼽고 나면 그게 다다. 이탈리아 도시에 가면 널린 게 귀족 저택 팔라초인데, 그런 것조차 찾을 수 없다. 담 광장을 빼면 기념비적인 광장이나 대로도 변변한 게 없다. 에펠탑 같은 인상적인 구조물이나 트레비 분수처럼 공들여 제작한 공공예술품도 없다. 그러니 건축물과 도시경관의 화려함과 두드러짐이라는 측면에서 본다면 이 도시는 파리, 로마, 베네치아, 마드리드 같은 도시와는 도저히 상대가 안 되고, 런던, 베를린 같은 도시와도 견줄 수 없다.

그렇다면 암스테르담은 아름다운 도시가 아닌가? 천만의 말씀이다. 이 도시만큼 매력 있고 수준 높고 다채로운 도시는 찾기 어렵다. 일단 '물의 도시' 아닌가. 그게 점수의 절반은 따고 들어간다. 거기다가 '보통 건물'들이 아기자기하게 어우러져서 만들어내는 '다채색의 하모니'는 세계 최고를 자랑한다. 암스테르담은 두드러지는 기념물보다는 '조화로운 도시' 만들기에 성공한 도시다. 덴마크 출신의 건축·도시 역사가 라스무센Steen Eiler Rasmussen, 1898~1990은 이렇게 단정했다.

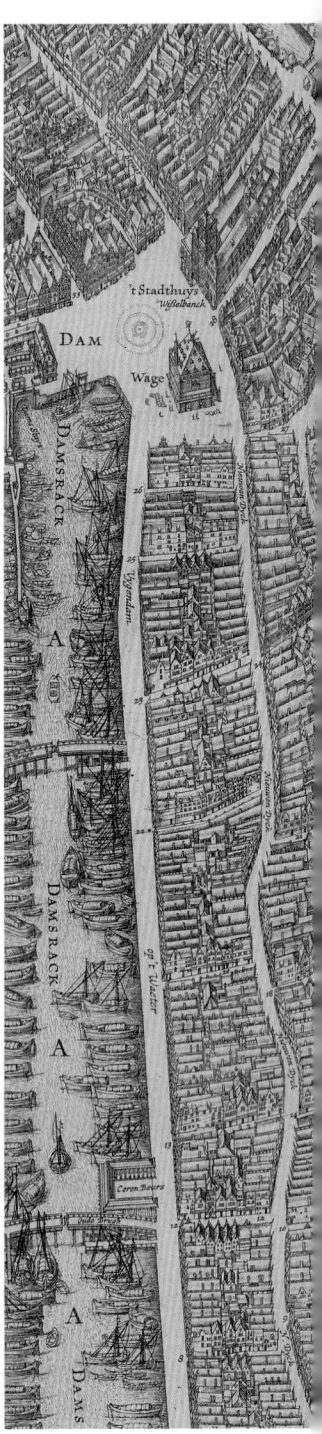

〈암스테르담 지도〉 속 도시 중심부
발타사르 플로리스가 1625년 그린 그림지도로, 도시의 묘사가 놀랍도록 정밀하다. ©Rijksmuseum, Wikimedia Commons

오로지 시민의 삶을 위해 만든 다채색의 도시

이탈리아와 프랑스 사람들은 인상적인 궁전을 만들어 낸 반면, 네덜란드 사람들은 비할 데 없이 아름다운 도시를 만들어냈다.

보통 건물이 모여서 만들어내는 암스테르담의 아기자기한 경관
구시가에서 동부 항만으로 통하는 작은 운하의 모습이다.
©The Library of Congress, Wikimedia Commons

암스테르담은 역사가 짧다. 제국을 경영한 이탈리아, 스페인, 프랑스의 도시와는 비교조차 할 수 없고, 지중해 주변의 해양도시들과도 상대가 안 된다. 이 도시의 존재가 문헌에 기록될까 말까 할 즈음 베네치아는 벌써 콘스탄티노플을 함락하고 해상강국의 깃발을 휘날리기 시작했다. 암스테르담에 사람이 살기 시작한 게 기껏해야 13세기. 작은 어촌에 불과했다. 이후 수백 년간 자연과 쟁투를 벌였고, 발조차 디딜 수 없는 진창의 땅을 유럽에서 가장 멋진 도시 중 하나로 바꾸어 놓았다. 그때가 17세기. 유래를 찾을 수 없는 경제적 번영을 구가해 '황금시대 Golden Age'라고 불렸던 이 시기. 암스테르담은 베네치아를 넘어서서 유럽 최고의 교역도시가 되었다. 그렇게 빠른 성취를 이룬 도시는 세계사 어디에서도 쉬 찾을 수 없다.

이 도시를 그렇게 만들어낸 사람들은 상인이자 신교도. 칼뱅주의자들이었다. 절제와 검박함이 몸에 밴 데다가 늘 실용과 혁신을 추구했다. 이제 알겠다. 도시의 융성과 함께 신교를 신봉했으니 대성당이 있을 턱이 없고, 왕국을 이루지 않았으니 궁전이 있을 수 없다. 그들은 만사 제쳐 놓고 도시부터 체계적으로 건설했다. 홍수에 시달리던 늪지. 그걸 세련되고 매력적인 '운하지구 Canal District'로 바꾸어놓은 것이다. 오늘날 도시의 중심부를 이루는 이곳은 운하와 길이 부챗살처럼 펼쳐지고 다채로운 표피를 자랑하는 '운하주택 canal house'이 이어진다. 피와 땀을 쏟아붓고, 실용주의와 과학

오로지 시민의 삶을 위해 만든 다채색의 도시

〈포목상 조합의 이사들〉
암스테르담을 만든 칼뱅주의자들로, 절제와 검박함이 몸에 밴 깐깐한 사람들이다. 렘브란트가 1662년에 그렸다.
©Rijksmuseum, Wikimedia Commons

적 합리주의를 섞어 넣은 결과다. 그들은 이곳을 살기 좋은 장소로 바꾸는데 200년이 넘는 기나긴 시간을 투여했다.

허세와 낭비가 없는 도시. 꼭 필요한 건물 꼭 필요한 공간만 있는 도시. 어떤 역사가는 "이 도시는 오로지 돈을 벌기 위해 만든 도시"라고 꼬집었다. 상인이 만든 암스테르담의 실용성을 두고 '메마르다'며 깎아내린 것이다. 그렇지만 그건 공연한 시비다. 시민의 고혈을 쥐어짠 돈으로 번지르르하게 치장한 도시가 정상이란 말인가. 도시의 본질은 '보통 시민이 평범한 일상을 살아가는 장소'라는 것이다. 암스테르담은 그런 본질에 충실한 도시다. 진정한 '시민의 도시'를 지향한 것이다. 본성이 이러니 이 도시를 놓고 하는 이야기는 담담하다. 놀랄 것도 흥분할 것도 없다. 그저 머리를 끄덕일 뿐. 독자 여러분도 그런 마음으로 이 도시를 차분히 즐기시라.

청어 뼈 위에 세워진 도시

암스테르담의 눈부신 발전에는 청어가 제일 큰 기여를 했다. 기름기 많은 등 푸른 생선 말이다. 그걸 잡아 해외에 파는 무역이 성행하면서 이 도시는 한미한 어촌에서 국제도시로 변모했다. "암스테르담은 청어 뼈 위에 건설되었다." 그런 말이 회자되는 이유다. 청어는 중세부터 유럽인의 식탁에서 빠지지 않는 식품이었다. 교회에서는 예수의 단식 수행을 본받아 부활절 전 40일간은 기도와 단식을 하면서 절제하는 생활을 권면했다. 이 시기 고기 없는 부자들의 식탁에 등장한 것이 소금에 절인 청어였다. 워낙 많이 잡혔으므로 가난한 서민들도 싼값에 늘 먹을 수 있었다. 그런 청어가 네덜란드 앞바다 북해로 몰려들었다. 이상한 일이었다. 발트해에서 많이 잡히던 청어가 회유의 루트를 바꾼 것은 필시 하느님의 은총이었다.

네덜란드 선 인구의 3분의 1이 청어를 잡거나 가공하는 일에 종사했다. 농사지을 땅이 턱없이 부족했던 그들로서는 사활을 걸었던 국가적 산업이었다. 여름이면 네덜란드의 모든 항구에서 청어잡이 선단이 바다로 나아갔다. 네덜란드인들은 효율적인 청어잡이를 위해 하링바위스Haringbuis라고 불리는 특화된 어선까지 개발했다. 이 배는 선단의 모선으로, 잡은 청어를 즉시 염장해서 보관했다. 그게 쌓이면 운송선이 항구로 운반해가고, 선단은 생선이 부패할 염려를 접고 계속해서 고기를 잡을 수 있었다. 그렇게 잡힌 다량의 청어는 주로 외국으로 수출했고, 엄청난 돈을 벌어들였다. 러시아와 동유럽 국가들까지 맛있다고 소문난 네덜란드산 청어를 즐겨 먹었다.

네덜란드산 청어가 인기 있었던 비결은 특별한 보존·처리 기술에 있다. 청어의 내장을 모두 떼어내고 소금을 쳐서 통에 담는 것, 그게 전통적인 방식이었다. 그런데 14세기 네덜란드에서 새로운 방법이 고안되었다. 청어 몸속에는 유문수幽門垂, appendix pylorica라는 작은 주머니가 있어, 거기서 소화를 돕는 효소가 분비된다. 그것과 췌장을 남겨두고 염장하면 신선함도 오

1 네덜란드의 청어잡이 선단
화가 피터르 포헬라르(Pieter Vogelaer)의 1670년경 그림
©Rijksmuseum, Wikimedia Commons

2 청어 훈제와 포장 작업
암스테르담의 부두는 이런 작업으로 늘 부산했다.
1608년 제작한 동판화
©Rijksmuseum, Wikimedia Commons

래 가고 맛까지 좋다. 잡히는 즉시 그렇게 처리하면 1년 이상 멀쩡한 상태로 먹을 수 있다. 그런 사실을 알아내어 새로운 염장법을 제안한 빌럼 뵈컬스존Willem Beukelszoon이란 어부는 네덜란드의 국민 영웅이다. 나라를 반석 위에 올려놓았기 때문이다. 육지로 싣고 온 청어는 다시 한번 소금에 절여 나무통에 담았고, 곳곳으로 보내졌다. 그런 작업이 수시로 벌어진 암스테르담 항구는 북새통이 그치질 않았다.

어업이 번성하자 파급효과가 연쇄적으로 발생했다. 조선업과 해운업이 동시에 발전했다. 16세기부터 네덜란드는 배를 만드는 데 '표준화', '경량화' 수법을 도입했다. 빨리 달리면서도 쉽게 만들 수 있는 배. 유대인이 나선 이 전략은 성공했다. 네덜란드에서 만든 배는 제작비가 저렴했고, 적재량은 극대화되었고, 적은 수의 선원으로도 너끈히 운행할 수 있었다. 경쟁국인 영국은 이제 네덜란드의 상대가 되지 못했다. 해운업의 성장은 활발한 교역으로 이어졌고, 암스테르담은 유럽에서 가장 중요한 중개무역 항구가 되었다. 1602년에는 동인도회사East India Company가, 1621년에는 서인도회사West India Company가, 암스테르담에서 사업을 개시했다. 신대륙의 은, 인도네시아의 후추, 중국의 도자기, 인도의 차, 카리브 지역의 설탕이 암스테르담으로 모여들었다. '세계의 창고'가 된 것이다. 17세기 유럽에서 가장 부유한 도시는 암스테르담이었다.

출발은 소박하나 이내 창대해지리라

'황금시대'의 암스테르담으로 가기 전에 우선 소박했던 옛 모습부터 살펴보자. 1544년에 제작된 암스테르담의 그림지도. 화가 코르넬리스 안토니스Cornelis Anthonisz, 1505~1553가 만든 것이다. 지붕 하나하나까지, 도시를 정교하고 사실적으로 그렸다. 화가는 이걸 1538년에 그림으로 그렸고, 다시 세밀한 목판 지도로 만들어서 신성로마제국 황제 카를 5세Charles V, 재위 1519~1556에게 바쳤다. 현존하는 가장 오래된 암스테르담 지도다. 13세기 초에 작은 어촌으로 출발한 암스테르담이 인구 1만2천 명이 거주하는 어엿한 도시로 성장했다. 코르넬리스는 지도의 오른쪽 위에 근육질의 아저씨 한 분을 떡하니 모셔놓았다. 바다의 신 넵투누스다. 당시만 해도 암스테르담은 감히 베네치아에 대적할 수 없었다. 그런데도 지도에 넵투누스를 등장시킨 걸 보면, 코르넬리스는 암스테르담이 베네치아에 못지않은 해양도시라는 사실을 과시하고 싶었던 게다.

도시의 가운데를 큰 수로가 관통하고 있다. 암스텔강 Amstel river이다. 에이IJ 만으로 흘러 들어가는 강에 둑dam을 쌓아서 만든 주거지. 그게 도시의 시작이다. 네덜란드에는 '담'으로 끝나는 도시 이름이 많다. 스히강Schie river에 둑을 쌓아 만들면 스히담Schiedam, 로테강Rotte river에 둑을 쌓아 만들면 로테르담Rotterdam, 그런 식이다. 그런데 아시다시피 이 도시는 지표면이 해수면보다 상당히 낮다. 그러니 넓은 주거지를 확보하자면 주변을 제방으로 둘러쳐야 했다. 하지만 그건 시작일 뿐. 질퍽질퍽한 땅을 안정된 토지로 만들려면 수로를 파서 물을 바다로 흘려야 한다. 그런데 땅이 마르면 또다시 주저앉았다. 제방을 끊임없이 높일 수밖에. 말은 쉽지만 보통 일이 아니다. 그렇게 얻어진 토지는 그만큼 귀했다. 보시라. 도시가 완전히 제방으로 둘러싸여 있지 않은가. 계속된 자연과의 싸움 끝에 만들어진 결과물. 이게 16세기 중반의 암스테르담이다.

이 도시를 그린 지도는 대부분 아래가 북쪽이다. 그렇게 그려야 도시가 예쁘게 보인다. 북쪽은 에이 만, 그 앞에 항구가 형성되었다. 그리고 남북을 관통하는 수로 한가운데를 차지하는 넓은 공간. 그게 바로 '담Dam'이다. 담 광장. 강을 막기 위해 쌓은 둑. 그게 확대되면서 광장이 되었다. 항구와 담 광장. 그 두 곳이 암스테르담 발전의 거점이었다. 화물선이 도시에 접근하면 우선 에이 만에 면하는 긴 말뚝 부두에 닻을 내렸다. 거기서 작은 배로 상품을 옮겨 싣고 담 광

〈암스테르담 조감 그림〉
1544년 코르넬리스 안토니스가 만든 것으로, 현존하는 가장 오래된 암스테르담 지도다.
©Rijksmuseum, Wikimedia Commons

오로지 시민의 삶을 위해 만든 다채색의 도시

장으로 운반해 '바흐Waag' 즉 상품계량소weigh house에서 무게를 확인한 다음 시장에 풀었다. 한동안 담 광장이 도시의 중앙시장 역할을 했고, 상품계량소는 시청사 못지않게 중요한 건물이 되었다.

담 광장을 중심으로, 북쪽 수로는 '담라크Damrak', 남쪽 수로는 '로킨Rokin'. 그렇게 불렀다. 물론 오늘날에는 대부분 매립되어, 도시의 핵심 번화가가 되었다. 지도를 보시라. 당시의 담라크. 무수히 많은 배가 떠 있다. 항구와 담 광장을 연결하는 뱃길이자 도시의 내항. 그러니 그 주변은 몹시 북적였다. 80년 후에 그려진 그림지도를 봐도 그건 여전하다. 이 글의 첫 도판도 함께 보시라. 길에 면하는 공간에서는 상품을 거래했고, 수로에 면하는 공간에서는 물건을 싣고 내렸다. 담 광장과 담라크 주변. 그 두 곳이 도시의 가장 번성한 상업지역이었다. 반대쪽 수로 로킨은 완전히 달랐다. 조용하면서 접근성도 좋은 주거지. 새 다리가 건설된 이후의 베네치아 대운

1 담 광장의 상품계량소
광장에서 담라크 쪽을 바라본 그림이다. 1760년경 화가 안 더베이여르(Jan de Beijer)가 그렸다. ©Wikimedia Commons

2 〈암스테르담 조감 그림〉 속 담라크 부분
당시 담라크와 그 주변은 몹시 북적이는 공간이었다. ©Rijksmuseum, Wikimedia Commons

하와 비슷했다. 그러니 여유 있는 계층이 집 짓고 살기에는 그만이었다. 모의 해전 같은 큰 행사도 그곳에서 열렸다.

처음에는 집을 나무로 지었다. 1400년경의 도시인구는 3천 명 내외. 집이 다닥다닥 붙었다. 그러니 늘 화재가 걱정이었다. 과연 1452년, 도시에 큰불이 나서 전체 주택의 3분의 2를 태웠다. "주택을 돌이나 벽돌로 짓자." 그렇게 결정했지만 무른 땅에 무거운 집을 지으면 가라앉거나 기울어진다. 말뚝을 땅에 박아 기초를 든든히 해야 했다. 그렇지만 비용이 만만치 않았고, 기술도 부족했다. 그래서 주택의 측면 벽은 벽돌이나 돌로, 전면 벽은 나무로 세웠다. 한동안 그렇게 했지만 얼마 안 가 그것도 금지되었다. 로킨에 면한 부잣집부터 벽돌이나 돌로 짓기 시작했고, 17세기부터는 본격적인 변화가 시작되었다. 암스테르담을 특징짓는 독특한 외관의 '운하 주택'이 자리를 잡아간 것이다. 전면 중앙을 바짝 치켜올린 암스테르담의

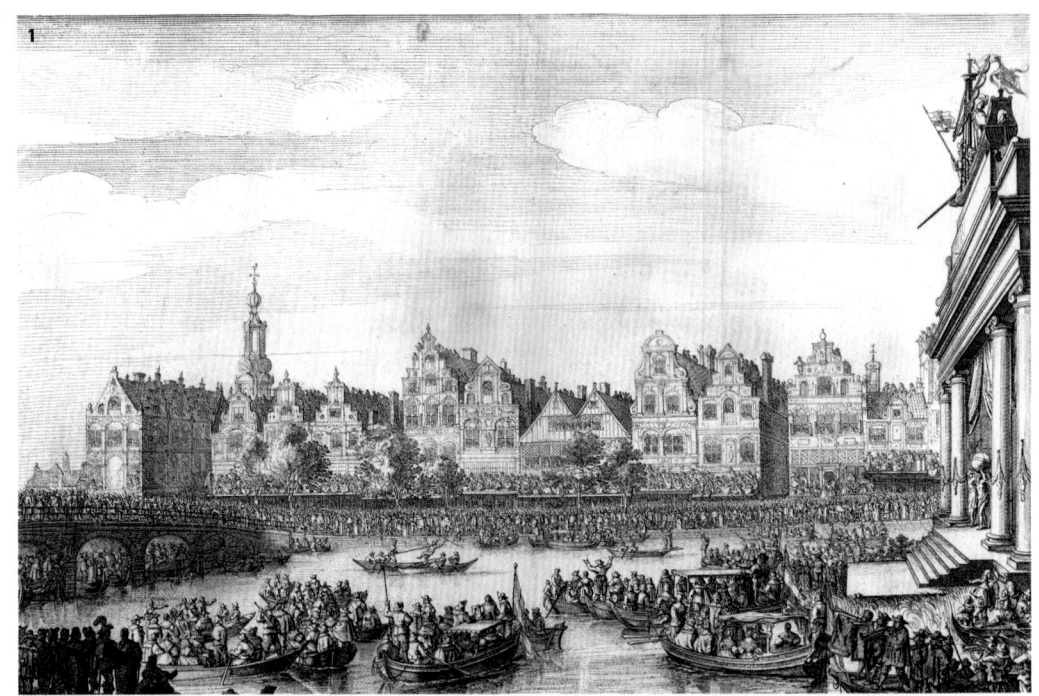

암스테르담

1 로킨에서의 모의 해전
로킨은 조용해서 주변에 고급주택이 많이 들어서고 다양한 행사가 열렸다. 1638년 제작된 동판화 ©The Trustees of the British Museum

2 암스테르담의 목조주택
나무로 지으면 가벼웠으므로 처음에는 이렇게 집을 지었다. 1650년경 화가 클라스 피스허르(Claes Visscher)가 그렸다. ©Wikimedia Commons

3 로킨 수로 주변의 주택들
벽돌이나 돌로 짓기 시작했고, 중앙을 바짝 치켜올린 운하주택이 여기서 시작되었다. 17세기에 그린 그림이다. ©Rijksmuseum

운하주택. 그것과 말뚝 기초 이야기는 차차 하기로 하자. 도시는 포화상태였지만, 그것을 둘러싼 제방은 철옹성처럼 튼튼했다. 높이 5~6미터에, 벽돌로 아치를 쌓아 구축했으며, 일정 거리마다 감시탑을 세웠다. 물막이 벽이자 방어를 위한 성벽이었다. 이 제방 밖에다 집을 짓는 것은 철저히 금지되었다. 한번 허용하면 걷잡을 수 없이 퍼져 나갈 테니까. 그래도 조선소는 제방 밖에 둘 수밖에 없었다. 지도의 왼쪽 아래, 그러니까 도시의 동쪽 끝. 에이 만을 향해 넓게 펼쳐진 대지에 조선소, 밧줄제작소, 제재소 등 각종 산업시설을 배치했다. 라스타허Lastage라고 불리던 곳이다. 오늘날 그곳에는 조선소의 흔적은 없고 맛집만 즐비하다. 제방을 경계하는 성채 같은 성문(원으로 표시한 건물)을 잘 봐 두시라. 이후 다소 변한 모습으로 다시 등장하니까요.

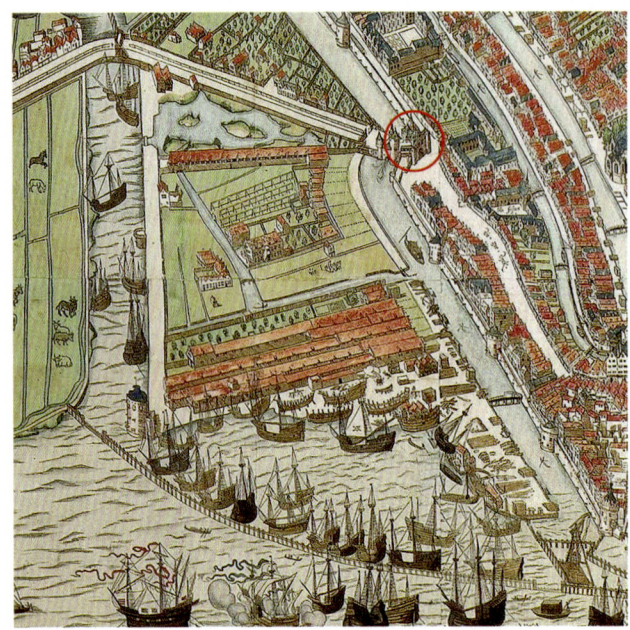

라스타허
도시의 동쪽 끝, 제방 밖. 조선소, 밧줄제작소, 제재소 등 각종 산업시설이 이곳에 자리했다. 동그라미 속의 건물은 성문인데 추후에 상품계량소로 사용된다.
©Rijksmuseum, Wikimedia Commons

도시를 넓혀라, 그것도 체계적으로

사람들이 암스테르담으로 몰려들었다. 부자들은 더 나은 사업을 찾아서 들어왔고, 가난한 자들은 굶어 죽지 않으려고 들어왔다. 이 도시는 다른 종교에 대해서도 관대했다. 그러므로 유럽 각국의 신교도, 심지어 유대인까지 종교의 자유를 찾아서 들어왔다. 16세기 내내 북유럽 최고의 교역중심지였던 안트베르펜이 전쟁에 휘말리면서 갑자기 쇠락한 것도 커다란 요인이었다. 안트베르펜의 상인들은 이리저리 흩어졌는데, 가장 많이 이주한 도시가 암스테르담이었다. 1570년 3만 명, 1600년 6만 명, 1640년 14만 명. 그런 식으로 인구가 늘어났다. 세계사를 통틀어 그런 인구증가는 극히 드문 현상이었다. 튼튼한 제방이고 뭣이고 간에 도시는 무조건 확장되어야 했다.

16세기 말에 두 번, 17세기에 두 번. 그렇게 확장이 시행되었다. 16세기의 확장으로 도시는 두 배로 커졌다. 600~700채의 주택이 들어설 수 있

1688년 암스테르담 지도
1610년 계획한 도시확장 사업이 어느 정도 마무리되어 도시의 새로운 골격이 구축되었다.
©Koninklijke Bibliotheek, Wikimedia Commons

는 공간이 확보되고, 인공섬도 여럿 만들어졌다. 그래도 토지문제는 여전히 해결되지 않았다. 빈민촌은 계속 늘어났고, 산업과 방위를 위한 공간도 태부족이었다. 1602년 동인도회사가 설립되자 전용 조선소와 창고 또한 상당한 규모로 요구되었다. 시에서는 1610년에 새로운 확장을 위한 계획에 착수했고, 1613년부터 땅을 파기 시작했다. 엄청난 사업이었다. 절반 정도 마친 1625년, 사업은 일단 종료되었다. 숨을 고르기 위한 휴식. 그리고 수십 년이 지난 1657년 다시 사업을 벌여 세기말까지 계속했다. 완벽한 '물의 도시'를 조성하기 위한 힘겨운 여정이었다.

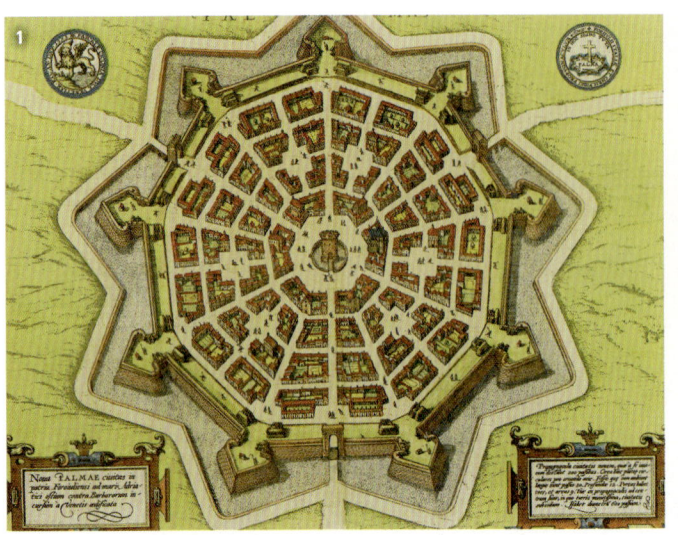
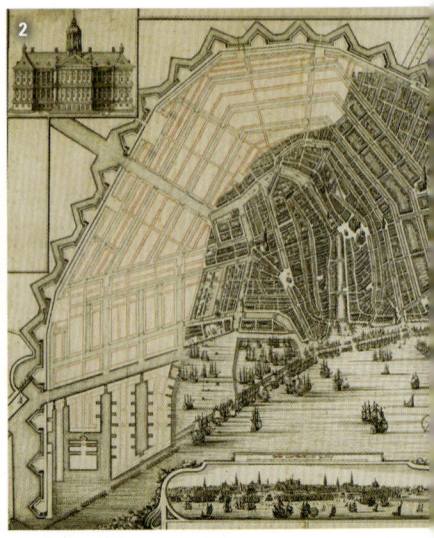

도시를 둘러싸는 활 모양의 운하 세 개를 건설한다. 그래서 도시의 영역을 대폭 확대한다. 그게 17세기 확장사업의 핵심이었다. 당시 도시 외곽에는 격자형의 농수로 체계가 이미 확립되어 있었다. 그러니 거기에 맞추어서 운하를 조성하면 작업은 비교적 수월했다. 그런데도 그들은 애써 활 모양의 운하를 고집했다. 도시 요소요소를 연결할 수 있고, 항구로부터 각 주택으로의 접근성도 공평해지기 때문이다. 그러므로 이 개발의 바탕에는 '기능주의'와 '민주적 태도'가 함께 깔려있다. 2010년 유네스코는 암스테르담 운하지구를 세계문화유산으로 지정하면서 그 이유를 이렇게 설명했다.

> 수력공학과 도시설계, 그리고 건축양식과 부르주아 건축의 합리적 조합. 그 정수를 보여준다.

1 이상도시 팔마노바 Palmanova
르네상스 건축가들이 구상한 이상도시 아이디어가 유일하게 실현된 도시다. ©Wikimedia Commons

2 도시확장의 밑그림
1626년 제작된 지도 위에 그려진 것으로, 확장을 위한 유일한 계획안이다. 실용과 미학이 절묘하게 어우러져 있다. ©Stadsarchief Amsterdam, Wikimedia Commons

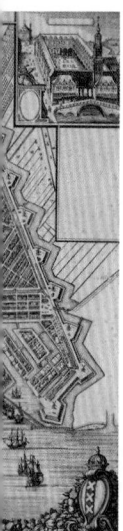

좀 쉽게 풀어보자면 이렇다.

시민 모두의 삶을 위한 도시 만들기, 그것의 표본이다.

17세기라면 바로크 시대다. 오로지 절대자와 귀족을 위한 사업을 했다. 로마는 가톨릭과 교황의 권위를 위해 대대적인 개조사업을 했고, 파리는 '태양왕'을 위해 베르사유 궁전을 지었다. 중심, 축, 조망이 강조되고, 그걸 위해 광장, 대로, 탑, 그리고 기하학적 정원을 동원했다. 그런데 암스테르담의 지도자들은 그런 것에 눈길을 주지 않았다. 거창하고 과장된 도시공간은 염두에 없었다. 주택의 수요에 충분한 정도, 그게 도시의 확장범위를 정하는 바로미터였다. 그러므로 새로운 공간은 대부분 택지에 할애했다. 중산층과 상류계층이 주요 타깃이었지만, 서민에 대한 배려도 빠트리지 않았다. 확장지역의 서쪽 끝에 조성한 요르단Jordaan 지구가 그것이다. 서민을 위한 주거지는 지리적으로 좀 떨어트려 배열했지만, 어디까지나 도시를 감싸는 성벽 안쪽에 두었다.

17세기 유럽 어디에도 이런 도시개발은 없었다. 도시역사가 도날드 올슨Donald J. Olsen, 1929~1997은 여기에 대해 "17세기의 암스테르담은 시대착오적anachronistic이었다"고 썼다. 시대착오? 분명 그랬다. 너무 앞서가는 것도 시대착오임에 분명한 것이다. 17세기 암스테르담에서는 20세기에나 했을 법한 도시개발을 해냈다. 계산과 실리에 밝은 상인이 주도한 사업. 계획을 세우고 자금을 모은 것도 그들이었고, 끝까지 밀고 나간 것도 그들이었다. 목표는 (상인이 주역인) 시민의 삶과 사업에 최적화된 도시를 만드는 것. 그러므로 거주와 위락은 물론이고, 교통, 운송, 방어에 이르기까지 어느 하나도 소홀히 하지 않았다. 1613년부터 시작된 사업은 주로 택지개발에 주력했지만, 이후에 행해진 사업에는 공원도 넉넉히 확보했고, 항구의 개축과 확장, 그리고 조선업을 위한 설비와 공간의 확보에도 힘을 쏟았다.

실용성과 경제성을 강조한 도시개발. 그렇다면 미학은 고려하지 않았을까? 의견이 분분하다. 부채꼴로 퍼져나가는 공간구조. 르네상스 건축가들이 제안한 '이상도시Ideal City'를 반으로 자르면 그런 모양이 된다. 나는 암스테르담의 지도자들이 이상도시를 만들려 했다는 의견에 한 표 던진다. 1610년에 수립한 최초의 계획안이 남아있다면 좋으련만. 아쉬운 대로, 1626년 제작된 지도 위에 그려진 도시 확장의 밑그림을 한번 보시라. 실용과 미학이 절묘하게 어우러져 있지 않은가. "가장 기능적인 것이 가장 아름답다." 20세기 건축가들이 신봉했던 이념이다. 암스테르담의 지도자들도 분명 그런 생각을 했다. 도시사상가 루이스 멈포드Lewis Mumford, 1895~1990는 그렇게 개발된 이 도시에 뜨거운 찬사를 보냈다.

암스테르담은 도시계획을 예술로 접근한 가장 훌륭한 사례의 하나다.

암스테르담의 황금시대를 묘사한 그림지도

이쯤 해서 이 글의 주인공을 불러들인다. 발타사르 플로리스Balthasar Florisz van Berckenrode, 1591~1645가 1625년에 제작한 암스테르담 그림지도. 발타사르 집안은 아버지와 아들 2대에 걸쳐 지도 제작에 종사했다. 아들은 그야말로 천재로, 암스테르담을 '그대로' 보여주는 놀라운 지도를 세상에 내놓았다. 1625년이라면 17세기 첫 번째 확장사업이 막 마무리된 시점이다. 9장의 동판화로 제작된 이 지도에는 건물, 다리, 운하, 정원, 방어벽 등 도시를 이루는 모든 것이 구석구석 세세하게 묘사되었다. 139×156센티미터 크기의 무채색 지도인데, 1630년부터는 은은하게 색깔을 입힌 컬러판을 판매했다. 인기리에 팔려나갔다. 새로 집을 지어 이주한 상인들은 자신의 집이 주변과 함께 그려진 이 지도가 무척 마음에 들었다.

우선 처음 보여준 지도(159쪽)를 보시라. 이 지도의 일부로, 도시의 중심부다. 14~16세기에 형성된 구시가와 새롭게 조성된 신시가가 대조를 이루고 있다. 그림 중앙의 뾰족한 탑. 그게 경계다. 눈이 매서운 독자는

〈암스테르담 지도〉
1625년 발타사르 플로리스가 제작한 그림지도다. 9장의 동판화로 제작된 것으로, 1630년부터는 이렇게 색깔을 입힌 컬러판을 판매했다. ©Rijksmuseum, Wikimedia Commons

오로지 시민의 삶을 위해 만든 다채색의 도시

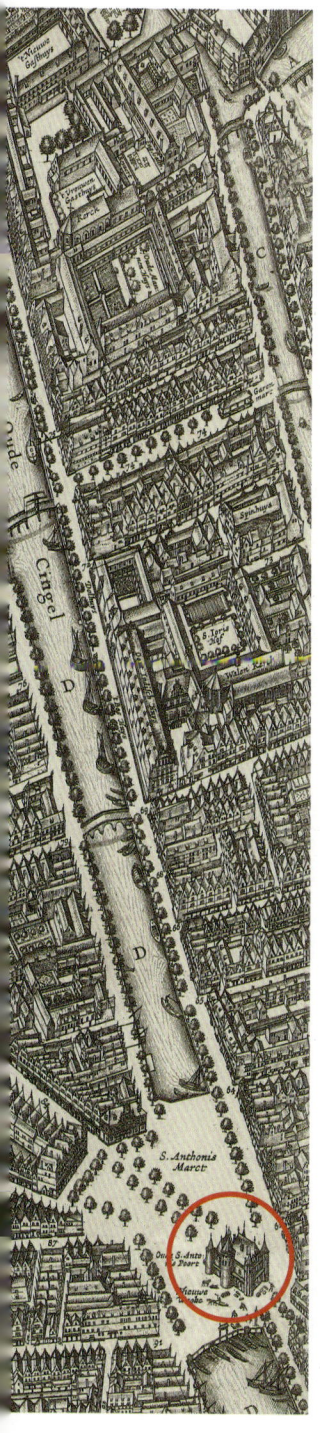

1544년에 그린 코르넬리스의 지도에서 그걸 찾아낸다. 방벽을 지키는 감시탑이자 성문이었는데, 방벽은 없어졌고 탑만 남았다. 그 왼쪽으로 구시가가 펼쳐진다. 담 광장과 신교회 Nieuwe Kerk가 중심을 이루고, 주변으로 좁은 길과 운하가 구불구불 지나간다. 담라크는 여전히 배로 북적인다. 감시탑의 오른쪽은 17세기에 형성된 운하지구. 넓고 곧은 운하가 당당하게 지나가고, 사이사이에 자리한 블록들도 반듯반듯하다. 너른 정원을 가진 주택들은 한결 여유롭다. 17세기 암스테르담의 두 얼굴이다.

이 지도에서 가장 흥미로운 곳은 왼쪽 끝부분이다. 16세기 말에 확장된 도시의 동부지역. 1544년에 그린 코르넬리스의 지도에서 이곳은 제방 밖으로, 조선소 등 각종 산업시설이 보여 있었다. 옛 이름은 라스타허, 오늘날은 '니우마르크트 엔 라스타허 Nieuwmarkt en Lastage'로 불리는 곳이다. 오른쪽 아래, 성채처럼 뾰족뾰족한 건물이 '바흐' 즉 상품계량소다. 원래는 도시를 지키는 성문이었다. 방벽이 허물어지자 홀로 남았고, 도시의 새로운 계량소가 되었다. 건물 주변은 광장이 되었고, 그곳에 시장이 열리자 '니우마르크트 Nieuwmarkt, 새 시장 광장'이란 이름이 붙었다. 제2차 세계대전 중 나치는 유대인을 이 광장으로 모이게 한 다음 강제수용소로 보냈다. 역사의 어두운 단면이다. 그런데 이곳 주변을 보면, 17세기 암스테르담의 융성함이 생생하게 읽힌다.

〈암스테르담 지도〉 속 도시의 동부지역
오늘날 '니우마르크트 엔 라스타허'로 불리는 곳이다. 오른쪽 아래(동그라미 속) 성채처럼 뾰족뾰족한 건물은 원래 성문이었는데 새로운 상품계량소가 되었다. 그 전면이 니우마르크트 광장이다.
©Rijksmuseum, Wikimedia Commons

오로지 시민의 삶을 위해 만든 다채색의 도시

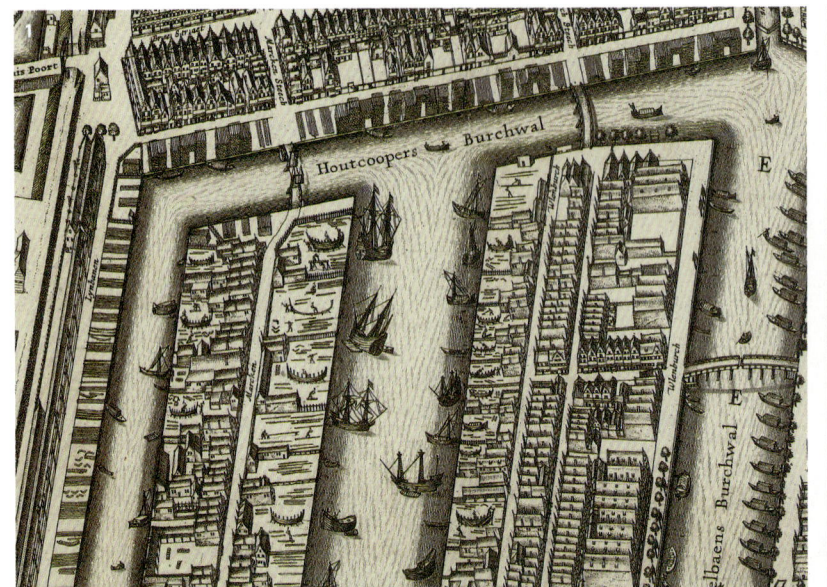

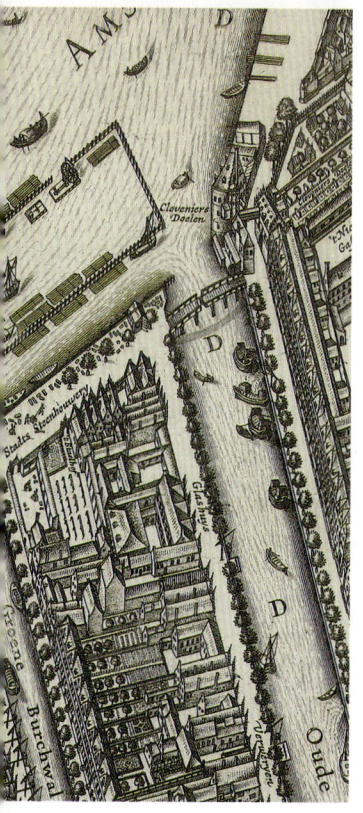

　왼쪽 아래, 넓은 수로로 둘러싸인 두 블록은 전체가 배를 만드는 공간이다. 작업장이 이어지고, 기술자들의 주택이 밀집해 있으며, 수로 건너 하안에는 많은 목재가 야적되어 있다. 당시 암스테르담의 조선업은 무역업과 함께 유럽 최정상에 있었다. 암스테르담 항구는 수많은 배가 모여들어 '돛의 숲'을 이루었다. 1665년 기준으로 네덜란드 국기를 달고 세계를 누빈 배의 숫자가 유럽 전체 선박 수의 75퍼센트에 달했다고 추정한 학자도 있다. 그대로 믿을 수는 없지만, 그만큼 많이 만들었다. 유럽 전역은 물론이고 모로코까지 암스테르담의 배를 사 갔다. 주택가와 인접한 이곳에서는 주로 작은 배를 만들고 있다. 그럼 큰 배는? 그건 에이 만을 향해 죽 늘어선 대형 조선소에서 만들었다. 동인도회사에서 운영하는 조선소는 해안의 동쪽 끝에 따로 마련되어 있었다.

　위쪽. 넓은 수로는 암스텔강이다. 작은 화물선이 계속 들어온다. 주로 목재를 실었다. 양쪽 하안에 많은 목재가 쌓여 있고, 강 가운데에도 말뚝을 박아 야적장을 만들었다. 그뿐 아니다. 도시 곳곳 빈 땅에 목재가 산더미처럼 쌓여있다. 목재의 소비가 엄청났다는 뜻이다. 주로 배 만들기와 집 짓기에 들어갔는데, 두 산업 모두 광풍의 시대를 보내고 있었다.

1 조선소 밀집 지역
두 블록 전체가 배를 만드는 공간으로, 주로 작은 배를 이곳에서 만들었다. ©Rijksmuseum, Wikimedia Commons

2 동인도회사의 조선소
대형 선박을 만든다. 동쪽 해안의 제일 끝에 있었다.
©Wikimedia Commons

3 암스텔강으로 통하는 수로
목재를 실은 화물선이 계속 들어온다. 하안에도 강 가운데 야적장에도 많은 목재가 쌓여있다. ©Rijksmuseum, Wikimedia Commons

17세기에만 3천 채 이상의 주택을 지었으니, 한 세기 내내 도시 전체가 공사판을 방불했다. 주택의 구축 방식은 목조에서 석조나 벽돌조로 바뀌었지만 층을 나누고 지붕을 이으려면 많은 목재가 필요했다. 그런데 그건 약과였다. 더 큰 문제는 기초에 있었다. 늪지같이 움직이는 땅. 그 위에 집을 지으려면 단단한 기초가 필수적이었다. 그걸 나무말뚝으로 해결한 것은 베네치아와 같았다.

주택 한 채 짓는 데 40쌍 이상의 말뚝을 박아 넣었다. 스칸디나비아에서 들여온 곧은 소나무를 가공해서 말뚝으로 썼는데, 그걸 12~18미터 깊이로 박아 넣었다. 어떻게 했을까? 사람들이 무거운 쇳덩이를 끌어올려 말뚝을 내리치는 원시적인 방법이었다. 30~40명의 장정이 붙었다. 세 개의 지지목이 지탱하는 구조물의 꼭대기에 0.5톤 무게의 쇳덩이를 끌어올린 다음 일시에 떨어뜨렸다. 헤이바스heibaas라고 불린 작업반장의 호령에 따

1 말뚝박기
작업반장의 호령에 따라 장정들이 줄을 당겨 올려 쇳덩이를 내려치는 작업이었다. 사뭇 시끌벅적했다. 1711년 제작한 동판화다.
ⓒWikimedia Commons

2 담 광장에 들어선 새로운 시청사
독일에서 수입한 돌로 지은 화려하고 당당한 건물이다. 화가 헤릿 베르크헤이데(Gerrit Berckheyde)가 1668년 그렸다.
ⓒRoyal Museum of Fine Arts Antwerp, Wikimedia Commons

라 장정들은 리듬에 맞추어 줄을 당겨 올렸다. 으쌰! 으쌰! 장정들은 작업 내내 맥주를 마셨으므로 건축주는 맥주를 거의 무제한으로 준비해두어야 했다. 그러니 도시 곳곳에서 벌어진 이런 말뚝질은 시끌벅적했을 것이며, 상당한 구경거리였을 것이다.

  1653년 담 광장에 새로운 시청사를 건설했을 때는 1만 3,659개의 말뚝을 박아 넣었다. 허세를 싫어했던 도시의 지도자들도 이 건물에는 돈을 아끼지 않았다. 끝 모르고 올라가는 도시의 위상 때문이었다. '세계의 창고'로 부상했으니 그것을 상징하는 건물은 있어야 했다. 암스테르담은 '벽돌의 도시'이지만 이 건물만은 독일에서 수입한 돌로 지었다. 화려하고 당당한 이 건물이 들어서자 담 광장이 풍기는 세속적인 분위기와 잡다한 소음은 전혀 힘을 쓰지 못했다. 시민이라면 누구나 이 건물에 드나들 수 있었고, 그곳에 설립된 북유럽 최대의 공공은행을 이용할 수 있었다. 그렇

1 〈암스테르담 지도〉에 묘사된 담 광장
아직 새로운 시청사는 건설되지 않았고, 대신 1612년에 건축된 증권거래소(동그라미로 표시된 건물)가 보인다. ©Rijksmuseum, Wikimedia Commons

2 암스테르담의 증권거래소
상품 거래도 했지만 세계 최초로 주식이 거래되었다. 화가 요프 베르크헤이더(Job Berckheyde)의 1670년 그림 ©Museum Boijmans Van Beuningen, Wikimedia Commons

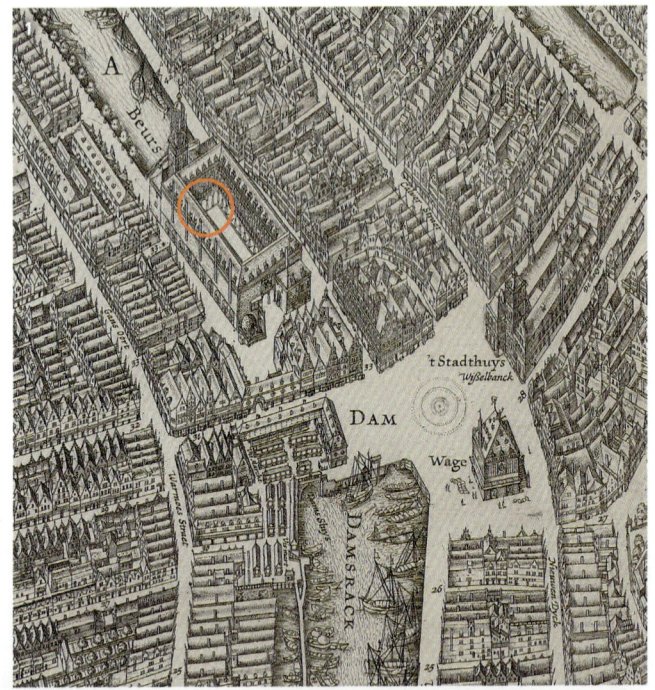

게 사용되던 시청사는 1806년 나폴레옹의 동생 루이 나폴레옹Louis Napoléon Bonaparte, 1778~1846이 '홀란드 왕King of Holland'이 되면서 왕궁으로 바뀌었다.

발타사르 지도에 묘사된 담 광장. 아직 새로운 시청사는 없지만 그 못지않게 중요한 건물이 광장 바로 옆에 들어서 있다. 1612년에 건축된 증권거래소. 광장과 로킨 수로 사이, 회랑이 중정을 감싸는 긴 건물이 그것이다. 처음에는 상품을 거래했다. 유럽에서 생산하거나 교역하는 모든 상품이 이곳에서 처리되었고, 여기서 정해진 가격은 전 세계의 표준이 되었다. 이내 주식시장도 열렸다. 동인도회사의 출범과 함께 주식과 채권이라는 것이 세상에 등장했고, 그게 이곳에서 거래된 것이다. '자본주의'의 탄생이었다. 그리고 암스테르담에는 세계 최고 수준의 부유한 상인계층이 형성되었다. 피렌체 베네치아 같은 도시에서 '귀족'으로 행세한 소수의 상류층과는 숫자부터 달랐다. 부자의 일반화. 즉 두터운 부르주아 계층이 형성된 것이다.

암스테르담 부자들의 삶과 근대적 주거문화

17세기 암스테르담의 부르주아 계층이 자리 잡은 '운하지구'. 새롭게 건설된 운하를 따라 조성된 주택지를 일컫는 말이다. 그곳에 늘어선 주택은 '운하주택'. 거기서 인류의 근대적 주거문화가 시작되었다. '가정'에 대한 새로운 개념이 대두되고, 집은 가족과 개인의 안락한 삶을 담는 장소라는 인식이 뿌리를 내렸다. 도시적 질서와 개별주택의 개성이 조화를 이루는 것이 바람직한 주거환경이라는 자각도 그곳에서 시작되었다. 이 운하지구로 인해서 암스테르담은 '웅장한 파리'에 결코 뒤지지 않는 매력적인 도시로 자리매김했다.

새롭게 조성된 세 운하는 안쪽부터 '헤른흐라흐트Herengracht', '카이제르흐라흐트Keizersgracht', '프린센흐라흐트Prinsengracht'라고 불렀다. 신사의 운하, 황제의 운하, 군주의 운하. 부자가 된 상인들에게 어필하는 이름 아닌가? 이렇게 말이다. "그동안 돈 버느라 고생했으니 이제 이곳에 멋진 집을

암스테르담 운하지구
새롭게 건설된 운하 프린센흐라흐트의 모습이다. 아브라함 라데마커르(Abraham Rademaker)가 1725년 제작한 동판화 ©Amsterdam Municipal Archives

오로지 시민의 삶을 위해 만든 다채색의 도시

짓고 신사나 군주처럼 우아하고 편안하게 사세요." 운하의 폭은 모두 25미터양쪽 하안을 포함한 수치가 넘었으니 배가 오고 가는 데 전혀 문제가 없었다. 항구에 상품이 도착하면 작은 배로 옮겨 싣고 각 주택이나 창고로 즉시 배달할 수 있었다. 상품뿐 아니었다. 외국에 나가서 거래를 마친 상인이 배를 타고 암스테르담으로 돌아왔다고 치자. 그는 육지 한번 밟지 않고 휘익 집으로 가서 가족 품에 안길 수 있었다.

　너도나도 땅을 샀다. 시에서는 토지를 블록 단위로 개발한 후 김밥 썰 듯 나누어서 팔았다. 폭은 8.5미터30ft가 표준이었고, 길이는 50미터190ft가 넘었다. 좁고 긴 땅. 되도록 많은 집이 운하를 향하려면 그게 최적이었다. 건물의 길이는 31미터110ft를 넘지 못하게 하고, 나머지는 정원으로 쓰도록 했다. 옆에 붙은 땅까지 살 수 있는 권한을 주었으니 두세 필지를 사서 임의로 나눠서 파는 사람이 많았다. 따라서 집의 폭에는 변화가 많다. 최소

1 운하지구의 주거블록
〈암스테르담 지도〉의 일부다. 필지를 좁고 길게 분할했고, 그 결과 많은 공간이 정원으로 사용된다.
©Rijksmuseum, Wikimedia Commons

2 독특한 모습의 운하주택
전면을 배의 돛처럼 높이 올리고 특이한 모양의 박공으로 장식했다. 헤릿 베르크헤이데의 1686년 그림
©Thyssen-Bornemisza Museum, Wikimedia Commons

폭은 5미터 정도인데 그것보다 작은 집도 있다. 폭에 따라 세금이 부과되었으니 너무 넓은 집은 부담이 컸다. 높이에는 제한이 없었다. 그래도 보통 3~4층으로 지었다. 말뚝 기초로 지탱할 수 있는 높이로는 그게 적당했다.

층수와는 상관없이 집은 배의 돛처럼 솟아 올렸고, 상부는 특이한 모양의 박공으로 장식했다. 계단 모양, 종 모양, 왕관 모양 등. 홍수가 잦은 탓에 집은 반 층 들어 올리고 지하실을 두었다. 1층은 상업·업무 공간이었다. 사무실 겸 회계실과 상품의 샘플을 진열한 응접실이 있었다. 집에서 업무를 보는 주택 즉 직주겸용 주택이다. 높은 다락은 창고로 썼고, 상품 운반은 박공에 매달린 도르래를 이용했다. 17세기 중반까지는 그랬다. 그러다가 점차 주택과 떨어진 곳에 창고를 마련하고 남자 주인은 밖에서 업무를 보기 시작했다. 전용주택이 등장한 것이다. 주거 기능만 있는 주택. 17세기의 두 번째 도시 확장으로 새로이 들어선 주택은 대부분 전용주택이었다. 중세 주택과 차별되는 근대적 도시주택이 등장한 것이다.

주택의 역사를 가르치는 강의실. 전용주택이 시작된 도시는 런던이라고 가르친다. 보통은 그렇다. 근대적 도시주택의 효시는 런던의 타운하우스라는 것이다. 그런데 그건 잘못된 것이다. 17세기 암스테르담의 상인주택. 그게 근대적 도시주택의 시작이다. '집은 오로지 가족만을 위한 공간'이라는 인식이 처음으로 뿌리를 내린 곳도 암스테르담이다. '홈 스위트홈'의 개념, 그게 그곳에서 시작된 것이다. 중요한 이야기이니 안 하고 넘어갈 수 없다.

17세기 암스테르담의 부자들은 집에 돈을 처들이지 않았다. 돈이 많다 해도 그걸 노골적으로 과시하는 것은 보기

흔한 일이었다. 도시에 퍼진 평등주의 의식 때문이었다. 하인도 많이 두지 않아서, 하녀 한두 명 정도가 보통이었다. 차별도 하지 않았다. 교회에서 같이 예배 보는 사이였기 때문이다. 하인이 주인 가족과 한 식탁에 앉아 식사하는 것은 놀라운 일이 아니었다. 18세기 런던의 중산층 타운하우스에 고용된 하인의 숫자가 적어도 6~7명이었고, 주인과는 마주치지 않았다는 사실과 너무 대조적이다. 이런 분위기에서 새로운 가정의 개념이 정착되었다. 가정은 남자 한 명과 여자 한 명, 그리고 그들의 자녀로 이루어진다. 당연한 사실이지만 그때로서는 새로운 인식이었다.

집에서 공적 공간과 사적 공간의 구분도 명확해졌다. 그런 구분은 직주겸용으로 사용하던 주택에서 이미 시작되었다. 사무실에서 업무를 마친 주인은 주거공간으로 들어가기 전에 신발을 벗었다. 그곳이 공적·사적 공간을 구분하는 경계였다. 전용주택이 되자 낮·밤의 공간, 가족·개인의 공간이 더욱 명확해졌다. 쾌적성도 증대되었다. 운하를 향하는 전면공간에 창을 넓게 설치한 것이 큰 효과를 보았다. 벽의 무게를 줄이기 위함인

1 운하주택의 전면공간
창을 넓게 설치했고, 그게 주택 내부를 밝은 공간으로 만들어 주었다. 화가 피터르 더호흐(Pieter de Hooch)의 1670년 그림 ©Rijksmuseum, Wikimedia Commons

2 운하주택의 실내
편하고, 따뜻하고, 즐겁고, 아늑하다. 화가 에마뉘엘 더비터(Emanuel de Witte)의 1670년경 그림 ©Museum Boijmans Van Beuningen, Wikimedia Commons

3 인기 있던 식탁 그림
17세기 암스테르담 여성들은 이런 가정적인 그림을 좋아했다. 화가 피터르 클라스(Pieter Claesz)의 1627년 그림 ©Rijksmuseum, Wikimedia Commons

데, 그게 내부 깊숙이 빛을 넣어주었다. 그러니 가족공간인 거실은 늘 밝았고, 개인공간인 침실은 상대적으로 아늑했다. 네덜란드어로 '헤젤리헤이트$_{gezelligeid}$' 상태가 된 것이다. 꼭 맞는 우리말은 정말 찾기 어려운데, 그들이 만족스러운 장소를 묘사할 때 흔히 쓰는 말이다. 편하고, 따뜻하고, 즐겁고, 아늑하다는 뜻이다.

집은 여성의 영역이었다. 남자 주인은 식사기도 인도만 하고, 나머지는 모두 주부가 맡아서 했다. 주부는 정성스레 집을 가꾸고 꾸몄는데, 특히 부엌에 공을 들였다. 런던이나 파리의 주택에서 부엌은 지하나 구석진 곳에 두었고, 하인에게 모두 맡겼다. 그런데 이곳의 부엌은 달랐다. 거실 가까이 있었고, 주부가 직접 관리했다. 비싼 은주전자와 중국제 도자기를 보기 좋은 곳에 진열하는 것은 주부의 큰 즐거움이었다. 또 하나 신경 쓴 것. 바로 그림이었다. 네덜란드 사람

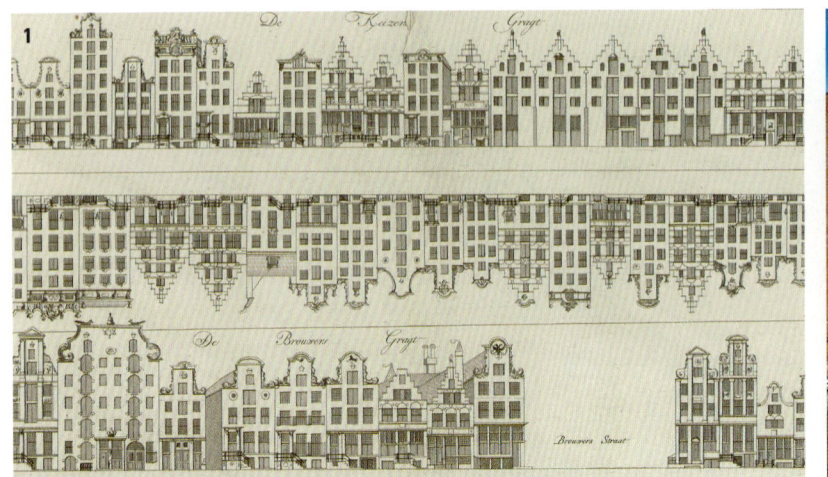

들의 그림 사랑은 유별났다. 부잣집이든 가난한 집이든 꼭 그림으로 벽을 장식했다. 밝은 공간에, 간소한 가구 몇 점, 그림이 걸린 벽, 꽃이 꽂힌 화병, 조용조용 일하는 주부. 17세기 암스테르담 운하주택의 내부다. 20세기 주택과 사실상 다를 게 없다.

그런데 어떤 그림을 걸었을까? 종교화는 서서히 사라지는 추세였다. 대신 초상화, 풍경화, 바다 그림, 실내 그림, 식탁 그림, 꽃 그림. 그런 걸 좋아했다. 실내와 식탁 그림은 새로운 영역이었는데, 여성들이 선호했다. 특이한 현상은 초상화에 대한 뜨거운 열기였다. 화가 렘브란트Rembrandt van Rijn, 1606~1669가 17세기 암스테르담에서 초상화의 새로운 경지를 열면서 두각을 나타내지 않았던가. 왜 그런 것일까? 구시대의 속박에서 벗어난 사회. 종교나 권위에 예속되지 않는 사회. 그 속에서 사람들은 자신만의 가치와 삶을 찾기 시작한 것이다. 일에서 해방된 삶, 즐겁고 편안한 삶, 자신의 존재를 굳건히 하는 삶. 바야흐로 개인주의가 대두되고 있었다. 평등을 지향하면서도 개개인의 존재를 존중하는 사회. 그게 근대성의 본질 아닌가.

운하지구는 그런 근대성이 최대로 표출된 곳이다. 블록 단위로 조성된 그곳은 '같이 살아간다'는 공동체 의식이 바탕에 깔려있다. 그러니까 내

집만 너무 튀면 남의 눈총을 산다. 그렇다고 내 집의 존재를 감출 수도 없다. 그러므로 부자들은 '튀지 않지만 튀는 집'을 지었다. 화가 카스파 필립스Caspar Philips, 1732~1789가 18세기 후반에 출간한 《운하 책Grachtenboek, Canal Book》. 수많은 운하주택의 얼굴을 세세히 묘사한 이 그림책은 "도시주택의 존재는 이래야 한다"고 말하고 있다. 도시적 질서를 존중하면서도 개별주택의 개성이 표출되는 주거지. 같이 살아가지만 각자가 독자적인 삶을 살아가는 장소. 운하지구가 바로 그런 곳이다. 18~19세기에 지어진 파리의 아파트나 런던의 타운하우스와 비교해보시라. '다양성'이란 측면에서 현저한 차이가 있다.

운하지구의 '정신'은 오늘날까지 이어진다. 암스테르담 곳곳에 새롭게 들어서는 주거환경은 특별한 경우가 아니면 블록 단위로 개발된다. 도시적 질서를 존중하는 것이다. 그러면서도 개별건축의 디자인에서는 일탈과 파격을 서슴지 않는다. 계획가들은 변화와 혁신을 모색하고, 고정된 생각으로부터 자유롭길 원한다. 이러한 태도 때문에 암스테르담은 도시·건축·주거환경 계획에서 '세계 최고'의 위치를 지키고 있다. 암스테르담이 이렇게 된 것은 17세기 이 도시의 상인들이 신봉했던 이념이 아직도 이어지고 있기 때문이다. 평등주의, 자유주의, 실용주의, 개인주의. 그것이다.

1 《운하 책》 속 운하주택
카스파 필립스의 책에 담긴 수많은 운하주택 중 일부. 도시적 질서를 존중하면서도 개별주택의 개성을 유감없이 표출하고 있다. ©Rijksmuseum, Wikimedia Commons

2 지속되는 암스테르담의 전통
질서를 존중하면서 개성도 중시하는 그들의 전통은 오늘날까지도 살아있다. 암스테르담 동부 항만지구에 들어선 현대풍의 운하주택 ©Fred Bigio, Flickr

오로지 시민의 삶을 위해 만든 다채색의 도시

제6화

쑤저우 蘇州

천하제일의 수향水鄕,
그 활기찬 모습이 눈앞에 펼쳐지다

〈성세자생도〉 일명 〈고소번화도〉 서양, 1759년

18세기 쑤저우를 생생하게 묘사한 중국의 국보

건륭제乾隆帝, 재위 1736~1796. 청나라가 최고로 번영했던 18세기, 그 60년을 치세한 황제다. 할아버지 강희제康熙帝, 재위 1661~1722를 닮고자 했던 황제는 국토 곳곳을 다니면서 '현장 통치'를 했다. 사실 '했다'보다는 '즐겼다'가 맞는 말이다. 그는 드넓은 국토 중에서도 양쯔강 남쪽 그러니까 강남을 특히 좋아했다. 당연히 자주 그쪽으로 방향을 잡았다. 황제의 강남 순행. 흔히 '남순南巡'이라 불리는 행차는 사치스러웠고, 요란했고, 벅적했다. 겉치레를 좋아한 황제는 3,000명 남짓의 수행 인원을 대동했다. 왕자, 공주, 대신, 환관, 시녀, 요리사, 호위병은 그렇다 치고, 화가, 시인, 건축가까지 데리고 갔다. 건륭제는 그런 남순을 여섯 차례나 했다.

육로로 어느 정도 이동한 후에 대운하京抗大運河를 통해 내려갔다. 황제

쑤저우蘇州

가 떴으니, 백성의 고초가 어떠했겠는가. 국고의 낭비 또한 어떠했겠고. 황제는 자신과 식솔들을 위해 5척의 거대한 용주龍舟, 임금이 타는 배를 건조했고, 특별히 모집한 여성 대원이 그걸 끌도록 했다. 그가 가는 곳마다 수령과 토호들은 진귀한 특산물을 바쳤고, 그도 역시 그들을 위해 수시로 거창한 연회를 베풀었다. 한번 순시를 가면 송아지 75마리와 양 1,000마리 정도가 희생되었다. 수령들은 황제의 행차를 위해 천문학적인 인력과 비용을 들여 길을 닦고 정자를 지었다. 소수의 의식 있는 신하들은 계속되는 남방 순시를 말리기도 했으나 황제는 들은 척도 않고 75세가 될 때까지 남쪽으로 내려갔다. 그는 만년이 되어서야 비로소 잦은 여행으로 백성을 고생시키고 재물을 탕진한 데 대해 후회했다.

1 쑤저우 성으로 들어가는 건륭제
〈건륭남순도〉 제6권에 나오는 장면이다. ©The Metropolitan Museum of Art

2 대운하를 따라 쑤저우로 접근하는 건륭제 일행
〈건륭남순도〉 제6권 ©The Metropolitan Museum of Art

천하제일의 수향水鄕, 그 활기찬 모습이 눈 앞에 펼쳐지다

강남으로 가면 난징, 양저우, 쑤저우, 항저우를 두루 찾았다. 그중에서 황제가 제일 좋아했던 도시는 쑤저우였다. 번성한 경제와 수준 높은 문화에 깊은 인상을 받은 황제는 자신의 치세 기간을 상징하는 도시가 바로 쑤저우라고 단정했다. 그는 첫 번째 남순에서 돌아오자마자 쑤저우의 풍요로움을 그림으로 그릴 것을 지시했다. 황제가 도시그림을 그리게 하는 목적은 주로 백성이 사는 모습을 평소에도 보고자 하는 것이다. 그런데 이번 그림은 그 목적이 조금 달랐다. 자신이 다스리는 천하의 태평함과 번영함을 과시하고자 한 것이다. 그는 쑤저우 출신의 화가 서양徐揚, 1712?~1779에게 그것을 그리게 했다. 지엄한 명령을 받은 화가가 8년의 노고 끝에 완성한 그림, 그게 바로 〈성세자생도盛世滋生圖〉다.

화가 서양은 대대로 쑤저우의 서쪽 성문인 창문閶門 근처에 살았다. 산수, 인물, 화조를 그리는데 탁월한 능력이 있었지만 마흔 살이 될 때까지 빛을 보지 못했다. 생원 정도의 신분으로, 쑤저우 관아에서 지도를 그리면서 호구를 해결하는 수밖에. 그런 화가에게 찾아온 절호의 찬스는 황제의 남순이었다. 그는 1751년건륭16년 건륭제의 첫 강남 시찰 때 자신이 그동안 그린 그림을 화첩으로 만들어 황제에게 바쳤다. 그의 재주에 깜짝 놀라버린 황제는 그를 베이징으로 데리고 가서 궁정 화가로 임명했다. 그리고 바로 〈성세자생도〉를 그리게 했다. 그뿐이 아니었다. 첫 번째 남순의 전 과정을 그린 12권짜리 대작 〈건륭남순도乾隆南巡圖〉를 서양이 책임지고 완성하도록 했다.

12미터가 넘는39×1241센티미터 두루마리 그림, 〈성세자생도〉는 장택단이 그린 〈청명상하도〉의 두 배가 넘도록 길고, 내용도 더 풍부하다. 명·청대에 도시 이상향을 그린 그림은 대부분 쑤저우를 모델로 했고, 〈청명상하도〉

〈성세자생도〉 부분
1759년에 완성한 두루마리 그림으로, 궁정화가 서양이 그린 중국 국보다. 이 부분은 쑤저우 서남쪽 무두진 일대의 모습이다.
ⓒ텐진인민미술출판사(天津人民美術出版社)

천하제일의 수향水鄕, 그 활기찬 모습이 눈 앞에 펼쳐지다

라는 이름을 붙였다. 당시 〈청명상하도〉가 얼마나 많았던지 그게 없는 대 갓집은 행세하기 어려울 정도였다. 하지만 그런 그림들은 실제 쑤저우가 아니고 그럴싸하게 연출한 쑤저우를 그린 것이다. 그런데 〈성세자생도〉는 실제 쑤저우를 치밀하고도 생생하게 그렸다. 마치 장택단이 환생해서 그린 것처럼. 그러므로 '동양의 베네치아' 쑤저우의 전성기 모습을 즐기기에는 이 그림만 한 것이 없다. 〈청명상하도〉와 〈성세자생도〉. 나라를 대표하는 최고의 도시그림이라는데 이견을 다는 중국 사람은 없다.

강남 최고의 도시

성세자생도. 무슨 뜻인가? '성세盛世'는 임금의 성스러운 치세, '자생滋生'은 바이러스처럼 마구 퍼져나간다는 뜻이다. 풀어보면 '온누리에 펼쳐진 태평성대를 그린 그림'이다. 중국인은 '뻥'이 좀 심하다. 이 그림은 청나라 마지막 황제 부의가 챙겨서 중국을 빠져나가기 직전 극적으로 수거되었고, 선양의 동베이박물관랴오닝성박물관의 전신 창고에 5년 정도 처박혀 있었다. 함께 수거되어 빛을 본 〈청명상하도〉는 고궁박물원, 베이징으로 옮겨졌으나 이 그림은 랴오닝성박물관에 모셔져 있다. 그 과정에서 그림의 명칭은 〈고소번화도姑蘇繁華圖〉로 바뀌었다. '옛 쑤저우의 번성함을 그린 그림'. 그런 뜻이다. 그림이 담고 있는 내용에 걸맞은 이름을 부여했다는 것이 박물관의 설명이다. 국가일급중요문물 즉 국보다.

고소姑蘇, 그러니까 18세기의 쑤저우는 어떤 도시였을까? 경제·문화 모두 강남에서 최고. 수도 베이징을 능가할 정도였다. 원인은 무엇보다도 발달한 수리水利에 있었다. 도시와 농촌을 포함한 소주부 전체의 40퍼센트를 넘는 면적이 수면이었다. 크고 작은 수로의 수가 2만여 개, 모두 합한 길이는 1,500킬로미터. 수로의 '두목'은 징항대운하였다. 〈청명상하도〉에 등장했던 바로 그 운하다. 항저우에서 출발한 대운하는 쑤저우의 남쪽과 서쪽 성곽을 휘감으면서 북쪽을 향한다. 이 큰 수로가 성곽을 둘러싸는 해자와 이어지고, 성안으로 들어가서 거미줄처럼 퍼져있는 작은 수로들과 연결되었다. 그뿐 아니었다. 이런 수로들은 외곽에 퍼져있는 크고 작은 호수와 강으로 이어지니 쑤저우와 그 주변을 잇는 수리 체계는 촘촘함과 연계성에 있어서 타의 추종을 불허했다.

성안에 형성된 수로망. 그걸 한눈에 보기에는 13세기에 그려진 지도 〈평강도平江圖〉가 제격이다. 그곳에는 놀랍도록 수준 높은 '물의 도시'가 펼쳐진다. 수로가 사방으로 뻗어나가고, 육로가 그것을 따라가고, 300여 개의 다리가 유기적으로 육로를 이어 나간다. 물의 순환시스템도 빈틈이 없다. 물은 지대가 높은 북서쪽에서 들어와서 동남쪽으로 흘렀다. 순환이 원활하니 수로에는 늘 신선한 물이 흘렀고, 생활용수는 넉넉했다. 수로와 육로의 관계 또한 밀접했다. '물과 땅이 나란히 가는水陸平行 체계'를 정착시킨 것이다. 모든 주택이 수로와 육로의 서비스를 동시에 받게 한다. 그게 목표였다. 그 결과 예로부터 쑤저우의 주택은 이렇게 묘사되었다. "앞은 길이요, 뒤는 물前街後河이로다."

수로를 통해 거의 모든 주택에 직접 닿을 수 있는 도시. 지구상에 몇이나 있었을까? 베네치아, 암스테르담, 쑤저우. 셋뿐이다. 모두가 교역 도시로 번성했다. 명·청대 쑤저우에서는 대다수의 가정에서 천을 짜서 가공하는 일을 했다. 농촌에서 면화와 누에를 길러 실을 뽑으면 그걸 가져다가 광목과 비단을 만들었다. 염색도 하고 수도 놓았다. 사대부 가정에서도 스스럼없이 그런 일을 했고, 일손에 여유가 있는 집에서는 다른 상품들도 집에서 만들었다. 그러니 집집마다 여유가 있었고, 도시는 활기로 넘쳤다. 강남에서 생산되는 모든 물건이 쑤저우로 모여들었고, 전국 각지로 보내졌다. 경제가 발달하면 생활의 모든 부문이 향상된다. 선비들은 고아한 인문환경을 만들었고, 수려한 자연환경과 풍부한 물을 활용해 원림園林이라는 뛰어난 문화유산을 창조해냈다.

물길 따라 쑤저우 주변 곳곳에 자리하는 '물의 마을'. 그것도 빠트릴 수 없다. 과거 중국에서는 '성시'를 제외한 일반 취락은 '도시'로 치지 않았

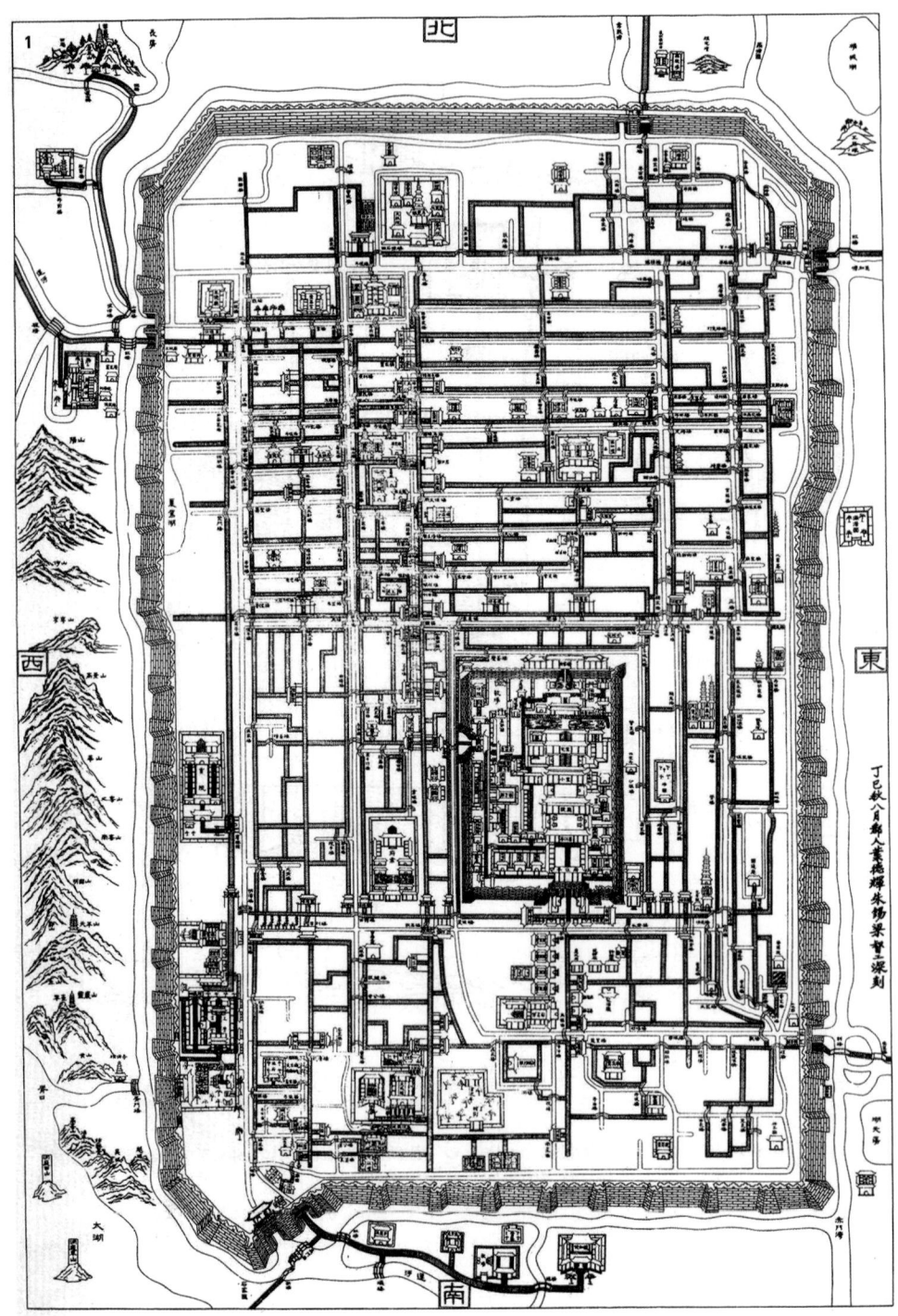

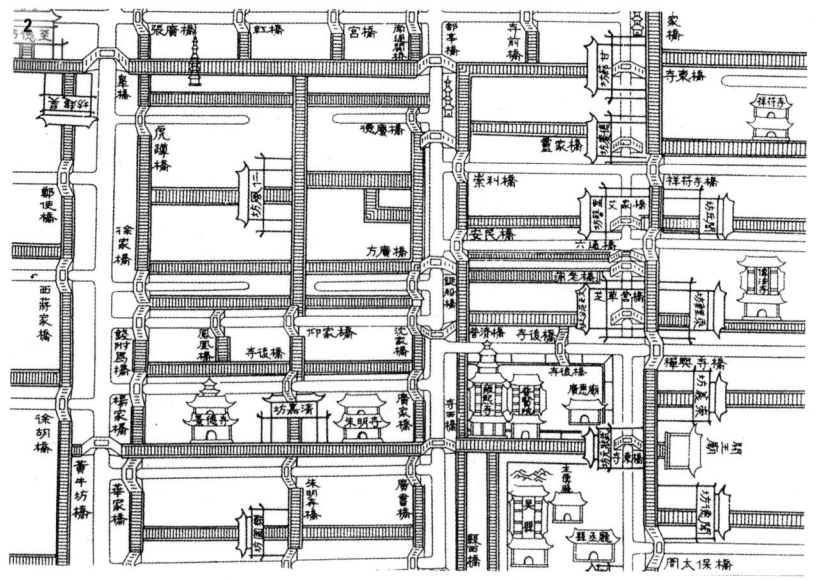

1 13세기 쑤저우를 그린 지도 〈평강도〉
수준 높은 물과 육지의 네트워크가 펼쳐진다. 출처:《중국대백과전서 건축원림성시규획(中國大百科全書建築園林城市規劃)》, 1988

2 〈평강도〉 부분
쑤저우의 수로와 육로의 관계는 밀접해 대다수 주택이 수로와 육로의 서비스를 동시에 받았다.
출처: Yinong Xu, 2000

다고 얘기했다. 그렇지만 특정한 상품이 생산되고 상업이 발달해 사람과 건물이 밀집된 마을은 전국에 퍼져있었다. 그런 곳이 '진鎭'이다. 진은 쑤저우 주변에 특히 많았는데, 모두가 '물의 마을' 즉 수향진水鄕鎭이다. 쑤저우에 간다면, 저우좡周庄, 통리同里 같은 운치 있는 수향진도 함께 보시길. 그곳에서는 비단, 차, 술, 담배, 양초, 악기, 돗자리 같은 다양한 물건을 만들어 쑤저우에 공급했다. 또한 공간 때문에 쑤저우에 두기 어려운 대형 창고, 염색공장, 선박수리소, 묘지 같은 시설도 있었다. 18세기의 쑤저우는 그 영역이 대단히 넓었다. 그러니 이 도시가 강남을 넘어 베이징과도 견줄 수 있었던 것이다.

화가는 그런 쑤저우를 어떻게 표현해냈을까? '조화로운 물리적 환경'이라는 하드웨어 속에 '번영'이라는 소프트웨어를 끼워 넣는 방법. 그건 장택단이 〈청명상하도〉에서 사용한 것이다. 물길 따라 전개되는 농촌과 전원의 아름다운

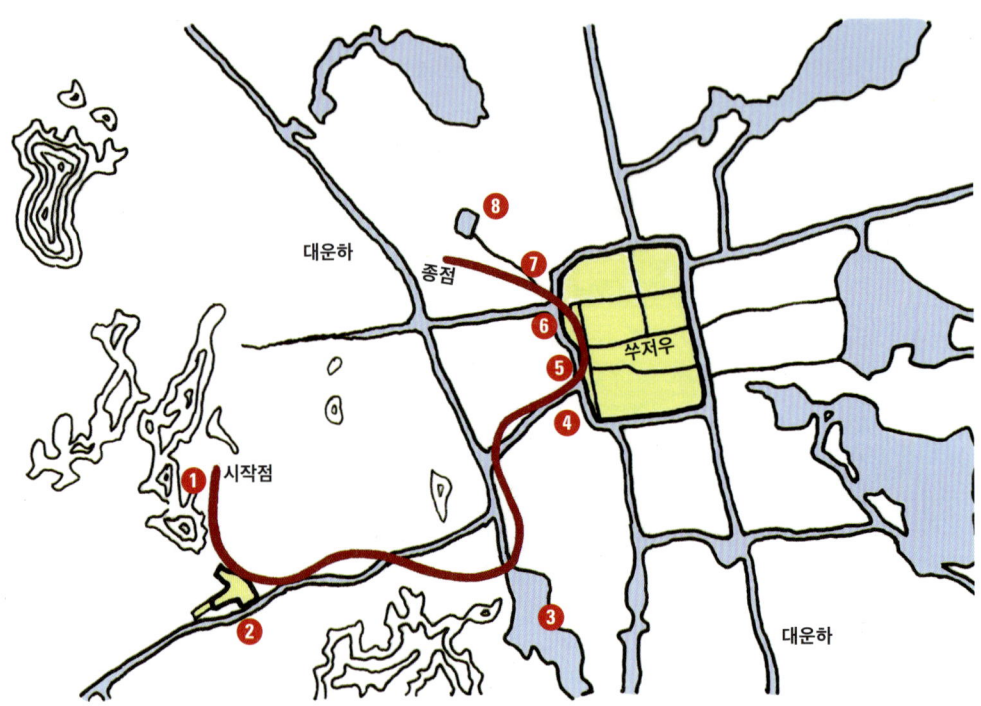

화가 서양이 선택한 루트

그는 〈성세자생도〉를 그리기 위해 이런 루트를 따라갔다. 저자 다시 작도. 출처: Wallace Chang, 2000

① 영암산
② 무두진
③ 석호
④ 반문(성문)
⑤ 서문(성문)
⑥ 창문(성문)
⑦ 산당하
⑧ 호구

자연환경, 활기찬 주거지와 떠들썩한 시가지, 그 속에서 벌어지는 인간의 다양하고 풍요로운 삶. 그걸 자세하고도 실감 나게 연출해냈다. 그리고 그림의 말미에다 이렇게 썼다.

이 땅과 이곳 백성들은 감격스런 심정으로 평안히 살며 즐겁게 일하고 서로를 격려하니, 이 같은 성세의 양민이 되는 일이 어찌 우연일 수 있겠는가? … 황상께서는 침식을 잊고 나랏일로 고민하면서도 또한 백성을 살펴 고통이 어떠한지 시시각각 잠시도 관심을 늦추지 않으시매, 그러므로 평안이 유지되고 영화가 지켜지니 태평성대는 영원할 것이다.

쑤저우를 모두 그릴 수 없었던 화가는 하나의 루트를 택해 그 주변에서 펼쳐지는 광경을 조각조각 이어 나갔다. 역시 장택단의 수법이다. 쑤저우 토박이가 따라간 루트. 나는 그것을 다음과 같이 다섯으로 나눈다. ① 남서쪽 교외 영암산靈巖山을 출발해 유서 깊은 '물의 마을' 무두진을 지나간다. ② 동쪽으로 가서 석호石湖 주변을 감상한다. ③ 성城으로 접근해 대운하를 따라올라 서문胥門을 거친 다음, ④ 성안 시가지를 바라보면서 창문閶門 밖에 도착한다. ⑤ 창문에서 북쪽으로 이어지는 물길 산당하山塘河를 따라 경승지 호구虎丘에 이르면 그곳이 종착점이다. 농촌, 수향진, 호수, 성밖 번화가, 성안 시가지를 골고루 거치는 이 루트를 따라 화가는 4,800여 명의 사람, 2,100여 동의 건물, 50개의 다리, 400여 척의 선박, 그리고 260여 개의 점포와 간판을 보여준다.

수향진과 호수의 정취를 즐기며 성으로 향하다

그림의 초입부. 계절은 초봄이다. 영암산 아래 한적한 마을, 농부는 농사 준비에 여념이 없다. 남자들은 집안 혼례를 앞두고 집을 증축하고, 아낙네들은 실을 짜 옷감을 준비한다. 서당에서는 아이들이 글을 읽고, 누각에서는 선비들의 고담준론이 한창이다. 주민의 삶은 걱정이 없고, 모든 것이 순조롭고 평화롭다.

서서히 나타나는 물길과 함께 펼쳐지는 시가지, 무두진木瀆鎭. 쑤저우 성에서 15킬로미터 떨어진 수향진이다. 명대 중엽 이후 강남의 상공업 발전이 최고조에 달하자 소주부蘇州府에 속한 많은 진들도 덩달아 도시처럼 변했다. 도시의 성격을 가지는 진을 일러 '시진市鎭'이라고 했는데, 무두진이 그런 곳이다. 화가는 무두진의 활기차고 번화한 모습을 활동사진처럼 생생하게 전달한다. 수로에는 배가 꼬리에 꼬리를 물고 다니므로 틈도 잘 보이지 않는다. 수로를 따라 이어지는 상점가는 쑤저우 번화가의 모습과 진배없다. 쌀, 비단, 피륙, 과자, 잡화 등을 파는 상점들은 1층에 자리하고,

쑤저우 蘇州

1 〈성세자생도〉의 초입부
영암산 아래 한적한 마을 풍경이다. 주민의 삶은 걱정이 없고, 모든 것이 순조롭고 평화롭다.
ⓒ톈진인민미술출판사

2 무두진의 활기차고 번화한 모습
수로에는 배들이 꼬리를 물고 다니고, 상점가는 몹시 번화하다. 반면 주택가는 한적하고 정원에는 수목이 풍성하다. ⓒ톈진인민미술출판사

2층에서는 주로 음식점과 술집이 영업을 한다. 수로 주변은 배와 사람들로 정신이 없는데, 상점가 뒤편의 주택가는 한적하고 정원에는 수목이 풍성하다.

무두진에서 특히 흥미로운 장면은 둘이다. 첫째는, 벼슬길에 올라 금의환향하는 선비의 행진. 수로를 지나는 큰 배 위에 가마가 실려 있고, 차려입은 관리와 수행원들은 의기양양하다. 앞장선 배에는 '한림원翰林院'이라고 쓴 십여 개의 등燈이 실려 있고, 옆을 따르는 배에서는 피리를 불고 북을 치는 악사들이 연신 가락을 뽑고 있다. 당시 출세한 중앙의 관리 중에는 쑤저우 출신이 많았는데, 화가는 여기서 그걸

1 금의환향하는 선비의 행진
벼슬길에 오른 선비의 행차는 의기양양하고 요란하다. 옆을 따르는 배에서는 악사들이 피리를 불고 북을 치며 흥겨운 가락을 뽑고 있다. ⓒ톈진인민미술출판사

2 곡식 창고 사창
부자들이 기증한 곡식을 모아두었다가 기근에 대비하기 위한 시설로, 건륭 치세가 성세였음을 말해주는 상징물이다. ⓒ톈진인민미술출판사

3 석호 주변 풍경
건륭제가 '강남에서 최고 경치'라고 했던 아름다운 장소다. 호수 중앙의 큰 정자는 황제에게 지어 바친 공간이다. ⓒ톈진인민미술출판사

말하고 있다. 둘째는, 곡식창고 사창社倉의 모습이다. 건륭제의 명에 의해 쑤저우 주변에 둔 여섯 개의 사창 중 하나다. 부자들이 기증한 곡식을 모아두었다가 기근이 들면 풀어서 가난한 사람을 먹이도록 한 것이다. 창고는 넓은 물길 한가운데에 두어 운송·방화·방범에 대비했다. 이 사창은 성세의 상징이다.

무두진을 빠져나가면 석호石湖로 접어든다. 화가는 이 호수 주변을 그림에서 가장 아름다운 장소로 그렸다. 그도 그럴 것이 건륭제가 이곳의 경치를 '강남에서 최고'라고 칭찬을 아끼지 않았기 때문이다. 호수를 가로지르는 두 개의 아치형 다리와 그것과 이어지는 건물군. '횡당고도橫塘古渡'로 불리는 시설로, 쑤저우의 물길을 통제·감시·관리하는 기지 역할을 했다. 건륭제는 남순 때마다 이곳에 와서 쑤저우 주변 물길의 공정工程을 보고받고, 직접 지시를 내렸다. 쑤저우 총독은 황제의 두 번째 남순을 앞두고 호수 중앙에 큰 정자를 지어 황제에게 바쳤다. 그림 속 정자는 언뜻 봐도 멋있다. 그렇지만 정작 황제는 한 번도 그곳에 가지 않고, "그저 눈에 담는 것으로 충분하다"는 글을 남겼다.

성을 향하는 길. 한곳에 사람들이 모여 연극공연을 보고 있다. 명·청대 중국 강

4 야외무대에서의 연극공연
당시 최고의 대중문화인 연극을 보기 위해 많은 사람이 모였다. 다리 위까지 사람들로 빽빽하고, 부인들을 위한 특별석도 마련되었다. ⓒ톈진인민미술출판사

남에서 대중문화의 중심은 연극공연이었다. 그들은 노래와 춤과 연극을 섞은 전통극을 좋아했다. 우리에게 잘 알려진 '경극京劇' 역시 강남에서 시작되었다. 쑤저우에서는 성안이건 농촌이건 수시로 공연이 열렸다. 공연은 '희대戲臺'라고 불리는 야외무대에서 했다. 화려하게 장식한 그림 속 무대에서는 〈홍매기紅梅記〉라는 전통극이 펼쳐지고 있다. 무대 앞에 높이 세운 장대에는 황제의 은덕을 칭송하는 노란 깃발이 나부낀다. 사람들이 계속해서 모여든다. 걸어서도 오고, 배를 타고도 온다. 다리 위까지 사람들로 빽빽하다. 그 와중에도 남녀는 섞이지 않는다. 무대 앞 관객 공간의 왼쪽에는 장막과 차양을 친 특별석이 마련되어 있다. 지체 높은 부인들을 위한 공간이다.

회서교 주변의 활기
성문인 서문 맞은편, 대운하와 성곽이 만나는 접점이다. 번화한 상업지로서, 그 주변에서 펼쳐지는 활기찬 인간의 행위는 상상 이상이다. ⓒ톈진인민미술출판사

210

쑤저우蘇州

성 안팎의 풍경

길게 뻗은 성곽이 눈에 들어온다. 높이 7미터의 견고한 구조물이다. 그리고 성곽을 따라 흐르는 대운하. 이 큰 물길은 남쪽과 서쪽 성곽을 따라 흐르다가 창문閶門 앞에서 북서쪽으로 방향을 튼다. 그러니 쑤저우는 서쪽이 동쪽보다 훨씬 번화했고 집들도 서쪽에 몰려있었다. 집이 몰리니 길의 체계도 복잡해진다. 따라서 쑤저우의 서쪽은 공간이 뒤얽혀서 복잡했던 반면 동쪽은 단순하고 명쾌했다. 특히 동남부에는 넓은 정원과 연못이 있는 대형주택이 많았던 데 반해 북서부에는 상점과 환락가가 퍼져있었다. 이런 지역 성격의 차이는 주민들의 성향에도 반영되었다. 명대의 기록에 의하면, "서쪽 사람들은 경박해서 화려한 것을 좋아하는 반면, 동쪽 사람들은 착실하고 성실하게 생활한다"고 했다. 과연 대운하의 위력은 대단했다.

천하제일의 수향水鄕, 그 활기찬 모습이 눈 앞에 펼쳐지다

    대운하와 성곽이 만나는 접점, 그 주변에서 펼쳐지는 활기찬 인간의 삶. 그건 상상 이상이다. 동서양의 '물의 도시'를 통틀어 가장 흥미진진한 수변공간이다. 화가가 처음 이끄는 장소는 서문胥門의 맞은편이다. 서강胥江과 대운하가 합류하는 지점. 그 경계에 '회서교懷胥橋'라는 다리가 있다. 대추가게가 많았던 탓에 '조시가棗市街'라고 불리는 이곳은 번화한 상업지다. 미곡상米行·환전상錢莊·음식점食肆·잡화점雜坊은 간판으로 간파할 수 있다. 그런데 '삼진재三進齊'라고 쓴 집은 뭐지? 장화 파는 가게다. 성안 관아 앞에 같은 이름의 가게가 있으니까 이 집은 분점이다. 다리를 건너면 '향수욕당香水浴堂'이라고 쓴 집이 있다. 사람들이 차례를 기다리는 이 집은 공중목욕탕이다. 이름이 끝내준다. 공중목욕탕은 성문 근처에 하나씩은 있었다. 집 뒤의 찐빵 같은 건물. 땀 빼는 증기탕이 아닐까?

    대운하에는 무수히 많은 배들이 떠 있다. 요리조리 빠져나가다가 서로 뒤엉키기 일쑤다. 회서교 앞에서 벌어지는 배들의 아수라장. 여기가 그림의 중심인데, 구도는 가장 복잡하다. 화가는 대운하의 역동적인 모습을 의도적으로 이렇게 보여준다. 왼쪽으로 조금 눈을 돌리면 서문 앞 광장. 여

1 차례를 기다려 입장하는 공중목욕탕
'향수욕당'이라는 간판이 붙었는데, 집 뒤의 찐빵 같은 건물은 증기탕인 듯하다. ⓒ톈진인민미술출판사

2 서문 앞 광장
서문은 도시의 공식적인 출입구로서, 건륭제도 이곳을 통해 도시로 들어갔다. 고관의 영접 의식이 한창 진행되고 있다. ⓒ톈진인민미술출판사

3 성안 시가지 모습
넓은 길은 상점가를 만들고, 그 배후에 주택, 관청, 사찰, 원림이 이어진다. ⓒ톈진인민미술출판사

기는 딴판이다. 붉은 깃발을 높이 올린 대형 선박 여러 척이 부두에 정박해있다. 고관들이 타는 관용선이다. 서문은 도시의 공식적인 출입구로서 고관과 사신의 영접은 이곳에서 행해진다. 그림에는 고관의 영접 의식이 한창 진행되고 있다. 가마 옆, 푸른 옷을 입은 두 사람이 의식의 중심이다. 화가가 그린 대운하와 그 주변은 다양하고 대조적인 것들이 마구 혼재하는 기상천외한 장소다.

서문을 지나면 그림은 위·아래로 나눠진다. 위는 성안, 아래는 대운하. 성안 모습은 조금씩 늘어나서 창문을 만날 때까지 그림의 주인공은 성안의 시가지다. 성안은 바깥의 혼잡한 상업지와는 분위기가 사뭇 다르다. 성문과 연계하여 넓은 길이 상점가를 만들면서 이어지고, 그 배후에 관청, 사찰, 원림들이 자리한다. 주택은 그 사이사이에 가지런히 들어섰다. 반듯한 격자상의 도시조직이다. 길과 수로가 만나는 곳에는 무지개다리가 놓이고, 큰 길이 교차하는 곳에

과거 시험장
붉은 천으로 입구를 장식한 긴 장방형 건물이 시험장인데, 많은 응시생이 대기하고 있다. 과거를 통한 입신 경쟁에 있어서 쑤저우 출신 선비들은 늘 앞서갔다.
ⓒ톈진인민미술출판사

는 패루牌樓, 길을 장식하는 문의 일종가 자태를 뽐낸다. 성안의 상점가도 번화하지만, 파는 물건은 비단, 문구, 장신구, 그림 등 주로 일상생활에 필요한 것들이다. 건물은, 공공건축이든 개인주택이든 상관없이, 모두 중정을 둘러싼다. 전통주택 사합원의 강남 버전이다.

도시에는 문예의 향기가 그득하다. 곳곳이 원림이요, 사찰·문묘·서원이 지천이다. 그러니 선비들의 글솜씨도 좋았다. 화가가 '공원貢院'이라고 불리는 과거시험장을 자세히 보여주는 이유도 그 때문이다. 붉은 천으로 입구를 요란하게 장식한 긴 장방형 건물. 많은 응시생이 시험을 기다리고 있다. 이 시험은 가장 낮은 단계인 향시鄕試다. 여기를 통과해 몇 단계의 시험을 더 거친 후 3년마다 치러지는 회시會試에 합격해야 비로소 중앙의 관리로 등용된다. 정말 뚫기 어려운 관문이다. 그런데 쑤저우 출신 선비들의 합격률은 매우 높았고, 장원급제자의 수도 이 도시 출신이 제일 많았다. 축적된 상업

화려하고 흥겨운 혼례식
집을 붉은색으로 치장하고 많은 등을 매달았다. 하객이 줄줄이 몰려오는데, 모든 사람의 표정은 즐겁다. ⓒ톈진인민미술출판사

자본의 힘이었다. 넉넉하게 받쳐주는 경제가 도시의 문화 활동을 촉진하고, 그것이 문예부흥으로 이어진 결과였다.

이어지는 주택가. 강남의 주택은 폭이 좁고 길이가 길다. ㄷ자 ㅁ자 형상의 단위공간이 이어지면서 주택은 수로와 육로에 모두 면한다. 주택과 물이 만나는 접점. '물의 도시' 쑤저우의 낭만과 흥미로움은 거기서 생겨난다. 화가는 주택가 한 곳에서 벌어지는 혼례식을 클로즈업한다. 백성들이 혼기에 맞추어 혼례를 치르는 것도 태평성대의 중요한 조건이다. 쑤저우 부잣집의 혼례식은 화려하고 요란했다. 집은 온통 붉은색으로 치장했고, 많은 등을 매달아 대낮같이 환하다. 하객들이 줄줄이 몰려오고, 가마가 길을 메웠다. 집사는 집 앞에서 일일이 손님을 맞이한다. 신부의 가마가 마당에 들어서자 바야흐로 의식이 시작되고, 풍악이 울려 퍼진다. 마당은 일가친척과 하객으로 그득한데, 모든 사람의 표정이 즐겁다.

서문에서 창문, 그리고 산당가를 거쳐 여정을 마치다

다시 성밖. 서문에서 창문에 이르는 거리. 성밖에서 가장 북적이는 상점가인 반재가半載街다. 대운하를 향해 열린 이 거리에는 2층 점포가 줄줄이 이어지고, 수많은 배가 접안해 있다. 중심은 만년교萬年橋다. 대운하를 가로지르는 이 돌다리는 건륭제가 첫 남순을 하기 10년 전에 건설되었다. 쑤저우의 6개 성문 중에서 서문만 유일하게 맞은편으로 이어지는 다리가 없었다. 매일 수만의 사람들이 배를 기다리는 불편함이 계속되자 쑤저우 총독은 황제의 허락을 받아 이 다리를 건설했다. 사람들은 다리가 오래오래 있어주기를 기원하면서 '만년교'라는 이름을 붙였다. 이 다리가 특별한 또다른 이유는 그 주변에 전국을 상대로 장사하는 전문 도매상이 밀집해 있기 때문이다.

만년교를 내려가면 바로 만나는 커다란 건물이 그런 도매상이다. 비단과 면직물이 전문이다. 2층에 푸른색 간판 6개가 나란히 붙어있다. 첫 간판 '본호간선本號揀選'은 '엄선한 물건만 파는 원조상점'이란 뜻이다. 2층에서

1 만년교 주변 상점가
서문에서 창문에 이르는 거리는 성밖에서 가장 북적이는 상점가다. 만년교를 중심으로 점포가 줄줄이 이어지고, 수많은 배가 접안해 있다. ⓒ톈진인민미술출판사

2 전문 도매상
비단과 면직물을 취급한다. 2층에서는 상담을, 1층에서는 물건을 포장하고 반출한다. 주변은 중개상들이 장사에 바쁘다. ⓒ톈진인민미술출판사

는 샘플을 놓고 상담商談이 진행되고, 1층에서는 포장·반출이 한창이다. 우리로 치면, 서울 동대문 시장의 대형 포목점이다. 여기서 반출된 상품은 전국으로 보내진다. 만년교 주변에는 물건 없이 점원만 앉아 있는 상점도 많다. '미행米行' '포행布行' '공평교역公平交易' 같은 간판을 내건 이런 가게는 중개상이다. 영세수공업자들로부터 물건을 싸게 사서 모아두었다가 한꺼번에 팔아 이문을 남기는 사람들이다. 쑤저우에는 '아행牙行'이라고 불렸던 이런 중개상이 상당히 많았다.

이제 창문閭門이다. 다섯 갈래의 물길이 만나는 창문 앞은 그야말로 성밖 '남대문 시장'이다. 튀어나온 옹성 좌우에는 크고 작은 상점이 밀집하고, 선창은 더 이상 배를 댈 곳이 없으며, 사람들로 발 디딜 틈이 없다. 한 소녀가 장대를 들고 줄타기 놀음을 펼치는데, 그게 사람들을 더 끌어모은다. 상점이든 음식점이든 모두 창을 활짝 열었다. 이곳에서는 이런 공연이 끊이지 않았다. 원숭이 쇼, 불 먹는 쇼, 마술

쑤저우 蘇州

창문과 주변 상점가
옹성 좌우에는 상점이 밀집하고, 선창에는 배를 댈 곳이 없다. 번화한 상점가인 창문대가가 시내로 뻗어나간다.
ⓒ톈진인민미술출판사

천하제일의 수향水鄕, 그 활기찬 모습이 눈 앞에 펼쳐지다

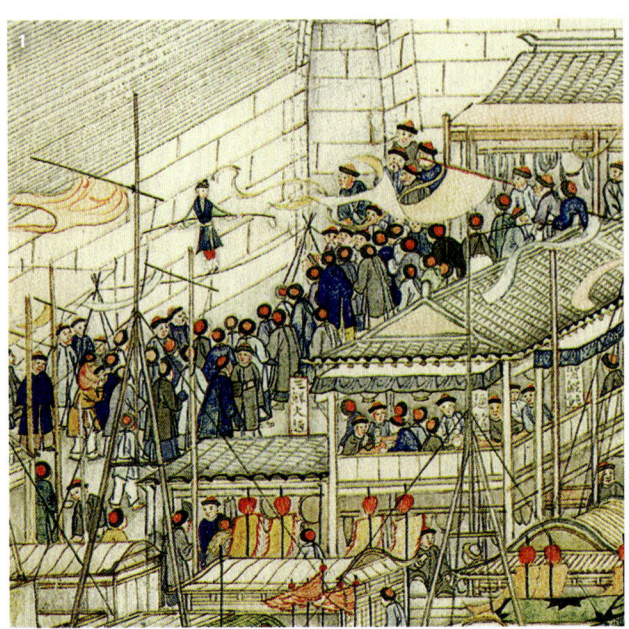
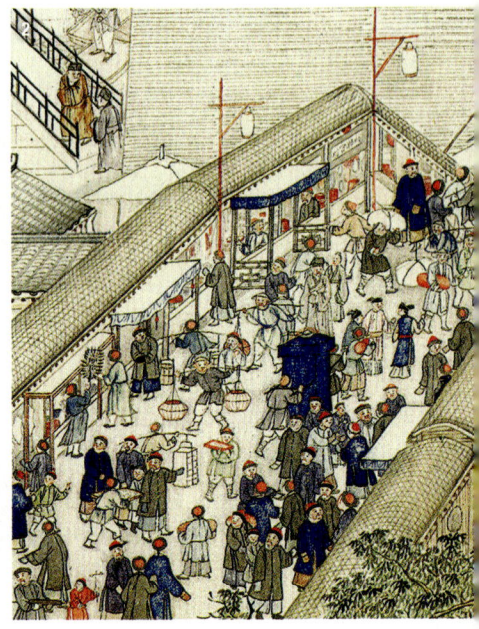

공연 등등. 당시 쑤저우에는 '거리의 공연'을 펼치는 예인이 많았다. 이런 공연을 잘 볼 수 있는 주점이나 음식점이 '명당'인데, 그림 속 최고 명당은 '면관麵館'이란 간판을 내건 국수전문점이다. 자랑스럽게 내건 메뉴는 '삼선대면三鮮大麵'. 삼선짬뽕과 크게 다르지 않을 듯하다.

창문에서 시내로 뻗어나가는 큰 길이 창문대가閶門大街. 도시에서 가장 오래된 상점가다. 이곳에는 비단, 한약, 가죽제품, 악기를 파는 상점이 밀집해 있다. 최고급 비단을 사려면 이 거리로 가야 했다. 상점가는 다리 위로도 이어진다. 다리 위 조그만 가게들에서는 여성들이 좋아하는 가루분粉, 장신구, 금박 종이 같은 물건을 팔았다. 피렌체의 베키오 다리와 분위기가 너무 흡사하다. 다리에는 네 개의 큰 등燈을 높이 매달아 놓았다. 야간에는 축제 같은 흥겨운 행사가 여기서 벌어졌을 것이다. 다리를 건너면 산당가山塘街·하당가下塘街 같은 유서 깊은 시장거리로 이어진다. 창문 일대에 상업지가 이렇게 넓게 형성되었으므로, 이곳에는 없는 물건이 없었다. 예로부터

1 줄타기하는 소녀
사람을 더욱 끌어모은다. 주변 가게 손님들도 공연 구경에 여념이 없다. ⓒ톈진인민미술출판사

2 창문 앞 다리 위
작은 가게들에서는 여성들이 좋아하는 물건을 판다. 다리에는 네 개의 큰 등을 높이 매달아 놓았다. ⓒ톈진인민미술출판사

3 여흥의 중심 산당하
술집, 식당, 찻집이 즐비하다. 사람들은 놀잇배 '화방'에서 먹고 마시고 여흥을 즐긴다. ⓒ톈진인민미술출판사

중국에서는 "구하기 어려운 물건이 있다면 쑤저우의 창문으로 가라"고 했다.

그림은 서서히 산당하山塘河로 이어지고, 분위기 또한 느긋하게 변한다. 당나라 시인 백거이白居易, 772~846가 쑤저우의 높은 관리로 일할 때 창문에서 호구虎丘까지 수로를 새로 개설하고 길을 닦았다. 그 수로는 '산당하', 길은 '산당가'가 되었다. 수로를 따라 각종 상점이 늘어섰고, 특히 술집, 식당, 찻집이 즐비하다. 요즈음도 쑤저우를 방문하는 관광객이 빠트리지 않고 가는 곳이 산당가다. 산당하에 떠있는 배 중 화물선은 4척뿐인데 '화방畫舫'이라고 불리는 놀잇배는 14척이다. '그림처럼 장식한' 화방에서 사람들은 먹고 마시고 여흥을 즐긴다. 쑤저우 최고의 명승지인 호구로 가는 것이다. 그림도 호구 언덕 정상에 있는 절과 탑을 보여주면서 대미를

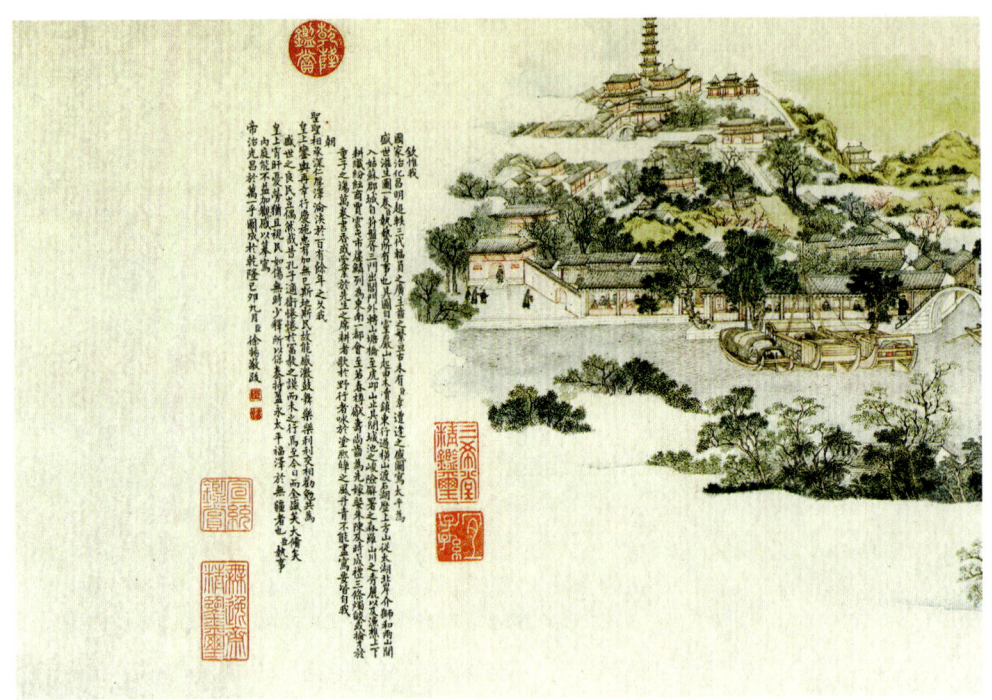

그림의 끝
쑤저우 최고의 명승지 호구를 보여주면서 황제의 공덕을 찬양하는 글이 이어진다. 그림의 대미다. ©톈진인민미술출판사

장식한다. 그리고 화가의 황제 찬양이 이어진다.

천하제일 쑤저우의 주거문화와 원림, 그리고 도시의 흥망

건륭제 감수, 서양 연출, 〈성세지생도〉. 어떻게 보셨나요? 세밀한 공간 묘사, 수천의 인물이 표현하는 생생한 표정과 행위, 풍부하고 다양한 정보. 청대 중국 도시그림의 유일무이한 역작이다. 정치, 경제, 문화, 예술, 지리, 민속, 건축 등. 번성했던 시대의 거의 모든 것이 현재진행형으로 전달된다. 그런데 서양이 미처 줌 업zoom up 못한 내용도 있다. 중국 강남 특유의 주거문화, 그리고 문화의 종합판인 원림. 그림 속에

는 주택도 있고 원림도 있지만 아무래도 구체적인 설명을 좀 가미해야겠다. 그걸 이야기하려면 18세기 중국 강남의 번영에 대해 다시 언급할 수밖에 없다.

베이징에서 약 1,600킬로미터 떨어진 강남. 그곳의 대표 도시 쑤저우와 항저우의 생활 수준은 암스테르담이나 런던보다 앞서 있었다. 강남에서 바치는 세금이 중단되는 순간 나라는 문을 닫아야 했으며, 강남에서 곡식이 오지 않으면 베이징 주민은 모두 굶어 죽어야 했다. 그만큼 중국에서 강남이 차지하는 비중이 컸다. 유럽과 아시아 시장까지 지배했던 비단 산업은 강남에 집중되어 있었고, 소금, 차, 도자기, 면화, 목재 같은 물품은 일단 강남에 모인 후에 전국으로 보내졌다. 문화적 지배력 또한 그에 못지 않았다. 1645년부터 1795년까지 치러진 61차례의 회시會試 중에서 51차례의 장원급제자가 강남 출신이었다. 그야말로 대단한 기세였다.

경제와 문화의 만남. 그 둘의 상승작용. 그게 강남의 힘이었다. 강남의 상인은 여느 지역의 상인과는 달랐다. 대부분 인텔리였다. 학문을 하다가 상업에 투신한 사람, 상업과 학문을 병행한 사람, 관리 생활을 접고 상업에 종사한 사람. 그런 사람들이 많았다. 명대 중반 이후 강남에는 실용적·과학적 지식에 대한 관심이 높아졌고, 자유롭고 독창적인 정신이 대두되었다. 그러자 과거의 고루한 사농공상의 계층의식은 어느덧 사라져버렸다. 사대부는 상인과 스스럼없이 어울리고 교류했다. 상인의 아들이 과거시험을 통해 중앙의 관리로 진출하는 것도 가능했다. 부유한 상인들은 문인과 화가의 활동을 적극 후원했고, 그게 문화예술의 부흥으로 이어졌다. 강남판 르네상스가 전개된 것이다.

풍류를 아는 상인, 돈이 있는 사대부. 그들이 사는 주거환경. 어땠을까? 도심이면서 수로에 바로 면하는 땅은 값이 금값이었다. 따라서 주택은 폭이 좁은 대신 길이가 길었으며, 전면이 상점인 경우도 많았다. 그런 경우에도 후면으로 갈수록 사적공간의 성격이 강해지면서 가족 전용의 공간이 펼쳐졌다. 건물-중정-건물-중정이 반복되는 구성. 그중 가장 후면에 있

는 건물이 물과 직접 만난다면 금상첨화였다. 배달, 물건 구입 같은 기능적 쓰임새는 그렇다 치고 얼마나 낭만적인가. 건물은 대부분 2층이었다. 따라서 단층의 베이징 주택과는 달리 중정은 상대적으로 좁았고 우물처럼 깊었다. 그들은 그런 중정을 '천정天井'이라고 불렀는데, '하늘과 맞닿는 우물 같은 공간'이란 뜻이다. 강남의 도시주택을 특징짓는 공간이다.

 그린 천정 속에서 지내는 걸 상상해보시라. 2층은 사방이 창으로 둘러 있다. 창틀과 창살은 섬세하게 조각되었으니 그야말로 숲속에 있는 느낌이다. 덥고 습한 강남에서 이 공간은 늘 그늘이 져서 서늘하고 쾌적하다. 천정의 가운데에는 빗물을 담는 수조 '천수류天水溜'를 두었다. 작은 호수인 셈이다. 바닥에는 돌을 깔았으니 나무를 심을 수는 없고, 대신 몇 개의 분재盆栽를 두었다. 기둥에는 자연의 섭리를 상찬하는 대련對聯을 걸었다. 자연과 인공이 공존하는 천정. 그곳은 소우주小宇宙다. 거대한 자연과 영원한 시간

1 물과 맞닿은 주택의 후면
쑤저우의 주택에서 가장 후면에 있는 건물은 물과 직접 만나는 경우가 많았다. 이 집은 그곳에 가게를 열었다.
ⓒ톈진인민미술출판사

2 천정이 있는 강남의 주택
좁고 깊은 중정은 일상생활의 중심이자 하늘과 맞닿는 세계의 중심이다. ⓒDaderot, Wikimedia Commons

의 세계를 응축해서 담고 있는 사각형 공간. 일상생활의 중심이자 하늘과 맞닿는 세계의 중심. 자연에 귀의하는 것을 미덕으로 삼는 사대부에게 딱 어울리는 도시 속 공간이다.

돈을 더 벌 필요가 없는 상인, 정말로 자연에 귀의하려는 사대부. 그런 사람들은 원림을 마련했다. 천정이 여럿 있고 작은 정원이 붙어있는 주택에만 살아도 성공한 인생이다. 그렇지만 고매한 품격과 예술적 취향을 담으려면 원림이 필요했다. 그리고 그곳에 문학, 회화, 음악, 연극, 건축 등 모든 것을 담았다. 자연과 산수를 리얼하게 재현한 도원경桃源境 또는 별천지別天地. 원림을 그렇게 규정하면 될까. 그걸 위해 조경가는 바위, 물, 수목, 건물을 정교하게 배열했다. 청대 중반 쑤저우에는 크고 작은 원림이 200개 가까이 있었다.

망사원의 조감 그림
아담하지만 짜임새 있는 원림으로, 자연과 건축의 조화가 돋보인다.
©Kanga35, Wikimedia Commons

그중 60여 개는 아직 남아있다. 졸정원拙政園, 유원留園 같은 큰 원림은 인파로 정신이 없으니 아담하지만 짜임새 있는 망사원網師園을 가보는 게 좋다. 시내를 다니다가 우연히 들른 집 뒤에 마련된 작은 별천지를 볼 수 있다면 그게 최고다.

천하제일의 쑤저우도 쇠락은 일순간이었다. 가장 큰 타격은 태평천국운동太平天國運動. 1851년부터 14년간 지속된 태평천국운동은 조선의 동학농민운동에 비견되는 대규모 농민전쟁이다. '신의 계시를 받았다'는 지도자 홍수전洪秀全, 1814~1864은 평등한 낙원을 건설하겠다며 반란을 일으켰고,

난징을 수도로 삼고 정부에 대항했다. 우여곡절 끝에 패퇴하던 태평천국 군대는 쑤저우를 마지막 거점으로 삼기 위해 3년간의 공격전을 벌였다. 그 과정에서 쑤저우의 인구는 3분의 1 이하로 줄어들었고, 집들은 대부분 파괴되었다. 수로는 곳곳이 메워졌고, '물의 도시'는 사실상 끝장이 났다. 1842년 난징조약에 의해 상하이가 개항하면서 대외무역의 중심지로 발전하자 지리적으로 불리한 쑤저우의 위상은 더욱 쪼그라들었다.

관광객이나 받아 명맥을 유지하는 그저 그런 역사도시. 그랬던 쑤저우가 20세기가 저물어갈 무렵부터 새로운 관심의 대상으로 부상했다. 건축과 도시의 패러다임이 '기능성과 경제성'에서 방향을 틀어 '생태와 순환, 조화와 공존'을 향하면서다. "개성 있고 질 높은 도시와 주거지를 만들자"는 분위기 속에서 수변공간의 창조와 재생은 전 세계적으로 중요한 테마가 되었다. 과거 쑤저우와 주변의 수향진들이 지녔던 변화 많고 풍요로운 '물의 문화'는 단순한 관광의 대상을 넘어 탐구의 대상이 되고 있다. 사실 전 세계 '물의 도시' 중에서 전성기 쑤저우가 지녔던 매력은 고유하고도 특별했다. 중국 정부도 쑤저우의 '원래 모습 되찾기'에 힘을 기울이는 모양이다. 비록 중국 땅이기는 하나, 쑤저우 되살리기 사업이 성공하기를 기원한다.

제7화

이스파한

이 도시는 세상의 절반과도
안 바꾸겠소

⟨이스파한 전경⟩ 얀 얀소니우스, 1657년

〈이스파한 전경〉 부분
얀 얀소니우스가 1657년 그린 이스파한 지도다.
출처: Cyrus Alai, 2010(BRILL, Leiden의 허락에 의해)

미궁의 이슬람 도시

이슬람 도시로 간다. 계획, 합리, 효율, 그런 건 다 부질없다고 외치는 도시. 미궁의 도시요, 혼돈의 도시다. 이슬람 도시를 하늘에서 내려다보면 ㅁ자 형태의 중정형 주택들이 다닥다닥 붙어나가는 벌집 같은 집합체가 넓게 펼쳐진다. 특별한 중심도 없고 지역을 나누는 경계도 없다. 시원시원하게 뻗어가는 대로도 없고, 공원도 없으며, 광장도 없는 게 보통이다. 길은 하나같이 좁고, 구불구불 실핏줄처럼 이어진다. 차는 들어갈 수 없어 사람과 말과 나귀만 다니니 일상이 더디기 짝이 없다. 넓은 공간은 차치하고 수목조차 별로 없으니 갑갑함을 기꺼이 감당해내면서 살아야 한다. 자동차와 열린 공간이 중심이 되는 근대도시의 대척점에 있는 도시. 오로지 인간 중심과 휴먼스케일. 그걸 바탕으로 생겨나고 성장한 도시.

현대를 사는 우리 눈에 그런 건 도시 축에 들지 못한다. 그렇지만 보여지는 질서는 없다 해도 사람과 물건과 정보의 교류와 교환이 활발하고, 개인 생활의 안전성도 보장된다면. 그게 도시의 진정한 원형이 아닐까. 이슬람 도시가 그렇다. 미궁의 도시라 해서 매력도 없을까? 단순한 합리성에만 익숙해진 우리 눈에는 잘 보이지 않는 것들, 쉽게 드러나지 않는 숨겨진 매력들. 독특한 활력. 이슬람 도시는 그런 걸로 가득 차 있다. 기능성 위주로 만들어지거나 뜯어고친 근대도시들은 신비감과 매력을 다 잃어버렸다. 그런데 이슬람 도시들은 아직도 불가사의한 매력을 마구 뿜어내고 있다. 그러니 서구와 일본의 도시·건축 전문가들은 새삼 이슬람 도시를 탐구하는데 열을 올린다. 그리고 이렇게 단정한다.

진기한 도시공간이며, 도시 디자인을 위한 영감의 원천이다.

그런 마력에 취할 수 있는 이슬람 도시 하나를 추천하라면? 나는 모로코의 페즈를 꼽는다. 중동의 도시들은 접근이 쉽지 않고 개인 여행은 엄두가 나지 않는다. 그런데 모로코의 도시들은 쉽게 갈 수 있다. '구극究極의 미궁도시' 페즈는 죽기 전에는 꼭 봐야 한다. 여름. 카사블랑카에서 기차를 타고 페즈로 가는 길. 지천이 꽃이니, 무릉도원이 따로 없다. 구시가 메디나로 접어들면 그야말로 미궁의 세계. 세상에 이리 복잡한 도시가 있단 말인가. 글발 좋은 건축가 승효상은 페즈에 대해 이렇게 썼다.

모든 부분이 중심인 까닭에 한 부분이 무너진들 혹은 덧댄들 그래도

1 하늘에서 내려다본 페즈
특별한 중심은 없고, 좁은 길이 구불구불 실핏줄처럼 이어지는 특이한 공간구조다.
©Satellite images 2016, DigitalGlobe Inc.

2 하늘에서 내려다본 마라케시
중정형 주택이 다닥다닥 붙어나가는, 벌집 같은 집합체가 펼쳐진다. ©E. Vogel, Collection Musée de l'Homme,
출처: Bernard Rudofsky, 1987

존속하는 도시, 이것이 1천 2백 년의 삶을 고스란히 이어온 페즈의 비결이었다. 지속 가능한 삶. 우리 지자체장들은 사막 위에 급조된 두바이를 벤치마킹하느라 소란 떨지 말고, 이런 천 년 도시에서 그 비밀을 배워야 한다.

비단과 보석이 흘러넘치는 이스파한으로 가자

그런 페즈를 제쳐두고 이 책에서는 이란의 이스파한Isfahan을 얘기한다. 몇 가지 이유가 있다. 우선 그림지도. 페즈를 선택하지 못한 제일 큰 이유가 그것이다. 이슬람 도시를 그린 그림지도는 매우 희귀하다. 페즈를 그린 것은 눈 씻고 찾아도 없다. 그러니 이 책에 등장하기에는 자격 미달이다. 그 대타가 이스파한이다. 그렇다고 이스파한의 매력이 페즈에 못 미친단 말인가? 천만에. 차차 알게 되겠지만 이스파한은 이슬람 세계에서 가장 특이하면서 가장 아름다운 도시다. '유기적 성장'이라는 이슬람 도시의 성격에 '계획'이라는 근대 도시의 성격이 더해졌으니 '두 얼굴이 공존하는' 특이한 공간구조를 자랑한다. 또 다른 이유는 그런 매력적인 도시가 위기에 처해있기 때문이다. 이란 정부는 이 도시를 '개발'이라는 구실로 마구 뜯어내고 있다. 그 얘기도 좀 해야겠기에 이스파한이 여기 등장한 것이다.

테헤란에서 남쪽으로 400킬로미터 떨어진 도시, 이스파한. 한때 중앙아시아에서 가장 중요하고 가장 큰 도시였다. 유럽에서 중국으로 이어지는 실크로드의 중심이자 중앙아시아를 남북으로 관통하는 교역로가 이곳을 지났다. 최고 전성기는 사파비 왕조Safavid Dynasty의 4대 황제 아바스

1세Abbas I, 재위 1587~1629의 치세 기간. 그는 페르시아 제국 역사상 가장 탁월한 지도자였다. 이스파한을 새로운 수도로 정한 것도 그였다. '세상에서 가장 아름다운 도시'로 만들라는 지시를 내렸고, 내로라하는 건축가와 공예가를 동원해 도시건설을 밀어붙였다. 그렇게 들어선 새로운 수도 이스파한에 붙여진 별명은 '세상의 절반Nesf-e Jahan 네스페 자한'. 세상의 절반을 받아도 이스파한을 내줄 수는 없다는 뜻이다. 1796년 수도를 테헤란으로 옮길 때까지 이스파한은 200년 가까이 페르시아 제국의 수도로 빛났다.

1600년대 초입, 영국과 네덜란드의 동인도회사가 사업을 개시하면서 유럽은 동방에 눈독을 들였고, 교역을 원했다. 페르시아는 그걸 회피하지

〈북쪽을 향해 바라본 이스파한〉
고고학자 겸 화가 외젠 플란딘
(Eugène Flandin)이 1840년 그린
그림이다. ©Wikimedia Commons

않았다. 이슬람의 시아파였던 아바스 1세 황제는 수니파인 오스만 제국을 견제하기 위해 유럽 국가들과 우호적인 관계를 유지했고, 문호를 활짝 열어주었다. 페르시아의 새 수도가 특별히 아름다운데다 값싸고 질 좋은 비단과 보석이 흘러넘친다는 소문이 퍼지자 이스파한으로 가겠다는 유럽인이 줄을 섰다. 외교사절, 상인, 선교사, 탐험가들이 앞을 다투었다. 그런 사람 중에는 페르시아 방문기를 책으로 펴낸 사람도 있었고, 직접 또는 동행한 화가를 시켜 페르시아 곳곳을 그린 다음 그림책으로 펴낸 사람도 있었다. 이 책에서 이스파한의 아름다운 모습을 보여드릴 수 있는 것은 다 그들 덕택이다.

아담 올레아리우스Adam Olearius, 1599~1671라는 독일 사람이 있었다. 그는 현재 독일 땅에 있던 작은 나라 홀스타인의 대사 비서 자격으로 페르시아에 들어갔다. 두 번에 걸쳐서. 그리고 몇 년 동안 구석구석 돌아다녔다. 예리한 눈과 손재주를 겸비한 그는 1647년 페르시아 방문기를 책으로 펴냈고, 1656년에는 120장의 지도와 그림을 곁들인 증보판을 냈다. 이스파한을 그린 그림지도도 포함되었다. 책은 대박이 났다. 거의 모든 언어로 번역되었고, 유럽 전체의 베스트셀러가 되었다. 책의 서문에 "여기에 실린 그림은 모두 내가 본대로 직접 그렸다"는 내용이 대박의 열쇠였다. 그런데 그건 살짝 거짓이었다. 그림은 그가 직접 그린 것도 있지만 대부분 사람을 고용해서 그렸다. 물론 감독은 직접 했다. 집에 세 대의 인쇄기를 설치해서 독점으로 책을 찍어낸 그는 큰 부자가 되었다.

올레아리우스가 그린 이스파한의 그림지도. 이슬람 도시를 그린 최초의 그림지도다. 이슬람 도시를 그린 그림지도

가 없다시피 한 것은 대략 두 가지 이유 때문이다. 첫째는, 그런 지도가 적의 손에 들어가면 도시의 안전과 방어에 위협이 된다는 도시 지도자들의 생각이 투철했다. 둘째는, 프라이버시를 매우 중시하는 이슬람의 도시민들은 그들의 주거지가 관찰되고 그림으로 그려지는 것에 대해 질색을 했다. 이슬람 사람들 스스로 도시 지도를 만든 것은 19세기 후반이 되어서야 가능했다. 그런 상황에서 올레아리우스는 페르시아의 국토지도와 여러 도시의 그림지도를 그렸고, 그걸 세상에 내놓았다. 지도 제작에 상당한 식견이 있던 그는 페르시아의 지리적 정보를 비교적 정확히 표현했고, 수백 년간 거의 유일한 지도로 활용되었다.

그렇지만 올레아리우스가 그린 이스파한의 그림지도는 미흡하기 짝이 없다. 미궁도시의 복잡함, 계획도시의 단정함, 어느 것도 제대로 표현

1 아담 올레아리우스의 이스파한 지도
1656년 그린 지도를 발전시킨 것으로, 그가 죽은 후인 1727년에 출간되었다.
ⒸSOAS, University of London

2 〈이스파한 전경〉
1657년 얀 얀소니우스가 그렸다. 출처: Cyrus Alai, 2010 (BRILL, Leiden의 허락에 의해)

하지 못했다. 이해는 간다. 여행자의 신분으로 있는 그대로의 도시를 단기간에 그려내는 것은 불가능했을 것이다. 그는 큼직큼직한 특징을 잡아내는 데 주력했다. 지도의 중앙에 이맘 광장Meidan Emam을 두고, 곳곳에 모스크를 배열했다. 많은 탑과 돔과 볼트를 그렸고, 모든 주택의 지붕은 평지붕으로 묘사했다. 그 정도만 보여줘도 유럽인들에게 이 도시는 특별했다. 그의 지도는 여러 버전으로 거듭 만들어졌다. 이스파한이 신비의 도시로 알려졌기 때문이다. 이 글의 대표 도판으로 내놓은 그림지도는 얀 얀소니우스Jan Janssonius, 1588~1664라는 네덜란드 지도제작자가 1657년에 만든 것이다. 올레아리우스의 그림지도를 바탕으로 곳곳을 보강하고 채색을 했다. 그래도 기본적으로는 큰 차이가 없다.

옛 도시와 새 도시를 감쪽같이 이어 붙여라

이스파한으로 들어간다. 얀 얀소니우스가 그린 그림지도를 가이드맵으로 쓸 수는 없기에 대타를 불러들인다. 《통일의 감각 The Sense of Unity》이란 멋진 책이 있다. 지금은 절판되어서 이베이를 통해야 간신히 구할 수 있을까 말까 한 책이다. 1973년 시카고대학 출판부에서 찍어낸 것으로 이슬람 세계 밖에서 최초로 이스파한의 공간적 매력을 소상히 소개한 책이다. 거기에 실린 한 컷의 도시평면도. 저자들이 그렸으리라. 기념비적 건물, 큰길, 광장과 정원 같은 중요한 외부공간, 그리고 강, 그것만 보여주고 나머지는 다 생략해버렸다. 그러니 이스파한이란 도시의 공간구조가 명징하게 드러난다. 그림의 이름은 딱히 없지만, 편의상 '이스파한 공간구조도'라고 이름 붙이고 도시 탐험의 가이드맵으로 사용한다.

17세기 초반 아바스 1세 황제가 새롭게 건설한 이스파한의 공간 구성이다. 황제는 독특한 방법으로 새 수도를 건설했다. 기존 도시는 그대로 두고 거기에 새로운 도시를 덧붙인다. '이스파한 공간구조도'의 우측 상부, 붉은 동그라미 부분, ⓐⓑⓒⓓ가 기존 도시다. 중세도시이자 미궁도시. 7세기부터 성장해 11~12세기에는 셀주크 제국 Seljuq Empire의 수도 역할을 하던 곳. 중앙을 시장인 바자르가 관통하고, 그 북쪽 끝에는 도시의 중심 역할을 하는 자메 모스크 Jameh Mosque, 그리고 광장과 왕궁 터가 있었다. 자메 모스크는 유네스코 세계문화유산으로, 금요일 정오 모든 시민이 모여 예배를 드리는 금요 모스크 Friday Mosque다. 눈부시게 아름다운 건물

이스파한 공간구조도
새로운 이스파한은 중세에 형성된 옛 도시를 그대로 두고 거기에 새로운 도시를 덧붙여서 만들었다. 동그라미 표시한 부분이 옛 도시다. ©Nader Ardalan

① 자메 모스크
② 광장 터
③ 왕궁 터
④ 바자르
⑤ 하킴 모스크
⑥ 케이사라이 게이트
⑦ 셰이크 로트폴라흐 모스크
⑧ 이맘 광장
⑨ 알리카푸 궁전 파빌리온
⑩ 로얄 모스크
⑪ 차하르 바그
⑫ 차하르 바그 거리
⑬ 체헬 소툰 정원
⑭ 하쉬트 베헤쉬트 정원
⑮ 자얀데강
⑯ 시오세풀 다리

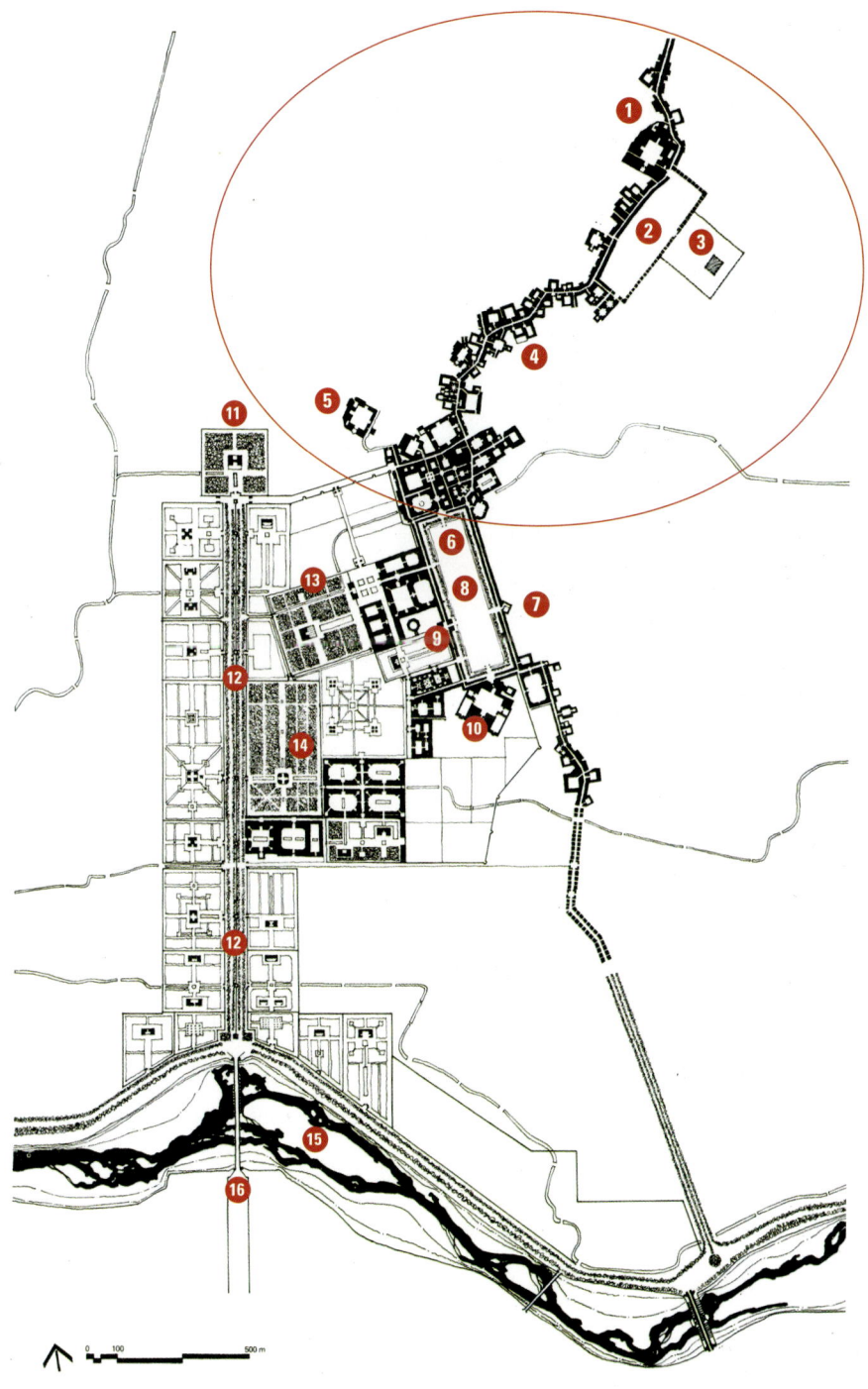

이 도시는 세상의 절반과도 안 바꾸겠소

자메 모스크의 중정
이스파한 옛 도시의 중심으로, 이슬람 세계에서 가장 크면서 가장 중요한 건물이다. 외젠 플란딘이 1840년에 그렸다. ©Wikimedia Commons

로, 이슬람 세계 전체에서 가장 크고 가장 중요한 건물로 꼽힌다. 황제는 그런 옛 도시를 그대로 두고, 그 남서쪽 하부에 새 도시를 붙였다.

이맘 광장. 그게 옛 도시와 새 도시를 잇는 연결고리다. 폭 160미터, 길이 512미터. 세계에서 가장 큰 광장이자 유네스코 세계문화유산이다. 이슬람 도시에 반듯한 사각형 광장이라니. 파격이다. 도대체 무엇을 모델로 해서 이런 광장을 계획했을까? 건설의 시작은 1612년. 프랑스 왕 앙리 4세 Henri IV, 재위 1589~1610가 파리에 보주 광장 Place des Vosges을 완성해 공식적으로 문을 연 해였다. 그렇다면 아바스 1세 황제가 그때 이미 보주 광장에 대해 알았단 말인가. 그건 확실치 않다. 이맘 광장 역시 보주 광장과 마찬가지로 1층에는 상점을

이맘 광장
세계에서 가장 큰 광장이다.
고고학자 에리히 슈미트가 1937년
5월 이스파한 상공에서 촬영했다.
출처: Erich F. Schmidt, 1940

배열하고, 아케이드 거리를 조성했다. 유사성은 거기까지다. 이맘 광장의 크기는 보주 광장의 네 배가 훨씬 넘고, 담고 있는 이념도 훨씬 포괄적이다. 군주의 권위, 종교의 존엄, 사회적 평등과 결속, 찬란한 문화, 활기찬 상업활동 등 국가가 지향하는 모든 비전을 이 한 공간에 담았다.

그런 비전을 상징하기에는 건물이 최고다. 동·서·남·북에 탁월하고 눈부신 건물을 하나씩 두었다. 남쪽에는 로얄 모스크Royal Mosque. 서쪽에는 알리카푸Ali Qapu 왕궁의 전망 파빌리온. 동쪽에는 왕실 전용 예배당인 셰이크 로트폴라흐 모스크Sheikh Lotfallah Mosque. 그리고 북쪽에는 바자르로 들어가는 입구 케이사라이 게이트Qeysarie Gate를 두었다. 샤 모스크Shah Mosque라고도 불리는 로얄 모스크는 시민에게 제공된

새로운 금요 모스크다. 화려한 모자이크로 뒤덮은 감동적인 건물이다. 도시의 핵심인 금요 모스크를 새 광장에 붙여서 지은 것은 그곳을 생활근거지로 삼으라는 일종의 명령이었다. 그런 결정은 국민이 믿고 따르는 통치자만 할 수 있는 것이다. 왕은 자신의 전용 예배당을 새로운 금요 모스크 가까이에 둠으로써 국민을 이렇게 설득했다. "내가 너희와 함께 경건한 신앙생활을 할 것이다."

남쪽으로 바라본 이맘 광장
정면에 로얄 모스크, 왼쪽에 셰이크 로트폴라흐 모스크, 오른쪽에 알리카푸 왕궁의 전망 파빌리온이 보인다. 프랑스 건축가 파스칼 코스트(Pascal Coste)가 1840년경 그렸다. ⓒeiah.org, Wikimedia Commons

새로운 궁전도 광장에 붙여서 지었다. 그리고 전망 파빌리온을 광장을 향해 높이 열었다. 거기서 각종 의식을 주관하고, 군대를 사열하고, 중요한 재판을 하고, 폴로 시합도 관람했다. 국민과 소통하는 공간으로 활용한 것이다. 17세기라는 시점에, 통치자와 국민이 직접 마주 보고 소통하는 공간. 그런 게 어디 있었다는 소리를 듣지 못했다. 그만큼 아바

이스파한

로얄 모스크의 중정
페르시아 건축예술의 정점에 있는 건물이다. 파스칼 코스트, 1840년
©Wikimedia Commons

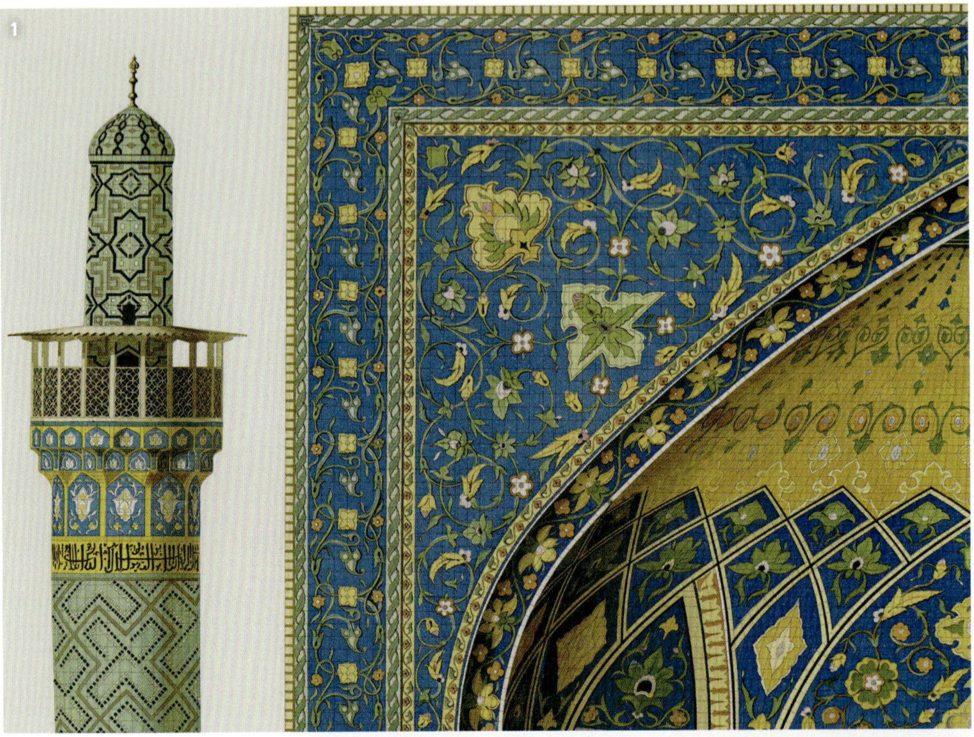

درختهای انار هم هست گرد اگرد حوض تمام سبزه زار

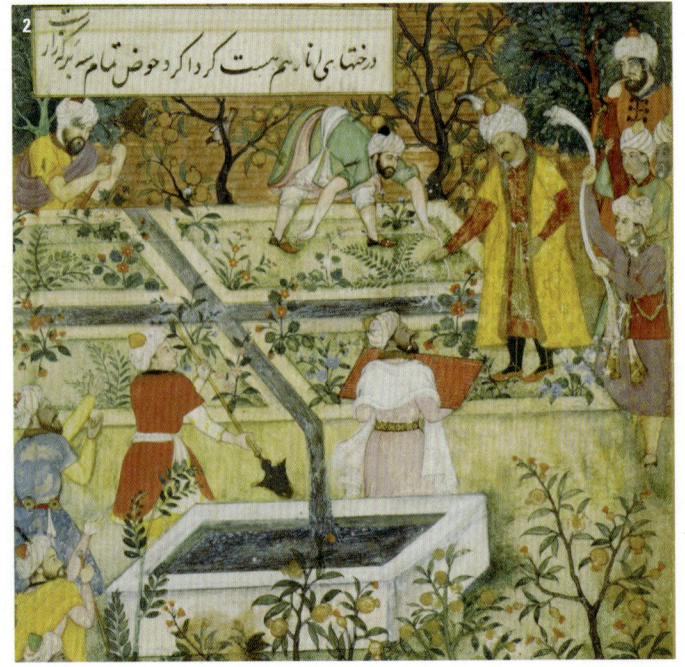

1 로얄 모스크의 정면 및 첨탑 상세
정교한 무늬, 세련된 모자이크, 아름다운 표피다. 파스칼 코스트, 1840년 ©Wikimedia Commons

2 페르시아식 정원 만들기
무굴 제국의 창시자 바부르(Babur)가 물이 사방으로 퍼지는 기하학적 정원의 공사를 지휘하고 있다. 《바부르의 책(Baburnama)》에 실린 그림 ©Wikimedia Commons

스 1세 황제는 깨우친 통치자였다. 광장이 시민의 공간으로 널리 활용되어야 하니 본인이 기꺼이 앞장을 선 것이다. 게다가 황제는, 광장이 왕족을 포함한 모든 계층의 시민이 함께하는 평등과 화합의 장이라는 사실을 상기시켰다. 그들이 믿는 종교는 알라 밑에서 모두가 평등하지 않은가. 자신의 전용 예배당을 전망 파빌리온 바로 맞은 편에 두고 일상과 종교 생활을 광장을 중심으로 함께 하자고 하니 어느 국민이 그를 따르지 않았겠는가.

또 하나의 파격은 새 도시에 '샹젤리제 거리'를 조성한 것이다. 직선으로 뻗어나가고 가운데는 물이 흐르는 산책로, 차하르 바그 거리 Chahar Bagh Avenue. '이스파한 공간 구조도'의 서쪽, 강에서 북쪽으로 4킬로미터 이어지는 길. '이스파한의 샹셀리제'라고 불리는 길이다. 양쪽에 아홉 개의 성원이 이어지고 제일 위 꼭짓점에 '차하르 바그'가 자리했다. '차하르 바그'는 쿠란에 나오는 천국의 상이자 성경 속 에덴동산이다. 4개의 영역으로 나뉘는 '田'자 모양의 기하학적 정원. 가운데에는 샘이 있어 물이 사방으로 흘러나간다. 그런 파라다이스가 잘 보이는 곳을 골라 멋진 전망 파빌리온을 두었다. 그게 페르시아식 정원이다. 이슬람 세계 전체로 퍼져나갔고, 인도의 타지마할 Taj Mahal도 그걸 모델로 만들어졌다. 차하르 바그 거리 양쪽에 있던 정원은 대부분 사라졌다. 다행히 체헬 소툰 Chehel Sotoun, 하쉬트 베헤쉬트 Hesht Behesht 두 곳이 남아 정원과 파빌리온의 옛 자태를 보여주고 있다.

이스파한을 왜 '파라다이스의 도시', '사막 위의 전원도시'라고 부르는지 의문이 풀렸다. 건조하고 모래바람이 부는 거친 환경. 그런 땅에 푸르른 전원도시를 만들겠다는 의도는 도시미와 더불어 시민의 건강과 안녕을 지키겠다는 애민

정신의 결과였다. 그게 가능했던 것은 도시를 동서로 관통하는 자얀데강 Zayandeh River이 있었기 때문이다. 어쨌든 아바스 1세 황제의 치밀한 전략의 결과, 이스파한은 네 개의 공간 축이 뚜렷한 도시가 되었다. 하나는, 차하르 바그 거리. 녹지 축이자 보행축이다. 둘은, 이맘 광장. 화합과 국가 비전의 축이다. 셋은, 신앙의 축. 이슬람 세계에 들어선 모스크의 주 예배실은 모두 최고의 성지 메카를 향한다. 이스파한에 세워진 두 금요 모스크의 평면 형상을 보시라. 남서쪽을 향해 틀어져 있다. 메카 방향이다. 그리고 마지막 넷은, 이제부터 우리가 탐험할 바자르. 상업과 일상생활의 축이다.

1 하쉬트 베헤쉬트의 파빌리온
파스칼 코스트가 1840년 그렸다.
©Wikimedia Commons

2 파빌리온의 중앙 홀
하쉬트 베헤쉬트 파빌리온의 내부다. 파스칼 코스트, 1840년
©Wikimedia Commons

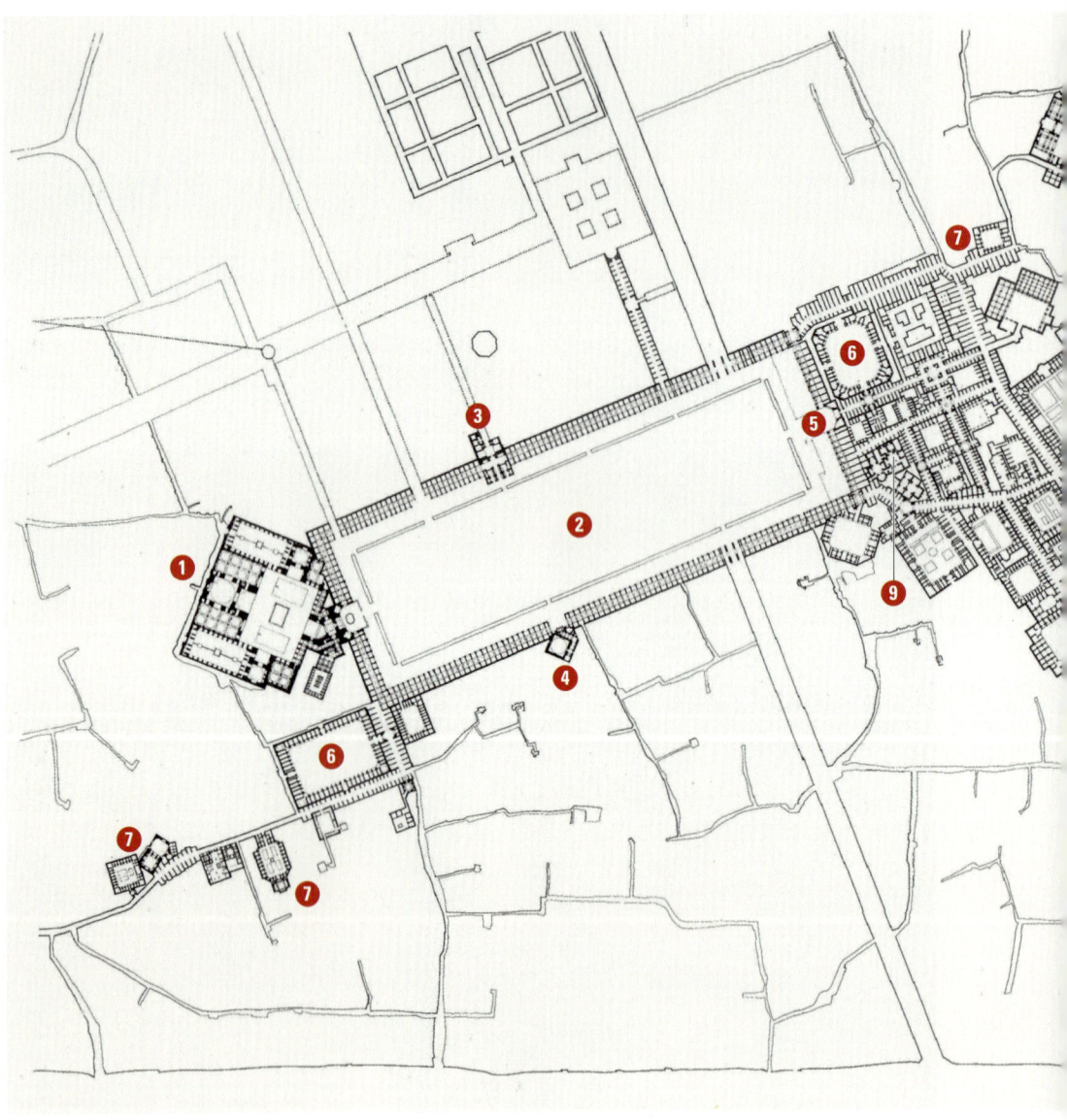

이맘 광장과 바자르의 상세 평면
국가 비전의 축인 광장과 일상생활의 축인 바자르가 하나의 공간으로 유기적으로 연결되어 있다. ⓒNader Ardalan

① 로얄 모스크　② 이맘 광장　③ 알리 카푸 궁전
④ 셰이크 로트폴라흐 모스크　⑤ 케이사라이 게이트
⑥ 카라반 사라이　⑦ 마드라사　⑧ 모스크　⑨ 하맘
⑩ 하킴 모스크　⑪ 자메 모스크　⑫ 바자르

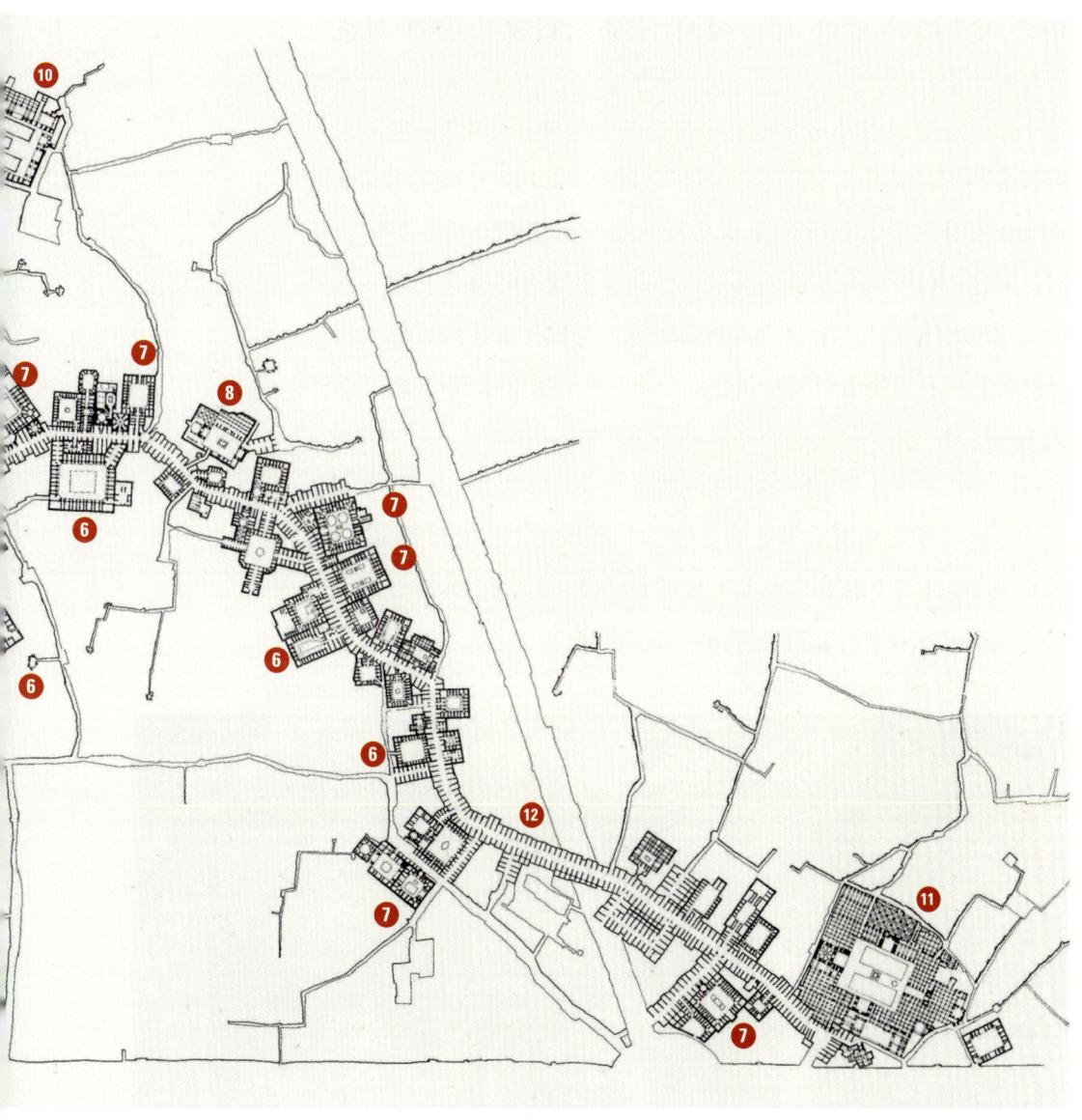

이 도시는 세상의 절반과도 안 바꾸겠소

바자르를 따라 걷다, 세상에서 가장 유니크한 공간 체험

바자르. 이슬람 도시의 시장이다. 구불구불 이어지는 바자르는 한 성문에서 맞은편 성문까지 도시를 관통한다. 대동맥이다. 거기서 작은 핏줄들이 파생되는 것은 당연할 터. 비로소 인체와 같이 사통팔달 피가 통하는 도시가 되는 것이다. 바자르의 가장 중요한 기능은 상품의 제작·판매·유통이다. 상점이 줄줄이 이어지니 인파가 모여들고 정보가 흘러 다닌다. 사람을 끄는 공간이 주변에 들어서는 것은 자연스러운 현상이다. 우선, 크고 작은 모스크가 들어섰고 금요 모스크도 거기에 붙었다. 학교. 그들이 마드라사 madrasah라고 부르는 학교는 이슬람 율법을 연구하고 가르치는 곳이다. 무척 중요한 시설로, 바자르 주변에 들어섰다. 목욕탕. 그들이 하맘 hammam이라고 부르는 공중목욕탕 역시 바자르에 붙는다. 몸이 정갈해야 알라와 만날 수 있다고 생각하는 그들은 부지런히 씻는다.

1 공중목욕탕 하맘
바자르와 연계된 중요한 일상의 공간이다. 이스파한 인근 도시 카샨의 목욕탕을 1840년 외젠 플란딘이 그렸다. ©Wikimedia Commons

2 대상들의 숙소 카라반사라이
역시 바자르와는 뗄 수 없는 공간이다. 테헤란 인근 도시 카즈빈에 있는 카라반사라이를 1840년 외젠 플란딘이 그렸다. ©Wikimedia Commons

또 있다. 카라반사라이caravanserai. 카라반이 무엇인가? 낙타나 말을 타고 무리지어 다니면서 교역을 하는 상인들. 대상隊商. 그들이 묵어가는 숙소가 카라반사라이다. 교역과 종교. 그게 이슬람 도시의 성립 배경이니, 교역을 뺀 이슬람 도시가 존재할 수 없다. 특히 실크로드가 지나는 중동의 도시들은 '대상들의 도시'라고 해도 좋을 정도였다. 낙타가 45킬로미터를 걸으면 그날은 쉬어야 한다. 그러니 대상이 쉬어가는 숙소는 실크로드 곳곳에 마련되었고, 도시에는 큰 규모로 많이 자리했다. 이슬람 세계와 활발히 교역했던 베네치아도 리알토 다리 인근에 많은 카라반사라이가 있었다. 이슬람 도시에서 카라반사라이가 자리하기 제일 좋은 곳은 당연히 바자르 주변이다. 대상들은 거기에 머물면서 물건도 거래하고 정보도 교환했다.

이렇다 보니 바자르를 단순히 시장이라고 간주할 수는 없다. 이슬람 도시에서 가장 중요한 공간은 둘이다. 모스크와 바자르. 각각 신앙생활과 일상생활을 지원한다. 상업, 종교, 교육, 레저 등 시민의 일상생활과 관련된 모든 활동이 바자르를 중심으로 일어난다. 만약 어떤 사건이 생겨 바자르가 없어진다면 이슬람 도시는 돌아가지 않는다. 그만큼 바자르의 존재와 역할은 절대적이다. 이슬람 도시를 처음 찾아가는 방문객에게도 바자르는 고마운 존재다. 도시 탐험의 가이드로서 바자르의 도움은 절대적이다. 그것이 복잡한 공간조직을 집약시키는 중심의 공간이고, 작은 핏줄들이 모여드는 통합의 공간이라는 사실만 염두에 두시라. 그런 바자르를 따라가면 미궁의 실타래가 살살 풀리므로 도시 탐험은 그리 어렵지 않다. 바자르를 살짝 벗어났다가 다시 돌아오는 걸 반복하면서 다니면 된다.

이스파한의 바자르는 북쪽 성문에서 시작해 자메 모스크를 경유해서 이맘 광장에 이른다. '이스파한 공간 구조도'를 보시라. 바자르가 자연스레 끝나는 부분은 이맘 광장의 북동쪽 코너다. 거기가 옛 도시의 남쪽 성문 자리. 그러니까 바자르는 도시의 북문과 남문을 연결하는 공간이었다. 그런데 아바스 1세 황제가 광장을 조성하면서 그 북쪽 중앙에 바자르의 정문을 떡하니 세우고, 그 안쪽에 새로운 바자르를 추가해 건설했다. 왕실에서 직접 경영하는 케이사라이 바자르Qeysarie Bazaar. 비단과 직물을 거래하는 도매상, 금은 세공소, 보석가공 작업장, 화폐 주조소, 병원 등이 들어섰다. 영국과 네덜란드 동인도회사의 창고와 직원 숙소, 귀빈이 머무는 고급 카라반사라이도 그곳에 있었다. 보시라. 원래 있던 바자르는 구불구불 변화가 많은 데 반해, 그곳의 공

케이사라이 게이트
이맘 광장 북쪽에서 바자르로 들어가는 입구. 아바스 1세 황제가 세운 바자르의 정문이다. ©Fabien Dany, Wikimedia Commons

간들은 반듯반듯 질서 잡혀있지 않은가.

    2킬로미터 넘게 이어지는 이스파한의 바자르는 이맘 광장의 오른쪽 면을 타고 내려와 자얀데강까지 이르는 긴 축을 형성한다. 이슬람 세계에서 가장 길고 건축적 완성도가 가장 뛰어난 보행통로다. 수도의 바자르가 우아한 실내공간이 되기를 바랐던 아바스 1세 황제는 그곳을 볼트와 돔으로 덮으라는 지시를 내린다. 엄청난 양의 돌과 벽돌이 동원되었다. 터널처

이스파한

1 이스파한 바자르의 맞춤옷 판매 구역
바자르에서는 동종의 상점이 군을 이루어 같은 공간을 차지한다. 파스칼 코스트, 1840년
©Wikimedia Commons

2 이스파한 바자르의 활기
빛과 어두움, 열림과 닫힘, 정적과 소란. 매우 유니크한 공간이다. 케네스 브라운(Kenneth Browne)의 흑백 그림을 바탕으로 저자가 다시 그렸다. 출처: Kenneth Browne, 1976

럼 같은 높이로 쭉 이어지는 공간은 재미도 없고 완성도도 떨어진다. 이스파한의 장인들이 지혜와 솜씨를 발휘했다. 사각형 평면에, 가운데가 뾰족 솟아오른 볼트. 그걸 전문 용어로 교차볼트cross vault라고 한다. 그게 서로 붙어서 길게 이어지는 공간. 그곳을 걷는다고 상상해보시라. 천장의 굴곡이 만들어내는 리듬. 느껴지나요? 쭉 가다가 다른 공간과 만나거나 방향을 전환하는 전이 지점. 그곳에서는 천장의 높이가 크게 솟아오른다. 공간이 음악을 만든다면, 이스파한의 바자르가 그렇다.

공간의 변화가 큰 리듬이라면, 거래되는 상품과 사람들 그건 섬세한 리듬이다. 원래 바자르는 청량하면서 간간이 천장에서 빛이 떨어지는, 비

교적 어둡고 차분한 공간이다. 그런 공간에 다채로운 상품이 진열되고 고객들이 몰려들면 활기로 넘친다. 상점이 자리하는 방식에는 일련의 위계와 패턴이 있다. 바자르의 중심부에는 귀금속, 카펫, 의류 같은 고급 물건을 파는 상점들이, 모스크 주변에는 책, 장신구 같은 종교 활동과 관계되는 상점들이 자리한다. 반면, 성문 가까운 곳에는 매일 반입되는 물건, 그러니까 육류, 야채, 과일 같은 식품점이 밀집해서 자리한다. 동종의 상점들은 군을 이루어 같은 공간을 차지한다. 이스파한의 바자르에서는 한 물건을 파는 시장에서 다른 시장으로 가려면 문을 지나야 한다. 영역의 구분이 확실하다.

자메 모스크의 중정. 거기서 바자르로 들어간다. 소리, 냄새, 다종다양한 물건. 정신이 없다. 석류 주스를 마셔보라고 외치는 소리, 구리 세공 장인이 그릇을 땅땅 때리는 소리. 각종 향신료 냄새, 빵 굽는 냄새, 가죽 냄새. 곳곳에 내걸린 다채로운 천과 모직들. 세공품들. 혼이 빠질 지경이다. 그러다 문득 옆으로 빠지면 카라반사라이로 인도된다. 너른 중정. 거긴 수목도 있고 분수도 있다. 낙원이다. 이스파한의 바자르 주변에는 그런 카라반사라이 수십 개가 몰려 있다. 사이사이에 모스크, 학교, 공중목욕탕이 셀 수 없이 박혀 있다. 모두 가운데 중정이 있는 건물이다. 다시 바자르로 들어간다. 또 소음이다. 카펫 상점 앞에서 젊은 남자가 들어오라고 손짓이다. 이윽고 저 멀리 밝은 빛이 보인다. 아! 이맘 광장이다. 빛과 어두움, 열림과 닫힘, 정적과 소란, 그게 끝도 없이 반복된다. 세상에서 가장 유니크한 공간 체험. 그걸 이스파한의 바자르에서 할 수 있다.

미궁도시에도 질서는 있을까?

바자르를 따라 곳곳에 주거지로 통하는 통로가 있다. 들어가면, 그곳은 옛 도시. 본래의 이슬람 도시요 미궁도시다. 외부인이 그리로 들어가면 길을 잃기 일쑤다. 베네치아를 흔히 '미로도시'라고 하는데, 이슬람 도시는 베

이스파한의 옛 주거지
전형적인 미궁도시다. 1963년 이란 정부가 발간한 1:2500 축척 이스파한 지도의 일부.
출처: National Cartographic Center of Iran

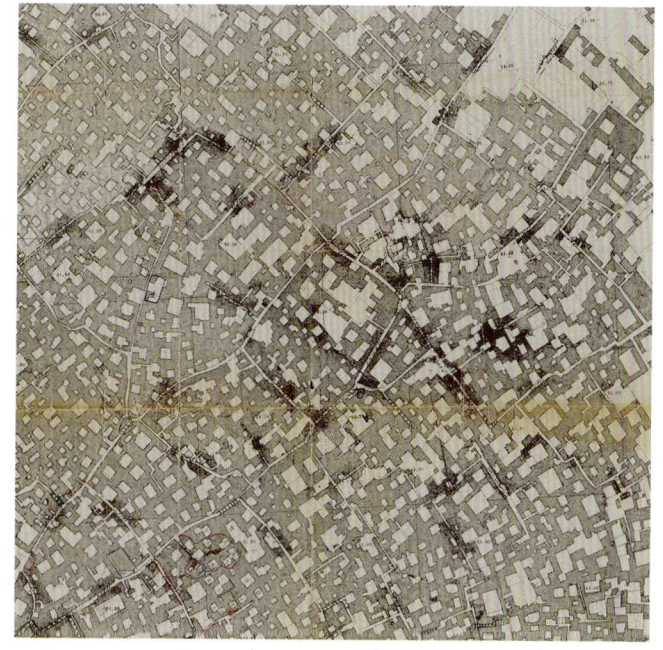

네치아보다 훨씬 복잡하다. 그래서 일본 학자들은 '미로' 대신 '미궁'이란 단어를 사용해 이슬람 도시의 복잡함을 강조한다. 그런 도시를 제대로 보려면 안내자가 있으면 좋다. 십수 년 전 페즈에 갔을 때다. 도착 첫날 호텔에 여장을 풀자마자 현지인 하나가 방문을 두드렸다. "내가 당신의 가이드요." "어, 나는 가이드를 고용한 적이 없는데." "안 됩니다. 이 도시는 가이드 없이는 다니지 못해요." 거절하느라 한참 승강이해야 했다. 여행 가이드북 《론리 플래닛》에도 교육받은 정식 가이드가 아닌 어중이떠중이를 조심하라는 경고문이 등장한다. 이슬람 도시를 자유롭게 둘러보는 것이 얼마나 어려운가 말해주는 일화다.

미궁. 미로. 라비린스Labyrinth. 그건 원래 서구적 관념이다. 그리스 신화에, 미노스Minos의 왕이 다이달로스Daedalus라는 뛰어난 장인에게 미궁을 만들게 한다. 한 번 들어가면 절대 빠져나올 수 없는 공간인데, 그곳에 괴물

260　　　　　　　　　　　　　　　　　　　　　　　이스파한

미노타우르스Minotauros를 가둔다. 그게 라비린스의 기원이다. 이후 미궁의 개념은 문양으로 바뀌어 다양한 용도로 사용되었다. 파리 서남쪽 교외에 있는 사르트르 대성당Chartres Cathedral에 가면 바닥을 눈여겨보시라. 거대한 미로의 문양이 새겨져 있다. 순례자들은 이 미로의 중심을 향하여 무릎으로 기어갔다. 중심에 거의 다다른 순간 아차 방향을 잃고 이탈하기를 여러 차례. 도저히 움직이지 못할 만큼 극심한 고통을 겪은 후에야 비로소 중심에 도달한다. 인간이 속죄하지 않고 천국으로 가려는 헛된 욕망을 죽이는 장치. 인간의 죄를 정화시켜 신성에 이르게 하는 고통스러운 통로. 그게 미로다.

반듯반듯한 길에 익숙한 우리는 미궁도시가 표출하는 혼돈에 당황한다. 그렇지만 르네상스 이념이 등장하기 이전, 거의 모든 도시는 미궁도시로 존재했다. 도시의 원형이 미궁이었다는 의미다. 미궁도시는 나름 좋은

1 고딕성당의 미로 문양
미국 샌프란시스코 소재 그레이스 대성당(Grace Cathedral)이다.
ⓒDavid Clay, Wikimedia Commons

2 사르트르 대성당의 미로 문양
과거 순례자들은 이 미로의 중심을 향하여 무릎으로 기어갔다. ⓒSylvain Sonnet

3 르네상스의 도시이념
줄리아노 다상갈로(Giuliano da Sangallo)가 1480년경 그린 그림. 원근법의 등장과 함께 전체를 한눈에 관망하는 축선이 강조되었다.
ⓒWalters Art Museum, Wikimedia Commons

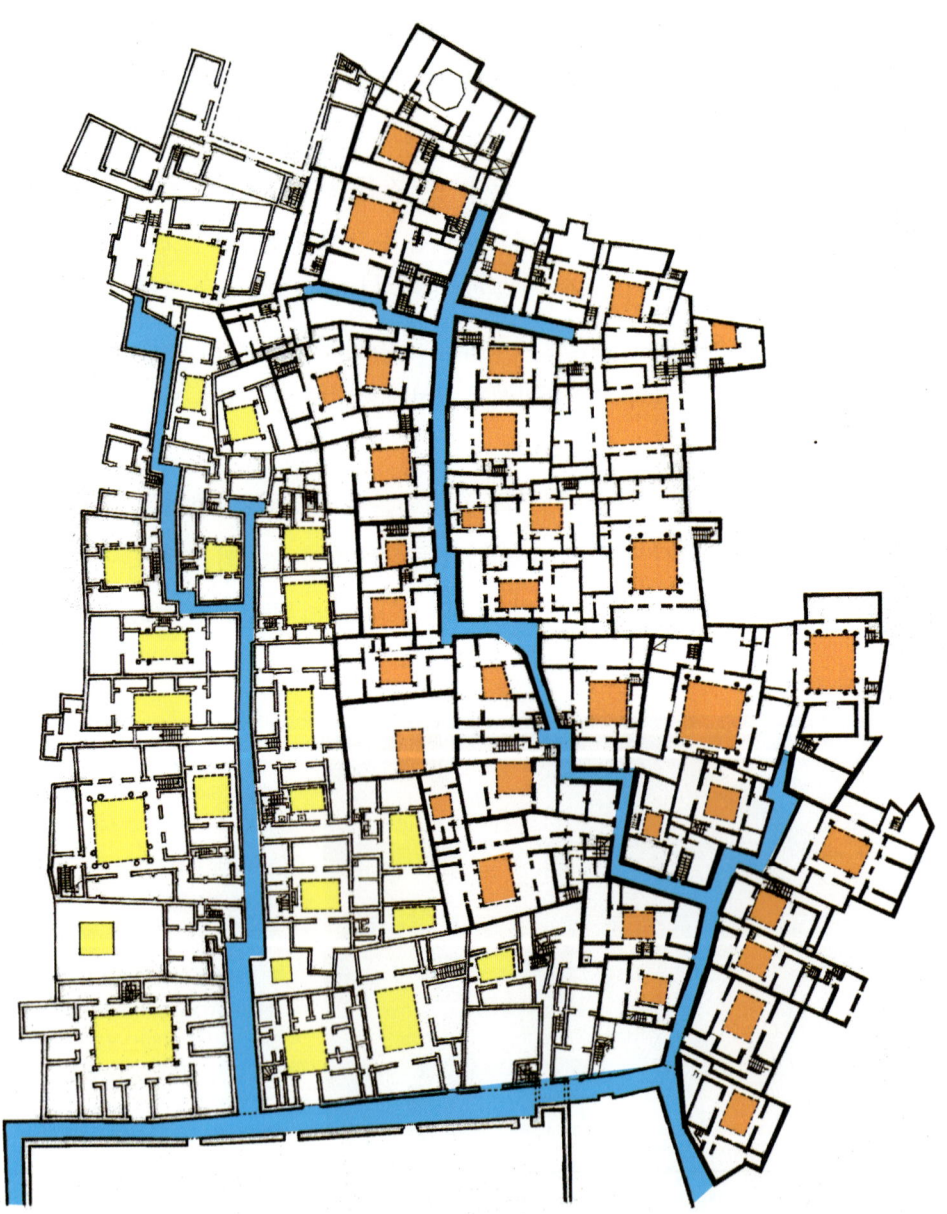

이슬람 도시의 주거지 구성
요리조리 굽은 길을 중심으로 커뮤니티를 이루고, 모든 주택은
가운데 마당이 있는 중정형 주택이다. 색 있는 부분이 중정이다.
모로코 페즈의 한 곳을 그렸다. 출처: Stefano Bianco, 2000

점이 많았다. 외부의 침입을 막아내는 데도, 가족의 프라이버시를 지키는 데도, 한정된 영역을 충실화하고 안정화하기에도 유리했다. 그렇지만 도시 속 대중의 행위를 관리 대상으로 보고, 교통의 시스템과 효율성을 따지게 되면서 미궁도시는 거부되었다. 원근법의 등장이 결정적이었다. 강한 축선과 전체를 한눈에 관망하는 시점이 중시되면서 도시경관을 평가하는 눈도 바뀌었다. 구부러진 길은 제거되고, 굵은 직선으로 뭉개버렸다. 미궁도시가 사라지자 길을 걷다가 방향을 잃어버리는 낭만도 사라졌고, 달려가고 내몰리는 넓은 길에서 허둥대는 인간상이 만연해져 버렸다. 알량한 효율성이 여유로운 삶을 내쫓아버린 것이다.

이슬람 도시는 미궁도시가 될 수밖에 없었다. 7세기부터 시작된 도시의 성립과 성장. 그 핵은 금요 모스크와 바자르. 거기서 길이 뻗어나가고, 주택지가 형성되었다. 사람들은 과거 유목민 시절에 형성했던 공동체움마(Ummah)라 부른다를 그대로 유지하면서 도시에 자리를 잡았다. 혈족 중심의 커뮤니티였으니 자연히 폐쇄된 구역을 형성했다. 거기에 이슬람의 법이 작용했다. 쿠란을 바탕으로 정착된 법, '샤리아Sharia'. 이슬람 세계의 모든 생활을 지배하는 매우 강한 법이다. 거기에 적시된 여성 격리의 규범. 성년 여자를 가족 이외의 남성 시선으로부터 격리하라고 되어 있다. 휘어지거나 지그재그로 꺾어지는 길, 그게 시선 차단에 당연히 유리하다. 폭도 좁아야 했다. 샤리아에는 공도公道의 최소 폭을 7큐빗cubit으로 정했다. 3.5미터. 화물을 등에 얹은 낙타 두 마리가 서로 스쳐 지나갈 수 있는 폭이다. 그게 주거지 큰길의 일반적인 폭이니 우리네 사람들은 고개를 절레절레 흔든다.

법은 프라이버시를 극도로 강조한다. 주택에 거주하는 사람은 외부로부터 어떤 침해도 방해도 받으면 안 된다. 완벽하게 보호된 파라다이스. 그게 이슬람의 집이다. 도시주택이 그렇게 되려면 피해야 할 게 한둘이 아니다. 주택의 입구는 큰길에 면하면 안 된다. 맞은편 집의 입구를 바로 바라보는 입구를 내도 안 된다. 창문을 통해 다른 집 내부를 보면 절대 안 된다. 집을 지을 때 이런 사항을 지켜야 했다. 그렇다고 건축법이 작동한 것

중정이 있는 이슬람 주택
미국 화가 트루먼 세이무어(Turman Seymour)가 1886년 알람브라의 주택을 그린 것으로, 개방된 창을 통해 중정을 바라보았다.
©Wikimedia Commons

도 아니다. 서로서로 알아서 지켜나가는 관습이자 규범이다. 그러니 법대로 하면, 도시에 무수히 많은 골목길이 만들어져야 했다. 주택의 입구가 생길 수 있는 막힌 길. 폭은 4큐빗. 2미터가 되지 않는다. 그런 골목길이 도시를 뒤덮고 있다. 이슬람 도시의 구시가를 조사하면, 전체 길에서 골목길이 차지하는 면적 비율은 이렇다. 페즈 51퍼센트, 카이로 47퍼센트, 다마스쿠스 43퍼센트. 가히 골목길의 도시들이다.

그런 복잡한 이슬람 도시에서 각 주택이 파라다이스가 되는데 절대적으로 기여하는 공간이 있다. 바로, 중정. 밖에는 미궁의 세계가 펼쳐져도 일단 안으로 들어가면 완전히 다른 세계가 전개되는 특별한 환경. 분수가 물을 뿜고, 재스민 향이 흐르고, 감귤이나 포도나무가 심어진 공간. 밖으로는 닫히고 안으로는 열리는 중정형 주택은 가족의 단란과 프라이버시를 극도로 중시하는 이슬람 세계의 주택으로는 안성맞춤이다. '여성 보호'에도 절대적으로 유리하다. 고대 메소포타미아의 도시에서부터 중정형 주택이 지어졌으니 수천 년간 이어온 주거형식이다. 다닥다닥 붙여서 지으니 토지의 낭비가 전혀 없다. 옆집 쪽으로는 창을 내지 않으니 벽은 얼마든지 두껍게 해도 좋다. 뜨거운 여름에는 중정에 그늘이 드리운다. 그러니 건조하고 기온 변화가 심한 중동·북아프리카 기후에 적응하기에도 중정형 주택이 그만이다.

중정은 이슬람 도시를 만들어내는 가장 강한 유전자가 되었다. 유전자, DNA. 이슬람 도시를 '살아있는 생명체'에 비견하니 필시 그것에 작용하는 유전자가 있다. 첫째가 중정이다. 파라다이스를 지향하는 사회적 의지. 그것이 주택이든 공공건축이든 모두 중정을 중심에 두는 공간구조로 귀결되었다. 그리고 다른 두 유전자. 하나는, 단위공간 즉 셀cell이 이어지는 선형공간. 둘은, 굽은 길을 중심으로 커뮤니티를 이루는 주거지. 유전자는 그 셋이다. 셀이 이어지는 선형공간은 지네 모양이다. 쭉 이어지면 바자르가 되고, 중정을 둘러싸면 모스크도 되고, 카라반사라이도 된다. 그러니 바자르를 제외하면, 주택이든 뭐든 모든 건물의 공간 구조가 같다. 이스파한의 이맘 광장과 바자르 주변을 그린 상세 평면도를 보시라. 중정과 선형공간의 향연. 그렇게 표현해도 되지 않겠는가.

굽은 길을 중심으로 커뮤니티를 이루는 주거지. 도시 안에 무수히 많이 자리한다. 그런데 어디나 같은 공간 구조다. 그 안에 모스크도 있고 소규모 바자르도 있다. 작은 도시다. 그게 모여 전체 도시를 이룬다. 전체 도시에도 모스크가 있고 바자르가 있다. 규모만 다를 뿐. 그러니 부분이나 전체나 다를 게 없다. 모든 부분은 다 독립적이고, 모양도 비슷하고, 역할도 가치도 대등하다. 부분과 전체가 같은 구조. 학자들은 그걸 '프렉탈fractal 구조'라고 규정해 놓았다. 건축가 승효상이 그런 구조를 취하는 페즈를 두고, "모든 부분이 중심인 도시"라고 묘사한 것이다. "단일 중심의 봉건적 도시의 대척점에 있는 구조이니 다원적 민주주의 도시"라고 하면서. 그런 이슬람 도시는 한 지역이 폭격을 맞아 사라져도 금방 원래 모습을 회복한다. 세 유전자가 강하게 작용하는 탓이다. 그런 도시를 (서구적 관념의) 질서가 없다고 폄하할 수 있을까?

위기의 이슬람 도시, 풍전등화의 이스파한

오늘날 이슬람 도시는 위기에 처해있다. 서구의 건축과 도시계획 이념. 그것이 마구 침투한 탓이다. 서구의 계획이념은 이슬람 세계와는 맞지 않는다. 가치관과 삶의 방식 자체가 다르기 때문이다. 우선 '발전'을 보는 눈이 다르다. 서구는 기술과 과학의 진전을 발전이라고 보지만, 이슬람 세계에서는 알라의 뜻에 딱 맞는 상태가 발전이다. 건축을 만들어내는 방법도 다르다. 서구에서는 경제적이고 대량생산할 수 있는 재료와 표준화를 신봉하지만, 이슬람 세계에서는 현지에서 나오는 재료에 전통적인 공예를 적용하는 방식을 고수해왔다. 서구에서는 커뮤니티 위주로 형성된 이슬람의 도시구조를 이해하지 못한다. 서구는 효율과 규제에 바탕을 두는 도시계획을 지향하지만, 이슬람 세계는 관습과 규범을 따르는 '자율'을 선호한다. 도시 형태, 교통체계, 토지이용, 미학과 건축 형태. 그 모두를 바라보는 눈이 서로 다르다. 적어도 20세기로 진입하기 전까지는 그랬다.

그러나 어쩌랴. 서구가 훨씬 힘이 셌던 것을. 19세기부터 유럽 여러 나라가 이슬람 세계로 침투해 식민지를 만들기 시작했다. 그리고 도시 곳곳을 허물고 직선 길을 냈다. 도시를 뜯어고치는 것도 통치 수단이었다. 구시가 주변에는 신도시를 만들었다. 19세기 말 파리에서 조르주 외젠 오스만

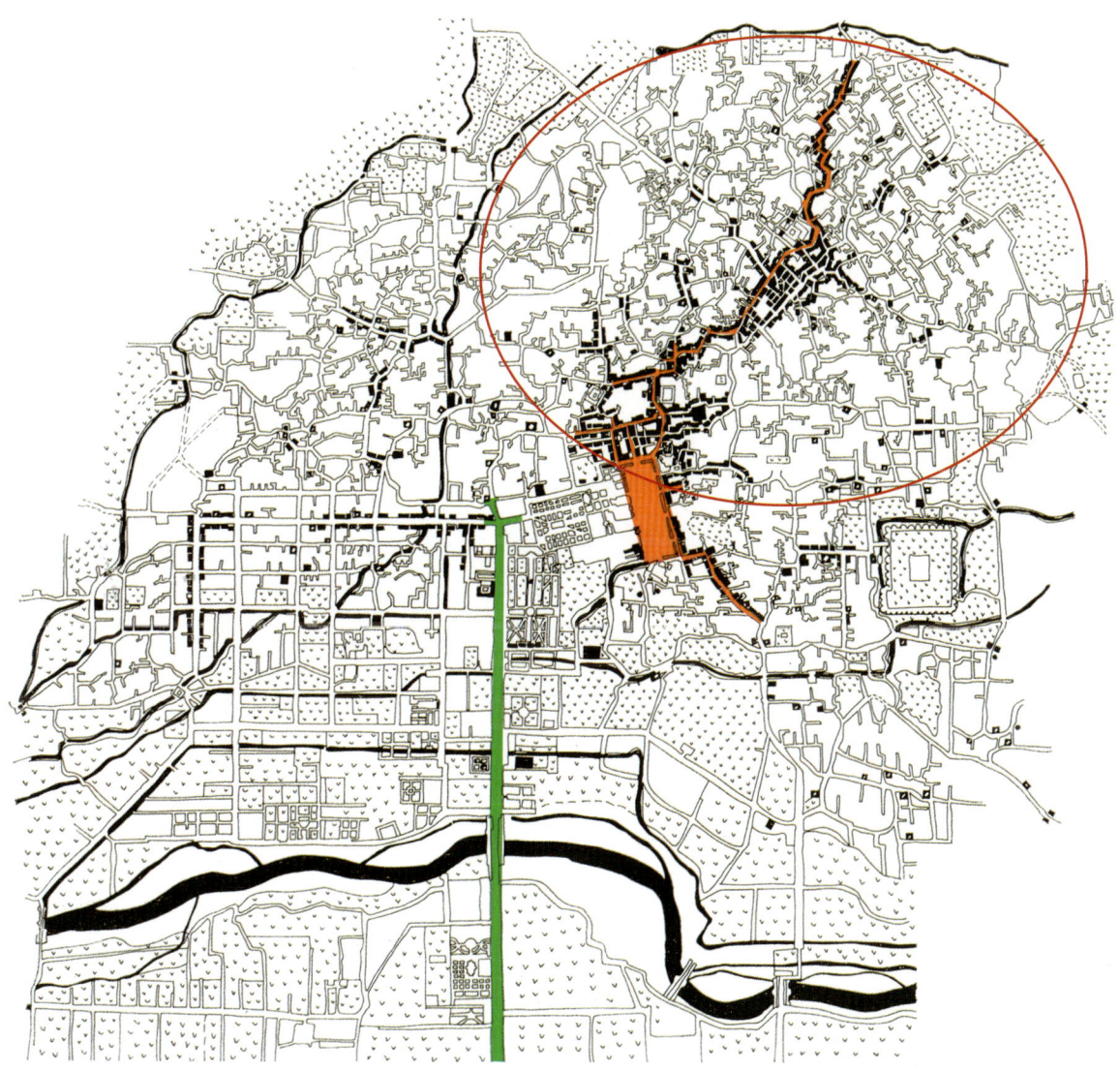

1919년 작성된 이스파한 지도

차하르 바그 거리(초록색) 주변은 변화가 많은 반면 이맘 광장에서 이어지는 바자르(주황색)는 여전히 건재하다. 붉은색 타원으로 둘러친 지역이 구시가다. 출처: Sherban Cantacuzino, 1976

Georges-Eugene Haussmann, 1809~1891 남작이 했던 도시계획. 넓은 직선 길을 깔아 도시를 사통팔달 연결하는 계획. 그걸 시행한 것이다. 카이로, 알레포, 다마스쿠스 같은 유서 깊은 이슬람 도시들에서 그런 일이 벌어졌다. 재미있는 것은 서구의 식민지배를 받지 않은 도시에서도 그런 계획을 적극적으로 받아들였다는 사실이다. 바그다드가 대표적으로 그랬다. 제2차 세계대전이 끝나자 그 정도는 더욱 심해졌다. 정치적으로는 독립했어도 도시개발의 방법은 서구의 것을 무조건 따른 것이다.

우리의 주인공 이스파한도 마찬가지였다. 1722년 아프간의 침공으로 사파비 왕조가 문을 닫자 이스파한은 버려졌다. 1796년 이후에는 수도의 자격도 내놓았다. 인구는 줄어들고 도시는 점차 쇠락해져 갔다. 그래도 구시가 즉 옛 도시는 원래 모습 그대로 존속했고, 공간 구조에도 커다란 변화가 생기지 않았다. 1919년에 그려진 이스파한의 지도를 보시라. 구시가는 여전히 복잡한 미궁도시로 남아 있고 바자르 역시 건재하다. 변화는 아바스 1세 황제가 만든 새 도시 주변이 심했다. 차하르 바그 거리 주변에 있던 9개의 정원은 대부분 사라지고 오른쪽 상부에만 일부가 남아 있다. 그래도 그때까지는 이슬람 도시의 존재감을 잃지 않았다. 변화는 팔레비 왕조Pahlavi dynasty, 1925~1979 시대 그러니까 20세기에 극심하게 진행되었다.

새로운 왕조는 이란을 선진국으로 만들겠다며 대도시 주변에 각종 산업을 유치했다. 그리고 도시에 손을 대기 시작했고, 재빨리 오스만의 계획이념을 받아들였다. 그들은 주저함이 없었다. 에리히 슈미트Erich Schmidt, 1897~1964라는 독일 출신의 미국 고고학자가 1937년 5월 이스파한 상공에서 찍은 사진을 보시라. 구시가 한가운데를 대로가 관통하고 있다. 왼쪽의 중정 넓은 큰 건물. 자메 모스크다. 이맘 광장이 건설되기 이전의 금요 모스크. 미궁도시의 신비로운 조직이 여지없이 잘려 나간 것이다. 사진을 찍은 슈미트도 충격적인 광경에 저절로 셔터를 눌렀을 것이다. 그런데 이건 약과에 불과하다. 자메 모스크 오른쪽에서 아래로 뱀처럼 이어지는 루트, 지붕 덮인 길이 보이나요. 이스파한 시민이 매일 이용하는 일상생활의 축, 바

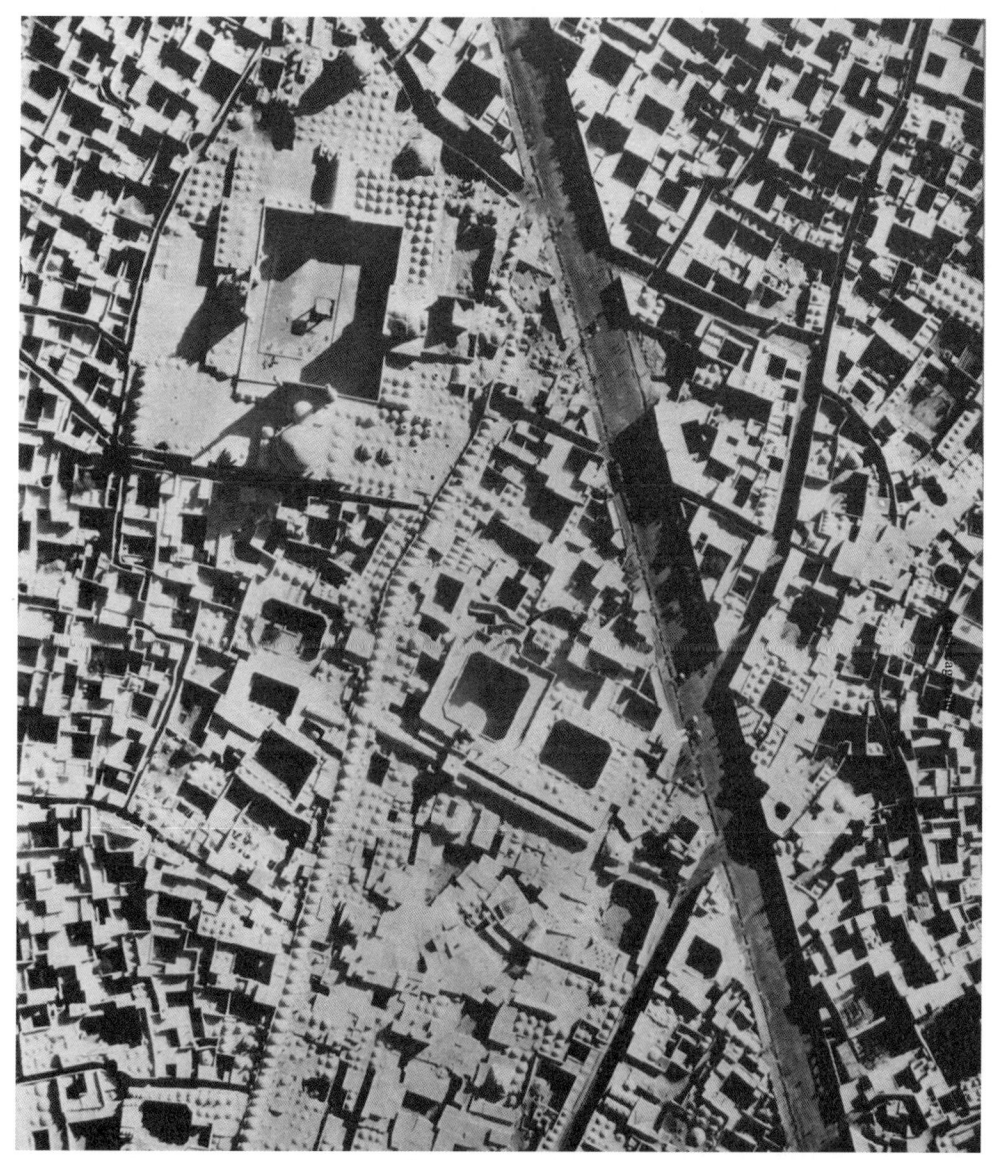

파괴되는 이스파한
오스만의 계획이념으로 이 유서 깊은 도시가 여지없이 훼손되고 있다. 대로 왼쪽 큰 건물이 자메 모스크, 거기서 바자르가 이어져 내려오고 있다. 출처: Erich F. Schmidt, 1940

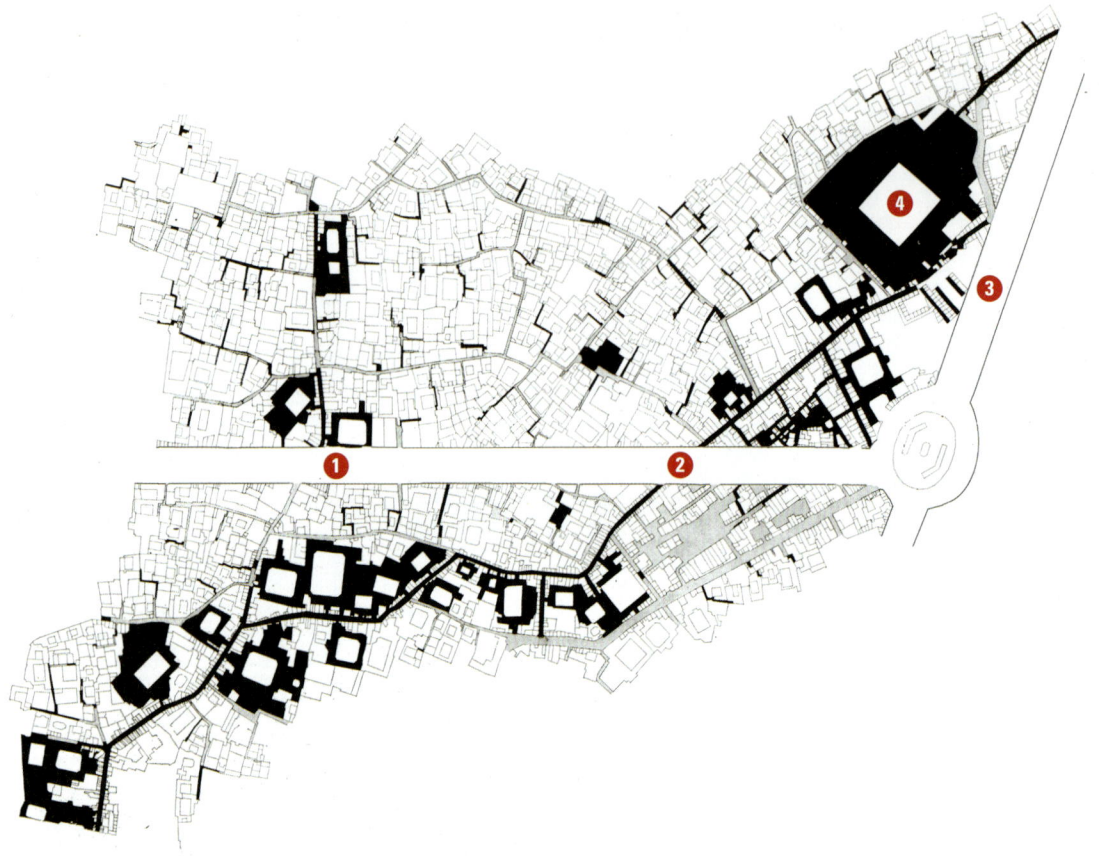

끊어진 바자르

1960년대 새로운 대로 건설의 결과다. 오른쪽 위 넓은 중정 있는 건물이 자메 모스크이고 거기서 내려가는 검은 선이 바자르다. 출처: Nasrine Faghih, 1976

① 1960년대에 건설된 압도라자크 거리
② 끊어진 바자르
③ 1930년대 초에 건설된 하테프 거리
④ 자메 모스크

자르다. 1960년대에 시행된 도시개발은 이 바자르도 끊어버린다. 도판을 보시라. 충격적이지 않은가.

1968년에 수립한 도시재개발을 위한 마스터플랜. 전통적인 도시조직 위에 격자형 도로체계를 덧씌우는 계획. 민망해서 여기 내놓을 수가 없다. 그만큼 무모했다. 그 결과 옛 도시조직은 다 부서지고, 이맘 광장과 바자르가 가졌던 중심성은 흐릿하게 퇴색되어 버렸다. 교외에 엄청난 양의 서구식 아파트가 들어서면서 옛 도시를 채웠던 중정형 주택은 버려졌고, 대량으로 파괴되었다. 전 세계가 걱정스러운 눈으로 이스파한을 바라보았다. 급기야 《아키텍추럴 리뷰Architectural Review》 잡지가 나섰다. 1976년 5월호통권 951호에서 특집으로 이스파한을 다루었고, 무자비한 도시 파괴를 고발했다. 그리고 "어떻게 이스파한을 살릴 수 있겠는가?" 심각한 질문을 던졌다. 답이 있나? 고유한 유전자를 포기한 도시. 그건 죽은 도시 아닌가. 단 하나. 중정만이라도 되살리고 그걸 모든 개발의 주제로 삼는다. 그럼 실낱같은 희망이 있지 않을까.

이스파한이여, 제발 살아나라!!

제8화

파리

근대도시로 비상하는
18세기 파리를
생생하게 그려내다

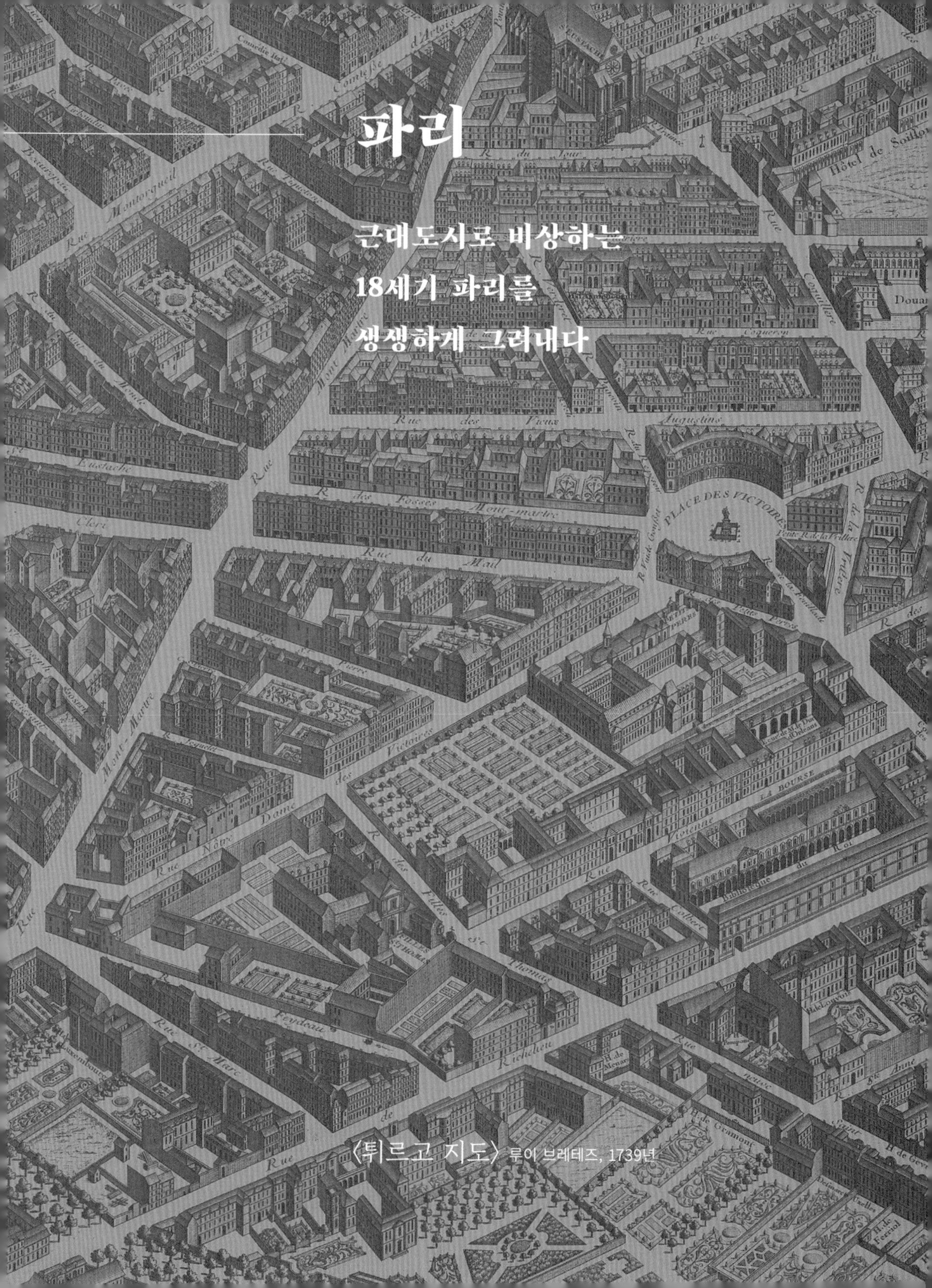

〈튀르고 지도〉 루이 브레테즈, 1739년

빛과 어두움이 공존한 옛 파리

18세기, 파리. 그때 그곳에 간 여행자들은 즐거웠을까? 글쎄다. 당시 파리 중심부는 혼잡하고 불결하기 짝이 없었다. 노트르담 대성당을 보려면 시테섬으로 가야 하는데, 도중에서 대부분 얼이 빠졌을 것이다. 말똥과 사람 똥이 뒤섞인 진창길. 각종 소음에 악취가 진동했다. 마차 바퀴 소리, 상인들 외침 소리, 아이들 울음소리와 악다구니. 어쩌다 이노상 공동묘지 Cemetière des Innocents 옆을 지났다면, 그건 최악이다. 시체 썩는 역겨운 냄새를 참아내야 했다. 길은 좁은데다 복잡하게 이어지니 도무지 방향을 가늠할 수 없었다. 까딱 잘못 들면 한동안 헤매야 했다. 그러니 여행을 포기하고 도시를 빠져나가고 싶다는 사람도 많았을 것이다. 그런 파리. 그건 어두운 파리였다.

밝은 파리도 있었다. 밤이 되면 기름 램프에 불을 붙인 수천 개의 가로등이 도시를 환하게 밝혔다. 칠흑같이 어두운 유럽 다른 도시들과 비교하면 경이로운 광경이었다. 귀족들이 다니는 상점가는 유난히 번쩍였다. 거울 붙인 진열장 안에는 귀한 상품이 즐비했다. 식재료도 없는 것이 없었다. 눈부신 귀족의 저택들. 장식은 호화로웠고, 실내에는 수백 개의 밀랍 양초로 불을 밝혔다. 비단과 벨벳과 금박이 넘쳐나고, 은으로 만든 식기 또한 반짝반짝 빛을 발했다. 돈 많은 부르주아가 드나든 중앙시장 레알 Les Halles도 대단했다. 길마다 물건으로 넘쳐났는데, 서민은 엄두도 낼 수 없는 것들이다. 센강 la Seine을 따라 늘어선 궁전, 청사 같은 공공건축 또한 장엄하고 빛났다.

두 얼굴이 공존하는 도시. 17~18세기 파리가 그랬다. 대조는 너무 극명해서, 하나는 '천국', 다른 하나는 '지옥'이었다. 그런데 천국은 좁고 지옥

〈튀르고 지도〉 부분
1739년 출간된 이 그림지도는 예술품 반열에 들 만큼 아름답고 정교하다.
©David Rumsey Map Collection, Wikimedia Commons

근대도시로 비상하는 18세기 파리를 생생하게 그려내다

은 엄청 넓었다. 철학자 루소Jean Jacques Rousseau, 1712~1778는 1731년 처음 본 파리에 대해 이렇게 썼다.

> 도시가 큰 만큼 아름다울 것이라고 기대했다. 길은 넓고, 궁전은 대리석과 금으로 빛날 거라고. 그런데 웬걸. 도시를 들어서자마자 내가 본 것은 좁고 더럽고 악취 나는 길, 몹시 낡아 버린 집들뿐이었다. 공기는 탁하고, 거지와 가난뱅이들로 넘쳐났다.

계몽주의 철학자 볼테르Voltaire, 1694~1778 역시 1749년 파리에 대해 이렇게 평했다.

> 막대한 지역에 공공장소가 마련되어야 한다. 어둡고 비좁고 끔찍한 도

1 혼잡한 파리 중심부
17세기 파리. 시테섬 주변의 파리 중심부는 이렇게 복잡했다. 1643년 파리를 그린 지도의 일부다. ©Gallica, Wikimedia Commons

2 혼돈의 파리 거리
사람, 마차, 동물들이 뒤엉켜 제대로 다닐 수가 없다. 1700년경 화가 니콜라 게라르(Nicolas Guérard)가 제작한 판화 ©The Trustees of the British Museum

심, 수치스러운 야만의 시대도 이보다는 나았을 거다.

그랬던 도시가 오늘날의 파리로 변한 이야기. 야수가 왕자로 변한 이야기에 견줄 만하다. '가장 가고 싶은 유럽 도시'를 조사하면 파리는 늘 앞자리다. 파리는 모든 사람의 버킷리스트에 올라 있다. 변화에 변화를 거듭한 결과다. 어두운 파리는 17세기부터 조금씩 허물을 벗었다. 그리고 19세기 후반을 지나면서 극적인 변화의 곡선을 그렸고, 전 세계에서 가장 신박한 도시가 되었다. 17세기 초반에서 19세기 후반에 이르는 변화. 그건 유럽 도시사에서 가장 흥미진진한, 한 편의 드라마 같은 이야기다. 주인공도 특별하다. 두 사람의 전제군주, 그리고 한 사람의 힘 센 개혁가. 그 셋이

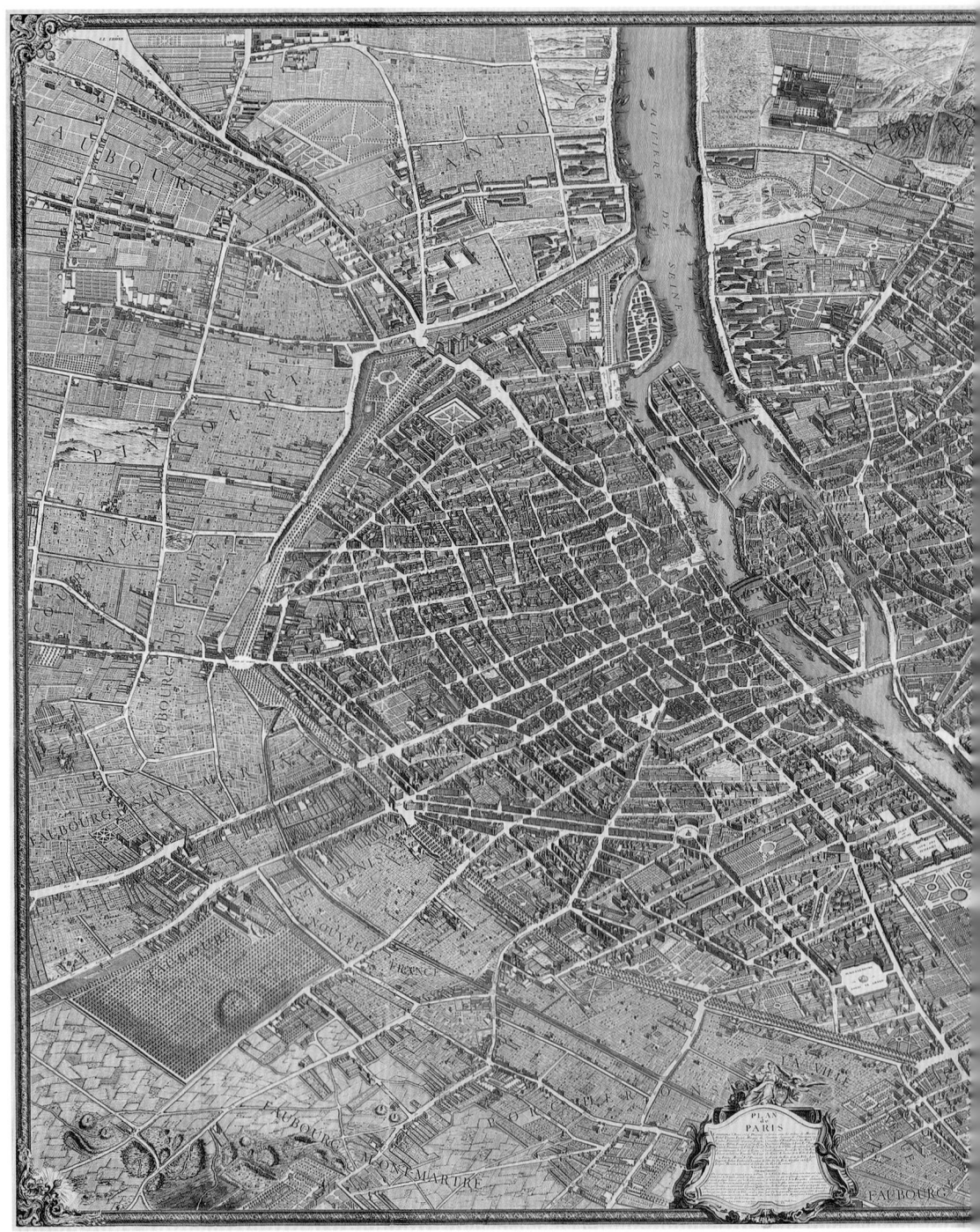

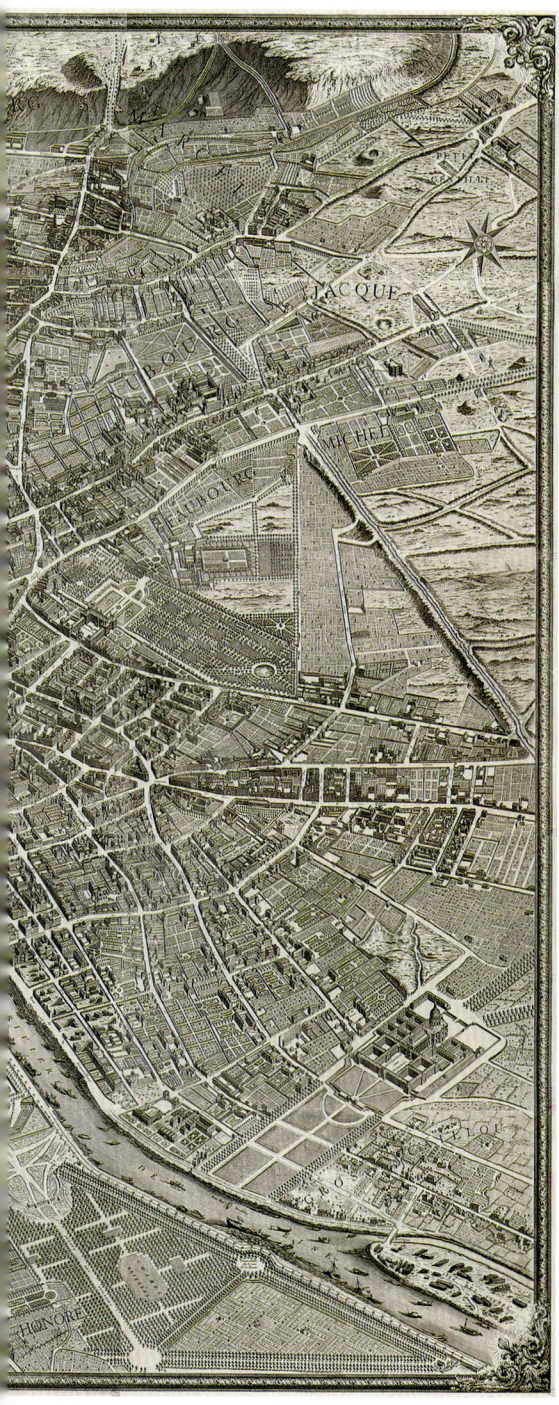

'중세도시 파리'를 '근대도시 파리'로 바꾸어 놓았다. 그 이야기를 풀어본다. 한 장의 그림지도와 함께.

생생하게 전달되는 18세기 파리의 모습

〈튀르고 지도Plan de Turgot〉. 1739년 세상에 나온 이 지도는 '예술품'이라 해도 좋다. 그만큼 아름답다. 게다가 정교하기가 마치 사진을 보는 듯하다. 18세기 파리의 모습을 창문 하나 나무 한 그루까지 전달한다. 이 지도를 '튀르고 지도'라고 부르는 것은 그것을 기획하고 제작비를 댄 사람이 당시 파리 시장 미셸 에티엔 튀르고Michel-Étienne Turgot, 1690~1751였기 때문이다. 그는 1734년 당시 왕립 미술아카데미에서 투시도를 가르치던 루이 브레테즈Louis Bretez, ??-1738 교수에게 최신의 파리 지도 제작을 의뢰했다. 파리가 '잘 다스려지는 도시'이자 무엇보다 '근대도시'임을 만방에 과시하고 싶었던 것이다. 브레테즈는 5년 가까운 작업 끝에 1738년 드디어 이 지도를 완성했다. 그리고 곧 세상

〈튀르고 지도〉
18세기 유럽에서 만든 최고의 지도 중 하나로 꼽힌다. 20장으로 나눠진 것을 하나로 합해 놓았다. ©Norman B. Leventhal Map Center, Wikimedia Commons

근대도시로 비상하는 18세기 파리를 생생하게 그려내다

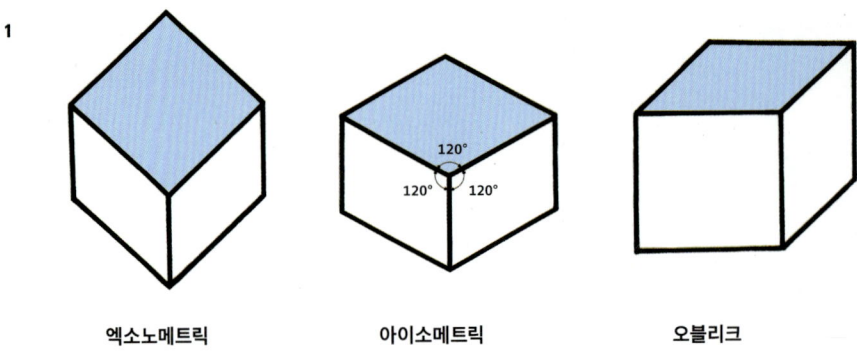

엑소노메트릭　　　　아이소메트릭　　　　오블리크

을 떠났다. 얼마나 고초가 심했던지.

　파리의 모든 건물을 실측했다. 예외가 없었다. 자신의 저택을 공개하기 꺼려했던 귀족들도 문을 열어야 했다. 시장의 명령이었으므로. 실측에만 꼬박 2년이 걸렸다. 그렇게 그려낸 상세하고도 정확한 그림지도. 튀르고 시장은 그걸 당대 최고의 판화가 클로드 루카스Claude Lucas, 1685~1765에게 의뢰해 전체 20장의 동판화로 제작했다. 모두 붙이면 대략 2.5×3.2미터. 위용이 대단하다. 지도는 1739년 책자 상태로 출간되어 루이 15세Louis XV, 재위 1715~1774에게 바쳐졌다. 그리고 왕립 아카데미 회원, 국가기관, 외국으로 나가는 대사들에게 배부되었다. 원본 동판은 루브르 박물관에 있고, 때에 따라 옛 방식대로 인쇄본을 만든다.

　브레테즈는 이 지도를 '아이소메트릭 작도isometric drawing'라는 기법으로 그렸다. 이쯤 해서, 그림지도에 사용하는 작도법에 대해 잠시 설명해야겠다. 독자들의 이해를 위해서. 주로 사용하는 작도법은 셋이다. '엑소노메트릭', '아이소메트릭', '오블리크'. 모두 '평행투영도'라고 부르는 작도법이다. 소실점을 적용하는 투시도나 조감도와는 달리 같은 크기의

1 그림지도 작도법 세 가지
도시가 담고 있는 모든 내용을 왜곡 없이 전달할 수 있는 작도법이다. 저자 작도

2 〈튀르고 지도〉 속 몽마르트르
교외의 한적한 마을로, 풍차가 돌고 있다. ©Kyoto University Library, Wikimedia Commons

3 〈튀르고 지도〉 속 이노상 공동묘지
놀랍게도 이런 공동묘지가 도심 한가운데에 자리하고 있다. ©Wikimedia Commons

4 묘지의 실제 모습
가난한 시민들은 이 공동묘지에 시체를 묻고, 마구 버리기까지 했다. 1550년경의 모습을 테오도르 호프바우어(Theodor Hoffbauer)가 19세기 말에 그렸다. ©Wikimedia Commons

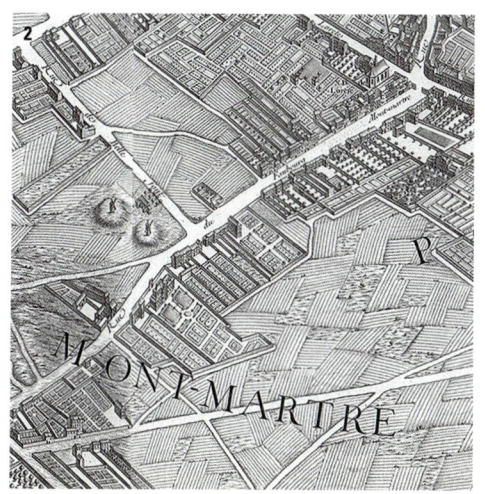

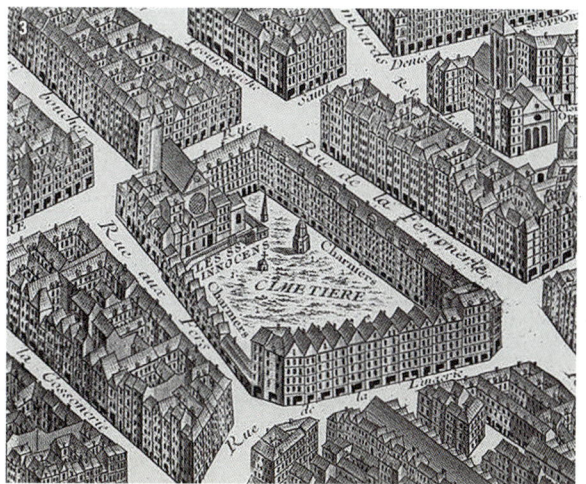

건물은 모두 같은 크기로 그린다. 그렇게 그리면, 도시가 담고 있는 모든 내용을 왜곡 없이 정확하게 전달할 수 있다. 설명 그림을 보시라. 차이는 이렇다. 엑소노메트릭은 평면을 그대로 45도 돌린 다음 입면을 올린다. 아이소메트릭은 평면을 마름모꼴로 바꾼 다음 입면을 올린다. 오블리크는 평면을 평행사변형으로 바꾼 다음 입면을 올린다. 간단하다. 화가들은 이 셋 중 하나를 선택해서 그림지도를 그렸다. 물론, '자연스럽게 보인다'며 조감도를 고집한 화가들도 많다. 16세기 후반부터 이런 작도법이 정착하면서 화가들의 선택 폭이 넓어졌다.

당시 파리는 작았다. 19세기 말의 절반 정도. 몽마르트르Montmartre는 교외의 작은 마을, 풍차가 돌고 있다. 대로가 쭉쭉 뻗은 20세기의 파리가 장년의 멋쟁이 신사라면, 중세의 틀을 벗지 못한 당시의 파리는 시골뜨기 중학생이라고나 할까. 브레테즈는 그런 파리를 동쪽으로 내려다보면서 그렸다. 고민이 많았을 것이다. 도시의 약점과 치부를 어떻게 숨겨야 하나? 길은 조금씩 넓히고 폈다. 이노상 공동묘지에 버려진 많은 시체도 슬쩍 감추었다. 진흙이 흘러내리는 센강의 하안도 살살 정리했다. 그런 정도의 눈속임이야 그가 묘사해낸 디테일에 비한다면 귀엽게 봐줄 수 있다. 독자 여러분은 위키미디어로 들어가 고해상의 〈튀르고 지도〉를 보시라. 1740년경의 파리가 파닥파닥 살아서 펼쳐진다.

개혁 국왕 앙리 4세가 만든 퐁뇌프

이제 파리 근대화의 첫 번째 주역을 초빙한다. 앙리 4세. 프랑스 역사에서 가장 훌륭한 국왕으로 꼽히는 사나이. 후사 없이 죽은 앙리 3세Henri III, 재위 1574~1589 다음 왕으로 지목된 그는 놀랍게도 신교도였다. 국민 대다수가 가톨릭 신자인 나라의 왕이 신교도라. 그건 말이 되지 않았다. 잠시 잠들었던 종교 갈등이 다시 촉발되었다. 극한의 대립. 새 왕은 5년간 파리를 봉쇄하고 국민의 항복을 기다렸지만, 소용없었다. 결국 그는 '개종'이라는 파격적인 결정을 하고 파리에 입성했다. 그리고 낭트 칙령Édit de Nantes, 1598을 반포해 수십 년간 계속된 종교전쟁을 끝냈다. 그가 입성했을 때 파리는 차마 눈 뜨고 볼 수 없었다. 황폐한 도시. 새 왕은 파리를 아름다운 '세계의 수도'로 만들겠다는 야심찬 목표를 가슴에 품었다.

낭만의 도시, 문화의 도시. 어떻게 표현한들 파리는 멋진 도시다. 그런 파리는 하나의 다리에서 시작되었다. 퐁뇌프Pont Neuf, 새로운 다리. 그것은 앙리

〈튀르고 지도〉 속 퐁뇌프
1604년 개방되자 파리 최고의 공간으로 시민의 열렬한 사랑을 받았다. 삼각형 광장은 플라스 도핀이다.
©Wikimedia Commons

4세가 "파리는 세계의 수도"라고 만방에 선포하는 선언문이었다. 파리 시민을 자기 편으로 끌어들이는 유인책이기도 했다. 퐁뇌프는 시민 누구에게나 개방된 시설이었으나 그 수준이 매우 높았다. 모든 사람이 사용하는 공공시설을 공들여 만든다. 그건 당시로서는 드문 일이었다. 그만큼 퐁뇌프는 개혁적이었다. 다리는 1604년 시민에게 개방되자마자 '최고의 공간'으로 사랑받았다. 부자든 가난한 자든 시민 모두가 퐁뇌프를 도시의 상징으로 받아들였다. 에펠탑을 파리 최고의 기념물이라고 한다면, 17세기 파리의 에펠탑은 퐁뇌프였다.

파리 시민이 퐁뇌프에 열광한 이유는 간단했다. 달랐기 때문이다. 센강에 설치된 기존의 다리들은 '물 위의 길'에 불과했다. 양쪽에 건물이 늘어선 좁고 답답한 다리. 강을 바라볼 수도 없는. 그런데 새 다리는 완전히 열린 다리였다. 길이 300미터, 폭 23미터. 시내의 어떤 도로보다 넓었다. 그

파리

곳에 가면 탁 트인 강은 물론 시가지를 한눈에 바라볼 수 있었다. 해방감. 완벽하게 새로운 체험이었다. 다리는 포장되었고, 게다가 양쪽에 보도까지 설치되었다. 그 역시 역사상 처음 등장하는 것이다. 덕분에 사람들은 마차의 통행에 신경 쓰지 않고 마음껏 경치를 감상할 수 있었다. 퐁뇌프는 전 유럽 다리의 표준, 길의 표준이 되었다. 모든 연인이 그곳을 찾았고, 귀족들도 마차를 세워놓고 몇 시간이고 놀다 갔다. '멋진 파리'가 열리고 있었다.

퐁뇌프 이전의 다리들은 과연 어떠했을까? 시테섬 중앙에 걸린 노트르담 다리Pont Notre-Dame를 클로즈업해본다. 퐁뇌프에서 500미터 떨어진, 파리 다리의 원조. 시에서는 허물어진 나무다리 대신 파리의 첫 돌다리를 1507년 완성하고 그 위에 68채의 집을 지었다. 길에서 보면 4층, 강에서 보면 5층. 똑같이 지은 좁고 높은 집. 시는 그걸 화상畫商, 귀금

1 해방감을 선사한 퐁뇌프
다리는 파리 시민에게 완벽하게 새로운 경관을 제공했다. 니콜라 장 바티스트 라그네(Nicolas Jean Baptiste Raguenet)의 1763년 그림 ⓒGetty Center, Wikimedia Commons

2 건물로 가득한 노트르담 다리
가게가 즐비했던 이 다리는 늘 붐비고 진창이었다. 니콜라 장 바티스트 라그네의 1756년 그림 ⓒMusée Carnavalet, Wikimedia Commons

3 열린 다리가 되다
노트르담 다리 위의 건물들이 드디어 철거되고 있다. 화가 위베르 로베르(Hubert Robert)의 1786년 그림 ⓒLouvre Museum, Wikimedia Commons

속상 같은 상인들에게 세를 놓았다. 가게가 즐비한 다리는 마차로 붐볐고, 말똥 때문에 늘 진창이었다. 1660년 스페인 공주 마리아 테레사Maria Teresa가 루이 14세Louis XIV, 재위 1643~1715에게 시집올 때 다리를 손본다고 난리를 쳤지만 크게 달라진 것은 없었다. 18세기 들어 집 때문에 다리가 무너지겠다는 걱정이 비등해지자 비로소 집을 철거했다. 〈튀르고 지도〉가 그려진 지 20년이 지난 때였다.

시민광장을 만들어라

퐁뇌프의 성공. 그걸 보면서 앙리 4세는 다른 사업을 벌였다. 광장 만들기. 첫 광장은 플라스 르와얄Place Royale. 국왕 광장이다. 오늘날의 보주 광장. 완벽한 사각 형태로, 〈튀르고 지도〉에서 가장 돋보이는 공간이다. 왕은 1606년 계획을 승인하면서 이 광장을 건설하려는 목표는 셋이라고 딱 정리해주었다. 첫째는, 도시를 꾸미는 것이고. 둘째는, 공공 행사를 하려는

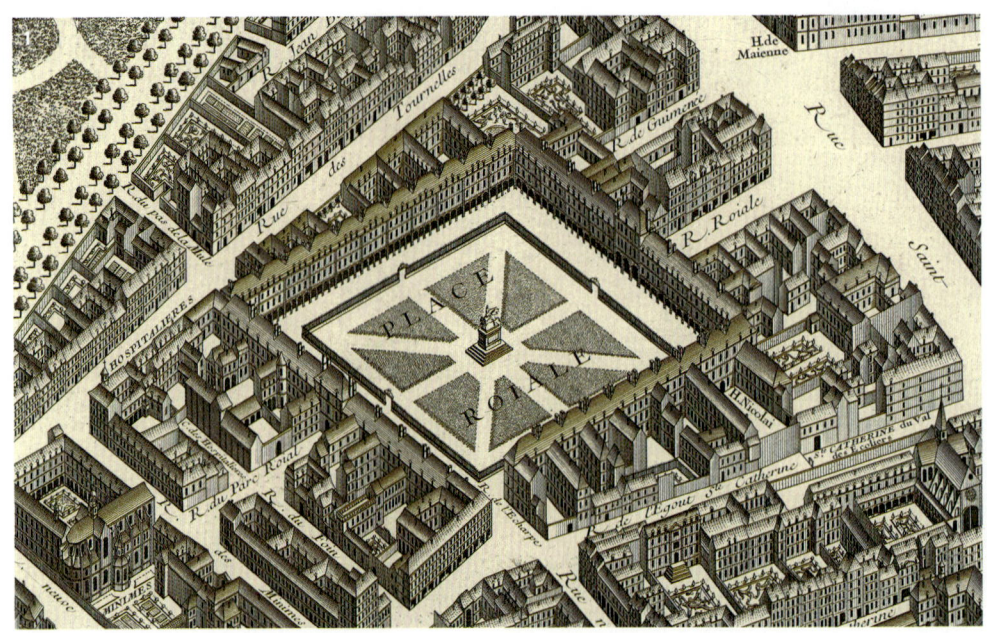

1 〈튀르고 지도〉 속 보주 광장
유럽 최초로 등장한 시민을 위한 공공공간이다. ©David Rumsey Map Collection, Wikimedia Commons

2 광장의 공식 오픈
루이 13세와 그 누이동생의 약혼잔치가 펼쳐지는 모습이다. 클로드 샤스티용(Claude Chastillon)의 판화작품 ©David Rumsey Map Collection, Wikimedia Commons

것이고. 셋째는, 시민에게 여가공간을 제공하는 것이다. 똑똑하기도 하셔라. 그는 공리를 앞세운 도시설계가였다. 도시를 꾸미는 행위야 다른 왕도 했으니 그렇다 치고, 둘째 셋째 목표는 파격적이었다. 시민의 생활을 향상시키기 위한 공간. 그걸 만들자고 한 군주는 유럽 역사를 통틀어 앙리 4세가 처음이다.

파리 중심부 마레Marais 지구에 자리한 보주 광장. '일부러 만든' 공공공간으로는 유럽 최초다. 원래는 말을 사고파는 공터였다. 비단공장을 짓기로 예정되었으나 왕은 광장을 구상했다. 주택으로 둘러싸인 광장. 그래야 시민광장이 된다. 한 변 140미터의 정사각형 공간을 40호의 주택으로 둘러쌌다. 1층에는 상점을 배열하고, 아케이드 거리를 조성했다. 사람을 끌어들이는 유인책이다. 건물의 내부는 거주자가 알아서 하라고 맡겼지만 외부는 완전하게 통일시켰다.

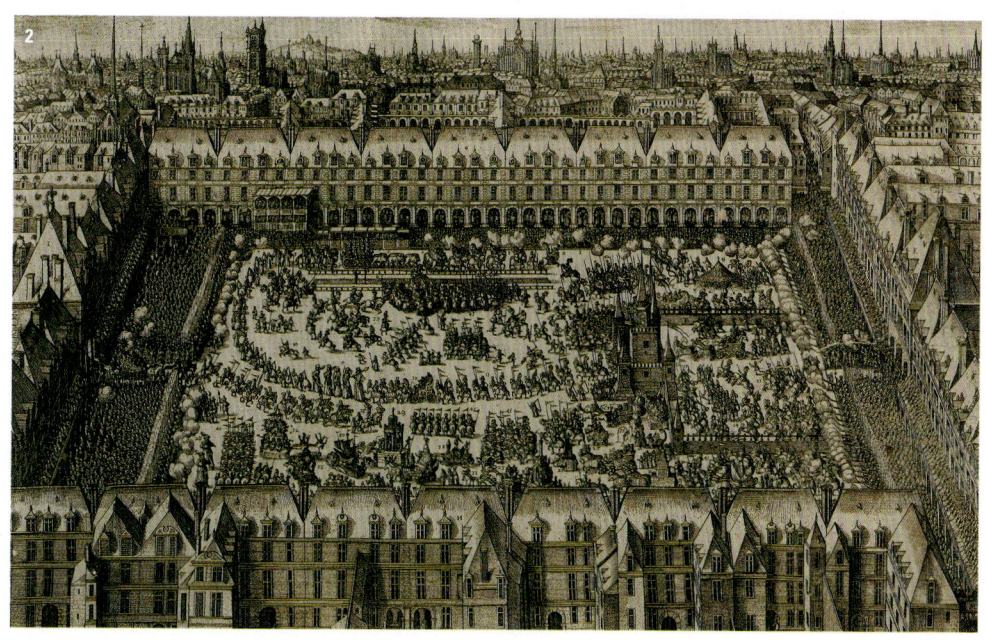

1 귀족의 차지가 된 보주 광장
주변에 펜스를 치고 중앙에 루이 13세의 기마상을 세웠다. 1709년 그림 ©Wikimedia Commons

2 플라스 도핀과 그 주변
섬의 중앙을 관통하는 축은 실현되지 못했다. 1615년 제작된 그림지도의 일부 ©Wikimedia Commons

붉은 벽돌과 금빛 돌을 조합한 경쾌하고 세련된 외관. 파리에 처음 등장한 스타일인데, 그건 왕비의 아이디어였다. 메디치 가문 출신인 마리 드메디시스Marie de Médicis, 1575~1642는 왕의 두 번째 부인으로, 이탈리아 르네상스 건축을 파리에 심는데 열성적이었다. 왕은 하루가 멀다고 현장을 찾았으나 완성된 모습은 보지 못했다.

시민의 반응은? 물어보나 마나다. 신분을 막론하고 환호를 보냈다. 광장의 공식 오픈은 1612년 4월 5일. 루이 13세Louis XIII, 재위 1610~1643와 그 누이동생이 한꺼번에 스페인 왕실과 약혼하는 의식이 펼쳐졌다. 며칠간 계속된 잔치, 관중이 구름떼 같이 몰려들었다. 시민광장이 열린 것이다. 그렇지만 앙리 4세의 원래 의도는 이내 구겨졌다. 주변의 주택을 모두 차지한 귀족들이 광장에 펜스를 치고 외부인의 출입을 막은 것이다. 중앙에 루이 13세의 기마상까지 세웠다. 프랑스 혁명1789~1794 때까지 공간은 그렇게 이어졌다. 귀족들이 떠난 이후에도 주변의 주택은 인기가 대단해서 빌 틈이 없었다. 빅토르 위고Victor Hugo, 1802~1885도 16년간 이곳에 살면서 《레미제라블》 같은 걸작을 집필했다.

두 번째 광장은 플라스 도핀Place Dauphine. '왕세자 광장'. 커서 루이 13세가 되는 어린 아들을 기념해 붙인 이름이다. 시테섬 서쪽 끝, 퐁뇌프와 연계된 삼각형 광장. 32채의 주택으로 둘러쌌다. 광장의 좁은 입구를 빠져나가면 딱 마주치는 앙리 4세의 기마상. 그 공간구성이 절묘하다. 마리 드메디시스의 기획이다. 원래는 시테섬의 중앙과 기마상을 연결하는 강력한 축을 구상했으나 그건 실현치 못했다. 프랑스 혁명 때 내동댕이쳐진 기마상은 1818년 복원되었다. 광장은 1616년 완공 당시에는 보주 광장처럼 단정했다. 그런데 이후에 너도나도 집을 고치면서 모습이 많이 흐트러졌다. 기마상을 마주하는 두 건물(주택)만 원래 모습 그대로다. 〈튀르고 지도〉를 그린 브레테즈는 퐁뇌프와 이 광장을 지도의 중심에 두어 파리의 핵으로 묘사했다. 이곳이 아주 마음에 들었던 것이다.

마지막 광장은 플라스 드프랑스Place de France. '국가 광장' 정도 되겠다.

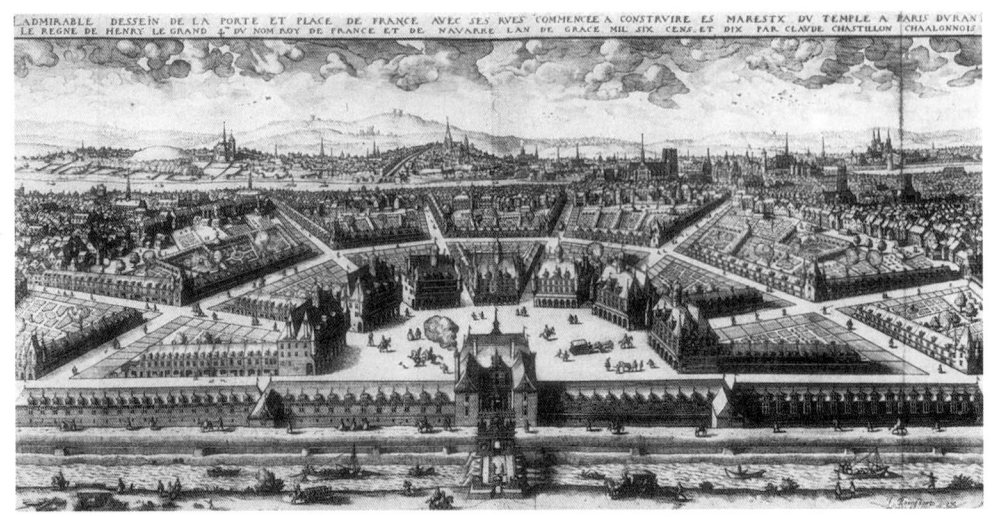

실현되지 못한 플라스 드프랑스
클로드 샤스티용의 1609년 판화작품 ©British Museum, ©Wikimedia Commons

반달형으로, 지름 156미터의 거대한 공간이다. 1609년 건설이 시작된 지 채 1년도 안 돼 왕은 살해당했고, 광장은 결국 그림으로만 남았다. 견고하게 통합된 국가를 원했던 왕의 염원을 담고 있는 공간이다. 8개의 길이 광장의 중심을 향하는 부챗살 구성. 길에는 프랑스 여러 지방의 이름을 붙였다. 나라의 모든 길이 파리를 향하고, 종국에는 이 광장으로 모인다는 것이다. 왕은 길이 향하는 중심 건물에서 일하고 싶었다. 보주 광장 너머 농사짓는 넓은 땅. 거기에 이 광장을 건설하면 파리 동쪽은 완전히 새로운 지역으로 변한다. 왕은 이 광장을 통해 국민에게 이리 말하려고 했다. "내가 다스리는 프랑스는 이렇듯 통합되고 질서 잡힌 나라가 될 것이다."

앙리 4세가 건륭제처럼 60년 정도 재위했다면 파리는 엄청나게 달라졌을 것이다. 그렇지만 20년을 채우지 못했다. 파리의 겉과 속을 개혁하기 위해 끊임없이 사업을 벌였던 그를 죽이지 못해 안달 난 사람들이 많았다. 개종한 국왕을 도저히 받아들일 수 없는 광신 가톨릭교도들이었다. 왕은 수많은 암살 시도를 용케 피했으나, 스물네 번째는 외통으로 걸려버렸다. 원인은 파리의 좁은 길에 있었다. 1610년 5월 14일 오후, 왕이 탄 마차가 폭 4미터의 페로느리 거리Rue de la Ferronnerie에 들어서면서 길이 막혔다. 상인의 짐마차들이 길을 막고 있으면 왕의 마차도 꼼짝을 못한다. 루브르궁부터 뒤따라온 광신도 프랑수아 라바이야크François Ravaillac, 1578~1610는 마차에 달려들어 왕의 옆구리와 심장을 사정없이 찔러댔다.

파리를 열린 도시와 보행도시로 만든 루이 14세

앙리 4세의 야망은 손자 루이 14세가 이어받았다. 태양왕. 이 절대군주는 혼잡한 파리를 싫어해 베르사유에 궁전을 짓고 쭉 그곳에서 지냈다. 그렇지만 파리가 유럽 제일의 도시라는 믿음만은 투철했다. 파리를 뜯어고치는 사업을 계속 벌인 것이다. 그는 전쟁광인데다가 안 아픈 데가 없었다. 72년의 치세동안 끊임없이 전쟁을 벌였고 병치레를 했다. 그런 국왕을 대신해 실제로 사업을 시행한 사람은 장 바티스트 콜베르Jean-Baptiste Colbert, 1619~1683. 국가의 재정을 담당했던 왕의 최측근. 파리를 장대하고 우아하고 청결한 도시로 만들어 '새로운 로마'로 널리 인정받게 하겠다는 야심가였다. 건축가 르보Louis Le Vau, 1612~1670, 조경가 르노트르André Le Nôtre, 1613~1700 같은 당대 최고의 장인들이 그를 도왔으니 작업은 순풍에 돛을 달았다.

콜베르는 우선 파리를 둘러싼 성벽을 허물어버렸다. 국가의 방위가 튼튼하니 수도가 위협받지 않으리라는 자신감이 두둑했다. 그렇게 성벽을 허문 자리에는 열을 지어 느릅나무를 심었다. 왕은 그걸 보면서 "도시를 둘러싼 나무의 성벽"이라면서 흐뭇해했다. 파리는 '열린 도시'가 되었고, 부수적으로 새로운 공간까지 생겼다. 프랑스어로 '꾸르cours'. 공공에게 제공된 푸르른 보행공간. 파리에 등장한 꾸르는 "시선이 닿는 데까지 뻗어가는" 폭 36미터의 곧은 산책로였다. 이전에는 상상도 할 수 없는 여가공간.

성벽 대신 보행공간
성벽을 허문 자리에 조성된 공공 보행로. 샤를 니콜라 코행(Charles Nicolas Cochin)의 18세기 후반 그림 ©Fondation Bemberg, Wikimedia Commons

퐁뇌프와 보주 광장의 연장인데, 콜베르는 그걸로 도시를 삥 둘러싼 것이다. 그 결과 파리는, 극히 일부분이긴 하지만, 한가로이 거닐 수 있는 도시, 즉 보행도시가 되었다. 1700년경이었다.

비슷한 시기에 파리에는 두 가지 용어가 새롭게 등장했다. 불바르boulevard와 에비뉴avenue. 모두 쭉 뻗은 가로수길을 뜻한다. 길을 뜻하는 일반명사 루rue와 차별되는 용어다. 두 용어는 큰 구분 없이 사용되었는데, '수목이 풍성하다'는 성격을 강조할 때는 '불바르'를 쓰는 경향이 있었다. 중요한 것은, 1700년경부터 파리에 그런 가로수길을 깔기 시작했다는 것이다. 주동자는 재상 콜베르였고, 시작은 샹젤리제 거리Avenue des Champ-Élysées였다. 오늘날에는 콩코르드 광장에서

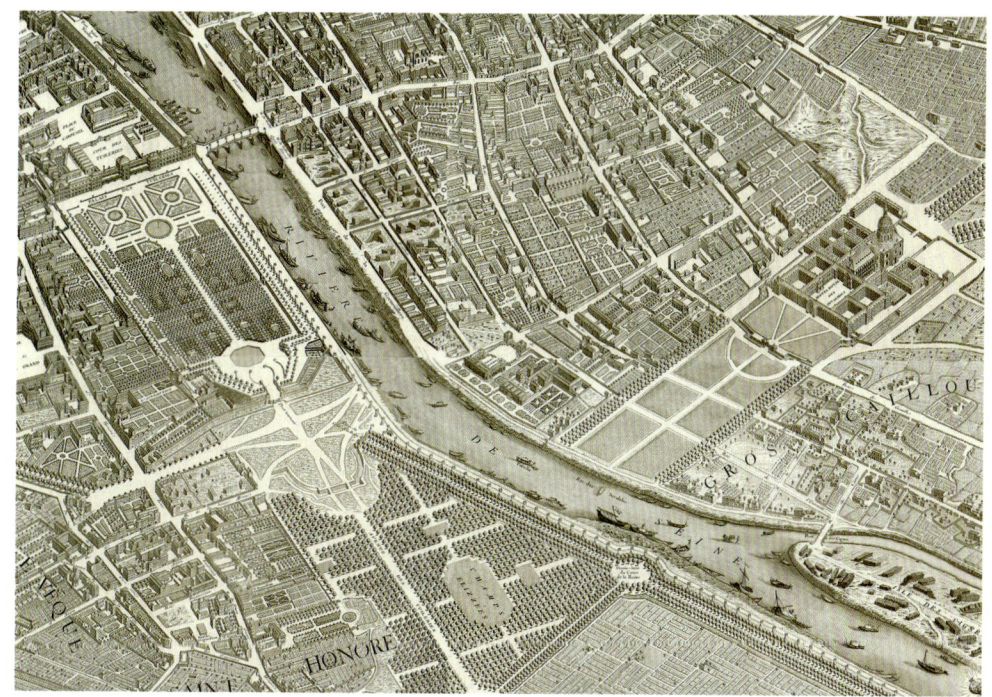

〈튀르고 지도〉 속 샹젤리제와 앵발리드
센강을 따라 샹젤리제가 뻗어나가고, 강을 건너면 앵발리드 앞으로 큰길이 대칭으로 조성되었다. ©Wikimedia Commons

개선문에 이르는 길인데, 18세기에는 튀일리 정원Jardin des Tuileries 앞에서 도시의 북서쪽 외곽으로 뻗어나갔다. 원래 이름은 '튀일리 에비뉴'. 그런데 1709년 출간된 관광 가이드북에 이 길의 좌우에 조성된 넓은 녹지를 '샹젤리제'로 표기한 것을 계기로 '샹젤리제 에비뉴'가 되었다.

샹젤리제에서 센강을 건너면 펼쳐지는 넓은 땅. 왕은 그곳에 상이군인을 위한 건물을 지었다. 앵발리드Invalides. 건물 앞에는 넓은 녹지와 함께 강을 향하는 큰길을 대칭으로 두었다. 사람들은 이 길을 '불바르 뇌프boulevards neufs'라고 불렀다. '새로운 불바르'라는 뜻이다. 이렇게 도시에 가로수길이 여럿 등장하자 시민들의 '나들이'가 일상화되었다. 가로수 사이로 보이는 집을 구경하거나 새로 출범한 악극단 '파리

완성된 보행·녹지 체계
루브르 궁전에서 튀일리 정원과 콩코르드 광장을 거쳐 샹젤리제가 이어지고, 앵발리드 앞으로 보행로가 조성되면서 체계가 완성되었다. 줄스 아르누(Jules Arnout)가 1846년 그린 〈기구에서 바라본 파리〉.
©Wellcome Collection, Wikimedia Commons

오페라Paris Opera'의 공연을 보러 갔다. '신선한 공기를 마시면서 걸으면 건강에 좋다'는 믿음이 퍼져나간 탓도 있었다. 흥미로운 것은, 가로수길이 '과시하는 공간'이 되었다는 사실이다. 잘 차려입은 신사 숙녀들은 자신들의 옷치장을 자랑하기 위해 가로수길로 나섰다.

    때를 맞추어 공원도 등장했다. 17세기에 이르기까지 파리에는 변변한 공원이 없었다. 궁전에 속한 정원 한두 개가 고작이었는데, 그건 왕실 전용이었다. 앙리 4세의 미망인이자 루이 13세의 어머니 마리 드메디시스가 1616년 만든 정원 '꾸르 라렌Cours-la-Reine, 왕후의 산책길이란 뜻'. 그게 공원의 첫발이었다. 도시 외곽 센 강변에 들어선 이 공간은 길이 1500미터의 폐쇄된 산책공간이다. 왕비가 고국 이탈리아의 로마나 피렌체에 있는 유사한 공간을 재현한 것이다. 처음에는 귀족과 특별한 부르주아에게만 개방되었다. 사람들은 주로 마차를 타고 그곳을 돌아다녔는데, 그래도 뭐든지 가지고 나와 자랑질을 했다. 화려하고, 번쩍이고, 새로운 것은 모두 그곳에 모였다.

1 가로수길을 메운 선남선녀
차려입은 신사 숙녀들이 과시를 위해 가로수길로 나섰다. 오귀스텐 드세인트 오빈(Augustin de Saint-Aubin)의 1760년 판화작품
©Metropolitan Museum of Art, Wikimedia Commons

2 공원의 첫발, 꾸르 라렌
마리 드메디시스가 1616년 만든 폐쇄된 산책 공간이다. 앙투안 아벨린(Antoine Aveline)이 17세기 말에 제작한 판화작품
©Bibliothèque National, Paris

진정한 공원의 시작은 튀일리 정원이다. 원래 있던 정원이 루이 14세에 의해 크게 확장되고 새로이 단장되어 1667년 시민에게 개방되었다. 베르사유궁의 정원을 설계한 르노트르의 손을 거쳤으니 유럽 최고의 바로크식 정원이 된 것은 당연한 일. 외국으로부터도 이 정원을 보러 사람들이 몰려왔다. 흥미롭게도 이곳에서는 사람들이 마차를 타지 않았다. 꾸르 라렌과는 완전히 다른 광경이다. 17세기 말 페렐Perelle 형제가 그린 정원 그림을 한번 보시라. 중앙에 큰 산책로가 뻗어나가 미래의 샹젤리제로 연결되는, 우아하고 장대한 공간이 눈 앞에 펼쳐진다. 그런데 어디 마차가 보이는가? 사람들은 이곳에서만은 두 발로 걸어 다녔다. 이곳을 유럽 최초의 공원으로 치는 이유다.

부자들이 왜 마차에서 내렸겠는가? 과시 때문이다. 우

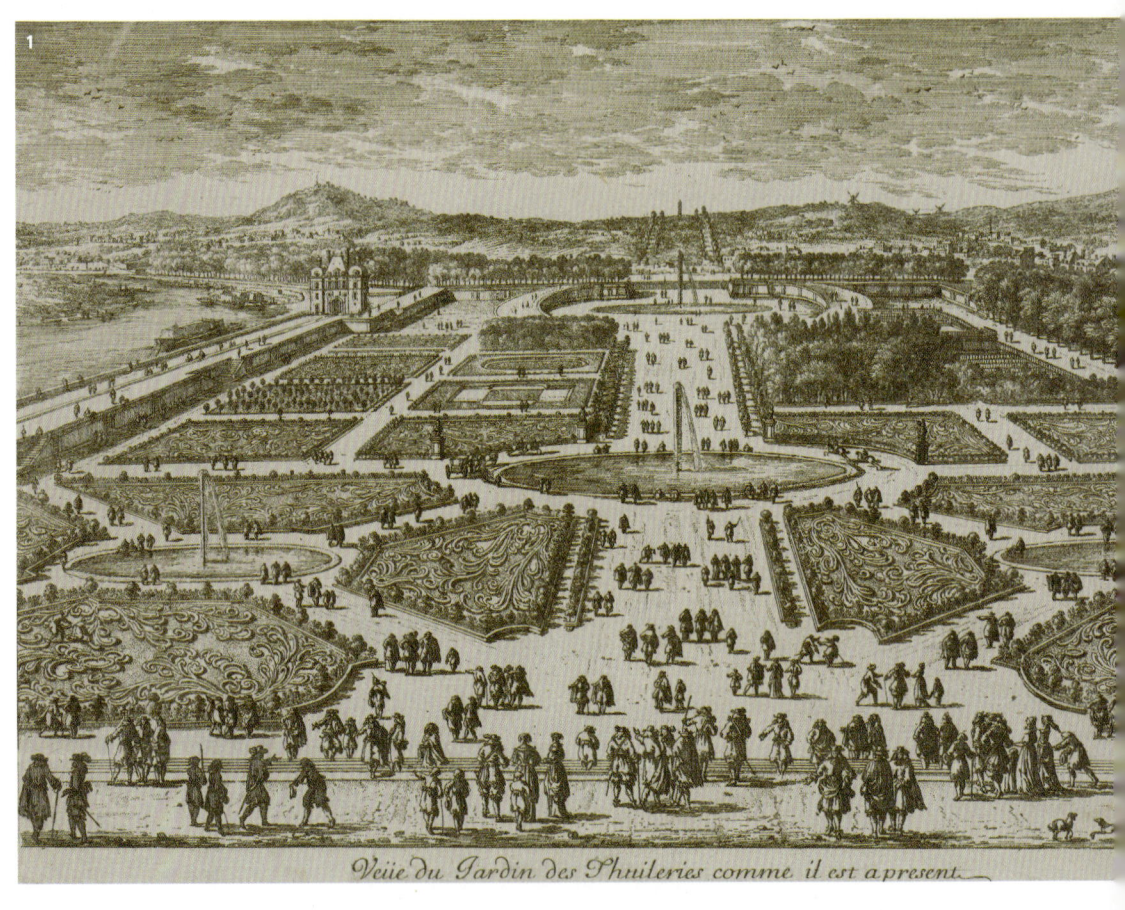

Veüe du Jardin des Thuileries comme il est apresent

아하게 차려입고 마차를 타고 돌아다니는 바보가 있을까? 도심처럼 오물의 진창이 아닌데도 말이다. 튀일리 정원의 개방과 때를 맞추어 파리에는 각종 사치품이 출시되었다. 1680년대에 출간된 가이드북에는 "튀일리 정원에 가면 최신 유행을 알 수 있다"고 썼다. 어떤 여성이 이곳에 부채를 들고나오자 온 유럽에 부채가 유행할 정도였다. 재미난 것은 이곳에 유럽 최초로 벤치가 설치된 것이다. 1678년 10개의 벤치가 설치되었는데 그게 인기가 있자 1686년에 101개가 추가되었다. 숙녀들은 어깨가 드러나는 옷을 빼입고 각종 액세서리로 치장을 한 다음 이곳에 나타났고, 벤치에 앉아 시간을 보내다가 대기시킨 마차를 타고 돌아갔다.

1 유럽 최초의 공원, 튀일리 정원
페렐 형제(Adam & Nicolas Perelle)가 1680년 제작한 판화작품 ⓒMetropolitan Museum of Art, Wikimedia Commons

2 튀일리 정원의 여인
곱게 치장하고 벤치에 앉아 시간을 보내다가 대기시킨 마차를 타고 돌아갔다. 니콜라스 아누(Nicolas Arnoult)의 1687년 그림 ⓒLA County Museum of Art, Wikimedia Commons

근대도시로의 환골탈태

근대도시modern city 근대도시 하는데, 그게 무슨 뜻인가? 근대적 삶과 사회를 담는 도시. 그 반대는 중세도시다. 중세도시는 닫힌 도시, 근대도시는 열린 도시다. 중세도시가 '공간적으로 분리된 구조 속에서 여러 공동체가 따로따로 노는 도시'라면, 근대도시는 '모든 부분이 서로 연결되고 상호작용하는, 살아있는 생명체 같은 도시'다. 근대도시에는 다양한 네트워크가 긴밀하면서도 효율적으로 작동한다. 그러므로 아무리 커도 도시는 '통합된 하나'로 인식된다. 움직임은 빠르고, 순환은 원활하고, 공간과 시간은

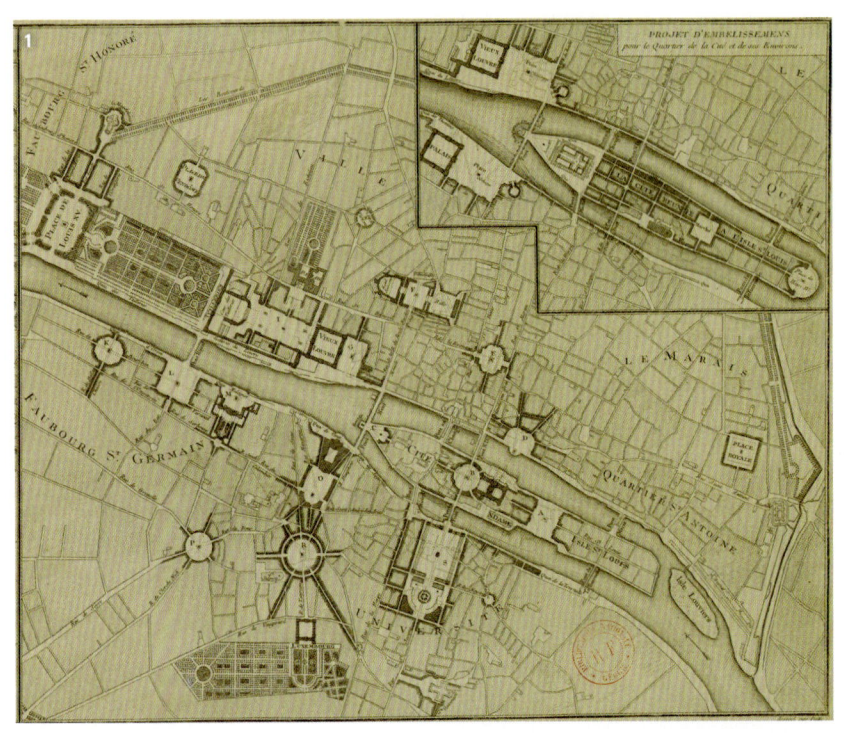

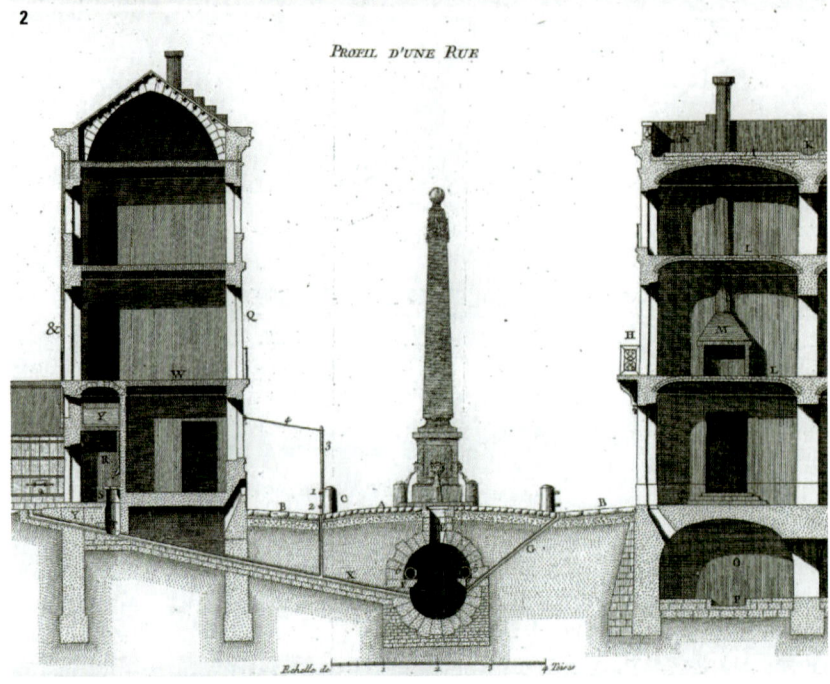

1 피에르 파트의 마스터플랜
파리 도심을 대대적으로 뜯어고치자는 제안이다.
©Bibliothèque National, Paris, Wikimedia Commons

2 도로의 이상적 구조
피에르 파트는 넓고, 포장되고, 상하수도가 갖춰진 도로를 도시 전체에 깔자고 제안했다.
©Wikimedia Commons

압축적으로 작동한다. 삶의 질은 높고, 사회적 교류는 활발하다. 이런 도시를 만들려면 단편적인 접근으로는 불가능하다. 도시의 모든 부분이 개선되어야 한다. 그런데 18세기 파리는 여전히 중세도시였다. 앙리 4세와 루이 14세는 파리의 근대화를 위해 많은 시도를 했지만 그걸 '종합적인 도시개선'이라고 할 수는 없다.

19세기 후반 전대미문의 개조사업을 거친 후에야 파리는 비로소 근대도시로 탈바꿈했다. 그런데 18세기에도 파리를 왕창 뜯어고치자고 제안한 사람들이 있었다. 건축가 피에르 파트Pierre Patte, 1723~1814가 그랬다. 이 사람은 1765년 루이 15세 광장Place de Louis XV, 오늘날의 콩코르드 광장 설계안을 제시하면서 아예 도시의 마스터플랜까지 내놨다. 그는, "도시를 꾸미더라도 전체를 대상으로 해야 만족스러운 결과를 얻는다" 하면서, 중요한 기념물과 우아한 주택만 남기고 나머지는 모두 다시 짓자고 제안했다. 그리고 그걸 위해 세밀한 그림을 그리자고 동료들을 부추겼다. 그는 도로 시스템까지 파고들었다. 넓고, 포장되고, 상하수도가 갖춰진 도로. 그걸 도시 전체에 깔자고 들었다. 그렇지만 그런 유토피아적인 구상은 썩어서 무너져 내리는 루이 15세 치하에서는 실현될 수 없었다.

드디어 조르주 외젠 오스만 남작이 등장한다. 파리 근대화의 영웅. 그의 손에 의해 파리는 마침내 환골탈태를 했다. 그를 파리 지사로 임명한 사람은 나폴레옹 3세Napoleon III, 재위 1852~1870. '두 번째 아우구스투스'로 칭송받기 원했던 황제였다. 로마제국 초대 황제 카이사르 아우구스투스Caesar Augustus, 재위 BC27~AD14는 "나는 벽돌의 도시 로마를 대리석의 도시로 바꿔놓았다"고 공언할 정도로 로마를 꾸미는 데

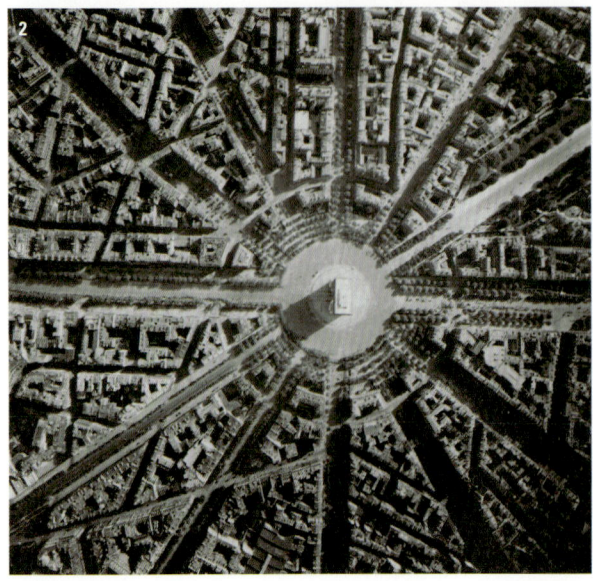

1 훤하게 열린 파리
오스만의 개조작업, 그 결과 도시는 이렇게 변했다. 카미유 피사로(Camille Pissarro)가 1898년 그린 〈겨울 아침, 햇살이 비추는 오페라 거리〉 ©Museum of Fine Arts of Reims, Wikimedia Commons

2 개선문이 있는 에투알 광장
열두 개의 큰길이 별처럼 퍼져나가는 특별한 장소다. 1945년 촬영한 사진 ©G. Garitan, Wikimedia Commons

힘을 쏟았다. 오스만은 나폴레옹 3세의 대리인을 자임했고, 1853년부터 17년 동안 파리의 도로, 경관, 주택, 상하수도, 공원과 광장, 조명 등 '모든 것'을 바꾸어 놓았다. 오스만은 매일 황제를 만났다. 사람들이 뒤에서 수군거리는 그의 별명은 '부황제 Vice Emperor'.

이 개혁가는 우선 파리를 두 배로 키웠다. 튀르고의 파리가 11개의 구 arrondissement로 이루어진 데 반해 오스만의 파리는 그게 20개였다. 그리고 도심의 낡은 집을 대대적으로 부순 다음 길을 깔았다. 그저 길이 아니고, 불바르. 수십 개의 불바르를 깔아 도시를 사통팔달 연결시킨 것이다. 연결의 중심점에는 중요한 기념물이나 광장을 두었다. 그런 도시계획을 언제부턴가 '오스만화 Haussmannisation'라고 부른다. 도시 곳곳에 넓은 길을 뚫어 숨통을 틔우면서 경관도 향상시키는 계획. 도시를 공간적으로 엮어 '하나'로 만들기에 더없이 좋은 방식이다. 파리에는 많은 장소가 중심점으로 등장했다. 그중 제일 특별한 곳은 개선문이 있는 에투알 광장 Place de l'Étoile이다. 열두 개의 큰길이 별처럼 퍼져나가는 둥근 광장. 오스만이 남긴 특별한 유산이다.

아파트로 창출한 새로운 도시경관

완전히 변신한 파리. 어떤 변화도 작은 변화는 없었다. 그중에서도 집이 제일 큰 변화를 겪었다. 오스만 이전의 파리에는 극명하게 다른 두 종류의 주택이 존재했다. 대저택과 초라한 타운하우스. 대저택에는 귀족과 돈 많은 부르주아가 살고, 타운하우스에는 일반 서민이 살았다. 사실상 그 중간은 없었다.

18세기 중반, 파리의 귀족과 그 가족은 도시 전체 인구의 3퍼센트. 거기에 새로운 권력 세력으로 등장한 상류 부르주아의 숫자가 점점 늘어나고 있었다. 그들의 저택을 부르는 용어는 두 가지였다. '오텔 hôtel'과 '메종 maison'. 오텔은 귀족이 사는 대저택, 메종은 상류 부르주아가 사는 저택. 오

텔은 왕이나 왕족의 궁전 팔레palais를 모델로 지었다. 좌우대칭에 중정을 둘러싸고 후면에는 넓은 정원이 있는 구성. 메종은 그런 오텔을 모델로 했다. 그러나 뱁새가 황새를 따르기는 힘든 법. 여유 있는 정원에 만족해야 하는 경우도 많았다. 귀족들은 오텔을 둘러싸고 권력투쟁 하듯 경쟁을 벌였다. 더 크고 더 화려하게 짓기 위한 과시 경쟁. 집을 짓다 파산한 귀족도 많았다. 〈튀르고 지도〉를 그렸을 때가 그랬다. 바로크 양식은 무르익어 있었고, 오텔의 화려함은 극에 달해 있었다.

서민이 살던 타운하우스는 허접하기 짝이 없었다. 길에 면한 폭은 좁고 안쪽으로는 긴 주택. 중세에 생겨나서 유럽 전역에 퍼진 상점겸용 주택이다. 1층에는 상점이나 공방이 있었다. 처음에는 2층 정도로, 한 가족이 살았다. 그런데 층수는 점점 늘어났고, 시나브로 집합주택으로 변해갔다. 상

1 귀족 저택 오텔
파리의 오텔 드라브리에르(Hôtel de La Vrillière). 오늘날은 프랑스 은행 본점으로 쓰인다. 장 마로(Jean Marot)의 1686년 판화작품 ©Gallica Digital Library, Wikimedia Commons

2 〈튀르고 지도〉 속 타운하우스
원래는 2층의 단독주택이었으나 5층 정도의 다세대 주택으로 변했다. ©Wikimedia Commons

3 파리의 서민주거지역
상점겸용 주택이 촘촘하게 이어진다. 아돌프 포테몽(Adolphe M. Potémont)이 1866년 그린 판화작품 ©Musée Carnavalet

점이 있는 다세대 주택. 그걸 연상하면 된다. 〈튀르고 지도〉에 묘사된 도심의 주택은 대부분 5층 높이다. 중세에는 나무로 지었는데 자꾸 불이 나자 돌이나 벽돌로 지었다. 워낙 촘촘하게 밀집했으므로 실내는 햇빛도 들지 않고 공기도 통하지 않았다. 위생, 그게 뭐지? 그런 지경이었다. 위층에 사는 사람들은 길을 향해 요강을 쏟아버렸다. 그런 환경 때문에 도시에는 콜레라 같은 전염병이 수시로 퍼졌다.

그랬던 파리였다. 그런데 오스만이 나타나면서 오텔도 타운하우스도 순식간에 사라졌고, 아파트가 대량으로 들어섰다. 파리의 아파트. 우리나라와는 달리 길을 향해 얼굴을 바짝 내밀고 모양은 비슷비슷하지만 장식으로 멋을 낸 석조 건물로, 옆으로 길게 줄지어 늘어섰다. 아파트는 이전에도 있었지만 19세기 초반부터 그 수가 늘어났다. 당시 돈 많은 부르주아의 가장 인기 있는 투자 대상이 아파트였다. 파리에 아파트가 폭발적으로 늘어난 것은 오스만이 불바르를 펼쳐놓은 것과 시기적으로 일치한다. 도심의 낡은 주택들을 철거한 자리에는 예외 없이 아파트가 들어섰다. 아파트가 도시의 경관을 지배했고, 시민 대다수가 아파트의 주민이 되어갔다.

오텔이 사라진 것은 귀족이 쇠락한 때문이다. 그들의 위세는 프랑스혁명을 거치면서 바짝 위축되었다. 정치적 상황이 바뀌면서 기사회생한 귀족들도 경제적 주도권은 상실해버렸다. 그러니 대저택을 소유하면서 떡 벌어지는 연회를 베풀 수 있는 여력이 없었다. 결국 오텔을 포기하고 아파트로 들어가 사는 편을 택했다. 그래도 그들은 이전의 호사스러움을 포기하지는 않았다. 아파트를 지어서 임대한 사업자들도 오텔의 내부를 최대한 반영한 공간구성을 한 다음 귀족들을 받았다. 그럼 귀족이 살던 오텔은 어떻게 되었을까? 상당수는 없어졌다. 남은 것은 고급 호텔, 미술관, 대사관, 국가기관 등으로 사용된다. 로댕 미술관Musée Rodin도 원래 18세기 초반에 지은 귀족의 저택이다.

타운하우스에 살던 사람들의 처지가 딱하게 되었다. 가난한 서민이 아파트에 들어가기는 어려웠다. 꼭대기 층에 간신히 세 들어 살 수 있다면 행운이었다. 나머지는 개발되지 않은 곳으로 가야 했다. 개발된 곳은 부르주아가 살고 개발되지 않은 곳은 서민이 살고. 그렇게 주거지가 분화되었다. 더 가난한 사람들은 도시 밖으로 나가야 했다. 오스만의 도시 개조로 거리에 내몰린 사람은 30만 명이 넘었다. 그들은 파리 교외 곳곳에 얼기설기 판잣집을 짓고 집단으로 모여 살았다. '말로티mal-lotis'라고 불리는 파리 주변의 판잣집은 19세기 후반부터 숫자가 늘어나서 20세기 초반에는 심

파리의 새로운 아파트
오스만의 도시 개조 이후 이런 모습의 아파트가 도시경관을 지배했다. 1864년 건축가 세자르 달리(César Daly)가 그렸다. ©Ville de Paris / Bibliothèque Historique

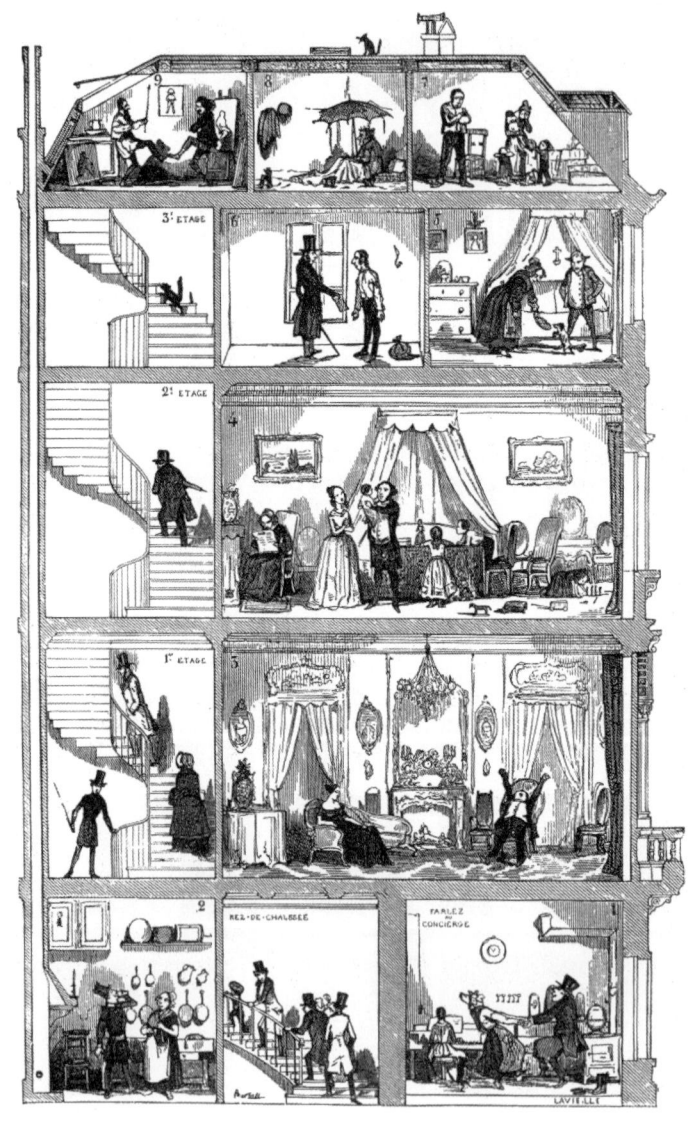

층층이 다른 계층
제일 부자는 2층을 차지하고, 위로 오를수록 가난한 사람이 살았다. 1852년 출간된 책 《그림으로 본 파리(Tableau de Paris)》에 실린 그림. 자료 소장처: Gallica.bnf.fr

각한 골칫거리가 되었다. 천하 영웅 오스만도 '사회주의'니 '주거복지'니 하는 개념은 미처 몰랐다. 사실 그에게 그것까지 기대할 수는 없었다.

같은 아파트라 해도 층마다 사는 계층이 달랐다. 건물은 6층 내외. 2층이 벨 에타주belle etage 즉 '제일 좋은 층'이었다. 접근이 쉬운데다가 도시 경관을 가까이 즐길 수 있기 때문이다. 귀족이나 상류 부르주아가 한 층을 다 썼다. 1층에는 길에 면해 상점이 있었다. 3층에는 여유 있는 중산계층이 살았는데, 다만 한 층을 다 쓰지 않고 공간을 분할해서 두 세대 이상이 살았다. 4층부터는 계층이 낮아지고 층수가 올라갈수록 궁기도 심해졌다. 지붕 밑에는 가난한 예술가와 노무자 가족이 살았다. 올라갈수록 천장 높이는 낮아졌고, 창문의 크기는 작아졌으며, 계단실 장식도 간소해졌다. 고급아파트에는 4층 이상으로 오르는 계단이 별도로 마련되어서 부자는 가난한 사람들과 마주치지 않았다.

아파트로 이루어진 도시. 그런데 아름다운 도시. 그게 가능할까? 오스만이라면, 가능했다. 건물 사이의 조화. 그것을 위한 철저한 통제. 내부는 상관하지 않았다. 대신 아파트의 폭과 높이를 규제하고, 건축선과 지붕면을 맞추고, 발코니는 연속으로 이어지도록 했다. 사업자는 건물의 색채, 재료, 그리고 전체적인 분위기를 옆 건물과 맞추어야 했다. 오스만은 처음 개발한 리볼리 거리Rue de Rivoli를 대상으로 자신의 전략이 잘 작동되는지 확인한 다음 모든 개발에 그것을 적용했다. 그리고 그것을 조례로 박아 놓았다. 도시미관을 공공의 가치로 올려놓고, 그걸 규정으로 정한다. 근대적 도시계획의 시작이었다. 오스만은 그런 전략을 통해 파리를 통일된 외관의 바로크 도시로 만들어 놓았다.

볼테르가 했던 지적. 상기하면 이렇다. "막대한 지역에 공공장소가 마련되어야 한다." 앙리 4세에서 오스만에 이르는 300년 간의 도시 개조. 볼테르의 얼굴에 비로소 미소가 번진다. '불바르의 도시', '공원의 도시'. 파리는 공공장소가 흘러넘치는 도시가 되었다. 온갖 드라마가 길과 공원에서 펼쳐지는 도시. 아파트로 도시미를 구현한 도시. 그게 파리의 매력이자 개

성이다. 아름답다, 멋지다. 그것보다는 특별하다, 개성적이다. 그게 더 어울린다. 파리는 '모델 도시 model city'가 되었고, '우리도 파리 같은 도시를 만들자'는 의욕을 세계에 불러일으켰다. '도시가 이럴 수도 있다'는 사실을 보여주었고, '도시는 이래야 하는구나'를 상기시켜주었다. 파리는 역사상 최초의 근대도시이자 인류 도시문명의 수준을 격상시킨 '빛나는 도시'. 그렇게 불러줄 만하다.

아름다운 아파트의 도시
파리는 건물 사이의 조화를 위해 철저히 통제했고, 그 결과 수준 높은 도시미관을 유지했다. 귀스타브 카유보트(Gustave Caillebotte)가 1881년 그린 〈파리의 발코니〉 ©Wikimedia Commons

로마

공간의 네트워크로 묘사한
영원의 도시

〈놀리 지도〉 조반니 바티스타 놀리, 1748년

최고의 로마 지도

"놀리가 그린 로마 지도 있나요?" 수소문하고 다니기를 여러 해. 대답은 매번 '노'였다. 구할 수 있으리란 확신은 있었다. 코넬대학에서 봤으니까. 20세기 말. 당시 코넬대학에는 "도시는 콜라주collage"라며 새로운 건축·도시 접근법을 설파하던 교수가 있었다. 콜린 로Colin Rowe, 1920~1999다. "미국 대도시들은 삭막하다. 인간적 공간 위주로 도시의 틀을 다시 짜야 한다." 그의 주장이 불러일으킨 파장은 제법 컸다. 필라델피아에서 공부하던 시절, 나는 반나절을 운전해서 코넬대학으로 그를 보러 갔다. 하지만 허탕이었다. 약속도 않고 찾아갔으니. 다행히 그의 연구실은 창문을 통해 들여다볼 수 있었다. 아!! 책상 뒤에 떡하니 걸린 〈놀리 지도Nolli Map〉. 공간을 압도하고 있었다. "책에서만 보던 저걸 실물로 보다니. 나도 저걸 구해야겠다." 그게 시작이었다.

조반니 바티스타 놀리Giovanni Battista Nolli, 1701~1756. 그가 1748년에 출간한 지도 〈누오바 피안타 디로마Nuova Pianta di Roma〉. 새로운 로마 지도, 그런 뜻이다. 전 세계에서 통용되는 명칭은 〈놀리 맵〉, 그러니까 〈놀리 지도〉. 참 유명한 지도다. 건축이나 도시를 공부한 사람이 이 지도를 모른다, 그건 좀 이상한 거다. 요즘 같은 통섭의 시대에는 웬만한 식자라면 이 지도를 안다. 도시를 진지하게 얘기하는 책에는 꼭 등장하니 말이다. 왜 그럴까? 지도 자체가 특별하기도 하고, 그것이 전하는 메시지도 중요하기 때문이다. 로마라는 도시의 무게가 그만큼 중하다는 뜻도 된다. 〈놀리 지도〉 그리고 그 속에 표현된 로마. 모두가 흥미롭다. 어떤 이론가는 이렇게 선언했다.

〈놀리 지도〉에 담긴 로마는 도시디자인을 위한 교과서다.

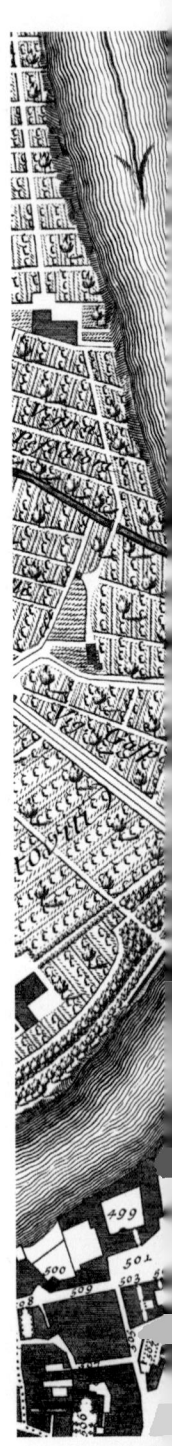

〈놀리 지도〉 부분
놀리가 1748년 출간한 로마 지도. 도시디자인을 위한
교과서로 명성을 드높이고 있다. ©Wikimedia Commons

차차 밝혀볼 내용이다.

놀리는 건축가였지만, 측량에 능통했다. 나침반을 사용하는 최신 측량술을 익혔다. 교황 클레멘스 12세Clemens XII, 재위 1730~1740는 그런 놀리를 불러 이렇게 명했다. "새롭고 정확한 로마 지도를 그려라. 도시의 위대함을 과시하라." 작업에 12년이 걸렸다. 12장으로 그려진 동판화. 모두 이으면 176×208센티미터 크기가 된다. 웬만한 아파트에 걸면, 거실 벽면 절반은 차지한다. 이전의 로마 지도는 (하나만 빼면) 모두 아이소메트릭 또는 조감으로 그렸다. 3차원으로 그린 것이다. 그런데 놀리는 평면, 즉 2차원으로 그렸다. 관광객에게는 불편하지만, 애매함은 사라졌다. 1970년대에 이르기까지 로마의 지리체계는 모두 〈놀리 지도〉에 의존했다. 그만큼 정확하다. 스페인 계단이 좌우대칭이 아니라는 사실도 놀리가 밝혀냈는데, 그런 사례는 셀 수 없이 많다.

학자들은 18세기 최고의 도시지도로 셋을 꼽는다. 브레테즈가 파리를 그린 〈튀르고 지도〉1739. 존 로크John Rocque가 그린 런던 지도1746. 그리고 놀리가 그린 로마 지도1748. 대단한 지도들이다. 아시다시피 〈튀르고 지도〉는 도시의 동쪽

〈놀리 지도〉
〈튀르고 지도〉와 함께 18세기 유럽 최고의 지도로 꼽힌다. 12장으로 나눠진 것을 하나로 합했다. 출처: David Rumsey Historical Map Collection

공간의 네트워크로 묘사한 영원의 도시

을 위로 배열한 3차원 지도다. 유럽 그림지도의 최고봉이지만, 100퍼센트 정확한 지도는 아니다. 그런데, 로크와 놀리가 그린 지도는 2차원의 평면지도이고, 도시의 북쪽을 위로 배열했다. 땅의 방향에 지도의 방향을 맞춘 것이다. 기능적이고, 과학적이고, 정확하다. 이후에 나온 도시지도는 주로 그렇게 그렸다. 지도의 주류가 그림지도에서 평면지도로 바뀐 것이다. 그렇지만 관광객을 위한 지도는 좀 달라야 했다. 이미지 전달이 쉬운 그림지도가 제격이다. 그러니 지도는 다양해질 수밖에.

도시의 위대함을 과시하라는 교황의 요구는? 놀리의 대응은 독특했다. 지도와 풍경화의 이중주. 지도의 아래를 슬쩍 걷어 올려 로마의 풍경을 보여준다. "로마는 역사의 흔적이 켜켜이 쌓인 신성한 도시다." 그렇게 말하면서. 왼쪽에는 콜로세움, 콘스탄티누스 개선문, 포로 로마노, 트라야누스 원주 등을 몽타주로 배열하고, 늑대의 젖을 먹는 로물루스와 레무스 형제를 부서진 조각상으로 보여준다. 고대 로마다. 오른쪽에는 신성한 교

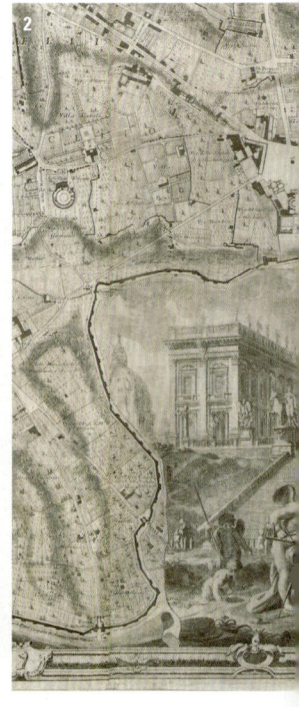

1 〈놀리 지도〉의 왼쪽 아랫부분
고대 로마를 상징하는 그림이다.
출처: David Rumsey Historical Map Collection

2 〈놀리 지도〉의 오른쪽 아랫부분
18세기 로마와 신성한 교회를 상징하는 그림이다.
출처: David Rumsey Historical Map Collection

회의 상징이 캄피돌리오 광장을 배경으로 자리한다. 이건 교황이 다스리는 18세기 로마다. 그림은 정교하고도 풍성하다. 피라네시Giovanni Battista Piranesi, 1720~1778의 작업으로 보이지만 아니다. 놀리는 바쁜 피라네시 대신 스테파노 포지Stefano Possi, 1699~1768에게 부탁했다. "피라네시처럼 그려다오." 풍경화를 얹자 지도는 예술품이 되었다. 단순한 '지도'를 넘어서 단번에 '도시그림'의 반열에 오른 것이다.

위대한 판화가 피라네시와 놀리. 나이 차는 많지만 둘은 절친이었다. 놀리는 로마 유적에 해박한 피라네시의 도움을 많이 받았다. 피라네시도 그랬다. 그가 1762년에 펴낸 지도 〈캄푸스 마르티우스Campus Martius〉를 보시라. 사라진 로마의 위락지구를 건물 평면 위주로 재현한 이 놀라운 지도는 피라네시의 유적 지식과 뛰어난 상상력의 산물이다. 그런데 그 밑바탕은 〈놀리 지도〉다. 놀리는 큰 로마 지도와 함께 한 장짜리 축소판42×70센티미터도 그렸는데, 거기에는 피라네시의 풍경화를 실었다. 당시 유럽에서 피라네시는 '인기짱'이었다. 그가 제작한 로마풍경 판화는 집집마다 걸려있었다. 18세기 유럽 전역에 퍼진 '그랜드 투어Grand Tour' 그러니까 이탈리아 여행 붐은 피라네시가 불러일으켰다 해도 과언은 아니다.

지금까지 얘기한 〈놀리 지도〉의 우수성. 다 좋은데, 진짜 중요한 게 있다. 놀리가 로마를 표현한 수법이다. 판테온 주변을 보자. 길과 광장 같은 외부공간은 희게, 건물은 검게 표현했다. 이상한 것은, 판테온의 내부도, 그리고 전면의 열주랑도 희게 표현한 것이다. 판테온 뒤에 있는 미네르바 성당Santa Maria spora Minerva의 내부도 마찬가지다. 참 특별한 표현방법이다. 흰색과 검은색의 구분. 그 기준이 뭘까? 안인가

공간의 네트워크로 묘사한 영원의 도시   319

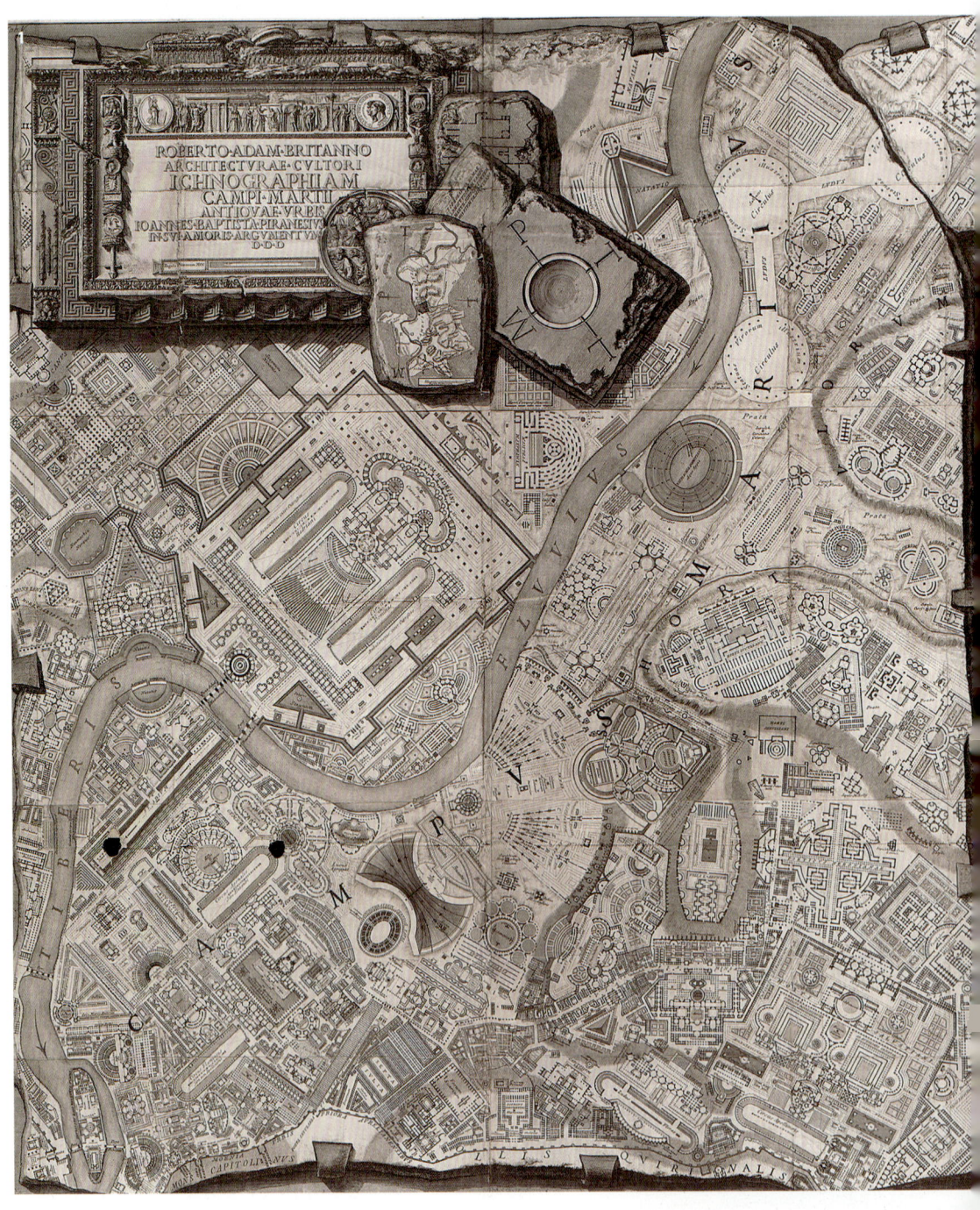

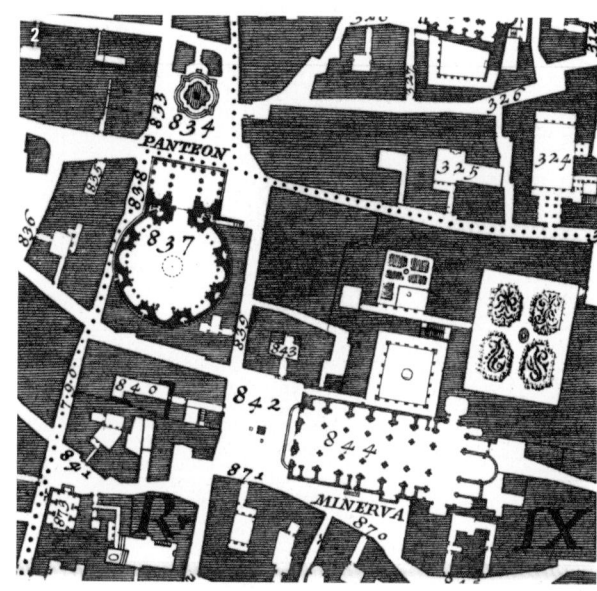

1 〈캄푸스 마르티우스〉
피라네시가 1762년에 펴낸 이 지도는 그의 로마 유적에 관한 지식과 뛰어난 상상력의 산물이다. ©Wikimedia Commons

2 〈놀리 지도〉의 판테온 주변
대중이 접근할 수 있는 공간은 흰색, 아닌 것은 검은색. 그렇게 나누어 표현했다. ©Wikimedia Commons

밖인가? 그건 아니다. 대중이 드나들 수 있는가 없는가? 바로 그거다. 검게 표현한 건물도 내부에는 방이 있고 복도가 있지만 그런 건 무시했다. 대중이 접근할 수 있는 공간은 흰색, 아닌 것은 검은색. 그렇게 나누었다. 그런데 그렇게 그리려면 많은 건물의 평면을 정확히 파악해야 한다. 왜 그런 수고를 했을까?

"로마는 공간의 도시다." 그걸 말하고 싶었다. 18세기의 로마는 거듭난 도시였다. 르네상스와 바로크 시대를 거치면서 내·외부를 막론하고 많은 공간이 생겨났다. 광장과 길이 정비되고, 곳곳에 새로운 교회와 팔라초가 들어섰다. 외부공간의 윤곽은 뚜렷해지고, 내부공간은 더욱 풍요로워졌다. 유구한 역사가 만들어낸 다양한 공간들. 로마는 '공간의 네트워크'로 시민에게 다가갔다. 모든 교회는 개방되었고, 웬만한 팔라초의 중정도 일반인이 드나들 수 있었다. 그러니 로마 시민은 늘 다채로운 공간체험을 하면서 지냈다. 놀리는 그런 로마를 지도에 담았고, 우리는 로마를 '공간'으로 읽을 수 있게 되었다. 요즘도 많은 관광객이 〈놀리 지도〉를 휴대폰에 깔고 로마의 공간탐방에 나선다. 우리도 나서보자.

흔적의 도시, 그리고 과거와 현재를 잇는 오벨리스크

공간의 도시. 그렇게 규정한 다음 〈놀리 지도〉는 또 이렇게 말한다. "로마는 흔적의 도시다." 그렇다. 매서운 관찰자는 지도 곳곳에서 과거의 흔적을 읽어낸다. 대제국의 수도였으나 버려져서 폐허가 되고, 교황의 도시로 거듭났으며, 다시 이탈리아의 수도가 된 도시. 로마의 역사는 길고도 특별하다. 그런 도시는 흔히 팔림프세스트palimpsest로 묘사된다. '옛 기록의 흔적이 남은 양피지'라는 뜻이다. 종이가 없던 시절, 중세 수도원. 모든 기록은 양피지에다 했다. 그런데 양피지는 귀했다. 쓴 것을 또 쓸 수밖에. 그러자면 원래 기록은 지워야 했는데, 아무리 잘 지워도 흔적은 남았다. 오래 쓴 양피지에는 그런 흔적이 덕지덕지 겹쳐있다. 도시도 역사의 흔적이 쌓이면 팔림프세스트 상태가 된다. 로마가 바로 그런 도시다.

 로마의 공간탐험은 잠시 미루고, 이 도시에 쌓인 흔적의 껍질부터 좀 벗겨보자. 우선 나보나 광장 주변 지역으로 간다. 캄포 마르치오Campo Marzio, 라틴어로는 캄푸스 마르티우스Campus Martius로 불렸던 지역이다. 로마 제국 시대, 군사훈련을 하던 드넓은 벌판이었다. 그런데 이곳에 새로운 건축재료 콘크리트로 구축한 대규모 건물이 속속 들어섰고, 대도시 로마의 종교 및 위락 중심지가 되었다. 신전, 극장, 공중목욕탕이 밀집했는데, 오늘날의 인기 탐방지 판테온도 그중 하나다. 도미티아누스 황제Domitianus, 재위 81~96가 3만 명의 관중을 수용하는 전차경기장을 세운 것은 서기 86년이었다. 영화 〈벤허Ben-Hur〉에 그려진 다이내믹한 전차 경주. 네 마리 말이 끄는 전차의 순위 다툼. 로마 시민을 열광으로 몰아간 볼거리로서, 많은 사상자가 나왔다. 여성에게도 관람이 허용되었다.

 전차경기장은 로마에 여럿 있었다. 그런데 특이하게도 경기장 한가운데에는 꼭 오벨리스크를 세웠다. 오벨리스크는 로마의 과거와 현재를 잇는 끈으로, 앞으로 자주 등장한다. 이집트를 원정한 황제들은 앞다투어 오벨리스크를 로마로 가져왔다. 자신의 통치권을 수호해주는 신의 가호가 그

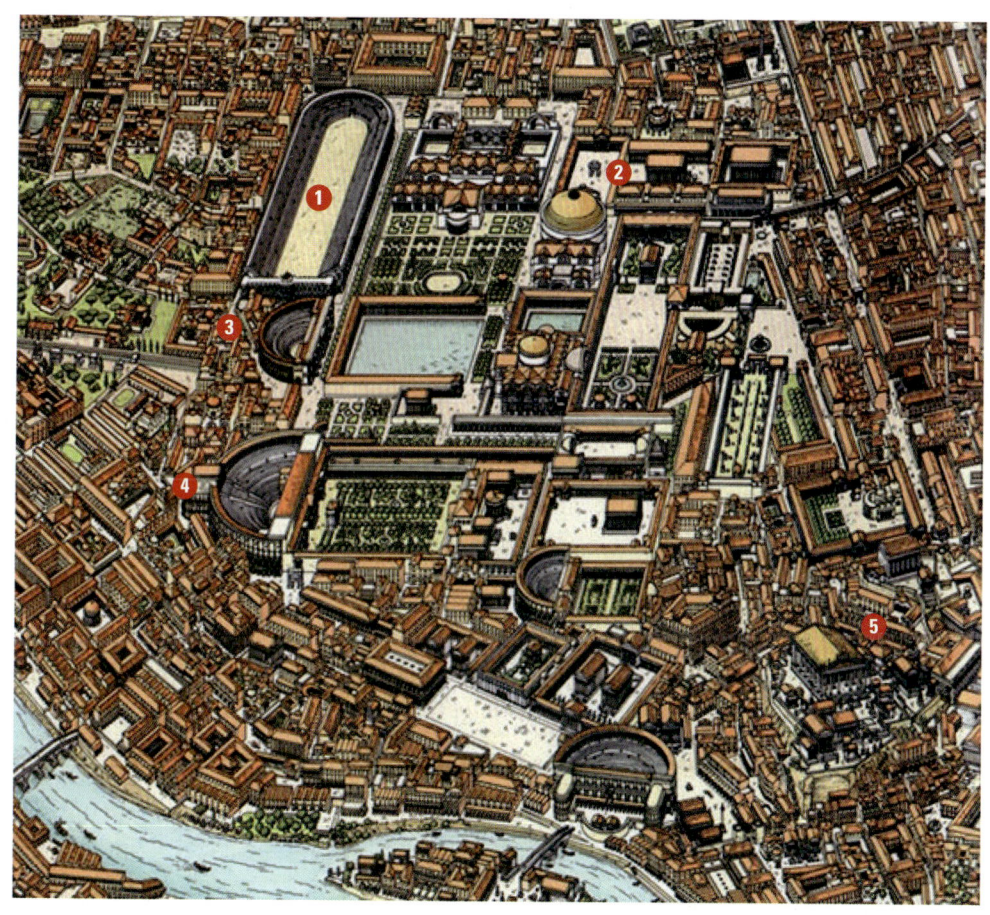

재현한 캄포 마르치오
고대도시 로마의 종교 및 위락 중심지로서, 신전, 극장, 공중목욕탕이 밀집했다.
ⓒThe Vintage Map Shop, Inc.

① 도미티아누스 경기장
② 판테온
③ 도미티아누스 극장
④ 폼페이우스 극장
⑤ 캄피돌리오 언덕

것에 스며들어 있다고 믿었기 때문이다. 끝이 뽀족한 오벨리스크는 이집트의 태양신 라$_{Ra}$가 세상을 비추는 모습, 바로 '태양의 광선'이다. 그걸 전차경기장에 세운 이유는? 경기장이 바로 소우주이기 때문이다. 전차는 하늘을 가로지르는 태양을, 7바퀴 도는 경기는 일주일을, 그리고 12대의 전차가 다투는 행위는 12달을 상징했다. 그 중심에 있는 태양의 빛 오벨리스크, 그건 황제의 상징이었다.

제국이 망하자 도미티아누스 경기장도 버려졌고, 결국 공터로 변해버렸다. 야채시장으로 사용되던 공터 주변에 건물이 하나씩 들어선 것은 15세기 말. 옛 경기장의 하부 벽체는 새로운 건물의 기초가 되었다. 나보나 광장의 탄생이다. ❶ 거장 베르니니Gian Lorenzo Bernini, 1598~1680가 제작한 '4대강의 분수Fontana dei Quattro Fiumi'가 광장의 중앙이자 성 아네스Sant'Agnes 성당 앞에 들어선 것이 변화의 정점이었다. 그런데 여기에 오벨리스크가 등장한다. 막센티우스Maxentius 전차경기장 유적에 묻혀있던 오벨리스크를 옮겨다가 분수 한가운데에 올려놓은 것이다. 다섯으로 조각난 것을 거장이 손을 보자 감쪽같은 새것이 되었다. 1400년 전 경기장을 장식하던 황제의 상징이 '하느님의 빛'으로 환생해 돌아온 것이다.

나보나 광장 아래쪽을 본다. ❷와 ❸블록은 윤곽이 반원에 가깝다. ❷는 도미티아누스 극장Odeon di Domiziano, ❸은 폼페이우스 극장Teatro di Pompeo의 흔적이다. 도미티아누스 황제는 자신의 전차경기장과 바로 인접한 곳에 관객 11,000명을 수용하는 그리스풍의 극장을 지어 연극과 음악을 공연하도록 했다. 오늘날 극장은 사라졌지만 객석의 외부 윤곽은 뚜렷이 남아있다. ❷블록에서 주목할 건물은 팔라초 마시모Palazzo Massimo alle Colonne다. ❹ 르네상스 시대에 활동한 건축가 발다사레 페루치Baldassare Peruzzi, 1481~1536가 설계한 이 건물은 입구가 연출하는 밝음과 어두움의 대비 그리고 상부 창문틀의 독특한 장식으로 유명하다. 부드럽게 휘어지는 건물의 표면은 도미티아누스 극장의 윤곽이 이어진 것이다.

폼페이우스Gnaeus Pompeius Magnus, BC106~ BC48는 카이사르 Julius Caesar, BC100~BC44의 라이벌로 알려진 인물이다. 지중해의 해적을 소탕했던 이 사나이는 그리스에서 본 극장에 뽕 가 버렸고, 로마로 돌아오자마자 캄포 마르치오에 거대한 극장을 지었다. 나무로 극장을 짓던 로마에 처음 들어선 콘크

〈놀리 지도〉 속 나보나 광장 주변
고대 로마의 캄포 마르치오가 이렇게 변화했다. ©Wikimedia Commons

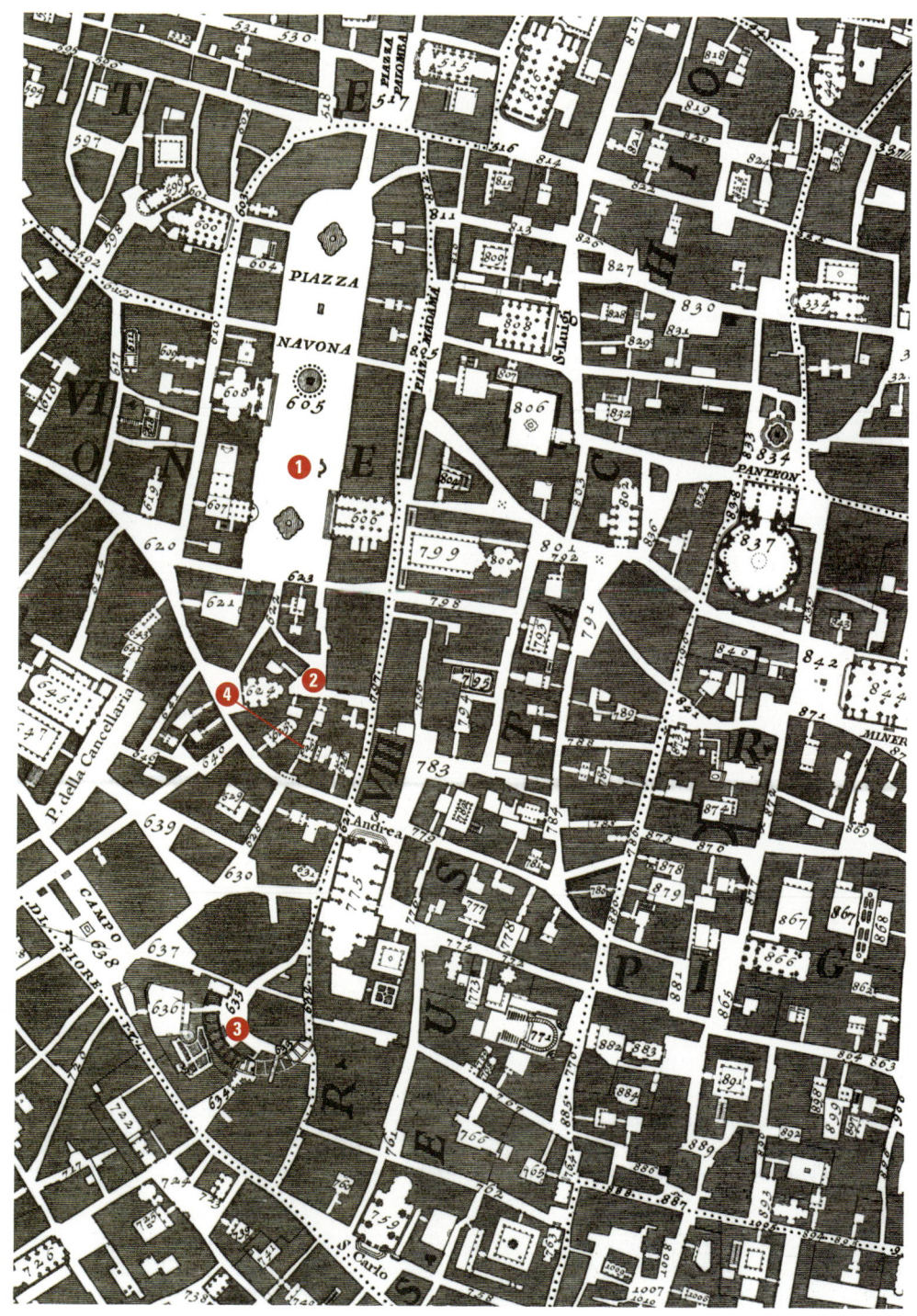

공간의 네트워크로 묘사한 영원의 도시

1 나보나 광장
중앙의 오벨리스크는 막센티우스 경기장 유적에 묻혀있던 것을 베르니니가 손을 보아 세워놓은 것이다. 피라네시의 판화작품
©Wikimedia Commons

2 팔라초 마시모
부드럽게 휘어지는 건물의 표면은 도미티아누스 극장의 윤곽이 이어진 것이다. ©Jensens, Wikimedia Commons

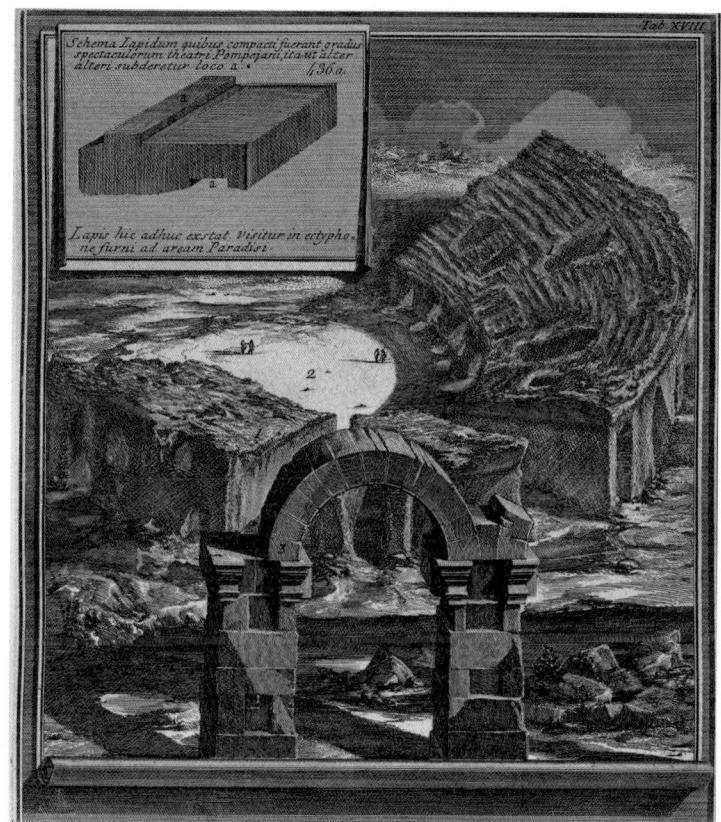

폼페이우스 극장의 유적
피라네시가 1762년 제작한 동판화다. ©Wikimedia Commons

리트와 대리석 극장이다. 이 로마 최고의 공연장은 가끔 원로원으로도 사용되었고, 카이사르는 여기서 살해되었다. 중세를 거치면서 대리석은 뜯겨나갔고, 건물은 폐허로 변해갔다. 피라네시가 이 건물의 잔해를 그렸으니 적어도 18세기까지는 건물의 일부가 남아 있었다. 〈놀리 지도〉의 ❸블록, 위·아래 두 덩어리의 육중한 물체는 이 극장의 잔해임이 분명하다. 오늘날도 이곳에 있는 건물의 표면은 곡면이 많다.

성 베드로 성당 밑에도 전차경기장이 묻혀있다. 오벨리스크는 살아남았다. 미친 황제 칼리굴라Caligula, 재위 37~41가 이집트 헬리오폴리스Heliopolis에서 뜯어다가 자신이 짓던 전차경기장에 세워놓은 것이다. 이 경기장은 네로 황제Nero, 재위 54~68가 제 것처럼 사용했기 때문에 네로 경기장Circus Neronis

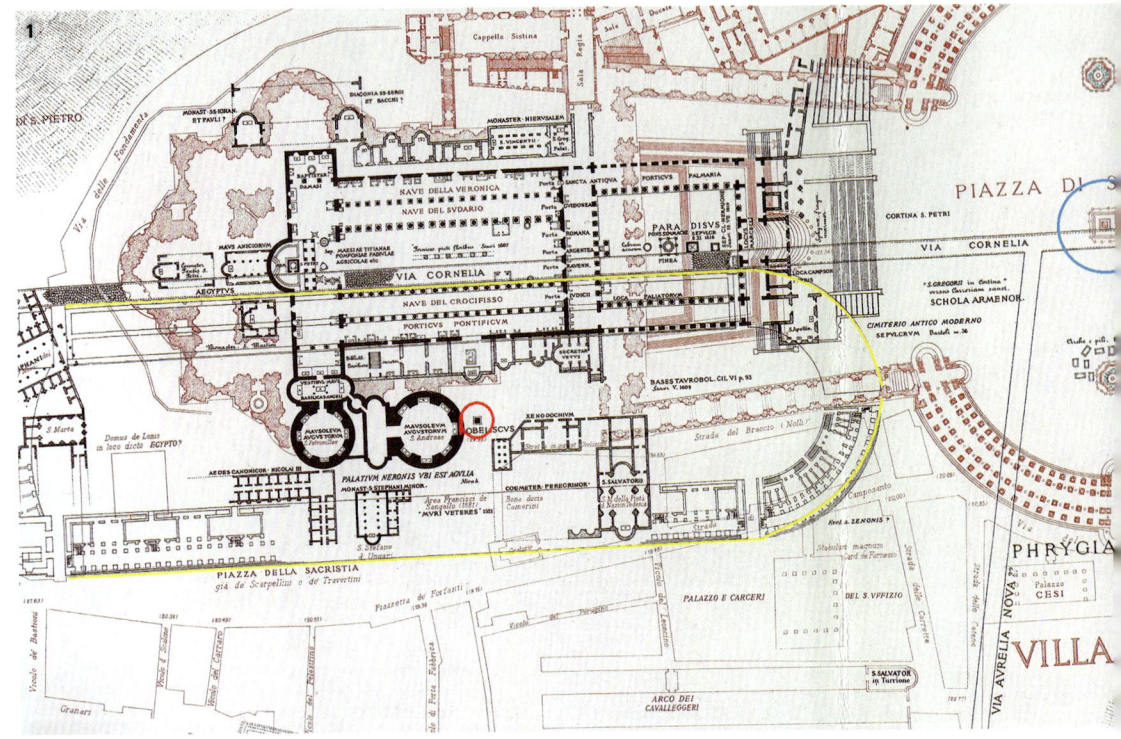

이 되었다. 네로는 이 경기장에서 기독교 신자를 수도 없이 죽였다. 베드로와 바오로도 여기서 처형되었다. 그 광경을 묵묵히 지켜본 오벨리스크는 '목격자'라는 별명을 얻었다. 콘스탄티누스 황제Contantinus I, 재위 306~337는 경기장 자리에 베드로를 기념하는 예배당Old St. Peter's Basilica을 지었는데, 경기장의 돌도 건축에 사용되었다. 15세기 중반까지 남아 있던 경기장의 잔해는 새로운 성당을 지으면서 완전히 해체되었고, 오벨리스크만 원래 자리에 서 있었다.

로마를 대대적으로 뜯어고친 교황 식스토 5세Sixtus V, 재위 1585~1590는 홀로 남은 오벨리스크를 새로 지은 성 베드로 성당 앞마당으로 옮기도록 했다. 실무자는 도메니코 폰타나Domenico Fontana, 1543~1607. 교황의 전속 건축가였으나 실력은 별로였던 그에게는 벅찬 일이었다. 무게 330톤, 길이 25.5미터. 로마에 있는 13개의 오벨리스크 중에서 두 번째로 큰 거물. 폰타나는

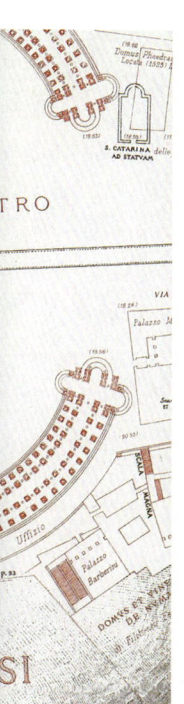
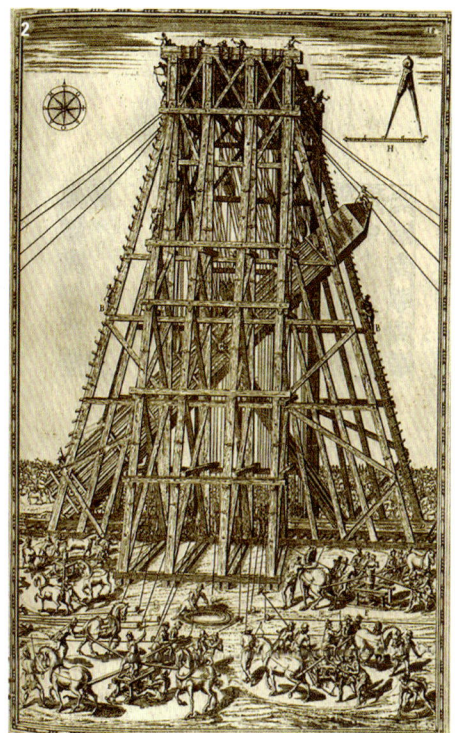

1 성 베드로 성당, 그 흔적의 껍질들
고고학자 로돌포 란치아니(Rodolfo Lanciani)가 1901년 그린 지도다. 노란색으로 두른 부분이 네로 경기장, 검은색으로 그린 건물은 옛 베드로 성당, 갈색으로 그린 건물은 현재의 성 베드로 성당이다. 붉은색 동그라미 안의 오벨리스크가 푸른색 동그라미 안으로 옮겨졌다. ©Wikimedia Commons

2 오벨리스크 옮겨 세우기
건축가 도메니코 폰타나는 네로 경기장의 오벨리스크를 옮겨서 성 베드로 성당 전면에 세운 전 과정을 기록해 책으로 펴냈다. 그 책에 실린 그림이다. 출처: pruned.blogspot.com

그것과 씨름하느라 13개월 동안 죽을 고생을 했다. 1586년, 교황의 문장을 붙이고 십자가를 올려 '기독교회' 시킨 오벨리스크는 받침대 위에 우뚝 섰다. 총 41미터 높이. 폰타나는 오벨리스크를 옮겨 세운 전 과정을 책으로 펴냈다. 그로부터 100년 후 거장 베르니니가 '베드로의 벌린 팔'로 오벨리스크를 둘러쌈으로써 모든 작업은 완료되었다. 돌에서 오벨리스크로 변한 지 4천 년, '목격자'는 앞으로도 수천 년은 거기 서 있을 게다.

로마의 재탄생, 폐허에서 르네상스 도시로

400년부터 1400년까지. 역사가들이 '중세'라고 부르는 이 시기, 로마는 사실상 버려져 있었다. 백만 가까운 사람이 북적이던 제국의 수도가 쪼그라들어, 2만 명도 살지 않는 소도시로 전락한 것이다. 게다가 교황청은

1309년부터 프랑스 남부 아비뇽으로 옮겨졌고, 교황은 백 년 넘도록 로마를 비웠다. 중세는 마지막이 더 암울했다. 〈놀리 지도〉를 보시라. 방벽으로 둘러싸인 옛 도시의 경계는 분명한데, 동쪽과 남쪽은 텅텅 비어있지 않은가. 광대한 지역이 대부분 과수원과 채마밭이다. 도시를 꽉 채웠던 건물은 대부분 사라지거나 땅속에 묻혔다. 18세기 중반이 이랬으니, 1400년의 로마는 더 말할 것도 없다. 대낮에도 늑대와 노상강도가 설치던 그때 로마는 신이 있는 곳은 아니었다.

부활의 시작은 1447년. 교황 니콜라오 5세 Nicolaus V, 재위 1447~1455가 바티칸으로 거주지를 옮기겠다고 선포한 것이다. 그 이전, 그러니까 중세의 교황들은 도시의 남동쪽 끝에 있는 성 요한 라테란 성당 San Giovanni in Laterano에 주로 머물렀다. 새로운 성당을 지어야 한다 아니다, 열띤 논쟁이 50년 넘게 펼쳐졌다. 결국 결정은 율리오 2세 Julius II, 재위 1503~1513가 했다. 배포가 남달리 컸던 이 교황은 기존의 성당을 허물고 완벽하게 새롭고도 거대한 성당을 짓겠다고 선언했다. 그리고 브라만테 Donato Bramante, 1444~1514를 책임자로 지목했다. 그렇게 시작된 성 베드로 성당의 건축. 그야말로 엄청난 사건이었다. 건축·예술사 측면에서는 위대한 문화유산의 탄생이요, 정치·사회사 측면에서는 종교개혁이라는 거대한 변혁의 도화선이었다.

브라만테는 실로 획기적인 제안을 했다.

새로운 성당의 평면은 십자형으로 하되, 상하·좌우 길이가 같은 그리스형 십자로 하겠다.

이전의 성당, 로마네스크 및 고딕 성당은 모두 상하가 좌우보다 긴 라틴형 십자를 평면으로 삼았다. 성당이 그리스형 십자를 취하면, 공간은 집중성과 수직성을 가지고, '세계의 중심'으로 우뚝 설 수 있다. 또한 중앙에 세운 돔(원형)은 하늘이요 십자(정사각형)는 땅이라는 우주의 상을 명확하게 형상화할 수 있다. 그는 고대 로마의 유적 막센티우스 바실리카 Basilica of

1 새로운 성당을 지으라
교황 율리오 2세가 새 성당의 설계를 지시하고 있다. 도면 든 사람은 브라만테, 기둥 옆 젊은이는 미켈란젤로. 오라스 베르네(Horace Vernet)의 1827년 그림 ©Louvre Museum, Wikimedia Commons

2 성 베드로 성당의 두 평면계획
왼쪽은 브라만테의 1505년 계획, 오른쪽은 미켈란젤로의 1546년 계획이다. 저자 다시 작도. 참조: Wikimedia Commons

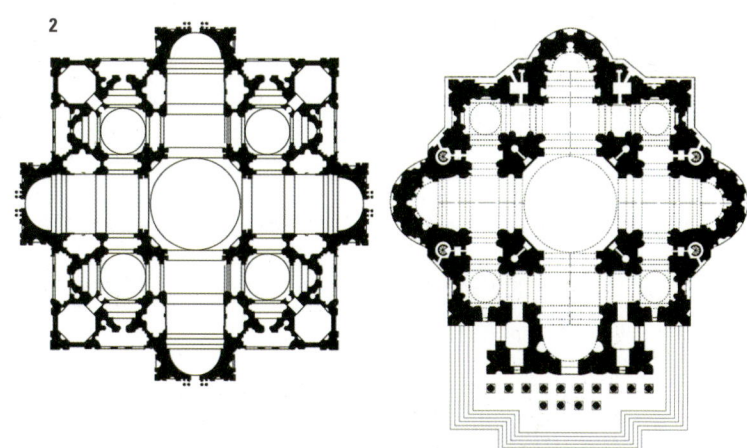

완성된 성 베드로 성당
1590년 돔이 올려지고 1667년 열주랑이 들어서자 대성당은 최종적으로 완성되었다. 피라네시의 1748년 판화작품 ©Metropolitan Museum of Art, Wikimedia Commons

Maxentius and Constantine와 판테온을 결합한 십자 평면의 성당을 제시했다. 고대의 부활, 그게 르네상스 아닌가. 선구적 건축가가 나서서 "새로운 시대가 왔다"고 외친 것이다.

    브라만테는 기초만 놓고 죽었다. 그리고 1546년, 미켈란젤로가 등장했다. 그는 브라만테의 이념을 이으면서도 자신만의 미학을 투여했고, 거대한 조각이자 유기적 생명체 같은 '대성당'을 실현시켰다. 그리고 웅장한 돔. 성 베드로 성당의 핵심. 하늘의 빛을 실내로 쏟아내는 미켈란젤로의 돔은 1590년 완성되었다. 성당의 최종 마무리는 베르니니가 했다. 우선, 돔 아래, 제단을 덮는 발다키노Baldacchino, 天蓋, 하늘 덮개를 세웠다. 살아서 꿈틀거리는 청동조각이다. 그리고 성당의 앞마당을 둘러싸는 타원형의 열주랑. 바티칸을 찾아오는 모든 사람을 감싸 안는 세계 최대의 바로크 공간이다. 1667년 그게 들어서면서 성당은 최종적으로 완성되었다. 〈놀리 지도〉에 표현된 성 베드로 성당. '공간의 도시' 로마의 머리에 씌워진 왕관. 그렇게 읽혀진다.

새 성당은 분명 도시 부활의 기폭제였다. 그런데 본체 완성에만 100년 남짓. 진행이 너무 느렸다. 다른 임팩트가 필요했다. 캄피돌리오Campidoglio 언덕. 새 사업을 벌이기에는 그만한 장소가 없었다. 고대 로마인들이 '세계의 머리Caput Mundi'라고 불렀던 곳. 세계의 중심이자 로마의 중심. 그래서 도시를 수호하는 신전을 여럿 짓고 원로원까지 두었던 곳. 쇠락한 그곳에 부활의 신호탄을 올린 사람은 교황 바오로 3세Paulus III, 재위 1534~1549였다. 미켈란젤로를 불렀고, 캄피돌리오 언덕을 멋진 광장으로 만들라는 지시를 내렸다. 표면적인 이유는 1538년 로마를 찾을 신성로마제국 황제를 그곳에서 영접하겠다는 것. 그런데 실상 더 중요한 것은 로마를 개조해 다시 유럽 정치의 중심이 되게 하려는 '새로운 로마 만들기' 사업. 광장은 그 시범사업이었다.

미켈란젤로가 맡았으니 이미 성공이었다. 1536년부터 10년간 계획한 웅장하고 경건한 광장. 질서정연한 오아시스다. 거장은 부지가 가진 약점을 장점으로 바꾸는 기술을 구사했다. 복잡한 지형과 허접한 기존 건물들에 '조정의 숨결'을 불어넣은 결과, 지상 최고의 르네상스 광장을 연출해놓

1 광장 건설 이전의 캄피돌리오 언덕
복잡한 지형 위에 허접한 건물들이 앉아 있다. 그림 제작자 미상 ©The Louvre, Paris. 출처: Edmund N. Bacon, 1967

2 완성된 캄피돌리오 광장
주세페 바시(Giuseppe Vasi)가 18세기에 그린 판화작품 ©Wikimedia Commons

공간의 네트워크로 묘사한 영원의 도시

335

았다. 전면에 크고 완만한 계단 코르도나타Cordonata를 둔 것도 반짝이는 해법이다. 신성로마제국 황제가 말을 탄 채 광장에 오르도록 만든 것인데, 정작 혜택은 일반 시민에게 돌아갔다. 황제가 왔을 때 계단은 여전히 공사 중이었다. 이 계단을 오르는 즐거움은 광장의 모습이 서서히 확대되어 다가오는, 장면의 시간·공간 변화다. 움직이는 관객의 마지막 시선은 광장의 중앙에 놓인 마르쿠스 아우렐리우스 황제Marcus Aurelius, 재위 161~180의 기마상에 꽂힌다.

그걸 거기에 두자고 한 사람은 교황이었다. 미켈란젤로는 내키지 않았으나 교황의 뜻이 워낙 강했다. 마르쿠스 아우렐리우스는 팍스 로마나Pax Romana 즉 '평화의 로마'를 이끈 오현제五賢帝 중 한 사람이자 《명상록》을 쓴 철학자다. 로마의 황제상은 중세에 대부분 부수어버렸는데, 이 기마상은 용케 살아남았다. 기독교를 공인한 콘스탄티누스 황제의 상이라고 오인했기 때문이다. 교황이 평화시대를 이끈 로마 황제의 상을 광장의 중앙에 둔 것은 나름 목적이 있었다. 새로운 시대와 그것을 이끌어갈 군주상을 만방에 알리는 메시지.

그동안 겪은 혼란과 침체를 하루빨리 극복하고, 로마제국의 영광을 되살리겠소. 그리고 그것을 위해 스스로 현명한 지도자가 되겠소.

그런 메시지였다. 캄피돌리오 광장은 '새로운 로마'를 향해 울리는 팡파르였다.

로마, 바로크 도시가 되다

'새로운 로마'에 매진한 사람은 교황 식스토 5세였다. 1585년 교황이 된 그는 단 5년간 그 자리에 있었다. 자신이 교황이 될 것도 알았고, 그리 오래 하지 못할 것도 알았다. 도시개조의 밑그림을 미리 그려놓았고, 자리에 오르자마자 사업을 밀어붙였다. 그가 교황으로 있는 동안 로마는 거대한 공사장을 방불했으며, 밤에도 공사로 횃불을 밝혔다. 사업비를 조달하기 위해 매관매직도 불사했고, 닥치는 대로 세금을 걷었다. "폭군으로 부르려면 불러라"였다. 다른 교황들과는 다르게 한 푼의 돈도 자신을 위해 쓰지 않았지만 그를 좋아하는 사람은 없었다. 그가 죽은 후 어떤 교황도 '식스토'라는 이름을 선택하지 않았다. 물론 오늘날의 평가는 전혀 다르다.

도시개조는 사실 좀 급했다. 16세기가 열리면서 많은 사람이 로마로 몰려왔다. 대부분 면죄부를 사기 위해서였다. 중세 이후 가톨릭 세계에는 다음과 같은 논리가 일반화되었다. "원죄를 포함해 죄 지은 인간은 죽어서 지옥에 떨어진다. 회개하고 선행을 베풀면 이승과 저승의 중간세계인 연옥으로 간다. 거기서 죄를 씻으면서 (수천 년을) 기다리면 천국으로 가게 되는데, 이승에서 했던 선행에 따라 연옥의 기간이 짧아진다." 여기까지는 좋은데, 다음부터가 문제다. "교황청에서 발급한 면죄부를 (많이) 사는 것은 선행의 일종이고, 그것도 특정한 때와 장소에서 산 것이 효과가 더 있다. 성 베드로 성당을 위시해 로마의 교회에서 산 것이 최고다." 그런 논리로 면죄부를 팔았다. 성 베드로 성당의 건축비를 조달하려는 사기였으니 종교개혁이 일어날 수밖에 없었다.

면죄부가 아니더라도 로마는 가톨릭 신자라면 꼭 가야 할 순례지였다. 수많은 성인이 순교하고 묻힌 거룩한 장소이자 교황이 있는 가톨릭의 지성소Sancta Sanctorum 아닌가. 예루살렘에 버금가는 성지였다. 중세에도 순례자들은 꾸준히 로마를 찾았다. 1300년에 시작되어 50년(때로는 25년) 마다 찾아오는 희년禧年, Jubilee에는 특히 많은 사람이 속죄하기 위해 로마로 몰려갔다. 1575년에는 40만 명, 1600년에는 50만 명. 당시 도시 인구가 10만 명 내외였으니 실로 대단한 인파였다. 그들은 안토니오 라프레리Antonio Lafreri, 1512~1577가 그린 지도 〈로마의 일곱 교회Le sette chiese di Roma〉를 들고 희년 기념 면죄부를 구하러 교회를 돌아다녔다. 박해받던 시절 지하에서 시작된 교회들은 곳곳에 흩어져 있었다. 포장도 되지 않은 길을 따라 돌아다니는

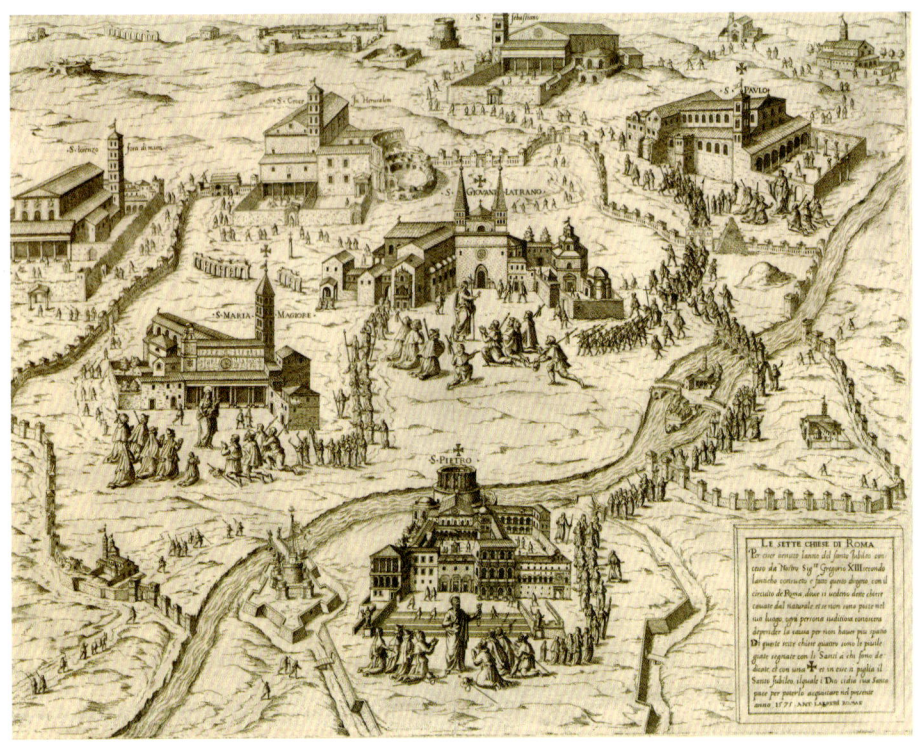

〈로마의 일곱 교회〉
안토니오 라프레리가 1575년 만든 지도. 순례자들은 이 지도를 들고 로마를 돌아다녔다. ©The Trustees of the British Museum

교회 순례. 힘든 일이었다.

식스토 5세는 그걸 그대로 둘 수 없었다. 도시 곳곳을 가로지르는 도로를 내어 교회를 위시한 중요한 장소를 직선으로 이었다. 시작점은 도시의 관문인 포폴로 성문Porta del Popolo. 대다수 사람이 이 문을 통해서 로마로 들어왔다. 성문을 들어오면 바로 만나는 포폴로 광장Piazza del Popolo. 교황은 그 중앙에 오벨리스크를 세웠다. 로마 초대황제 아우구스투스가 이집트에서 실어온 오벨리스크. 거기서 삼지창 모양으로 뻗어나가는 3개의 직선도로. 그게 로마 개조의 핵심이며, 바로크식 도시계획의 시작이었다. 장소와 장소를 이으면서 쭉쭉 뻗어나가는 공간 구성. 그게 바로크식 도시계획의 특징이다. 미국의 수도 워싱턴 계획이나 오스만의 파

식스토 5세에 의한 로마 개조
교황은 짧은 재위 기간 중 이렇듯 과감한 계획을 밀어붙였다.
제공: Jon Michael Schwarting

① 성 베드로 성당
② 폰테 산탄젤로 광장
③ 리페타 거리
④ 포폴로 광장
⑤ 코르소 거리
⑥ 바부이노 거리
⑦ 스페인 광장-트리니타 데이 몬티 교회
⑧ 바르베리니 광장
⑨ 콰트로 폰타네 분수 사거리
⑩ 퀴리날레 광장
⑪ 피아 성문
⑫ 산타 마리아 마조레(성모마리아) 성당
⑬ 콜로세움
⑭ 성 요한 라테란 성당
⑮ 성 십자가 예루살렘 성당

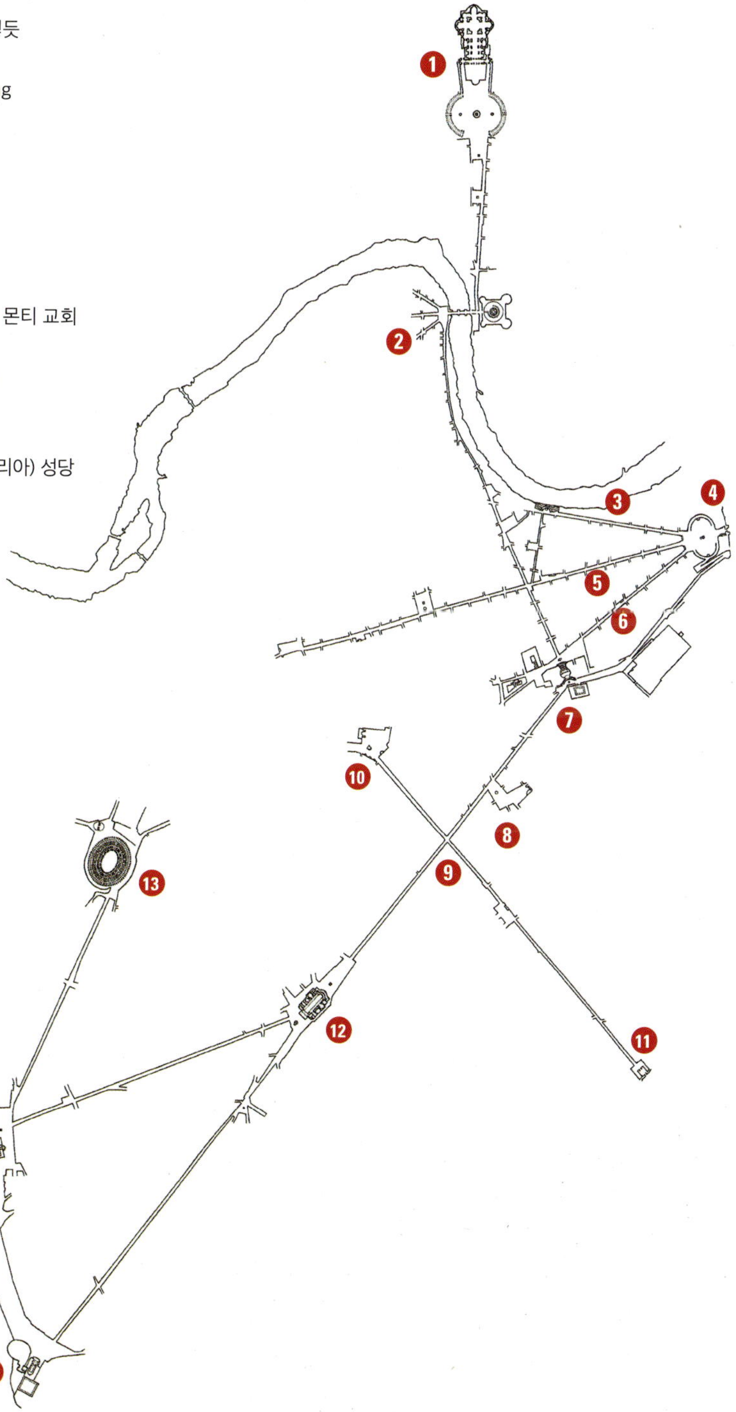

공간의 네트워크로 묘사한 영원의 도시

리 개조 같은 도시계획은 모두 식스토 5세의 로마가 모델이었다.

　가운데 도로 코르소 거리Via del Corso는 도시의 남북을 관통하고, 왼쪽 도로 리페타 거리Via dei Ripetta는 테베레강의 선착장을 거쳐 나보나 광장으로 이어진다. 이 두 도로는 도심에 이르기도 하지만, 성 베드로 성당으로 통하는 루트이기도 했다. 식스토 5세 이전에 순례자들이 성 베드로 성당으로 가려면 목숨까지 걸어야 했다. 배를 타고 테베레강을 건너는 것이 지름길이었는데, 배가 뒤집히는 사고가 자주 일어났다. 교황은 도시를 동서로 횡단하는 도로를 개설했고, 산탄젤로 성Castel Sant' Angelo을 거쳐서 성 베드로 성당에 이르는 직선 루트를 확보했다. 오른쪽 도로 바부이노 거리Via Babuino 역시 순례자들에게는 중요한 루트다. 일단 스페인 광장까지 간다. 거기서 137계단을 오르면 만나는 오벨리스크. 그것이 남쪽으로 내려가는 순례길의 새로운 출발점이다.

　이집트에서 온 오벨리스크에 성수를 뿌려 교회 앞에 세우는 행위. 그걸 시작한 사람이 식스토 5세였다. 오벨리스크의 역할은 '포컬포인트focal point' 또는 '등대'. 스페인 계단을 출발한 순례자의 다음 목적지는 산타 마

1 포폴로 광장
오벨리스크에서 뻗어나가는 3개의 직선도로가 도시 개조의 핵심이었다. 피라네시의 판화작품 ©Rijksmuseum, Wikimedia Commons

2 순례의 시작점, 포폴로 광장
왼쪽 높은 지대가 많은 관광객이 찾는 핀초 언덕이다. 레오폴도 캘비(Leopoldo Calvi)가 19세기에 그렸다. ©Dorotheum, Wikimedia Commons

공간의 네트워크로 묘사한 영원의 도시

1 뻥 뚫린 직선도로
스페인 계단 상부에서 뻗어나가 산타 마리아 마조레 성당을 향하는 큰길이다. 오벨리스크는 성당의 뒤통수 앞에 세운 것이다. 주세페 바시의 1771년 판화작품.
제공: Bonhams

2 펠리체 분수(Fontana dell'Acqua Felice)
교황 식스토 5세는 도시 곳곳에 물을 흘리고 분수를 만들었다. 교황의 이름을 붙인 이 분수는 흔히 '모세의 분수'로 불린다. 피라네시의 판화작품 ©Rijksmuseum, Wikimedia Commons

리아 마조레Santa Maria Maggiore, 성모마리아 성당이다. 성당의 입구는 남쪽이니 순례자는 성당의 뒤통수를 향해서 걸어간다. 교황은 그 뒤통수 앞마당에 오벨리스크를 세웠다. 성당에 두 개의 얼굴을 부여한 것이다. 절묘한 해법이다. 순례자의 다음 목적지는 성 요한 라테란 성당. 로마 최초의 교회이자 천 년 이상 교황이 머무른 중요한 장소다. 이 성당의 입구는 동쪽, 도시와 등을 돌리고 있다. 교황은 북쪽에 또 하나의 입구를 내고 그 앞마당에 로마 최대의 오벨리스크를 올렸다. 도시와의 관계를 고려한 위치 잡기였다. 그는 탁월한 계획가였다.

다니려면 물은 마셔야 했다. 그런데 도시에는 식수가 없었다. 제국시대에는 십여 개의 인공수로가 산악지대로부터 맑은 물을 날랐다. 그게 끊기자 시민들은 테베레강의 물을 퍼 마셨다. 1570년에 수로 하나가 복구되었고, 식스토 5세가 또 하나를 복구했다. 펠리체 수로Acqua Felice. 펠리체는 교

황의 세속 이름이다. 수로는 지대가 높은 도시의 동쪽에서 서쪽으로 물을 흘려보냈다. 교황은 광장마다 그리고 큰 길이 만나는 교차점마다 분수를 설치했다. 로마가 전 세계에서 가장 화려하고 다양한 '분수 쇼'가 펼쳐지는 도시가 된 것은 교황 식스토 5세의 업적이다. 로마에 있는 수백 개의 분수는 저마다 모양과 크기가 다르고 물을 뿜는 방식도 다르다. 고요한 밤, 로마의 분수들이 연주하는 청량한 멜로디를 들어보시라.

로마의 교훈과 〈놀리 지도〉의 출세

식스토 5세는 선구적이고 미래지향적이었다. 전임 교황들은 로마를 찔끔찔끔 건드렸지만, 그는 도심은 물론이고 사람이 살지 않는 그린벨트 사이로 과감하게 길을 내고 포장했다. 그게 결정타였다. 로마는 혼잡하고 어두운 중세의 틀을 벗고 바로크 도시로 거듭났다. 그가 죽은 후에도 비슷한 사업은 꾸준히 이어졌다. 요소요소에 공공공간을 확보하고 그것을 이어주는 사업을 계속한 것이다. 가장 공을 들인 곳은 도심인 캄포 마르치오 일대. 버려진 공간을 정비하거나 아예 새로운 공간을 확보해 광장으로 만들고, 그걸 길의 네트워크로 이어주는 사업이 주력이었다. 그 결과 나보나 광장도, 판테온 광장도, 트레비 분수도, 스페인 계단도 오늘의 모습을 갖추었다. 관광객들도 길을 잃지 않고 요리조리 다니면서 로마를 즐길 수 있게 되었다.

마침 건축과 미술 모두에서 바로크가 전개되었다. 르네상스의 중심은 피렌체와 베네치아지만 바로크의 중심은 로마다. 에너지 넘치는 교황들이 나서자 베르니니, 보로미니 Francesco Borromini, 1599~1667 같은 건축가들도 열과 성을 다할 수밖에. 바로크는 역동적이다. 건물로 들어가면 파동 치는 공간이 조각과 그림을 아우르면서 생동감 있게 전개된다. 밖으로 나오면 건물과 외부공간이 딱 붙어 하나가 된다. 성 베드로 성당 전면 광장이 그렇고 나보나 광장이 그렇다. 나보나 광장 뒤편에 있는 산타 마리아 델라파체 Santa Maria della Pace. 이 작은 교회에 바로크의 특징이 모두 담겨있다. 혀를 내밀고 있는

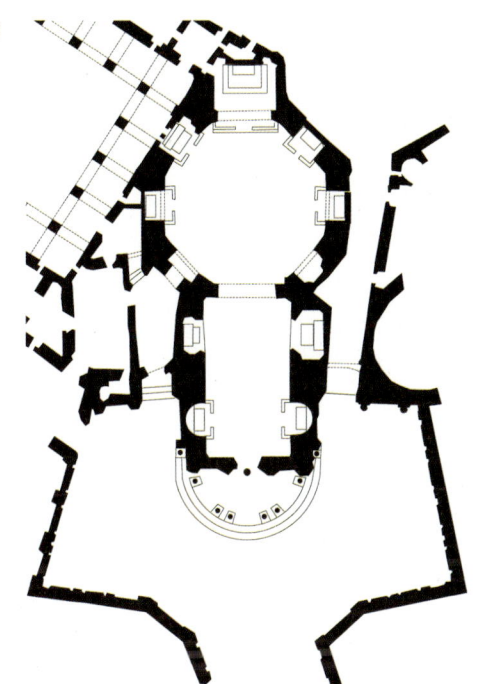

1 산타 마리아 델라파체 평면 구성
교회와 전면 광장이 딱 붙어 하나가 되었다. 저자 다시 작도

2 바로크 건축의 보석이다
돌출된 둥근 로지아는 광장과 밀접하게 교제하고 있다. 도미니크 바리에르(Dominique Barrière)의 1660년경 판화작품 ©The Trustees of the British Museum

공간의 네트워크로 묘사한 영원의 도시

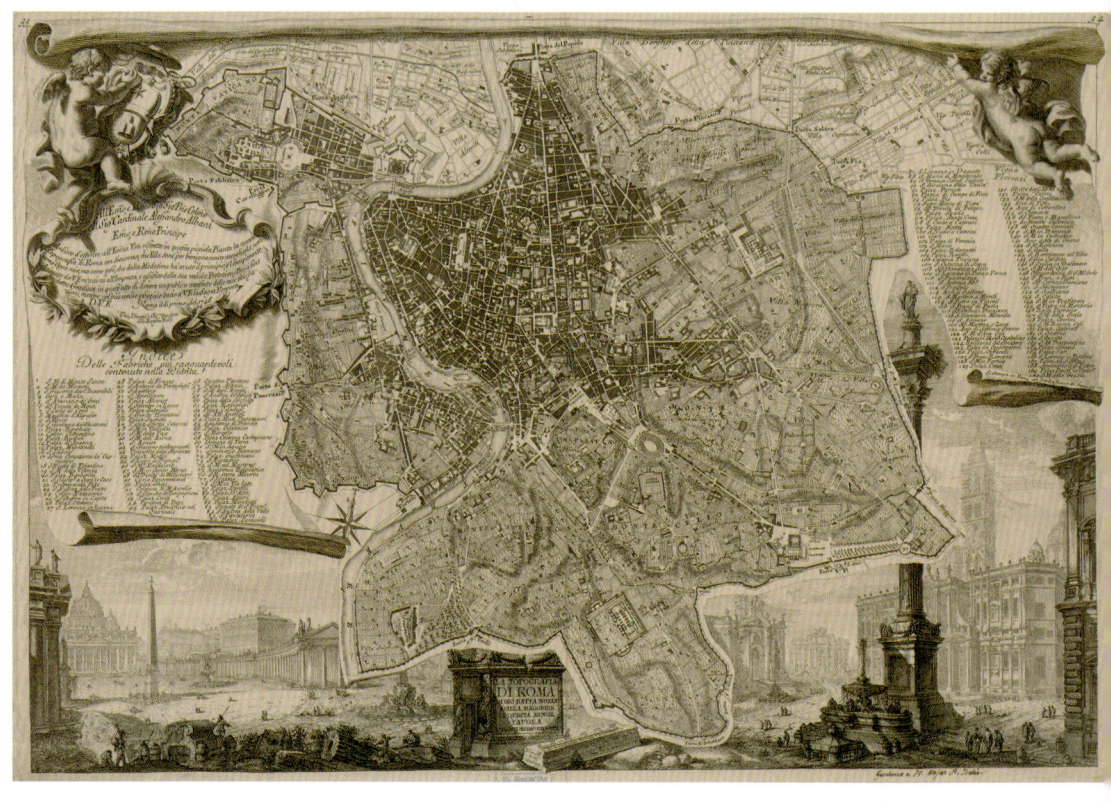

〈놀리 지도〉의 축소판
12장짜리 큰 지도 대신 한 장으로 만든 것이다. 피라네시의 풍경화가 곁들여졌다. 1748년 출간된 이 축소판은 불티나게 팔렸다.
©Basel University Library, Wikimedia Commons

둥근 로지아가 돌출된 이 건물은 광장과 프렌치 키스를 하고 있다.

로마 건축의 가장 큰 특징. 그건 내부와 외부가 따로 놀지 않는다는 것이다. 길에는 보도가 없고, 집 앞에는 계단도 없다. 그러니 길에 있으나 집안에 있으나 다를 게 없다. 광장도 마찬가지다. 로마는 장중하고 기념비적인 동시에 친근하고 가정적이다. 도시는 전체가 하나로 통합된 듯 보이지만 각각의 장소는 성격이 두드러진다. 중심성, 수직성, 확장성 등. 그 다양함을 다 말할 수 없다. 그런데 변치 않는 것. 그건 '둘러싸이고, 보호되고, 안에 있다'는 것이다. 로마가 풍기는 특별한 장소성의 에센스다. 로마를 부르는 '영원의 도시 Eternal City'란 말 속에는 도시의 그런 장소성이 변치 말고 지속되기를 바라는 희망도 담겨있다. '영원의 도시'란 '계속 이어질 공간의 도시'와 같은 말이다.

그런 로마를 그린 〈놀리 지도〉. 그건 15세기 이후 로마의 공간적 변화를 총정리한 최종 보고서이자 "도시는 이렇게 만들라"고 외치는 선언문이다. 교황은 일은 시켰으되 돈은 주지 않았다. 놀리는 다른 일로 생계를 해결하면서 지도를 완성했고, 교황에게 갖다 바쳤다. 교황청에서는 그걸 인쇄해서 팔았다. 피라네시의 풍경화가 곁들여진 한 장짜리 축소판은 불티나게 팔렸다. 놀리가 20세기까지 살았다면 교황청을 상대로 소송을 벌였을 것이다. 전문가들만 보던 〈놀리 지도〉가 전 세계적으로 알려진 것은 1970년대. 그 중심에 콜린 로가 있다. 영국 출신인 로는 30년 가까이 코넬대학에서 가르쳤다. 제자가 많다는 뜻이다. 로와 그 제자들. 흔히 '코넬학파Cornell School'로 불리는 집단. 그들이 〈놀리 지도〉를 세상에 알렸다.

제2차 세계대전 이후 많은 대도시가 손상되고 있었다. 전통적인 지역들이 '싹쓸이 개발'로 사라지고, 그 자리에 녹지, 주차장, 고층건물이 들어섰다. 당시로서는 최신 개발수법이었지만 그 해악이 만만치 않았다. 그런 개발에는 역사, 문화, 주변 환경 그런 건 안중에 없었다. 그러니 도시에 대한 새로운 접근법이 필요했다. 코넬학파가 움직였다. 그들의 주장은 이랬다.

유토피아는 존재하지 않는다. 과거의 도시와 전혀 다른 새 도시를 꿈꾸는 것은 어리석은 짓이다. 도시는 팔림프세스트 같은 존재인데, 우리는 그 사실을 애써 무시하고 있다. 〈놀리 지도〉에서 배워야 한다.

그들은 책과 논문을 통해 〈놀리 지도〉가 담은 도시디자인의 비법을 알렸다. 그들의 논리를 살짝 들어보자.

도시를 계획하는 것은 질서를 만드는 일이다. 그런데 백지상태의 땅은 드물고, 기존의 상황과 도시조직이 늘 방해를 한다. 그러므로 조정하고, 고치고, 맞추어서 새로운 질서를 만들어내는 수밖에 없다. '싹쓸이 개발'은

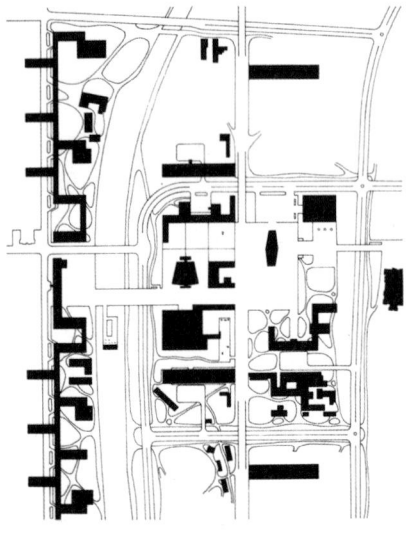

잘못된 것이다. 식스토 5세는 '별 모양의 로마Roma in forma sideris'를 만들고자 했다. 르네상스 이상도시 이념을 심으려 한 것이다. 그런데 옛 로마의 흔적과 지형 때문에 그건 불가능했다. 결국 삼지창 모양의 가로체계로 틀을 짜고 크고 작은 조정의 과정을 무수히 거쳤다. 로마는 콜라주 상태다. 옛것과 새것, 강한 것과 부드러운 것, 질서와 무질서. 그런 것들이 뒤섞여 있다. 그게 도시의 본성이다. 버리지 말고 고쳐가면서, 사회적 요구에 맞추어가는 계획이 좋은 계획이다. 이런 생각을 '맥락주의contextualism'라고 부른다.

〈놀리 지도〉를 보라. 검은색과 흰색이 같은 가치로 존재한다. 건물과 외부공간이 서로 껴안으면서 한 몸처럼 공존하고 있지 않은가. 그런데 오늘의 도시에서 외부공간은 건물 사이에 버려져 있고 건물만이 존재를 뽐내고 있다. 건물도 내·외부 공간도 모두 중요하게 다루어야 한다. 제시한 작은 그림은 꽃병을 그린 것처럼 보이지만, 두 얼굴이 마주하는 모습이기도 하다. 건물figure과 배경ground을 동시에 존중해야 인간적인 도시가 된다. 검은색과 흰색의 양도 비슷해야 한다. 〈놀리 지도〉에는 그 비중이 반반 정도 된다. 흰색이 너무 많으면 조화로운 도시가 될 수 없으며, 인간은 공간에

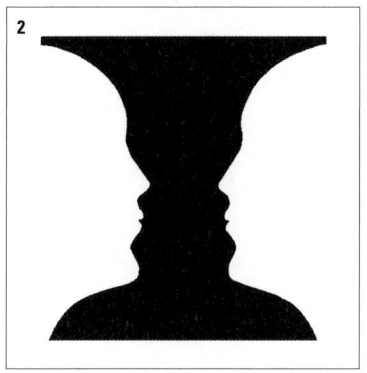

1 전통도시와 근대도시
왼쪽은 파르마(Parma), 오른쪽은 르코르뷔지에의 신도시 생디에(Saint-Dié). 흰색과 검은색의 양을 비교해보시라. 근대도시는 흰색이 압도적으로 많지만 전통도시는 균형을 이루고 있다. ©Colin Rowe & Fred Koetter (The MIT Press 허락에 의해 *Collage City*에서 가져옴)

2 꽃병인가, 마주하는 두 얼굴인가
건물과 배경은 동시에 중요하다.
저자 다시 작도

    속하지 못하는 소외자가 된다. 그렇게 〈놀리 지도〉는 유명해졌다. 포스트모던 시대 도시디자인의 '교과서'로 자리매김한 것이다.

    놀리는 편히 잠들고 있지 못할 것 같다. 엉망이 된 로마의 모습 때문이다. 1871년 통일 이탈리아의 수도가 된 로마는 교황의 도시에서 관료의 도시로 바뀌었다. 무지한 관료들은 '근대화'의 명목으로 도시를 뜯어고치기 시작했다. 위대한 문화유산들이 '지저분한' 건물로 둘러싸인 것이 부끄럽다면서. 가장 우악스러운 인간은 독재자 무솔리니Benito Mussolini, 1883~1945였다. 1922년 권력을 잡은 그는 "5년 이내에 아우구스투스 시대의 로마를 만들겠다"면서 도시 곳곳을 파괴하고 재구축해나갔다. 성 베드로 광장과 산탄젤로 성을 잇는 드넓은 길 콘실리아치오네 거리Via della Conciliiazione를 만든 것도 무솔리니다. 놀리 시대의 로마를 보존하고 그 주변으로 신도시를 조심스럽게 만들어갔다면 어땠을까? 역사도시도 아니고 근대도시도 아닌 '어정쩡한 로마'는 피할 수 있지 않았을까. 오호통재다.

    어! 〈놀리 지도〉. 드디어 구했다. 바티칸 박물관의 지도 갤러리The Gallery of Maps 한구석에서 그걸 팔고 있었다. 판권을 아직도 교황청이 가지고 있는 게 아닐까. 독자 여러분은 아마존에서 쉽게 구할 수 있으니 얼마나 편한가.

제10화

런던

근대의 바빌론,
대영제국 수도의 두 얼굴

〈열기구에서 본 런던〉 존 헨리 뱅크스, 1851년

런던

하늘에서 내려다본 빅토리아 시대의 런던

1851년 5월 1일. 세계 최초의 만국박람회가 문을 열었다. 장소는 런던 하이드 파크Hyde Park. 먼발치에서라도 빅토리아 여왕Queen Victoria, 재위 1837~1901 일가를 보겠다며 인파가 몰려들었다. 아침 7시. 하이드 파크로 이어지는 길은 이미 발 디딜 틈이 없었다. 여왕은 "우리 생애 가장 위대하고 영광된 날"로 시작되는 메시지를 선포했다. 그렇게 개막한 박람회. 대성공이었다. 10월 폐막까지 6백만 관람객이 하이드 파크를 찾았다. 행사의 백미는 빛나는 전시장, 수정궁Crystal Palace. 철과 유리로 지은 이 건물에는 축구장 18개가 들어갈 수 있었다. 공사 기간은 단 1년. 최첨단 건축이었으니, 산업의 우월성을 세계에 과시하는 영국의 자랑이었다.

　박람회로 인해 런던의 위상은 급상승했다. 당시의 런던. 어떤 도시였을까? 근대도시의 면모를 갖췄을까? 흥미로운 질문이다. 영토를 무섭게 확장해 '해가 지지 않는 나라'가 된 대국의 수도. 당시 언론들은 런던을 로마에 비견하곤 했다. '찬란한 제국의 수도' 운운하면서. 그들은 한술 더 떠 런던을 고대 바빌론에 대입했고, '근대의 바빌론Modern Babylon'이라 칭했다. 신비의 고대도시 바빌론은 지상의 낙원이었다. 금은보화가 넘쳐나는 화려한 도시. 그런데 바빌론은 악마들의 거처이자 악령의 소굴로도 그려졌다. 런던의 식자들이 그걸 몰랐을까? 밝은 만큼 어두움도 짙다는 사실을 자랑(?)하려

〈열기구에서 본 런던〉 부분
1851년 만국박람회 개막에 맞춰 대량으로 찍어낸 것으로,
관광의 산업화가 불러온 새로운 형식의 지도다.
©Museum of London, Wikimedia Commons

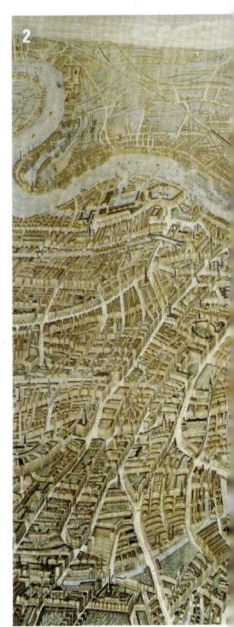

고 그런 명칭을 썼을까? 19세기 런던의 빛과 그림자. 그 얘기를 해보자.

당시 런던을 한눈에 볼 수 있는 그림. 불러본다. 이름은 〈열기구에서 본 런던A Balloon View of London〉. 박람회 개막에 맞춰 발간한 그림지도다. 크기는 66×102센티미터. 착착 접어서 들고 다닌다. 존 헨리 뱅크스John Henry Banks, 1816~1879란 사람이 제작·판매를 독점했다. 불티나게 팔렸고, 요즈음도 나온다. 목판이나 동판으로 찍은 과거의 수공예 지도와는 차원이 다른, 그야말로 배포용 인쇄물이다. 관광의 산업화. 그게 지도의 모습을 확 바꿔버렸다. 가이드 맵으로는 그만이었다. 길, 광장, 주요 건물 등이 자세히 표기되어 있으니 말이다. 기념품으로도 최고였다. 런던 중심부 전체를 한눈에 볼 수 있는 지도. 이전에는 그런 게 없었다. 그러니 벽에 붙여놓으면 한껏 생색낼 수 있었다.

런던 북쪽 햄스테드 공원Hampstead Heath에서 남쪽 템스강을 향하는 전망을 그렸다. 그래야 박람회장이 잘 보인다. 지도의 표지에는 "열기구에서

1 **만국박람회 개막식의 여왕 일가**
헨리 셀로우스(Henry C. Selous)의 1851년 그림 ©British Galleries, Wikimedia Commons

2 〈열기구에서 본 런던〉
런던 북쪽 햄스테드 공원 상공에서 템스강을 향하는 전망을 그렸다. ©Museum of London, Wikimedia Commons

은판銀板 사진으로 찍은 런던의 모습"이라는 문구를 내걸었다. 은판 사진은 필름 대신 은판을 사용한 초기 사진술이다. 열기구를 타고 런던을 내려다보는 것은 당시 사람들의 로망이었지만 아무나 할 수는 없었다. 그런데 이 지도가 그걸 대신해주었다. "사진으로 찍었다"는 문구는 거짓이다. 열기구에서 도시를 사진으로 찍기 시작한 것은 1858년 무렵이었고, 그것도 파리와 보스턴이 첫 대상이었다. 그러니까 이 지도의 제작자는 런던의 모습을 첨단기술로 재현했다고 살짝 과장광고를 한 것이다.

내려다본 런던의 모습. 어떤가요? 한마디로, 뒤죽박죽. 이게 유럽에서 제일 잘나간 도시 맞아? 그런 생각이 든다. 19세기 후반 런던의 식자들도 그걸 많이 걱정했다. 당시 런던에서 출간된 여러 저널에는 무질서한 도시환경과 혼잡한 도로체계를 비판하는 기사가 자주 나왔다. 런던을 피의 순환이 원활치 않은 '정맥류 환자'에 비견하고, 질서 잡힌 파리를 좀 보라면서 속상해하는 기사들. 당연히 원인도 진단했다. 시대에 뒤떨어진 런던

교통체증에 시달리는 런던
도로체계가 복잡했던 런던은 곳곳이 교통체증에 시달렸다. 1842년부터 발행된 주간 잡지 《그림으로 보는 런던 뉴스(Illustrated London News)》 1864년 12월 17일자에 실린 그림이다.

의 토지 소유 시스템. 그게 체계적인 도시계획을 방해한다고 소리를 높였다. 궁금하지 않은가? 런던이 지닌 비밀. 비정상적인 토지 소유, 그리고 계획과의 충돌. 이야기의 시점을 17세기 런던 대화재 때로 옮겨본다.

런던 대화재, 좌절된 도시 개조

1666년 9월 2일. 런던에 큰불이 났다. 당시 런던 중심부 즉 시티City는 중세 모습 그대로였다. 여기저기 교회와 수도원이 있고, 좁고 구불구불한 길을 따라 4~5층의 목조건물이 빼곡하게 들어서 있었다. 모든 건물의 상층부는 길을 향해 과도하게 튀어나왔다. 야금야금 증축한 탓인데, 길 맞은편 거

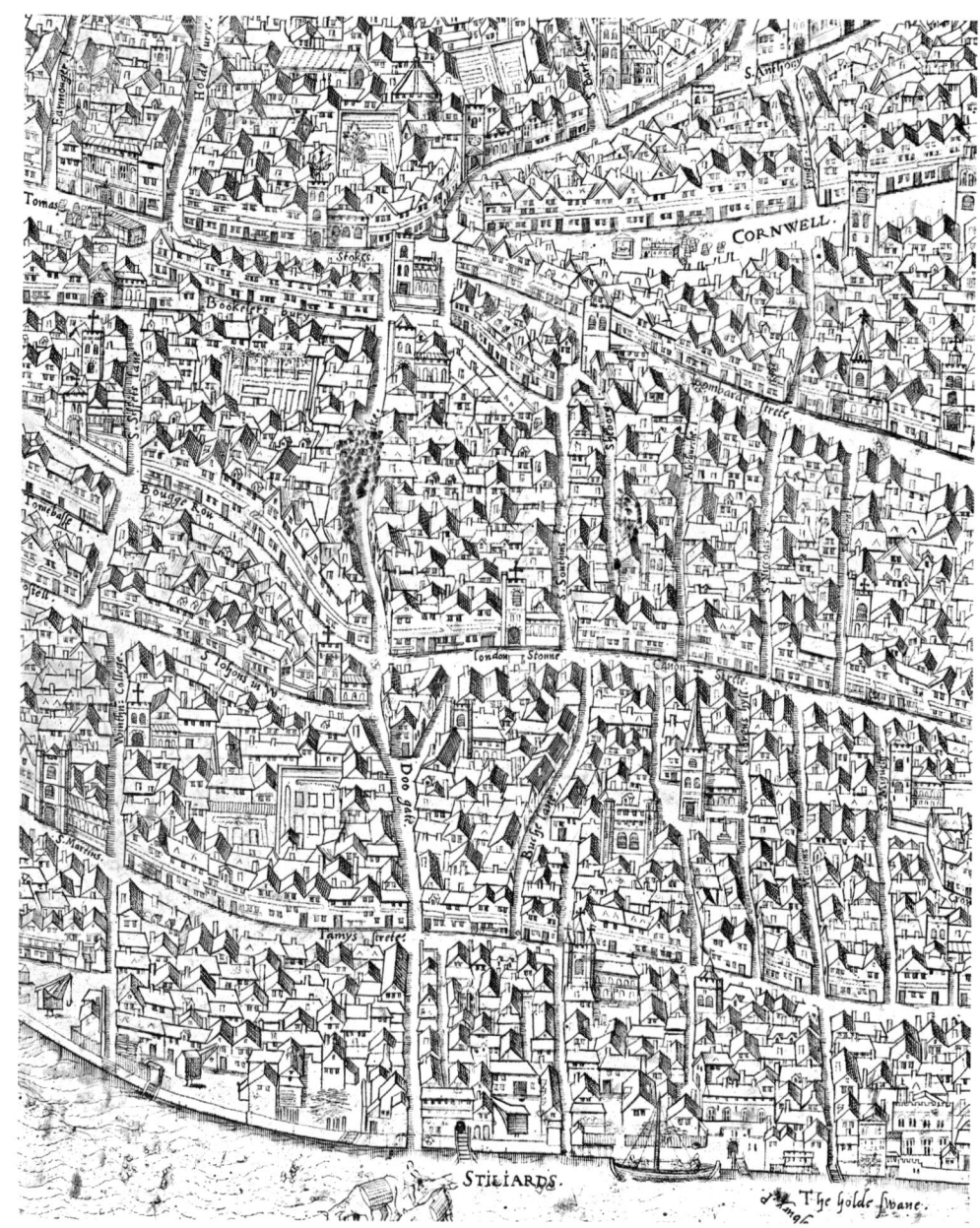

대화재 이전의 런던 중심부
좁고 구불구불한 길을 따라 목조건물이 빼곡하게 들어서 있었다. 1558년 발간된
'런던 동판 지도(Copperplate map of London)'의 일부 ©Museum of London

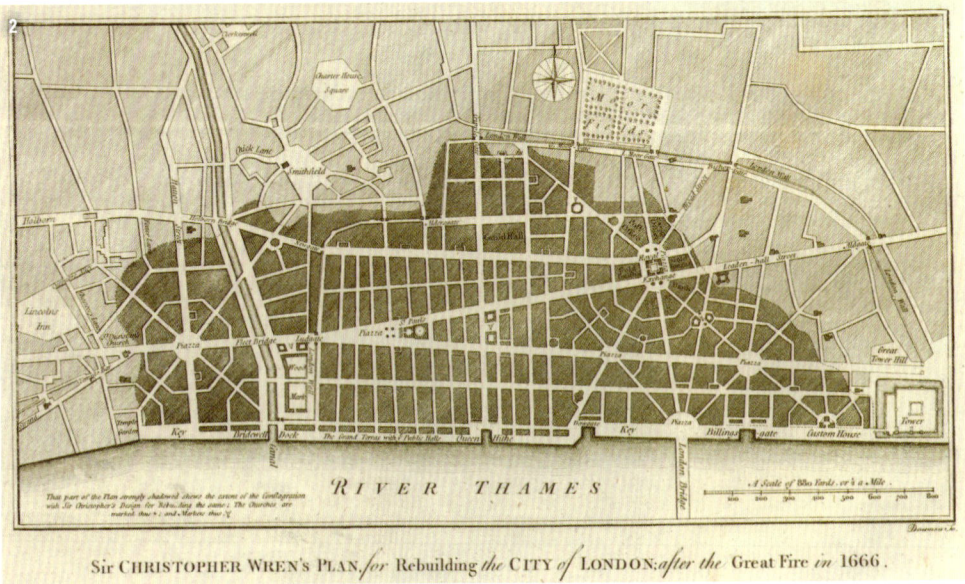

1 1666년 발생한 런던 대화재
제인 배틀후크(Jane Battlehooke)가 1675년 그린 그림
©Museum of London, Wikimedia Commons

2 크리스토퍼 렌의 런던 계획안
©The Trustees of the British Museum

주자와 손을 뻗어 악수도 할 수 있었다. 그만큼 건물들이 붙어있었다. 그런 환경에 불이 한번 붙으니 걷잡을 수 없었다. 강한 바람까지 불어 닥쳤다. 화재 발생 나흘 만에 시티 면적의 80퍼센트가 폐허로 변했다. 불에 탄 주택만 1만 3,200채. 엄청난 피해였다. 그걸 뒤집어 말하면 이렇다. "도시를 확 바꿀 수 있는 절호의 찬스가 왔다!"

런던을 다시 만들자며 계획안을 들고 온 사람. 다 꼽으면 열 손가락이 모자란다. 많이 회자되는 사람은 크리스토퍼 렌Christopher Wren, 1632~1723. 서른을 갓 넘긴 옥스퍼드대학 천문학 교수였던 그가 국왕에게 제출한 계획안. 한마디로, 바로크식 도시를 만들자는 제안이었다. 도시를 종교구역과 상업구역으로 나누고, 세인트 폴 대성당St. Paul's Cathedral과 증권거래소Royal Exchange를 각각 중심에 두었다. 템스강과 연계한 중심도 여럿 있었다. 각 중심에서 큰길이 별처럼 뻗어나가는 구성. 오스만의 파리를 연상시킨다. "이 계획이 실현되면 런던은 세계에서 가장 편리한 교역도시가 될 것이다." 렌은 자신만만했다.

더 화끈한 그림을 그려온 사람도 있었다. 발렌타인 나이트Valentine Knight라는 육군 장교. 넓은 길폭18미터과 좁은 길폭9미터이 촘촘한 격자를 이루는 '슈퍼 그리드 계획'. 거기다 도시를 휘감는 운하까지 두었다. 화물운송을 원활하게 하면서 국왕에게는 통행료라는 선물까지 안겨주는 제안이었다. 왕은 "국민은 재해로 힘들어하는데 내 이익만 챙긴다고 오해받을 수 있는 선동적인 계획"이라며 나이트를 감옥에 처넣어 버렸다. 당시 영국 왕은 찰스 2세Charles II, 재위 1660~1685. 청교도 혁명으로 아버지가 처형되고, 오랜 프랑스 망명 끝에 간신히 왕이 된 인물. 그는 대화재로 민심이 흉흉해 폭동이 일어날 수도 있다면서 전전긍긍하고 있었다.

그런 국왕이 새로운 도시를 건설할 수 있었을까? 세 가지 조건이 필요했다. 첫째, 강력한 왕권. 둘째, 토지를 수용하고 보상할 수 있는 금융시스템. 셋째, 정확한 지도. 어느 것도 없었다. 왕은 의회를 제압하지 못했다. 귀족과 부유 자본가들이 장악한 의회는 사사건건 국왕을 견제했다. 오스

만이 파리를 뜯어고칠 수 있었던 것은 프랑스 혁명으로 귀족들의 힘이 완전히 빠진 것이 결정적이었다. 그런데 영국의 귀족은 기세등등했다. 체계적인 금융시스템은 당시로서는 기대할 수 없었다. 정확한 지도는 1746년 존 로크가 새 지도를 그릴 때까지 기다려야 했다. 렌의 계획안을 본 국왕은 내심 마음에 들었지만 사흘 만에 그것을 포기한다고 공언했다.

영국은 토지소유가 일부 계층에 집중되어 있었다. 그건 지금도 마찬가지다. 1904년 조사에 의하면, 150명의 지주가 영국England에 국한 땅의 절반을 소유하고 있었다. 귀족, 부유 자본가, 기관들이었다. 런던이라고 달랐을까. 웨스트민스터 공작Duke of Westminster, 카도간 백작Earl of Cadogan 같은 세습 귀족이

1 발렌타인 나이트의 런던 계획안
©Bodleian Libraries, University of Oxford

2 〈렌이 꿈꾼 런던〉
건축 드로잉 전문가 폴 드레이퍼(Paul Draper)가 1982년 재현한 렌의 런던. 방사형 도로가 사방으로 뻗어나가는 완벽한 바로크 도시다. 제공: Paul Draper

대규모로, 그리고 이튼 칼리지College of Eton가 햄스테드 일대를 몽땅. 그런 식으로 소수 특정인이 땅을 독점하고 있었다. 대화재 당시 의회를 장악한 귀족들은 런던을 대대적으로 바꾸는 것을 막았다. "내 땅은 건드리면 안 된다"였다. 길을 좀 넓히고 엄격한 건축조례를 적용하는 것에는 동의했으나 종합적인 도시계획을 실행하는 것은 단호하게 '노'였다.

렌의 계획을 실행했다면 런던은 멋진 도시가 되었을까? 의견이 나뉜다. '파리의 아류'라고 불릴 경직된 도시가 되었으리라는 의견이 많다. 따라서 렌의 계획을 포기한 것은 잘한 선택이라는 것이다. 자유분방의 유연한 도시가 런던의 매력이라고 주장하는 그들이다. 어쨌든 런던은 서둘러 화재를 수습했다. 길의 폭과 거기에 맞는 건물의 높이를 법으로 정했다. 벽의 두께도, 바닥 넓이도, 지붕 모양도 정했다. 건물의 재료는 딱 두 가지, 벽돌과 돌. 그렇게 규제했다. 도시 주변에는 벽돌 굽기에 적합한 흙이 풍부했으

대화재 이전이나 이후나
큰 화재를 겪어 새로운 도시로 거듭났으나 런던 중심부는 여전히 복잡하고 어수선하다. 존 오길비(John Ogilby)가 1676년 작성한 런던 지도의 일부
©Wikimedia Commons

므로 런던은 자연히 '벽돌의 도시'가 되었다. 돌은 주로 공공건물이나 교회를 짓는 데 사용했다. 겉만 바뀐 '새로운 런던'은 금방 만들어졌다.

동쪽에는 하층민이, 서쪽에는 고급 주거지 '스퀘어'가

1665년에는 흑사병, 1666년에는 대화재. 연이은 재앙에 귀족과 부자들은 도심을 버리고 이주를 시작했다. 런던의 서쪽 외곽. 이름하여 웨스트 엔드West End. 마차로 도심을 오갈 수 있는 위치. 그곳이 우아한 주거지로 개발되어 부자들과 중산층을 받아들였다. 그렇지만 가난한 서민들이야 원래 살던 곳에 마냥 머무를 수밖에. 그곳은 도심의 동쪽이자 템스강의 북쪽, 이름하여 이스트 엔드East End. 조밀하고, 집도 좁고, 위생적으로도 형편없는 지역이었다. 미국 작가 잭 런던

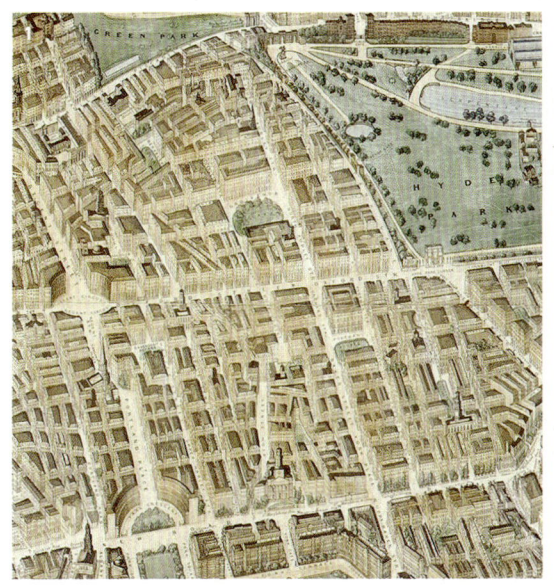 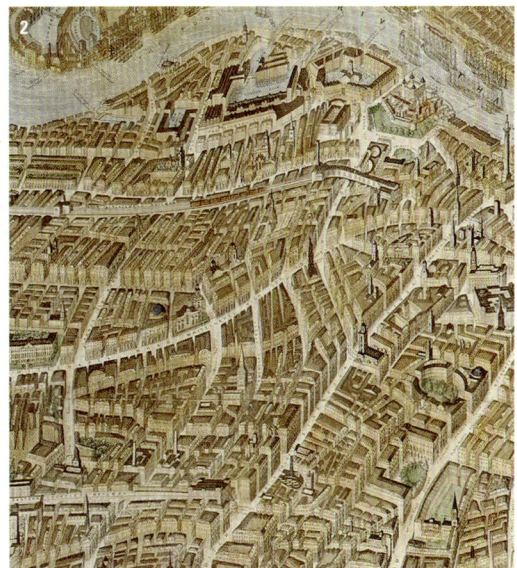

Jack London, 1876~1916이 쓴 논픽션 《밑바닥 사람들The People of the Abyss》 1903의 무대다. 그가 그린 이스트 엔드 하층민의 삶. 눈물이 날 정도로 처참하다.

반대편에 있는 웨스트 엔드는 완전히 딴 세상이었다. 그곳의 토지는 대지주들의 땅. 노는 땅이었으므로 쉽게 주거지로 바꿀 수 있었다. 그들이 지은 주택은 타운하우스. 영국인이 선호하는 도시주택이다. 영국인이 왜 타운하우스를 선호했는지, 그건 차차 따져보기로 하자. 그들은 가운데 광장을 두고 타운하우스가 그 주변을 둘러싸는 주거지를 만들었다. 그리고 그걸 '스퀘어Square'라고 불렀다. 어디서 본 듯한 패턴 아닌가? 그렇다. 파리의 보주 광장. 앙리 4세가 심혈을 기울인 공공공간. 보주 광장이 런던에 들어선 스퀘어의 모델이다. 건축가 이니고 존스Inigo Jones, 1573~1652가 설계한 코벤트 가든Covent Garden. 그게 런던에 들어선 최초의 스퀘어다.

이니고 존스. 이탈리아 르네상스 건축을 흠모했던 영국

1 신흥 부자 동네, 웨스트 엔드
〈열기구에서 본 런던〉의 일부다.
ⓒMuseum of London, Wikimedia Commons

2 빈민 지역, 이스트 엔드
〈열기구에서 본 런던〉의 일부다.
ⓒMuseum of London, Wikimedia Commons

건축가. 그런 존스에게 베드포드 백작Earl of Bedford은 자신이 소유한 땅에 '고상한 주거지'를 계획해달라는 요구를 했다. 고심했던 존스는 1609년 파리 방문 때 보았던 보주 광장을 떠올렸고, 그걸 런던에 심기로 했다. 보주 광장의 유전자가 이탈리아 르네상스 건축 아닌가. 한 면에는 교회를 두고, 나머지 세 면에는 타운하우스가 광장을 둘러싸는 구성. 하층부를 아케이드로 두른 것도 보주 광장과 같다. 완벽한 좌우대칭. 타운하우스가 정연하게 이어지는 우아한 입면. 귀족과 젠트리gentry, 귀족 바로 아래 계층 같은 상류계층이 선호하는 모습이었다.

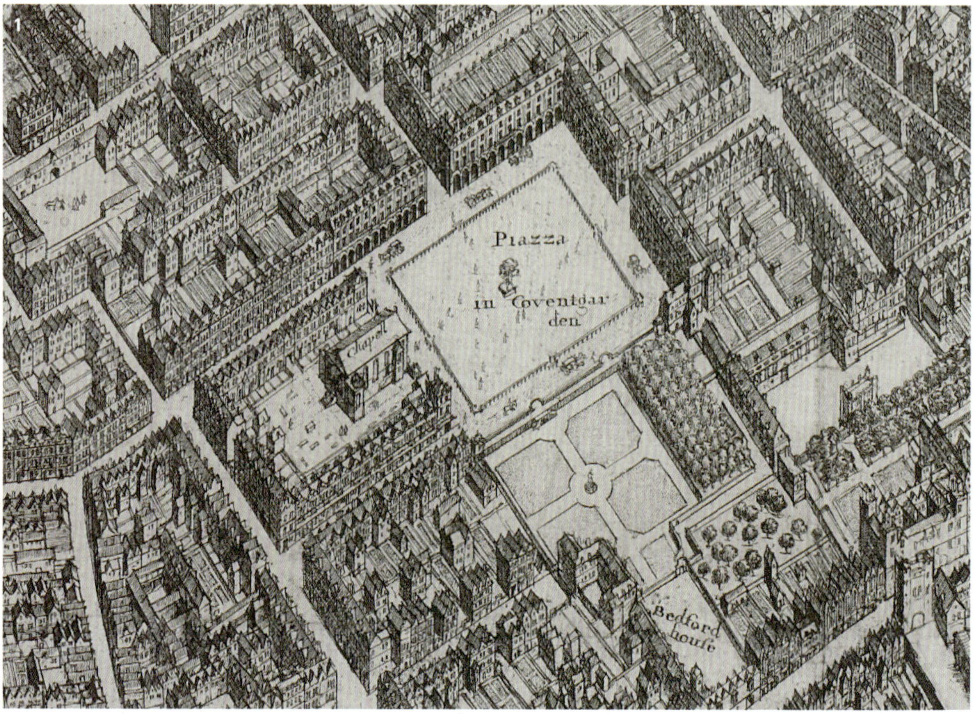

그로스버너 스퀘어Grosvenor Square, 블룸스베리 스퀘어Bloomsbury Square, 세인트 제임스 스퀘어St. James's Square, 포트먼

1 지도 속 코벤트 가든
벤체슬라우스 홀라르(Wenceslaus Hollar)가 1660~1666년 사이에 그린 런던 지도의 일부 ©The Trustees of the British Museum

2 시장이 된 코벤트 가든
주택은 상류계층이 차지했으나 광장은 과일과 야채를 파는 시장이 되었다. 로버트 세이어(Robert Sayer)가 1751년 제작한 판화작품 ©Rijksmuseum, Wikimedia Commons

스퀘어Portman Square. 모두 귀족이 자신의 이름을 걸고 개발한 주거지이다. 상류계층을 위한 스퀘어. 그걸 만든 귀족들은 거기에 자신이 살 집도 포함시켰다. 게다가 시장과 교회까지 갖춰진 독립된 주거지로 만들면서 같이 살 이웃을 불러 모았다. '우리만의 주거지'를 만들고자 한 것이다. 세인트 제임스 스퀘어 경우를 보자. 18세기 초반 새로 문을 연 이곳에 입주한 사람은 그야말로 유유상종. 공작 6명, 백작 7명, 백작부인countess 1명, 남작baron 1명, 준남작baronet 1명. 그랬다. 귀족이나 그것에 버금가는 사람이 아니면 명함을 내밀기 어려운 주거지였다.

그렇다고 해서 런던에 들어선 수많은 스퀘어 모두가 상류계층 주거지는 아니다. 다만 같은 부류의 사람이 모여 산 것만은 분명하다. 그렇다면 중앙의 광장은 어떤 공간일까? 공공을 위한 공간은 아니었다. 그러므로 파리의 광장과는 달랐다. 앙리 4세로부터 시작된 파리의 광장은 주택으로

세인트 제임스 스퀘어
귀족을 위시한 최상류계층이 모여 살던 배타적인 주거지였다. 토마스 볼스(Thomas Bowles)가 1750년경 제작한 판화작품
©The Trustees of the British Museum

둘러싸인 시민광장으로 의도되었고, 거기에다 상징성까지 가미했다. 도시의 유기적인 일부분으로, 열린 광장의 성격이 강하다. 그런데 런던의 스퀘어는 목적이 달랐다. 입주자의 프라이버시와 거주성을 확보하는 것. 그러므로 광장이라기보다는 정원에 가깝다. 주변으로부터 격리된 그들만의 공간. 중세적인 끼리끼리 의식에 기반을 둔 도시정원이다. 그러므로 런던에서는 그걸 '가든 스퀘어 Garden Square'라고 부른다.

'스퀘어'에서 끼리끼리 모여 산 런던의 귀족들. 그들 주택의 실내공간과 삶의 양상은 어땠는지 궁금하다. 그걸 가장 잘 보여주는 게 윌리엄 호가스 William Hogarth, 1697~1764의 그림이다. 영국 역사상 가장 독창적인 화가의 한 사람으로 꼽히는 호가스는 상류사회 사람들의 삶을 예리하게 통찰하고 풍자

윌리엄 호가스의 〈결혼 풍속도〉
1743년 그린 6장의 연작 중 두 번째 그림이다. 정략 결혼한 무늬만 부부의 일상을 보여준다. 18세기 영국 상류사회의 허세와 사치와 총체적인 어리석음까지.
©National Gallery, Wikimedia Commons

하는 그림을 열심히 그렸다. 그가 상류층의 결혼 실태를 꼬집은 연작 그림 〈결혼 풍속도 Marriage à-la-mode〉 중 한 장을 불러온다. 부유한 상인의 딸이 파산한 귀족과 결혼해서 '백작부인'이 되었다. 엄청난 돈을 들여 신분 세탁을 한 것이다. 행복했을까? 글쎄다. 부부는 전날 밤을 각자 따로 보내고 아침에 응접실에서 만났다. 이미 12시가 넘은 시각이다. 응접실과 식당은 우아하다. 남편은 간밤의 쾌락 탓에 축 늘어졌고 부인도 졸린 얼굴로 기지개를 켜고 있다. 남편은 여성 편력에 여념이 없고, 부인은 향락과 사치에 푹 빠져있다. 광란의 밤을 암시하듯 응접실 바닥은 물건들로 어지럽다. 각종 청구서를 손에 든 집사의 얼굴을 보면 이 집의 재정 상태는 이미 바닥이 났다. 이야기는 부부의 파멸과 죽음으로 이어진다. 런던 귀족들의 일상. 겉은 우아하고 화려했으나 막장 드라마 같은 일이 곳곳에서 벌어지고 있었다.

영국인에게 집은 그의 성城이다

1878년 어느 날 런던 왕립건축가협회에서 한 유명 건축가가 이런 요지의 강연을 했다.

> 더 이상 런던에 타운하우스를 짓지 말자. 길 따라 끝없이 이어지는 같은 모양의 집 대신 파리에서 유행하는 아파트를 짓자. 기하급수적으로 늘어나는 인구를 모두 타운하우스에 수용하면 도시는 끝없이 팽창하고, 그 부작용은 심각해진다. 아파트에서도 내 가족만의 독립된 영역을 확보하는 것이 얼마든지 가능하다. 19세기 도시에서 독립된 땅에 오로지 한 가족만의 주택을 짓는 곳은 런던이 유일하다. '영국인은 단독주택에 살고, 단독주택에 살아야 영국인'이라는 그릇된 의식을 빨리 버려야 한다.

씨도 먹히지 않을 얘기였다. 독립된 집에 대한 영국인의 열망은 뿌리 깊으면서 굳건했다. 그들에게 아파트는 사람 살 집이 못되었다. 가족의 독립성이 오롯이 보장되지 않기 때문이다. 아파트에 사는 사람은 '음란하고 수준 낮은 인간들'로 한마디로 상놈이었다. "영국인에게 집은 그의 성castle이다." 일찍이 정치가 에드워드 코크Edward Coke, 1552~1634가 단정한 이 말을 영국인은 공감하면서 좋아한다. 남성은 집의 경제적 주인으로 떡하니 버티고, 여성은 그것을 아름답고 고상하게 가꾸고. 그게 영국 가정의 상이었다. 그러므로 집은 이웃과 길로부터 독립된 은신처여야 했다. 요즘도 영국인은 아파트를 좋아하지 않는다.

테라스하우스terrace house. 영국인은 그들이 사는 타운하우스를 그렇게 부른다. 길에서 몇 계단 올라가야 현관이 있기 때문이다. 지하는 창고와 부엌, 1층은 식당과 응접실, 2층은 거실, 3층 이상은 침실, 다락은 하인의 거처, 그렇게 사용되었다. 지상 4층 내외의 다층주택으로, 한 가족이 사는 단독주택이다. 넓은 뒷마당이 있는 것도 특이했다. 마차 때문인데, 마구간과 마부가 거처하는 작은 건물이 있고, 마차가 다니는 골목 즉 뮤스mews와 이어졌다. 지체 높은 귀족은 6마리(적어도 4마리) 말이 끄는 마차를 사용했으므로 마구간이 넓어야 했다. 17세기 상류계층 주택으로 짓기 시작한 테라스하우스는 빅토리아 시대를 거치면서 서민주택으로까지 확대되었고, 모든 도시로 퍼져 나갔다.

아이러니하게도, '독립된 집' 테라스하우스는 임대주택이다. 런던 전체에서 자기 소유의 집을 가진 사람은 천 명 미만이었다. 왜곡된 토지소유 시스템 때문이다. 영국에서 대지주가 했던 주거지 개발. 이렇게 했다. 넓은 땅을 여럿으로 쪼개서 개발업자들에게 빌려준다. 기간은 보통 99년이다. 개발업자는 거기에 길도 놓고 하수도도 설치한 다음 집을 지어 임대했다. 빌린 땅 전체를 한꺼번에 개발하기 힘든 개발업자는 여러 명의 소규모 업자에게 땅을 다시 빌려준다. 그러기는 몇 단계까지 내려간다. 임대 기간이 끝나면 지주는 땅과 건물을 함께 돌려받는다. 지주만 좋은, 괴상한 시스템이다.

그런 상황에서 개발업자는 단 한 가지 생각만 했다. 최대의 이익을 남기는 것. 좋게 말하면 개발업자고 나쁘게 말하면 투기꾼이었다. 자본이 넉넉한 업자는 수백 채의 주택을 한꺼번에 지었다. 똑같은 외관, 똑같은 평면, 똑같은 재료, 똑같은 계단. 그래야 이익이 많이 남는다. 표준화. 그게 런던의 주거지를 단조롭게 만들었다. 주로 목수나 벽돌공 출신의 영세한 업자는 10채 미만으로 집을 지었다. 물자를 최대한 아꼈으므로, 부실공사가 자행되었다. 계약기간이 끝나면 지주에게 돌려줄 집. 깐깐하게 지을 필요가 없었다. 그래도 임대를 하려면 겉은 멀쩡해야 했다. 눈속임은 교묘했다. 이런 개발업자들이 만든 도시. 그게 런던이다.

리젠트 파크와 리젠트 스트리트, 영국 도시 미학의 정수

그런 런던에도 큰 규모의 '계획된 개발'이 최초로 행해졌으니 그야말로 요행이었다. 시기는 19세기 초반. 주체는 왕실. 계획가는 존 내시John Nash, 1752~1835. 영국이 자랑하는 건축가 겸 도시디자이너다. 〈열기구에서 본 런던〉을 보시라. 오른쪽 아래, 넓게 펼쳐진 공원. 리젠트 파크Regent's Park다. 거기서 출발해서 남쪽(지도에서는 북쪽)으로 뻗어가는 큰길. 리젠트 스트리트Regent Street다. 리젠트 파크와 리젠트 스트리트. "파리에는 이것과 대적할 공간을 찾을 수 없다." "회화풍picturesque 계획의 정수다." 영국인들은 그렇게 자랑한다. 영국 도시개발 역사상 첫째 둘째를 다투는, 우수한 공간이다.

리젠트 파크의 원래 이름은 메릴본 파크Marylebone Park. 나중에 조지

1 영국인이 사랑한 타운하우스
그들은 가족의 독립성이 보장되는 이런 도시주택을 선호했다. 런던의 소호 스퀘어다. 1812년 그림인데, 화가는 미상이다.
ⓒAckermann's Repository of Arts, Wikimedia Commons

2 영국인의 성
그들은 이걸 테라스하우스라고 부른다. 길에서 몇 계단 올라야 현관이 있고, 지상층의 높이는 4층 내외다. 런던의 그로스버너 스퀘어다.
존 아처(John W. Archer)의 1862년 그림
ⓒThe Trustees of the British Museum

4세George IV, 재위 1820~1830가 되는 황태자의 땅이었다. 개발 광풍이 불어닥친 웨스트 엔드의 북쪽. 경작용으로 빌려준 이 땅을 돌려받게 되자 황태자는 그 활용방안을 고심했다. 그런 왕자와 건축가 존 내시의 만남. 세기의 만남이었다. 내시는 30대에 했던 개발사업이 망하자 웨일스로 피신했고, 바람난 부인이 진 빚까지 갚느라 12년 동안 일만 했다. 그렇지만 새로운 건축 철학도 정립할 수 있었다. 런던으로 컴백한 그는 젊고 예쁜 여자와 재혼했고, 덩달아 일복도 터졌다. 내시에게 여자를 소개하고 새장가를 가게 한 사람이 바로 황태자였다. 이 대목에서 가십이 만발하는데, 그건 조금 기다리시길.

황태자는 내시를 포함한 세 명의 건축가에게 토지의 활용방안을 요구했다. 그리고 단번에 내시의 계획안에 빠져들었다. 탁월했기 때문이다. 황

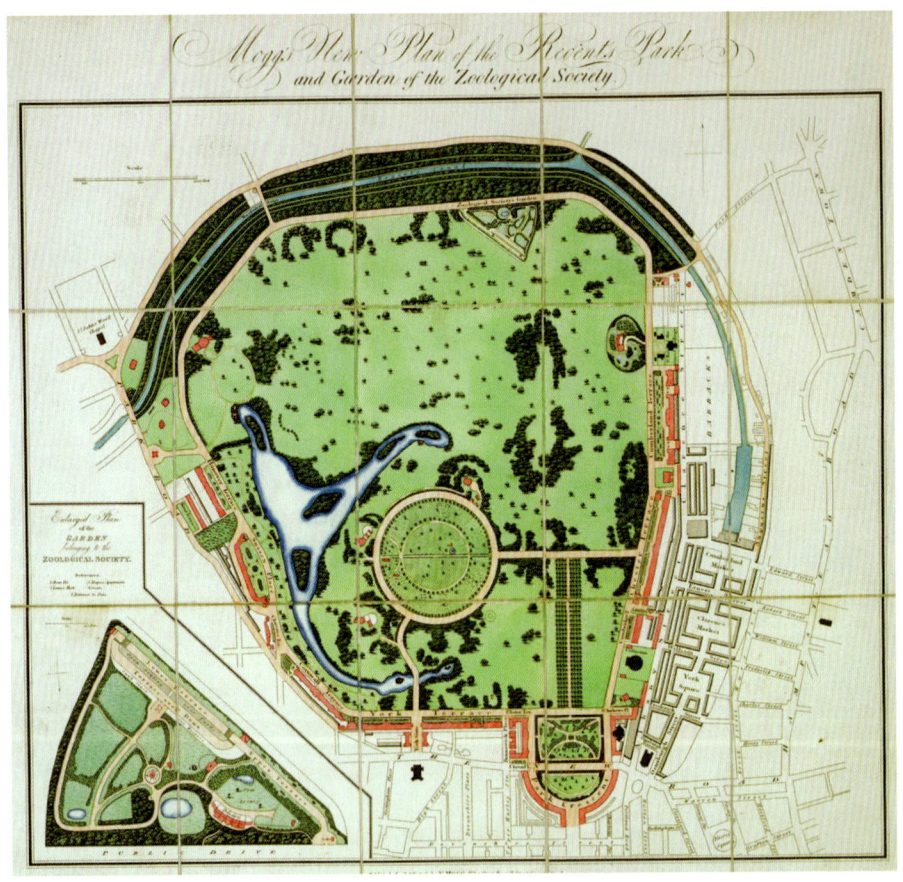

리젠트 파크의 평면

분홍색으로 칠한 건물들은 모두 궁전의 모습을 취하는 고급 연립주택이다. 1828년 작도 ©London Metropolitan Archives, City of London

태자는 "나폴레옹의 코를 납작하게 할 아름다운 계획"이라며 좋아했다. 땅을 시민공원으로 활용하는 대신 그 주변을 주거용 건물로 둘러싸는 것이 계획의 핵심이다. 계획은 조금씩 달라졌지만 핵심은 변하지 않았다. 내시가 몰두한 리젠트 파크와 리젠트 스트리트 계획은 모두 '회화풍' 또는 '픽처레스크picturesque'라고 불리는 미학에 바탕을 두고 있다. 내시는 30대 후반에 회화풍 미학의 최고 이론가 유베딜 프라이스 Sir Uvedale Price, 1747~1829를 만난 이후 그의 이론을 신봉했다.

회화풍 미학의 목표는 한마디로 '그림 같은 정경'을 만들어내는 것이다. 동양화. 거기서 보이는 자연주의를 바탕에 깔고 있다. 그러므로 단일 건물보다는 주로 정원, 주거지, 그리고 도시를 만들 때 고려하는 미학이다. 자연과 건축의 융합과 조화를 최고로 강조한다. 그러니 축과 직선을 선호하는 바로크식 디자인은 멀리하고, 시선의 다양한 변화와 공간구성의 자연스러움을 추구한다. 베르사유 궁전과 정원에서 보이는 기하학적 구성을 '프랑스 놈들이 하는 짓'이라고 폄훼했던 영국인은 자연 상태와 흡사한 인공적인 구성을 '영국적'이라고 추켜세웠고, '회화풍'이라는 이름을 붙였다. 내시는 리젠트 파크와 리젠트 스트리트에서 그걸 구체적으로 보여주었다.

파크를 둘러싸는 건물들. '○○ 테라스', '△△ 플레이스Place'로 불리는 십여 동의 건물은 모두 궁전의 모습이다. 드넓은 녹지가 전면에 펼쳐지는 테라스하우스의 집합체. 기존의 '스퀘어'들과는 비교도 할 수 없는 당당하고 기품있는 건물들이다. 단위주택의 규모는 일반 테라스하우스와 큰 차이가 없다. 그렇지만 입주자들의 기분은 하늘을 날았다. 궁전에 사는 느낌. 우월감과 과시욕을 만족시키기에는 그만이었다. 게다가 내려다보이는 공원도 아름다웠다. 내시의 파트너였던 당대 최고의 조경가 험프리 렙튼Humphry Repton, 1752~1818이 섬세하게 만진 공간이다. 그러니 런던의 내로라하는 사람들이 모두 그곳에 들어가 살고 싶어 했다. 황태자는 리젠트 파크 개발로 큰돈을 벌었다.

리젠트 스트리트 역시 황태자가 원한 공간이었다. 그는 리젠트 파크와 자신의 거처인 칼튼하우스Carlton House가 시원하게 연결되기를 바랐다. "파리의 리볼리 거리Rue de Rivoli를 능가하는 우아하고 활기찬 상점가를 만들어라." 그렇게 요구했다. 내시는 두 방향으로 접근했다. 마구잡이로 성장하는 웨스트 엔드를 질서 있게 만들고, 왕실 소유 토지의 가치를 높인다. 그래서 우선 서민 동네인 소호Soho, 웨스트 엔드 동쪽와 '스퀘어'가 모여있는 웨스트 엔드 서쪽을 공간적으로 분리하는 길을 뚫어냈다. 그리고 그걸 우아한 건물로 둘러쌌다. 왕실의 땅을 연결하는 길 아닌가. 걷기도 좋고, 마차가 원

활하게 다니고, 고급 상점이 이어지는 기품있는 길. 과거 런던에 그런 길은 없었다.

    처음에는 직선에 가까운 길을 구상했다. 그런데 상황이 녹록지 않았다. 땅값이 싼 곳을 지나가야 했고, 팔지 않겠다는 땅은 피해야 했다. 그 결과는 방향을 여러 번 틀면서 부드럽게 이어지는 길. 리젠트 파크에서 내려오면 방향을 틀면서 올 소울스 교회All Souls Church를 만나고, 옥스퍼드 서커스Oxford Circus를 지난다. 이어서 부드럽게 돌아가는 아름다운 곡선 길을 따라가면, 피카딜리 서커스Piccadilly Circus. 그리고 최종적으로 황태자의 거처 칼튼하우스에 다다른다. 황태자는 왕이 되자 칼튼하우스를 허물고 그 자리에 규모가 훨씬 큰 칼튼하우스 테라스Carlton House Terrace를 지었다. 한 쌍의 긴 건물 사이에 높은 원주요크 공작 기념 원주를 세운 상류층의 궁전이다. "여기가 길의 종착점이다." 그렇게 외친다. 자, 영국인들이 "세계에서 가장 아름다운 거리"라고 자랑하는 리젠트 스트리트가 완성되었다.

1 리젠트 파크를 둘러싸는 궁전들
리차드 모리스(Richard Morris)가 1831년 그린 〈리젠트 파크의 파노라마 경관〉이란 연작 그림의 하나. 이 건물은 신고전주의 양식의 컴벌랜드 테라스 (Cumberland Terrace)다. ©London Metropolitan Archives, City of London

2 리젠트 파크를 바라보며 산다
미스 로저스(Miss Rogers)란 화가가 1835년경 그린 그림. 그가 사는 이 건물은 존 내시가 설계한 하노버 테라스(Hanover Terrace)다. 개인 소장. 출처: Todd Longstaffe-Gowan & David Lambert (eds.), 2017

존 내시의 개인사를 언급 안 할 수 없다. 기막힌 얘기라서. 고생을 뒤로 하고 런던으로 돌아온 그는 성공 가도를 달렸다. 일마다 황태자가 도왔고, 아예 왕실 전속 건축가처럼 지냈다. 그렇지만 새 부인과 황태자와의 관계는 결혼 전부터 깊었다. 입양해서 기르는 아이도 부인과 황태자 사이의 소생이라는 소문이 파다했다. 그래도 일은 많았고, 영국 건축의 수준을 한 단계 높여놓았다. 마지막 일은 버킹엄 궁전의 증개축. 한창 공사를 진행하

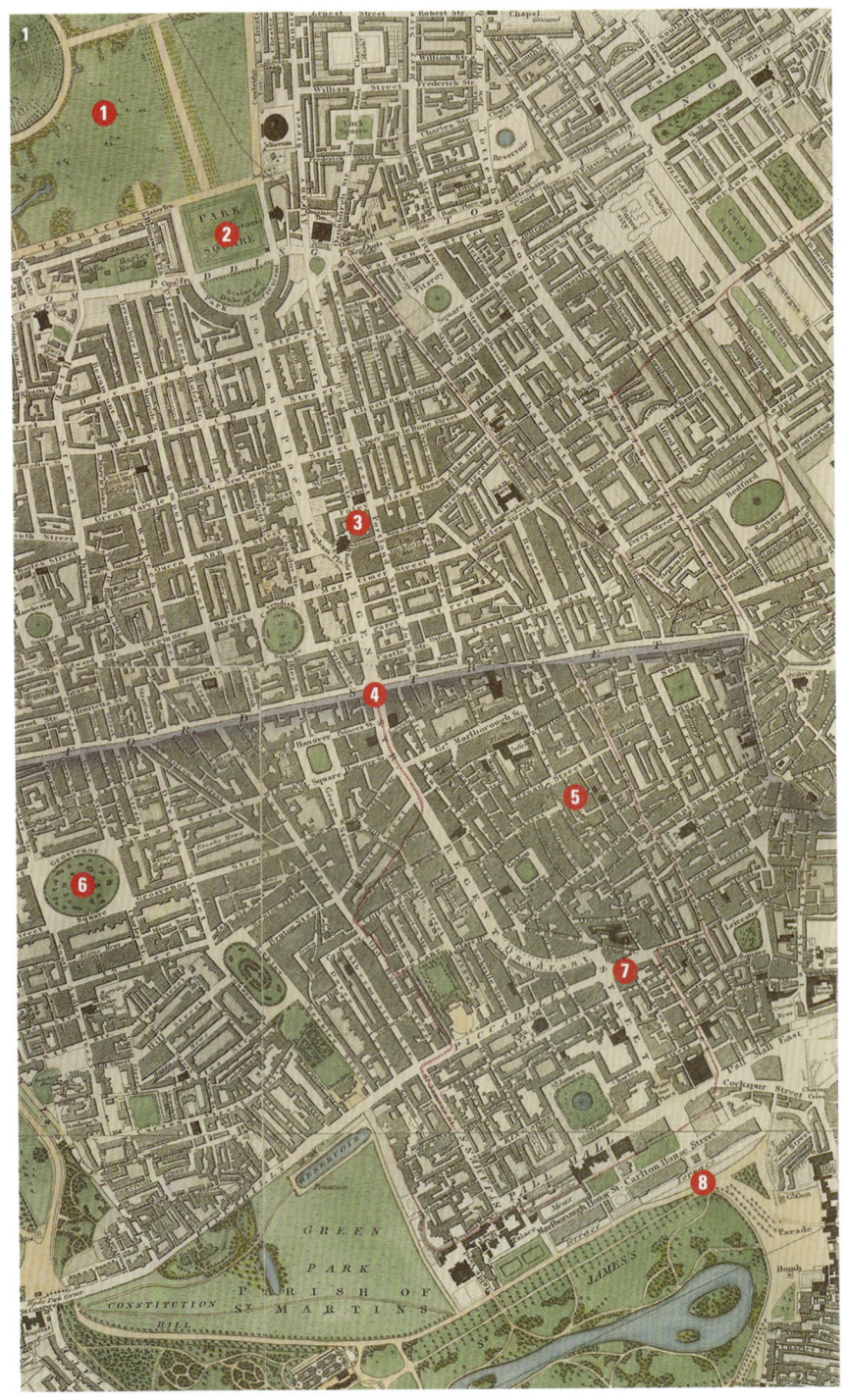

1 지도 속 리젠트 스트리트
1824년 그린우드(C. Greenwood)가 그린 런던 지도의 일부. 제공: MacLean Collection Map Library

① 리젠트 파크 ② 파크 크리센트
③ 올 소울스 교회 ④ 옥스퍼드 서커스
⑤ 소호 지구 ⑥ 그로스버너 스퀘어
⑦ 피카딜리 서커스 ⑧ 칼튼하우스 테라스

2 부드럽게 휘어지는 도로
〈리젠트 스트리트에서 바라본 쿼드런트〉란 그림이다. 쿼드런트(The Quadrant)는 둥글게 돌아가는 건물의 이름이다. 존 블럭(John Bluck)의 1822년 판화작품 ©The Trustees of the British Museum

3 칼튼하우스 테라스
조지 4세가 지은 고급 연립주택으로, 리젠트 스트리트의 종점이다. 토마스 히그햄(Thomas Higham)이 1833년 만든 판화작품 ©The Trustees of the British Museum

근대의 바빌론, 대영제국 수도의 두 얼굴

는 중에 갑자기 왕이 죽어버렸다. 예산을 훨씬 뛰어넘는 사업비에 대한 조사가 진행되었고, 내시는 이후 모든 일에서 배제되었다. 그의 최후는 쓸쓸하고 초라했다. 부인은 내시의 남은 재산을 몽땅 처분해 빚을 갚고 햄스테드의 작은 주택에서 여생을 보냈다.

런던의 근대화

1855년. 런던은 드디어 도시 전체를 대상으로 건설사업을 하는 행정기관을 발족시켰다. '메트로폴리탄 건설위원회Metropolitan Board of Works'. 주력한 사업은 '움직임의 개선'. 아시다시피 당시 런던은 사람, 상품, 돈, 물, 그리고 공기까지도 원활하게 움직이지 못했다. 도시는 불편했고, 건강치 못했고, 늘 전염병에 노출되어 있었다. 산업혁명을 선도한 세계 최대 교역국의 수도로서는 부끄러운 일이었다. 그러니 시급했다. 막힌 것을 모두 뚫어내는 사업. 길과 파이프와 터널을 동원해서 도시 곳곳을 연결하는 사업. 런던이 근대 도시로 변신하려면 꼭 필요한 사업이었다.

자 그런데, 그런 사업을 하려면 우선 도시를 정확하게 읽어내야 했다. '매핑mapping', 즉 '상세한 지도 만들기'. 그게 제일 급했다. 그걸 강력히 유도한 사람은 에드윈 채드윅Sir Edwin Chadwick, 1800~1890. 영국 위생 혁신의 최대 공로자인 그는 효율적인 하수 체계를 위해서 완벽한 지도가 필요함을 역설했다. 그렇게 해서 발족한 '육지측량부Ordance Survey'. 오늘날도 활발하게 활동하는 군대 수준의 공공기관이다. 그들은 새롭고, 과학적이고, 정확한 지도를 만들기 시작했다. 런던은 세인트 폴 대성당을 중심으로 반경 12마일을 커버하는 지역을 세밀하게 조사했고, '1마일=12인치' 축적 지도를 만들었다. 손바닥 들여다보듯이 그려낸 런던. 이제 어떤 일이든 가능했다.

우선 상·하수 체계를 정비했다. 식수의 공급과 오수의 원활한 처리. 도시의 기본이다. 대중에게 식수를 공급하는 분수가 처음 개통한 1859년 4월 21일. 성대한 기념식이 열렸고, 수천 명의 인파가 환호했다. 식수용 분

첫 식수용 분수의 개통식
《그림으로 보는 런던 뉴스》 1859년 4월 30일자에 실린 그림이다.

수는 서민이 모여 사는 런던 동부에 집중적으로 설치했다. 1861년까지 85개, 1870년까지 140개, 그리고 1900년까지 500개의 분수가 물을 뿜었다. 하수 체계는 조셉 바잘제트 Joseph Bazalgette, 1819~1891라는 탁월한 엔지니어의 손에 맡겨졌다. 그는 도시의 오수를 거대한 하수관에 모은 다음 그걸 템스강 하구로 보내서 배출시켰다. 강 북쪽에 3개, 남쪽에 2개. 그렇게 설치한 하수관이 템스강을 살려냈다. 이전의 템스강은 어떤 생명체도 살지 않는 똥물의 강이었다.

다음은 길 내기와 길 넓히기. 런던 역사상 최고로 멋진 길은 조셉 팩스턴 Joseph Paxton, 1803-1865이 제안한 '위대한 빅토리아의 길 Great Victorian Way'이다. 수정궁의 건축가 팩스턴이 1855년에 내놓은 환상적인 아이디어. 최첨단 기술을 적용

런던의 하수관 공사
이 거대한 하수관은 도시의 오수를 모아 템스강 하구에서 배출시키는 장치였다. 《그림으로 보는 런던 뉴스》 1859년 8월 27일자에 실린 그림이다.

한 지붕 덮인 길. 도심 곳곳을 관통하면서 템스강도 가로지른다. 낮에는 말이 끄는 버스와 보행자가 다니고 밤에는 화물이 움직인다. 매연과 변덕스러운 날씨에 시달리는 런던에 꼭 필요한 길이었다. 양쪽에는 상점과 아파트가 이어지고, 매연 없는 열차도 다닌다. 인공으로 공기가 정화되고 온도도 조절된다. 이 길이 실현되었다면 런던은 고질적인 움직임 문제를 해결하면서 세계에서 가장 멋진 도시가 되었을 것이다. 그렇지만 아쉽게도 그림만 남았다.

런던의 길 내기. 세상에서 그처럼 어려운 일은 없었다. 땅 주인과의 끝 없는 줄다리기. 그러니 길을 넓히고 새길을 내었으되 연속적이지 못했다. 큰길은 조금 가다가 끊겼고,

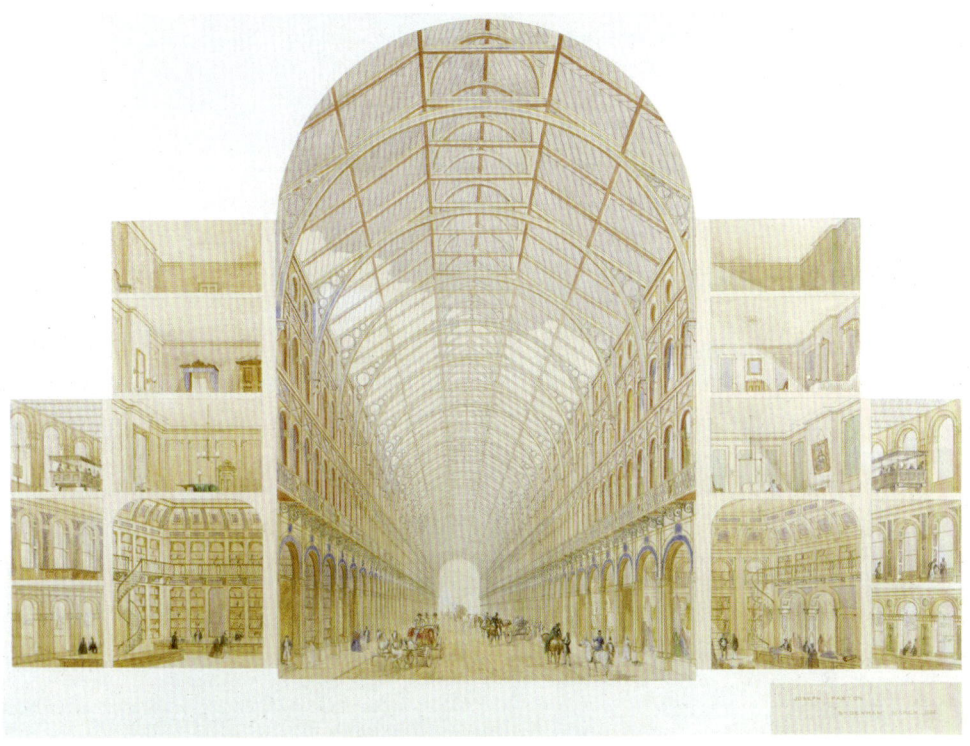

위대한 빅토리아의 길
건축가 조셉 팩스턴이 제안한 혁신적인 가로 디자인이다.
©Victoria and Albert Museum, London

다시 좁은 길로 이어졌다. 새길이라 해도 직선으로 쫙 뻗은 길은 없다. 런던 최장의 직선 길을 찾는다면 조셉 바잘제트가 지하에 설치한 하수관. 그건 80마일 이상을 직선으로 뻗어나갔다. 파리를 개조한 오스만이 런던의 길 내기 상황을 보았다면 이리 말했을 것이다. "머저리들". 런던의 길 내기는 파리와는 달리 한꺼번에 와장창 시행되지 못했다. 점진적이고 단편적이었으며, 한마디로 답답했다. 런던을 편애하는 사람들은 이렇게 우긴다.

> 파리는 독재적인 방법으로 길을 뚫었고, 런던은 그걸 민주적인 방법으로 했다.

런던의 철도공사 현장
《그림으로 보는 런던 뉴스》 1864년 4월 23일자에 실린 그림이다.

　런던을 크게 바꾼 것은 따로 있었다. 철도. 1860년이 되자 그게 도심까지 밀고 들어 왔다. 부자들은 신이 났고, 줄줄이 교외로 나가 단독주택을 지었다. 기차로 출퇴근이 가능해졌기 때문이다. 그런데 불똥은 엉뚱한 데로 튀었다. 철도회사는 가난한 동네를 지나도록 철로를 놓았다. 토지비용과 보상금이 쌌기 때문이다. 그렇지만 그들은 보상을 끝없이 미뤘고, 집 잃은 서민들은 이미 고밀화된 이웃 동네에 빌붙어 살 수밖에 없었다. 철도는 교외화를 촉발했고, 슬럼을 더욱 슬럼화시켰다. 그리고 시각적 혼란. 수십 년간 지속된 철로의 건설은 시민의 눈을 적잖게 괴롭혔다. 그렇게 들어선 많은 철구조물. 고전건축과 철구조물의 '괴상한 동거'. 익숙해질 때까지 시민은 시각적으로 혼란했다.

1863년, 지하철이 개통되었다. 세계 최초. 시작은 철도역을 연결하는 루트로, 점차 시민의 발로, 계속 연장되었다. 그게 준 선물은 둘이었다. 하나는 빠른 이동, 다른 하나는 새로운 공간체험. 빠른 이동이야 말할 필요가 없을 터. 새로운 공간체험, 그건 특별했다. 한 지점에서 지하로 내려간 다음 다른 지점에서 지상으로 올라온다. 공간이동은 그게 다다. 실질적인 이동은 없고, 시간의 흐름이 그걸 대신한다. 그야말로 경이로운 체험이다. 지하철로 인해 런던은 비로소 큰 문제 하나를 해결했다. 빠른 움직임과 원활한 순환. 근대도시의 기본 조건인데 그게 어느 정도 충족된 것이다. 1900년의 런던. 비로소 '유럽 제일의 도시' 타이틀을 놓고 파리와 겨룰 수 있게 되었다.

런던의 두 얼굴

바뀐 런던. 그래도 겉과 속은 달랐다. 근대도시의 겉과 속을 들여다본 대표적 인물은 발터 벤야민 Walter Benjamin, 1892~1940. 이 통찰력 깊은 사상가는 파리를 특히 좋아해 '19세기의 수도'라고 하면서 근대도시의 대표로 올려놓았다. 벤야민의 눈에, 파리는 진보와 계몽과 새로움이 넘쳤다. 그렇지만 그와 함께 미신, 무지, 빈곤, 부도덕, 도취 같은 비합리적인 힘들도 여전히 강하게 남아 있었다. 미처 떨쳐내지 못한 묵은 것들이다. 합리성이 지배하는 근대도시라 해도 그 속에는 많은 혼란스러운 것들이 도사리고 있었다. 19세기 런던은 그게 특히 심했다. 당시 런던의 세 곳을 들여다본다.

첫째는, 빈곤의 장소. 이스트 엔드. 많은 가족이 좁고 더러운 공간에서 살았다. 차마 '방'이라고 부를 수도 없는 공간. 사람들은 씻지도 못하고, 굶주렸다. 한 칸을 온전히 빌릴 수 없는 가족은 다른 가족들과 같이 지내면서 침대를 나눠 썼다. 그런 거처조차 없는 사람들은 떠돌아다녔다. 구세군에서 나눠주는 형편없는 아침밥이라도 얻어먹으려면 몇 시간이고 줄을 서야 했다. 아무리 일해도 가족을 먹여 살릴 수 없는 가장은 아이들과 아내

를 죽였다. 납에 중독된 노동자들, 다치고 병을 얻어 팔다리를 절단한 사람들, 그러다가 스스로 목숨을 끊은 사람들. 부지기수로 많았다. 이스트엔드는 그런 곳이었다. 이민자, 불법 체류자, 하급 노동자들이 모여서 사는 그곳. 지옥이 따로 없었다.

둘째는, 부도덕의 장소. 크리몬 유원지 Cremorne Pleasure Gardens. 1840년경 가스등이 들어오면서 밤의 문화가 전개되었다. 그러자 밤에도 영업하는 유원지들이 잇달아 들어섰다. 핫 플레이스는 런던 서쪽 첼시에 위치한 크리몬 유원지. 그 중앙의 댄스 플랫폼. 아름답게 꾸민데다 가스등이 아련하게 빛나는 그곳에 저녁이면 사람들이 삼삼오오 모여들었다. 파트너를 바꿔가면서 추는 춤. 낯선 사람과 불장난을 벌이기에는 그만이었다. 입장료는 1실링. 부담도 없었으니, 바람둥이들에게는 '대~애~박'. 즐길 상대에게 적극적으로 다가가는 건 남녀 구분이 없었다. 매춘도 공공연히 벌어졌다. '고상한 척하는' 영국인의 도덕이 그곳에서 무너지고 있었다. 당연히 거센 비판에 직면했다. 결국 유원지는 1877년 문을 닫았다. 비판도 비판이거니와 밝은 전기등이 들어오자 흐릿한 가스등이 연출하는 끈적한 무드가 사

1 런던의 빈민
루크 필데스(Luke Fildes)가 1874년 그린 〈임시 숙소를 원하는 사람들〉. 하룻밤만 묵을 수 있는 임시 숙소 입장권을 얻기 위해 경찰서 앞에서 기다리는 사람들이다. ⓒTate Britain, Wikimedia Commons

2 〈크리몬 유원지의 댄스 플랫폼〉
포에버스 레빈(Phoebus Levin)이 1864년 그린 그림 ⓒThe Museum of London, Wikimedia Commons

3 은밀한 눈빛을 교환하는 남녀
당시 크리몬 유원지에서 연주하던 악단의 악보집 표지 그림의 일부다. 1862년 인쇄본 ⓒVictoria and Albert Museum, London

라진 것도 원인이었다.

셋째는, 음란과 외설의 장소. 홀리웰 거리Holywell Street. '신성한 우물'이란 뜻이니 이름이야 얼마나 경건한가. 런던 중심 스트랜드Strand에 있던 좁고 긴 길. 병에 효험이 있다면서 순례자들이 찾아와 물 마시던 우물 자리. 그런데 그곳은 포르노의 거리였다. 소설, 그림, 판화. 없는 게 없었다. 차마 입에 담을 수도 없는 것들. 1834년에 이미 57곳의 포르노 가게가 있었다. 겉은 평범한 헌책방. 그렇지만 관능을 유발하는 뭔가를 진열장에 내걸었다. 멀쩡하게 차려입은 신사들(간혹 숙녀들)이 넋을 놓고 쳐다보다 안으로 들어갔다. 포르노는 수익이 짭짤했으므로 아무리 단속해도 없어지지 않았다. 1901년 시작된 스트랜드 재개발로 길 자체가 없어질 때까지 그곳은 '외설의 거리'로 성업 중이었다.

혼란스러운 장소가 이 세 곳뿐이었을까? 천만에. 마구 확장해가는 세계 최대의 도시. 곳곳에 어둡고 음습한 것들

〈템스강 둑길〉
화가 존 오코너가 1874년 그린 그림. 옛것과 새것이 교묘하게 뒤섞인 빅토리아 시대의 런던이 잘 묘사되어 있다. ©The Museum of London

근대의 바빌론, 대영제국 수도의 두 얼굴

포르노에 정신이 팔린 사람들
필립 노먼(Philip Norman)이 그린 〈스트랜드의 홀리웰 거리, 1900년〉이란 그림의 일부
©The Museum of London

이 숨어있었다. 19세기 런던은 시민을 새롭고 즐거운 것들로 인도했고, 경이로운 세상을 보여주었다. 상하수도 시설이 삶의 질을 높이고, 가스등이 어두움을 밝히고, 지하철이 다니고, 우아한 쇼핑거리가 들어섰다. 모두 새로운 것들이다. 새로운 것이 등장하면 어두운 옛것들은 없어지는 게 정상이다. 그렇지만 빈곤도, 부도덕도, 퇴폐도 좀체 없어지지 않았다. 없애면 살아나고 또 살아났다. 그럼에도 어두운 옛것들의 역할은 있었다. 런던이 깨끗하고, 질서 잡히고, 도덕적인 도시로 변해간 동력이 된 것이다.

옛것을 지키는 데 있어서 런던을 따라갈 도시는 없다. 사람들은 이미 가진 것과 익히 알고 있는 것을 버리길 주저한다. 런던 사람들이 특히 그랬다. 변화와 보수의 이중성. 19세기 내내 런던에는 새것이 옛것과 공존하고, 건설과 보존이 공존하고, 신기술과 골동품이 공존했다. 그들은 온전히 새로운 것을 받아들이면서도 과거의 꿈과 기억과 판타지를 버리지 못했다. 그리고 그것을 미학으로까지 승화시켰다. 회화풍 미학. 새것과 옛것을 병치시키고, 새로운 환경에 폐허의 이미지를 덧씌우는 것. 그게 회화풍 미학에서 흔히 구사하는 수법이다. 옛것과 새것이 경계 없이 서로 침투되는 상황. 그게 자연스러운 것이고, 잘 디자인된 환경이다.

그런 19세기 런던을 잘 보여주는 그림 한 장이 있다. 1874년 화가 존 오코너John O'Connor, 1830~1889가 그린 〈템스강 둑길The Embankment〉. 1872년 준공한 템스강 둑길은 런던의 모든 기술력을 쏟아부은 최신 도로다. 화가는 그 주변의 정경을 마치 카날레토가 베네치아 그리듯 그렸다. 섬세하면서도 몽환적으로. 중심은 세인트 폴 대성당. 성당 앞 두 개의 둥근 구조물은 가스 저장 탱크. 옛것과 새것이 교묘하게 뒤섞인다. 파라솔을 든 여인이 서 있는 서머셋 하우스Somerset House, 고딕 성당의 첨탑, 미들 템플Middle Temple의 뾰족 지붕. 모두 옛것이다. 공장의 굴뚝, 연기를 뿜으며 다리를 지나는 기차, 볼트 지붕의 기차역. 새것이다. 한 무리의 근위병이 행진한다. 그건 런던을 수식하는 불변의 아이콘이다. 빨간 이층버스와 함께. 19세기 후반의 런던이 생생하게 다가온다.

제11화

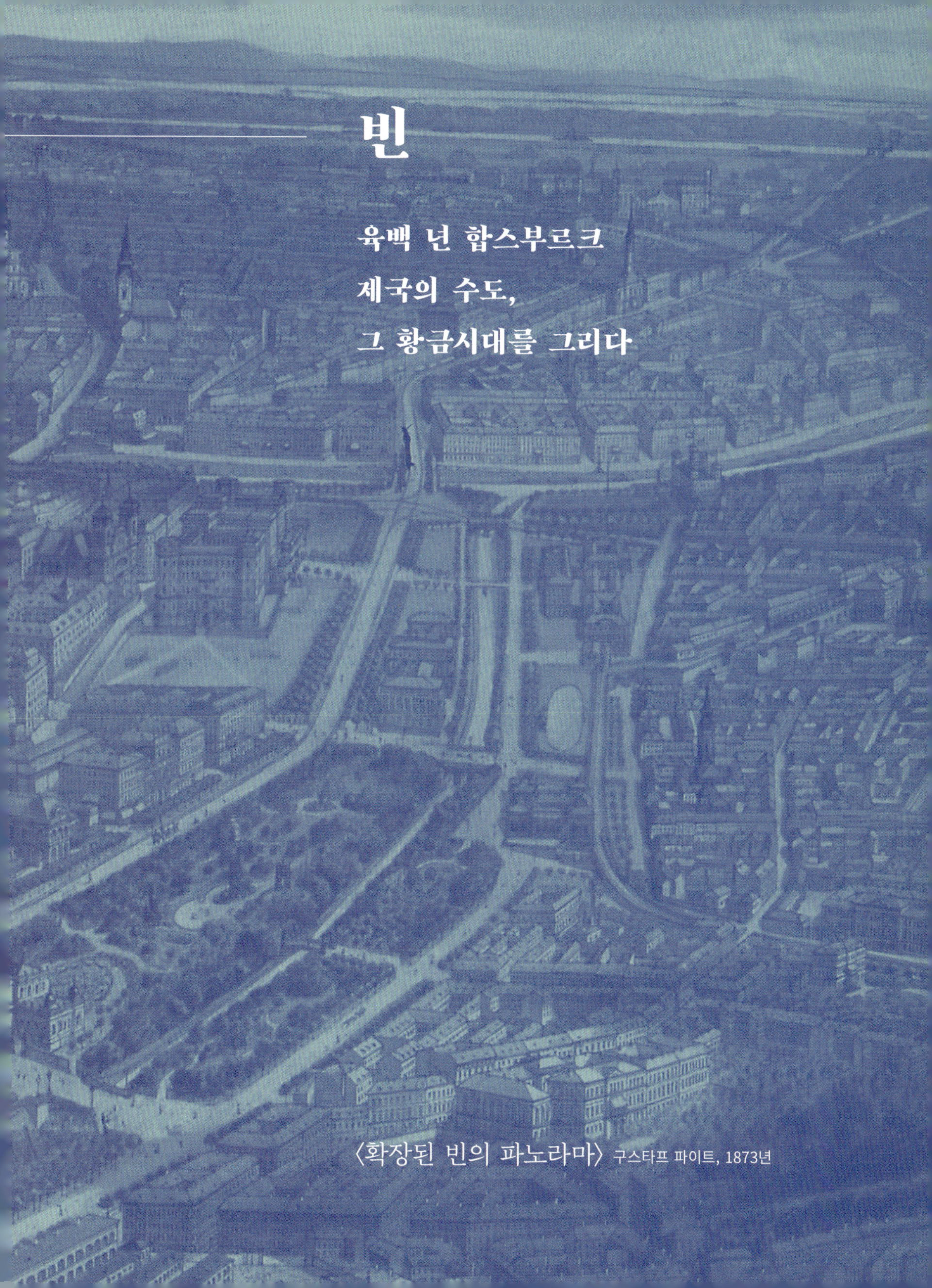

빈

육백 년 합스부르크
제국의 수도,
그 황금시대를 그리다

〈확장된 빈의 파노라마〉 구스타프 파이트, 1873년

세기말 빈을 그리다

1875년 9월. 한 음악가 지망생이 빈에 정착했다. 이름은 구스타프 말러 Gustav Mahler, 1860~1911. 보헤미아의 작은 도시 이글라우에서 상경한 열다섯 살의 유대인 소년. 그의 눈에 비친 빈은 어땠을까? 꿈의 도시였을 것이다. 당시 빈에는 구시가지를 둘러싸는 넓은 지역에 '새로운 로마'가 조성되고 있었다. 시민들은 자기 도시가 유럽에서 가장 기품있는 도시로 변하고 있다면서 들떠 있었다. 소년은 막 완성된 국립 오페라극장과 무지크페라인 연주회장빈 필하모닉의 전용 공연장을 보면서 앞날을 몽상했다. 장차 자신이 그 두 곳 모두의 지휘자가 된다는 사실은 까맣게 모른 채 말이다. 그를 놀라게 한 것은 음악당뿐이 아니었다. 도시에는 국회의사당, 시청사, 박물관, 대학 같은 정치와 문화의 전당들이 앞다투어 들어서고 있었다. 30년이라는 짧은 기간에, 수십 채의 공공·문화시설이 그리 집약적으로 지어진 도시는, 적어도 19세기 유럽에서는 빈이 유일했다.

고급아파트들도 줄지어 들어섰다. 궁전 못지않은 크고 호화로운 건물이었다. 그런 건물을 지은 졸부 중에는 유대인이 많았다. 그들은 장차 말러의 공연을 후원하는 든든한 지원군이었다. 도시의 동·서·남·북에 기차 종착역이 건설되자 드넓은 제국 곳곳으로부터 이주자들이 몰려왔다. 1851년에 43만 명, 1890년에 136만 명, 그런 속도로 인구가 불어났다. 덩달아 부자들의 숫자도 늘었다. 당시 빈의 부자들은 유난히도 향락을 쫓고 쾌락을 추구했다. 그들은 카페, 술집, 무도회장, 오페라극장, 공원 등으로 몰려다니면서 신물 나게 즐겼다. 그런 분위기 속에서 뛰어난 음악가, 화가, 건축가, 작가, 사상가들이 속속 빈에 자리를 잡았다. 바야흐로 '세기말Fin de siècle

〈확장된 빈의 파노라마〉 부분
1873년 만국박람회 기념품으로 판매한 것으로, 19세기 빈을 조감으로 상세하게 묘사한 귀한 그림이다. 제공: Wien Museum

육백 년 합스부르크 제국의 수도, 그 황금시대를 그리다

황금시대를 구가한 세기말 빈
국립 오페라극장 전면 광장으로, 링슈트라세와 이어지는 빈의 핵심 공간이다. 잘 차려입은 선남선녀들로 넘친다. 루돌프 폰 알트(Rudolf von Alt)의 1876년 그림 ©Wien Museum

빈'이 펼쳐지고 있었다. 창의성과 개혁성이 최고조에 달했던 빈의 황금시대.

그런 빈을 그린 그림지도 한 장. 명칭은 〈확장된 빈의 파노라마Panorama of the Extended City of Vienna〉. 말러가 빈에 정착하기 2년 전인 1873년, 구스타프 파이트Gustav Veith란 화가가 그렸다. 세기말 빈을 높은 곳에서 조망한 그림은 매우 드문데, 그런 아쉬움을 이 그림이 싹 날려 버린다. 그만큼 멋진 그림이다. 화가는 어떤 수단을 통해 이 정도로 상세한 도시 이미지를 잡아냈을까? 기록된 자료가 없다. 추정해 보자면, 필시 열기구를 이용했을 것이다. 1873년 빈에서는 만국박람회가 열렸다. 이전의 어떤 만국박람회보다 규모가 컸던 이 행사에 즈음해서 빈 하늘에는 많은 열기구가 떴다. 이 그림은 석

카날레토가 그린 빈
제목은 〈벨베데레에서 바라본 빈〉. 가운데 뾰족한 탑은 슈테판 대성당, 왼쪽 돔은 카를 성당, 오른쪽 돔은 살레시오 수도회 교회다. 1760년 전후해서 그렸다.
©Kunsthistorisches Museum, Wikimedia Commons

판화로 인쇄되었고, 박람회 기념품으로 팔았다. 관광을 위한 가이드 맵 용도는 아니므로 건물의 명칭 같은 건 표기하지 않았다.

화가의 시점은 벨베데레Belvedere 궁전의 상공이다. 빈의 남쪽 외곽. 대귀족의 궁전이었던 그곳은 일찍부터 공공 미술관으로 개방되어 있었다. 화가들은 그곳에서 보이는 빈을 즐겨 그렸다. 거기서 바라보면, 돔을 올린 두 교회가 좌우에 자리하고, 중앙에 슈테판 대성당Stephansdom이 우뚝 서 있는 기막힌 경관이 펼쳐진다. 왼쪽 돔은 카를 성당Karlskirche, 오른쪽 돔은 살레시오 수도회 교회Salesian Church다. 1760년경 화가 카날레토가 그린 그림을 보시라. "아름다운 빈을 한눈에 보려면 벨베데레의 테라스로 가라"고 속삭인다. 그림지

도를 그린 파이트도 같은 위치를 잡은 다음 시점을 하늘로 올렸다. 가장 눈길을 끄는 곳은 어딘가? 구시가지를 빙 둘러싸는 너른 벨트 같은 지역이다. 반지 모양의 넓은 길 링슈트라세Ringstrasse와 그 주변 신시가지. 폭 최대 450미터, 길이 5.2킬로미터에 이르는 빈의 새로운 중심. 시골뜨기 말러의 얼을 빼앗은 바로 그곳이다.

링슈트라세 개발 이전과 이후의 빈. 하늘과 땅만큼의 차이가 있었다. 이전의 빈은, 정겹게도, 성곽도시였다. 유럽의 거의 마지막 성곽도시. 대성당, 궁전, 성곽. 그 셋이 어우러진

1 〈확장된 빈의 파노라마〉
열기구에서 그렸을 것으로 추정되는 이 그림지도에서 주인공은 어디까지나 링슈트라세와 그 주변 시가지다.
©Wien Museums

2 빈의 새로운 중심, 링슈트라세
1887년 빈 지도협회에서 발간한 이 지도는 링슈트라세와 그 주변에 들어선 건축물을 잘 보여준다.
©Wien Museum

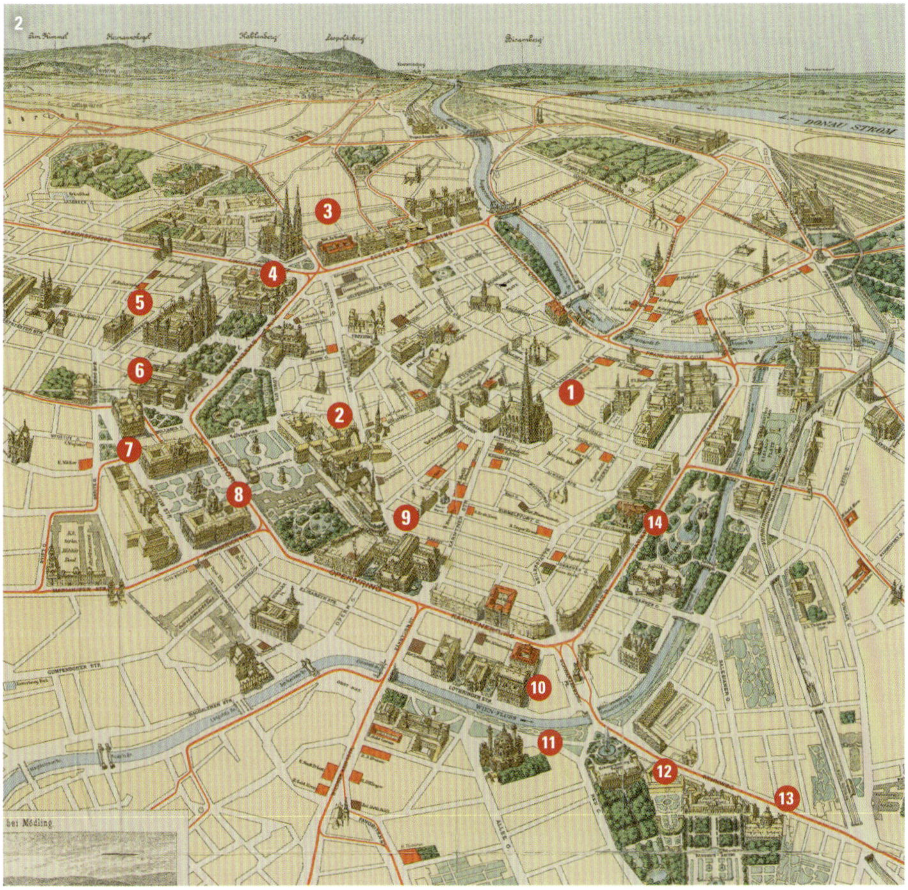

① 슈테판 대성당
② 호프부르크 궁전
③ 포티프 교회
④ 빈 대학교
⑤ 빈 시청사
⑥ 국회의사당
⑦ 자연사박물관
⑧ 미술사박물관
⑨ 국립오페라극장
⑩ 무지크페라인
⑪ 카를 성당
⑫ 벨베데레 궁전
⑬ 살레시오 수도회 교회
⑭ 슈타트파르크

도시는 나름 당당했다. 그렇지만 제국의 수도 역할을 하기에는 품격과 권위와 효율이 현저히 떨어졌다. 그런 도시를 넓은 녹지가 둘러싸고 있었다. 1683년 오스만 제국이 침공했을 때 침략군이 엄폐물로 사용할 수 없도록 성벽 바깥의 모든 것을 불태워버린 결과였다. 그렇게 생겨난 넓은 녹지 벨트는 18세기 후반부터 시민공원으로 사용되었고, 그 밖으로는 시가지가 퍼져나가고 있었다. 그런 변두리에는 귀족과 부르주아의 저택이 들어서기도 했으나 주로 가난한 서민들이 모여 살았다. 인구가 늘자 성의 안팎은 교류가 왕성해

육백 년 합스부르크 제국의 수도, 그 황금시대를 그리다

성곽도시였던 제국의 수도
링슈트라세가 들어서기 이전, 빈의 모습은 이랬다. 폴베르트
판알튼 알렌(Folbert van Alten Allen)이 1683년 그린 판화작품
ⓒWien Museum

졌고, 녹지의 방어 기능도 사라져버렸다. 성벽을 허물고 두 지역을 공간적으로 통합해야 했다. 그렇게 시작된 링슈트라세 개발. 빈 역사상 최대의 사건이었다. 그 이야기부터 풀어보자.

녹지로 둘러싸인 성곽도시
성벽을 허물기 직전인 1858년 그린 빈 지도. 녹색 부분은 시민공원으로 사용된 녹지 벨트(Glacis)다. ©Wikimedia Commons

성벽을 허물고 도시의 면모를 일신하라

쉽지 않았다. 성벽을 허물기가. 반대가 많았기 때문이다.

> 성벽을 허물면 변두리가 안고 있는 주택, 교통, 위생 같은 복잡한 문제가 모두 도심지로 떠넘겨집니다.
> 1848년 유럽 전역에 불어닥친 혁명의 바람을 보시오. 더이상 적의 침공은 없겠지만 내부의 폭동을 막으려면 성벽은 여전히 필요합니다.

분분했다. 황제 프란츠 요제프 1세Franz Joseph I, 재위 1848~1916가 결단을 내렸다. 제왕 수업을 제대로 받은 이 젊은 황제는 알고 있었다. 빈이 근대도시로 탈바꿈하려면 성벽을 허물어버려야 한다는 사실을. 1857년 12월 25일, 황제는 "이것이 짐의 뜻이다"로 시작되는 준엄한 조칙을 내렸다. 성벽을 허물고, 그래서 얻은 땅과 기존의 녹지를 대상으로 개발계획을 세우라는 명령이었다. 링슈트라세 개발의 시작을 알리는 신호탄이었다.

1858년 1월 내무부는 확장지역 개발을 위한 기본계획Grundplan을 공모한다고 공시했다. 도시 확장을 위한 계획안을 공모 방식으로 널리 구한 것은 세계 역사에서 처음이었다. 6개월의 시간이 주어졌고, 전 세계에서 85개의 계획안이 제출되었다. 특별히 구성된 위원회는 5개월 동안 심사를 진행했다. 그런데 마음에 쏙 드는 게 없었다. 위원회는 상대적으로 우수한 계획안 세 점을 뽑아서 발표했다. 모두 빈에서 활동하는 유명 건축가의 안이었다. 황제는 세 계획안의 장점을 두루 반영해서 기본계획을 다시 만들라고 지시했다. 작업에 차출된 건축가 모리츠 뢰어Moritz Löhr는 3개월의 작업 끝에 새 계획안을 만들어냈고, 황제는 그것을 흔쾌히 받아들였다. 몇 차례 고친 다음 최종적으로 계획을 확정한 것이 1859년 10월이었다.

근대도시의 상징인 대로 즉 불바르boulevard가 계획의 몸통으로 채택되었다. 링슈트라세. 막 건설이 시작된 파리의 불바르가 힌트를 주었을 것이

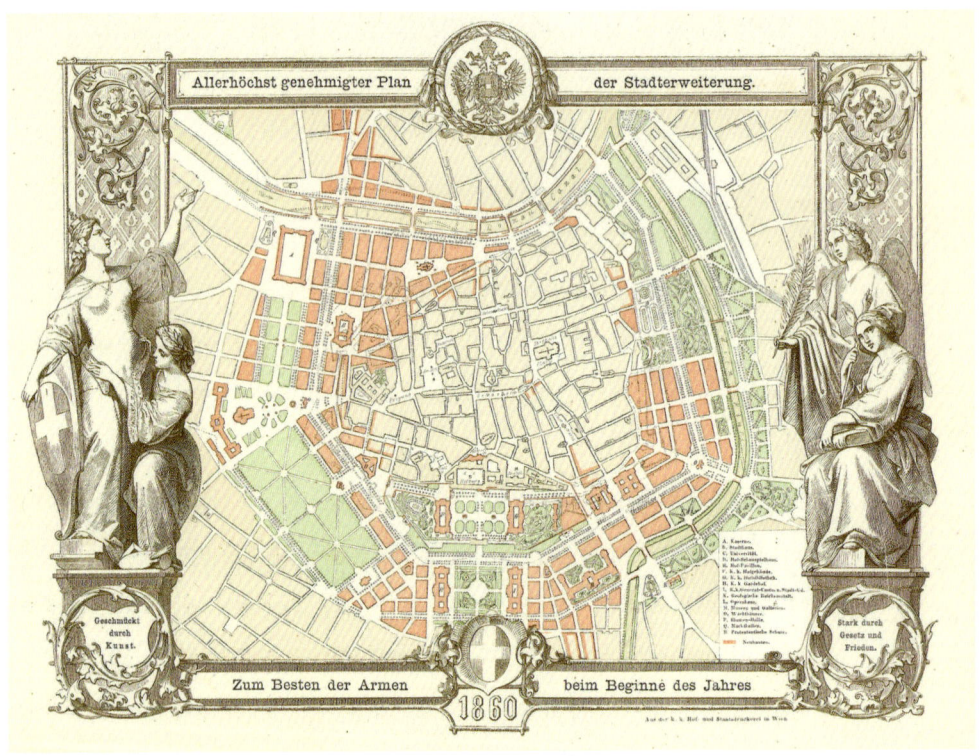

최종적으로 정리된 도시확장계획
반지처럼 돌아가는 불바르가 몸통으로 채택되었는데, 구도심과의 연계는 비교적 긴밀하나 변두리와의 연계는 최소한으로 줄였다.
©Wien Museum

다. 그런데 링슈트라세는 파리의 불바르와는 '상당히' 달랐다. 파리의 그것이 도시를 사통팔달 이어주는 것과는 달리 링슈트라세는 자족적이고 독립적이다. 긴밀하고 다양한 공간적 네트워크. 그게 근대도시의 특징인데, 링슈트라세를 계획한 사람들은 그런 생각을 하지 못했다. 결과적으로 빈은 파리와는 '매우' 다른 도시가 되었다. 그래도 확장지역과 구도심은 비교적 긴밀하게 연결했고, 애써 하나로 만들었다. 하지만 변두리와의 연계는 최소한으로 줄였다. '분리해버렸다'가 더욱 적절한 표현이겠다. 치안 때문이었다. 1848년 혁명 때처럼 변두리에서 폭동이 일어나면 군대가 링슈트라세에 진을 치고 폭도들을 막아내겠다는 심산이었다.

계획을 실행하려면 천문학적 자금이 필요했다. 정부는

전담기구Stadterweiterungsfond, 도시확장기금를 설치하고 자금 확보에 나섰다. 그리고 1860년 5월부터 일반에게 땅을 팔기 시작했다. 타깃은 부르주아 계층. 그들은 귀족에 버금가는 저택을 짓고 싶으나 도심에는 땅을 구할 수 없어 답답해하고 있었다. 그런데 땅 팔기에는 시기가 좋지 않았다. 국가가 경기 침체기에 들어 있었기 때문이다. 정부는 '면세'라는 수단을 동원했다. 신개발지에 건물을 짓는 사람에게는 30년간 면세 혜택을 주겠다는 것인데, 그게 너무 길다고 시市가 반발하자 기간을 10년으로 단축했다. 그렇지만 그것도 별 효과가 없었다. 땅값이 너무 비싼데다가 건축규제도 까다로웠다. 결국 정부는 건축규제에 손을 댔고, 특히 자재에 관한 규정을 대폭 완화해주었다. 좀더 저렴한 비용으로 건물을 지을 수 있게 한 것이다.

유대인이 호응했다. 그들이 아니었다면 링슈트라세 개발사업이 어떻게 전개되었을지 모른다. 그만큼 기여가 컸다. 그건 그들이 제국으로부터 받은 은혜에 대한 보답이기도 했다. '인민의 황제'로 불리는 요제프 2세 Joseph II, 재위 1765~1790는 유대인에게 상업활동의 자유와 교육의 기회를 보장했고, 프란츠 요제프 황제는 유대인이 토지를 소유하는 것까지 허용했다. 링슈트라세 개발을 위한 유인책이었다. 유대인 부자들이 솔선해서 링슈트라세의 땅을 사들였다. 그리고 때맞추어 유대인이 빈으로 몰려왔다. 1860년에 수천 명에 불과하던 유대인의 숫자는 1880년에 7만2천 명을 넘어섰다. 전체 인구의 10퍼센트. 대단한 세력 확장이었다. 그런 와중에 유대인 말러도 지휘자로 성장했고, 타협을 모르는 완벽주의자가 되어갔다. 유대인이 나서자 다른 부자들도 따라나섰다. 땅은 금세 팔려버렸다. 링슈트라세 주변에 땅을 산 부자들은 거기다 어떤 건물을 지었을까? 조금 기다리시라.

빈을 새로운 로마로 만들어라! 링슈트라세 주변의 공공건축들

1865년 성대한 준공식과 함께 링슈트라세 시대가 열렸다. 길은 닦았고, 그

1 새로운 시대가 열리다
1865년 5월 1일, 성대한 준공식과 함께 링슈트라세 시대가 열렸다. 라디슬라우스 오이겐 페트로비츠(Ladislaus Eugen Petrovits)가 1865년 그린 그림
©Wien Museum

2 링슈트라세 주변에 들어선 공공건축
중앙의 뾰족한 탑 건물이 고딕 양식의 시청사, 제일 왼쪽이 그리스 양식의 국회의사당, 제일 오른쪽이 르네상스 양식의 빈 대학이다. 루돌프 폰 알트의 1873년 그림
©Wien Museum

주변을 건물로 채우는 일만 남았다. 그런데 건축사업을 시작하자마자 황제의 위세에 큰 위기가 닥쳤으니, 1866년 프로이센과의 전쟁에서 패한 것이다. 제국은 베네치아를 잃고, 독일 지역에서 정치적 헤게모니도 상실해버렸다. 황제는 절대군주제를 포기해야 했다. 자유를 원하는 부르주아 집단이 때를 만났다. 나라는 입헌군주 국가로 바뀌었고, 독립된 사법부가 설치되면서 완전한 법치국가가 되었다. 이렇게 되자 링슈트라세 건설사업의 내용도 달라져야 했다. 왕실과 군사를 위한 시설은 대폭 축소되고 그 자리에는 입헌정치와 자유주의를 상징하는 건물들이 들어섰다. 링슈트라세는 새 시대와 새 정치를 상징하는 공간이 되었고, '시민의 자신감'과 같은 의미로 통용되었다.

그래도 황제가 포기하지 않은 꿈이 있었다. 왕실 미술관이 딸린 새로운 궁전. 왕조의 보금자리인 호프부르크 Hofburg 궁을 확장하여 '새로운 로마'의 중심으로 부흥시키겠

다는. 그래서 링슈트라세 기본계획을 공모할 때 새로운 궁전 계획도 같이 요구했다. 그렇지만 마음에 드는 게 없었다. 황제는 1869년 독일의 스타 건축가 고트프리드 젬퍼Gottfried Semper, 1803~1879를 불러들였다. 과거 혁명에 가담한 반체제 인사였지만 달리 믿을 만한 건축가가 없었다. 66세의 젬퍼는 자신보다 30년이나 어린 무명의 카를 하제나우어Carl Hasenauer, 1833~1894를 파트너로 선택했다. 그들은 '황제포럼Imperial Forum'이라고 명명한 구상을 황제에게 그려 바쳤다. 그런데 둘 사이에 불화가 계속되자 젬퍼는 1876년 빈을 떠났고, 3년 후에 사망했다. 하제나우어는 젬퍼의 스케치를 바탕으로 계획을 완성했는데, 모든 아이디어는 자신의 것이라고 떠들고 다녔다.

황제포럼의 조감도를 보시라. 중심에 호프부르크 궁이 자리하고, 그 전면에 500미터 길이로 뻗어나가는 광장이 조성된다. 장쾌한 구성이다. 궁

1 새로운 궁전, 황제포럼
건축가 고트프리드 젬퍼가 베르사유 궁전을 압도하겠다면서 만들어낸 구상이다. 원안대로 실현되지는 못했다. 프란츠 알트(Franz Alt)의 1873년 그림 ©Albertina Museum, Wien

2 빈 미술사 박물관의 개막식
황제포럼 건설은 미완으로 끝났으나 미술사 박물관과 자연사 박물관은 예정대로 완공되었다. 1891년 10월 17일 황제가 참석한 가운데 행한 미술사 박물관 개막식 모습. 로버트 라쉬카(Robert Raschka)가 그렸다. ©Kunsthistorisches Museum Wien

전의 전면에는 황제관저와 영빈관이 마주 보고, 링슈트라세를 건너면 (오늘날의) 미술사 박물관과 자연사 박물관이 마주 본다. 젬퍼가 베르사유 궁전을 압도하겠다면서 만들어낸 구상이다. 건물의 양식은 네오바로크Neo-Baroque로 정했다. 그런데 이 구상은 원안대로 실현되지 못했고, 도시의 유일무이한 중심이 되지도 못했다. 미완으로 끝났기 때문이다. '시씨Sisi'라는 애칭으로 국민의 사랑을 받던 왕비 엘리자베트Elisabeth, 1837~1898가 죽자 황제는 새로운 궁전에 흥미를 잃어버렸다. 1992년 빈에서 초연했고, 우리나라에도 〈엘리자벳〉이라는 제목으로 10년 이상 공연되고 있는 뮤지컬. 그게 바로 '시씨'에 관한 이야기다. 어쨌든 황제의 후계자 페르디난트 대공Franz Ferdinand, 1863~1914이 황제포럼의 건설을 계속 이어 나가야 했다. 그런데 이 고집불통의 황태자는 사사건건 트집을 잡고 방해를 계속하면서 사업을 쉬

1 자치의 상징, 시청사
다시 자치도시의 주인이 된 빈 시민은 고딕 양식의 시청사를 통해 그들의 정치적 자유를 만방에 과시했다. 설계자 프리드리히 폰슈미트(Fredrich von Schmidt)가 1869년 그렸다. ⓒWien Museum

2 화려한 시청사 내부
내부 또한 마음껏 장식해 시민의 자긍심을 드높였다. 색색 기둥과 궁륭천장으로 현란하게 꾸민 대연회장. 프리드리히 폰 슈미트의 1869년 그림 ⓒWien Museum

진척시키지 않았다. 결국 제1차 세계대전으로 제국이 패망하자 황제포럼 만들기는 더 이상 진행되기 어려웠다.

건축양식의 진열장. 링슈트라세에 들어선 공공건축의 양식은 다양했다. 부르주아 집단의 취향이 자유분방했던 탓이다. 국회의사당은 그리스 양식, 시청사는 고딕 양식, 그런 식이었다. 그들은 군대가 연병장으로 확보한 링슈트라세 최고의 노른자위 땅에다 국회의사당과 시청사를 지었다. 의사당 설계를 맡은 테오필 한센Theophil Hansen, 1813~1891은 민주정치의 상징을 고대 아테네에서 찾았다. 그리스 양식은 빈을 '새로운 로마'를 만들겠다는 황제의 꿈과도 잘 맞아떨어졌다. 시청사는 왜 고딕 양식으로 지었을까? 다시 획득한 시민의 자치권, 그걸 축하하려 함이었다. 중세의 빈은 자치도시였는데, 제국의 오랜 전제정치가 그 자치권을 제약했다. 시민들은 다시 획득한 자치권을 과시하기 위해 플랑드르 풍의 고딕 양식을 선택했다. 중세 플랑드르 지방의 당당한 자유도시들과 빈이 유사하다는 것이다. 건물 전면에 늘어선 아치와 개방된 주랑, 내부의 드높은 궁륭천장, 높이 솟은 탑. 부르주아 시민의 자긍심은 하늘을 찔렀다. 정치적 자치권을 얻은 그들은 모든 분야에서 자유를 누리면서 취향대로 즐기고 행동했다.

대학도, 오페라극장도 지었다. 반체제의 거점으로 찍혀 수십 년간 닫혔던 빈 대학은 1870년에야 새 건물을 지어도 좋다는 황제의 허락을 받았다. 부지는 역시 연병장 땅이었다. 건물은 이탈리아 르네상스 양식으로 지었다. 종교적 믿음에 대한 합리주의의 승리. 그게 르네상스이니 학문의 전당을 그리 짓는 것은 설득력이 있었다. 르네상스 모티프는 오페라극장에도 재현되었다. 유럽 최초로 시민을 위한 공연

새롭게 열린 빈 대학
르네상스 양식으로 새 건물을 지음으로써 반체제의 거점이라는 오명을 씻고 학문의 전당으로 거듭났다.
설계자 하인리히 폰페르스텔(Heinrich von Ferstel)의 1871년 그림 ©Wien Museum

히틀러가 그린 국립 오페라극장
젊은 시절 빈에 살면서 화가를 지망했던 그는 링슈트라세 주변 건물들을 좋아했다. 오페라극장은 특별히 자주 갔고 그림도 남겼다. 1912년 그림 ©Wikimedia Commons

장으로 의도된 건물이다. 그만큼 시민의 관심이 지대했다. 장식 하나에까지 참견이 이어졌다. 황제가 건물을 그리 좋아하지 않는다는 소문이 돌자 공사감독은 목매달아 자살했고, 설계자 역시 병으로 죽었다. 그런 우여곡절은 있었지만 완성된 오페라극장은 빈 시민들이 정말로 사랑하는 문화의 전당이 되었다. 말러는 1897년 그곳의 음악감독이 되었는데, 그 자리를 간절히 원했던 그는 (가톨릭으로) 개종을 받아들였다.

링슈트라세 주변의 공공건축들이 탐탁지 않은 사람들도 있었다. 카밀로 지테 Camillo Sitte, 1843~1903와 오토 바그너 Otto Wagner, 1841~1918가 그랬다. 빈이 배출한 탁월한 도시건축 이론가들이다. 지테는 건물이 큰길을 따라 띄엄띄엄 놓여있는 상태를 비판했다. 건물과 옆 건물과 길. 그 셋이 각기 따로 놀기 때문이다. 건물과 외부공간의 끈끈한 관계를 선호했던 그는 젬퍼의 황제포럼만은 높이 칭찬했다. 건물과 광장이 잘 어우러진다면서. 바그너는 건물들에 현대성이 없고 먼 과거에만 매몰된 역사주의를 비판했다. 시대정신이 없다는 것이다. 그런 전문가들의 생각과는 아랑곳없이 일반 시민은 새로 들어선 건물들에 매료되었다. 젊은 시절을 빈에서 보낸 아돌프 히틀러 Adolf Hitler, 1889~1945. 화가를 지망했던 이 시골뜨기 청년은 이렇게 회고했다.

나는 몇 시간씩 오페라극장 앞에 서 있었고, 의사당 건물을 쳐다보곤 했다. 링슈트라세 전체가 내게는 천일야화에 나오는 마법처럼 보였다.

빈의 부르주아, 그들의 주택과 일상

성벽으로 둘러싸였던 시대, 빈의 실질적 주인은 귀족이었다. 황제의 거처 호프부르크 궁을 귀족의 저택이 둘러싸고 있는 형국. 빈이 그랬다. 그런 도시에 18세기부터 돈 많은 부르주아가 출현했다. 그리고 제국의 곳곳으로부터 부자들이 빈으로 이주해왔다. 19세기로 접어들자 일부 부르주아는

엄청나게 부유해져서 경제적으로는 웬만한 귀족을 앞질렀다. 그렇지만 아무리 부유해도 평민은 정부와 군대의 높은 자리에 오를 수 없었다. 적어도 1848년 혁명 이전에는 그랬다. 이후에는 평민에게도 조금씩 기회가 주어졌다. 그런 상황에서, 부르주아 계층은 귀족과 애써 경쟁하지는 않았다. 다만 그들과 똑같이 살려고 했다. 그 첫 번째 조건이 주택이었다. 그들은 귀족의 저택에 버금가는 집을 가지고 싶어 했다. 때마침 링슈트라세 개발이 시작되자, 땅을 샀고, 거기에 그들이 바라던 주택을 지었다.

호화아파트. 그들이 선택한 주택이었다. 영국식 타운하우스도 고려 대상이었으나 그걸로는 귀족의 저택과 대적하기 어려웠다. 길을 향해 당당하게 서 있는 궁전 같은 아파

1 링슈트라세에 들어선 아파트들
제일 왼쪽 건물이 하인리히호프(Heinrichhof)로, 빈 건설산업의 주역 하인리히 드라슈(Heinrich Drasche)가 지은 빈 최초의 궁전 같은 아파트다. 1877년 출간된 판화작품 ©Wien Museum

2 호화아파트의 계단실과 현관 전면 홀
건축가들은 이 공간을 기품있고 화려하게 꾸미는 데 힘을 쏟았다. 독토르 칼 루에거 플라츠 2번지 (Dr. Karl Lueger-Platz 2) 아파트 ©Johanna Fiegl, Wien Museum

3 아파트의 살롱
다목적 공간으로, 주인의 재산과 문화적 수준을 자랑하는 공간이었다. 팔레 라이텐베르거(Palais Leitenberger)의 살롱이다. ©Johanna Fiegl, Wien Museum

육백 년 합스부르크 제국의 수도, 그 황금시대를 그리다

1 과다하게 장식된 아파트 표면
파리의 아파트와는 비교할 수 없을 정도로 과시가 심해, 요소요소를 조각으로 장식했다. 슈베르트링(Schubertring) 9~11번지 아파트 ©Johanna Fiegl, Wien Museum

2 살롱에서의 우아한 파티
프랑스 화가 빅토르 가브리엘 질베르(Victor Gabriel Gilbert)의 1890년경 그림. 파리의 살롱을 그린 것이다. 개인 소장 ©Wikimedia Commons

트. 제일의 목표는 '과시'였다. 건물주는 2층 전체를 차지했는데, 1층까지 사용하기도 했다. 그리고 그 위층은 여러 채로 나누어서 임대했다. 꼭 과시해야 할 공간이 있었다. 우선, 1층 출입구에서 2층 주인 저택에 이르는 계단실, 그리고 현관 전면 홀. 그곳을 기품있고 화려하게 연출해야 능력 있는 건축가로 인정받았다. 그다음은 살롱salon. 귀족 저택의 연회장party hall에 해당하는 공간. 손님을 영접하고, 먹고 마시고, 춤추고, 연주를 감상하고, 당구도 치는, 다목적 공간. 그들은 여유롭고 기품있는 살롱을 만들기 위해 돈과 공간을 아끼지 않았다. 귀족의 연회장이 주인의 정치적 영향력을 과시하는 공간이라면, 부르주아의 살롱은 주인의 재산과 문화적 수준을 자랑하는 공간이었다.

　과시는 밖이 더 심했다. 건물 표면의 과다한 장식. 그게 파리의 아파트와 다른 점이었다. 처음에 건물을 지은 부자들은 장식을 2층에 집중해, 화려한 발코니를 돌출시키는 정도에 그쳤다. 그러다 점차 건물 전체에 기둥을 돌출시키고 요소요소를 조각으로 장식했다. 경쟁은 경쟁을 불러일으켰다. 설계를 맡은 건축가는 특별한 장식수법을 배우기 위해 이탈리아를 다녀와야 할 정도였다. 그들은 자료와 상상력과 창의성 모두를 동원해 건물의 표면을 호화롭고 생동감 있게 만들었다. 그런 장식물을 모두 자연석을 깎아 만들었다면 시간과 비용을 감당했겠는가. 귀족을 능가하는 부자들이야 문제 될 게 전혀 없었지만, 웬만한 부자들은 그럴 수 없었다. 자연히 장식업이 성행했다. 감쪽같이 돌처럼 보이도록 만드는 기술도 발전했다. 공장에서 장식물을 만들었고, 그걸 건물에 붙였다.

　부르주아의 과시욕은 끝이 없었다. 그들은 잘 차려입고 치장한 다음

1 링슈트라세를 활보하는 사람들
매일 오후, 차려입은 부자들이 과시하듯 링슈트라세를 돌아다녔다. 바로 보이는 건물이 호화아파트 하인리히호프다. 1873년 제작된 판화작품. 제공: Wien Museum

2 〈링슈트라세 코르소〉
화가 테오 차셰가 1908년 링슈트라세를 산책하는 사회 명사들을 그린 그림이다.
©ÖNB Vienna: Pb23. 6197-D, pl.249

링슈트라세를 활보했다. 매일 오후 3시에서 5시, 케른트너 거리 Kärntner Strasse에서 슈바르첸베르크 광장 Schwarzenbergplatz 사이에 나가면 어김없이 그들을 만날 수 있었다. 걷는 목적은 건강증진이 아니었다. 보여주기, 그리고 살펴보기. 그 둘이었다. 스스로를 과시하면서 남들은 어떻게 차리고 다니는지 눈여겨 관찰했다. 그걸 '링슈트라세 코르소 Ringstrasse Corso'라고 불렀다. '링슈트라세 행진' 정도가 되지 않을까. 목적은 또 있었다. 젊은 남녀들을 짝지어 혼인시키는 것. 링슈트라세를 산책할 때 외에는 젊은 남녀가 서로 관찰하고 만날 기회가 없었다. 거기서 얼굴을 터야 집으로 초대하고 사귀는 것이 가능했다. 그러니 링슈트라세 산책은 상당한 사회적 기능이 있었다.

그리고 카페에서 시간을 보냈다
19세기 후반 유명 예술가들의 집합소였던 카페 그리엔슈타이들(Café Griensteidl)의 1896년 모습이다. 라인홀트 볼켈(Reinhold Völkel) 그림 ©Wien Museum

화가 테오 차셰Theo Zasche, 1862~1922가 1908년에 그린 그림 〈링슈트라세 코르소〉를 보시라. 링슈트라세를 산책하는 사회 명사들을 그린 것이다. 귀족과 그 부인들이, 교수, 기업가, 작가, 오페라 가수, 예술가들과 섞여서 그야말로 길을 행진하고 있다. 우리의 주인공 말러도 보인다. 앞줄 오른쪽 두 번째, 납작한 모자를 쓴 말라깽이가 말러다. 바로 뒤의 인상 좋은 남자는 인기 절정의 테너 가수 레오 슬레자크Leo Slezak, 1873~1946다. 건축가 오토 바그너도 보인다. 화가의 메시지는 분명하다. 링슈트라세가 빈이 달성한 인문적·예술적 성취의 가장 중요한 '무대'라는 것. 그러므로 링슈트라세 산책은 비단 귀족과 부르주아에만 국한되지 않았다. 부자든 가난한 예술가든 각자 나름대로 링슈트라세를 그들의 무대로 활용했다. 도심 쪽 보도는 귀족과 부르주아가, 변두리 쪽 보도는 중산층이. 대략 그렇게 사용했다.

산책한 다음에는 어디로? 카페나 술집으로 갔다. 빈의 신사·숙녀들은 집보다 카페를 더 좋아했다. 19세기에 접어들자 도시의 분위기가 완전히 그렇게 정착되었다. 카페와 술집이 제2의 주택이 되었으며, 어린이와 사제들까지 카페를 드나들었다. 웬만한 신분이면, 단골 카페가 하나씩은 있었다. 거기서 서너 시간 이상을 보내면서 느긋하게 자기가 좋아하는 일을 했다. 책을 읽거나 글을 썼고, 카드놀이, 체스, 당구 같은 오락도 즐겼다. 또한 각종 분야에서 벌어지는 일을 화제로 대화를 즐겼다. 특히 링슈트라세 주변의 카페는 미술관, 극장, 도서관 같은 시설보다 더욱 중요한 문화공간이었다. 예술가와 학자들이 그곳에 자주 출몰했고 서로의 생각을 교환하고 공유했다. 그러므로 링슈트라세 주변의 카페들이 장을 펼치지 않았다면 세기말 빈의 빛나는 성취도 없었을 것이다.

세기말 빈의 빛과 그림자, 그리고 건축가 오토 바그너

빈의 최전성기 '세기말'이란 대략 1890년부터 제1차 세계대전이 시작되는 1914년까지를 말한다. 그러니까 링슈트라세 개발이 완료되는 시점과 빈이 정점에 오르는 시점이 같다는 것이다. 당시는 빈뿐 아니라 유럽 전역이 '벨 에포크Belle Époque' 즉 아름다운 시절을 보내고 있었다. 정치는 안정되고 경제는 부흥했으며 과학, 기술, 예술 등 전 분야에서 대단한 발전을 이룬 시대였다. 수세식 화장실부터 전화, 무선통신, 철도, 자가용, 비행기에 이르기까지 현대생활 전반에 큰 영향을 끼친 것은 대부분 이 시대에 만들어져서 보급되었다. 빈은 그런 벨 에포크의 중심 무대 중 하나였다. 그런데 그 초점을 예술에 국한해본다면 빈이 가장 빛나는 도시였다. 당시 빈은 음악, 미술, 발레, 연극, 문학, 건축이 서로 어우러진 '용광로 같은 총합의 시대'를 구가하고 있었다.

벨 에포크도 여유 있는 계층이나 즐길 뿐. 당시 빈의 노동자들은 비참한 생활을 이어가고 있었다. 수십만 인구가 일자리를 찾기 위해 빈으로 갑자기 몰려드니 서민들의 악전고투는 이루 말할 수 없었다. 링슈트라세 바깥 변두리에는 형편없는 셋집이 마구 늘어나고 있었다. 돈벌이에 혈안이 된 집주인들은 허름한 연립주택에 딸린 작은 방 한두 칸을 빌려주고 엄청난 세를 받아먹었다. 서너 가구가 방 한 칸을 같이 쓰는 경우도 많았다. 사람들은 그런 환경에서 벗어나기 위해 거리나 공원에서 시간을 보냈다. 빈이 왜 카페가 번성한 도시가 되었는지 이제 답이 나온다. 습기 차고 악취가 진동하는 토끼장 같은 방을 탈출한 수많은 사람이 카페로 모여들었기 때문이다.

빈의 그림자. 노동자들의 열악한 주거환경. 19세기 들어 갑자기 팽창한 도시들에는 모두 그런 그림자가 드리워 있었다. 그렇지만 정치 지도자들은 제1차 세계대전이 끝나고 나서야 비로소 그 심각성을 알아차렸다. 빈은 빈만의 독특한 방법으로 그 문제를 해결하기 시작했다. 쉽고 빠른 방법을 택한 도시들도 많았다. 도시 외곽에 전원도시를 만드는 방식. 그리고 대량생산. 그 폐해가 적지 않았다. 그런데 빈은 달랐다. 도시의 내부에다, 전통과 미관을 존중하는 주택건설을 했다. 그게 내가 빈을 좋아하는 가장 큰 이유다. 빈을 다룬 책은 대부분 도시의 예술적 분위기에 취하고 링슈트라세와 마주한 건물을 감상하는 데 열중한다. 그런데 그건 빈의 반쪽만 보는 것이다. 빈이 멋진 도시인 진짜 이유는 도시를 가득 채운 수준 높은 서민 집합주택 때문이다.

그 이야기를 하려면 건축가 한 사람을 불러내야 한다. 오토 바그너. 시대와 장소가 필요로 할 때 "나 여기 있소" 하며 딱 나타난 사람. 그는 그런 건축가였다. 한 시대를 마감하고 새로운 역사가 열리는 전환의 시대. 그때

오스트리아 우편저축은행
오토 바그너의 1903년 스케치 ©Wien Museum

건축가는 어떤 비전을 제시해야 하는가, 그걸 보여준 선구자. 역사주의에서 출발해 그것을 근대주의와 절충하고, 전통을 존중하면서도 새것을 구현한. 그런 건축가는 그리 흔치 않다. 그가 설계해 링슈트라세 곁에 세운 오스트리아 우편저축은행Österreichische Postsparkasse을 보시라. 역사를 담은 현대건축, 기능적이면서도 아름다운 건축. 그게 어떤 것인지 명징하게 보여준다. 그가 선구적인 또 다른 이유는, 미래에는 도시의 시대가 전개되리라는 사실을 간파하고, 그 속에 자리할 대중의 주택을 구체적인 상으로 제시했기 때문이다.

빈이 간절히 원하던 대중의 주택. 바그너에게 그 해법은 대량의 집합주택이었다. "도시는 블록의 집합체다." 그런 신념을 가졌던 바그너에게 집합주택과 블록은 같은 말이었다.

1 오토 바그너가 그린 도시의 상
반듯하고 큰 블록이 모여서 상징성과 질서를 유지하는 도시가 이상적이었다. 그가 1911년 출간한 책 《대도시(Die Grossstadt)》에 실린 그림 ©Wien Museum

2 오토 바그너의 아파트
추상적인 표면처리를 통해 건물에 개성을 부여했다. 1898년 완성한 마욜리카 하우스(Majolika Haus)로 빈의 아르누보 양식 건축을 대표한다. ©Greymouser, Wikimedia Commons

또한 많은 주민이 어울려 살게 하면서 자본주의 경제성에도 부합하려면 블록은 큰 것이 유리했다. 단조로움도 피해야 했다. 그러려면 개개의 블록은 모습이 뚜렷하고 상징성이 있어야 한다. 이 대목을 기억해 두시라. 길에 면하는 입면 또한 중요하다. 개성적이면서 주변과도 어울려야 한다. 쉽지 않은 과제다. 그러므로 집합주택의 표면을 어떻게 처리하느냐, 그건 바그너 필생의 모색이었다. 처음에는 고전적인 장식을 사용했고, 그걸 조금씩 지워가다가, 추상적인 표면처리로 방향을 바꾸었다. 참으로 창의적이었는데, 화가 구스타프 클림트Gustav Klimt, 1862~1918로부터 영향을 받으면서 찾아낸 해법이었다.

바그너는 1894년 빈 예술아카데미Akademie der bildenden Künste Wien 교수로 부임했다. 국가 건축교육의 최고 책임자가 된 것이다. 장래의 건축가는 엘리트주의에서 벗어나 대중을 위해 봉사해야 한다고 생각한 바그너. 그의

바그너가 선호한 도시건축

대형 복합건물로, 여러 시설이 함께 있고 기능적이면서 상징성도 있어야 했다. 그가 1892년 계획한 엘리자베트 황후 광장(Kaiserin Elisabeth Platz) 복합건물이다.
ⓒWien Museum

교육은 특별했다. '상급반 master class'을 개설했고, 오로지 실력 위주로 학생을 선발했다. "아들을 뽑아달라"는 어떤 청탁도 듣지 않았다. "나는 열등한 다수보다 우수한 소수를 가르치겠다." 그리 공언한 바그너는 밤낮없는 3년을 보내도록 학생들을 다그쳤다. 부과한 과제는 대부분 대형 복합건물. 주거·상업·문화시설이 함께 자리하는, 도시가 가장 필요로 하는 건축이었다. 기능성, 경제성, 그리고 상징성을 강조했다. 그렇게 배출된 인재들. '바그너 학파 Wagner School'라고 불리는 그들이 제1차 세계대전 종전 이후 빈의 주거개혁에 매진했다. 빈이 역사적 향취가 풍기는 고상한 도시로 이어지는 데는 그들의 역할이 지대했다. 바그너 최고의 업적이었다.

'붉은 빈'의 사회주의 낙원 건설하기

이야기의 시점을 제1차 세계대전 종전 직후에 맞춰보자. 패전으로 합스부르크 제국은 망했고, 거대한 영토는 갈가리 뜯어져 각자 독립하거나 여러 국가에 귀속되었다. 알프스산맥과 그 주변 농촌지역만이 오스트리아 국토로 남았다. 전쟁 전의 4분의 1. 쪼그라든 국토에 물자의 공급은 끊어지니 나라는 극심한 궁핍에 시달렸다. 실업자가 흘러넘치고, 굶어 죽는 사람이 속출했다. 그런 와중에 사회주의 정당인 사회민주노동당(약칭 사민당)이 빈에서 권력을 잡았다. 1919년 5월 선거에서 당원인 야코프 로이만Jakob Reumann, 1853~1925이 시장이 된 것이다. 그러자 사민당은 빈의 정치적 독립을 요구했다. 그게 받아들여지면서 빈은 시장이 자치적으로 다스리는 작은 사회주의 국가가 되었다. 그게 '붉은 빈Das Rotes Wien'이다. 체제는 도시의 권력이 파시즘 정권으로 넘어갈 때까지 15년간 유지됐다.

그 짧은 기간, 붉은 정부는 '사회주의 낙원'을 건설하기 위해 갖은 노력을 했다. 주력한 사업은 노동자를 위한 주택건설. 당시 유럽에서는 폐결핵을 '빈 질병Wien Krankheit'이라고 불렀으니, 그들 주거환경의 수준이야 짐작할 수 있을 터. 필요한 자금은 부자들로부터 뽑아냈다. 혹독한 세금. 강탈이나 다름없었다. 그렇게 걷은 돈으로 주택을 짓고 복지사업을 펼쳤다. 1934년까지, 모두 64,000호. 도시 인구의 10분의 1에 해당하는 20만 명이 새 주택에 입주했다. 모든 방에 햇빛이 들고 통풍이 잘되는 주택. 화장실이 안에 있고 수돗물이 공급되는 주택. 운이 좋으면 발코니까지 있었다. 당시 발코니는 부르주아의 아파트에나 있는 '사치품'이었다. 제일 좋아진 것은 아침마다 공동화장실을 사용하기 위해 길게 줄을 서지 않아도 된 것이다. 그것만 해도 새 주택은 낙원이었다.

건물의 모습도 특이했다. 거대한 블록을 이루는 집합주택. 성채처럼 당당하고 상징적인 외관. 수백 호, 많게는 2,000여 호의 주택을 담고, 거기에 공동세탁장, 공중목욕탕, 클리닉, 유치원, 도서관, 수영장, 레스토랑, 상점 등 각종 편의시설도 같이 제공되었다. 그런 주택과 편의시설들은 넓은 중정을 둘러싸도록 배열되었다. 외부는 성채, 내부는 푸르름이 넘치는 오아시스. 그들은 그런 집합주택을 '게마인데 호프Gemeinde-Hof' 또는 '게마인데바우Gemeindebau'라 불렀다. '커뮤니티 건축'이라는 뜻인데, 서민이 어울려 사는 집합주택, 그런 의미를 담고 있다. 링슈트라세 주변에 들어선 부르주아의 아파트보다 크고 당당했으니, '인민의 궁전Volkspalast'이라고 불리기에 손색이 없었다. 붉은 빈에서는 이런 주거블록을 400여 개나 건설했으니, 정말 놀라운 성취였다.

이웃 나라에서 지은 노동자 집합주택과도 완전히 달랐다. 당시 독일 같은 나라에서는 도시 외곽에 전원풍의 단지를 만들고, 주로 판상형의 아파트를 지었다. 그런데 빈에서는 그렇게 하지 않았다. 너른 교외도 없었거니와 있다 해도 그곳에 도로, 상하수도 등 기반시설을 새롭게 갖추기에는 시간과 자본이 너무 부족했다. 쓸 만한 땅은 대부분 도시 내부 여기저기에 흩어져 있었다. 그러니 그들은 새로운 주택을 기존의 환경 속에 잘 끼워 넣어서 주변과 조화하도록 했다. 도시구조에 큰 변화를 주지 않으면서 새로운 주거환경을 자연스럽게 수용하는 방법. 도시에 주택을 지을 때 당연히 사용해야 하는 방법인데, 당시 유럽의 분위기에서는 촌스럽고 시대에 뒤떨어진 방법이었다. 그렇지만 그런 방법을 쓴 결과, 빈은 도시와 건축, 공적 영역과 사적 영역이 조화롭게 어울리는 매력적인 도시가 되었다.

그런 건물을 설계한 건축가는 대부분 오토 바그너의 제자. 바그너 학파. 그들은 스승의 가르침을 충실히 따랐다. 궁전같이 큰 건물에 상징성을 더했으며, 전통적 미학에 현대적 감각을 더했다. 거기에다, 아치, 탑, 아케이드 같은 고전적 요소를 더해서 장중하면서도 역동적 이미지를 표출했다. 장식과 조각도 더하고, 채색도 과감하게 했다. 정부에서는 그렇게 지은 건물에 카를 마르크스Karl Marx, 1818~1883, 프리드리히 엥겔스Friedrich Engels, 1820~1895 같은 사회주의 운동가의 이름이나 괴테Johann Wolfgang von Goethe, 1749~1832, 하이든Joseph Haydn, 1732~1809 같은 예술가의 이름을 붙였다. "빈에 지

1 "건물에 상징성을 부여하라!"
오토 바그너가 제자들에게 강조한 내용이었다. 그가 1908년 계획한 국방부 청사 입구 ©Wien Museum

2 사회주의 주택에 부여한 상징성
바그너의 제자들은 스승의 가르침을 충실하게 따랐고, 집합주택에 이런 상징성을 부여했다. 후베르트 게스너(Hubert Gessner)가 설계한 카를 자이츠 호프 입구 ©Wien Museum

3 카를 마르크스 호프
빈에 들어선 인민의 궁전을 대표하는 건물이다.
©손세관

어진 많은 '인민의 궁전' 중에서 어디를 꼭 가볼까요?" 그렇게 묻는다면, 답은 이렇다. 카를 마르크스 호프Karl-Marx-Hof, 카를 자이츠 호프Karl-Seitzhof, 로이만 호프Reumannhof. 모두 사회주의자들의 이름을 붙인 '궁전'이다.

그런데 그런 '궁전'은 잘 알려지지 않았다. 우리뿐 아니고, 서구 사회도 그랬다. 우선은 정치적 이유 때문이다. 냉전 시대를 거치면서 서구 학자들은 '붉은 빈'이 했던 사업을 애써 폄하했다. 건축 분야에서도 마찬가지여서, 역사가들은 '붉은 빈'이 지은 건물은 다루지 않았다. 바그너의 제자들이 사용한 미학이 '과거의 것'임도 커다란 이유였다. 근대건축의 기능주의 미학은 '진보'라고 높이 평가했고, 빈이 사용한 전통적인 미학은 '퇴보'라고 폄하했다. 그런데 1970년대로 진입하면서 변화가 생겼다. 건축의 역사성과 고유성이 강조되면서 바그너의 건축이 새로운 조명을 받았다. 도시의 옛 건축과 새로운 건축을 긴밀하게 조화시키는 바그너의 '도시건축'이 시대에 부합한다는 논리가 퍼져나갔다. 요즈음은 빈에 들어선 '인민의 궁전'을 다루지 않는 건축역사서는 없다.

정리해보자. 세기말과 20세기 통틀어서, 빈이 특별한 도시라면, 왜 그럴까? 첫째는, 넘치는 예술의 향기. 둘째는, 링슈트라세. 2001년 유네스코가 링슈트라세를 세계문화유산으로 등재했으니, 보존해야 할 특별한 공간임이야 세계적으로 공인되었다. 그런 멋진 장소가 있는 빈을 두고 "매우 특이한 매력을 소유한 도시"라고 극찬을 하면 고개를 끄덕일 수밖에. 그럼 셋째는? 나는 주저하지 않고 링슈트라세 밖 변두리를 채운 '인민의 궁전'을 꼽는다. 그게 이 도시를 '콘크리트의 재앙'으로부터 지켜냈고, 이 도시가 '빈티지'로 남을 수 있게 했다. 상상해보시라. 콘크리트로 지은 거친 아파트 단지가 빈 곳곳에 삐죽삐죽 서 있는 장면을. 끔찍하지 않은가. 빈에 가면, '인민의 궁전' 몇 곳을 꼭 둘러보시라. 그리고 우리 도시와 (임대)아파트 단지를 떠올려보시라.

빈을 떠나려니 말러가 궁금해진다. 미술은 클림트, 음악은 말러. 빈의 예술세계에 우뚝 섰다. 그렇지만 개인적으로는 불행했다. 지극히 사랑했던 부인 알마 쉰들러Alma Schindler, 1879~1964 때문이었다. '세기말의 뮤즈'로 불리는 그녀는 말러의 창작 작업에 영감과 자극을 주기도 했지만, 화려한 남성 편력으로 말러를 힘들게 했다. 말러보다 19살 연하였던 그녀는 건축가 발터 그로피우스Walter Gropius, 1883~1969, 화가 오스카 코코슈카Oskar Kokoschka, 1886~1980, 소설가 프란츠 베르펠 Franz Werfel, 1890~1945 등 많은 예술가와 염문을 뿌리거나 결혼을 했다. 말러가 심장병으로 고통받다가 50세 나이에 세상을 뜬 것도 결국 알마의 바람기 탓이었다. 그녀의 그런 행적을 보면 세기말 빈의 향락적 분위기가 짐작이 간다. 은밀한 남녀 교제가 성행했고, 성적 자유, 매춘과 포르노가 흘러넘쳤다. 웬만한 레스토랑이나 술집에서는 즉석에서 사랑을 나눌 수 있는 밀실이 언제든지 제공되었다. 겉과 속이 다른, 빈은 그런 두 얼굴의 도시였다.

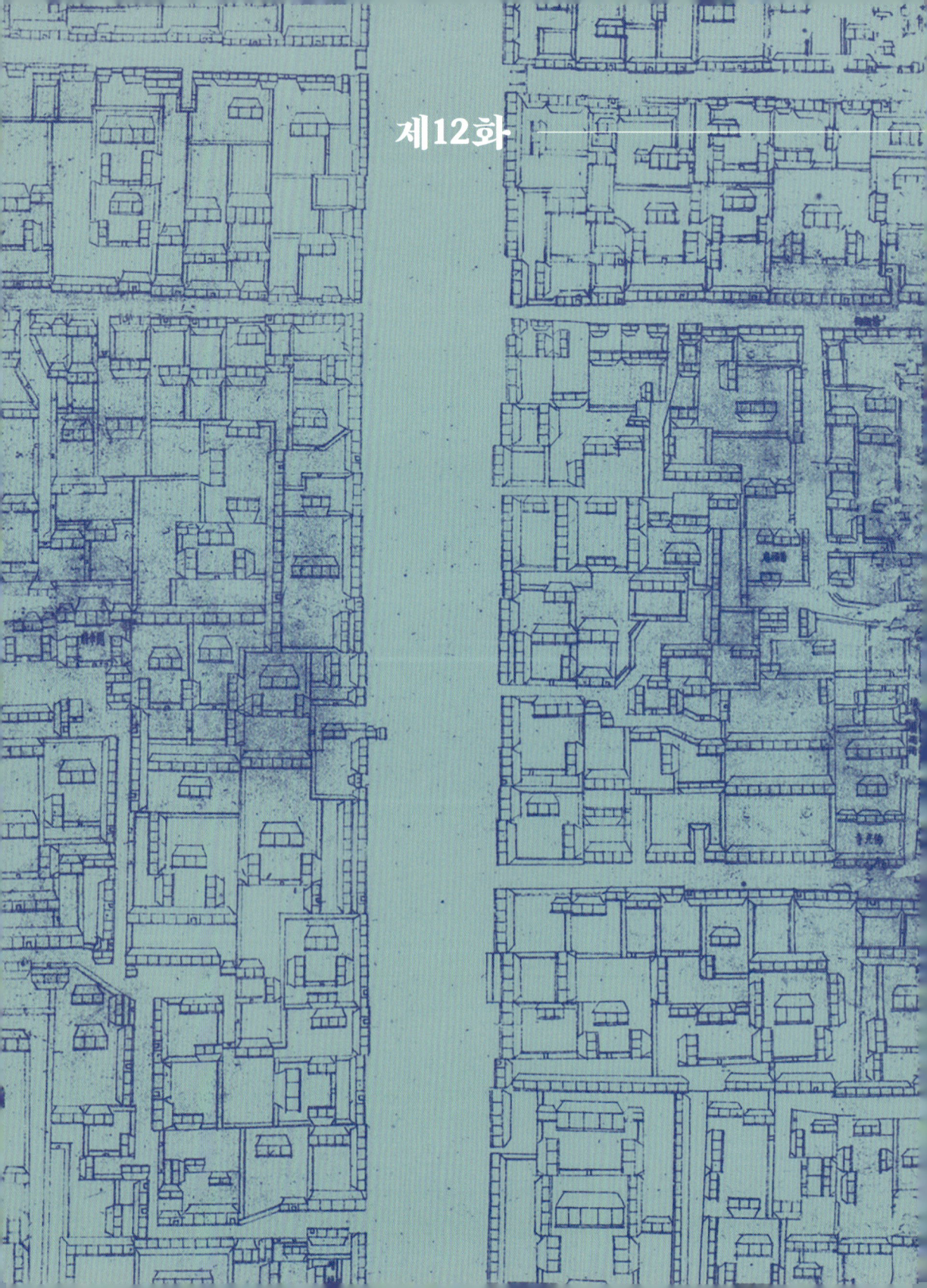

제12화

베이징 北京

이건 도시가 아니다.
땅 위에 새겨진 거대한 도상이다

〈건륭경성전도〉 청나라 궁중 화원, 1750년

건륭제가 만든 베이징 지도

다시 건륭제다. 그는 '르네상스 맨'이었다. 폭넓게 받아들이고 다방면으로 쏟아낸 문화 군주. 그랬다. 정통 유가 교육을 받고, 티벳 불교에 심취했고, 7개 이상의 언어를 구사한 지식인. 천하의 서적을 섭렵하고, 예술에도 조예가 깊었다. 시·서·화에 두루 능통했으며, 스스로 문인화가였다. 방대한 양의 예술품을 모아들이고, 동시에 그것을 부단히 생산해 냈다. 궁중 화원에 속한 화가의 수를 대폭 늘리고, 직접 작업을 지시하고 독려했다. 새로 선발한 화가의 수가 40여 명. 능력만 있다면 출신을 불문하고 받아들였다. 그런 그에게도 아쉬운 게 하나 있었으니, 그건 바로 수도 베이징을 그린 수준 높은 지도였다. 필시 그는 지도 제작에 관해서도 상당한 식견이 있었을 것이다.

어느 날 황제가 지시를 내렸다. "베이징을 실측해 지도를 만들어라. 화가 심원沈源이 작업을 총괄하되, 낭세녕郎世寧의 기술지도를 받으라." 서둘러 측량작업이 시작되었고, 5년간의 작업 끝에 1750년건륭 15년 5월 지도가 완성되었다. 〈건륭경성전도乾隆京城全圖〉다. '건륭 치세 수도 베이징을 완전하게 그린 지도', 그런 뜻이다. 베이징을 바둑판 모양으로 촘촘히 나눈 다음 각각을 세세히 그렸다. 사람을 선명한 점으로 표시할 수 있을 정도의 축척약 650분의 1을 썼다. 모두 붙여 펼치면 대략 13×14미터. 55평 면적이니, 한눈에 볼 수 없다. 그 귀한 물건이 1935년 고궁박물원의 '지도방정식 명칭은 輿圖房'에서 거의 버려진 상태로 발견되었다. 지금은 국가제일자료로, 신주처럼 모시고 있다. 1940년에 원본을 4분의 1로 줄인 복제본이 나왔고, 1996년에는 보급판까지 나왔다.

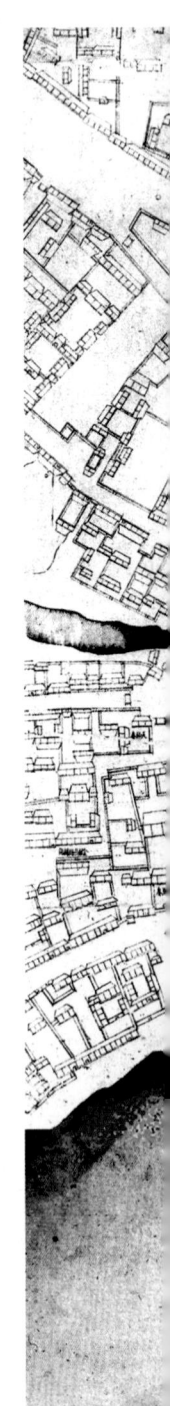

〈건륭경성전도〉 극히 일부
상부 중앙의 큰 건물은 자금성 북쪽에 자리한 고루(鼓樓)다.
일본 국립정보학연구소(dsr.nii.ac.jp)에서 이 지도를 모두 디지털화해서 제공한다.

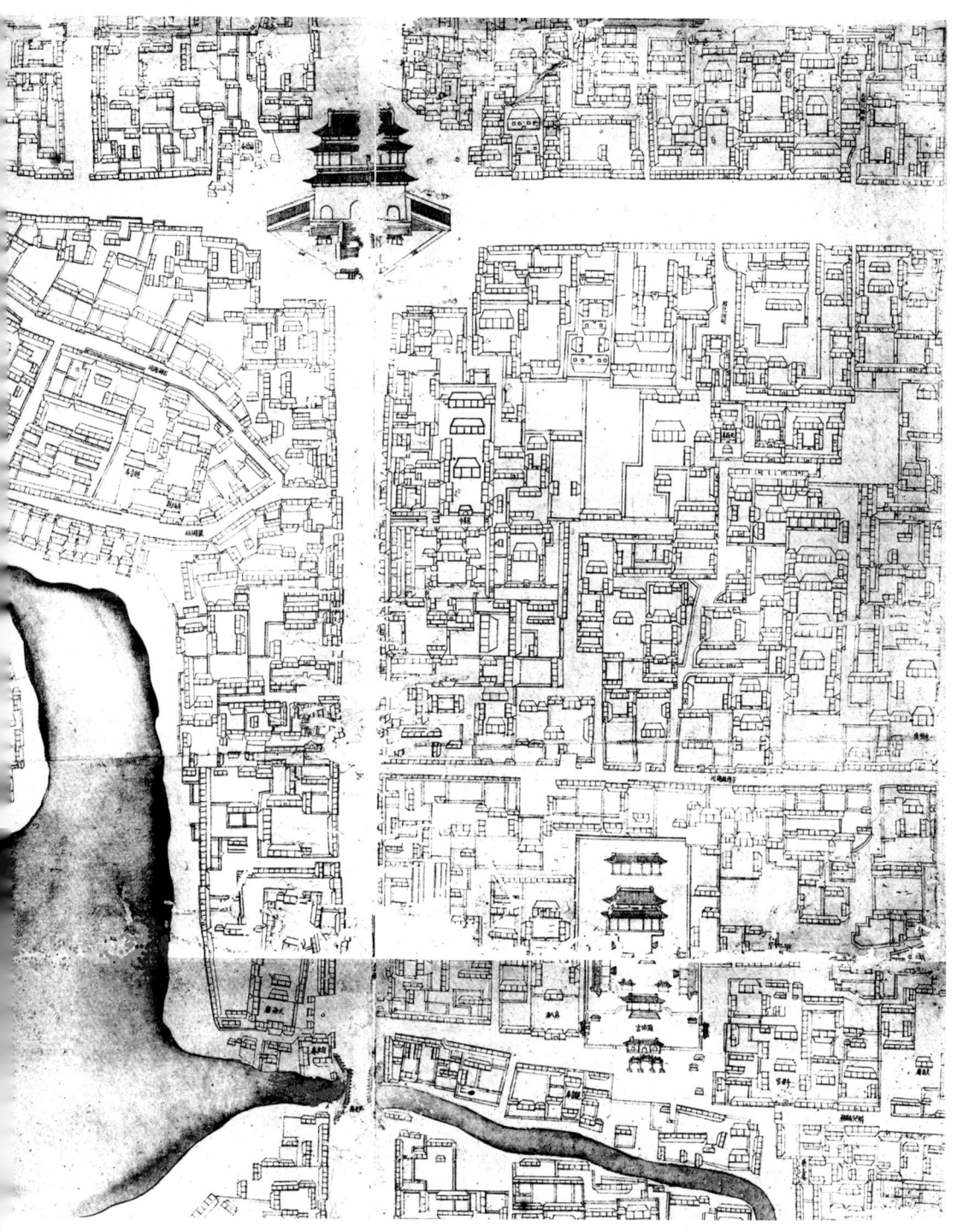

이건 도시가 아니다. 땅 위에 새겨진 거대한 도상이다

〈갑옷 입고 말 탄 건륭제〉
낭세녕이 그렸다. 1758년 그림이니 황제 나이 47세 때다.
ⓒ고궁박물원, 베이징, Wikimedia Commons

    황제가 특별히 지명한 낭세녕. 주세페 카스틸리오네Giuseppe Castiglione, 1688~1766다. 이탈리아인으로, 예수회 소속 선교사이자 특출한 화가였다. 궁중 화원에 들어가 강희, 옹정雍正, 재위 1723~35, 건륭 세 황제에게 봉사했는데, 건륭제의 총애는 특별했다. 얼굴을 사실적으로 묘사하는 서양화 기법을 좋아했던 황제는 낭세녕에게만 자신의 초상화를 그리게 했다. 그의 활약으로, 서양의 원근법과 중국의 전통 화법이 혼합된 새로운 화풍이 중국에 널리 퍼졌다. 필시 그는 16세기 초반부터 이탈리아에서 그리기 시작한 평면지도의 제작법을 알았을 것이다. 레오나르도 다빈치가 창안한 그 기법이 18세기 중반에 다다르면 이탈리아의 웬만한 화가에게는 상식이 되었을

터. 낭세녕은 그걸 지도 제작을 지시받은 화가들에게 전수했을 것이다.

참 재미있는 지도다. 지도를 이렇게 그릴 수도 있나? 고개를 갸우뚱하게 되는데, 차차 "이렇게 그려야 했겠다"는 생각에 고개를 끄덕이게 된다. 〈건륭경성전도〉(이후 〈건륭전도〉로 표기)는 도시의 평면 위에 건물의 입면을 그려 넣은 지도다. 쉽게 말해, 건물을 모두 자빠트려놓고 그 모습을 위에서 그렸다. 곳곳에 동양화 기법도 가미했다. 그런 선례를 찾을 수 없으니 특이하고도 유일하다. 하늘에서 내려다보면 지붕만 보이는 도시를 그대로 그리면, 다양한 정보를 제공치 못하는 멍청한 지도가 된다. 그러므로 청나라 궁중 화가들은 건물의 층수, 칸수, 그리고 출입구 방향까지 알려주는 사실적인 지도를 고안해 냈다. 전통 회화의 기법을 가미한 과학적 지도. 평면지도이자 동시에 그림지도. 그러니 〈건륭전도〉에는 '중국 도시지도의 최고봉'이란 별칭이 붙었다.

센터 오브 더 월드

〈건륭전도〉를 최대한 응축시켜 A4 용지에 담아본다. 한눈에 들어오는 베이징. 이렇게 말을 한다. "이건 사람이 살기 위한 도시가 아니다. 오로지 통치를 위한 도시, '왕의 도시'다." 무수한 왕조가 부침한 중국에는 적지 않은 도시가 '왕의 도시'로 존재했다. 베이징, 시안, 뤄양, 카이펑 등 일일이 헤아리기도 어렵다. 그런데 출발은 '왕의 도시'였어도 왕조가 멸망하면서 도시의 성격이 바뀌고, 상업이 번성하면서 아예 '상인의 도시'로 변한 도시도 많다. 그런데 베이징은 줄기차게 '왕의 도시'였다. 금金, 1115~1234의 수도 '종두中都'로 출발한 이래 거의 천년에 이르는 기간 동안 막강한 왕국의 수도로 이어져 왔다. 그러므로 베이징은 왕 즉 통치자의 존재와 분리해서 생각할 수 없다.

통치자는 늘 자신의 존재를 상징화한다. 의식과 물질, 모두를 통해 지배의 정당성을 표출한다. 그걸 하기에 도시만큼 좋은 대상은 없다. 통치자

1

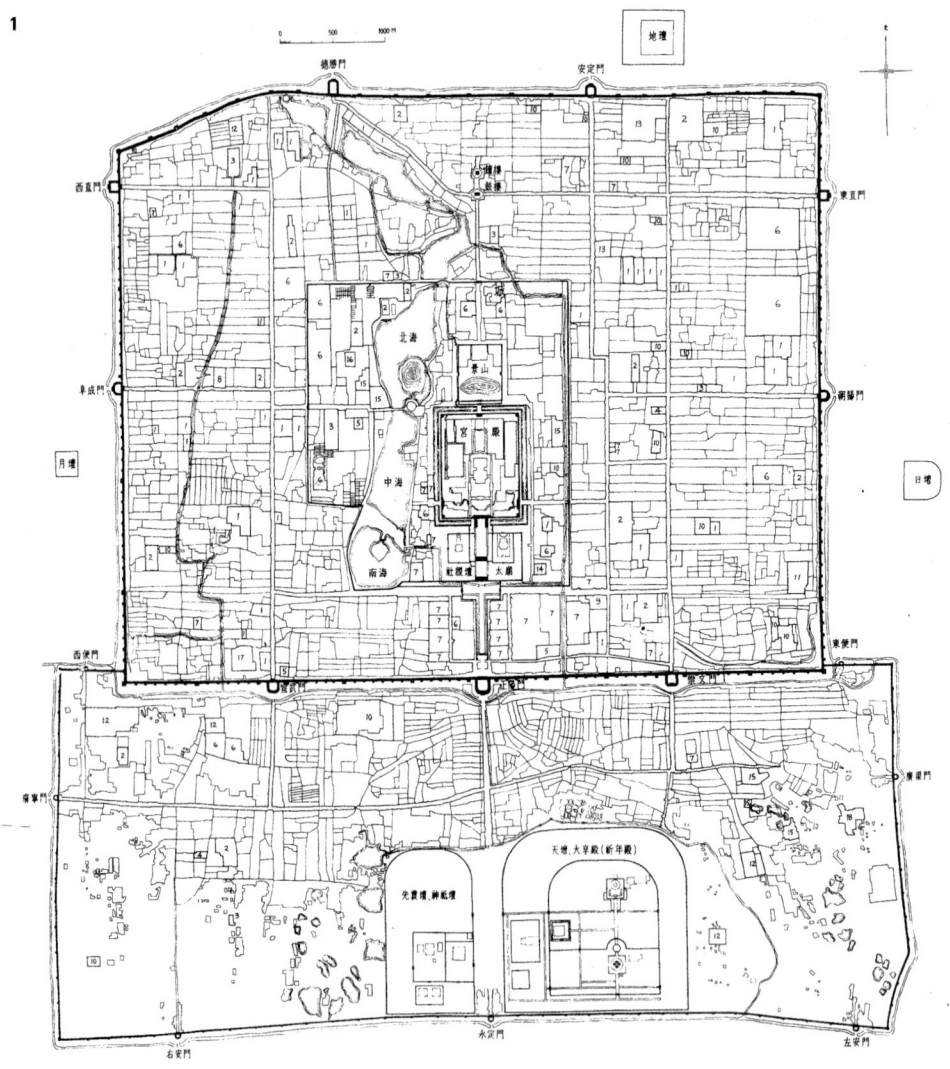

의 상징체. 그 대표가 베이징이다. 지구상에 이렇게 명쾌한 공간구조를 가지는 도시가 또 있을까. 견고한 성벽이 凸의 형상을 명징하게 만든다. 사방을 단단하게 둘러친 자금성이 중앙에 자리하고, 황성皇城이 그것을 둘러싸고, 내성內城이 그것을 또 다시 둘러싼다. 도로는 동서·남북 격자 틀을 유지하면서 직선으로 뻗어나간다. 도시의 중앙을 남북으로 관통하는 축. 그 존재감이 강렬하다. 8.5킬로미터로 뻗은 이 중심축이 바로 황제의 권위를 상

1 청대 베이징의 공간구조
〈건륭경성전도〉를 한 장으로 응축하면 이런 모습이 된다.
출처:《중국고대건축사(中國古代建築史)》(제2판), 1984

2 도시를 남북으로 관통하는 축
이 중심축이 황제의 권위를 상징하는 도시의 핵심이다. 1930년대 루프트한자 항공의 파일럿 카스텔(Wulf Diether Graf zu Castell)이 촬영한 사진.
출처: Wulf Diether Graf zu Castell, 1938

징하는 도시의 핵심이다. 이렇게 구성된 명·청대의 베이징은 도시라기보다는 차라리 거대한 도상圖像이다. 땅 위에 새겨진 우주의 상.

그런데 왜 凸형인가? 그 연유는 이렇다. 원元, 1271~1368을 세운 쿠빌라이 칸Khubilai Kahn, 1215~1294은 최측근 유병충劉秉忠에게 금의 종두가 있던 자리에 새 수도를 만들게 했다. '다두大都'. 사방 60리, 거대한 정방형의 도시였다. 다음 왕조 명의 3대 황제 성조成祖, 재위 1403~1424는 그런 다두를 대대적으로 뜯어고쳤다. 남쪽 성벽을 800미터 내리고 북쪽 지역은 대폭 잘라냈다. 남쪽에 치우친 궁성을 도시의 중앙에 두기 위함이었다. 도시를 한 겹 더 둘러싸는 외성을 계획한 게 1554년. 인구증가와 몽골족의 잦은 침입에 대한

이건 도시가 아니다. 땅 위에 새겨진 거대한 도상이다

대응이었다. 그게 실현되었으면 베이징은 자금성을 세 겹으로 둘러싸는 사각형의 도시가 되었을 것이다. 그런데 공사 중에 재정이 고갈되었다. 결국 외성을 남쪽에만 두는 凸형으로 귀결되었고, 청나라도 그걸 고치지 못했다.

궁성을 중앙에 두기 위해 억만금을 들여 도시를 뜯어고친다! 그렇게까지 할 필요가 있었을까? 중국인의 '중심사상'은 투철했다. "제왕이 거하는 궁성은 천하의 중심이고, 하늘과 땅이 만나는 곳이다." 뭐 그런 믿음이다. 까마득한 옛날 주나라周, BC1050~BC256 시대의 문헌 《주례周禮》에 담긴 내용이다. 그리고 그 실행을 논하는 장章인 〈고공기考工記〉에는 "왕의 도시는 回자 형상으로 만들어라" 그렇게 적혀있다. 그런데 궁성의 위치에 관한 또 하나의 중요한 사상이 등장했다. 바로 '남면위왕南面爲王'이다. 제왕이 남쪽을 바라보면서 나라를 다스리는 것이 우주의 질서에 부합한다는 논리다. 결국 궁성을 도시 한가운데에 두라는 주장과 북쪽 중앙에 두라는 주장이 서로 부딪친다. 선택이 답이다. 수隋·당唐의 수도 창안은 '남면위왕'을 따랐고, 명의 베이징은 《주례》를 따랐다.

그렇게 중심으로 정해진 궁성. 그게 자금성이다. 이름부터 풀어보자. '자紫'는 하늘의 중앙에 자리하는 별 자미원紫微垣에서 유래한다. 중국의 천문학에서는 천체의 우두머리를 이루는 세 별을 태미원太微垣, 자미원, 천시원天市垣으로 불렀고, 그 중앙에 자리하는 자미원을 최고의 존재로 보았다. 북극성이다. 그러므로 천자天子 즉 하늘의 아들인 황제가 거하는 궁성은 자연스레 '자궁紫宮'이 된다. 궁성은 아무나 드나들지 못하도록 굳건히 잠그고 있으므로 '금禁'의 장소다. 그 둘을 합하면 '자금성'. 지상계의 중심이다. 그것이 진정 중심이라면 천天·지地·일日·월月 모두를 섬기고 보살펴야 한다. 베이징 내성 밖 남·북·동·서에 각각 천단天壇, 지단地壇, 일단日壇, 월단月壇을 둔 것은 그 때문이다.

지금이야 일반에게 공개하고 있지만, 청대의 자금성은 특별한 인원을 제외하고는 함부로 드나들 수도 둘러볼 수도 없었다. 그 모습에 관한 기록

명나라 초기에 그려진 자금성
궁성에는 짙은 구름이 드리워 그 전모가 분명히 드러나지 않는다. ⓒ고궁박물원, 베이징, Wikimedia Commons

도 잘 남기지 않았다. 꼭꼭 숨긴 것이다. 자금성을 그린 그림은 언제나 짙은 구름이 드리워 그 전모를 드러내는 법이 없었다. 건륭 시대에 들어와 비로소 자금성의 모습을 보다 사실적으로 묘사하는 것이 허용되었다. 황제는 〈건륭전도〉에도 자금성의 모습을 있는 그대로 그리도록 했다. 파격이었다. 그래도 화원의 화가들은 자금성의 전모를 자세히 조감하는 그림은 그리지 않았다. 매우 예외적인 그림이 〈경사생춘시의도京師生春詩意圖〉다. 우리에게 친근한 화가 서양徐揚이 황제의 명을 받아 그린 '베이징의 봄'이다. 자금성은 물론 그 뒤의 경산景山까지 한눈에 들어오도록 그렸다. 그래도 각 건물은 세부적으로 묘사하지 않았다.

〈경사생춘시의도〉
궁정 화가 서양이 1767년 건륭제의 명을 받아 그린 베이징의 봄이다. 자금성은 물론 그 뒤의 경산까지 한눈에 들어오는 멋진 그림이다.
©고궁박물원, 베이징

공간 속의 유교, 도교, 그리고 풍수

연암 박지원朴趾源, 1737~1805은 《열하일기熱河日記》에서 베이징의 성문에 대해서는 별로 언급하지 않았다. 그건 그가 우리의 동대문 격인 조양문朝陽門을 통해 성으로 들어갔기 때문이다. 만약 남쪽 중앙의 영정문永定門으로 들어갔다면 얘기는 좀 달랐을 것이다. 거기서 정양문正陽門, 대청문大淸門, 천안문天安門, 단문端門을 통과하면 드디어 자금성의 정문인 오문午門에 도착한다. 연암이 오문 앞에 섰다면 그 거대한 위용에 말문이 막혀버렸을 것이다. 오문을 지나 태화문太和門을 들어서야 비로소 황제의 옥좌玉座가 있는 태화전太和殿이 눈앞에 나타난다. 그 옥좌 앞으로 가려면 거대한 광장을 가로질러 산처럼 높은 계단을 올라야 한다. 태화전과 그 전면 광장. 자금성의 최고·최대의 공간으로, 의식의 장, 알현의 장, 그리고 정치의 장이다. 설날, 동지,

위용을 자랑하는 오문
자금성의 정문이다. 건륭제가 신장을 정복하고,
항복한 포로들을 오문에서 넘겨받는 장면을 그린
〈평정양금천지오문수부도(平定兩金川之午門受俘圖)〉.
낭세녕을 비롯한 여러 화가의 1777년 그림
ⓒ고궁박물원, 베이징, Wikimedia Commons

이건 도시가 아니다. 땅 위에 새겨진 거대한 도상이다

베이징 北京

1 태화전에서 벌어지는 황제의 혼례 의식
1889년 청 황제 광서제(光緒帝)의 혼인식을 그린 그림을 모은 책 〈광서대혼전도책(光緒大婚全圖冊)〉의 한 부분이다. ⓒ고궁박물원, 베이징

2 예도에 따른 서열과 의전
1753년 황제의 여름 산장 만수원의 연회를 그린 〈만수원사연도(萬樹園賜宴圖)〉의 부분이다. 관원들의 위치, 행위, 복장은 철저한 위계와 법식에 따른다. 낭세녕을 비롯한 여러 화가의 그림 ⓒ고궁박물원, 베이징, Wikimedia Commons

황제의 생일, 그 삼대절三大節에 문무백관과 조공사절의 하례를 받았고, 즉위, 혼례, 출병 같은 최고 레벨의 행사와 전례가 그곳에서 벌어졌다.

설날 아침 태화전에서 행한 의식을 보자. 엄숙한 행사였다. 해뜨기 45분 전에 첫 번째 동라銅鑼,징의일종가 울린다. 오문 밖에 문무백관이 정렬한다. 두 번째 동라가 울리면, 백관은 관원의 인솔에 따라 태화전 앞 광장에 도달해 북쪽을 향해 도열한다. 정1품에서 종9품까지, 품계에 따라 각자 자리가 정해져 있다. 모든 정렬이 끝나면 황제는 기거하던 곳에서 수레를 타고 행차에 나선다. 이윽고 세 번째 동라가 울린다. 악공들의 풍악이 이어지고, 황제가 옥좌에 착석한다. 황제가 채찍을 흔들면, 또 다시 풍악이 울리고 문무백관은 사배四拜의 예를 올린다. 드디어 황제가 말씀을 선포한다. 부복하던 백관이 전원 일어나서 '만세, 만세, 만세'를 환호한다.

태화전을 겹겹이 둘러싸는 거대한 상자. 그게 베이징이다. 중국 전체가 그렇다고 해도 좋다. 가장 낮은 레벨에서 가장 높은 레벨에 이르는 구심적 구성. 그건 유교적 공간 질서다. 핵심 개념은 '예도禮度'. 예의와 규범. 만리장성 밖 오랑캐의 땅은 예도의 레벨이 제로다. 중국 땅으로 들어오면, 도성의 중심을 향할수록 레벨이 상승하고 옥좌에 이르면 최고조에 달한다. 예도의 레벨은 법도로 정해지고, 숫자, 색채, 형태로 표현된다. 건물의 크기, 높이, 지붕 형태, 장식. 황제를 위시한 모든 관료의 복장과 표식. 하다못해 외국 사신이 황제에게 올리는 절의 횟수, 그들에게 제공하는 예물과 음식 접시의 숫자까지. 서열과 위계로 정한다. 예도는 사회의 질서를 확립하고 하늘의 이치를 세상에 구현하는 수단이고, 동시에 중국적 공간을 만들어내는 기본 틀이다.

이건 도시가 아니다. 땅 위에 새겨진 거대한 도상이다

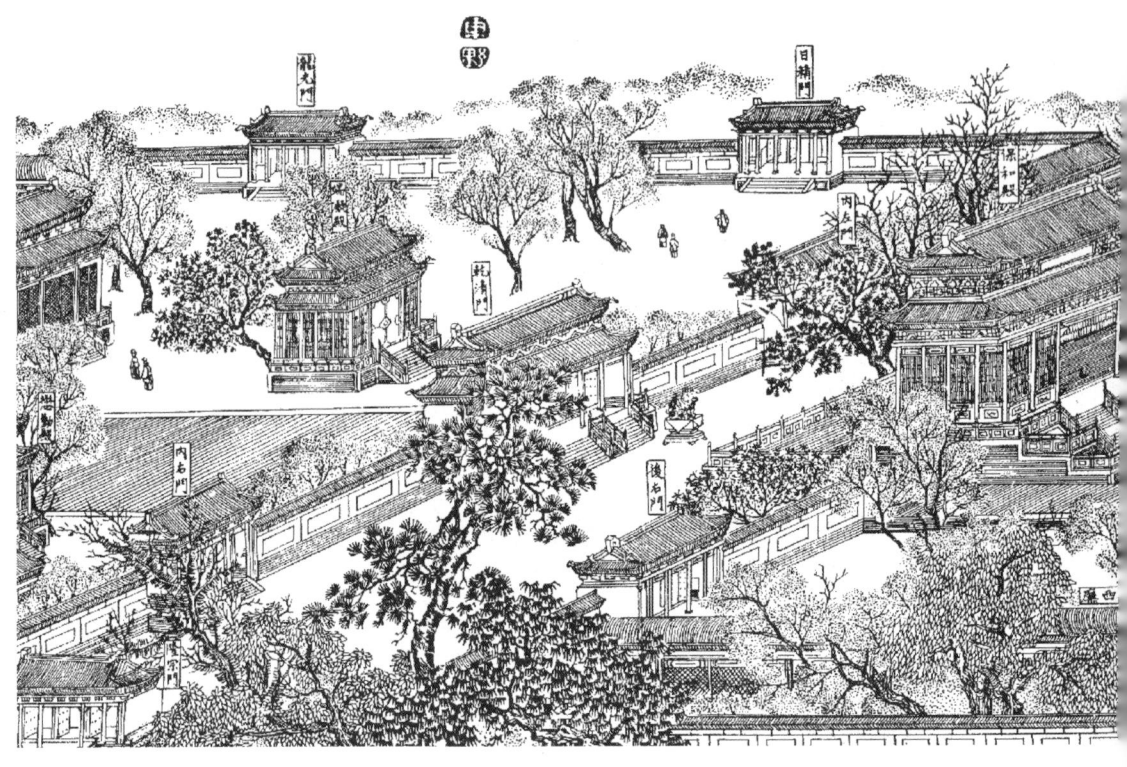

엄격하게 구분된 '조'와 '침'
자금성 전면에 태화전을 위시한 '조'의 공간이 전개되고, 그 후면으로 건청궁을 비롯한 '침'의 공간이 이어진다. 두 공간은 담장으로 가로막아 엄격하게 구분했다. 도판 제작자 미상.
출처: A.V. Bunin & T. F. Savarenskaya, 1979

황제라고 해서 격식에만 맞춰서 생활하다가는 정신병자가 되지 않겠나. 그걸 방지하는 장치가 '전조후침前朝後寢의 원칙'이다. 왕궁의 전면에는 정치의 장인 '조朝'를 두고 후면에는 왕의 사적공간인 '침寢'을 둔다. 《예기禮記》를 위시한 여러 문헌에 박아놓은 원칙이다. 태화전, 그리고 그 후면의 중화전中和殿과 보화전保和殿. 그게 '조' 즉 왕의 집무공간이다. 거기서 문을 열고 올라가면 건청궁乾淸宮, 교태전交泰殿, 곤령궁坤寧宮이 차례로 이어진다. '침'이다. '침'은 좌우로 넓게 펼쳐진다. 자금성 후면에 빼곡히 늘어선 수많은 사합원은 왕비, 후궁, 시녀들이 기거하는 공간이다. '조'와 '침'의 구분은 엄격했다. '침'에 들 수 있는 남자는 오로지 황제뿐. 이천여 명의 환관宦官이 있었지만 거세된 그들은 '남자'는 아니었다. 밤마

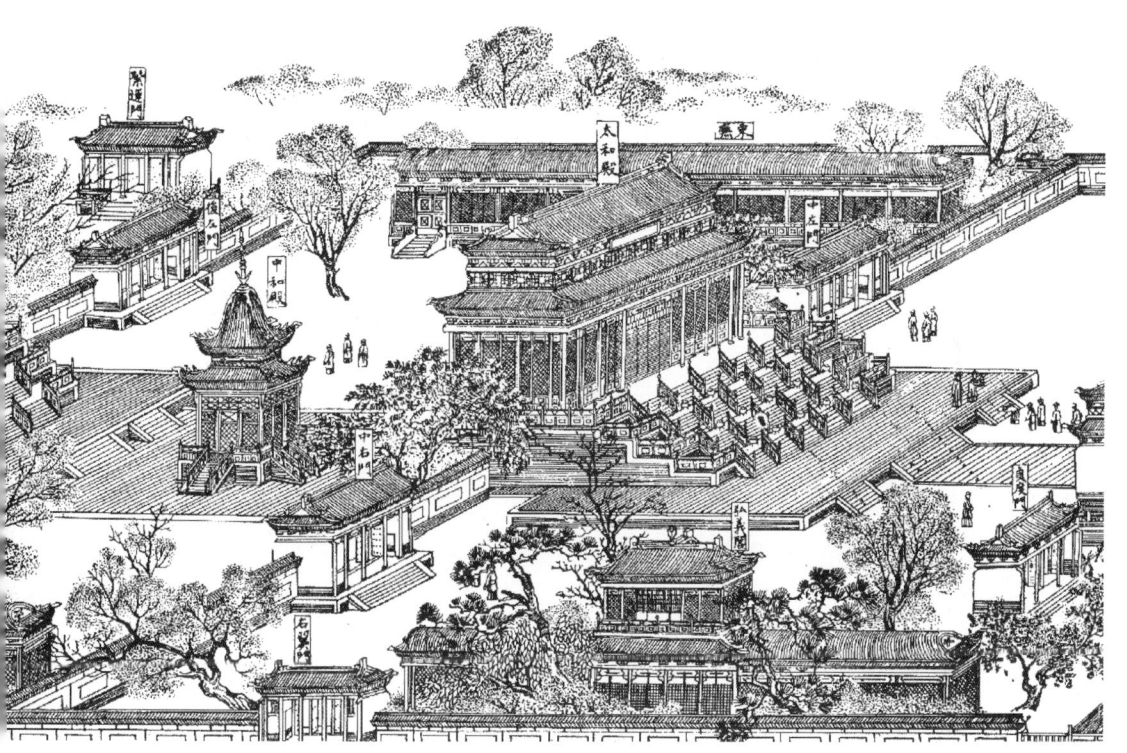

다 다른 사합원에 들러 농밀한 시간을 보내는 황제를 간섭할 사람은 아무도 없었다.

41명의 비빈妃嬪을 두고 27명의 자식을 낳은 건륭제의 밤은 바빴으리라. 그렇지만 첫 번째 황후가 36살 나이로 죽은 후로는 여자들과 오랜 시간을 보내지 않았다. 그는 공식업무가 끝난 후에는 주로 삼희당三希堂에 머물렀다. 건청궁 좌측에 있는 사합원이 양심전養心殿이고, 그곳에 딸린 작은 서재가 삼희당이다. 문인을 자처했던 황제가 왕희지王羲之, 왕헌지王獻之, 왕순王珣의 서첩書帖을 어렵사리 손에 넣자 너무너무 기뻐하면서 그곳에 '삼희당'이라는 편액을 내걸었다. 은둔隱遁과 일탈逸脫의 공간이다. 황제는 모든 격식을 벗어던지고, 글을 읽고, 그림을 감상하고, 자연을 완상하면서 스트레스를 풀었다. 벽에는 자연을 상찬하는 대련對聯을 붙이고, 탁자 위에는 벼루를 늘어놓았다. 그가 모은 많은 벼루는 자연의 모습이 조각된 명품 중

의 명품. 삼희당 속의 건륭제는 매일 밤 선경仙境을 헤매고 다녔을 것이다.

'조'는 유교적 공간, '침'은 도교적 공간이다. 유교적 공간은 '예禮', 도교적 공간은 '기氣'. 그 바탕이 다르다. '기'는 삼라만상에 스며들고 돌아다니는 생명력 즉 에너지다. '예'는 엄격하고 딱딱하지만, '기'는 부드럽고 변화가 무쌍하다. 중국인은 '기'를 '양陽'과 '음陰'이라는 반대적 속성으로 나누었으며, 늘 그 둘의 조화와 순환을 강조했다. 자금성 좌측에 인공 호수를 여럿 둔 것도 그렇고, 앞에는 태화전을 두고 뒤에는 어화원御花園이란 정원을 둔 것도 그렇다. 여유 있는 선비의 저택은 딱딱한 사합원과 부드러운 원림을 나란히 둔다. 양과 음의 조화를 강조하는 풍수의 원리를 따른 것이다. 유교, 도교, 풍수. 그 셋은 중국인의 모든 것에 스며들었다. 질서가 지배하는 베이징이지만, 사실은 그 속에 '규칙과 불규칙', '대칭과 비대칭', '인공과 자연'이 비빔밥처럼 섞여 있는 것도 그 때문이다.

양과 음의 조화. 그리고 순환. 그걸 '매우' 강조한 곳이 그들의 잠자리였다. 황제나 서민이나 기본은 같았다. 우선 장소. 관계는 원칙적으로 침상寢牀에서만 해야 했다. 주택 후면 은근한 곳에 있는 여성의 침실 속 침상. 커

1 은둔의 열락에 빠진 건륭제
그는 공식업무 후에는 한갓 선비로 돌아가 작은 서재에서 글 읽고, 그림 감상하고, 자연을 완상했다. 1750년경 낭세녕 그림 ⓒ고궁박물원, 베이징, Wikimedia Commons

2 가장 은밀한 공간
'조'에서 '침'으로 한 단계씩 들어가면 그 종착지는 침실이다. 중국인은 성생활에서 음양의 조화를 매우 강조했다. 도판 제작자 미상. 출처: *Dreams of Spring: Erotic Art in China, from The Bertholet Collection*, 1997

틈이 드리워진 그곳은 음기가 가장 강한 곳이다. 성생활의 목적은 딱 두 가지. 첫째는, 대를 이어갈 아들을 얻는 것. 그건 '가족의 번영을 통해 호국護國하라'는 유교의 가르침이다. 둘째는, 남성의 생명력을 강화하고 여성의 활력을 증진하는 것. 남성은 여성이 음기를 발산할 수 있도록 즐거움을 주고, 그 음기를 흡수해 자신의 양기를 강화한다. 도교적 이념이다. 소실을 여럿 둔 것도 그 때문이다. 소실들에게서 음기를 두루 취해 양기를 최상의 상태로 만들고 정실과 관계해 우수한 아들을 낳는다. 웃기는 얘기지만 음양의 원리가 그렇다나.

생생하게 전달되는 베이징 번화가의 모습

시내로 나간다. 건륭 시대 베이징은 내성, 외성, 교외 모두 합해 인구 백만 명에 육박하는 1781년 기준 98만6천여 명 거대도시였다. '왕의 도시'이자 나라에서 제일가는 '상인의 도시'이기도 했다. 전국 각지에서 들어오는 풍부한 물자로 인해 도시 전체가 활기로 넘쳤다. 큰길은 대부분 상점가가 되었고, 아예 시장으로 발전한 곳도 많았다. '대가大街'. 그들이 '따지에'라고 부르는 큰길은 폭 30미터가 훨씬 넘었다. 즐비한 상점과 찻집과 음식점酒樓. 사람들로 북적였다. 거기에다 가마, 수레, 마차 등이 뒤섞였으니 혼잡하고 소란했다. 베이징을 처음 방문한 외국인들은 도시의 이런 활기와 소란스러움에 놀라 입을 다물지 못했다.

'따지에' 두 곳을 가 본다. 〈건륭전도〉야 당연히 지참하지만, 화가 서양의 도움도 절대적이다. 그는 궁정 화가로서 굵직굵직한 그림을 많이 그렸는데, 도시경관과 시민 생활이

어우러진 그림은 대부분 그에게 맡겨졌다. 〈청명상하도〉와 비견되는 그의 화풍이야 독자 여러분은 익히 알고 있을 터. 화폭에 얼굴을 바짝 대고, 상인의 표정이며, 주택 속 창문이며, 기왓장이며, 성벽과 문루며, 한 획 한 획 그리는 화가의 모습을 상상해보시라. 그의 지극한 노고 덕분에 우리는 250년 전 베이징의 거리 모습을 마치 현재 상황인 양 바라볼 수 있다. 이제 그 모든 것은 사라졌지만 그의 그림이 존재하는 한 베이징의 과거는 파닥파닥 살아서 전달된다.

정양문 앞 큰길이다. 명·청대에는 '정양문대가正陽門大街'로 불렸는데, 1965년에 '전문대가前門大街, 첸먼따지에'로 이름이 지정되었다. 서울로 치면 광화문에서 남대문까지의 거리. 베이징을 대표하는 번화가였다. 서양은 이 길을 앞에서 언급한 〈경사생춘시의도〉에다 자세히 묘사했다. 건륭제는 1767년건륭 32년 초봄에 베이징의 봄을 노래하는 시를 짓고 서양에게 그걸 그림으로 재현하라는 지시를 했다. 화가는 그림의 위에는 자금성을, 아래에는 정양문대가를 배치한 다음, 그 주변을 넓게 조망했다. 지금도 그렇지만, 당시 이 길과 그 주변은 시장이었다. 베이징 유일의 관시官市, 조정에서 지정한 시장. 조정과 황실에서 필요한 물건은 주로 여기서 공급했다. 그러니 없는 것이 있었으랴. 오늘날도 베이징의 유서 깊은 상점老店들은 모두 이 길 주변에 있다. 약방 동인당同仁堂, 오리고기 전문점 전취덕全聚德 등.

길은 노점상과 고객들로 넘쳐난다. 17세기 후반부터 기세가 오른 베이징의 경제는 건륭 시대에 최고조에 달했다. 상행위는 상점 내부에만 국한되지 않고, 길로 쏟아져 나왔다. 길을 점거하는 행위. 당연히 불법이다. 처음에는 상점 전면에 차양을 내고 노점을 벌였다. 그게 가건물로 변했고, 아

1 〈경사생춘시의도〉에 묘사된 정양문 앞 큰길
오늘날 전문대가, 첸먼따지에. 청대 베이징을 대표하는 번화가였다. ⓒ고궁박물원, 베이징

2 노점상으로 넘치는 정양문 앞길
상점 전면에 차양을 내고 노점을 벌이는데, 고객들로 넘쳐난다. 〈경사생춘시의도〉의 부분 ⓒ고궁박물원, 베이징

3 가건물로 변한 노점상
이렇게 고정된 건물로 길을 점거하는 행위는 불법이지만 성행했다. 〈경사생춘시의도〉의 부분 ⓒ고궁박물원, 베이징

이건 도시가 아니다. 땅 위에 새겨진 거대한 도상이다

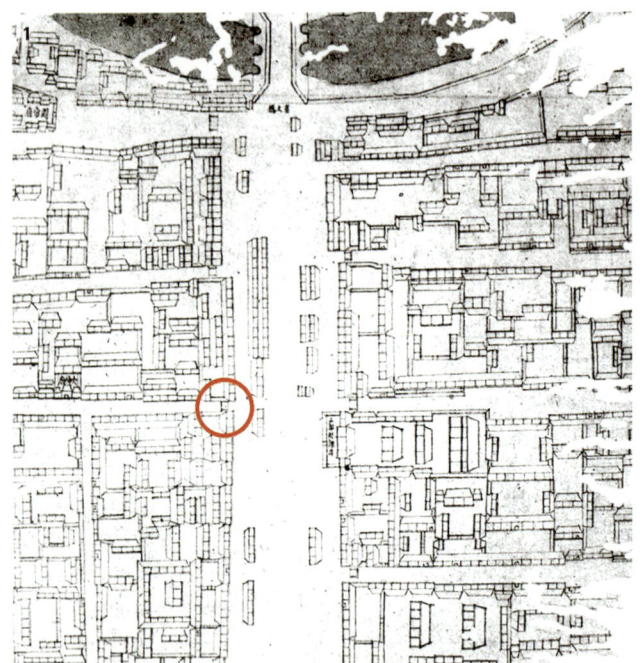

1 〈건륭경성전도〉 속 불법 노점상
정양문 앞길이다. 불법 상점들로 인해 길이 세 갈래로 나뉘었다. 동그라미 속 작은 구조물은 책란이다. 출처: 일본 국립정보학연구소

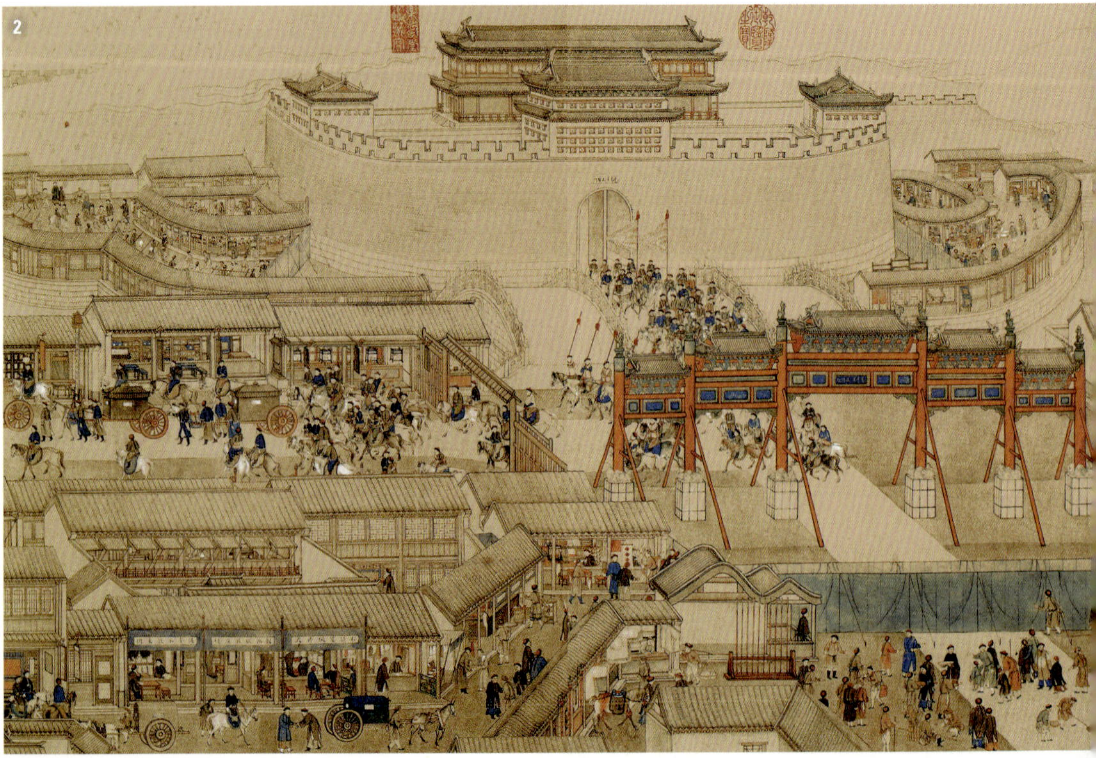

2 〈건륭남순도〉 속 정양문과 후통
1751년 황제의 남순을 그린 12개의 두루마리 중 첫째 두루마리 그림이다. 출처: *National Museum of Chinese History*, 1997 ⓒ중국 국가박물관, 베이징(中国国家博物館, 北京)

예 고정된 건물이 상점 전면에 들어서기 시작했다. 〈건륭전도〉를 보시라. 상가 전면에 불법 상점들이 길게 늘어섰다. 규모도 다양하다. 때문에, 길은 아예 세 갈래로 나뉘어서 이어진다. 제국의 수도에서, 그것도 황궁 바로 앞에서 벌어진 행위로는 사뭇 과감하다. 조정에서는 당연히 그런 행위를 막았다. 그러나 발전하는 상업의 기세 때문에 양성화밖에는 달리 방법이 없었으리라.

큰길 좌우로 많은 골목이 뻗어나간다. 베이징의 골목은 '후퉁胡同'. 폭 9미터가 표준인데, 더 좁은 것도 많다. 여기 후퉁은 모두 시장이다. 그 모습도 서양이 잘 그려놓았다. 그가 1751년 황제의 첫 남순을 그린 〈건륭남순도乾隆南巡圖〉. 12개의 두루마리 중 첫째 두루마리가 베이징을 떠나는 황제의 모습을 그린 것이다. 황제 일행은 정양문을 나와 다리를 지난 다음 바로 첫 번째 골목으로 접어들었다. 큰길을 놔두고 왜 골목을 택했는지는 모

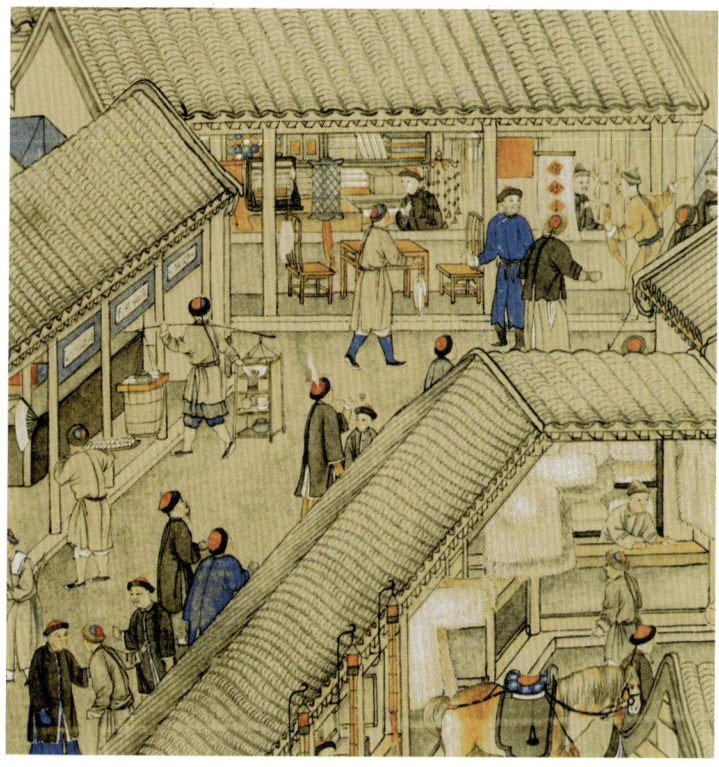

정양문 앞 후퉁 속 상점들
특정 물품을 전문적으로 판매하는 도매상이 많다.
출처: *National Museum of Chinese History*, 1997
ⓒ중국 국가박물관, 베이징

르겠으나, 백성들이 사는 모습을 가까이서 보고자 했을 것이다. 황제의 루트를 따라 펼쳐지는 골목시장의 모습. 사람은 많아도 혼잡하지는 않다. 건물은 1층과 2층이 섞여 있고, 간간이 음식점도 보인다. 이곳 상점은 특정 물품을 전문적으로 판매하는, 도매상에 가깝다. 차, 비단, 모피, 약재 같은 고급상품을, 주로 샘플을 놓고 거래했다.

〈일월합벽오성연주도日月合壁五星聯珠圖〉. 13미터 길이의 두루마리 그림.

설날 아침의 동화문대가
궁성과 가까운 이곳에는 찻집이 즐비했는데, 주로 사합원 바깥채를 개조해서 영업했다. 서양이 그린 〈일월합벽오성연주도〉의 부분이다.
ⓒ국립고궁박물원, 타이페이

역시 서양이 그렸고, 타이베이 국립고궁박물원에 모셔진 타이완의 국보다. 시장으로 변하지 않은 '따지에'와 그 주변. 그걸 잘 보여주는 귀한 그림이다. 때는 1761년건륭 26년 설날 아침. 해와 달이 동시에 뜨는 '일월합벽日月合璧'과 화성·수성·목성·금성·토성 다섯 별이 나란히 서는 '오성연주五星聯珠'가 일어날 것이라고 예견된 날이다. 그런 기이한 천문현상이 일어

난 해에는 천지가 평화롭고 풍년이 든다고 했다. 그걸 기념하는 그림을 그리라는 명을 받은 화가. 동화문東華門, 자금성의 동문에서 도시의 동쪽 끝 관상대觀象臺에 이르는 시가지 모습을 그렸다. 제일 혼잡한 곳은 동화문대가東華門大街. 시장이 아닌데도 발 디딜 틈이 없다. 태화전에서 열리는 설날 의식을 위해 이른 아침부터 문무백관이 몰려들었다. 그리고 그들이 타고 온 수레와 말들. 그게 길을 가득 메웠다.

백관들은 오문보다는 접근이 쉬운 동화문을 주로 이용했다. 그러니 앞길에는 찻집이 즐비했다. 사합원의 바깥채를 개조한 찻집. 장식벽을 덧대거나 차양을 달아맸다. 시장이

1 교차로에 세워진 패루
'축일'이란 이름을 가진 동단패루다. 베이징의 이런 패루들은 대부분 철거되어 사라졌다. 〈일월합벽오성연주도〉의 부분 ©국립고궁박물원, 타이페이

2 지도 속 패루
〈건륭경성전도〉에 묘사된 서사패루의 모습. 교차로에 사방으로 패루를 세웠다.
출처: 일본 국립정보학연구소

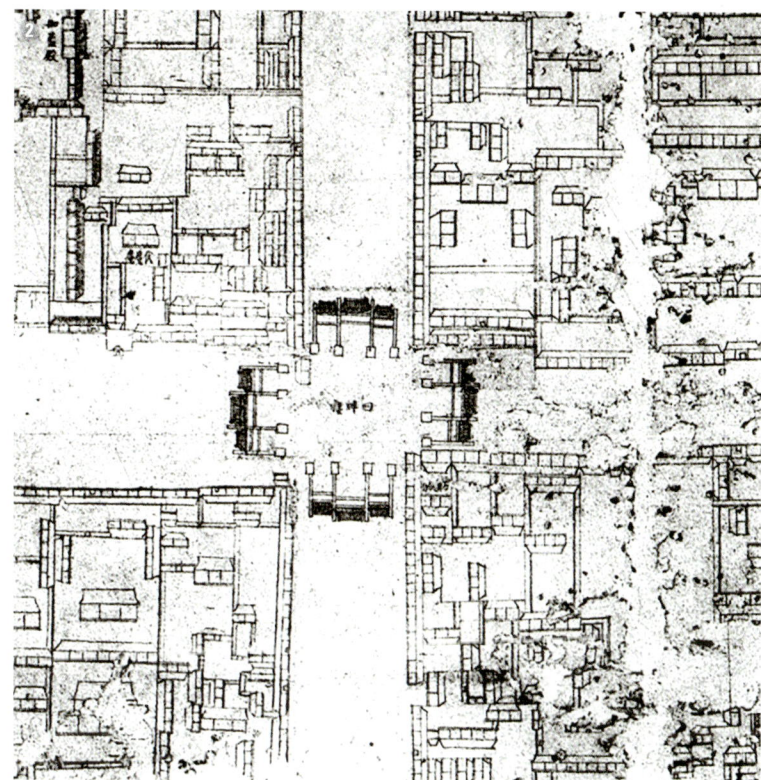

아닌 큰길. 거기에 면한 상점은 이런 식으로 사합원을 개조한 것이 대부분이다. 화가의 발길은 동쪽 남쪽으로 이어지고, 어느덧 아름다운 패루 앞을 지난다. 이 도시에는 큰길이 교차하는 곳에 이런 패루를 세웠다. 물론 전략적인 곳을 골라서. 네 방향 모두 세우면 사패루四牌樓, 한 방향에만 세우면 단패루單牌樓. 그걸 도시의 동·서 같은 위치에 세웠다. 동사패루東四牌樓, 서사패루西四牌樓, 동단패루東單牌樓, 서단패루西單牌樓. 그런 식이다. 그림 속 패루는 동단패루. 이름은 '축일就日'. 서단패루의 이름은 '첨운瞻雲'. 동시에 풀어 보면, "동쪽으로 일출을 맞이하고, 서쪽으로 붉게 물든 구름을 본다." 이리 아름답고 낭만적인 유산을 왜 죄다 철거했는지. 공산당 정부의 문화적 수준은 최악이었다.

이건 도시가 아니다. 땅 위에 새겨진 거대한 도상이다

후통, 베이징의 작은 우주

베이징의 주택가. 그 중심은 '후통'이다. 큰길은 사방으로 뻗었지만 후통은 주로 동서 방향으로 이어진다. 다두大都를 계획한 유병충이 고심한 결과였다. 모든 주택이 남쪽을 향하면서 북풍도 피하는 방안이 뭘까? 대략 70미터 간격을 유지하면서 동서로 뻗는 후통. 그게 답이었다. 덕분에 베이징의 주택가는 겨울에도 아늑하고 따뜻하다. 지도를 보시라. 내성의 후통은 반듯반듯 질서가 잡혀있다. 다두의 그것이 그대로 유지된 것이다. 그런데 남쪽 외성은 불규칙하기 짝이 없다. 나귀가 다니던 시골길이 성안으로 편입된 것이다. 청대의 내성은 정복자인 만주족·몽골족이 차지했다. 그래서 붙은 이름이 '달단가韃靼街, Tartar City'. 그럼 원래 그곳에 살던 한족은? 외성으로 내몰렸다. 그래서 붙은 이름이 '중화가中華街, Chinese City'. 만약 그곳에 만주족·몽골족을 이주시킬 요량이었으면 도로를 새로 냈을 것이다.

넓지도 좁지도 않은 길. 후통은 커뮤니티를 형성하기에 적당했다. 그곳이 안전한 공간이 되게 한 물리적 장치, 그게 바로 '책란柵欄, 짜란'이다. 후통 입구를 지키는 울타리 같은 문. 밤에는 잠그고 아침에는 열었다. 서양이 그린 그림에도 심심찮게 등장한다. 정양문대가 주변에 생긴 골목시장 중에서 제일 번화한 곳이 '대책란大柵欄, 다짜란'이다. 아마 그 입구에 세운 책란이 상당히 컸던 모양이다. 치안과 자위自衛를 위한 문. 물론 조정에서 설치하고 관리했다. 명대에 절정이었던 책란의 숫자는 청대에는 많이 줄었는데, 그래도 여전히 많았다. 미증유의 태평성대였던 건륭 시대에도 내성에만 천 개가 훌쩍 넘는 책란이 있었다. 그중 600여 개가 〈건륭전도〉에 등장한다. 참 지독한 '문의 도시'다.

후통을 따라 이어지는 사합원. "베이징은 사합원의 도시다." 그리 단언할 만큼 베이징 사람 대다수는 사합원에 살았다. 물론 그 규모와 형식에는 변화가 많았다. 그들이 사합원에 산 것은 그것이 예와 도를 중시했던 선비의 주택으로 적합했기 때문이다. 그러니까, 살기 좋거나 편해서가 아니고

1 그림 속의 책란
후통 입구를 지키는 문으로, 밤에는 잠그고 아침에는 열었다. 〈일월합벽오성연주도〉의 부분 ⓒ국립고궁박물원, 타이페이

2 베이징의 주거지역
중정을 중심으로 좌우대칭을 취하는 사합원이 널리 밀집해 있다. 1930년대 루프트한자 항공의 조종사 카스텔이 촬영했다. 출처: Wulf Diether Graf zu Castell, 1938

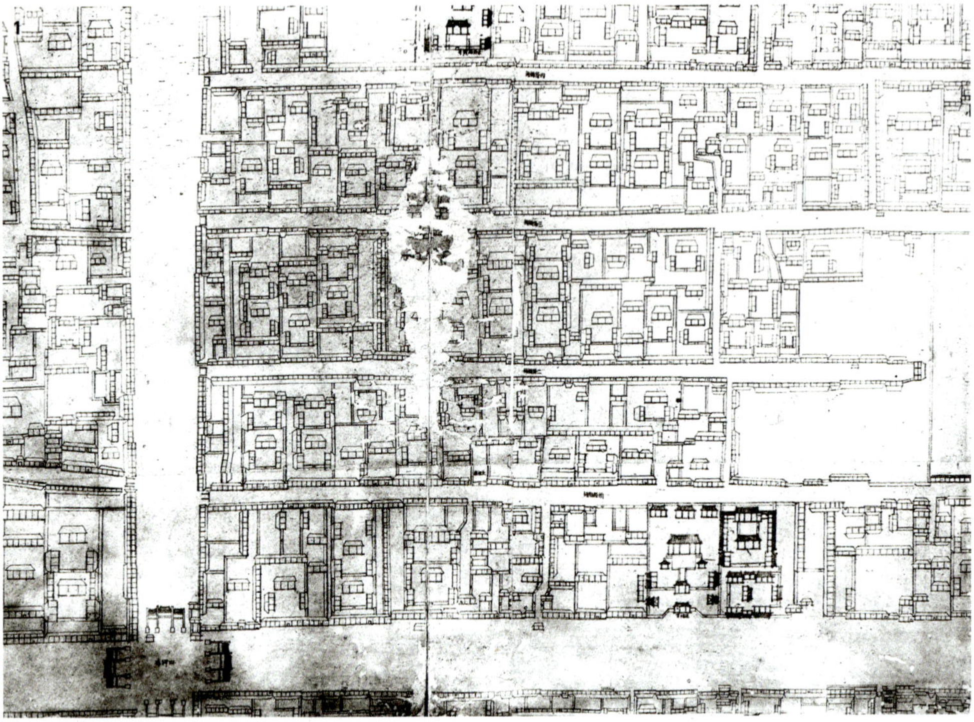

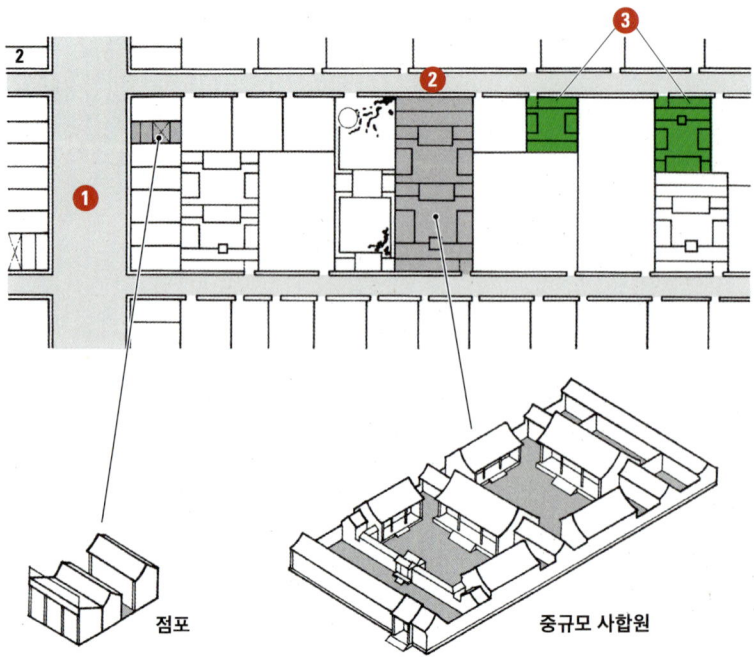

점포

중규모 사합원

1 〈건륭경성전도〉 속 주거지
동사패루 북동쪽, 부유한 상인과 관리들이 모여 살던 곳이다. 18세기부터 대지를 분할해 파는 행위가 성행하면서 주택의 규모가 다양해졌다. 출처: 일본 국립정보학연구소

2 주거지의 전형적인 공간구조
블록 내부에는 큰 주택이, 북쪽에는 작은 주택이, 그리고 큰길에 면해서는 상가주택이 이어진다. 저자 다시 작도.
출처: 陣内秀信 외, 1998

① 따지에(大街)
② 후통(胡同)
③ 소규모 사합원

그 공간구성이 그들의 의식 구조와 맞아떨어졌다는 뜻이다. 사합원이란, '네 동의 건물이 하나의 마당院子을 둘러싸고 있다'는 의미다. ㅁ자. 중국인 공간구성의 기본 틀인데, 그 가장 원초적인 건물이 사합원이다. 지구상에는 마당을 둘러싸는 주택이 많다. 우리 한옥도 그렇지 않은가. 그런데 사합원처럼 완벽한 ㅁ자를 이루는 주택은 찾기 어렵다. 축을 중심으로 대칭을 이루는 구성. 유교의 가르침을 따르는, '형식'을 제일로 받드는 주택이다.

〈건륭전도〉를 들고 주택가 한 곳을 가 본다. 동사패루의 북동쪽. 부유한 상인과 관리들이 모여 산 곳이다. 후통이 나란히 뻗어나가고, 그 사이를 남북으로 긴 주택이 촘촘히 자리했다. 규모는 대략 30×70미터. 600평이 넘는 저택이다. 원이 다두를 건설할 당시 그곳에 이주한 관리들과 부자들에게 분양한 땅이 대략 60×70미터 크기. 원림까지 두면서 그 땅을 다 쓴 사람도 있지만, 절반으로 나눠서 집을 지은 사람이 많았다. 이곳 주택의 규모는 그렇게 정해졌다. 그런데 18세기에 접어들자 대지를 분할해서 파는 행위가 성행했다. 규모가 작은 사합원과 상가주택에 대한 수요가 늘었기 때문이다. 그런 변화의 양상이 지도에 뚜렷이 나타나 있다. 큰길에 면해서는 상가주택이 이어지고, 블록의 북쪽에는 작은 사합원이 자주 눈에 띈다. 그런 변화는 시간이 갈수록 심해졌다.

베이징의 선비주택. 어땠을까? 우리 사대부 집과 비교해 보시라. 사합원의 규모는 중정의 수로 따진다. 하나는 1진進, 세 개는 3진. 그런 식이다. 4진 규모의 사합원. 그게 선비주택의 표준이다. 넓은 중정 2개, 좁은 중정 2개. 그걸 여러 채의 건물이 둘러싼다. 가장 중요한 건물은 정방正房. 안쪽 넓은

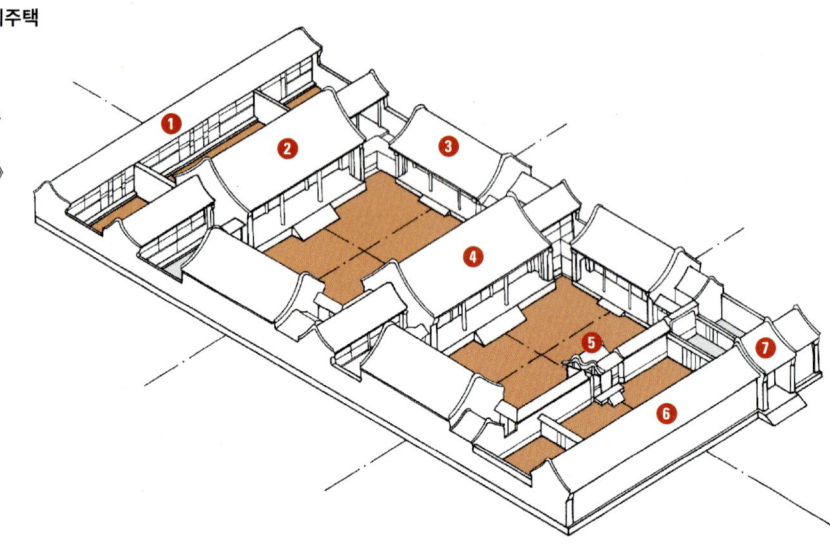

표준적인 베이징의 선비주택
넓은 중정 2개,
좁은 중정 2개.
4진 규모의 사합원이다.
저자 다시 작도.
출처: 《중국고대건축사》
(제2판), 1984

① 후조방
② 정방
③ 상방
④ 청방
⑤ 수화문
⑥ 도좌방
⑦ 대문

중정에 면하고, 중앙에 조상의 위패를 모시는 조당祖堂을 두었다. 우리로 치면 안채다. 그 뒤에, 후조방後罩房. 소실과 하녀들이 기거한다. 바깥쪽 중정에 면하는 청방廳房. 서재 겸 사랑채. '전조후침'의 원칙에 따른 '조'의 공간이다. 길에 면하는 도좌방倒座房. 행랑채다. 대문은 풍수의 영향으로 주로 동남쪽 구석에 두었다. 수화문垂花門이라는 아름다운 대문이 안에 따로 있다. 이런 사합원 측면에 원림이 딸려있다면 그건 최상급 선비주택이다. 유교, 도교, 풍수가 두루 작용한 주택. 자금성의 축소판이다. 일관된 중국인의 공간 의식. 한마디로 "징하다."

청의 멸망과 베이징의 변화

청의 국력은 건륭 시대에 절정에 오른 후, 바로 내리막이었다. 건륭제는 훌륭한 군주였지만 나라를 망쳐버린 인물이기도 했다. 치명적인 과오가 둘. 첫째는, 나라의 곳간을 거덜내 버린 것. 물 쓰듯이 써버린 그는 아버지 옹정제가 물려준 6천만 냥 이상의 국고를 다 탕진해버렸다. 만년에 이르러 국력이 쇠퇴하고 있다는 사실을 인지한 그는 비로소 자신이 재물을 낭비하고 백성을 혹사한 것을 후회했다. 그래도 강희·옹정 두 왕이 워낙 튼튼히 다져놓은 덕에 나라는 당분간 버틸 수 있었다. 둘째 과오는, 외국과의 소통을 단절해버린 것. 청이 세상의 중심이자 가장 강성한 국가라는 착각에 빠진 그는 조공은 받았으나 교류와 교역은 하지 않았다. 그러니 유럽 각국이 얼마나 발전하는지 까맣게 몰랐다. 모든 것에 해박했던 문화 군주의 행동으로는 이해가 되지 않는 대목이다.

그의 착각을 말해주는 일화 하나. 영국은 1792년건륭 57년 조지 매카트니 George Macartney, 1737~1806를 대표로 하는 대규모 사절단을 청에 보냈다. 황제의 여름 별장 열하熱河 행궁에 도착한 그들에게 청의 관리는 황제에게 삼궤구고三跪九叩의 예를 표할 것을 요구했다. 무릎 꿇고 이마를 땅에 세 번 대는 행위를 세 번 반복하는, 절대복종의 예. 왕의 친서를 지닌 대영제국의 귀속이 그렇게 할 수는 없었다. 밀고 당긴 끝에, 매카트니가 한쪽 무릎을 꿇는 예를 표하는 것으로 정리했다. 그런데 막상 그런 인사를 받은 건륭제는 몹시 언짢았다. 이후 황제는 사절단을 냉랭하게 대했고, 교역을 하자는 요구에는 콧방귀로 대응했다. "우리 청은 부족한 게 없다. 그러니 무슨 교역을 한단 말인가?" 매카트니 일행은 거의 쫓겨나다시피 중국을 떠나야 했다. 아무 소득도 없었지만 귀중한 사실 하나는 분명히 파악했다. 중국은 허세로 가득한 종이호랑이에 불과하다는 것.

비밀을 알아챈 영국은 얼마 지나지 않아 청과 아편전쟁1840~1842을 벌였고, 결국 홍콩을 차지했다. 이후 중국이 서구 열강과 일본에 당한 수모는 처참했다. '치욕의 백 년'. 아편전쟁 이후 신중국이 출범하는 1949년까지의 기간이다. 오늘날 중국인은 그 시기를 잊지 말자고 다짐하고 가르친다. 그 기간 베이징도 적지 않은 변화를 겪었다. 아름다운 원림 원명원圓明園이 영국·프랑스 연합군에 의해 폐허로 변했고, 동교민항東交民巷, 동자오민샹은 외국인이 활보하는 조차지租借地가 되었다. 서양풍의 건물들도 곳곳에 들어섰다. 20세기 초반에는 철도가 들어왔고, 왕부정王府井, 왕푸징 같은 큰 상업지구

건륭제를 알현하는 조지 매카트니
영국의 풍자만화가 제임스 길레이(James Gillray)의 1793년 그림. 불통의 고약한 영감 건륭제의 거만한 표정을 보시라.
©The Trustees of the British Museum

도 여럿 들어섰다. 가장 큰 변화는, 국민당이 수립한 중화민국 정부가 1928년에 수도를 난징으로 정한 것이다. 이후 베이징은 정치의 중심에서 멀어지면서 고도古都 '베이핑北平'으로 전락했다.

그리고 신중국이 출범했다. 1949년 10월 1일 모택동毛澤東, 1893~1976이 천안문 앞에 운집한 30만 군중을 향해 중화인민공화국의 건국을 선포했다. 새 정부는 베이징을 수도로 정했고, 그걸 어떻게든 뜯어고치려고 했다. 이 시점에 등장하는 중요한 인물이 있다. 양사성梁思成, 1901~1972. '중국 근대건축의 아버지'로 칭송받는 인물이다. 그의 아버지는 양계초梁啓超, 1873~1929. 우리의 김옥균金玉均에 비견될 근대사상가다. 양사성은 아버지의 망명지인 도쿄에서 태어나 미국 펜실베이니아 대학과 하버드 대학에서 건축과 도시계획을 공부했다. 귀국해 중국 전 지역을 돌아다니며 전통건축을 실측하고 연구했다. 그리고 칭화대학 건축학부를 출범시키고, 학부장이

뒤바뀐 중심
1949년 10월 1일, 모택동이 천안문 문루에 올라 건국을 선포하는 순간 천안문과 그 전면 광장이 중국의 중심이 되었다. 동희문(董希文)이 1953년 그린 그림 〈건국대전(建國大典)〉 ⓒ중국국가박물관, 베이징

되었다. 그런 그에게 정부는 베이징 확장을 위한 도시계획을 수립할 것을 요구했다.

양사성은 역시 유학파인 진점상陳占祥, 1916~2001의 협조를 받아 새 도시의 비전을 담은 '양진梁陳 플랜'을 만들었다. 골자는 베이징 성을 그대로 보존하는 것. 대신 성 서쪽에 60만 인구를 수용하는 새로운 행정중심도시를 만들고 그걸 옛 성과 연결한다. 그리고 길게 이어지는 성벽 위에는 공중정원을 조성한다. 그런 내용이었다. 양사성은 옛 베이징을 꼭 지키고 싶었다. 국공내전國共內戰이 격화된 1948년 가을, 국민당 부작의傅作義, 1895~1974 장군이 성안에 진을 치고 50만 병력으로 공산당 군대에 맞서는 일이 있었다. 그때 양사성은 문화계 인사들과 함께 부 장군을 여러 번 찾아가 간절히 호소했다. 문화재로 가득한 베이징을 포화로부터 지켜달라고. 결국 부 장군은 1949년 1월 공산당에 투항함으로써 베이징을 구했다. 그런 양사성이 수립한 계획이니 오죽했겠는가?

이건 도시가 아니다. 땅 위에 새겨진 거대한 도상이다

지금은 사라진 성문
1966년 파괴되기 전 숭문문(崇文門)의 모습이다. 1900년대 베이징 주재 독일 대사 알폰스 폰뭄(Alfons von Mumm)이 촬영했다.
©Wikimedia Commons

　때맞춰 한 무리의 도시계획 자문단이 소련으로부터 날아왔다. 그들은 양사성의 안을 '봉건사상에 물들고 자산계급을 보호하는 계획'이라는 낙인을 찍었다. 그리고 모스크바 방식의 수도를 건설하자고 제안했다. 크렘린궁을 중심으로 환상環狀으로 뻗어나가는 구성. 또한 인민대회 같은 국가적 행사를 위해 천안문 광장을 도시의 중심으로 격상해야 한다고 역설했다. 그러려면 성을 해체해야 했다. 모택동은 딱 부러진 의견 표명은 하지 않은 대신, "자산계급의 사상에는 반대한다"는 문건을 발표했다. 성을 해체하라는 지시였다. 1954년 지안문地安門을 시작으로 성벽과 성문의 해체가 시작되었다. 양사성은 계산해보았다. "성벽을 다 해체하려면 80년 이상 걸린다. 경산자금성 북쪽에 조성한 인공산 12개와 맞먹는 엄청난 체적이다. 그러니 성을 모두 해체하지는 못할 것이다." 일말의 희망이었다.
　웬걸. 문화대혁명1966~1976이 시작되니 인해전술로 때려 부쉈다. 단 5년 만에 황성, 내성, 외성 모두가 사라졌다. 정양문 등 극히 일부만 남고, 44개의 성문이 없어졌다. 패루도 그랬다. 모택동은 자금성까지 밀어버리려 했다. 그 자리에 자신의 집무실을 짓기 위해서. 사합원의 피해도 심각했다. 오늘날 베이징에서 성한 사합원은 찾기 어렵다. 혁명 기간 양사성은 '부르주아 반동 학자'로 낙인찍혀 혹독한 비판을 받았다. 최고 죄목은 베이징성을 보존하려 했다는 것. 프랑스 건축가 대표단을 접견할 때 여성 단장의 뺨에 키스해 민족적 존엄을 상실했다는 죄목도 있었다. 모든 자격을 박탈당하고 건축계에서 추방되었다. 세월이 약이라 했던가. 1992년 중국 정부는 그를 기리는 우표를 발간했다. '국가 과학기술 발전을 위해 불후의 공을 세운 과학자 중 한 명'이라는 영예와 함께.

오늘날 베이징의 중심은 천안문 광장이다. 이 광대한 공간을 조성하기 위해 공산당 정부는 옛 베이징의 중축선을 뭉개버렸다. 원래 이곳에는 500미터 이상 남북으로 뻗은 T자형 광장이 있고, '천보랑千步廊'이라는 긴 복도가 그것을 둘러싸고 있었다. 그 일대를 다 허물고 만든 천안문 광장. 그걸 장식하는 많은 건물 중에서 단연 으뜸은 모주석기념당毛主席紀念堂이다. 모택동의 무덤. 1977년 9월 광장의 남쪽 중앙에 이 건물이 들어서는 순간 그것은 '중국의 중심'이 되었다. 태화전과 워싱턴의 링컨기념관을 모델로 만들었다. 봉건시대를 상징하는 태화전을 모델로 했다는 것은 아이러니인데, 색채, 디테일, 비례, 기둥 간격 등 태화전의 모든 것을 차용했다. 그리고 북쪽 홀에 놓인 모택동의 상. '민족의 영웅이자 신중국의 초대 황제'를 모신 옥좌다.

등소평鄧小平, 1904~1997 집권 이후 베이징은 마천루가 숲을 이루어 마치 맨해튼처럼 변해간다. 숙원이던 올림픽도 개최했다. 아무리 그래도 이제 베이징은 그리 매력 있는 도시가 아니다. 1900년 정도로 돌아가 본다면, 베이징은 세계에서 가장 질서 잡히고 아름다운 도시였다. 파리, 런던, 빈 같은 유럽 최고의 도시들도 베이징과는 상대가 되지 못했다. 그런 예술작품 같은 도시가 한순간에 사라졌으니, 인류 역사에 그보다 더 어처구니없

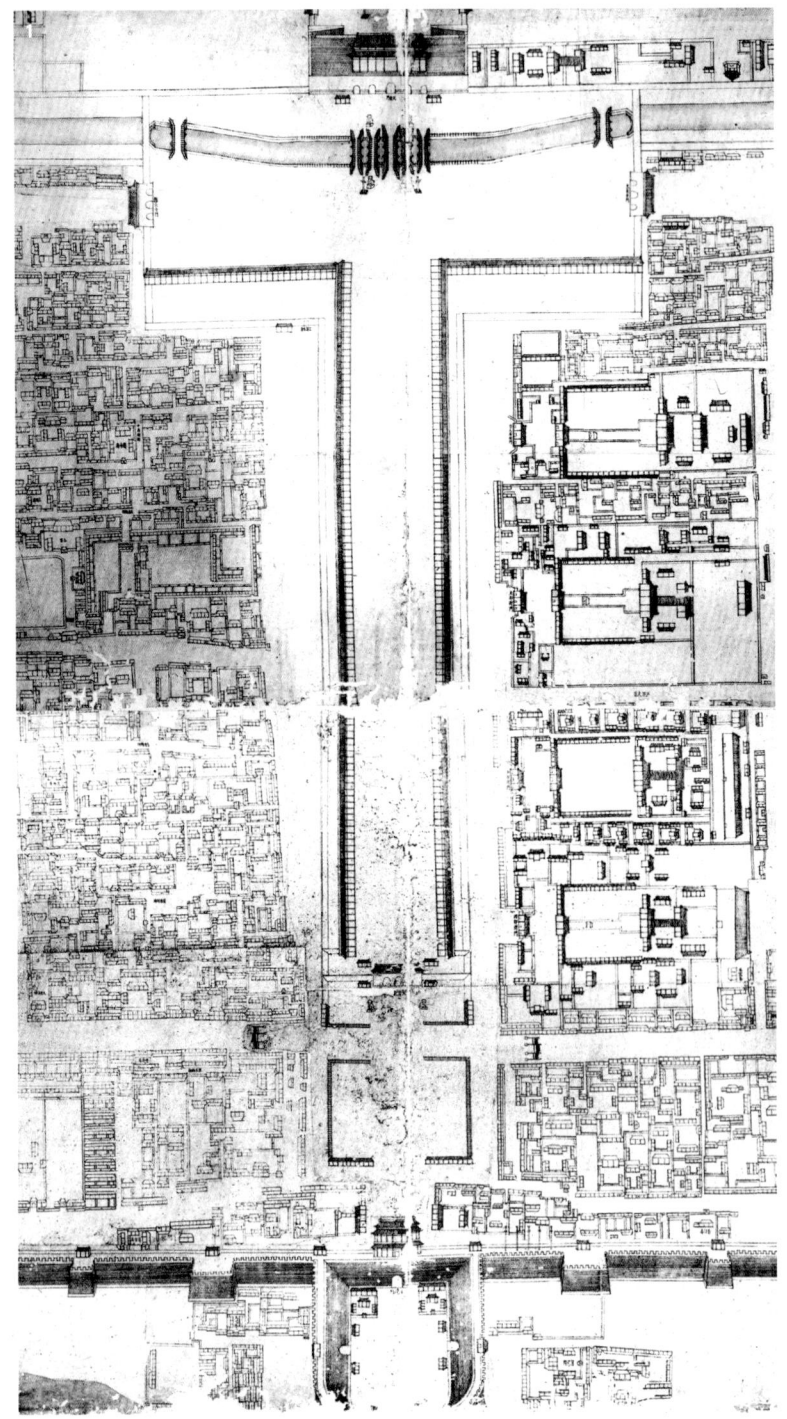

베이징 北京

1 천안문 광장의 옛 모습
수백 미터 남북으로 뻗은 T자형 광장이 있고, 긴 복도가 그것을 둘러싸고 있었다. 〈건륭경성전도〉의 일부. 출처: 일본 국립정보학연구소

2 포스터 속 모주석기념당
태화전과 링컨기념관을 모델로 만든 이 건물은 중국의 새로운 중심이다. 최개새(崔開璽)와 고천(高泉)의 1977년 작품
©Chineseposters.net, Landsberger Collection

고 우매한 일은 없었다. 천안문 광장 중앙에서 일출과 일몰에 맞춰 엄숙하게 거행되는 국기 게양식과 하강식. '여기가 세계의 중심'이라는 허세다. 찬란했던 옛 베이징을 그대로 보존했으면 이 도시는 강력한 '중심'으로 존재하고 있을 것이다. 건륭제가 환생해서 오늘의 베이징을 돌아본다면, 피눈물을 흘리며 통곡하지 않을까.

제13화

교토 京都

한 쌍의 6폭 병풍에 담은
에도 시대의 교토

〈낙중낙외도〉 이와사 마타베에, 1615년

중국은 〈청명상하도〉, 일본은 〈낙중낙외도〉

일본인들은 교토를 '미야코都, みゃこ'라고 즐겨 부른다. '우리 수도'란 뜻으로, 애틋함이 듬뿍 담겨있는 말이다. 교토는, 이제는 아니지만 일본인의 마음속에는 여전히 자신들의 수도다. 일본 문화의 진수가 다 모여있고, 고유한 건물과 장소가 곳곳에서 빛을 발하는. 일본 최고의 매력 도시. 그런 교토도 '근대화'라는 과정을 겪어야 했고, '콘크리트의 공격'을 피해내지 못했다. 도시를 뒤덮다시피 한 현대식 건물들. "이 도시가 과연 천년 고도가 맞는가?" 반문하게 된다. 물론 경주, 전주 같은 우리 옛 도시와 견준다면 교토가 풍겨내는 역사적 정취는 비교 자체가 무색할 정도로 월등하다. "여기서 더 해치지 말고 도시의 옛 모습을 보존하자"는 정부와 시민 모두의 눈물겨운 노력 덕분이다. 그래도 일본의 식자들은 에도 시대江戶時代, 1603~1867 교토의 모습을 온전히 지켜내지 못한 것을 아쉬워하고 또 아쉬워한다.

에도 시대 교토의 모습. 그건 그림 속에 남아 있다. 어떤 그림으로 들어가야 그걸 볼 수 있을까? 〈낙중낙외도洛中洛外圖〉와 〈화락일람도華洛一覽圖〉. 교토의 곳곳을 그린 그림이야 부지기수지만 전체를 바라본 그림은 귀하다. 이 둘은 교토를 그렇게 그렸다. 〈화락일람도〉는 차차 살피기로 하고, 우선 〈낙중낙외도〉부터 보자. '낙洛'은 중국 뤄양에서 유래한 교토의 옛 이름이다. 교토의 모체는 8세기 후반 건설된 헤

〈후나키 병풍〉 한 쌍 중 왼쪽 병풍 일부
현존하는 백여 점 이상의 〈낙중낙외도〉 중에서
최고로 꼽히는 작품이다. ⓒ도쿄국립박물관,
Wikimedia Commons

한 쌍의 6폭 병풍에 담은 에도 시대의 교토

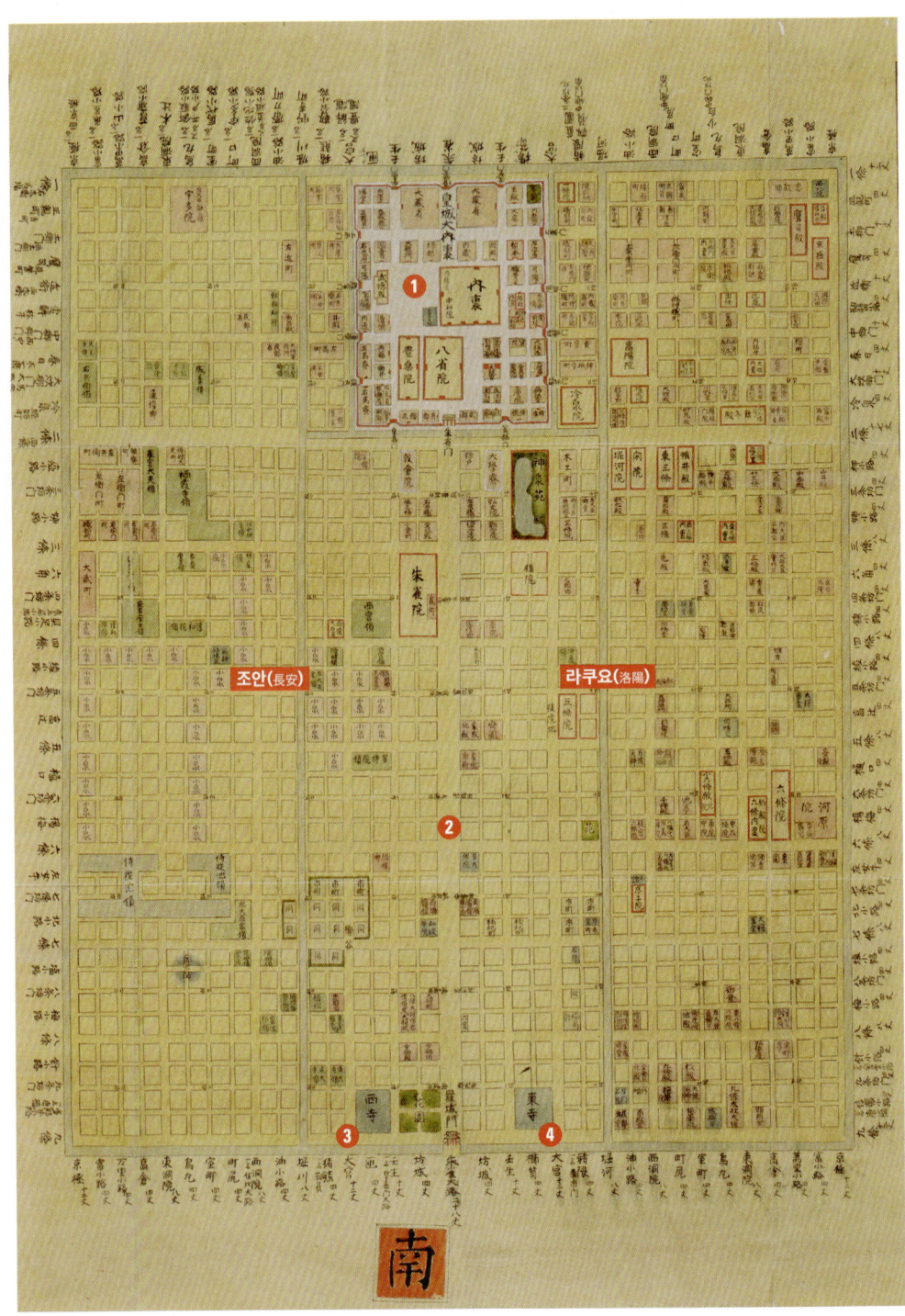

8세기 후반 건설된 헤이안쿄

동서로 나뉜 도시 중에서 동쪽 '라쿠요'만 남아서 교토로 발전했다. 에도 시대의 지도 장인 모리 고안(森幸安)이 1750년 제작한 지도 ⓒWikimedia Commons

① 황성
② 주작대로
③ 서사
④ 동사

이안쿄平安京. 그 중앙을 남북으로 관통하는 주작대로를 중심으로, 오른쪽은 '라쿠요洛陽' 왼쪽은 '조안長安', 그렇게 불렀다. "뤄양과 창안을 모델로 이 도시를 만들었소." 그거였다. 그런데 빈번한 홍수로 인해 '조안'은 버려졌고 '라쿠요'만 남아 교토가 되었다. 교토가 '낙'이었던 연유다. '낙'의 중심은 낙중洛中, 변두리는 낙외洛外. 그러니 〈낙중낙외도〉는 '옛 교토의 중심과 변두리를 그린 그림'이다.

그림은 하나가 아니다. 현재 일본 내·외에 소장된 〈낙중낙외도〉는 100점이 훨씬 넘는다. 많이 그렸다. 그런데 그림의 형식은 모두 같다. 육곡일쌍六曲一雙의 병풍도屛風圖. 6면으로 이어지는 병풍 한 쌍. 좌·우로 펼쳐놓는다. 무로마치 시대室町時代, 1336~1573 후반에서 에도 시대 초반 사이에 주로 그렸다. 16~17세기에 유행했다는 뜻이다. 담은 내용도 대략 같다. 교토의 모습을 파노라마로 좍 펼쳐놓았다. 한 병풍에는 도시의 동쪽을, 다른 병풍에는 북쪽과 서쪽을 그렸는데, 화면의 위에는 산줄기를, 아래에는 시가지를 배열했다. 그런 구도가 〈낙중낙외도〉의 프로토타입이었다. 그런데 에도 시대에 들면서 변화가 생겼고, 다른 구도로 도시를 묘사한 〈낙중낙외도〉가 솔찮게 그려졌다.

지도인가, 그림인가? 짬뽕이다. 지도, 풍경화, 풍속화를 모두 버무려 넣었다. 수요자는 주로 다이묘大名. 지방을 다스린 봉건 영주. 그들에게 교토는 신성한 땅이요, 이상향이었다. 차지하고 싶은 땅이기도 했다. 소문난 화가를 불러들인 다이묘는 '교토의 모든 것'을 그리게 했다. 화가는 화면을 넓게 펼쳐서, 자연경관과 중요한 건축물을 배열하고, 계절별로 벌어지는 축제와 행사를 그렸다. 거기에다 상업, 수공업에 종사하는 서민들, 무사와 승려들, 하다못해 기생, 무녀巫女에 이르기까지 여러 계층의 군상을 세세하게 묘사했다. 한 쌍의 병풍에 등장하는 인간의 숫자는 2천이 훌쩍 넘는다. 도시의 다양한 면모와 시민의 일상을 보여주는 생생한 그림. 〈청명상하도〉가 떠오르지 않는가? 그래서 이렇게들 말한다.

중국에 〈청명상하도〉가 있다면 일본에는 〈낙중낙외도〉가 있다.

많은 〈낙중낙외도〉 중에서 어떤 것을 펼쳐볼까? 국보는 두 점이다. 하나는 〈우에스기 병풍洛中洛外圖-上杉本〉, 다른 하나는 〈후나키 병풍洛中洛外圖-舟木本〉. '최고'라고 평가받는, 그야말로 명품 중의 명품이다. 1574년에 그려진 〈우에스기 병풍〉은 비교적 제작 연대가 빠른 〈낙중낙외도〉다. 당시 교토를 장악했던 실권자 오다 노부나가織田信長, 1534~1582가 경쟁자였던 북방의 다이묘 우에스기 겐신上杉謙信, 1530~1578에게 선물한 것이다. "이 녀석아, 여기가 네가 차지하고 싶어 하는 '낙'이다. 실컷 보아라." 그런 뜻으로 보낸 게 아닐까? 당대 최고의 화가 카노 에이도쿠狩野永德, 1543~1590가 붓을 잡아 교토의 안팎을 넓게 조망했고, 그야말로 시시콜콜 모든 것을 그렸다. 금빛 구름이 화면을 뒤덮고 있는 휘황찬란한 그림이다. 일찍부터 국보로 지정되어, 요네자와米澤市 우에스기 박물관上杉博物館에 모셔져 있다.

〈후나키 병풍〉은 사뭇 특별하다. 구도도 화풍도 모두. 1615년, 에도 시대 초반에 제작된 이 병풍은 교토의 핵심적인 부분만을 클로즈업했다. 게다가 묘사가 섬세하고, 사실적이며, 역동적이고, 생명력이 넘친다. 그린 사람이 누군가, 그건 의견이 일치한다. 그러나 나머지는 설왕설래만 있을 뿐이다. 그도 그럴 것이, 이 병풍은 나가하마長浜市에 사는 의사 후나키舟木 씨가 고미술상에서 구입한 것이다. 그걸 미나모토 토요무네源豊宗라는 저명한 미술사가가 우연히 보게 되었고, 화가가 누군지 밝혀냈다. 그리고 공개를 주선했다. 1950년 이 병풍이 교토국립박물관에서 일반에게 선을 보이니, 최고의 〈낙중낙외도〉가 나타났다며 전 일본이 환호했다. 후나키 씨는 병

〈우에스기 병풍〉 부분
〈후나키 병풍〉과 쌍벽을 이루는 〈낙중낙외도〉로, 금빛 구름이 화면을 뒤덮고 있는 특별한 그림이다.
ⓒ우에스기박물관, Wikimedia Commons

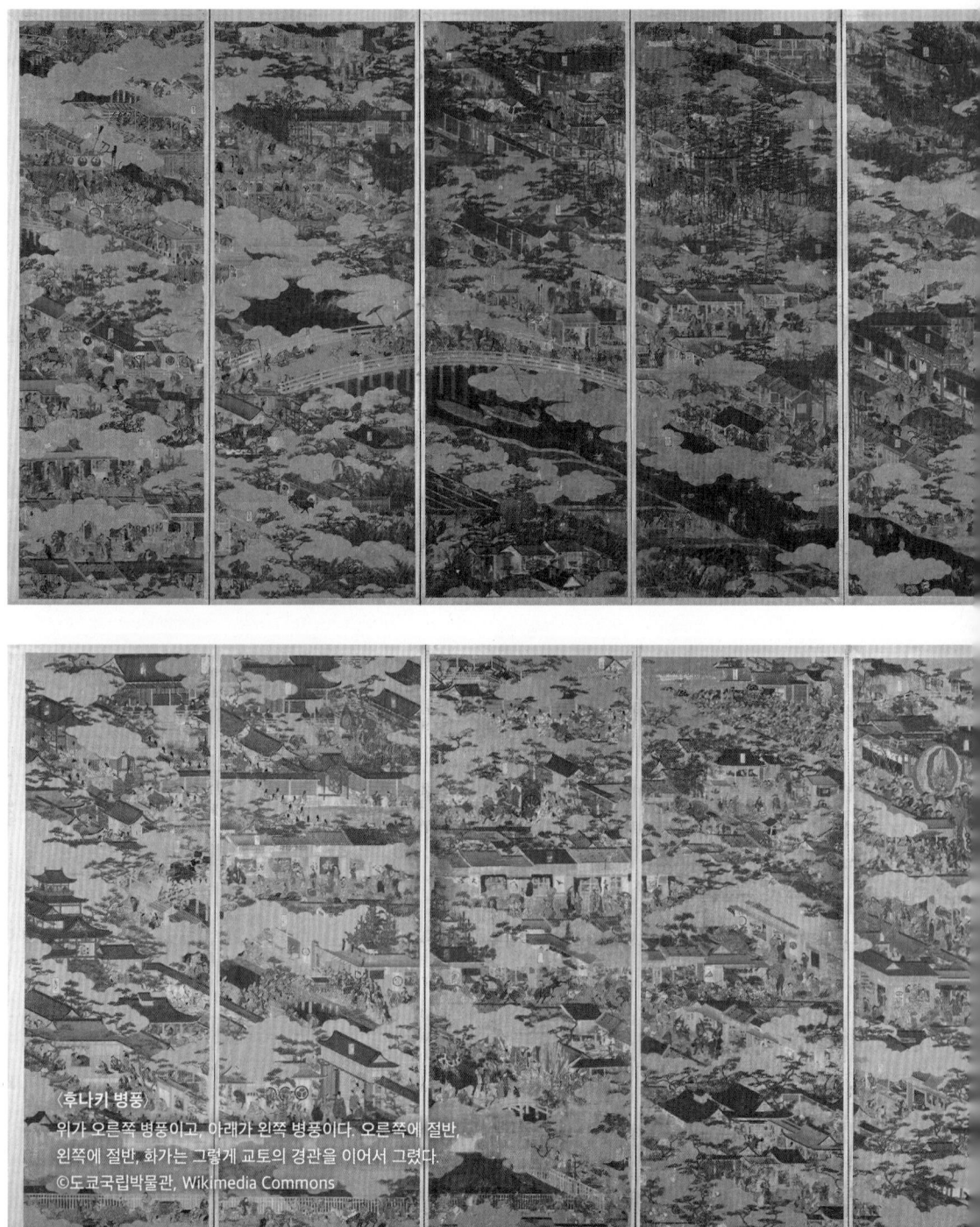

〈후나키 병풍〉
위가 오른쪽 병풍이고, 아래가 왼쪽 병풍이다. 오른쪽에 절반,
왼쪽에 절반, 화가는 그렇게 교토의 경관을 이어서 그렸다.
ⓒ도쿄국립박물관, Wikimedia Commons

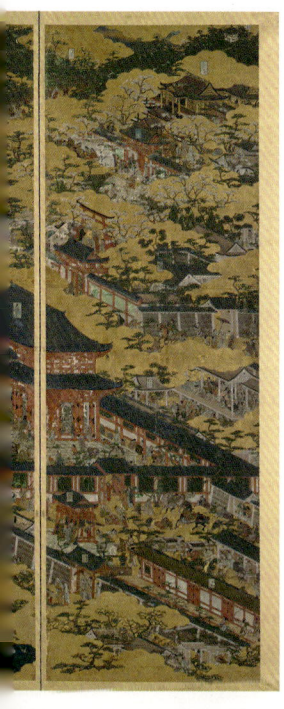

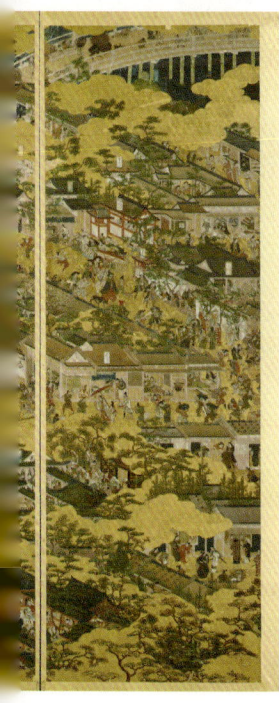

풍을 국가에 헌납했다. 도쿄국립박물관이 소장하고 있으며, 2016년에 국보가 되었다.

〈낙중낙외도〉 속 교토의 모습

일단 〈후나키 병풍〉을 펼쳐놓고 다른 〈낙중낙외도〉도 같이 보면서 옛 교토로 들어가보자. 〈후나키 병풍〉을 그린 화가는 이와사 마타베에岩佐又兵衛, 1578~1650. 기인이자 천재로 알려진 인물이다. 독특하면서도 탐미적인 화풍 때문에 그는 일본 미술사에서 도드라진 위치를 점하고 있다. 에도 시대 일본에서 널리 유행한 풍속화 우키요에浮世繪. 화려하고 생생한 색채에, 세속적인 주제를 다루고, 야한 춘화春畫도 많은데, 그걸 시작한 사람이 마타베에라는 것이 정설이다. 그런 그가 어떻게 해서 〈낙중낙외도〉를 그리게 되었는지는 모른다.

에도 시대의 풍속화 우키요에
주제도 참신했고 색채도 생생해 유럽 화단에까지 영향을 주었다. 춘화풍의 우키요에를 잘 그린 키타가와 우타마로(喜多川歌麿)의 1788년 작품이다.
©The Trustees of the British Museum

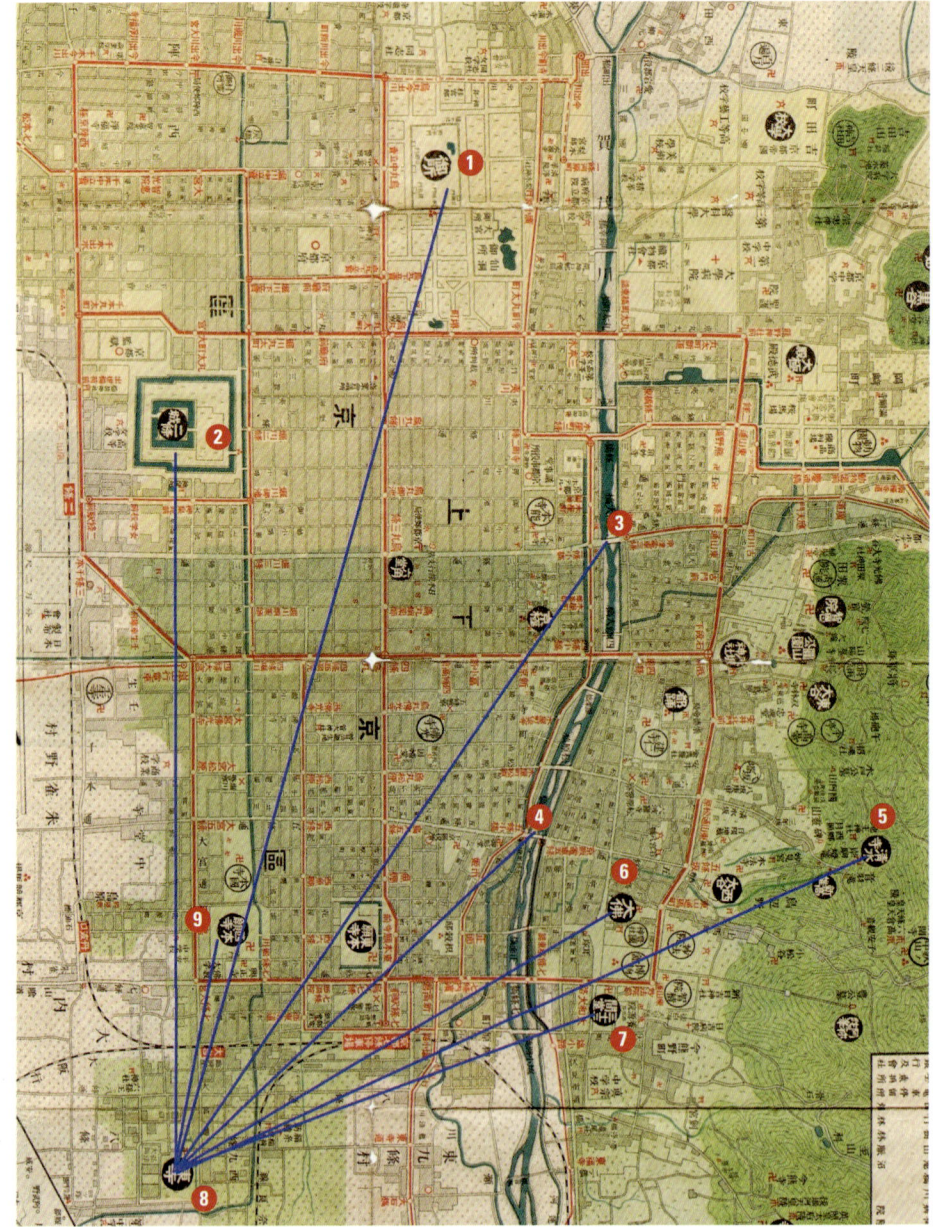

마타베에가 바라본 교토
그는 동사 오중탑 꼭대기에서 도시를 이런 범주로 바라보고 그걸 한 쌍의 병풍에 이어서 담았다.
1914년 발간된 교토 관광지도 ⓒUniversity of Texas Libraries, Wikimedia Commons

① 어소 ② 이조성 ③ 삼조대교 ④ 오조대교
⑤ 청수사 ⑥ 대불전 ⑦ 삼십삼간당 ⑧ 동사 ⑨ 서본원사

병풍 속 방광사 대불전
높이 19미터의 거대한
좌불상을 모신 이 건물은
1798년 낙뢰로 불타
사라졌다. ©도쿄국립박물관

화가는 동사東寺 오중탑五重塔 꼭대기로 올라갔다. 동사는 헤이안쿄를 건설할 때 주작대로 남쪽 끝에 세운 사찰이다. 좌우대칭을 이루면서 당당히 섰던 동사와 서사西寺. 도시의 수문장이자 호국의 상징이었다. 그런데 도시의 절반이 사라지자 서사는 폐사가 되고, 동사만 그대로 남아 있었다. 위치는 '낙'의 서남쪽 코너. 오중탑의 높이는 55미터. 일본에서 가장 높은 목조탑이다. 아파트로 치면, 대략 18층 높이. 도시가 한눈에 들어왔다. 화가는 3시(정확히는 2시 45분) 방향을 향했다. 그리고 12시 방향으로 천천히 시선을 돌렸다. 그렇게 담은 광경을, 오른쪽에 절반, 왼쪽에 절반, 나란히 이어서 그렸다. 〈낙중낙외도〉 속에서 교토를 그렇게 이어서 그린 화가는 마타베에가 유일했다.

오른쪽 병풍의 오른쪽 끝. 우뚝 선 붉은 건물 하나. 방광사方廣寺 대불전 大佛殿이다. 천하를 손에 쥔 도요토미 히데요시豊臣秀吉, 1536~1598가 부모의 극락왕생을 빈다고 지은 건물이다. 모신 부처는 노사나불盧舍那佛. 높이 19미터에 달하는 거대한 좌불상이었다. 나라奈良 동대사東大寺의 대불보다 더 크게 만들라는 명령이 지엄했다. 그런 불상을 모시려면 건물도 엄청나야 했다. 전면 길이 81미터, 높이 50.5미터. 1586년 짓기 시작해, 10년 세월을 투여해 완성했다. 너무 컸던 탓인가, 건물은 겨우 일 년을 버티다가 지진으로 무너져내렸다. 히데요시의 아들 히데요리豊臣秀賴, 1593~1615가 1612년 복원한 새 건물은 오래 서 있었다. 1798년 낙뢰로 불타 사라질 때까지 대불전은 교토의 경관을 지배하는 최고의 랜드마크였다. 그게 없어진 것은 교토로서는 재앙 수준의 손실이었다.

히데요시는 대불전 일대가 외딴 장소가 되길 원치 않았다. 때문에, 도시에 상당한 손을 보았다. 우선 대불전과 압천鴨川, 교토를 남북으로 가로지르는 강 사이에 광장을 조성했다. 〈화락일람도〉에서 그 모습을 확인해보시라. 그리고 오사카에 있던 사찰 본원사本願寺를 옮겨서 대불전의 '공간적 파트너'가 되게 했다. 중요한 장소를 직선으로 연결하고, 연결의 중심점에는 기념물이나 광장을 둔다. 바로크의 도시계획 수법 아닌가. 히데요시는 본원사의 위치를 직접 정했다. 대불전에서 서쪽으로 똑바로 이어지는 현재의 서본원사西本願寺 자리. 본당은 대불전과 마주보도록 배치했다. 본원사에서 북쪽으로 뻗은 길은 히데요시의 궁전인 취락제聚樂第와 바로 연결되었다. 히데요시가 바로크의 도시계획 수법을 배워서 알았겠는가? 그렇지만 그걸 교토에 적용한 것은 사실이었다.

〈후나키 병풍〉이 완성된 1615년, 그해 도요토미 가문은 몰락해버렸다. 권력은 이미 도쿠가와 이에야스德川家康, 1542~1616에게 넘어가 있었다. 그는 천하를 통일하고 쇼군將軍이 되어 에도 막부幕府를 열었다. 권력의 중심지가 에도 즉 도쿄로 옮겨진 것이다. 그렇지만 교토에도 쇼군의 거처가 필요했다. 그래서 건설한 것이 이조성二條城. 동서로 500미터, 남북으로 400미터,

병풍 속 이조성
도쿠가와 이에야스의 상징이었는데, 성의 주인공 격인 천수각은 규모가 작고 소박하다. ⓒ도쿄국립박물관

해자垓子, 성 주위에 판 못로 둘러싸인 거대한 성이었다. 화가는 왼쪽 병풍의 왼쪽 끝에 이조성을 그려 넣었다. 오른쪽 끝에는 히데요시의 상징인 대불전, 왼쪽 끝에는 이에야스의 상징인 이조성. 그게 〈후나키 병풍〉의 두 주인공이다. 에도 시대 초반의 교토를 이렇게 그린 것은 의뢰인의 요구 때문이었을 것이다. 그런데 실제로 이 두 구조물이 당시 교토의 스카이라인을 지배하고 있었다.

대불전의 대척적 존재인 이조성. 1603년 이에야스가 그곳에서 쇼군에 오를 때까지만 해도 성은 소박했다. 그런데

1624년 대대적인 확충공사를 벌여서 완성한 새 성은 격식, 완성도, 예술성, 호화로움 면에서 일본 최고였다. 일본성의 상징이자 얼굴마담은 천수각天守閣. 감시와 공격을 위한 시설이지만, 장식의 성격도 강했다. 〈후나키 병풍〉에 그려진 천수각은 규모가 작고 소박하다. 야마토大和, 지금의 나라 산성山城의 천수각을 1602년에 부랴부랴 옮겨놓은 거였다. 그런데 새로 세운 천수각은 달랐다. 히데요시가 세운 오사카성보다 더 높고 화려했다. 그 모습은 1623년경에 그려진 〈이케다 병풍洛中洛外圖·池田本〉에 잘 묘사되었다. 건물이 완성되기 전에 그린 것이니 화가의 상상도 좀 가미되었을 것이다. 이 멋진 천수각은 1750년 벼락으로 불에 타 사라져버렸다. 그 역시 치명적인 손실이었다.

에도 시대 교토 사람들의 일상

〈후나키 병풍〉을 들여다보면 시간 가는 줄 모른다. 참 재미있다. 그러니 그 장면 장면을 해석하고 설명한 서적은 많기도 하다. 이 병풍이 재미있는 이유는 '밑바닥까지' 보여주기 때문이다. 길에서 끌어안고 마구 사랑을 나누는 남녀, 사람들의 눈을 피해 몰래 만나는 비구와 비구니, 여자에게 작업을 걸기 위해 단단히 마음먹고 기다리는 남자, 공연하다 말고 싸움하는 가부키歌舞伎, 일본의 전통 연극 배우, 연회 중에 나와서 먹은 걸 토해내는 남자, 사창가 은밀한 장소에서 몸을 씻는 창부. 그런 모습을 얼마나 리얼하게 묘사했는지, 숨소리까지 들려온다. 대불전과 이조성 사이에서 벌어지는 에도 시대 교토 사람들의 다양한 일상, 그중 일부만 들여다보자.

오른쪽 병풍의 가운데. 큰 다리 하나. 오조대교五條大橋다.

새로 세운 천수각
〈낙중낙외도〉 중에서 1623년경 그려진 〈이케다 병풍〉에 묘사된 것이다. 새로운 천수각은 높고 화려하다. ⓒ하야시바라(林原)미술관

1 병풍 속 오조대교
대불전 참배객을 위해 확장한 이 다리가 꽃구경 다녀온 사람들로 가득 메워졌다.
ⓒ도쿄국립박물관

2 다리 위에서 춤추는 여인들
손에 꽃을 들었는데, 꽃에도 취하고 술에도 취했다.
ⓒ도쿄국립박물관

3 술에 취한 무사
몸을 가누지 못해 동료들의 부축을 받고 있다.
ⓒ도쿄국립박물관

옛 교토 '낙'에는 일조一條에서 구조九條까지 도시를 동서로 가로지르는 큰 길이 있었다. 오조五條 거리는 그중 메인스트리트였고, 거기서 이어져서 압천을 가로지르는 오조대교 역시 가장 중요한 다리였다. 히데요시는 대불전 착공과 함께 이 다리를 크게 확장해서 참배객들의 편의를 도모했다. 그래서 사람들은 이 다리를 대불교大佛橋라고 불렀다. 그 다리를 한 무리의 사람이 건넌다. 춤추는 여인들이 앞장을 섰다. 손에 손에는 꽃을 들었다. 대불전의 뒤편은 동산東山. 벚꽃이 만개했다. 말 탄 무사들도 뒤를 따르는데, 노복들의 손에도 꽃이 들려있다. 맨 뒤, 무사 하나가 술에 취해 몸을 가누지 못한다. 교토의 봄. 도시에는 꽃이 흐드러졌고, 사람들은 꽃구경에 취해 정신이 없다.

다리를 건너면 '낙중'이다. 화가의 시선은 육조六條 거리 뒤편 사창가로 향한다. 사창가는 '유리遊里'. 말 그대로 '노는 동네'다. 히데요시는 부하들의 청을 받아들여 '낙'에 사창가 설치를 허용했는데, 그 규모가 상당히 컸다. 그곳은 단순히 여인들이 몸을 파는 장소가 아니고, 음악, 무용, 악극 같은 다양한 공연이 펼쳐지는 일종의 문화공간이었다. 재능있는 기생이 그곳에

1 육조 거리 뒤편 사창가
꽃을 든 여인들이 춤을 추는데, 오히려 남자들이 부끄러워 부채나 천으로 얼굴을 가렸다. ⓒ도쿄국립박물관

2 사창가의 공연
잘 꾸며진 방에서 손님들이 공연을 즐기고 있다. ⓒ도쿄국립박물관

3 도시 중심의 거리 풍경
각종 상점이 판을 벌이고, 다니는 사람들로 인해 매우 혼잡하다.
ⓒ도쿄국립박물관

서 인정받으면 시내 가부키 공연장으로 진출했고, 예인으로 출세하는 경우가 많았다. 길에서는 꽃을 든 여인들이 유혹하듯 춤을 추는데, 오히려 쳐다보는 남자들이 부끄러워 부채나 천으로 얼굴을 가렸다. 그런가 하면, 사람들의 시선은 아랑곳하지 않고 부둥켜안고 스킨십에 열중하는 남녀도 보인다. 손님들은 잘 꾸며진 방에서 기생들의 공연을 느긋하게 즐기고, 후미진 뒤편 곳곳은 몸을 씻거나 치장에 공을 들이는 여인들로 분주하다.

왼쪽 병풍 중앙에 펼쳐지는 거리 풍경. 삼조三條, 사조四條, 오조 거리다. 즐비한 상점들. 음식점, 부채 공방工房, 칼 공방, 표구 공방, 종이 가게, 포목 가게, 버선 가게, 그릇 가게, 환전상換錢商, 약방 등 다 열거하기 어렵다. 그런 정식 점포에 더해서, 바닥에 물건을 늘어놓고 파는 행상도 많다. 사람들이 부산스레 오간다. 상인, 짐꾼, 칼 찬 무사, 승려, 걸인, 무녀 등. 짐 싣고 가는 말과 소도 보이고, 높은 인사들이 탄 가마와 수레도 여럿 보인다. 말 탄 무사들이 마구 질주하니 거리는 흉흉하고 무질서하다. 그런 무질서는 천황이 거하는 어소御所로 근접하면서 사라진다. 어소 주변에는 잘 차려입은 선비들의 움직임이 사뭇 의젓하다. 이조성 주변의 분위기도 비슷해, 드나드는 사람들의 태도는 진중하고, 성을 지키는 호위도 삼엄하다.

승려들이 많이 보인다. 생활 속에 불교가 깊이 침투해 있었다. 장면 하나. 일단의 승려가 길에서 시주를 받는다. 범종 그림을 들었고, 징을 두드리고, 경을 읽는다. "우리 절에서 이런 종을 만들려고 하니 좀 보태주시오." 그런 요청이다. 너도나도 돈을 내놓는다. 다른 장면 하나. 동사東寺에 신자들이 가득 모여들었다. 당내堂內에는 승려들이 목청을 돋우어

1 시주 받는 승려들
범종 그림을 들고 도움을 청하는데, 호응이 많다.
ⓒ도쿄국립박물관

2 법회가 한창인 동사
당내에는 승려들이 경전을 낭독하고, 마당에는 신자들이 합장으로 화답한다. ⓒ도쿄국립박물관

3 못된 짓 하는 늙은 승려
희롱하는 상대는 주인을 따라온 계집종이다.
ⓒ도쿄국립박물관

경전을 낭독하고, 마당에는 신자들이 합장으로 화답한다. 이런 장면들만 보면 당시 교토는 불심 깊은 도시였다. 그런데 화가는 엉뚱한 장면을 슬쩍 끼워 넣었다. 늙은 승려 하나가 주인을 따라온 계집종을 뒤에서 끌어안고 희롱에 여념이 없다. 절이 집만큼 많았던 교토. 겉으로는 성聖이 지배했으나, 안으로는 속俗이 판을 치고 있었다.

최고로 흥겨운 이벤트는 축제다. 교토에는 매년 여름 '기온마츠리祇園祭'라는 거창한 축제가 열렸고, 오늘날까지도 이어지고 있다. 그러니 그걸 그리지 않은 〈낙중낙외도〉는 없는데, 이 병풍 속 기온마츠리는 유난히 화려하고 역동적이다. 신을 모신 가마 신여神輿. 수십 명의 장정이 그걸 어깨에 메고 길을 행진한다. 으쌰으쌰. 장단에 맞춰 부채를 흔들고

흥겨운 이벤트, 축제
수십 명 장정이 신여를 메고 길을 행진한다. 열기와 함성으로 도시가 후끈 달아올랐다. ⓒ도쿄국립박물관

행진을 선도하는 무사들
현란한 색깔의 포대를 높이 들었는데, 그게 축제 분위기를 한껏 고조시킨다.
ⓒ도쿄국립박물관

춤추는 사람들로 길이 미어터진다. 그들의 다양한 표정. 화가는 그걸 생생하게 잡아냈다. 이렇게 걸출한 군상 표현이 어디 또 있으랴. 멀찍이 앞에서 행진을 선도하는 것은 무사들이다. 알록달록 현란한 색깔의 포대包袋를 높이 들었다. 열기구처럼 보이는 이것은 '호로母衣, ほろ'. 전쟁터에서 날아드는 화살을 막기 위한 방어막이다. 이게 떠야 축제 분위기가 한껏 고조된다. 열기와 함성으로 후끈 달아오른 교토의 여름이다.

이쯤 해서 병풍에서 눈을 떼도 될듯하다. 감상한 소감이 어떠신지? 그림을 통해 화가는 이렇게 말한다.

> 우리의 수도 '낙'은 훌륭한 통치자의 다스림으로 태평성대를 누리고 있소. 게다가 이곳은 일본 최고의 예향藝鄕이오. 도시 이곳저곳에서 샤미센三味線, 줄이 셋인 일본 전통 현악기 소리가 들리고, 연극도 쉬지 않고 공연되는, 문화 수준이 높은 흥겨운 도시라오.

그렇게 말한 다음, 씩 웃으면서 이렇게 이어간다.

그런데 이곳에는 향락과 욕망을 주체하지 못하는 인간도 많소. 무사들의 난동으로 으스스한 일이 자주 일어나고, 걸인乞人도 많으니 빈부격차가 심하오. 그렇지만 이조성 안을 보시오. 늘 공정한 재판이 진행되니 억울한 일을 당하는 사람은 없소. 부처님의 자비와 통치자의 현명함이 이 도시를 영원히 번영케 할 것이요.

19세기 초반 교토의 경관

자. 이제 〈화락일람도〉로 가보자. 이름을 풀어보면, '아름다운 교토華洛를 한눈에 조망一覽한 그림'이란 뜻이다. 〈낙중낙외도〉가 도시를 조망해서 그렸다고는 하지만, 있는 그대로 그리지는 않았다. 지리적인 왜곡이 심했으므로 지도의 반열에 넣기는 사실상 어렵다. 그런데 〈화락일람도〉는 옛 교토를 있는 그대로 그렸다. 19세기 초반의 교토. 그걸 사실에 근접하게 그려낸 거의 유일한 그림이다. 그러니 교토의 과거를 이야기할 때는 이게 단골로 등장한다. 천재 화가 요코야마 카잔橫山華山, 1784~1837이 1808년에 그렸다. 어떻게 그렸는지 기술적인 디테일은 모른다. 도시 서쪽 높은 산에 올라가 동쪽을 바라보면서 이미지를 잡아냈다는 사실 밖에는. 화가가 산수·인물·화조·호랑이 그림에다가 미인도까지 다방면에 재능이 있었다하니, 그런 재주가 일본 최초의 도시 조망도를 그려냈으리라 유추할 뿐.

19세기 초반. 일본에도 관광산업이 시작되었다. 관광에 나선다면 어딜 갈까? 명소가 지천인 교토는 최고로 인기 있는 관광지였다. 어렵사리 교토를 다녀간다면 기념품 하나는 사서 가야 한다. 교토의 한 공예품점이 선수를 쳤다. 화가 카잔에게 이 그림을 그리게 한 다음, 그걸 목판화로 찍어서 팔았다. 크기는 47×66.5센티미터, 그리 크지는 않다. 아래위에 여백을 많이 두고 족자로 만들어 벽에 걸면 멋진 장식이 되었다. 인기리에 팔려나갔

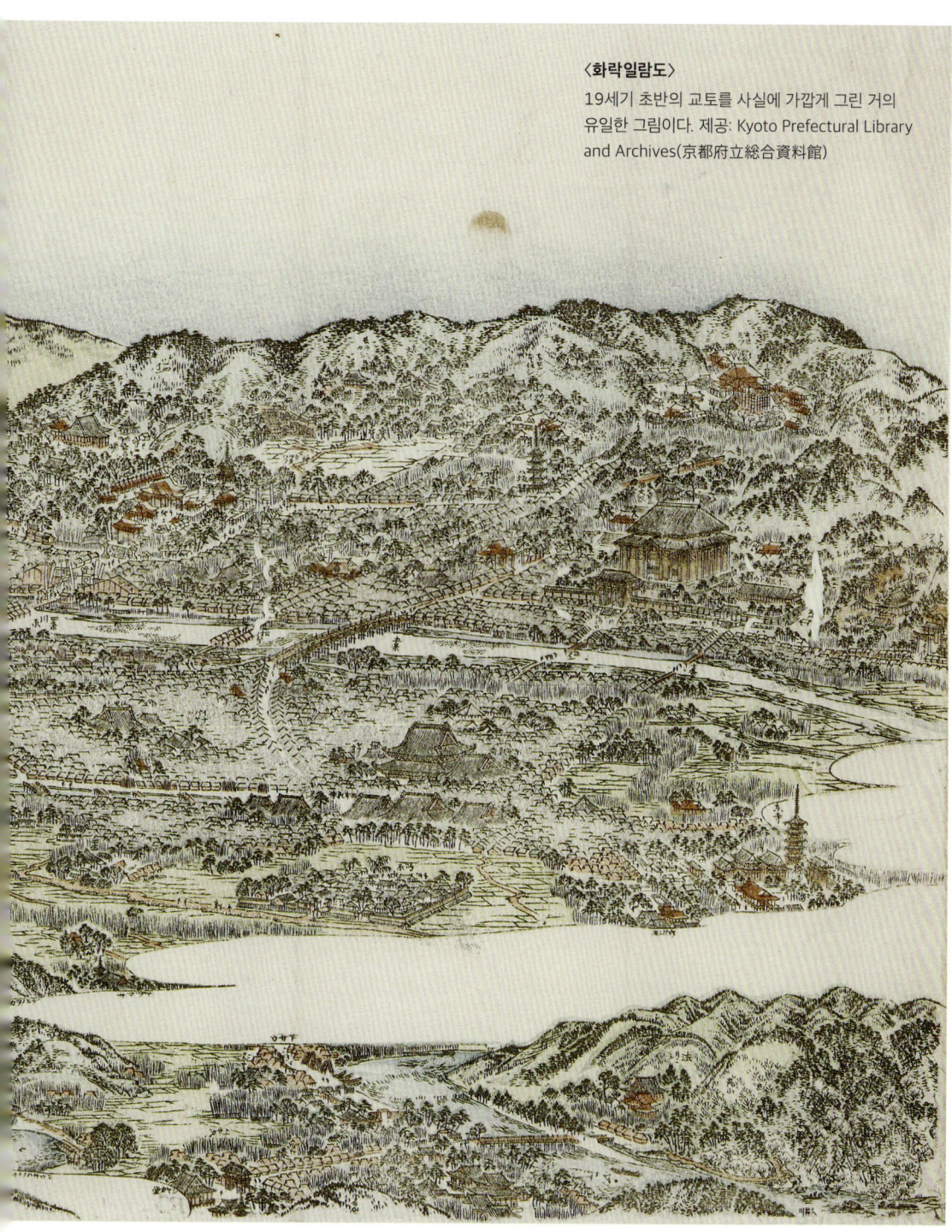

〈화락일람도〉
19세기 초반의 교토를 사실에 가깝게 그린 거의 유일한 그림이다. 제공: Kyoto Prefectural Library and Archives(京都府立総合資料館)

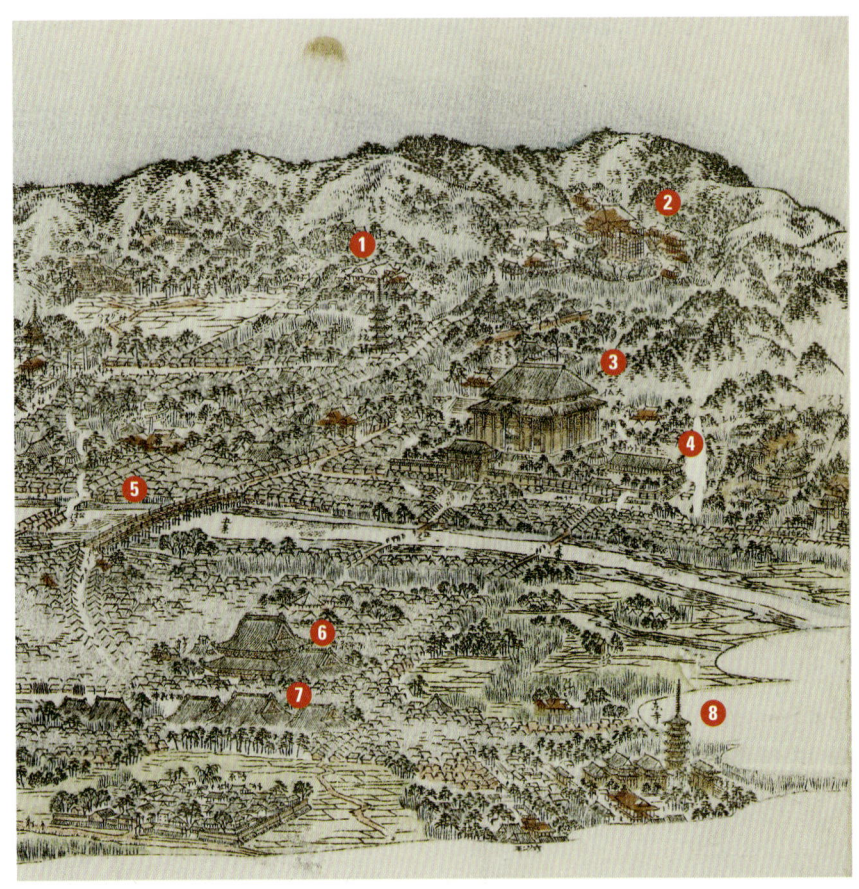

〈화락일람도〉 속 대불전과 그 주변
화재로 사라진 건물이 그대로 묘사된 걸 보면 교토인의 대불전 사랑이 대단했나 보다. ©Kyoto Prefectural Library and Archives

① 고태사高台寺
② 청수사
③ 대불전
④ 삼십삼간당
⑤ 오조대교
⑥ 동본원사
⑦ 서본원사
⑧ 동사

고, 판을 거듭해서 찍어냈다. 그러니 교토는 물론이고 일본 전역의 행세깨나 하는 집에는 이 그림이 꼭 걸려 있었다.

교토가 쫙 펼쳐진다. 화면 가운데, 동서로 압천이 가로질러 흐른다. 동쪽을 향해 조망하면 도시가 이렇게 보인다. 강을 경계로 위는 낙동洛東, 아래는 낙중이다. 오른쪽 끝, 우뚝 솟은 건물은 대불전이다. 강을 사이에 두고 대불전과 마주선 커다란 건물군은 동·서 본원사. 히데요시가 오사카에서 옮겨온 본원사는 이에야스에 의해 동·서 두 사찰로 분리되었다. 대불전 뒷산 높은 곳에 청수사清水寺가 보인다. 두 본

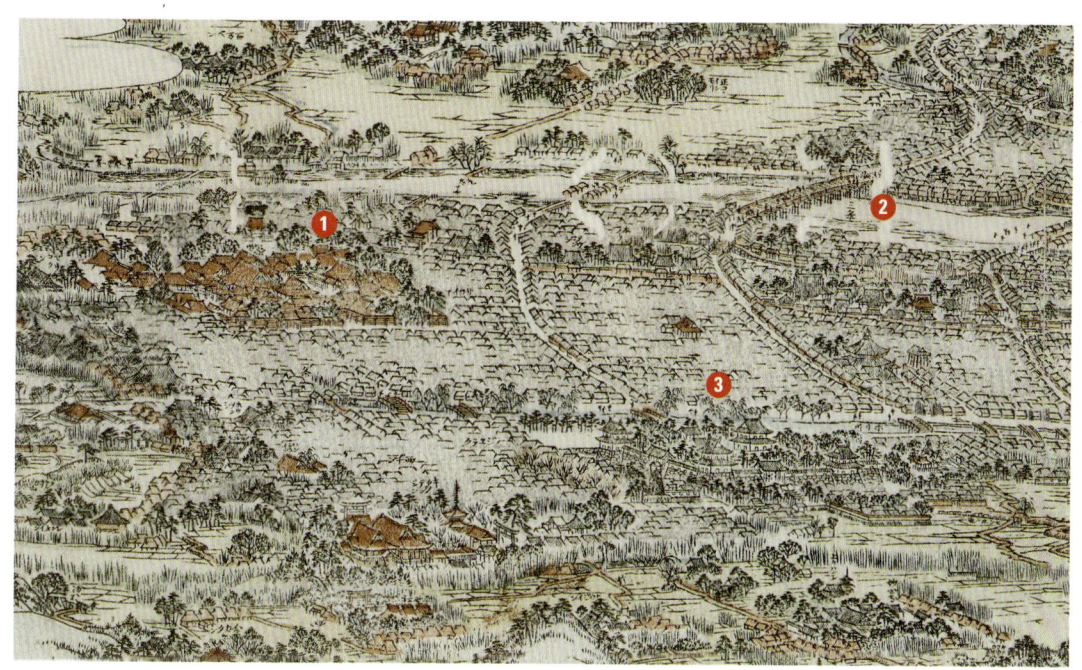

〈화락일람도〉 속 이조성과 어소
천수각이 불타고 대불전마저 사라지자 교토는 낮게 깔린 수평 도시가 되었다. ©Kyoto Prefectural Library and Archives

① 어소
② 삼조대교
③ 이조성

원사에서 오른쪽 끝으로 가면, 구름 사이에 오중탑이 우뚝 서 있는 절, 그게 동사다. 그림의 왼쪽 끝, 붉은 지붕이 군을 이루고 있는 곳. 천황의 거처인 어소. 거기서 4시 방향으로 내려오면 회색 지붕 건물군이 보인다. 이조성이다. 교토의 전체상이 파악되는지요?

그런데 이상한 게 하나 있다. 대불전 말이다. 그건 1798년 불에 타 사라졌다. 이 그림이 그려진 건 그로부터 10년 후. 여기 있으면 안 된다. 화가는 고민했을 것이다. 대불전이 없는 교토. 그걸 그대로 그려야 하나? 대불전은 200년 가까운 세월 동안 교토의 가장 중요한 상징물이었다. 교토 사람들의 뇌리에 깊이 각인된 대불전이 없다면 〈화락일람도〉의 '화락'이 성립하기 어렵다. 화가는 눈 딱 감고 대불전을 그려 넣었다. 대불전 주변은 지리적으로도 중요했다. 그곳은 사통팔달, 여러 곳으로 통하는 중심적인 장소였다. 서쪽으로는 오조대교를 거쳐 시내로 이어지고, 남쪽으로는 우지宇治와 오사카로 통하는 큰길이 이어진다. 그러니 대불전 주변은 평소에도 사람들로 북적였다. 대불전과 오조대교 일대를 강조해서 그린 이유다.

　이 그림에서 대불전을 지워보자. 매우 허전해진다. 이조성 천수각이 없어진 것이 1750년, 그로부터 50년 후에는 대불전마저 사라졌다. 당당하던 두 모뉴먼트가 없어진 이후, 도시를 장식하는 수직적인 요소라곤 몇몇 사찰에 세워진 목조탑 정도가 고작이었다. 낮게 깔리는 목가적인 경관 속에 사찰이나 신사 같은 큰 건물이 툭툭 서 있는 수평 도시. 그게 1800년 이후 교토의 모습이었다. 만약 교토가 산으로 둘러싸인 도시가 아니었다면 경관적인 드라마라곤 없는 무덤덤한 도시가 되었을 것이다. 그런데 교토는 동·서·북 세 방향이 산으로 둘러쳐 있다. 그리고 그 산 아래와 중턱에 호랑이나 곰이 웅크리고 있듯 사찰과 신사들이 자리하고 있었다. 산과 그 속의 신성한 장소들이 교토의 경관에 지대한 역할을 한 것이다.

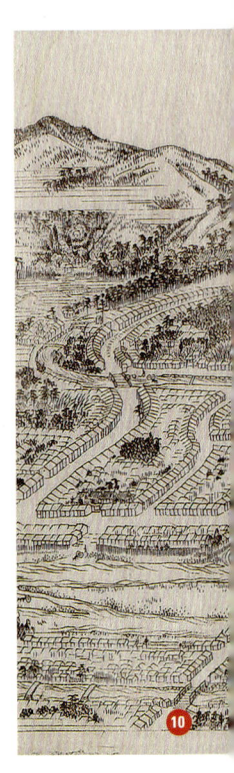

　동산東山은 그중 가장 빼어난 장소였다. 낙중에서 바라보는 동산의 자태. 그건 에도 시대 후기에 나온 책 《화락명승도회華洛名勝圖會》1864에 잘 그려놓았다. '교토의 명승지 그림을 모은 책', 거기서도 최고의 장소는 역시 동산. 완만하게 흐르는 산 중턱에 청수사, 지은원知恩院, 팔판신사八坂神社 같은 신성한 장소가 즐비하다. 대불전은 터로만 남아 있다. 흥미로운 것은 이 사찰과 신사들이 모두 서쪽 즉 낙중을 향하고 있다는 것이다. 절을 건축할 때, 남쪽을 향해 본당을 짓는 게 정상이다. 그런데 이곳에서는 땅이 허락하는 한 모두 서쪽을 향하게 했다. 절의 위치 잡기. 그것도 쉽지 않았을 터. 도시의 동서를 가로지르는 큰길들과 직접 연결되는 곳. 그런 곳을 골랐다. 사조 거리는 지은원과 팔판신사로, 오조 거리는 청수사로, 칠조七條 거리는 삼십삼간당三十三間堂으로 직접 통했다. 격자형 도시와 자연 지형의 긴밀한 짬짜미였다.

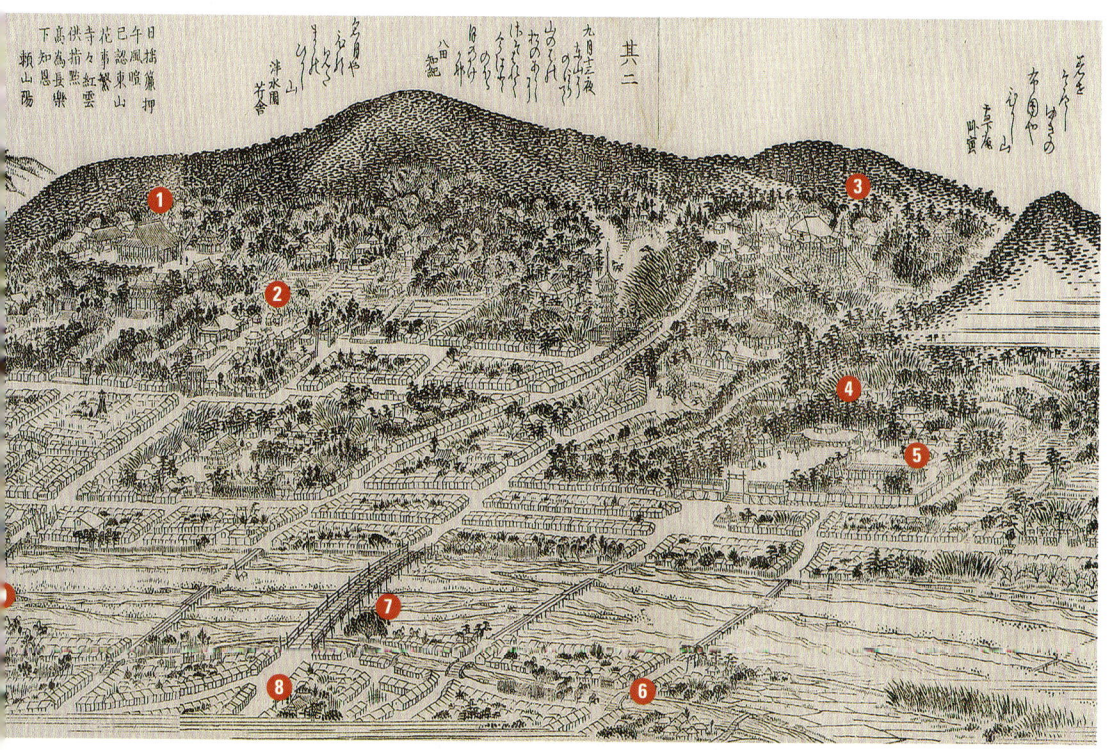

경관 드라마의 주역, 동산

교토의 장소성 연출에 지대한 역할을 한다. 주요한 사찰·신사와 길과의 연계도 긴밀하다. 1864년 발간된 《화락명승도회》에 실린 그림. 출처: 국제일본문화연구센터 (國際日本文化研究センター)

① 지은원
② 팔판신사
③ 청수사
④ 대불전 터
⑤ 삼십삼간당
⑥ 칠조거리
⑦ 오조대교
⑧ 오조거리
⑨ 사조대교
⑩ 사조거리

그런 상황에서, 도시 제일의 모뉴먼트는 어디였을까? 청수사였다. 가장 높은 곳에 자리하고, 쉽게 접근할 수 있으며, 카리스마 넘치는 건축물이 있었다. 최고의 장치는 139개의 기둥이 떠받치는 본당 앞 넓은 무대, '청수의 무대'다. 서쪽으로 도시가 한눈에 바라보이는, 교토 최고의 핫스폿 hot spot이었다. 본당에 모신 부처 관음보살의 영험함도 사람들을 끌어들이는 요인이었다. 그런데 이 부처님은 무대에서 뛰어내리면서 비는 소원을 제대로 들어주었다. 물론 소문일 뿐. 에도 시대 전체에 걸쳐 총 234명이 뛰어내렸다. 사망자 34명, 생존율은 85.4퍼센트. 1847년에 뛰어내린 22살의 청년은 "간절히 빌었고", 그래서 부상하나 없이 무사했다. 1872년부터 여기서 뛰어내리는 것은 금지되었다. 뛰어내린

그림으로 묘사된 청수사
그림의 이름은 〈청수사참지만다라(淸水寺參詣曼陀羅)〉. 무수한 기둥으로 받쳐진 '청수의 무대'는 여전히 카리스마가 넘친다. 16세기 후반 그림. 개인 소장. 출처: 伊東宗裕, 1994

사람 중 몇 명이 원하는 걸 성취했는지, 그건 통계를 잡지 못했다.

교토의 주택과 정원

주택과 정원. 그 역시 교토의 핵심 매력 포인트다. 〈화락일람도〉를 보면, 대불전과 어소 사이에 낮고 넓게 주거지가 퍼져있다. 거기에 주택, 사찰, 신사가 섞여 있었다. 주택은 대략 두 종류. 하나는, 상인과 장인의 주택 '마치야町家'. 서민주택이다. 다른 하나는, 귀족과 무사의 주택. 조정에 나가 천황을 보필한 귀족 집단을 '공가公家'라 하고, 쇼군을 보좌해 막부를 운영한 무사 가문을 '무가武家'라 했으니, 그들의 주택을 통칭하면 '공가와 무가의 주택'. 상류계층이자 지배계층의 주택이다.

관심은 서민주택 '마치야'다. 글자 그대로 번역하면, '도시주택'. 상인과 장인이 물건을 만들어 팔고 생활도 했던 직주겸용 주택. 일본 전역에서 보이는 전통 도시주택이다. 우리의 도시형 한옥 같은 존재. 서울에서 한옥을 보려면 북촌이나 서촌으로 가듯이 교토에서 이걸 보려면 기온祗園이나 니시진西陣으로 가면 된다. 그런데 오늘날 교토에 있는 마치야는 에도 시대에 지은 것이 아니다. 그때 도시를 꽉 채웠던 마치야는 여러 차례 발생한 큰 화재로 대부분 사라졌다. 특히 1864년 발생한 화재의 피해가 컸다. 메이지 시대明治時代,

1868~1912에 들어 대대적인 복구가 진행되었고, 그때 지은 마치야의 일부가 아직 남아 있는 것이다. 그런 마치야가 오늘날 교토 시민의 사랑을 듬뿍 받아 그 보존과 현대적 활용에 온갖 지혜를 모으고 있다.

에도 시대 초기 마치야의 모습은 〈후나키 병풍〉 속에 있다. 범종을 만든다며 시주를 구하는 승려들이 있는 곳. 주택이 이어져 블록을 만들고 있다. 8세기 말 헤이안쿄를 건설할 당시, 120×120미터 블록을 단위로 땅을 구획했고, 그런 블록을 다시 잘게 나눠 모든 주택이 길에 면하도록 했다. 그 결과, 교토는 좁고 긴 필지가 길을 따라 이어지는 도시가 되었다. 그런 필지에 처음에는 단층으로 판잣집을 지었고, 지붕은 나무판 위에 짚을 덮었다. 형편없는 모습이었다. 그러던 것이, 병풍에서 보듯, 2층 규모의 번듯한 마치야로 도시가 채워졌다. 그런데, 2층이긴 한데 완전한 2층은 아니고, 외관도 제각각, 통일성이 없다. 막부에서 내린 다음과 같은 칙령 탓이었다.

상공인의 집은 2층까지 짓되, 2층은 낮게 해 고용인의 숙소나 창고로 쓰는 정도로만 허용한다.

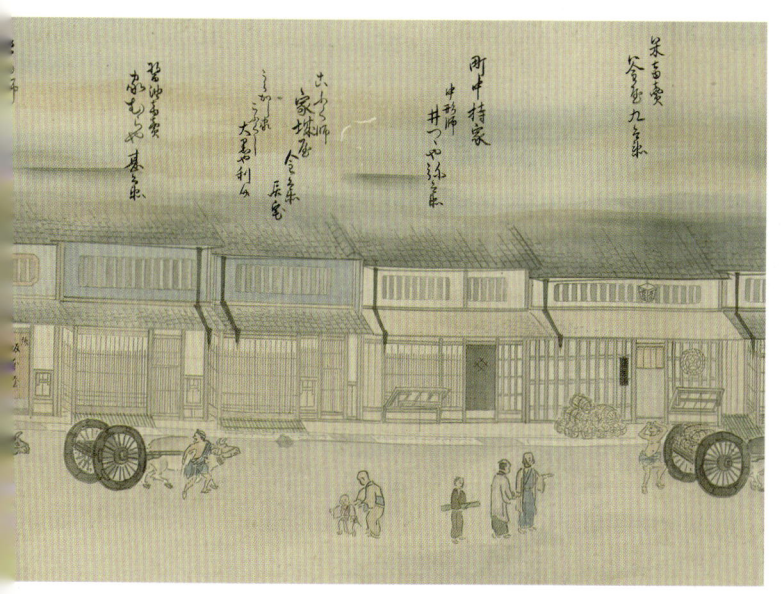

1 〈후나키 병풍〉 속 마치야
반듯한 블록 속에 낮은 2층 주택이 나란히 이어진다. 에도 시대 후반이 되어야 정상적인 2층 주택이 보편화된다.
ⓒ도쿄국립박물관

2 삼조 거리 인근 골목길 풍경
이어지는 마치야는 통일성이 뚜렷한데, 1층 가게를 장식하는 격자창은 변화가 많다.
1820년에 그린 그림.
제공: Kyoto Prefectural Library and Archives

1820년에 그려진 귀한 그림 하나. 삼조 거리 인근 골목길. 줄줄이 이어진 마치야를 보시라. 〈후나키 병풍〉을 그린 때보다 200년이 지난 후 교토의 거리 풍경이다. 2층은 여전히 낮지만 집들이 보여주는 통일성은 뚜렷하다. 2층 창문은 표준화된 것처럼 비슷비슷하다. 1층과 2층 사이에 돌출된 처마. 그 선이 일직선으로 반듯이 이어진다. 주민들이 규약을 맺어 거리의 통일성을 도모한 결과다. 그런데 1층 가게를 장식하는 격자창은 변화가 많다. 파는 상품의 종류에 따라 격자 패턴이 달랐다. 창을 보면 그게 쌀집인지 기름집인지 알았다. 번화한 거리에 면해서는 대규모 마치야가 문을 활짝 열고 영업을 했다. 1864년에 나온 《화락명승도회》. 앞

1 번화한 거리에 면하는 대규모 마치야
기온에서 영업하는 찻집 모습이다. 《화락명승도회》에 실린 그림.
출처: 국제일본문화연구센터

2 세도가의 대저택
〈우에스기 병풍〉에 묘사된 호소카와 저택이다. 길을 따라 지나는 수로에서 물을 끌어들여 회유식 정원을 만들었다.
ⓒ우에스기박물관, Wikimedia Commons

에서 이미 언급한 그림책이다. 거기에 실린 기온의 찻집 모습. 규모도 크고, 외관도 깔끔하면서 세련되었다. 마치야 변화 과정의 끝이다.

공가와 무가의 주택. 그건 마치야와는 차원이 달랐다. 세도가들을 위한 대저택. 〈우에스기 병풍〉으로 들어가 보자. 16세기 말에 그려진 이 병풍에는 무가 주택이 여럿 등장한다. 특히 눈길을 끄는 것은 호소카와 저택細川殿. 무로마치 막부에서 관령管領 지위에 올랐던 호소카와 가쓰모토細川勝元, 1430~1473의 집이다. 관령은 쇼군의 최측근, 대통령 비서실장 정도의 벼슬이다. 가쓰모토는 유명한 용안사龍安寺를 창건한 인물로, 막강한 권력을 휘둘렀다. 이 저택에서 가장 중요한 건물은 '주전主殿' 즉 '메인 홀'이다. 의식을 행하고, 손님을 맞이하고, 공연까지도 하는 다목적 공간. 여러 채의 건물이 복합되었고, 사이사이에 중정이 끼어들었다. 이 공간 후면에 주거공간

이 있었다. 그리고, 정원. 그게 무엇보다 중요한 공간이었다. 주택 왼쪽 측면에 수목과 연못이 보이시나요? 지배계층 주택에서 이런 정원이 빠지면 그건 저택의 반열에 들지 못했다.

일본의 정원을 얘기할 때 늘 나오는 용어가 있다. 지천회유식池泉回遊式 정원. 변화무쌍한 연못을 가운데 두고, 그 주변을 돌면서 바라보는, 인공적 산수. 그런 정원을 만들려면 물이 풍부해야 한다. 교토는 지대가 높은 동북쪽에서 서남쪽으로 물이 흘러내렸다. 호소카와 저택의 담장 밖을 보시라. 위쪽과 왼쪽, 길을 따라 수로가 지나고 있다. 그렇게 흐르는 물을 끌어들여 저택, 사찰, 귀족의 별장 등 곳곳에 회유식 정원을 만들었다. 그리고 또다른 정원 형식. 모래와 돌로 산수를 형상화한 고산수枯山水 정원. 석정石庭이라고도 부르는, 마른 산수. 선불교와 함께 등장한 일본만의 독특한 정원이다. 정원에 대한 애착이 각별했고, 뛰어난 작정가作庭家, 정원 만드는 장인를 많이 배출한 도시. 그런 교토에는 유달리 아름다운 정원이 많다. 교토의 정원을 일러 '일본미의 꽃'이라 하니, 교토 관광의 절반 이상은 정원 구경이다.

교토의 정원과 서구 건축가들의 만남

교토와 서구 건축가들의 만남. 그 가교도 정원이었다. 1930년대까지 서구 사회는 일본 건축에 대해 깜깜했다. 우키요에 같은 일본의 미술이 일찍부터 유럽을 매료시킨 것과는 사뭇 달랐다. 그런 상황에서 근대건축을 추구했던 독일의 한 선구적 건축가가 일본의 건축문화에 푹 빠지고 말았으니. 바로 브루노 타우트Bruno Taut, 1880~1938였다. 그는 일본 건축의 진수를 서구 사회에 소개하고, "일본 건축 속에는 근대건축이 추구한 '새로운 건축'의 원리가 모두 담겨 있다"고 선언했다. 최상의 찬사였다. 타우트는 일본 건축의 세계화에 물꼬를 튼 동시에 일본인 스스로 그들 건축의 가치를 새삼 깨우치게 만든 인물이니, 일본으로서는 은인과 같은 존재다. 그가 그렇게 일

가쓰라 이궁의 소박한 정자
자연과 조화를 이루면서, 평범하고 우아하고 기능에도 부합하는 이런 건축이 타우트를 매료시켰다.
ⓒKimon Berlin, Wikimedia Commons

본의 건축문화에 심취하게 된 계기는 바로 교토의 가쓰라 이궁桂離宮을 방문한 것이었다.

타우트는 누구보다 열정적으로 '새로운 건축'에 몰두했다. 그가 주력한 일은 서민주택의 개혁. 베를린을 무대로 '값싸고 아름다운 서민주택' 보급에 매진했다. 역사는 그를 '주거환경 개혁의 선구자'로 자리매김한다. 그런 타우트의 전도는 순탄치 못했다. 나치당의 박해를 피해 선택한 망명지가 구소련이었기 때문이다. 폭넓은 기회를 주겠다는 꼬임에 빠져 소련으로 갔으나 실상은 전혀 달랐다. 소련과 결별한 후 타우트는 일본을 거쳐 튀르키예로 갔으나 몇 년 지내지 못하고 쓸쓸한 죽음을 맞이해야 했다. 미국을 새로운 활동무대로 선택한 발터 그로피우스나 미스 반데어로에Mies van der Rohe, 1886~1969가 승승장구한 것과 비교한다면 그는 너무 운이 없었다.

타우트가 시베리아를 거쳐 일본에 들어간 게 1933년

타우트가 그린 가쓰라 이궁

그는 1934년 5월 9일 이곳에서 총 27장의 스케치를 그렸고, 화첩으로 남겼다. 그중 11번째 스케치.
출처: ブルーノ・タウト,
《畵帖 桂離宮(Taut Collection)》,
岩波書店, 1981

5월. 난민 신분이었다. 도착한 지 이틀 만에 가쓰라 이궁을 볼 수 있었다. 그를 일본에 초빙한 다이마루大丸 백화점 회장이 왕실에 특별히 요청해 관람을 허락받았다. 타우트는 첫눈에 그곳이 예사 장소가 아님을 간파했다. 자신이 평생에 걸쳐 추구한 건축적 이상을 그곳에서 보았기 때문이다. 모든 것의 조화, 자연과 인간의 완벽한 결합. 위대한 예술은 주관을 뛰어넘어야 하고, 예술가 자신의 의지가 두드러지면 안 된다고 생각했던 타우트. 가쓰라 이궁에서는 요란하게 사람의 눈길을 끄는 것은 하나도 발견할 수 없었다. 모든 것은 평범하기 이를 데 없지만, 하나같이 세련되고, 우아하며, 기능에 충실하다는 사실. 타우트는 그가 독일에서 추구하던 '새로운 건축'의 에센스가 그곳에 고스란히 담겨있다는 사실에 소스라치게 놀랐다.

　　가쓰라 이궁. 교토 서쪽 가쓰라강桂川 측면에 조성된 왕실 소유의 지천 회유식 정원이다. 일본 정원의 백미. 에도 시대, 위대한 작정가이자 건축가인 고보리 엔슈小堀遠州, 1579~1647가 만들었다. 메인 빌딩인 서원書院, 에도 시대 무가 주택의 본채 한 채, 다옥茶屋과 정자 여남은 채가 연못가와 완만한 언덕 위에 세워진, 단아한 정원이다. 타우트가 보기 전, 일본 사회는 이 정원의 진정한 가치를 몰랐다. 그들은 도쿠가와 이에야스를 모신 닛코日光의 신사 동조궁東照宮 같은 화려한 건축을 에도 시대 최고의 건축이라고 떠받들었고, 타우트에게 자랑스럽게 보여주었다. 그렇지만 타우트는 그런 건물은 '야만적'이라며 단번에 일축해버렸다. 타우트는 기능성과 합목적성이 존재하고, 거기에 일정 수준의 정신성까지 갖춰져야 '건축'이라고 인정했다. 타우트가 가쓰라 이궁을 높이 쳐준 것도 바로 그런 정신성 때문이었다.

　　일본에서 건축 실무를 하고자 했던 타우트에게 기회는 거의 주어지지 않았다. 한 출판사에서 일본에 관한 책을 써보라는 제안을 했다. 그는 3주 만에 145페이지의 긴 에세이를 써냈다. 일본 예술의 아름다움, 간결함, 그리고 실용성을 감탄하는 글이었다. 그게 《유럽인의 눈으로 본 일본 예술 Japanese Art Seen by European Eyes》이란 책이다. 한 지인이 글을 더 쓰라며 미우라三浦 반도의 바닷가에 거처를 마련해주었다. 그렇게 써낸 글을 유럽의 여러 저널에 실었다. 글마다 일본 건축의 우수함과 가쓰라 이궁의 아름다움을 상찬했다. 그는 이런저런 일상용품을 디자인해 공예업자에게 넘겨주고 근근이 호구를 해결했다. 당시 일본 사회는 이 위대한 건축가의 진가를 제대로 알지 못했다. 타우트는 그렇게 3년 반을 지내다가 일본을 떠났다.

　　1954년. 이번에는 그로피우스가 일본에 왔다. 하버드 대학의 학과장 직을 벗고 홀가분한 마음으로 떠난 여행. 하와이, 호주 등 여러 곳을 거친 후에 도착한 일본. 타우트와는 달리 일본 건축계의 환대가 대단했다. 교토로 가서 여러 장소를 둘러본 그로피우스의 소감 역시 타우트와 다르지 않았다. 그를 특히 매료시킨 장소는 두 곳. 가쓰라 이궁과 용안사 석정. 하나

（京都）龍安寺　　　　　　　The Garden of Ryūanji Temple, KYOTO

는 젖은 산수, 다른 하나는 마른 산수. 그는 가쓰라 이궁에 담긴 이념이 그가 젊은 시절 열렬히 봉사했던 바우하우스의 그것과 일치한다는 결론을 내렸다. 흥분에 들뜬 그로피우스는 친한 친구 여러 명에게 편지나 엽서를 보내 놀라움을 전했다. 르코르뷔지에Le Corbusier, 1887~1965에게는 용안사 석정 사진이 인쇄된 그림엽서를 보냈다.

여보게, 코르뷔. 그동안 우리가 성취하고자 애써 노력한 그 모든 것이 옛 일본 문화에 담겨있지 뭔가. 13세기에 선승들이 만들었다는 이 바위 정원. 돌과 갈퀴로 긁은 흰 모래만 있을 뿐인데 평화가 이리 충만할 수 있는가! 2,000년 문화의 지혜가 담긴 이 공간을 보면 분명 자네도 나만큼 흥분할 걸세…

한 마디로 '뽕 가버린' 이 엽서에 르코르뷔지에가 어떤 반응을 보였는지는 모른다. 어쨌든 그도 이듬해 가쓰라 이궁을 찾았다. 도쿄의 국립서양미술관 설계를 위한 일본 방문길이었다. 르코르뷔지에라고 이 정원에 감탄하지 않았겠는가. 자연 그대로의 질박한 재료 사용, 그러면서도 엄격한 비례와 치수가 적용된 데 놀라움을 금치 못했다. 세계적인 건축 대가들의 반응이 이랬으니, 일본 사회는 비로소 그들이 대단한 공간을 유산으로 물려받았다는 사실을 알아차렸다.

1954년 6월 그로피우스가 르코르뷔지에에게 보낸 그림엽서
앞면은 용안사 석정 사진, 뒷면은 그로피우스의 친필 서신
©F.L.C. / ADAGP, Paris - SACK, Seoul, 2022

제14화

서울

**12폭 병풍에 담은
19세기 도성 밖 한양의 풍경**

〈경기감영도〉 작자 미상, 19세기 초반

〈경기감영도〉 부분
조선 후기 한양의 변두리 모습을 세세하게 묘사한 희귀한 그림이다. 오른쪽 끝 성문이 돈의문 즉 서대문이다. ⓒ리움미술관

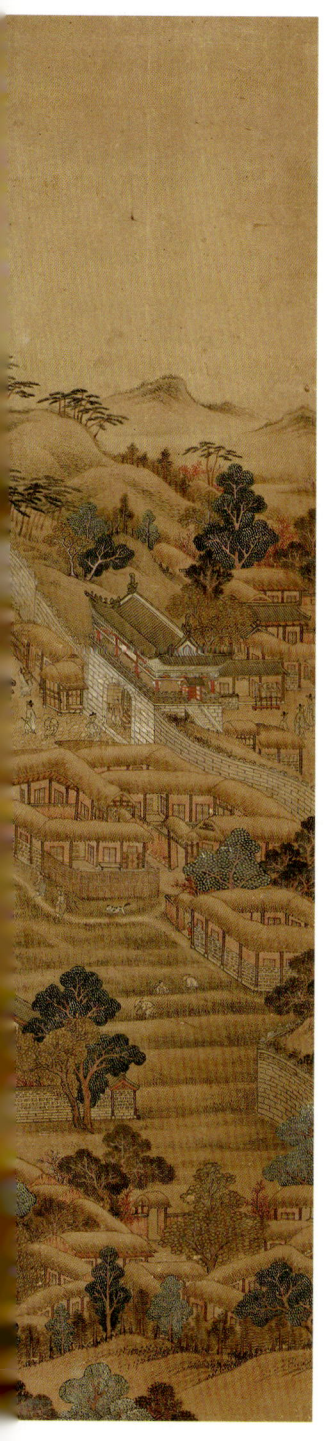

어디 있을까? 한양을 그린 〈성시전도〉

정조正祖, 재위 1776~1800. 조선 후기를 빛낸 문예 군주. 재위 16년째가 된 1792년 정월, 그는 수도 한양 전체를 한 폭의 그림으로 그리라는 명을 내렸다. "지도가 아니라 그림이다." 그렇게 못을 박았다. 지도, 풍경화, 풍속화를 모두 더한 도시 그림. 도화서圖畫署, 조선시대 그림에 관한 일을 맡아보던 관아가 난리가 났을 것이다. 그해 4월에 그림이 완성되었다니 화원들의 능력이 참 대단했나 보다. 하기야 당시 도화서에는 김홍도金弘道, 1745~1806, 김득신金得臣, 1754~1822, 이인문李寅文, 1745~1824? 같은 조선 최고의 화가들이 포진하고 있지 않았던가. 열 명이 넘는 화원이 달라붙어서 모든 기량과 정성을 쏟아부었다. 그 짧은 기간에 대작을 완성했다니 그건 필시 미리 준비를 단단히 해두었기 때문일 것이다. 그렇게 완성된 그림은 병풍으로 만들고, 〈성시전도城市全圖〉라고 명명했다. 수도 한양 전체를 그린 그림. 그런 뜻이다.

4년 후, 정조는 자비대령 화원들에게 다시 〈성시전도〉를 그리게 했다. 자비대령 화원은 도화서에서 특별히 선발되어 규장각에 근무한 궁중 화원이었다. 이번에는 그림을 두루마리로 만들었다. 11살에 왕이 된 정조의 아들 순조純祖, 재위 1800~1834는 14살 때 그 두루마리를 보고 〈성시화기城市畫記〉라는 글을 썼다.

> 우리나라 성시를 그린 세세한 그림으로, 전체가 하나의 두루마리다.

이어서 그림에는 모두 1,717명의 사람이 등장하고 56가지 행위가 그려져 있다고 밝혔다. 그 정도 사람이 등장하는 그림이라면 그 내용과 규모가 짐작되지 않는가. 어렸을 때 본 〈성시전도〉가 눈에 삼삼했던지 순조는 자비대령 화원을 시험할 때면 〈성시전도〉를 그리게 했다. 다음 왕인 헌종憲宗, 재위 1834~1849 때까지 그런 일이 이어졌으니 정조 이후에도 〈성시전도〉가 제작되었을지 모른다.

우리 옛글을 파고드는 학자, 안대회 교수의 추정에 내 견해도 좀 보탰다. 틀림없을 것이다. 그렇다면 정조는 왜 그런 그림을 그리게 했을까? 필시 〈청명상하도〉가 자극을 주었을 것이다. 〈청명상하도〉는 18세기에 조선으로 들어왔고, 지식인들에게 큰 흥미를 유발했다. 연암 박지원은 당시 여러 애장자가 아끼던 〈청명상하도〉에 돌아가며 발문을 썼는데, 그중 하나에 이렇게 썼다.

이 두루마리 그림을 그리자면 10년 세월은 걸렸을 터이다. 이 두루마리 그림을 제외하고도 내가 본 것을 세어 보면 이미 일곱 종이나 된다.

연암은 명나라 화가 구영이 그린 〈청명상하도〉를 최고로 쳤다. 장택단이 그린 진본은 꼭꼭 숨어 못 보았을 테이다. 정조도 〈청명상하도〉를 알았고, 필시 실물로도 보았을 것이다. 스스로 화가이기도 했던 정조가 그런 그림을 부러워한 것은 능히 짐작이 간다.

자신의 치세에 들어 부쩍 번듯하고 활기를 띤 한양의 모습을 내외에 과시하고 싶었다. "세상이 태평하고 왕권은 지엄하니, 나에게 복종하라." 그림이 그리 말해주기를 바랐다. 게다가 막 시작한 화성 건설로 자칫 흔들릴지 모르는 한양의 민심도 다잡을 필요가 있었다. 그러니 기량이 청나라 궁중 화원에 못지않은 자신의 화원들에게 〈청명상하도〉에 버금가는 그림을 그리도록 명한 것이다. 완성된 병풍이 흡족했던 왕은 규장각의 문신과 검서관서적을 검토하고 필사하는 일을 했던 서얼 출신의 관리들에게 "그림을 본 연후에 시를 지으라"고 명했다. 경쟁을 붙인 것이다. 입직하는 승지들에게도 시를 짓게 했다. 모두 몇 명이 시를 지었는지는 모르겠으나 정조가 상을 내린 신하는 17명이었다. 그들이 쓴 장편시는 〈성시전도시城市全圖詩〉라고 불린다. 오늘날까지 13편이 남아 전해진다.

그런데 정조가 그리게 한 〈성시전도〉는 어디 있단 말인가? 병풍도 두루마리도 현재 행방이 묘연하다. 수준이 얼마나 높을 것이며 묘사가 얼마나 치밀할지 능히 짐작되지 않는가. 문신들이 쓴 〈성시전도시〉를 통해 유추해보면, 그림은 궁궐과 관아 같은 공공건축을 위시해 변화무쌍하게 펼쳐지는 한양의 경관을 자세히 묘사했을 것이다. 또한 저잣거리의 다양한 풍경과 시민들의 도시적 삶 또한 생생히 담겨있다. 지금 그 그림이 존재한다면, 국보로 모셔져 있을 것이고 당연히 이 글의 주인공이 되었을 터. 궁궐에서 보관한 그림이니 화재나 특별한 재난을 겪지 않았다면 없어질 가능성은 희박하다. 짐작건대, 일본인의 손을 거쳐 일본 모처에 숨어 있지 않겠나. 그럴 개연성이 매우 크다. 그게 빨리 나타나 18세기 후반 한양의 풍경과 문화와 이미지를 생생하게 볼 수 있으면 얼마나 좋을까.

정조 치세 한양의 이미지

〈성시전도〉가 없으니 어쩐다? 어떤 이는 〈태평성시도太平城市圖〉가 있으니 그걸 보면 되지 않냐고 한다. 글쎄. 그게 그런 정도의 무게를 가지는지, 차차 따져보기로 하고. 그전에 우선 18세기 후반 한양의 공간구조와 이미지부터 살펴봐야겠다. 그런데, 한양, 한성, 그것부터 헷갈리니, 그 얘기는 하고 넘어가자. 현재 서울 사대문 안의 지명은 태조太祖, 재위 1392~1398가 천도하기 전부터 한양이었다. 한강漢의 북쪽陽이란 뜻이다. 새 왕도가 되어 천도를 마친 후에는 한성부가 공식 명칭이 되었다. 그래도 사람들은 계속해서 한양으로 불렀으니, 공문에서는 한성이고 입말로는 한양이었다. 그렇게 한양과 한성이 지속된 게 500년이 넘었다. 1910년 8월, 대한제국으로 이름을 바꾼 조선이 일본에 합병되면서 한성부는 경성부가 되었고, 수도의 지위

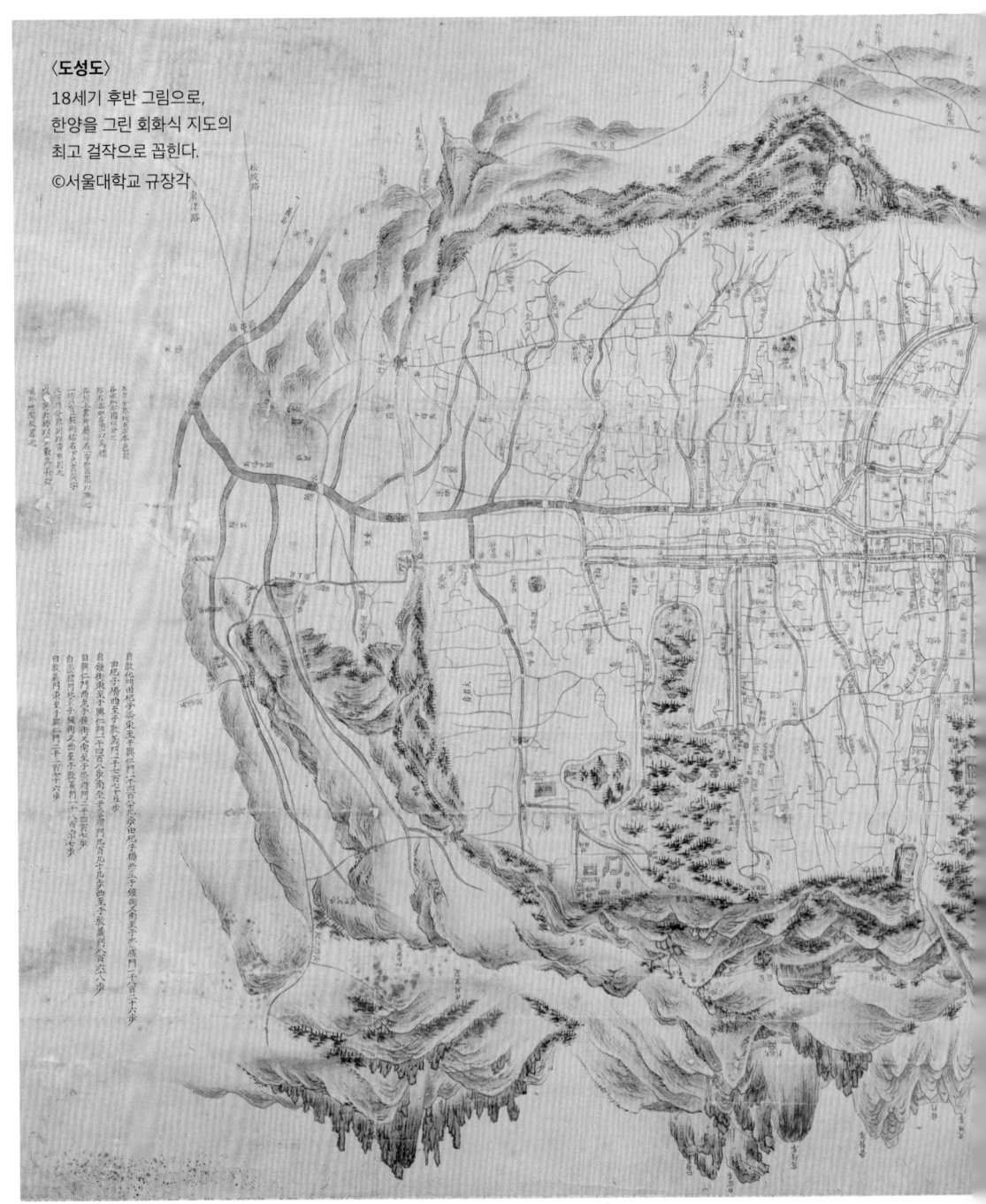

〈도성도〉
18세기 후반 그림으로, 한양을 그린 회화식 지도의 최고 걸작으로 꼽힌다.
ⓒ서울대학교 규장각

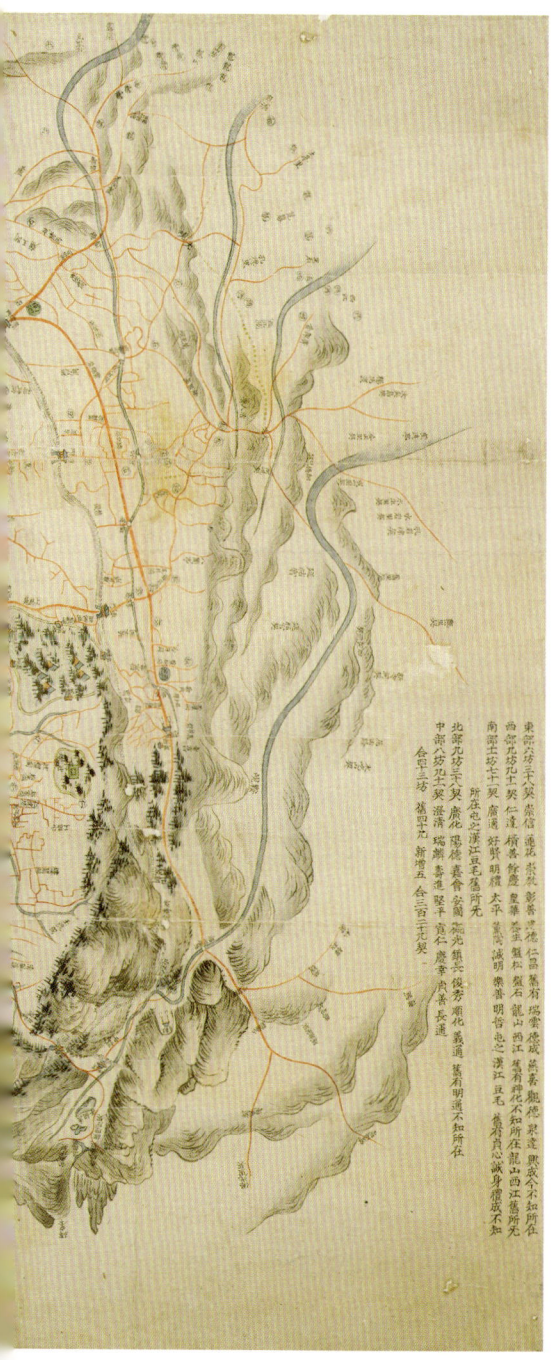

를 상실했다.

지도 한 장을 불러온다. 〈도성도都城圖〉. 같은 이름의 한양 지도가 여럿 있으니, '서울대학교 규장각 소장 도성도 보물 제1560호'라고 지칭해야 틀림이 없다. 18세기 후반 정조 치세 때 그린 것이다. 우리는 이런 그림을 '회화식 지도'라고 부른다. 동양화처럼 그린 지도, 뭐 그런 뜻이다. 서양식으로 그린 그림지도와는 비교조차 할 수 없을 만큼 다르다. 이런 지도가 나올 수 있었던 것은 순전히 겸재 정선謙齋 鄭敾, 1676~1759 덕분이다. 그가 완성한 진경산수화. 모방한 풍경이 아니고 우리 산하를 직접 답사하고 화폭에 담은 사실 그대로의 산수화. 그것이 지도 속으로 들어와 자칫 무미건조할 뻔했던 조선의 도시 지도를 한 폭의 산수화로 격상시킨 것이다. 찬찬히 보시라. 지도가 이리 아름다울 수 있는가. 숨이 막힐 지경이다. 그러니 이 지도는 한양 도성을 그린 회화식 지도의 최고 걸작으로 꼽힌다.

"한양은 수려한 산수 공간 속에 들어선 도시다." 그게 한눈에 읽힌다. 삼각산, 도봉산, 인왕산, 남산, 낙산 등 한양을 둘러싼 산이 활짝 핀 꽃처럼 사방으로 펼쳐진다. 특히 삼각산에서 도봉산에 이르는 산줄기의 위용. 그건 장엄하기 이를 데 없다. 그 중심이 삼각산 보현봉普賢峰이다. 지도는 위·아래

1 〈도성도〉 속 한양 북쪽의 산수
삼각산에서 도봉산에 이르는
장엄하고 수려한 산줄기를 그렸다.
ⓒ서울대학교 규장각

2 〈경조오부도〉 속 한양 도성
도성의 윤곽은 반지 모양이다.
ⓒ서울역사박물관

3 〈도성도〉 속 한양 중심부
도로는 붉은색, 청계천과 그
지류는 푸른색으로 그렸다.
ⓒ서울대학교 규장각

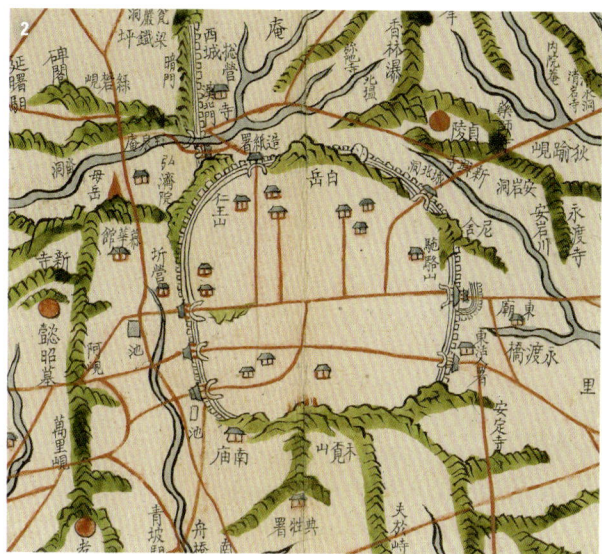

가 바뀌었다. 남산이 화면의 위에 있고 경복궁과 창덕궁이 아래에 있지 않은가. 임금이 계시는 궁궐에서 바라본 도성. 그러니까 왕의 시선에서 그린 지도다. 회화로 그린 산세와는 달리 도성 안팎의 도로와 지명 표시는 도면으로 표현했다. 도로는 크기에 따라 굵기를 달리하고 붉은색으로 그렸으니 인체의 핏줄을 연상시킨다. 반면 청계천의 지류들은 푸른색으로 그려 대비시켰다. 이런 수준의 지도라면 필시 도화서 최고 화원의 손을 거쳤을 것이다.

〈도성도〉를 거꾸로 펼쳐보자. 한양은 《주례》의 원리에 풍수지리 사상이 합해진 도시다. 《주례》에 관해서는 '제12화 베이징' 편에서 이야기했다. 그런데 중국의 도성들과 달리 한양은 산과 구릉과 평지가 어울리고 하천이 자유롭게 펼쳐진 탓에 《주례》의 원리를 그대로 따를 수 없었다. 또한 격자형 도로체계를 가지는 사변형의 도시도 될 수 없었다. 풍수의 원리에 따라 인왕·북악·낙산·목멱남산의 옛 이름 네 산內四山의 능선을 연결하는 성을 둘렀기 때문이다. 김정호金正浩, 1804~1866?가 그린 지도 〈경조오부도京兆五部圖〉를 보시라. 한양 도성의 윤곽이 마치 반지처럼 동그랗다. 그 속에 난 큰길들.

그 체계도 비교적 단순했다. 경복궁·창덕궁에서 남쪽으로 뻗은 도로, 동대문과 경희궁을 연결하는 도로, 그리고 종루현재 종각에서 남대문을 연결하는 도로. 그게 도성의 큰길이었고, 서로 연결되어 요凹자와 정丁자가 결합한 도로체계가 되었다.

그런 도시에 30만 인구가 살았다. 1798년 호구조사에 따른 인구는 도성 안팎을 합해 20만이 채 안 된다. 그런데 조선시대 호구조사에서는 많은 인구가 이래저래 누락되었다는 사실을 감안해서 당시 인구를 30만으로 추산한다. 풍수지리적 측면에서 보면 서울 최고의 땅은 경복궁이고, 그 다음이 창덕궁이다. 따라서 이 두 궁궐 사이의 지역, 그러니까 현재 율곡로 좌우 일대는 주택이 들어서기에는 최상의 장소였다. 북촌이라 불리는 그곳에는 집권 양반인 노론 세력이 살았다. 하급 관리, 양반의 자손이지만 현직 관리가 아닌 자들, 그리고 무반은 남촌 그러니까 남산 기슭에 살았다. 이런 식으로 조선 후기 한양에는 신분과 직업에 따라 사는 주거지가 달랐다. 다 언급하자면 이야기가 길어진다.

분명한 것은, 18세기 한양은 직주근접의 거주방식을 취하는 전형적인 전근대 도시였다는 사실. 권문세가의 집은 궁궐에 가까운 곳을 차지하고, 아전, 서리 같은 말단관리는 관아에 가까운 곳에 거처를 마련했다. 탈것이라고는 가마나 조랑말 정도밖에 없었으니 주택은 당연히 도시 중심부에 있는 게 좋았다. 그렇지만 그런 장소는 권력이나 돈이 없으면 언감생심 꿈도 꿀 수 없었다. 상인이나 장인들은 직주일체의 생활을 했으니 나름 되었고, 끈 떨어진 양반들과 잡역에 종사하는 상민과 천민들은 도심에서 멀리 떨어진 곳에 거처를 마련할 수밖에 없었다. 성벽 밑 또는 성밖 변두리에는 하층 서민주택이 밀집했다. 비록 도심에 있다 하더라도 진흙과 오물이 질퍽대는 저지대. 그런 곳에는 가난한 상인과 빈한한 선비가 섞여 살았다.

그런 한양을 내려다본 그림이 있을까? 북산 김수철北山 金秀哲, 1820?~1888? 이 그렸다는 〈한양 전경도全景圖〉. 화가의 다른 그림과는 워낙 풍이 다르니 그가 그렸다고 확신할 수는 없다. 1912년 일본인 골동상인이 "김수철이 그린 〈경성도京城圖〉"라며 이왕가박물관에 팔았다 하니 그의 그림이라고 칠 수밖에. 어쨌든 참 멋진 그림이다. 화면을 절반으로 나눠, 위에는 도성 뒤의 산세를 병풍처럼 펼쳐놓고, 아래에는 30만이 사는 도성 안팎을 집으로 채웠다. 분명 진경 회화인데 스타일은 완전히 '모던'이다. "서양화풍의 동양화요, 동양화풍의 서양화다." 그리 말하고 싶다. 임금이 사는 궁궐은 대폭 생략해버리고 백성들이 사는 민가를 그림의 주인공으로 삼은 게 가장 특이한 점이다. 정조가 아끼던 박제가朴齊家, 1750~1805는 〈성시전도시〉에서, "사만 호의 기와집이 빽빽이 들어서서 흡사 크고 작은 물고기들이 잔잔한 파도를 누비는 것 같다"고 썼다. 바로 그런 한양의 모습이다.

나지막이 펼쳐진 도시. 그림에서 도드라지는 건물은 단 둘. 창덕궁 인정전仁政殿과 원각사 십층석탑. 우뚝 솟은 북악산 앞에 마땅히 있어야 할 경복궁은 없고 수풀만 우거져있다. 임진왜란 때 불타버린 경복궁이 복원되기 이전에 그려진 탓이다. '백탑'으로 불린 원각사 십층석탑은 탑골공원 속에 남아있다. 높이 12미터의 백탑이 그리 두드러져 보이다니. 1803년 탑골 일대를 그린 〈탑동계회塔洞契會〉를 보아도 백탑이 유난히 높이 솟아 있다. 그만큼 한양은 낮게 깔려 있었다. 에도 시대 교토를 떠올려보면, 동사 오중탑의 높이가 55미터, 방광사 대불전의 높이도 50미터가 넘었다. 곳곳이 솟아오른 도시였다. 청대 베이징 역시 대로변에는 이층 상가가 즐비했고, 많은 성문과 패루가 높이를 자랑했다. 그것에 비한다면, 한양은 단층 건물 위주로, 나지막하고 잔잔한 풍경을 연출했다.

그리 만든 건 풍수지리 사상. 믿거나 말거나 한번 들어나 보자. 고려 25대 충렬왕忠烈王, 재위 1274~1308이 중국처럼 높은 누각을 지으려 하자 천문·역술을 맡아보던 관후서에서 다음과 같은 반대의견을 진언했다.

풍수서에 따르면, 산이 적은 땅에는 높은 건물을 세우고 산이 많은 땅에는 낮은 건물을 지으라 했습니다. 산이 많은 우리나라는 국토 자체가 양陽의 성질을 지니는데 여기에다 역시 양의 성질을 지니는 높은 건

1 김수철이 그렸다는 〈한양 전경도〉
19세기 한양을 산세와 주택 위주로 그린 특이하면서도 특별한 그림이다.
ⓒ국립중앙박물관

2 〈한양 전경도〉 속 창덕궁 인정전과 백탑
낮게 깔린 수평 도시 한양에서 원각사 십층석탑(동그라미 부분)은 경관적 포인트가 되었다. ⓒ국립중앙박물관

3 〈탑동계회〉
1803년 훈련도감 장수들의 탑동 모임을 그린 그림. 후면 중앙에 원각사 십층석탑이 우뚝 서 있다. ⓒ서울역사박물관

물을 세우면 양과 양이 마주 싸웁니다. 따라서 음陰의 성질을 지니는 낮은 건물을 지어 음양이 서로 조화를 이루게 해야 합니다.

충렬왕이 그 의견을 받아들인 이후 조선 말기에 이르기까지 이 땅에는 높은 집을 짓지 않았다. 그것은 명문화된 규정은 아니나 하나의 불문율로 내려온 건축상의 계율이었다. 궁궐을 제외한 모든 건물을 낮게 지은 한양에서는 통행의 금지와 허락을 알리는 인정人定과 파루罷漏의 종소리가 은은하게 멀리멀리 퍼질 수 있었다.

12폭 병풍에 담은 19세기 도성 밖 한양의 풍경

〈태평성시도〉, 이곳이 과연 한양인가

자, 그럼 〈태평성시도〉를 감상해보자. 비단 바탕에 채색으로 그린 8폭 병풍. 누가 언제 그렸는지는 모른다. 2002년 3월 국립중앙박물관에서 열린 〈조선시대 풍속화〉 특별전에서 처음으로 공개되었으니 최근에야 대중 앞에 나타난 그림이다. 알려진 정보라야, 1913년 이왕가박물관이 우치다 박內田 朴이라는 거간꾼에게서 200엔을 주고 산 그림이라는 사실. 그밖에는 모든 게 추정이다. 그러니 미술사학자들에게는 더없이 좋은 연구대상이겠다. 등장하는 사람도 2천 명이 훨씬 넘고, 동물만 3백여 마리다. 그림 왼쪽 끝에 성문이 있고 시끌벅적한 저잣거리가 펼쳐지는 성안의 도시를 그렸으니 분명 '성시도'가 맞다. 게다가 그림 속에는 '태太', '평平' 두 글자가 등燈으로 만들어져 장대 위에 높이 걸렸다. 이름하여 문자등文字燈이다. 그런 독특한 광경 때문에 그림은 〈태평성시도〉라는 이름을 얻었다.

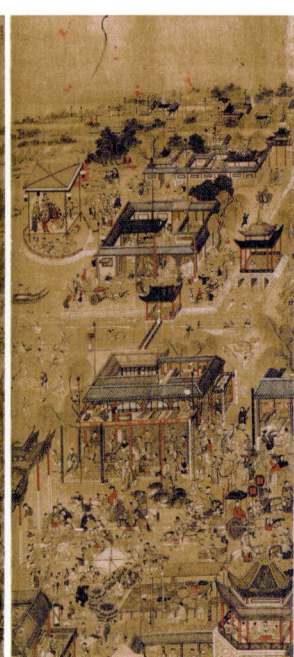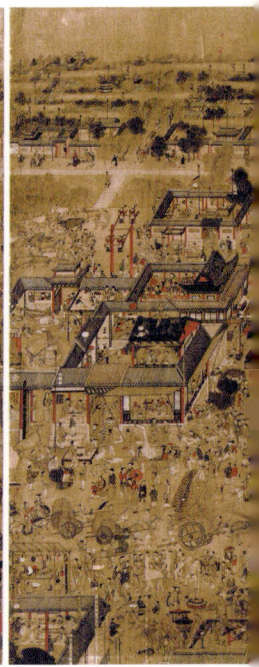

1 〈태평성시도〉
19세기 초반 제작한 8폭 병풍이다. 한양을 그린 것은 아니고 번화한 저잣거리 모습을 통해 태평성대를 연출한 것이다.
ⓒ국립중앙박물관

2 '태'와 '평' 두 글자
높이 매단 문자등(동그라미 부분)이 그림의 주제를 전달한다. ⓒ국립중앙박물관

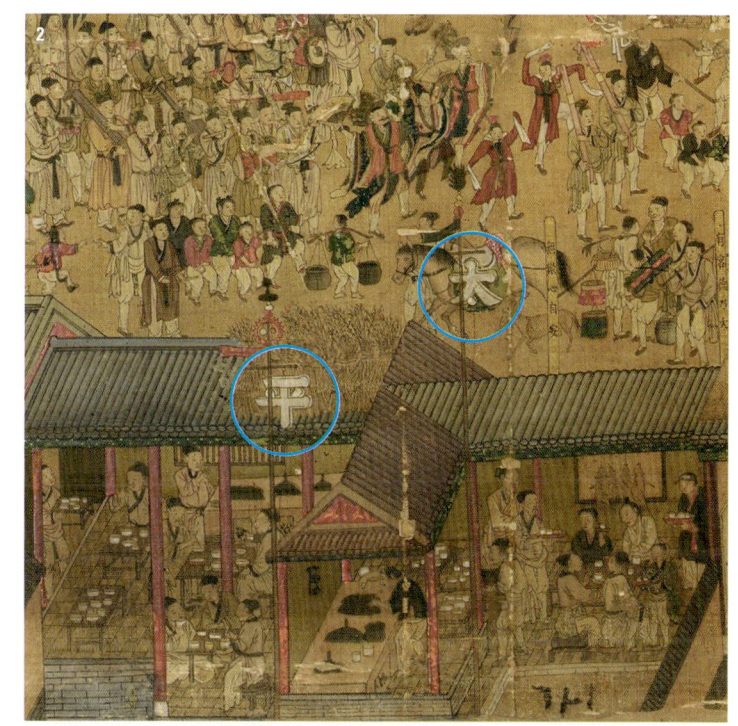

그런데 이 그림이 한양을 그렸다는 증거는 어디에도 없다. 중국풍의 건물과 인물로 가득한데, 패루까지 등장한다. 그것도 모두 여섯 개나. 한양에 패루라니. 그것 하나만 봐도 이곳은 한양이 아니다. 그렇다면 중국 도시를 그렸단 말인가? 그것도 아니다. 그림 속 사람들은 좌식생활을 하고, 상차림도 조선식이다. 각상을 받는다. 진흙으로 기와를 올리고, 지게를 사용해 짐을 나른다. 길에다 상품을 진열한 가구점에서는 조선식 삼층장을 팔고 있다. 그러니 이 그림은 조선에서 제작된 것이다. 도화서에서 그린 것이라면 그 목적을 대략 알겠다. 태평성대. 그걸 표현하고자 한 것이다. 그러니 이것과 제일 유사한 그림을 이 책에서 찾자면, 〈성세자생도〉. 건륭제 치세의 쑤저우를 그린 일명 〈고소번화도〉. '제6화 쑤저우' 편의 주인공이다.

이 그림에 이름을 붙이고, 이 그림으로 박사학위 논문을 쓰고, 지금은 국립광주박물관 관장을 하는 이수미 박사. 그분의 추정에 따르면, 이 그림의 제작 시기는 빠르면 1797년 늦으면 1830년이다. 정조 아니면 아들 순조

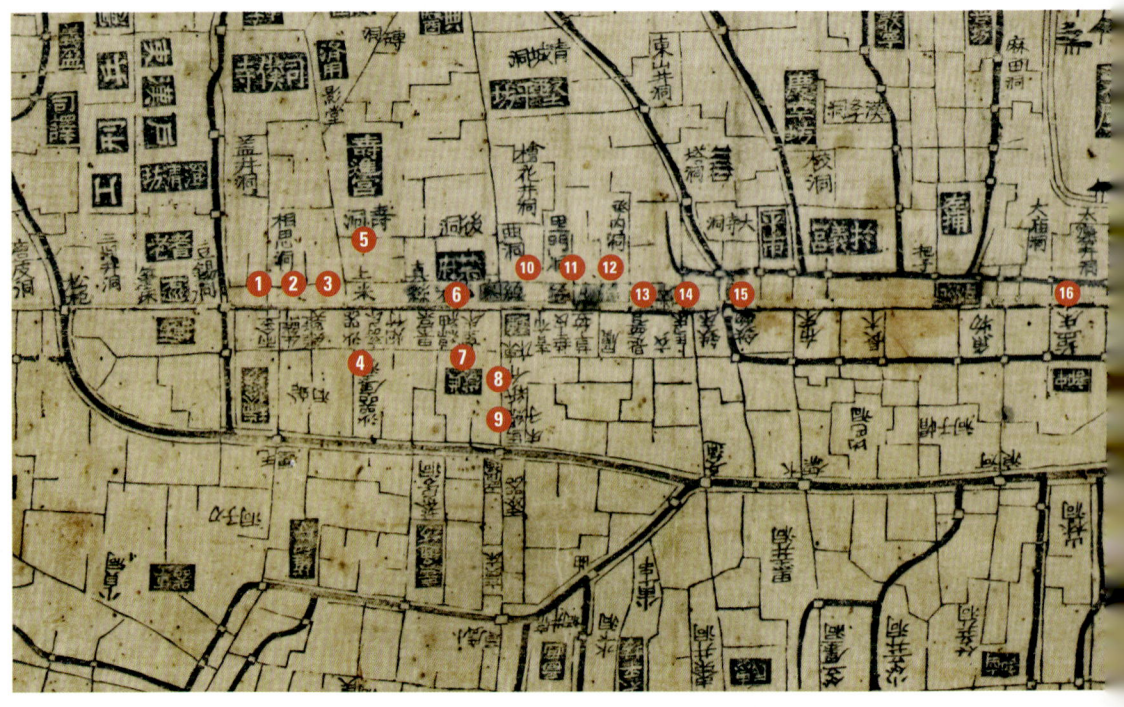

운종가에 늘어선 다양한 상점
19세기 중반에 그린 〈수선총도(首善總圖)〉인데, 조선시대 시전(市廛)이 표시된 유일한 지도다.
ⓒ서울역사박물관

① 우산 가게(雨傘廛)
② 생선 가게(生鮮廛)
③ 꿩·닭 가게(雉鷄廛)
④ 사기그릇 가게(沙器廛)
⑤ 고급 쌀 가게(上米廛)
⑥ 명주 가게(綿紬廛)
⑦ 무명 가게(綿布廛)
⑧ 모시 삼베 가게(苧布廛)
⑨ 한지 가게(紙廛)
⑩ 비단 가게(線廛)
⑪ 누룩 가게(銀麴廛)
⑫ 생선 가게(魚物廛)
⑬ 수저 가게(匙箸廛)
⑭ 옷 가게(衣廛)
⑮ 철물 가게(鐵物廛)
⑯ 소금 가게(鹽床廛)
⑰ 일반 쌀 가게(下米廛)

치세 때다. 두 임금 모두 도시그림에 지대한 관심을 가졌다. 그런 임금을 위해, 도화서 화원들이 정성스레 그린 다음,

전하, 이게 도시의 이상적 모습입니다. 전하께서 어진 정치를 베푸시니 조만간 우리 한양은 이렇게 번성한 도시가 될 것입니다.

하면서 보여드렸다. 그렇게 상상해본다. 매우 사실적이고 세부적인 표현과 요소요소에 담긴 폭넓은 정보. 민간에서 그렸기에는 너무 넘친다. 그것도 비단 위에 최고급 물감으로 그렸으니. 그렇지만 기록으로 확인할 수 있는 추정이 아니니 단정적으로 말할 수는 없다.

대단히 번성한 상업도시다. 화폭의 70퍼센트를 저잣거리가 차지하고, 각종 상점, 식당, 술집이 즐비하게 늘어섰다. 거리에 사람이 너무 많아 마치 난리 난 도시처럼 보인다. 이 정도는 아니었으나, 18세기 후반의 한양도 빠르게 상업도시로 변하고 있었다. 각종 상품이 생산되고, 동전이 유통되었으며, 중국·일본과의 무역으로 자본이 대거 유입되었다. 박지원, 박제가 같은 실학자들은 유통의 활성화와 상업화를 장려해야 한다고 임금을 설득했다. 마침내 정조는 1791년 신해통공辛亥通共이라는 개혁을 시행해, 상품의 독점거래를 폐하고, "원하는 자 누구나 장사하라"며 상업의 자유를 보장했다. 그 결과, 종루 좌우의 운종가, 동대문 근방 이현, 남대문 밖 칠패에 큰 시장이 들어섰다. 도성 밖에는 한강을 끼고 상권이 크게 발달해, 주요 나루에는 상품이 산처럼 쌓이고 인파로 붐볐다.

상업도시 한양이 어떤 모습이었는지는 박제가와 이덕

12폭 병풍에 담은 19세기 도성 밖 한양의 풍경

무李德懋, 1741~1793가 쓴 〈성시전도시〉를 보면 된다. 그들의 시는 반 이상을 저잣거리 묘사에 할애했다. 이덕무가 묘사한 운종가. 이렇다.

거리 좌우에 늘어선 일천 보步 되는 가게에는
온갖 물화 산처럼 쌓아놓고 이익을 헤아린다
비단 가게에 울긋불긋 휘황하게 펼쳐놓은 것은
사라紗羅 견단에 능라綾羅 비단일세
어물전에 새로 들어온 진귀한 생선은
갈치, 농어, 준치, 쏘가리, 숭어, 붕어, 잉어네
싸전에 쌓인 쌀 반과산飯顆山, 중국 창안에 있는 산 같으니
흰 돌 같은 흰 쌀밥에 기름이 좔좔 흐른다
주점이 본래 인간 세상이나
희고 붉은 술빛이 잔에 넘실거린다
행상과 좌판의 수는 일일이 헤아리기 어렵고
자질구레하고 소소한 물건 없는 게 없구나.

한양의 이런 분위기를 떠올리면서 다시 〈태평성시도〉 속으로 들어간다. 상품의 종류가 무척 다양한데다, 고가의 기호품과 특이한 물건을 파는 상점이 많다. 도자기, 골동품, 서책, 그림, 부채, 장도粧刀는 그렇다 치고, 꽃, 거울, 등燈, 가위, 안경같이 한양에서는 내놓고 거래하지 않는 상품들까지 보인다. 필시 〈청명상하도〉의 영향이다. 언급한 대로 〈청명상하도〉는 많이 퍼져나갔다. 명·청대에 그려진 모방본이 다시 복제된 것들이다. 그런데 〈태평성시도〉의 저잣거리는 〈청명상하도〉의 그것보다 더 풍성하고, 떠들썩하고, 활기차다. 상점의 규모도 더 다양하고 치장도 더 화려하다. 〈청명상하도〉의 장면을 참조하면서 조선의 상황을 버무려 넣고 그걸 더욱 생생하고 화려한 분위기로 바꾼 것이다. 도자기, 골동품, 가구를 파는 상점에서는 거리에도 상품을 내놓았다. 명·청대에 그려진 〈청명상하도〉 속 상점들이

길에까지 상품을 내놓고 파는 가구점
늘어놓은 가구는 조선에서 만든 가구가 분명하다.
ⓒ국립중앙박물관

〈청명상하도〉 속 상점들
명나라 화가 구영이 묘사한 거리의 상점은 모습도 비슷비슷하고 분위기도 차분하다. ⓒ중국 랴오닝성박물관

12폭 병풍에 담은 19세기 도성 밖 한양의 풍경

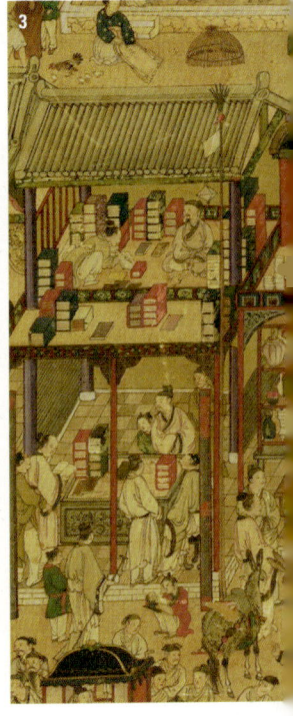

1 김홍도가 그린 〈연행도〉
단원(檀園)이 남긴 13폭 그림의 〈연행도〉 중에서 제4폭 〈영원패루(寧遠牌樓)〉다. 조선 사절들은 마주보는 이 영원성(寧遠城)의 두 패루에 깊은 인상을 받았다. ⓒ숭실대학교 한국기독교박물관

2 〈태평성시도〉속 기성복 가게
당시 조선에는 시장에서 기성복을 팔지 않았는데, 그림 속의 묘사는 생생하다. ⓒ국립중앙박물관

3 호화로운 2층 상점
1층에는 각종 책과 도자기가 진열되어 있고, 2층에는 선비들이 술잔을 놓고 환담한다. 당시 조선에서는 볼 수 없는 광경이다. ⓒ국립중앙박물관

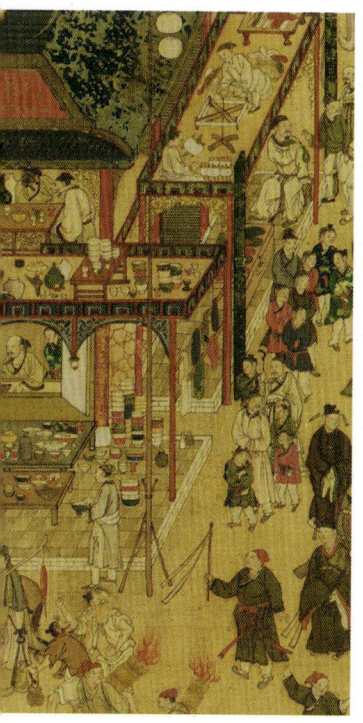

비교적 균일하고 차분한 것과는 사뭇 다른 분위기다.

임금에게 바치는 그림은 과장된 내용을 담게 마련이다. 장택단이 그린 진본 〈청명상하도〉도 그렇고, 서양이 그린 〈성세자생도〉도 그렇다. 좀 더 많은 장소, 사람, 행위, 그리고 다양한 물건을 담아야 태평성대를 바라는 임금이 흡족해 한다. 그렇다고 터무니없는 허구를 담을 수는 없다. 그러니 화원들은 많은 정보를 모았다. 〈청명상하도〉에도 없는 내용은 어디서 왔을까? 바로 '연행록燕行錄'이다. 철철이 청나라에 다녀온 사신과 수행 문신들이 쓴 여행기. 그 대표가 연암이 쓴 《열하일기》인데, 그 밖에도 헤아릴 수 없이 많다. 글만 있는 게 아니고, 그림도 있다. 도화서 화원 김홍도가 1789년정조13년 동지사행冬至使行의 일원으로 베이징에 다녀왔다. 정사 이성원李性源의 간절한 주청을 정조가 허락했다는 내용이 《승정원일기承政院日記》를 비롯한 여러 사료에 담겨있다. 현재 숭실대학교 한국기독교박물관에 모셔져 있는 〈연행도燕行圖〉 시리즈는 필시 김홍도가 그렸을 것이다.

베이징에 도착한 사신단은 제일 먼저 유리창琉璃廠으로 달려갔다. 우리 인사동쯤 되는 그곳에는 귀한 서책과 그림, 그리고 진기한 문방구가 그득했다. 그뿐이었을까. 베이징의 저잣거리는 온통 색다른 풍물들로 넘쳐났다. 연행록에는 베이징의 상가 모습에 놀라는 내용이 연이어 나온다. 큰 물통에 살아있는 물고기를 넣어놓고 파는 생선가게가 제일 신기했던 모양이다. 기성복을 파는 의류점도 그랬다. 조선에서는 볼 수 없는 기성복 판매. 자세히 적었고, 〈태평성시도〉에 그대로 묘사되었다. 바지와 저고리를 횃대에 걸거나 좌판에 늘어놓고, 상인들은 "잘 맞네" 하며 맞장구치고 있다. 매우 호화로운 2층 상점. 각종 책과 도자기와 골동품이 진열되어

있고, 안에서는 선비들이 술잔을 놓고 환담을 나눈다. 역시 베이징에서나 볼 수 있는 광경이다. 그림 속 패루들도 그런 식으로 베이징에서 넘어왔다. 자. 이제 〈태평성시도〉에서 빠져나가도 될 듯하다. 어떤 그림인지 충분히 알았으니까.

〈경기감영도〉와 〈동궐도〉, 한양을 그린 두 걸작 그림

어쩐다? 변변한 게 없으니. 한양 도성을 생생하게 묘사한 그림 말이다. 어쩔 수 없이 〈경기감영도京畿監營圖〉를 주인공으로 등장시켜야겠다. 〈경기감영도〉는 한양의 도성 밖, 오늘날의 서대문 일대를 그린 것이다. 그러니 도성을 그린 그림은 아니다. 그래도 조선 후기 한양의 모습을 있는 그대로

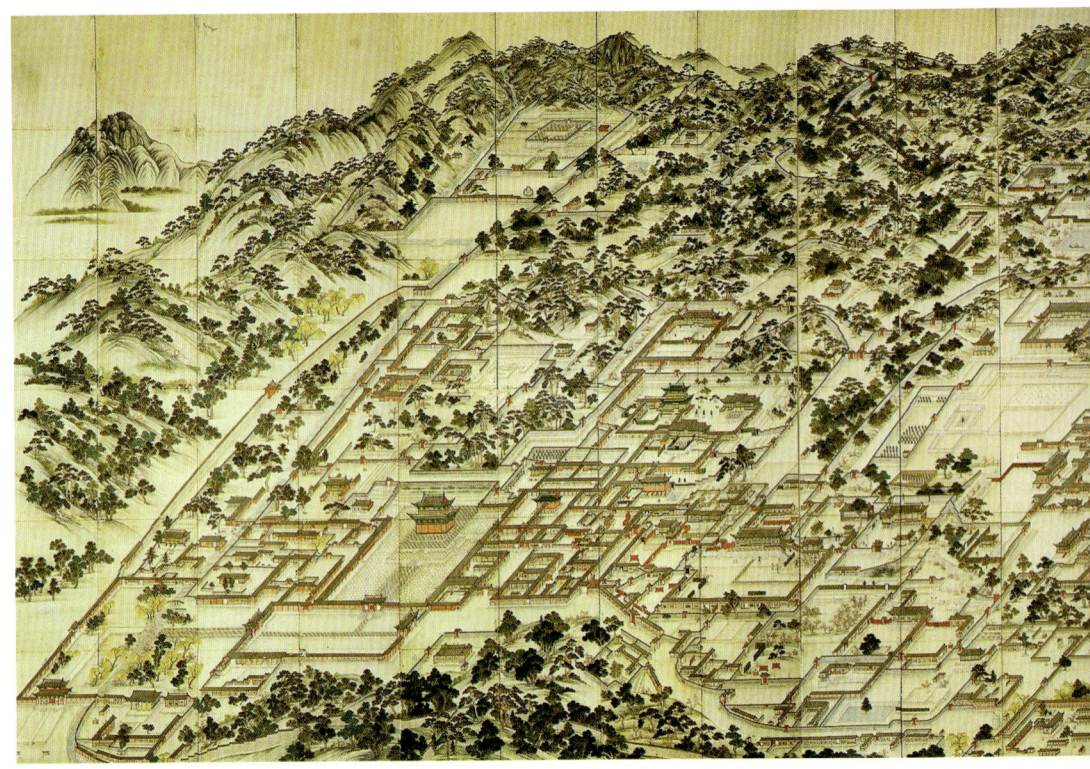

〈동궐도〉
오블리크 작도법에 진경산수화 기법을 섞은 이 그림은 빛나는 우리의 국보다. ⓒ고려대학교 박물관

볼 수 있는 희귀한 그림이다. 현존하는 도시그림 중에서, 비록 일부지만 한양을 생생하게 묘사한 것은 단 둘. 〈경기감영도〉와 〈동궐도東闕圖〉. 〈동궐도〉는 창덕궁과 창경궁을 합친 '동궐'의 전체 모습을 그린 것으로, 생생하면서도 아름답게 빛나는 우리의 국보다. 두 그림은 같은 방식으로 그렸는데, 미술사학자들은 그렇게 그린 그림을 '평행사선 부감법平行斜線俯瞰法'으로 그렸다고 어렵게 설명한다. 서양 표현으로는 '오블리크 작도'. 사물의 정면을 강조하면서 3차원으로 표현하는 기법. 유럽에서 시작된 것을 18세기부터 중국 화가들이 즐겨 사용했고, 조선에도 전해졌다.

어떤 경관을 '오블리크 작도'로 그리면, 한눈에 내려다보이지만 건물의 정면에는 뒤틀림이 전혀 없다. 게다가 같은 크기의 건물은 모두 같은 크기로 보인다. '제8화 파리' 편에서 이미 설명했다. 앞에 있는 건물은 크게 보이고 뒤에 있는 건물은 작게 보이는 현상, 그건 사람의 시선이 소실점이라는 한 점으로 모이기 때문이다. 그런데 오블리크 작도에서는 평행한 직선은 끝까지 평행하게 그린다. 소실점을 무시하는 것이다. 그러니 많은 건물이 모여있는 마을이나 궁궐 같은 집합체를 있는 그대로 보여주기에는 이 방법이 그만이다. 그래서 건축가들도 오블리크 작도를 즐겨 사용한다. 〈경기감영도〉와 〈동궐도〉에서는 진경산수화 기법도 섞었다. 건물을 앉히고 남은 여백을 진경산수화로 채워 넣은 것이다. 서양 도법과 조선 도법의 절묘한 결합. 얼마나 창의적인가.

〈경기감영도〉로 들어가기 전에 지도 한 장을 불러온다. 지도첩 《동국여도東國輿圖》 속에 포함된 〈도성도〉서울대학교 규장각 소장. 19세기 초반의 한양을 그린 것이다. 그걸 보려는 이유는 〈경기감영도〉에 묘사된 지역이 당시 한양에서 어떤 위치를

12폭 병풍에 담은 19세기 도성 밖 한양의 풍경

점했는지 확인하고 싶어서다. 지도라기보다는 한양 도성을 내려다보고 그린 산수화에 가깝다. 관아 같은 공공건물은 대폭 간소화한 대신 도로 사이사이에 민가의 지붕들을 촘촘히 그려 넣었다. 민가를 이리 강조한 것은 백성의 사회적 위상이 그만큼 높아졌기 때문이다. 기와집은 담청색, 초가집은 노란색으로 칠했다. 붉은색의 관아 건물과 대조를 이루면서도 잘 어울린다. 도성 밖으로 눈을 돌리면, 동쪽, 북쪽, 남쪽에는 집들이 거의 없다. 그런데 서쪽은 딴판이다. 집들이 빽빽하게 밀집해 있는 게 도성 안과 다를

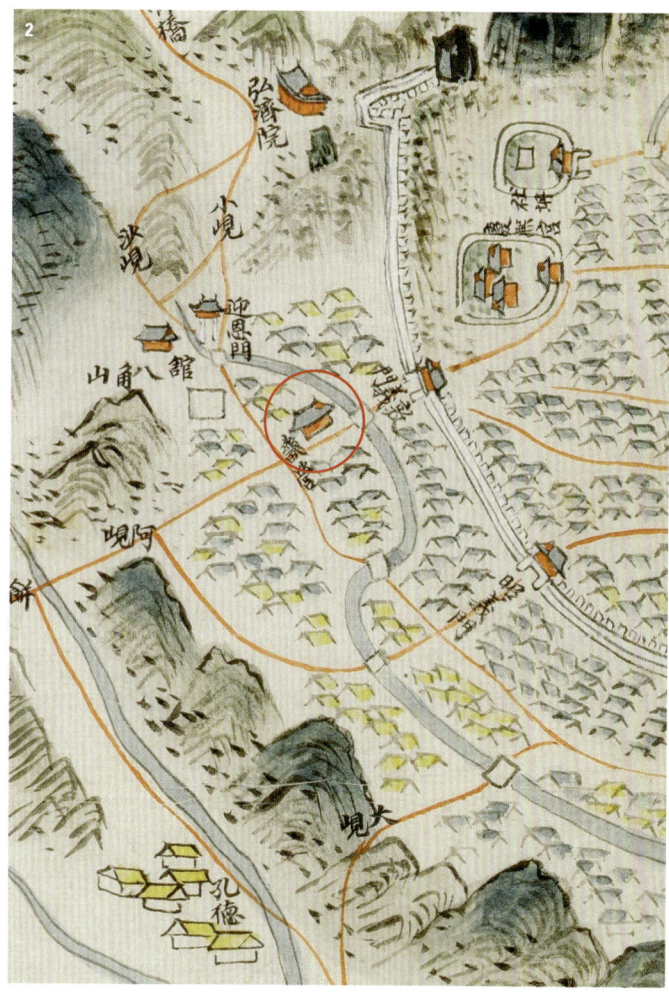

1 지도첩《동국여도》속〈도성도〉
19세기 초반 한양을 그린 일종의 그림지도로 당시 주거지의 분포를 잘 보여준다. ⓒ서울대학교 규장각

2 〈도성도〉속 반송방 일대
경기감영이 있던 이곳은 도성 바깥이지만 시가지가 본격적으로 형성되었다. 동그라미 속 건물이 경기감영이다. ⓒ서울대학교 규장각

바 없다. 또한 한강을 따라 마포, 용산, 두모포豆毛浦, 동호대교 북단 등 주요 나루 주변에는 집이 옹기종기 많이 모였다.

    도성의 서쪽. 성문이 셋이다. 위로부터 돈의문敦義門, 소의문昭義門, 숭례문崇禮門. 돈의문은 서대문, 소의문은 서소문. 둘 다 일제에 의해 사라졌다. 돈의문은 현재 강북삼성병원 자리에 있었다. 동대문에서 경희궁까지 일직선으로 뻗은 대로에서 돈의문을 빠져나오면 바로 만나는 관아가 경기감영

이다. 그걸 지나면 바로 의주로. 한양에서 지방 각지로 통하는 9개의 간선 도로 중에서 가장 중요한 도로다. 평양, 의주를 거쳐 중국으로 가는 길. 이 길 때문에 경기감영 주변에 많은 집이 들어섰다. 조선시대 이곳의 지명은 반송방盤松坊. 한성부에서 관장하던 성 바깥 지역 즉 성저십리城底十里, 도성 밖 10리까지의 구역 중에서 가장 번화한 곳이었다. 경기감영이 반송방에 자리 잡은 게 1457년세조 3년. 이때부터 경기감영은 경기를 관장하면서 도성을 지원하는 업무를 했다. 사신 맞이를 준비했고, 연행사의 출발을 도왔으며, 왕의 지방 행차에도 대비했다. 그러니 경기감영은 늘 부산했다.

〈경기감영도〉는 그런 반송방 일대를 그렸다. 12폭 병풍에 담긴 그림지도. 대략 19세기 초반에 그린 것이다. 화풍, 사용된 재료, 병풍의 크기 등으로 따져보면 그렇다. 누가 그렸는지는 모른다. 화면 위에는 안산, 인왕산, 북악산, 삼각산 등 산세가 펼쳐져 있고, 중앙에는 감영의 본관 건물이, 그

〈경기감영도〉 12폭
19세기 초반 한양 도성 밖 반송방 일대를 그렸다. 시민의 삶과 저잣거리 풍경을 사진처럼 생생하게 재현하고 있다.
제공: 리움미술관

리고 주변에는 수많은 민가와 상업시설이 묘사되었다. 게다가 이 지역을 통과하는 간선도로를 중심으로 돈의문, 영은문迎恩門, 모화관慕華館 같은 도성 밖 명소도 세세히 그려 넣었다. 시민의 다양한 삶과 저잣거리 풍경도 생생하다. 이 그림의 가치는 바로 조선 후기의 도시적 생생함. 그것이다. 마치 사진처럼 재현된 한양의 모습. 그걸 들여다보고 있으면 마음이 애잔해진다. 청나라에 굴종하는 국가의 위상. 기울어가는 나라의 수도 한구석에서 부대끼며 일구어내는 서민의 삶. 200년 전 한양 변두리의 모습은 왠지 처연하다.

12폭 병풍에 담은 19세기 도성 밖 한양의 풍경

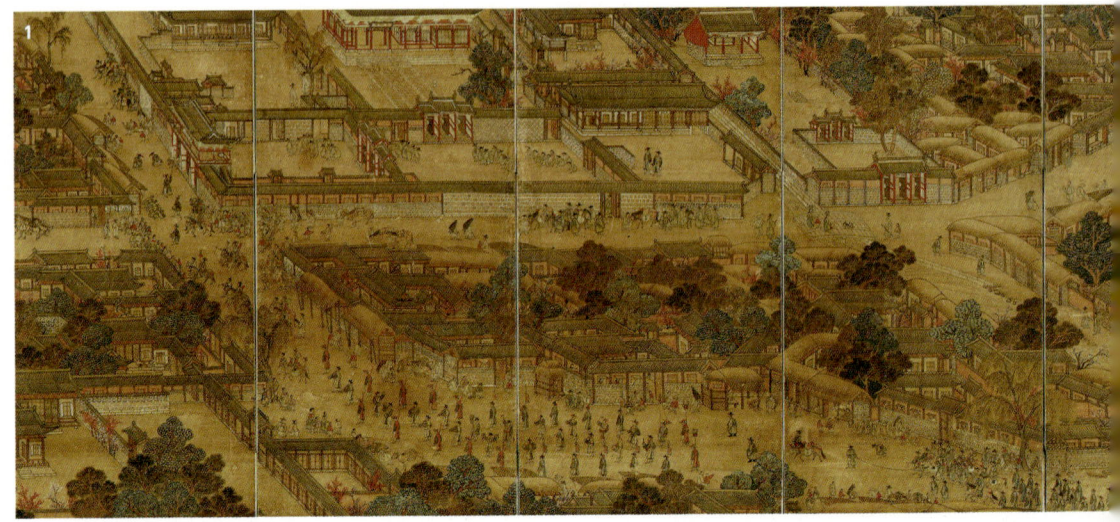

〈경기감영도〉 속 한양 시민의 삶

그림의 주인공은 어디까지나 경기감영. 떡하니 중앙을 차지하고 있다. 지금의 적십자병원 자리다. 주 건물인 정청政廳의 정면에는 '선화당宣化堂'이란 편액을 걸었다. 덕을 베풀고, 백성을 교화한다. 그런 뜻이다. 의주로를 따라 올라오는 관찰사의 행차가 요란하다. 보통 경기관찰사가 이조참판을 겸임했다 하니 그 위세가 대단했던 모양이다. 대취타 악대가 풍악을 울리며 지나가면, 깃발을 올린 기수가 앞장을 섰다. 관찰사는 백마를 탔고, 호위병과 아전 종복들이 뒤를 따른다. 행렬 대열만큼이나 많은 구경꾼이 모여들었고, 감영 밖에는 관리들이 열을 지어 엎드려 있다. 감영에서 의주로를 건너면 서지西池라는 연못이 있고, 그 서쪽에는 관찰사가 통솔하던 군부대 중영中營이 있었다. 안마당에서는 무예훈련이, 뒷마당에서는 활쏘기 연습이 한창이다. 관리의 위세가 하늘을 찌르고 군사들은 저리 단단히 단련했는데 나라는 어찌 그리 쉽게 내주었을꼬?

조선시대에는 돈의문 밖 서지, 숭례문 밖 남지南池, 동대문 밖 동지東池

1 관찰사의 행차
대취타 악대가 앞장을 서면 백마 탄 관찰사를 호위병과 아전 종복들이 뒤따른다. 구경꾼도 많이 모여들었다. ⓒ리움미술관

2 중영에서의 군사훈련
서지 연못 서쪽 군부대다. 안마당에서는 무예훈련이, 뒷마당에서는 활쏘기 연습이 한창이다. ⓒ리움미술관

세 곳이 놀이공간으로 인기가 있었다. 그중에서도 서지가 가장 예뻤고 가장 붐볐다. 연꽃이 만발한 7월이면 장안의 여인들이 몰려나와 꽃구경을 즐겼다. 서지의 북동쪽, 소나무 수풀 속에 자리한 큰 건물. 모화관이다. 중국에서 오는 사신을 이곳에서 맞이하고 보냈다. 관료들과 왕세자는 물론이고 때로는 왕까지 여기서 사신을 영접했으니, 우리로서는 흑역사의 장소다. 모화관 앞에 서 있는 패루 모양의 구조물. 영은문이다. "어서 오시오, 늘 은혜를 베풀어주시는 황제의 칙사를 열렬히 환영합니다." 그리 외치는 상징물이다. 아시다시피 청나라가 일본과의 전쟁에서 패하면서 이 문은 철거되고 그 자리에 독립문이 들어섰다. 영은문 주변에는 말이 많이 보인다. "여기가 터미널이요", 그런 신호다.

그림 속 길. 한산하지는 않지만 버글거리지도 않는다. 알려지기로는, 이곳은 상업이 번창한 곳이었다. 의주에서 한양으로 이어지는 국토의 대동맥이 끝나는 지점 아닌가.

서지와 영은문 주변
감영 서쪽으로 아름다운 연못 서지가 있고, 그 동북쪽에 모화관과 영은문이 보인다. 우리에겐 흑역사의 장소이다.
ⓒ리움미술관

사신으로 또는 장사나 공부를 위해 중국 가는 사람들, 관서 지방에 관직을 명받은 관료들. 모두 여기서 출발했고, 필요한 물건도 여기서 구했다. 교역 물품도 여기서 처리했다. 상인들은 인삼을 중국으로 가져가 팔고, 비단, 귀금속, 고급 잡화를 사서 귀국했다. 잘하면 백배 이상 남는 장사였다. 그러니 밀수도 성행했다. 그런 물건이 모이고 거래되는 곳이 반송방 일대였다. 중국에서 들어온 장신구, 화장품, 약재, 서책, 문방구. 그런 걸 구하려면 이리로 와야 했다. 그림을 그린 화원(?)은 경기감영 일대가 시장바닥으로 보이는 걸 피했을 수도 있고. 아니면 숭례문 쪽으로 좀 더 내려간 곳이 본격적인 시장일 수도 있다.

싸전과 약국이 눈에 먼저 띈다. 돈의문 앞 기와집. 길에

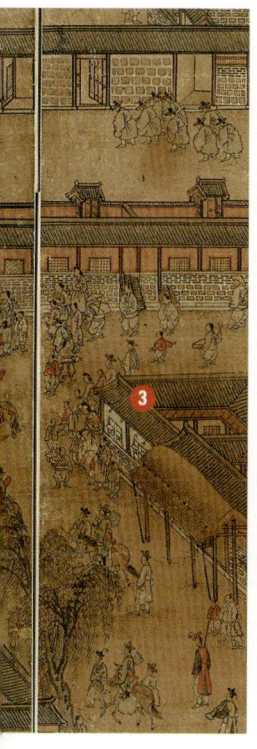

1 감영 앞 네거리
두 곳에 약국이 보인다. 허준 덕택에 민간의료가 확대된 모습이다. ⓒ리움미술관

① 감영 입구(監營布政司)
② 신설약국(新設藥局)
③ 만병회춘(萬病回春)

2 〈경기감영도〉속 다양한 상점
모두 차양을 내거나 가건물을 도로 쪽으로 내밀었다.
ⓒ리움미술관

면한 행랑채에서 쌀도 팔고 잡곡도 판다. 길을 향해 차양을 냈다. 관찰사가 막 지나간 큰길. 그 코너에도 쌀과 고추를 파는 가게가 있다. 싸전이 많은 걸 보면, 18세기 초반부터 마포, 서강, 돈의문 밖에서 곡식의 거래가 늘어났다는 기록과 맞아떨어진다. 빠른 인구증가 때문이었다. 감영 앞 네거리에 두 곳의 약국이 보인다. 한 집에서는 간판 대신 '만병회춘萬病回春'이라 써 붙였고, 대각선 맞은편 집은 '신설약국新設藥局'이라 내걸었다. 새로 개업한 모양이다. 조선 전기에는 한양의 양반도 의원 보기가 쉽지 않았고, 약재 구하기도 어려워 관청을 통해 조금씩 얻는 정도였다. 그러던 것이 허준許浚, 1539~1615이 편찬한《동의보감東醫寶鑑》이 전국적으로 보급되면서 의원과 약국이 늘어났다. 허준이 민간의료 확대에 지대

대부분 초가인 그림 속 주택
산기슭에 옹기종기 모인 저 집에서의 삶은 고단했으리라.
ⓒ리움미술관

한 공을 세운 것이다.

    돈의문 앞에 신발가게가 있고 짚신 장수도 보이니, 여기가 여행의 출발지는 맞는 모양이다. 그밖에는 주로 생필품과 먹거리 파는 가게들이다. 그릇 가게, 땔감 가게, 붓 가게가 판을 벌였고, 의주로 주변에는 주전부리 가게가 모였다. 하나같이, 차양을 내거나 가건물을 도로 쪽으로 내밀었다. 이런 침범행위는 운종가에서 시작되어 여기까지 밀려왔다. 당연히 길은 좁아졌고, 수레나 마차의 운행에 지장이 컸다. 그런 탓인지 그림 속에 수레와 마차는 없다. 물장수 엿장수까지 보이니 먹고살기 위해 다양한 직업이 생겨난 모양이다. 개장수, 닭장수, 말장수, 거간꾼, 대장장이, 갓바치, 염색업자, 사이비 의원, 사당패, 서리, 포교, 그리고 도둑. 거기에

다 서강 마포 일대에서 미곡, 어물, 숯, 잡화 따위를 하역·운반하는 노동자들까지. 당시 사람들이 탐독하던 소설에 등장하는 인간 군상이다.

〈경기감영도〉가 귀한 이유는 당시의 주택 사정을 잘 보여주기 때문이다. 솟을대문이 솟아 있고 행랑채가 즐비하게 이어지는 사대부 주택도 여럿 보인다. 경기감영과 중영에 근무하는 높은 관리들의 집이었을 터. 도성 안에 살면서 여기까지 출퇴근하는 수고를 피하기 위해 반송방에 그럴싸한 거처를 마련했을 것이다. 이곳에 감영이 들어온 다음부터 사대부 주택도 연이어 들어섰다. 상업까지 번성했으니, 자연히 이곳에는 사대부, 중인, 상인, 그리고 가난한 서민들이 섞여서 살았다. 한양의 특수지역이었다고 할 수 있겠다. 여유 있는 상인과 중인들은 중·소규모의 기와집에 살면서 행랑채에 가게를 열거나 약국을 차렸다. 직장과 주거가 같이 있는 주택이다. 그림 속에 많이 보인다. 나머지는 모두 서민주택. 초가집. 그림 속 주택의 대다수가 소박한 초가집이다.

조선말 서울을 찍은 사진을 보면 초가집이 대종을 이룬다. 1899년 조사에 의하면, 한성부 관내의 주택 중 70퍼센트가 초가였다. 북촌을 제외하면, 초가집이 압도적으로 많았다는 것이다. 그건 기와 산업의 취약성 때문이었다. 민간이 소비하는 기와는 몇 군데 공장에서 공급했는데, 새롭게 공장을 설립하려면 관의 인가를 받아야 했고, 몰래 제조한 기와는 몰수당했다. 그랬으니 기와는 비쌌다. 기와집이라고 해서 환경이 양호한 것도 아니었다. 대갓집은 바닥에 기단을 높이 쌓고 주택을 지었으므로 적절한 환경을 유지할 수 있었다. 그러나 보통 주택에서는 기단을 쌓지 않고 땅을 다진 위에 바로 초석을 놓고 기둥을 세웠다. 지붕 구조도 튼튼하지 못했으므로 20~30년만 지나면 수평·수직의 균형을 잃고 집이 기울었다. 그러니 웬만한 집은 늘 바람이 스며들고, 비가 새고, 쥐가 들락거렸다. 서울 시민이 양호한 주거환경에 살게 된 것은 '근대화'라는 역동적인 과정을 거친 후에야 비로소 가능했다.

1 휴버트 보스가 그린 〈서울풍경〉
1899년, 현재 정동 미국 대사관저에서 경복궁 방향을 내려다보고 그린 것이다.
ⓒ국립현대미술관

2 〈서울풍경〉 속 광화문과 시민들
흰색 도포를 휘날리며 거리를 활보하는 행인들의 모습이 그림에 생동감을 불어넣는다.
ⓒ국립현대미술관

3 〈백악춘효〉 속 광화문과 해태상
망한 조선의 광화문은 굳게 닫혔고, 현판은 있으나 글씨는 없다. 육조거리도 텅 비었다.
ⓒ국립중앙박물관

침탈된 한양, 슬픈 경복궁

한양은 좀체 변하지 않았다. 파리, 런던 같은 도시가 격렬한 변화를 겪으면서 근대도시로 탈바꿈하던 19세기 후반. 한양은 마냥 그대로였다. 가장 큰 변화라면 경복궁의 중건. 300년간 폐허로 버려졌던 경복궁을 다시 짓기 시작한 것이 1865년. 주역은 흥선대원군 이하응李昰應, 1820~1898. "왕실의 존엄을 천하에 과시하겠다." 그게 가장 큰 명분이었다. 초지일관 밀어붙인 사업은 1872년 완료되었고, 경복궁은 원래 모습을 되찾았다. 양반 귀족부터 일반 백성에 이르기까지 원성이 자자했던 이 사업은 결국 대원군을 몰락의 길로 내몰았다. 그 엄청난 자금으로 국방을 튼튼히 했다면, 아마 조선은 일제강점이라는 민족적 수난을 피할 수 있었을 것이다. 치명적인 판단 착오였다. 그래도 새로운 궁궐로 인해 잠시나마 서울의 모습은 번듯해졌고, 광화문은 한양 최고의 랜드마크가 되었다.

그런 서울을 그림으로 표현한 조선인은 없었다. 〈경기감영도〉와 〈동궐도〉가 그려진 이후 근 백 년간, 서울의 모습은 화가들의 관심 밖이었다. 나라가 망해가는 스산한 세월 속에서 서울을 눈에 담아 화폭에 옮길 여유가 없었을 것이다. 유일한 그림은 네덜란드 태생의 미국 화가 휘베르트 보스Hubert Vos, 1855~1935가 그린 〈서울 풍경Seoul Scenery〉. 화가는 1899년 서울에 들어왔고, 한 달간 체류하면서 〈고종황제 초상〉을 비롯해 세 장의 그림을 그렸다. 이 그림은 정동 언덕의 미국 공관지금의 미국대사관저에서 경복궁 방향을 내려다본 것이다. 저 멀리 북악산 산세를 따라 경회루, 근정전, 광화문이 차례로 보인다. 화가는 지금의 당주동, 신문로, 태평로 일대를 크지 않은 화폭에 세세히 담았다. 흰색 도포 자락을 휘날리며 거리를 활보하는 행인들. 그게 이 그림에 생동감을 불어넣는다. 그래도 서양 화가의 눈에 비친 한양은 은자隱者들이 모여 사는 고즈넉한 도시였다.

1915년. 일제의 수탈이 본격화되던 시절. 도화서 출신의 화가 안중식安中植, 1861~1919은 경복궁을 화폭에 담았다. 〈백악춘효白岳春曉〉. 봄날 새벽의 백악산 풍경. 여름과 겨울에 각각 하나씩, 같은 구도로 두 폭의 그림을 그렸다. 1894년 갑오개혁으로 도화서가 폐지되자 화가는 정체성을 고민하면서도 자신의 그림을 그렸다. 그런데 그가 사실대로 경복궁을 그렸다면 저런 모습일 수가 없다. 당시 총독부는 통치 5주년을 기념하는 박람회조선물산공진회를 연다면서 경복궁의 전각들을 마구 헐어내고 서양식 건물을 짓고 있었다. 화가는 기억 속의 경복궁을 그린 것이다. 광화문은 굳게 닫혔고, 현판은 있으나 글씨는 없다. 그림 하단의 육조거리는 텅 비어 있다. 참 적막한 모습이다. 그래도 두 마리 해태는 결코 기가 죽지 않았다. 조선의 마지막 궁중 화원. 그는 이리 읊조리고 있다.

지금은 암울해도 우리는 결코 희망을 잃지 않으리라.

그에게 100년 후 서울의 모습을 보여주면 얼마나 놀랄까. 혼이 빠져버릴지도 모른다.

안중식이 그린 〈백악춘효〉
1915년 봄날 새벽 백악산과 그 아래 경복궁을 그렸다.
ⓒ국립중앙박물관

제15화

뉴욕

격자 틀 속에 펼쳐진
초고밀의 맨해트니즘

〈뉴욕 조감지도〉 헤르만 볼만, 1962년

정신착란증에 걸린 도시, 뉴욕을 그리다

그림과 함께 하는 도시 탐험의 여정도 이제 종착지에 와 있다. 미국 자본주의의 본거지. 미국 문명의 요람이자 도가니. 뉴욕이다. 인간이 성취할 수 있는 위대한 것들이 다 모여 있는 도시. 부유해지겠다. 탁월해지겠다. 그런 욕망과 열망이 뒤범벅된 도시. 끝없이 이어지는 마천루. 넘쳐나는 활력. 다종다양한 이미지와 예술적 감성들이 만화경처럼 반짝인다. 그렇지만 그런 밝음만큼이나 어두움도 짙다. 도시 곳곳에 깔린 모순과 혼란. 세계 최고 부자들이 모였지만 빈민들도 흘러넘친다. 많이 변했다고는 하나 할렘Harlem은 여전히 가기가 꺼려진다. 그뿐인가. 뉴욕은 신화적인 범죄 도시가 아니었던가. 많은 애호가가 "너무너무 좋다"는 영화 〈대부The Godfather〉의 무대. 마피아와 무법자들이 설치던 으스스한 도시. 뉴욕만큼 불가사의한 것들로 가득 찬 도시가 또 있으랴.

그런 뉴욕에 시를 지어 바쳐 출세한 사람이 있다. 렘 콜하스Rem Koolhaas, 1944~. 요즘 세계에서 가장 잘나가는 건축가다. 내로라하는 이론가들이 라스베이거스를 보네 로마를 연구하네 하던 1970년대. 그는 뉴욕을 파헤쳤다. 그리고 펴낸 책이 《정신착란증의 뉴욕Delirious New York》1978. 제목은 삐딱하지만 실은 뉴욕의 도시문화를 한껏 치켜세우는 책이다.

맨해튼은 20세기의 로제타 스톤Rosetta Stone이다.

20세기 인간이 이룬 모든 성취가 맨해튼에 담겨있다는 뜻이다. 공간

〈뉴욕 조감지도〉 부분
헤르만 볼만이 1962년 완성한 지도다. 1964년 뉴욕 만국박람회에 판매할 목적으로 만든 이 지도는 사람의 손으로 그린 그림지도 중에서 '최고'로 꼽힌다. ©Pictorial Maps, Inc. 출처: David Rumsey Historical Map Collection

격자 틀 속에 펼쳐진 초고밀의 맨해트니즘

1 브라운슈바이크 그림지도 부분
볼만이 전쟁 후 몰두한 '도시 그리기' 작업의 첫 성과로 1954년 출간되었다. ©Bollmann Bildkarten Verlag, 출처: David Rumsey Historical Map Collection

2 볼만이 뉴욕을 그리기 위해 장만한 새로운 장비들
폭스바겐 딱정벌레차와 경비행기가 보인다. ©Bollmann Bildkarten Verlag

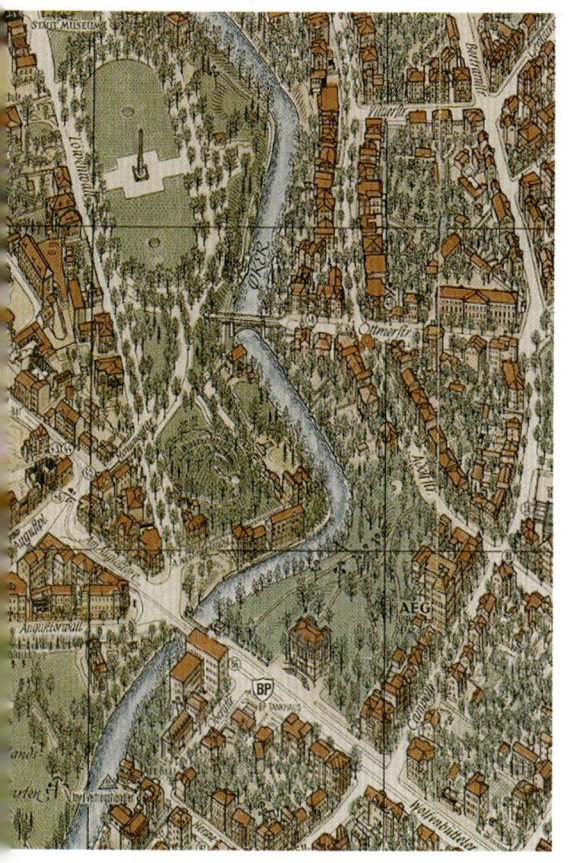

에 대한 열망. 극단의 창의성. 그게 버무려진 초고층의 건축문화. 탁월하기 짝이 없다. 그게 독이 되었던가. 스스로 도취해버린 이 도시는 한 줌의 자기성찰도 없이 끝없는 욕망의 실현을 이어간다. 그렇지만 뉴욕에 펼쳐진 초고밀hyper-density 환경이 인류 문명의 새로운 이정표가 된 것을 어찌 부정하랴. 대도시적 생활양식metropolitan lifestyle이란 주제를 놓고 쉼 없이 실험해온. 그런 뉴욕의 도시문화. '맨해트니즘Manhattanism'이라고 부를밖에. 다른 용어가 있을까? 대략 그런 주장이다.

그런 초고밀 도시를 세세히 그린다. 과연 가능할까? 그걸 여봐란듯이 해낸 사람이 있으니. 헤르만 볼만Hermann Bollmann, 1911~1971이란 독일인이다. 그래픽 디자이너가 되고 싶었던 이 사내는 제2차 세계대전으로 인생 항로가 바뀌어버렸다. 군에 끌려갔고, 지도 부대에 배속되어 관측병이 되었다. 불행 중 다행인지. 연합군에 잡힌 그는 포로수용소에 있는 동안 그림지도에 꽂혀버렸다. 파괴된 조국의 도시들을 그림으로라도 되살리고 싶었던 게다. 수용소를 나와, 고향인 브라운슈바이크Braunschweig부터 그렸다. 길을 따라 전개되는 경관을 일일이 스케치해서 3차원 이미지로 옮겼다. 카메라는 쓰지 않았다. 도시의 평면을 그려내고, 그 위에 건물, 구조물, 수목 등을 앉히는 작업. 15세기 피렌체를 그린 〈사슬지도〉, 16세기 베네치아를 그린 〈바르바리 지도〉, 18세기 파리를 그린 〈튀르고 지도〉. 그런 지도의 제작 방식을 잇는 작업이었다. 볼만은 그렇게 독일의 도시를 하나씩 그려 나갔다. 혼자서.

그런 그에게 뉴욕을 그려보지 않겠냐는 제안이 들어왔다. 뉴욕은 1964년 만국박람회를 개최하기로 되어있었다. 그때 관광객에게 판매할 그림지도. 그야말로 도전이었다. 그런데 이 고슴도치 같은 도시를 그려내려면 옛 방식으로는 불가능했다. 게다가 혼자로는 어림도 없었다. 1960년, 볼만은 팀을 꾸렸고, 새로운 장비를 마련했다. 폭스바겐의 딱정벌레차Beetle 지붕 위에 광각렌즈가 장착된 카메라를 높이 올렸다. 또 있었다. 경비행기와 그것에 딸린 특수 카메라. 당시로서는 최첨단이었다. 지상에서 5만 컷, 비행기에서 1만 7천 컷. 도시를 샅샅이 촬영했다. 그리고 그것을 도면에 옮겼다. 창문 하나까지 일일이 따져가면서. 그렇게 8개월 동안 '투쟁한' 결과 1962년 〈뉴욕 조감지도Bird's Eye View of New York〉가 완성되었다. 뉴욕을 그렸다고는 하나, 실제로는 맨해튼 중심부만을 조망했다. 지도 역사에 한 획을 긋는 성과였다. 치밀하고, 수준 높고, 아름다운 지도. 그동안 사람의 손으로 그려낸 그림지도 중에서 단연 '최고'였다.

〈뉴욕 조감지도〉
엑소노메트릭 작도법으로 그린 이 지도는 맨해튼의 모든 것이 세세하게 전달된다. 뉴욕 관광의 필수품이자 최고의 기념품으로 불티나게 팔렸다. ⓒPictorial Maps, Inc.
출처: David Rumsey Historical Map Collection

격자 틀 속에 펼쳐진 초고밀의 맨해트니즘

'엑소노메트릭 작도'. 그 방법으로 그렸다. 〈경기감영도〉와 〈동궐도〉를 그린 '오블리크 작도'는 건물의 정면이 그대로 보이는 대신 평면이 비뚤어진다. 그런데 '엑소노메트릭 작도'는 평면의 직각을 유지한 상태로 건물의 표피를 그린다. 그러니 건물의 정면과 측면을 동등하게 보여줄 수 있다. 사각형 블록이 반복되는 틀 속에서 마천루들이 존재감을 다투는. 그런 도시를 제대로 보여주기에는 이 도법이 최적이다. 그래도 약간의 보정이 필요했다. 우선, 실제보다 길의 폭을 넓혔다. 실제대로 그리면, 건물들이 서로 붙어서 도시가 콩나물시루처럼 보인다. 또 하나, 엠파이어스테이트 빌딩 같은 주요한 건물은 높이를 조금씩 올렸다. 악센트를 주면 가독성이 높아진다. 그렇게 그린 볼만의 뉴욕 지도는 '인기짱'이었고, 불티나게 팔렸다. 아메리칸 항공American Airlines 같은 회사에서는 이 지도의 특별판을 만들어 주요 고객에게 사은품으로 선물했는데, 그걸 구하겠다는 사람이 줄을 섰다.

완벽한 격자 도시, 맨해트니즘의 밑바탕

볼만의 지도를 들고 맨해튼으로 들어간다. 밖으로 드러나지 않는 도시의 속살이야 더하지만 겉모습도 참 특별하다. 무엇이 이 도시를 그렇게 만들까? 뾰족뾰족한 마천루? 볼만이 이 지도를 그렸을 때, 전 세계 50층 이상 건물의 절반이 맨해튼에 있었다. 그러니 뉴욕이 '마천루 도시'라고 묘사되는 거야 사뭇 그럴싸하다. 그런데 그것보다 훨씬 더 센 게 있다. 바로 격자형 도시구조. 같은 모양의 블록이 끝도 없이 이어지는 뉴욕 공간구조의 기본 틀. 2011년, 뉴욕시는 '격자 도시 200주년'을 기념하는 성대한 전시회를 열고, '가장 위대한 격자 The Greatest Grid'라는 그럴싸한 타이틀을 스스로에게 부여했다. "너무 경직되고 단조롭다." 그런 부정도 적지 않지만, "개발하기에 딱 좋고, 무한한 변화를 유발한다." 그런 긍정도 많다. 분명한 것은, 이 격자 구조는 맨해튼이 초고밀 도시로 발전(?)하는 젖줄이 되어왔다는 사실. 그게 뉴욕 이야기의 첫 번째 주제다.

1 뉴암스테르담의 소박한 모습
네덜란드 화가 요하네스 핑본스(Johannes Vingboons)가 1664년에 그렸다. ©National Archives, the Hague, Wikimedia Commons

2 체계적인 확장 이전의 맨해튼
1807년 윌리엄 브리지(William Bridge)가 그린 지도다. ©Wikimedia Commons

맨해튼은 남북으로 긴 섬이다. 네덜란드인들이 인디언에게 거의 공짜로 그걸 사들여 남쪽 끝에 뉴암스테르담New Amsterdam, 1625~1664이란 작은 항구를 만들었다. 영국 왕 찰스 2세Charles II, 재위 1660~1685가 그걸 빼앗아 동생인 요크York 공작에게 선물로 주자 섬의 이름이 뉴욕으로 바뀌었다. 인디언이 그곳을 부르던 원래 이름은 '매나하타Manahatta'. '언덕이 많은 지역'이란 뜻이다. 맨해튼의 성장은 눈이 부실 지경이었다. 운하가 통하고 철도가 개설되자 모든 판로가 맨해튼으로 집결되었고, 도시는 거대한 시장이 되어 갔다. 이민자의 유입도 폭발적으로 늘어났다. 북쪽으로 도시의 영역을 넓혀 갈 수밖에. 주거지와 상업지가 이리 붙고 저리 붙었다. 맨해튼 남부 그러니까 로어맨해튼Lower Manhattan의 공간구조가 다소 복잡한 것은 그런 식으로 찔끔찔끔 성장한 탓이다. 도시를 그렇게 누더기로 키워나갈 수는 없었다. 드디어 1807년, 뉴욕시는 과감한 결정을 내렸다.

확장을 위한 체계적인 계획을 수립하자.

그 유명한 '위원회 계획The Commissioners' Plan, 1811'의 첫발이었다. 위원은 세 사람. 주어진 임무는 도시 확장을 위한 원대하고도 똘똘한 계획의 수립. 갓 스무 살짜리 토목 엔지니어 존 란델John Randel Jr., 1787~1865이 실무책임자로 발탁되었다. 위원회는 그에게 측량과 계획 일체를 맡겼다.

"땅을 강탈하려 한다."

오해한 지주들이 갖은 방해를 했지만, 란델은 기어이 측량을 마쳤고, 1811년 위원회에 계획을 제출했다. 철저한 격자형 계획. 구릉이고 계곡이고, 땅의 변화에 대한 일체의 고려도 없었다. 철저한 실용과 민주, 그야말로 미국적 계획이

1811년 수립한 맨해튼 계획
그 유명한 '위원회 계획'이다. 땅의 변화에 대한 일체의 고려도 없이 공정과 실용만을 강조한, 철저한 격자형 계획이다. ⓒThe Library of Congress

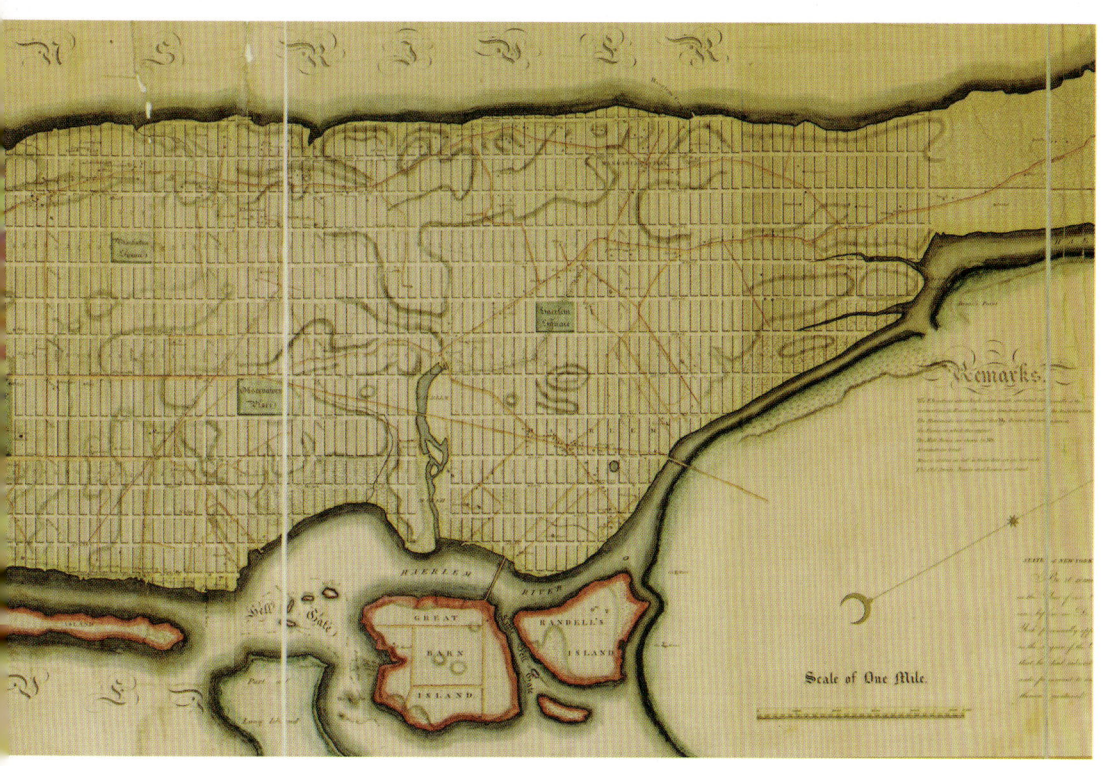

격자 틀 속에 펼쳐진 초고밀의 맨해트니즘

었다. 위원회는 이렇게 단언했다.

> 도시는 기본적으로 시민의 주택으로 이루어지는데, 길에 직선으로 면하면서 길과 직각을 이루는 주택이 짓기에 가장 저렴하고 살기에도 제일 편하다.

계획은 즉각 시행되었다. 남북 방향의 길은 애비뉴Avenue, 폭 30미터, 동서 방향의 길은 스트리트Street, 폭 18미터. 그렇게 정했다. 애비뉴 12개, 스트리트 155개. 2천여 개의 블록이 생겼다. 블록은, 길이에는 변화가 많지만 폭 60미터

19세기 말의 맨해튼과 브루클린
1875년 발간된 그림지도다. 1811년부터 시행된 맨해튼 확장계획이 실제로 구현되는 데는 채 60년이 걸리지 않았다.
ⓒThe Library of Congress

에는 변화가 없다. 란델은 길이 만나는 코너마다 번호가 새겨진 표지석을 땅에 박아넣었고, 코너가 바위이면 쇠 볼트를 박았다. 임의로 바꿀 수 없도록 블록을 딱딱 정해버린 것이다. 시에서는 땅을 판매하기 시작했다. 한 필지는 폭 7.5미터25ft, 길이 30미터100ft. 그게 기본이었다. 원하면, 여러 필지를 묶어서 팔았다. 땅은 쉬 팔렸고, 산 사람은 웃돈을 받고 다시 팔았다. 바야흐로 뉴욕에는 부동산 광풍이 불었다. 이전에는 은행업과 무역업이 도시의 주력산업이었는데, 거기에 부동산업이 새로 추가되었다. 이렇게 되자 155번 스트리트까지 건물이 들어서는 데 채 60년이 걸리지 않았다. 수백 년 걸리리라는 예상은 완전히 빗나가 버렸다.

　브로드웨이와 센트럴파크가 뒤늦게 추가된 것은 큰 다행이었다. 다행 정도가 아니라 안 했으면 큰일 날뻔했다. 두 공간 모두 '위원회 계획'에는 없었다. 브로드웨이는 원래 인디언의 사냥 루트였다. 맨해튼 서쪽을 아래위로 관통해 남쪽까지 이어지는 숲길. 그걸 되살리고 확장해서 유럽 스타일의 불바르로 만든 것이다. 완벽한 규칙을 깨는 변칙의 루트. 신의 한 수였다. 브로드웨이로 인해 맨해튼은 하나로 통합될 수 있었으니. 그게 없다면 뉴욕은 방향성 부재의 그야말로 먹통 도시가 되었을 터. 브로드웨이는 부유함과 권위와 역사와 예술을 상징하는 거리, 그러니까 최고의 거리로 자리 잡았다. 맨해튼 중심을 대각선으로 관통하는 이 길이 애비뉴들과 교차하면서 X자형 광장이 생긴 것도 절묘한 장소 만들기였다. 타임스 스퀘어와 메디슨 스퀘어가 없는 뉴욕을 상상해보시라. 앙꼬 없는 찐빵. 중심 없는 도시. 그렇게 되지 않았겠나.

　브로드웨이가 선線으로 그랬다면, 센트럴파크는 면面으

1

BROADWAY. NEW YORK.
FROM THE WESTERN UNION TELEGRAPH BUILDING LOOKING NORTH.

2

3

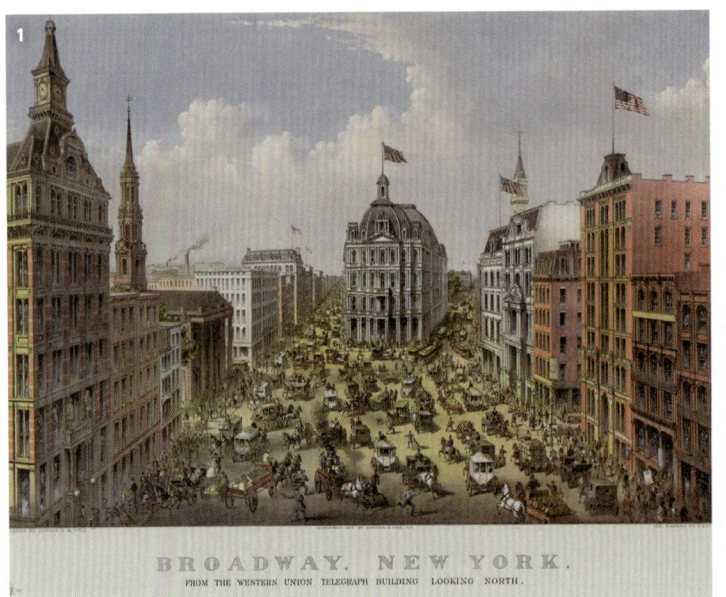

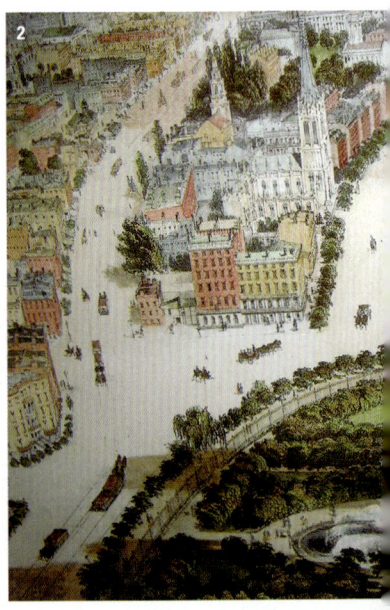

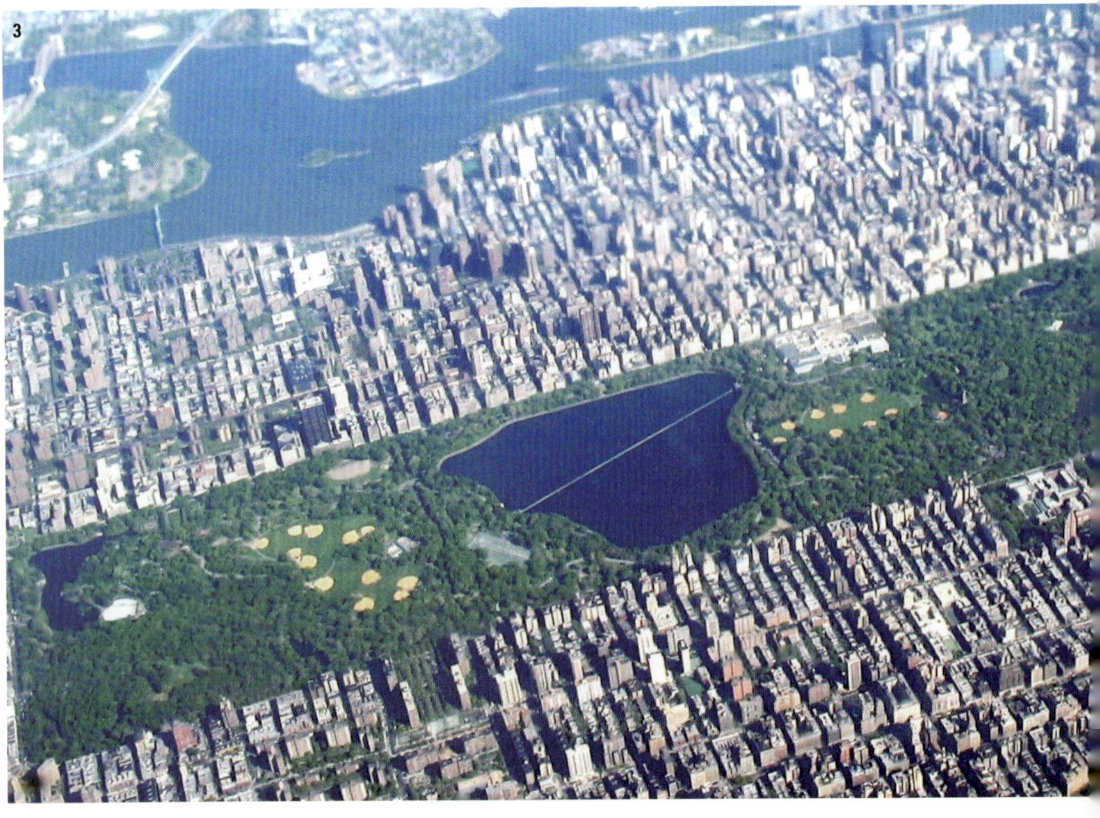

1 1875년의 브로드웨이
왼쪽 직선으로 뻗어나가는 도로가 브로드웨이인데, 이미 최고로 번화한 도로가 되었다. ©The Library of Congress, Wikimedia Commons

2 뉴욕에 들어선 런던풍의 스퀘어
유니언 스퀘어에서 남쪽을 바라보았다. 1850년 바흐만(C. Bachmann)이란 화가가 그렸다. ©Wikimedia Commons

3 공중에서 내려다본 센트럴파크
이 회화풍의 도시공원은 초고밀 도시 맨해튼의 푸르른 돌파구가 되었다. ©Wikimedia Commons

로 격자를 깼다. '위원회'는 광장과 공원에 인색했다. 맨해튼을 감싸는 두 강이 푸르름과 맑은 공기를 충분히 제공한다고 공언했지만 실은 금싸라기 땅을 내놓기 싫었던 게다. 그런데 1822년 도시에 황열병이 퍼지고, 많은 뉴요커가 런던을 오가면서 상황이 변했다. 그들은 런던 주거지 곳곳에 들어선 '스퀘어'가 부러웠다. 뉴욕을 파리 런던 같은 유럽 도시와 비교하는 기사가 매스컴에 자주 떴다. 1830년부터 런던풍의 스퀘어가 도시 곳곳에 들어섰지만 그래도 시민의 갈증은 해소되지 않았다. 드디어 시는 1853년 법을 만들고 설계 공모를 통해 센트럴파크 건설에 착수했다. '근대 조경의 아버지'라 불리는 프레더릭 로 옴스테드 Frederick Law Olmsted, 1822~1903. 그가 동서 800미터, 남북 4킬로미터의 틀 속에 펼쳐놓은 '회화풍'의 공원. 그건 초고밀 도시에 생명력을 불어넣는 거대하고 푸르른 돌파구가 되었다.

격자 도시의 자율성

살짝 바뀌기는 했지만, 맨해튼은 여전히 순도 95의 격자 도시다. 그걸 두고 나쁘다는 쪽과 좋다는 쪽이 편이 갈린다. 양쪽의 논리가 사뭇 팽팽한데, 나쁘다는 쪽의 비판은 상당히 혹독하다. 도시사상가 루이스 멈포드는 죽는 날까지 맨해튼을 씹었다.

> 끝도 없이 이어지는 긴 길과 비슷비슷한 집이 속절없이 이어지는 단조로운 경관.

그게 맨해튼의 속성이라면서 '우둔하다 imbecility' '바보같다 folly' 같은 단어를 서슴지 않고 썼다. 건축 거장 프랭크 로이드 라이트 Frank Lloyd Wright, 1867~1959 역시 맨해튼에 대해 쓴소리를 아끼지 않았다.

> 거대한 규모에 눌려서 오도 가도 못할 것 같은 공포감에 시달리고.

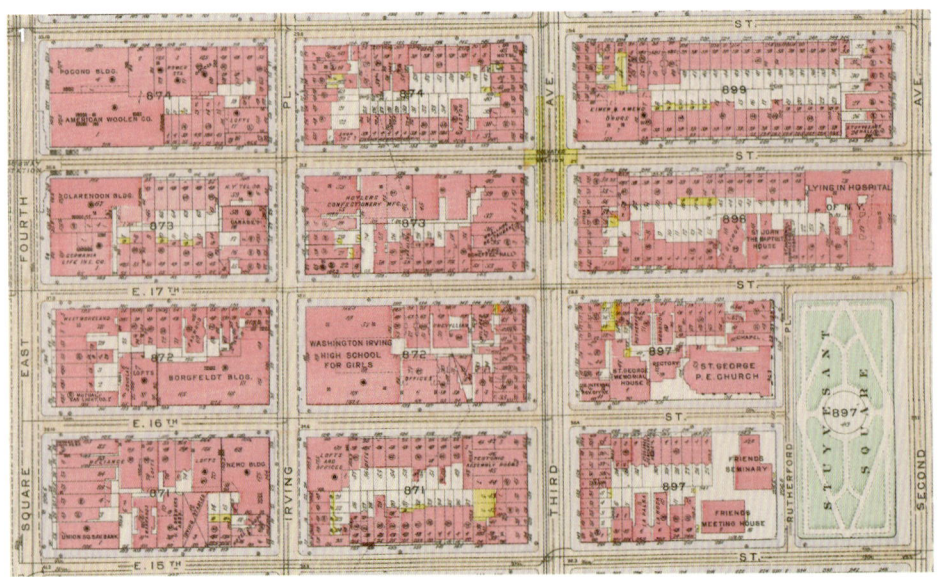

너무너무 단조롭다.

그뿐일까. 콜롬비아대학의 도시계획 교수 피터 마르쿠제Peter Marcuse는 아예 맨해튼에 사형선고를 내려버렸다.

개성과 조화를 추구하는 대신 오로지 부동산 개발만 염두에 둔 결과, 전 세계 선진국에 들어선 주요 도시 중에서 최악이 되어버렸다.

좀더 실질적인 이슈를 제기한 사람도 있다. 뉴욕 주거사에 매진한 리처드 플룬츠Richard Plunz 같은 사람이다. 그는 블록과 삶의 질에 관한 이야기를 했다. 맨해튼의 블록은 모두 동서로 뻗는다. 그 결과 남쪽을 향하는 주택은 충분한 햇빛을 받지만 북쪽을 향하는 주택은 햇빛을 받지 못한다. 만약 블록을 90도 돌려서 배열했다면, 모든 주택이 동·서를 향하게 되고 햇빛도 골고루 받을 것이다. 게다가 (런던처럼) 블록을 가로지르는 서비스용 골목을 냈다면 뉴욕의 길은 좀 덜 붐비고 혼잡스럽지 않을 것이다. 그러니

1 맨해튼의 토지분할
삶의 질보다는 땅의 판매를 중시한 토지의 분할이다. 1894년 맨해튼 전체를 실측 조사해 그린 지도다.
©The Library of Congress, Wikimedia Commons

2 〈지구를 키우는 도시〉
많은 버전이 돌아다니는데, 이건 화장기 없는 초기 그림으로 콜하스의 의도가 명징하게 전달된다. ©Rem Koolhaas & Zoe Zenghelis, 제공: OMA

격자 틀 속에 펼쳐진 초고밀의 맨해트니즘

565

"아무리 좋게 봐주어도, 뉴욕의 격자 계획은 수준 이하다". 그런 주장이다.

우군도 많다. 가장 열렬한 우군은 역시 렘 콜하스. 그는 맨해튼의 격자 계획이 "서구 역사상 가장 용감한 예측"을 했다면서 모든 군말을 막아버렸다. 그리고 이런 논리를 폈다. 뉴욕은 전통적인 도시형성의 원칙을 모두 폐기해버렸다. 공간적 분절과 차별화. 그게 전통적인 원칙이다. 도시에 뚜렷한 성격을 부여하고 공간적 인지성을 높이는 전략이다. 크고 작은 광장, 특별한 길, 랜드마크, 확실한 교차점들이 그런 목적으로 차출되었다. 그런데 맨해튼 건설자들은 그렇게 하지 않았다. 똑같은 블록을 좍 깔아놓음으로써 그곳에 다양한 형태의 건축물이 자유롭게 들어오도록 한 것이다. 맨해튼은 2차원적으로는 균질하고 중성적이지만 그런 도시가 수직화하면 이야기가 달라진다. 3차원적 도드라짐의 각축장. 마천루의 경쟁적 실험과 형태적 다채로움. 그게 뉴욕의 매력이자 성취 아닌가.

콜하스는 그런 논리를 그림으로도 보여주었다. 〈지구를 키우는 도시 The City of the Capive Globe〉 1972. 그의 책에 실리면서 유명해진 그림이다. 관념 속의 맨해튼이다. 이어지는 블록들. 모두에는 반짝이는 대리석 받침대가 올려졌다. 그 레벨에서 모든 블록은 같지만, 그것도 잠시. 위에는 상상할 수 있는 모든 전위적인 구조물이 들어선다. 르코르뷔지에의 십자 타워, RCA 빌딩록펠러센터의 중심 건물, 표현주의, 구조주의… 건축이면 좋고 아니어도 상관없다. 우선하는 것은 특별함과 기발함이다. 그런데 여기서 창조의 진정한 승리자는 건물이 아니다. 격자 구조다. 블록이 누리는 자율성. 창의력과 생명력. 그건 억제할 수 없다. 예측도 할 수 없다. 그 결과는 초고밀의 잡종적 환경. 근데 그게 맨해튼에 국한된 것일까? 전 세계 대도시가 지향하는 패러다임 아닌가. 그것이 뿜어내는 열기는 뜨겁고, 인큐베이터에 담긴 지구는 그 열기로 크고 있다. 대단한 상상력이다.

마천루의 뉴욕

초고밀 도시. 19세기 초반 '위원회'가 계획을 시행할 때만 해도 그런 건 상상도 못 했다. 그런데 1900년을 전후해 마천루가 들어서면서 뉴욕이 확 바뀌기 시작했다. 변신의 핵은 맨해튼 남쪽에 자리한 금융가 월 스트리트. 거기서 센트럴파크에 이르는 업무지역. 발전의 기세가 드셌다. 그런데 양쪽으로 강이 흐르는 맨해튼에서 업무지역은 마냥 퍼져나갈 수 없었다. 그런데도 기업들은 이왕이면 그곳에 오피스를 가지고자 했다. '맨해튼의 중심은 신세계의 심장부'라는 상징성 때문이다. 공간에 대한 요구는 뜨겁고, 땅은 한계가 있고. 방법은 딱 하나. 하늘로 솟아오르는 수밖에. 미국의 개척정신. 그건 서부 개척에만 국한되지 않았다. 하늘의 개척. 20세기 뉴욕에 주어진 시대적 과업이었다.

엘리베이터가 구세주였다. 발명자는 엘리샤 오티스 Elisha Otis, 1811~1861. 그는 1853년 뉴욕에서 열린 만국박람회에 안전장치가 달린 엘리베이터를 선보였고, 이내 회사를 차려 사업에 돌입했다. 엘리베이터가 없던 '계단의 시대'. 2층 이상에는 상업공간이 들어설 수 없고, 5층 이상에는 인간의 생활이 행해질 수 없었다. 그런데 그런 제약이 다 사라져 버렸다. 그리고 1880년경 새로운 건축재료로 등장한 스틸 steel. 엘리베이터가 철골구조와 만나자 '마천루 시대'가 열렸고, 막상 시작되니 거칠 게 없었다. 콜하스는 1910년경의 월 스트리트를 이렇게 묘사했다.

> 길이 아닌 곳은 모두 거대한 건물들. 어떤 선언도, 건축적 논쟁도, 정책도, 법률도, 계획도, 이데올로기도, 이론도 없었다. 오로지 마천루. 있는 건 그뿐이었다.

우후죽순처럼 올라갔다. 그런 와중에도 뉴요커의 사랑을 받는 아름다운 마천루가 적잖게 등장했다. 걸출한 초기 마천루들. 선두는 플랫아이언 빌딩Flatiron Building, 1903이었다. 22층 높이, 고전풍의 우아한 건물이다. 당시 미국의 스타 건축가이자 마천루의 창시자 다니엘 번햄Daniel Burnham, 1846~1912이 설계했다. 메디슨 스퀘어의 남쪽 끝 삼각형 필지에 솟은 이 건물은 "마천루도 아름답다. 랜드마크가 될 수 있다." 그런 인식을 심어주었다. 또 다른 걸작은 울워스 빌딩Woolworth Building, 1913. 이건 고딕 양식이다. 설계자는 캐스 길버트Cass Gilbert, 1859-1934. 30층 높이의 베이스 위로 30층 높이의 백색 타워가 치솟아 오른다. 당시로는 기적과 같은 높이였다. 이 건물로 기업은 브랜드 가치를 한껏 올렸다. 이후 기업주들은 이보다 높은 오피스를 원했으니, 뉴욕의 마천루에는 높이 경쟁에 불이 붙었다.

1 플랫아이언 빌딩
5번가와 브로드웨이가 만드는 삼각형 땅에 들어선 우아한 랜드마크다.
©Wikimedia Commons

2 울워스 빌딩
고딕 양식의 이 건물이 뉴욕의 마천루에 높이 경쟁을 붙였다.
©Wikimedia Commons

3 에퀴타블 빌딩
이 건물로 인해 뉴욕에는 조닝법이 발동되었다. ©Wikimedia Commons

처음에는 어떤 규제도 없었다. 기술이 허용하는 한 사업주 맘대로였다. 그런데 에퀴타블 빌딩Equitable Building, 1915이 사달을 냈다. 브로드웨이에 면하는 40층 높이의 이 건물은, H형 평면으로, 블록을 모두 차지하면서 솟아올랐다. 길로부터 한 뼘도 물러서지 않았다. 주변에 드리우는 그림자 면적만 약 8만6천 평7에이커. 여론이 비등했다. 뉴욕시는 비로소 '조닝법Zoning Law, 1916'을 발동했다. 위로 올라갈수록 건물을 들여서 지으라는, 강력한 규제였다. 그 모델이 울워스 빌딩이었다. 건축가보다는 삽화가로 더 유명한 휴 페리스Hugh Ferriss, 1889~1962는 조닝법에 맞추면 건물이 어떻게 되는지 수많은 스케치로 보여주었다. 끝없이 솟을 수 있는 타워는 가운데만대지 면적의 4분의 1까지 둘 수 있었다. 그러니 뉴욕의 마천루는 웨딩케이크 모양이 되었는데, 그게 50년 가까이 지속되었다. 볼만의 지도를 찬찬히 들여다보시라.

뉴욕 마천루의 최전성기는 1920~30년대와 1950~60년대. 두 시기였다. 앞은 아르데코, 뒤는 근대. 양식상의 차이가 있었다. 아르데코 양식의

최고 걸작은 단연 크라이슬러 빌딩Chrysler Building, 1930이다. 뉴요커들이 가장 사랑하고, 건축가들도 "가장 아름다운 마천루"라고 의견 합치를 본 건물. 뉴욕의 아이콘이다. 날렵하게 치고 올라가다가 끝에서 뾰족하게 하늘을 찌르는 형태미. 한 치의 허점도 없다. 에펠탑의 높이를 제압한 최초의 건물이었고, 마천루가 300미터를 넘은 것도 이 건물이 최초였다. 그것도 잠시. 채 일 년이 되지 않아 엠파이어스테이트 빌딩에 최고의 자리를 내주어야 했다. 그만큼 경쟁이 치열했다. 42년간 '세계 최고最高의 빌딩'으로 군림한 엠파이어스테이트 빌딩. 뉴욕에 가면 꼭 올라가는 이 건물에 대해서는 더 언급할 필요가 없을 듯.

그래도 록펠러센터Rockefeller Center, 1939는 지나칠 수 없다. 맨해튼 속의 맨해튼. 아르데코의 앙상블. 대공황이 한창인 1930년대에 건설된 이후 죽 '뉴욕의 중심'으로 사랑받아 왔다. 높고 낮은 빌딩 총 19개의 집합체. 작은

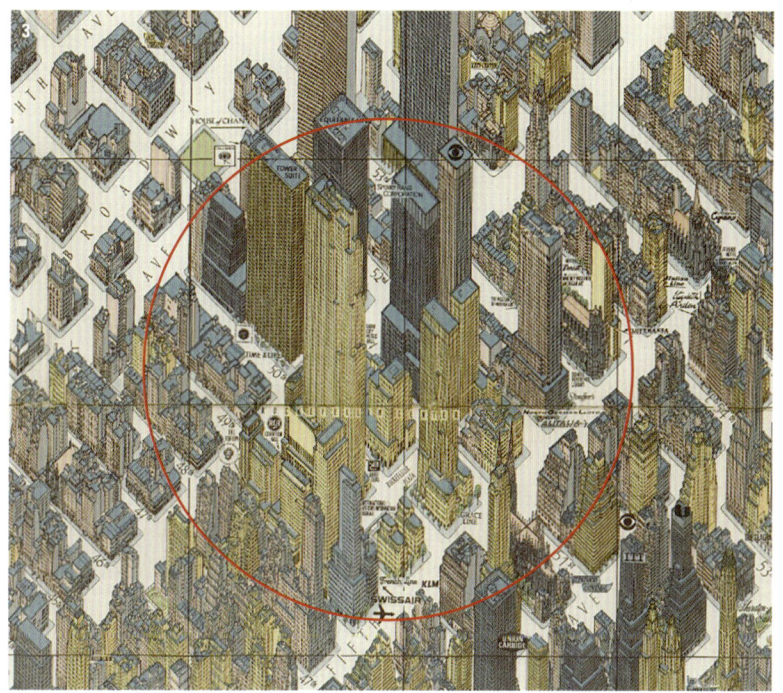

1 휴 페리스의 용적 연구
그의 많은 스케치 중 하나다.
©Cooper Hewitt, Smithsonian Design Museum, Wikimedia Commons

2 크라이슬러 빌딩의 상층부
이 뾰족한 이미지가 뉴욕의 아이콘이다. ©LMBauer, Wikimedia Commons

3 지도 속 록펠러센터
19개 건물의 집합체다. 중앙의 높은 황금색 건물이 70층 높이의 GE건물이다. 출처: David Rumsey Historical Map Collection

도시다. 건물을 한 덩어리로 올리지 않은 것은 설계팀을 이끈 건축가 레이먼드 후드Raymond Hood, 1881~1934의 소신 때문이었다. 그는 건물을 여럿으로 쪼개고 그걸 광장과 길을 매개로 조합했다. 70층의 날렵한 RCA 빌딩오늘날은 '30 Rock' 또는 'GE 빌딩'으로 부른다을 중심에 두고, 주변 건물의 높낮이를 조정하면서 건물·광장·길의 유기체를 만들어낸 건축가의 능력. 신의 경지라고 할 밖에는.

상업주의를 배제하고 시민에게 공간을 제공하자.

그런 건축가의 제안을 받아들인 건 록펠러 가문의 여유였다. 덕분에 뉴욕의 핵은 록펠러센터 광장Rockefeller Center

Plaza이 되었고, 이후의 마천루 건설자들은 공공을 무시하지 못했다.

유리 마천루. "그걸 시작한 사람이 나요", 미스 반데어로에가 머리를 든다. 시작은 시카고에 지은 두 동의 아파트860-880 Lake Shore Drive Apartments, 1951. 기업주들이 환호했다. 반짝이는 유리 박스는 진취적인 기업정신을 담기에 안성맞춤이었으니 뉴욕의 표피가 바뀌기 시작했다. 정작 미스는 뉴욕에 단 한 채의 건물만 올렸다. 시그램 빌딩Seagram Building, 1958. 위스키 회사의 사옥이다. 웨딩케이크 모양으로 박스를 올릴 수는 없기에. 미스는 길Park Avenue로부터 건물을 과감하게27미터나 후퇴시키고, 그곳에 광장을 조성했다. 그리고 건물은 반듯하게 세웠다. 오피스 면적은 줄어들었지만, 기업주는 그걸 기꺼이 감수했다. 이 건물을 계기로 뉴욕은 기존의 '조닝법'을 바꾸었다. 공공에게 공간을 제공하면 그만큼 높이에 혜택을 준다. 그게 골자였다. 길로부터 후퇴하고 전면에 광장을 조성한 마천루. 그게 퍼지면서 뉴욕 중심부는 공간적 여유가 생겼고, 직장인의 일상도 한결 느긋해졌다.

유엔 본부UN Building, 1951가 테이프를 끊은 뉴욕의 유리 마천루. 처음에는 반짝반짝 신기했다. 그렇지만 같은 표피의 박스형 건물들이 계속 나오자 뉴요커들은 식상해 했다. 시그램 빌딩이 보여주는 고고한 자태를 아무나 연출할 수는 없었다. "마천루에

시그램 빌딩
미스는 건물을 과감하게 후퇴시킨 후 광장을 조성하고 건물을 반듯하게 세웠다. ©Ken OHYAMA, Wikimedia Commons

변화가 필요하다, 초기의 마천루가 차라리 더 낫다." 여론이 스멀스멀 형성되었다. 휴 스터빈스Hugh Stubbins, 1912~2006는 날렵한 박스형 건물Citycorp Center, 1977 꼭대기에 뾰족한 모자를 씌웠고, 필립 존슨Philip Johnson, 1906~2005은 마천루AT&T Building, 1994에 고전주의를 부활시켰다. 그렇게 20세기 후반부터 시작된 새로운 실험. 끝이 없다. 시나브로 직각도 벗어던졌다. 기울이고, 잘라내고, 덧붙이고, 주무르고. 특정한 양식은 반짝이다 이내 사라졌다. 콜하스가 예견하지 않았던가. 맨해튼은 늘 르네상스. 하루걸러 새로운 것이 나타난다. 변화하는 사회, 바뀌는 취향에 대응하겠다는 도전정신은 시기에 구애받지 않는다.

슬럼에서 초호화 아파트까지

다시 볼만의 지도로 들어가서, 맨해튼 주변부를 둘러본다. 70년 전에 그려진 그림이니 지금 모습은 그때와는 또 다르다. 그런데 시점을 마천루가 막 퍼져나가던 20세기 초반으로 옮겨보면, 뉴욕의 주거지는 모습이 비슷비슷했다. 임대아파트 일색. 19세기 초반 시에서 땅을 매각할 때 부자들이 그걸 대거 사들였고, 거기에 5~6층 규모의 아파트를 지어서 임대했다. 그들은 런던 대지주의 사업방식을 모델로 삼았다. 소규모 임대업자들에게 땅을 나눠서 빌려주면 그들은 거기에 허름한 아파트를 지어서 서민에게 임대하고 관리했다. 지주는 임대업자만 상대하면 되었다. 집은 늘 부족했으니 사업은 땅 짚고 헤엄치기였다. 1860년대 이후 그런 식의 임대사업이 붐을 이루었다.

허름한 임대아파트가 마구 퍼져나가는 것과 같은 속도로 마천루도 계속 올라갔다. 뉴욕의 두 얼굴이었다. 그 극명한 대비가 만들어내는 경관은 사뭇 특별했다. 애오라지 한 칸 단칸방에 간신히 터를 잡은 이민자의 시야에 들이닥치는 거대한 마천루. 의식 있는 화가들이 그런 황당한 대비를 놓쳤겠는가. 뉴욕의 빛과 그림자. 그건 20세기 초반 뉴욕의 화가들이 즐겨 그

1 〈월요일 세탁〉
19세기 뉴욕 빈민가에서는 빨래를 월요일에 몰아서 하고 이렇게 내다 말렸다. 독특한 광경을 담은 사진이다. ©Detroit Photographic Co., Wikimedia Commons

2 〈47번 스트리트에서 바라본 6번가 북부〉
존 소블이 1936년 그린 그림. ©John J. Soble, 소장: Museum of the City of New York

린 주제였다. 화가 존 소블John J. Soble이 1936년에 그린 〈47번 스트리트에서 바라본 6번가 북부〉를 보시라. 화면 아래에는 허름한 임대아파트가 이어지는데 저 멀리에서 록펠러센터가 하늘을 찌른다. 임대아파트 옥상에서 그걸 바라보는 두 여인의 표정. 그려지나요?

비용은 최소화, 면적은 최대화. 임대업자들의 전략이었다. 7.5×30미터 필지에 꽉 차게 건물을 지었다. 옆집과 공간 띄우기. 그런 건 없었다. 방의 태반은 창이 없거나 있어도 빛이 들지 않았다. 그런 곳에 궁핍한 이민자들이 꾸역꾸역 들어왔고, 도시에는 슬럼이 퍼져나갔다. 시에서는 1867년 '임대주택법Tenement House Act'을 제정했다. 화재 시 대피할 수 있는 피난구를 둘 것, 거주자 스무 명 당 적어도 한 개의 수세식 변소를 둘 것, 지하에는 임대공간을 두지 말 것. 그런 내용이었다. 별 소용이 없자 1879년 법을 개정했다.

새로 짓는 임대주택은 대지의 65퍼센트 이상을 점유하지 못한다.

사뭇 강경했다. 그렇지만 임대업자들의 반발이 거셌다. 결국 80퍼센트로 타협을 보았다. 그렇게 해서 일반화한 것이 '아령형 임대주택dumb-bell tenement'이었다. 중앙에 계단실과 공동화장실을 두고 옆 건물과 최소한의 공간을 띄우다 보니 건물 평면이 아령 모양이 되었다.

1901년 뉴욕 인구는 340만 명, 그중 230만 명이 임대아파트에 거주했다. 임대아파트는 총 8만 채였는데, 절반 이상이 아령형 주택이었다. 그러니 뉴욕의 주거환경은 과밀했다. 당시 뉴욕은 인구 규모로는 세계에서 여섯 번째 도시였으나 인구밀도는 첫 번째였다. 주거밀도 역시 최고로, 파리의 그것을 훨씬 상회했다. 과밀했던 뉴욕의 서민주거지역. 그 분위기를 가장 잘 보여주는 게 영화 〈대부2Godfather Part II〉이다. 시칠리아에서 부모가 살해되어 고아가 된 9살의 비토 코를레오네Vito Corleone. 그가 1901년 뉴욕에 와 뒷골목 노동자에서 마피아 보스로 성장하는 과정이 한편의 서사시로

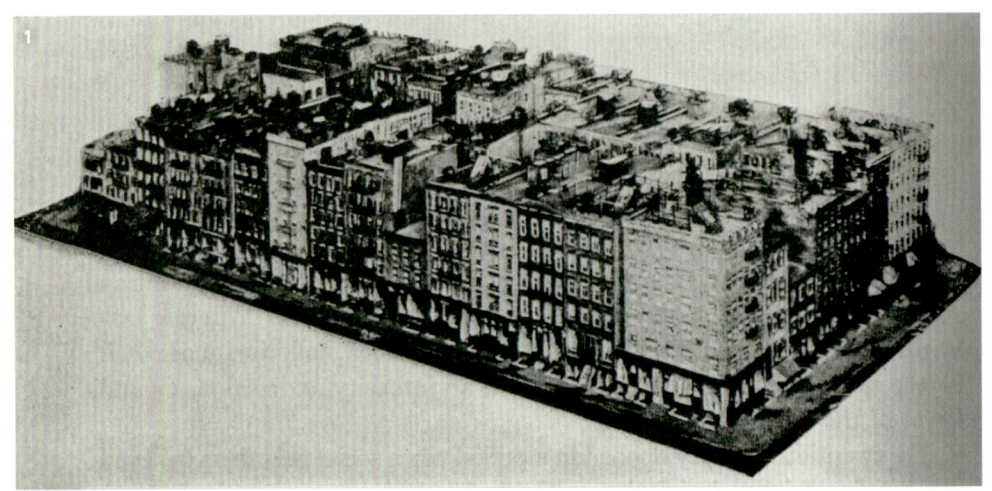

1 아령형 임대아파트가 밀집한 빈민가
맨해튼 로어 이스트 사이드(Lower East Side)의 1900년 모습이다. 출처: Robert W. De Forst & Lawrence Veiller (eds.), 1903

2 맨해튼 서민주거지역의 활기
1900년 뉴욕 멀베리(Mulberry) 스트리트를 찍은 사진이다. 영화 〈대부2〉의 무대와 매우 흡사하다. ⓒLibrary of Congress, Wikimedia Commons

그려졌다. 그 배경이 된 20세기 초반 뉴욕 이탈리아 이민자의 커뮤니티. 어쩌면 그리 사실적인지. 길에는 행상이 즐비하고, 마차와 자동차와 사람과 가축들로 넘쳐나는. 초고밀 도시 맨해튼의 서민주거지역이 그랬다.

 1901년부터는 아령형 임대주택을 짓지 않았다. 새롭게 시행된 '임대주택법' 덕분이었다. 새로운 법에는 임대주택의 건폐율을 70퍼센트 이하로 못을 박았다. 외부공간을 넓게 확보하라는 것이다. 건물 높이도 길의 폭에 맞춰서 제한했다. 그런데 그런 건물을 지으려면 7.5×30미터 필지는 몹시 불리했다. 아령형 임대주택은 지을 수 없었다. 임대사업자들은 넓은 땅을 확보했고, 대규모 개발을 시작했다. 큰 자금을 동원할 수 있는 기업가들이 주택개발에 발을 디뎠고, 능력 있는 건축가를 고용했다. 임대주택은, 안팎 모두, 눈에 띄게 좋아졌다. 그들이 찾아낸 새로운 주거형식은 중정을 중심에 두는 아파트였다. 소란스러운 외부환경으로부터 격리된 중정. 주거환경은 쾌적해졌고, 모든 주택에 양방향으로 채광·통풍이 가능했다. 중산층과 상류층에게까지 큰 호응을 얻었다. '근대'의 바람이 불어닥친 1950~60년대, 그 이전까지 뉴욕에는 중정형 집합주택이 많이 지어졌다.

 상류층도 도심의 아파트에 살았다. 자동차 시대가 본격 전개될 때까지는 선택의 여지가 없었다. 가장 선호한 장소는 센트럴파크 주변. 다음은 브로드웨이와 마주하는 곳. 모델로 삼은 것은 파리와 빈의 고급아파트였다. 서민주택과는 달리 부자들의 아파트는 사고파는 분양주택이 많았다. 제일 중요한 고려사항은 튀는 외관. 센트럴파크를 바라보는 것도 중요했지만, 파크에서 볼 때도 눈에 번쩍 띄어야 했다. 르네상스냐 고딕이냐? 장식이냐 무장식이냐? 전통이냐 현대냐? 탑을 올리냐 마냐? 실로 다양했다. 파리처럼 건물의 외관을 제어하는 장치도 없었으니 맨해튼 부자들의 아파트는 그야말로 천태만상. 마천루와 같았다. 구스타브 말러가 1908년부터 3년 가까이 뉴욕에 살 때. 그는 상류계층 아파트의 다양함과 호화로움에 놀랐고, 서민 아파트와 너무 다른 환경에 의아했다고 한다. 그만큼 뉴욕의 고급아파트는 유별났다.

뉴욕을 뒤집어엎은 개발 독재자, 그리고 그의 천적

1930년대 중반, 대공황의 공포가 걷히면서 뉴욕은 근대도시로 탈바꿈을 시작했다. 고속도로가 뻗어나가고, 공원이 확대되고, 새로운 주거환경이 조성되었다. 개발은 규모가 컸고 속도도 빨랐다. 터무니없는 시도도 많았다. 그림 한 장을 보여드린다. 차선이 뒤얽히면서 뻗어나가는 고가도로가 엠파이어스테이트 빌딩 옆을 지난다. 높이 30미터. 제일 좁은 구간이 6차선. 미드맨해튼 고속도로Mid-Manhattan Expressway 계획이다. 맨해튼을 동서로 관통해 퀸스와 브루클린으로 연결되는 고가도로. 그걸 건설하려면 30번

1 센트럴파크를 바라보는 고급아파트
최고의 위치에 르네상스 복고양식으로 지어진 아파트 '산 레모(San Remo)'. ©Clément Bardot, Wikimedia Commons

2 장식으로 뒤덮은 고급아파트
이름은 알윈 코트(Alwyn Court). 프랑스풍 르네상스 양식에, 건물 구석구석을 섬세하게 장식했다. ©Berenice Abbott, Wikimedia Commons

3 미드맨해튼 고속도로 계획
맨해튼을 동서로 관통해 퀸스와 브루클린으로 연결되는 고가도로 건설계획이다. ©MTA Bridges and Tunnels Special Archives

스트리트30th Street 남쪽 면에 늘어선 건물은 모두 철거되어야 했다. 그리고 유사한 시도. 맨해튼 남부를 Y자로 가로지르는 로어맨해튼 고속도로Lower Manhattan Expressway. 비슷한 시기에 계획되었다. 이런 식의 도시개발을 밀어붙인 사람. 로버트 모지스Robert Moses, 1888~1981였다. 그는, 방법은 좀 거칠었으나 뉴욕을 근대도시로 바꾼 인물이다. 그의 야망과 좌절. 뉴욕의 마지막 이야기다.

미국 역사에서 모지스만큼 평가가 극명하게 엇갈리는 인물은 없다. 건설의 달인, 불도저, 마이클 코를레오네영화 〈대부〉 속 마피아 보스. 그를 묘사하는 말이다. 1924년부터 1968년까지, 44년간. 모지스는 뉴욕을 뒤집어엎었다.

시장 같은 선출직 공무원은 하지 않았고, 공원위원회 위원장, 도시계획위원회 위원장 같은 임명직 자리를 맡아서 했다. 잘 나갈 때는 12개의 직함을 차지하고 로마 황제에 비견되는 파워를 휘둘렀다. 13개의 긴 다리, 2개의 긴 터널, 650여 개의 어린이 놀이터, 600여 마일의 고속도로, 10여 개의 공공수영장, 17개의 주립공원, 10여 개의 도시공원을 건설했다. 그리고 '현대식' 고층아파트 단지를 곳곳에 올렸다. 모두 2만8천여 세대. 링컨센터, 유엔 본부 같은 중요한 기념물도 그가 나서서 유치하고 건설했다.

이미지 관리의 달인. 일은 했으나, 돈은 한 푼도 받지 않았다. 생활과 활동에 필요한 모든 비용은 어머니의 통장에서 나왔다. 겉으로는 그랬다. 그리고 언론을 자기편으로 만들었다. 언론은 모지스를 시민의 편의와 안위를 위해 밤낮없이 일하는 깨끗한 봉사자로 치켜올렸다. 《뉴욕 타임스》에서는 그를 "우리 시대의 가장 위대한 공무원"이라고 썼다. 대중의 지지? 말할 필요도 없다. 모지스가 어떤 일을 벌여도 시민은 그를 지지했다. 끊임없이 공원을 건설해서 시민에게 제공했기 때문이다. 그는 그런 대중적 지지를 바탕으로 돈과 권력을 거머쥐었다. 맨해튼, 퀸스, 브롱크스를 잇는 트리보로우 다리Triborough Bridge가 그의 젖줄이었다. 그는 그 다리를 건설한 다음 그것을 관리하는 회사를 자신의 통제하에 두었다. 거기서 거둬들이는 천문학적 통행료가 모두 그의 것이나 다름없었다. 대단한 권력이자 특혜였다. 그렇지만 시장도 주지사도 그를 건들지 못했다. 시민의 지지라는 막강한 무기가 있었기 때문이다.

모지스는 트리보로우 다리가 걸쳐진 랜들스 아일랜드Randall's Island의 호화로운 사무실에서 지냈다. 출입이 통제되는 요새 같은 곳. 그곳에서 뉴욕의 미래를 그렸다. 도시계획을 체계적으로 공부한 이력은 없지만, 그리는 도시의 상은 분명했다. 깨끗하고, 푸르고, 질서정연한 도시. 자동차가 고속으로 사통팔달 내달리는 도시. 르코르뷔지에가 흐뭇해할 도시. 그랬다. 그런 곳에 '슬럼'이 있을 수는 없다. 그는 모두 약 37만 평300에이커에 달하는 드넓은 서민주거지역을 밀어버렸고, 그 자리에 고층아파트를 지었

뉴욕의 슈퍼블록
모지스는 맨해튼의 좁고 긴 블록 여러 개를 통합해 대규모 고층아파트 단지를 건설했다. 이스트강(East River)에 면해 건설된 대형 단지들 ©Alec Jordan, Wikimedia Commons

다. 걸리는 게 있으면, 매수와 뒷거래까지도 서슴지 않았다. 맨해튼의 좁고 긴 블록은 대규모 개발에 방해가 되었으니 여러 개의 블록을 과감하게 통합했다. 이름하여 슈퍼블록 super-block. 그리하여 뉴욕의 반듯한 격자 체계는 이리저리 뭉개졌다.

고가도로를 구상한 것은 1950년대 초반이었다. 당시 맨해튼의 교통체계는 대중교통 위주. 느리고 불편했다. 길 위에는 고가철도가, 아래에는 지하철이 다녔다. 고가철도는 점차 없어졌는데, 볼만의 지도에는 남은 철로가 잘 그려져 있다. 자동차는 엄청난 속도로 늘어갔지만 길은 좁았으니 정체가 심각했다. 5개의 자치구와 뉴저지로 둘러싸인 맨해튼은 간선교통의 방해지역이었다. 뉴저지에서 퀸스나 브루

그림 속 고가철도
윌리엄 손태그(William L. Sonntag)가 1895년 그린 〈밤의 바워리(Bowery)〉란 그림이다. 20세기 중반까지도 고가철도는 뉴욕의 중요한 교통수단이었다.
©Museum of the City of New York, Wikimedia Commons

클린으로 가려면 맨해튼을 통과해야 하는데 그게 쉽지 않았다. "맨해튼을 가로지르는 고가도로를 건설하자." 모지스는 그리 결정했다. 그런데 여러 말이 나왔다. "너무 많은 건물을 철거해야 하고, 괴물 같은 구조물이 뉴욕의 안정된 경관을 해친다." 그 정도에 흔들릴 모지스가 아니었다.

그런데 진짜 강적이 나타났다. 바로 제인 제이콥스Jane Jacobs, 1916~2006. 모지스를 몰락의 길로 내몬 인물이다. 대학물도 먹지 못한 시골뜨기 여성. 뉴욕으로 와 타이피스트로 일하다 어찌어찌해 《아키텍추럴 포럼Architectural Forum》 잡지사에 들어갔다. 저널리스트가 된 것이다. 그리고 전 세계 도시

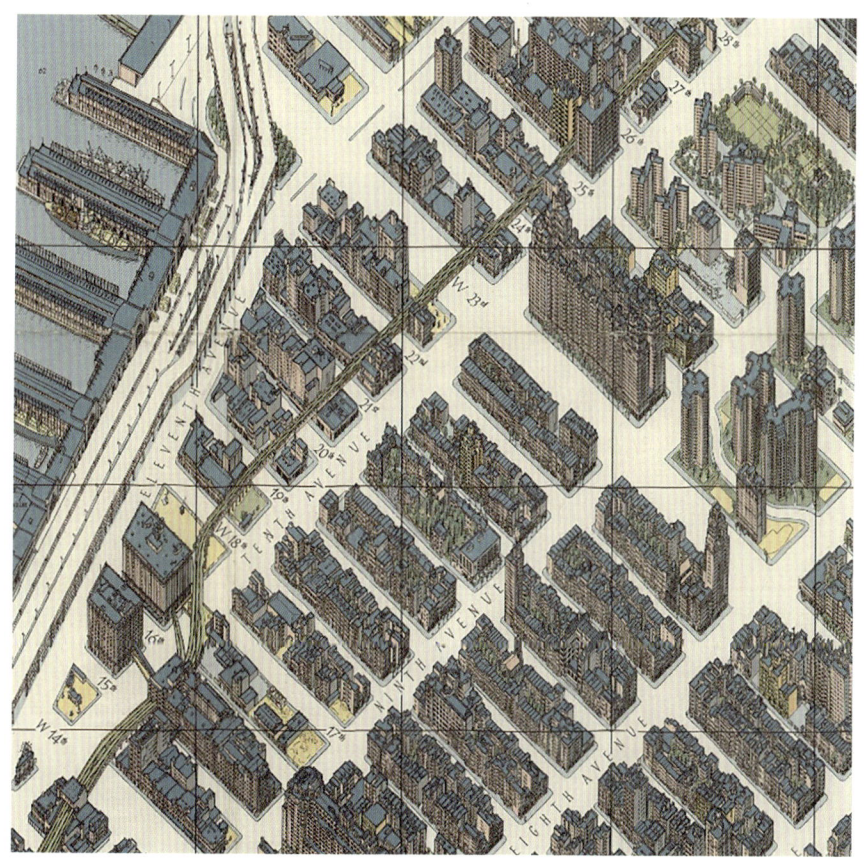

〈뉴욕 조감지도〉 속 고가철로
용도가 폐기된 저 고가철도는 2009년부터 공원으로 탈바꿈해 유명한 하이라인(The High Line) 선형공원이 되었다.

계획의 패러다임을 바꿔버린 책 《위대한 미국 도시의 죽음과 삶 The Death and Life of Great American Cities》1961을 썼다. 모지스식式 도시개발을 정면으로 반대하는 책.

낡고 오래된 주거지를 '슬럼'으로 매도해서 쓸어버리면 안 된다. 그곳이 진정한 인간적 삶과 도시적 활력이 존재하는 장소다. 도시의 실핏줄 같은 골목을 죽이고서는 도시가 생명력을 유지할 수 없다.

그렇게 조근조근 설득하는 책이다. 그는 어느덧 운동가로

격자 틀 속에 펼쳐진 초고밀의 맨해트니즘

변신했고, 여론 몰이를 하면서 맨해튼의 고가도로 건설에 태클을 걸었다.

언론에 호소하고, 시민들과 행동에 나섰다. 결국 모지스는 공권력을 동원해 제이콥스를 유치장에 처넣어 버렸다. 그게 터닝포인트였다. 언론이 모지스에게 등을 돌렸다. 제이콥스의 책을 읽은 지식인이 의외로 많았다. 여론이 돌아서자 고가도로 건설계획은 보류되었고, 결국 파기되었다. 모지스의 실책은 거듭되었다. 1964년 만국박람회의 실패가 결정적이었다. 그의 터무니없는 고집으로 많은 나라가 박람회 참가를 거부했고, 뉴욕은 국제적 망신을 당해야 했다. 결국 뉴욕 주지사 넬슨 록펠러Nelson Rockefeller, 1908~1979는 모지스를 모든 직위에서 물러나도록 했다. 1974년 저널리스트 로버트 카로Robert A. Caro는 모지스의 검은 행적과 뉴욕 근대화의 역사를 다룬 책《실세The Power Broker》를 출간했다. 모지스의 민얼굴을 낱낱이 들춰낸 이 책으로 카로는 퓰리처상을 받았다.

모지스의 몰락과 제이콥스의 승리. 그게 끝이었을까? 당장은 그랬다. 그렇지만 시간은 모든 것을 바로잡는다. 1970년대 이후 미국 도시들은 모지스식 개발의 실책을 치유하는 방향으로 움직였다. 모든 개발의 중심에 시민이 들어왔다. 그런데 21세기에 들면 전문가와 여론의 분위기가 조금씩 바뀐다.

커뮤니티 중심의 개발도 좋지만 도시가 광역적으로 기능할 수 있게 해야 한다. 새로운 로버트 모지스가 필요하다. 님비NIMBY, 지역 이기주의가 성행하는 뉴욕은 경쟁력이 점점 떨어진다.

놀라운 변화다. 2007년 겨울. 콜롬비아대학, 뉴욕 시립미술관, 퀸스 미술관이 나서서 〈로버트 모지스 그리고 근대도시Robert Moses and the Modern City〉라는 타이틀의 거창한 전시회를 열었고, 같은 제목의 책도 출간했다. 모지스에 대한 재평가. 그가 뉴욕을 근대도시로 탈바꿈시킨 주역이라는 사실을 공식적으로 인정한 것이다.

좋은 도시를 만들고 운영하려면 사려 깊은 모지스와 열린 마음의 제이콥스가 동시에 필요하다.

20세기 뉴욕이 우리에게 주는 메시지다.

뉴욕을 떠나려니 누군가 소매를 붙잡는다. 자기 그림 이야기도 조금만 하고 가라고. 피트 몬드리안Piet Mondrian, 1872~1944이다. 20세기 미술의 방향을 바꾸어버린 선구자. 그도 여느 예술가처럼 전쟁의 포화를 피해서 미국으로 갔다. 1940년 어느 날, 도착한 첫날부터 그는 뉴욕에 매료되었다. 쭉쭉 뻗은 길, 완벽한 격자 구조, 반듯반듯한 마천루, 그 모두가 그가 지닌 조형 의식에 부합했다. 밤이면 브로드웨이를 밝히는 네온사인. 거기까지는 약과였다. 그가 빠져든 뉴욕 최고의 매력 포인트는, 바로 재즈. 부기우기 Boogie-Woogie의 선율이었다. 평생을 혼자 살아온 금욕주의자. 그런 그도 춤에는 일가견이 있었다. 재즈의 다이내믹한 선율에 즐겨 몸을 맡겼다.

그리고 그림의 형식을 확 바꾸어버렸다. 이전의 그의 그림은, 원색과 선의 구성적 결합. 수평·수직에 빨강, 노랑, 파랑의 삼원색, 거기에 흰색, 검은색, 회색의 무채색, 그게 주인공이었다. 큼직큼직 나눈 면의 조합. 그것도 파격이었다. 그런데 새 그림은 그것과도 또 달라졌다. 검은 선은 사라졌고, 그 자리에 빨강, 파랑, 노란색의 선이 서로 읽히면서 다이내믹한 리듬을 만든다. 원색의 굵은 선, 그조차 작은 색면으로 오밀조밀 분할되었다. 뉴욕의 복잡한 거리, 오가는 교통의 흐름, 밤의 네온사인, 기계화된 사회. 그 활기찬 움직임에 재즈의 선율이 가미되었다.

그렇게 그려진 그림이 〈브로드웨이 부기우기Broadway Boogie-Woogie〉1943. 그가 그린 많은 추상화 중에서 유일하게 실제 대상을 화폭에 옮긴 것이다. 그림에는 마천루도, 브로드웨이 극장도, 타임스 스퀘어도 있다. 물론 떠오르는 이미지다. 2차원으로 그린 어떤 그림도 이만큼 뉴욕을 명징하게 보여주지는 못한다. 몬드리안은 계속해서 '부기우기'를 화폭에 담았다. 그의 마

〈브로드웨이 부기우기〉
피트 몬드리안이 1940년 뉴욕으로 이주해와서
그린 새로운 스타일의 그림이다. ©Museum of
Modern Art, Wikimedia Commons

지막 작품은 〈빅토리 부기우기Victory Boogie-Woogie〉. 마름모꼴 캔버스 위에 작은 정사각형과 직사각형들을 촘촘히 짜 넣었다. 승리와 축제의 뉴욕을 표현하려 했지만, 그는 그걸 온전히 마무리하지 못한 채 1944년 2월 사망했다.

됐나요, 미스터 몬드리안? 그럼, 바이 바이~

맺음말

유전자가 살아 있는 도시가
아름다운 도시다

참 즐거운 여행이었다. 그동안 적지 않은 책을 펴냈지만, 이번처럼 내내 흥미진진한 적은 없었다. 도시그림의 치명적인 매력. 그것에 펼쳐진 실제와 환상의 파노라마. 그림을 그려낸 화가들의 열정과 공력에 다시 한번 찬사를 보낸다.

당신들이 있었기에 인류가 만들어낸 도시문명의 찬란함을 눈으로 생생하게 확인할 수 있었습니다. 참 대단하십니다!

열다섯 도시. 그것밖에 갈 수 없었던 게 다소 아쉽다. 여기서 빠진 도시들. 스스로도 섭섭하다 할 것 같다. 예루살렘, 이스탄불, 바르셀로나, 마드리드, 프라하, 에딘버러, 베를린, 카이로, 바그다드, 샌프란시스코, 시카고, 상하이, 도쿄, 평양. 다 열거하기도 어렵다. 모두 다 역사적 향취와 고유한 장소성을 뿜어내는 도시가 아닌가. 몽상 같은 바람이지만, 이 책에 대한 독자들의 호응이 뜨겁다면 후속편을 낼 수 있겠고, 그때 이번에 빠진 도시들을 추려볼 생각이다. 독자 여러분이여, 제발 따뜻하게 호응해주시길.

그림 속 도시들은 참 아름답게 다가온다. 그런 도시들을 '예술품'이라고 부를 수 있을까? 야코프 부르크하르트 Jacob Burckhardt, 1818~1897가 《이탈리아 르네상스의 문화》1860에서 르네상스 시대의 피렌체와 베네치아를 '예술품work of art'이라고 규정한 이래, 많은 식자가 이런저런 도시를 '예술품'이라고 거들고 나섰다. 정치, 사회, 경제 같은 건 다 제외하고, 오로지 껍데기만 가지고서. 하기야 피렌체, 베네치아 같은 도시는 예술품이라고 불러도 손색이 없겠다. 그렇지만 비록 그림 속에 있다 하더라도 여기에 등장하는 모든 도시를 예술품이라고 치부할 수는 없을 것 같다. 화가들의 도시 사랑이 지극하여 그리는 대상에 꿈과 동경을 불어넣었고, 그 결과가 예술품으로 다가올 뿐.

우리에게 익숙한 도시 운동가 제인 제이콥스.

도시가 예술품이라고? 그런 소리 하지 마시오. 도시는 결코 예술품이 될 수 없소.

그렇게 단정하고 나섰다.

우리가 도시를 다룰 때, 그건 복합적이고 치열한 인간의 삶을 다루는 것이오. 그러니 거기에 미학이 끼어들 여지는 매우 제한적일 수밖에 없지 않소.

그렇다. 인간의 삶이 영위되는 장소가 예술품으로 떠받쳐지는 건 그리 쉬운 일이 아니다. 도시가 예술품이 되려면, 그곳에 있는 기념비적 건축물의 우수성은 물론이고 대중의 주거환경 또한 수준 이상의 조화를 이루어야 한다. 그렇게 되기가 어디 쉬운가. 설사 그렇게 되어간다 해도 그게 안정화하려면 적어도 수백 년이라는 시간의 힘이 절대적으로 필요하며, 그 이후에도 끈질기게 버텨내야 한다. 우리가 도시를 별처럼 꽃처럼 만든다고 해서 그게 단시간에 예술품이 될 수는 없다. 일정한 질서는 있을지언정, 아름답고 조화로운 도시가 되리라는 예상은 결코 할 수가 없는 것이다.

나는 '아름다운 도시' 대신 '멋진 도시'라는 말을 즐겨 쓴다. '멋진 신사'란 그만의 매력을 풍기는 멋쟁이 신사 아닌가. 개성이 뚜렷하고, 자신만의 세계를 가지는, 존재감이 뚜렷한 사람. 그러니 '멋진 도시'도 그 도시만의 '품성과 삶의 질감'이 말은 작가 김훈이 먼저 썼다이 뚜렷한 도시를 의미하는 것이다. 고유한 유전자, DNA. 그게 작용해야 그런 도시가 된다. 그곳에 사는 시민들은 자신의 도시가 가지는 그러한 품성을 자랑으로 여기고 자신의 도시를 끔찍하게 사랑한다. 그리고 그것을 유지하고 지켜내기 위해 절제하고 노력하는 것이다. "우리 도시만의 유전자를 기어이 지켜내자." 그런 공동체 정신을 우리는 '시민정신'이라 이야기한다.

이 책에 등장하는 그림 속 열다섯 도시. 모두 멋진 도시이다. 고유한 유전자가 펄펄 살아있기 때문이다. 그런 도시에서 유전자가 침해되거나 사라지면 존재성 또한 사라진다. 자연히 도시는 망가지고, 한번 망가지면 회복할 수 없게 된다. 이스파한이, 쑤저우가, 베이징이, 서울이, 그렇지 않은가. 그 고유하고 아름답던 도시들이 망가져서 추악해지니, 그 우뚝함이 이를 데 없다. 인간의 무지와 탐욕 때문이다. 그 조화롭고 고요하던 풍경들이 어디서 왔는지도 모르는 이물질들로 덧칠되고 뒤범벅되었으니, 그 결과는 저열하고 악다구니 같은 환경이 되어버린 것이다.

그림 속 상태로 되돌리기는 틀렸다. 서울이 다시 동양화같이 아름다운 도시가 될 것이며, 베이징이 다시 기품있는 고도古都가 될 것인가? 어림없는 소리다. 그렇지만 바라건대 그 도시만의 고유한 삶의 질감만은 되찾았으면 좋겠다. 그래서 원래 그 도시가 가졌던 정체성을 다시 확립했으면 좋겠다. 다시 말하지만, 고유한 유전자가 살아있어야 '멋진 도시', '아름다운 도시'가 된다. 그러려면 자각이 선행되어야 하지 않겠는가. 사회구성원 모두가 '오래된 것이 아름답고 귀한 것'이라는 사실을 알아차려야 한다. 그런 자각이 바탕에 깔려야만, 시민은 시민정신을 그리고 위정자는 올바른 위민정신을 가지게 되는 것이다. 그래야 도시 속 장소들에는 고유성이 확립되고 시간이 가면서 역사의 윤기가 다시 흐르게 된다. 그런 날이 빨리 오기를 간절히 바랄 뿐이다.

책을 내는 것은 즐거운 일이지만, 동시에 두려운 일이기도 하다. 나의 지식이 얕으니, 내용 중에는 오류 또한 상당히 있지 않겠는가. 특히 역사와 지도와 그림에 관련되는 이런 책은 더더욱 그럴 것이다. 단언컨대, 내가 책을 내는 것은 세상에 무엇을 가르치자는 게 아니다. 다만 스스로 학습하기 위함이다. 내가 쓰는 모든 책은 나의 연구 노트일 뿐이다. 요행히 그것이 '조용한 혁명'을 이루는 단초를 제공하게 된다면 더 바랄 게 없지만 말이다. 쓰고 싶었던 이 책을 마무리하게 되니 짐을 벗은 홀가분한 기분이다.

그동안 내가 찾아다니고 모은 많은 지도와 그림에게 빚을 갚은 기분이기도 하다.

　어떤 주제든 선택만 하면 써낼 수 있는 세상에 살고 있다. 서울 한구석에 앉아 모든 문헌을 볼 수 있으며, 런던의 대영박물관도 워싱턴의 국회도서관도 들어가서 그들의 컬렉션을 마구 내려받을 수 있으니. 공부하기에 이리 좋은 시절이 또 있을까. 이 책을 쓰면서 절실히 가졌던 생각이다. 공자의 말씀마따나 오소호吾所好라, 내가 좋아하는 것을 (마음대로) 할 수 있으니 더 바랄 것이 무엇이랴. 그렇지만 절대자는 언제까지 나에게 열정과 에너지를 허락해 주실지…

2022년 초겨울의 문턱
〈놀리 지도〉 앞에서

유전자가 살아 있는 도시가 아름다운 도시다

참고문헌

머리말, 맺음말

김훈, 《라면을 끓이며》, 문학동네, 2015

승효상, 《오래된 것들은 다 아름답다》, 컬처그러퍼, 2012

야코프 부르크하르트 지음, 이기숙 옮김, 《이탈리아 르네상스의 문화》, 한길사, 2003

한영우·안휘준·배우성, 《우리 옛 지도와 그 아름다움》, 효형출판, 1999

David Woodward(ed.), *The History of Cartography, Volume 3: Cartography in the European Renaissance,* Chicago: University of Chicago Press, 2007

Denis Wood, *The Power of Maps,* New York: The Guilford Press, 1992

Jane Jacobs, *The Death and Life of Great American Cities,* New York: Random House, 1961

제1화 시에나: 성모 마리아에게 바친 '천상의 도시'

이은기, "르네상스 광장과 미술, 그리고 정치이념—14~16세기 이탈리아를 중심으로", 《미술사학》 no.13, 1992

정은진, "14세기 시에나 시청사(Palazzo Pubblico)의 벽화들: 정치적 이데올로기를 중심으로", 《미술사학보》, 제34집, 2010

주경철, "주경철의 히스토리아 노바: (3)파리 노트르담 성당", 《조선일보》 2019년 11월 13일 특집기사

홍용진, "중세 도시 공동체의 이상과 현실", 《도시인문학 연구》, 8권 1호, 시립대학교 도시인문학 연구소, 2016

Chiara Frugoni, *Pietro e Ambrogio Lorenzetti,* Firenze: Scala Group, 1988

Corinto Corinti, *Firenze Antica*, Serie I-IV, Cartoline, 1925~1928

Fabrizio Nevola, *Siena: Constructing the Renaissance City,* New Haven: Yale University Press, 2017

F. J. D. Nevolo, ""Per Onnato Della Città": Siena's Strada Romana and Fifteenth-Century Urban Renewal", *Art Bulletin*, vol.82, no.1, 2000

Jack M. Greenstein, "The Vision of Peace: Meaning and Representation in Ambrogio Lorenzetti's Sala Della Pace Cityscapes", *Art History*, vol.11, no.4, 1988

Joseph Polzer, "Ambrogio Lorenzetti's War and Peace Murals Revisited: Contributions to the Meaning of the Good Government Allegory", *Artibus et Historiae*, vol.23, no.45, 2002

Quentin Skinner, Ambrogio Lorenzetti: The Artist as Political Philosopher, Proceedings of the British Academy, 1983

_____, "Ambrogio Lorenzetti's Buon Governo Frescoes: Two Old Questions, Two New Answers", *Journal of the Warburg and Courtauld Institutes*, vol.62, 1999

Roxann Pranzniak, "Siena on the Silk Roads: Ambrogio Lorenzetti and the Mongol Global Century, 1250-1350", *Journal of World History*, vol.21, no.2, 2010

Spiro Kostof, *The City Shaped: Urban Patterns and Meanings through History*, London: Thames and Hudson Ltd., 1991

Timothy B. Smith & Judith B. Steinhoff(eds.), *Art as Politics in Late Medieval and Renaissance Siena*, Surrey: Ashgate Publishing Ltd., 2012

제2화 카이펑: 중국 최고의 그림에 담긴 번성한 중세도시

국립중앙박물관(편), 《미술 속 도시, 도시 속 미술》, 국립중앙박물관, 2016

맹원로 지음, 김민호 옮김, 《동경몽화록》, 소명출판, 2010

백광준, "현대 중국의 「清明上河圖」 소비와 해석: 문화 표상으로서 「청명상하도」 읽기", 《국제중국학연구》, no.73, 2015

스광(時光) 외, 《중국 명화 깊이 읽기》, 민속원, 2019

이유진, "이유진의 중국 도읍지 기행: 카이펑—땅속 층층이 수천 년 역사 간직한 카이펑", 《주간경향》, 1167호, 2016

_____, "이유진의 중국 도읍지 기행: 카이펑—송나라 경제적·문화적 번영 꽃피우다", 《주간경향》, 1169호, 2016

이주현, "명청대 蘇州片 清明上河圖 연구: 仇英 款 蘇州片을 중심으로", 《미술사학》, 제26호, 2012

최종세, 《붓 한 자루에 담긴 풍정》, 도서출판 바움, 2006

大倉集古館(編), 《描かれた都: 開封·杭州·京都·江戶》, 東京大學出版會, 2013

野嶋剛, 《謎の名畫·清明上河圖: 北京故宮の至宝, その眞實》, 東京: 勉誠出版, 2012

尹原弘, 《中國中世都市紀行: 宋代の都市と都市生活》, 中公新書 897, 東京: 中央公論社, 1988

_____, 《中國開封の生活と歲時: 描かれた宋代の都市生活》, 東京: 山川出版社, 1991

_____, 《中國都市の形象: 宋代都市の景觀をよむ》, 東京: 勉誠出版, 2009

_____(編), 《清明上河圖をよむ》, 東京: 勉誠出版, 2003

趙廣超, 《筆記 清明上河圖》, 三聯書店(香港), 2004

National Museum of Chinese History (ed.), *A Journey into China's Antiquity, Volume Four*, Beijing: Morning Glory Publishers, 1997

제3화 피렌체: 시민정신이 만들어낸 르네상스의 성채

김상근, 《천재들의 도시 피렌체》, 21세기북스, 2010

레오나르도 브루니 지음, 임병철 옮김, 《피렌체 찬가》, 책세상, 2002

손세관, 《피렌체, 시민정신이 세운 르네상스의 성채》, 열화당, 2007

시오노 나나미 지음, 오정환 옮김, 《나의 친구 마키아벨리》, 한길사, 1996

Caroline Elam, "Lorenzo de' Medici and the Urban Development of Renaissance Florence", *Art History*, vol.1, no.1, 1978

David Friedman, "Fiorenza: Geography and Representation in a Fifteenth Century City View", *Zeitschrift für Kunstgeschichte*, vol.64, no.1, 2001

Edmund N. Bacon, *Design of Cities*, New York: The Viking Press, 1967

Fabrizio Nevola, "Home Shopping: Urbanism, Commerce, and Palace Design in Renaissance Italy", *Journal of the Society of Architectural Historians*, vol.70, no.2, 2011

Genevieve Carlton, "The World Drawn from Nature: Imitation and Authority in Sixteenth-century Cartography", *Intellectual History Review*, vol.24, no.1, 2014

Giovanni Fanelli, *Firenze: architettura e città*, Firenze: Mandragora, 2002

Jessica Maier, "A "True Likeness": The Renaissance City Portrait", *Renaissance Quarterly*, vol.65, no.3, 2012

Loren Partridge, *Art of Renaissance Florence 1400-1600*, Berkeley: University of California Press, 2009

Lucia Nuti, "The Perspective Plan in the Sixteenth Century: The Invention of a Representational Language", *The Art Bulletin*, vol.76, no.1, 1994

Richard A. Goldthwaite, "The Florentine Palace as Domestic Architecture", *The American Historical Review*, vol.77, no.4, 1972

Roberto Almagià, "On the Cartographic Work of Francesco Rosselli", *Imago Mundi*, vol.8, 1951

Thomas Frangenberg, "Chorographies of Florence: The Use of City Views and City Plans in the Sixteenth Century", *Imago Mundi*, vol.46, 1994

제4화 베네치아: 융성했던 바다의 도시, 이게 최전성기의 모습이다

손세관,《베네치아, 동서가 공존하는 바다의 도시》, 열화당, 2007

陣內秀信,《ヴェネツィア: 都市のコンテクストを讀む》, SD選書 200, 東京: 鹿島出判會, 1986

_____,《迷宮都市ヴェネツィアを歩く》, 東京: 角川書店, 2004

_____,《イタリア都市の空間人類学》, 東京: 弦書房, 2015

_____,《水都ヴェネツィア: その持續的発展の歴史》, 東京: 法政大学出版局, 2017

饗庭孝男・陣內秀信・山口昌男,《ヴェネツィア: 榮光の都市國家》, 東京: 東京書籍, 1993

Bronwen Wilson, "Venice, Print, and the Early Modern Icon", *Urban History*, vol.33, no.1, 2006

Deborah Howard, "Venice as a Dolphin: Further Investigations into Jacopo de' Barbari's View", *Artibus et Historiae*, vol.18, no.35, 1997

Egle Trincanato, *A Guide to Venetian Domestic Architecture: "Venezia Minore"*, Venezia: Canal & Stamperia Editrice, 1995

Giocondo Cassini, *Piante e Vedute Prospettiche di Venezia, 1479-1855*, Venezia: La Stamperia di Venezia Editrice, 1982

Jay Alan Levenson, *Jacopo de' Barbari and Northern Art of the Early Sixteenth Century*, Ph.D. Dissertation, New York University, 1978

Jüergen Schulz, "Jacopo de' Barbari's View of Venice: Map Making, City Views, and Moralized Geography Before the Year 1500", *Art Bulletin*, vol.60, no.3, 1978

Kristin Love Huffman, "Jacopo de' Barbari's 'View of Venice'(1500): 'Image Vehicles' Past and Present", *Mediterranea. International Journal for the Transfer of Knowledge*, no.4, 2019

Kristin L. Huffman, Andrea Giordano, Caroline Bruzelius(eds.), *Visualizing Venice: Mapping and Modeling Time and Change in a City*, New York: Routledge, 2018

Paolo Maretto, *La Casa Veneziana: Nella Storia Della Città Dalle Origini All'Ottocento*, Venezia: Marsilio Editori, 1986

제5화 암스테르담: 오로지 시민의 삶을 위해 만든 다채색의 도시

러셀 쇼토 지음, 허형은 옮김,《세상에서 가장 자유로운 도시, 암스테르담》, 책 세상, 2016

주경철, "16~17세기 네덜란드의 조선업",《서양사 연구》13권, 1992

주경철・민유기 외,《도시는 기억이다》, 서해문집, 2017

Audrey Lambert, *The Making of the Dutch Landscape: An Historical Geography of the Netherlands*, London: Academic Press, 1971

Carry van Lakerveld(ed.), *The Dutch Cityscape in the 17th Century and its Sources*, Amsterdam: Amsterdam Historisch Museum, 1977

Donald Olsen, "Urbanity, modernity and liberty, Amsterdam in the seventeenth century," in: L. Deben et al., *Understanding Amsterdam*, Amsterdam: Het Spinhuis, 2000

Geert Mak, "Amsterdam as the 'Compleat Citie': A City Plan Read in Five Episodes," in: Sako Musterd & Willem Salet(eds.), *Amsterdam Human Capital*, Amsterdam: Amsterdam University Press, 2003

Johan Huizinga, *Dutch Civilisation in the Seventeenth Century: And Other Essays*, London: Collins, 1968

Lewis Mumford, *The City in History: Its Origins, Its Transformations, and Its Prospects*, New York: Harcourt Brace Jovanovich, 1961

Mark Girouard, *Cities & People: A Social and Architectural History*, New Haven: Yale University Press, 1985

Peter Burke, "Venice and Amsterdam in the Seventeenth Century," *Transactions of the Royal Historical Society*, vol.23, 1973

Susanne Komossa, *Atlas of the Dutch Urban Block*, Busson: Thoth Uitgeverij, 2005

_____, *The Dutch Urban Block and the Public Realm: Models, Rules, Ideals*, Rotterdam: Vantilt Publishers, 2010

Simon Schama, *The Embarrassment of Riches: An Interpretation of Dutch Culture in the Golden Age*, New York: Alfred A. Knopf, 1987

Witold Rybczynski, *Home: A Short History of an Idea*, New York: Penguin Books, 1986

제6화 쑤저우: 천하제일의 수향水鄉, 그 활기찬 모습이 눈앞에 펼쳐지다

국립중앙박물관(편),《미술 속 도시, 도시 속 미술》, 국립중앙박물관, 2016

마크 C. 엘리엇 지음, 양휘웅 옮김,《건륭제: 하늘의 아들, 현세의 인간》, 천지인, 2010

멍펑신 지음, 김순림 옮김,《중국을 말한다(14): 석양의 노을, 1644-1840년》, 신원문화사, 2003

서울대학교 동아문화연구소(編),《中國 歷代 都市構造와 社會變化》, 서울대학교출판부, 2003

손세관, "'성세자생도'에 묘사된 청대 소주의 공간구성적 특징에 관한 연구",《도시설계》, vol.7, no.4, 2006

高村雅彦,《中國江南の都市とくらし: 水のまちの環境形成》, 東京: 山川出版社, 2000

盧永春 外, "清代の江南地方の水邊都市空間: 「盛世滋生圖」に見る蘇州とその近郊における考察",《日本建築學會計劃系論文集》, 第506號, 1998

朱華方・土本俊和, "清代蘇州の水邊に形成された商業空間に關する研究: 「姑蘇繁華圖」を中心とする史料による考察",《日本建築學會計劃系論文集》, 第611號, 2007

陣內秀信(編),《中國の水鄉都市: 蘇州と周邊の水の文化》, 鹿島出版會, 1993

陣內秀信・岡本哲志(編),《水辺ガら都市を讀む》, 東京: 法政大學出版局, 2002

楊東勝(主編),《姑蘇繁華圖》, 天津: 人民美術出版社, 2008

遼寧省博物館, 蘇州市城建檔案館(編),《姑蘇繁華圖》(原名. 盛世滋生圖), 北京: 文物出版社, 1999

《中國大百科全書 建築園林城市規劃》, 北京: 中國大百科全書出版社, 1988

Wallace Chang, "The City So Prosperous: Episodes of Urban Life in Suzhou", *The Journal of Architecture*, vol.5, 2000

G. W Skinner, *The City in Late Imperial China*, Standford: Standford University Press, 1977

Su-Chen Chang, "A Flourishing Scene of Prosperity: A Study of the Scroll 'Qingming Shanghe Tu' attributed to Qiu Ying", MA Thesis, University of Oregon, 2004

Xu Yinong, *The Chinese City in Space and Time: The Development of Urban Form in Suzhou*, Honolulu: University of Hawai'i Press, 2000

제7화 이스파한: 이 도시는 세상의 절반과도 안 바꾸겠소

승효상,《오래된 것들은 다 아름답다》, 컬처그라퍼, 2012

심복기・유재득,《이슬람 도시 이야기》, 도서출판 넥스트일로, 2019

陣內秀信・新井勇治,《イスラーム都市の都市空間》, 東京: 法政大學出版局, 2002

陣內秀信,《都市の地中海》, 東京: NTT出版, 1995

西澤文隆,《コート・ハウス論—その親密なる空間》, 東京: 相模書房, 1974

三浦 徹,《イスラームの都市世界》, 東京: 山川出版社, 1997

Bernard Rudofsky, *Architecture without Architects: A Short Introduction to Non-Pedigreed Architecture*, Albuquerque: University of New Mexico Press, 1987

Besim Selim Hakim, *Arabic-Islamic Cities: Building and Planning Principles*, London: Routledge, 2013

Cyrus Alai, *Special Maps of Persia 1477-1925*, Leiden: Brill, 2010

Elio Brancaforte, *Visions of Persia: Mapping the Travels of Adam Olearius*, Cambridge, Mass.: Havard University Press, 2003

Erich F. Schmidt, *Flights over Ancient Cities of Iran*, Chicago: The University of Chicago Press, 1940

H. Mortada, *Traditional Islamic Principles of Built Environment*. New York: Routledge Curzon, 2011

Kenneth Browne, "Life Line 1: Bazaar Route from Friday Mosque to the Maidan", *Architectural Review*, vol.159, no.951 (Isfahan, Special Issue), 1976

Mohammad Sarraf, *Vestiges of Urban Spirit: Isfahan's Urban Fabric through Socio-spatial Transformations*, Licentiate Thesis, KTH Royal Institute of Technology, Stockholm, 2010

Nasrine Faghih, "Rehabilitation in Dardasht", *Architectural Review*, vol.159, no.951 (Isfahan, Special Issue), 1976

Sherban Cantacuzino, "Can Isfahan Survive?", *Architectural Review*, vol.159, no.951 (Isfahan, Special Issue), 1976

Stefano Bianco, *Urban Form in the Arab World: Past and Present*, New York: Thames & Hudson, 2000

제8화 파리: 근대도시로 비상하는 18세기 파리를 생생하게 그려내다

주경철, 《도시 여행자를 위한 파리 역사》, 휴머니스트, 2019

David Garrioch, *The Making of Revolutionary Paris*, Berkeley: University of California Press, 2002

David P. Jordan, *Transforming Paris: The Life and Labors of Baron Haussmann*, New York: The Free Press, 1995

Hilary Ballon, *The Paris of Henri IV: Architecture and Urbanism*, New York: The Architectural History Foundation, 1991

Joan Dejean, *How Paris Became Paris: The Invention of the Modern City*, New York: Bloomsbury, 2014

Michaël Darin, "Designating urban forms: French boulevards and avenues", *Planning Perspectives*, vol.19, no.2, 2004

Michael Dennis, *Court & Garden: From the French Hôtel to the City of Modern Architecture*, Cambridge, Mass.: The MIT Press, 1988

Nicholas Papayanis, *Planning Paris Before Haussmann*, Baltimore: The Johns Hopkins University Press, 2004

Norma Evenson, *Paris: A Century of Change, 1878-1978*, New Haven: Yale University Press, 1979

Sharon Marcus, *Apartment Stories: City and Home in Nineteenth-Century Paris and London*, Berkeley: University of California Press, 1999

Sophie Raux, "Virtual Explorations of an 18th-Century Art Market Space: Gersaint, Watteau, and the Pont Notre-Dame", *Journal 18: A Journal of Eighteenth-Century Art and Culture*, Issue 5, 2018

제9화 로마: 공간의 네트워크로 묘사한 영원永遠의 도시

김상근, 《나의 로망, 로마》, 시공사, 2019

Allan Ceen, *Piranesi and Nolli. In Rome recorded* (exhibition catalog). New York, 1990

Allan Ceen & Jim Tice, "The Nolli Map as Artifact", Website [online], University of Oregon. 2011. http://nolli.uoregon.edu

Anthony Grafton, "Obelisks and Empires of the Mind", *The American Scholar*, vol.71, no.1, 2002

Aristotle Kallis, "The "Third Rome" of Fascism: Demolitions and the Search for a New Urban

Syntax", *The Journal of Modern History*, vol.84, no.1, 2012

Charles Burroughs, "Opacity and Transparence: Networks and Enclaves in the Rome of Sixtus V", *RES: Anthropology and Aesthetics*, no.41, 2002

Christoph L. Frommel, "Papal Policy: The Planning of Rome during the Renaissance", *The Journal of Interdisciplinary History*, vol.17, no.1, 1986

Collin Rowe & Fred Koetter, *Collage City*, Cambridge, Mass.: The MIT Press, 1978

Edmund N. Bacon, *Design of Cities*, New York: The Viking Press, 1967

Eduard Führ, "Black and White Thinking", *International Journal of Architectural Theory*, vol.23, no.37, 2018

J. Gadeyne & G. Smith(eds.), *Perspectives on Public Space in Rome, from Antiquity to the Present Day*, London: Routledge, 2016

Jessica Maier, *The Eternal City: A History of Rome in Maps*, Chicago: The University of Chicago Press, 2020

Jim Tice, "The Interactive Nolli Map", Website [online], University of Oregon(http://nolli.uoregon.edu). 2011

Jon Michael Schwarting, "The Lesson of Rome", *The Harvard Architecture Review*, vol.2, 1981

_____, *Rome: Urban Formation and Transformation*, AR+D Publishing, ORO Editions, 2017

Steen Eiler Rasmussen, *Towns and Buildings*, Cambridge, Mass.: The MIT Press, 1979.

제10화 런던: 근대의 바빌론, 대영제국 수도의 두 얼굴

그램 질로크 지음, 노명우 옮김, 《발터 벤야민과 메트로폴리스》, 효형출판, 2005

이주은, "19세기 런던의 거리와 모더니티 속의 과거", 《미술사학보》, 제33집, 2009

잭 런던 지음, 정주연 옮김, 《밑바닥 사람들》, 궁리출판, 2011

Alex Potts, "Picturing the Modern Metropolis: Images of London in the Nineteenth Century", *History Workshop Journal*, vol.26, no.1, 1988

Colin Thom, *Researching London's Houses*, London: Historical Publications, 2005

David Gilbert, "'London in All Its Glory — Or How to Enjoy London': Guidebook Representations of Imperial London", *Journal of Historical Geography*, vol.15, no.3, 1999

Jacob Wasserman, "In the Heat of the Moment: Cartography, Rebuilding, and Reconceptualization after the Great Fire of London", *The Yale Historical Review*, vol.5, no.1, 2015

John Summerson, *Georgian London*, New Haven: Yale University Press, 2003

Lynda Nead, *Victorian Babylon: People, Streets and Images in Nineteenth-Century London*, New Haven: Yale University Press, 2000

Philip Booth, "Speculative Housing and the Land Market in London 1660-1730: Four Case Studies", *The Town Planning Review*, vol.51, no.4, 1980

Simon Foxwell, *Mapping London: Making Sense of the City*, London: Black Dog Publishing Co., 2007

Steen Eiler Rasmussen, *London: The Unique City*, Cambridge, Mass.: The MIT Press, 1988

Todd Longstaffe-Gowan, *The London Town Garden 1740-1840*, New Haven: Yale University Press, 2001

_____, *The London Square: Gardens in the midst of Town*, New Haven: Yale University Press, 2012

_____, "Reinstating John Nash's Picturesque Vision at Regent's Park, London",

Garden History, no.43, 2015

Todd Longstaffe-Gowan & David Lambert (eds.), 'A Total Work of Architectural and Landscape Art': A Vision for Regent's Park, Crown Estate Paving Commission, 2017

제11화 빈: 육백 년 합스부르크 제국의 수도, 그 황금시대를 그리다

인성기, 《빈 모더니즘》, 연세대학교 출판부, 2005

아돌프 히틀러 지음, 이명성 옮김, 《나의 투쟁》, 홍신문화사, 2006

최용찬, "세기말 비엔나의 링슈트라세 프로젝트와 근대 도시의 이미지 정치", 《독일연구》, 21권, 21호, 2011

칼 쇼르스케 지음, 김병화 옮김, 《세기말 빈》, 글항아리, 2014

타임라이프 북스 지음, 김훈 옮김, 《제국의 종말: Austro-Hungarian Empire AD1848-1918》, 가람기획, 2005

Donald Olsen, The City as a Work of Art: London·Paris·Vienna, New Haven: Yale University Press, 1986.

Eelke Smulders, The Architectural Wishes of the Viennese Bourgeoisie 1857-1873, MA Thesis, University of Utrecht, 2007

Eve Blau, The Architecture of Red Vienna 1919-1934, Cambridge, Mass.: The MIT Press, 1999

H. Francis Mallgrave(ed.), Otto Wagner: Reflections on the Raiment of Modernity, Santa Monica: Getty Center for the History of Art and the Humanities, 1993

Joseph Leo Koerner, "The Ringstrasse at 150 years", The Burlington Magazine, vol.158, no.1354, 2016

Leslie Topp, Architecture and Truth in Fin de Siècle Vienna, Cambridge: Cambridge University Press, 2004

Minika Faber, Vienna Ringstrasse, Berlin: Hatje Cantz Verlag, 2015

Wien Museum, Experiment Metropole - 1873: Wien und die Weltausstellung, Wien: Czernin Verlag, 2014

제12화 베이징: 이건 도시가 아니다. 땅 위에 새겨진 거대한 도상이다

노녕·백소훈, "18세기 북경의 도시공간 구조와 시장 위치의 관계 연구", 《대한건축학회 논문집, 계획계》, 제36권 제1호, 2020

마크 C. 엘리엇 지음, 양휘웅 옮김, 《건륭제: 하늘의 아들, 현세의 인간》, 천지인, 2010

멍펑훙 지음, 김순림 옮김, 《중국을 말한다(14): 석양의 노을, 1644년~1840년》, 신원문화사, 2003

민정기, "만청시기의 대중매체가 그려 보인 자금성 — 재현관행의 변화와 지속", 《한국학연구》, 제38집, 2015

손세관, 《넓게 본 중국의 주택: 중국의 주거문화(상)》, 열화당 미술책방 015, 열화당, 2001

_____, 《깊게 본 중국의 주택: 중국의 주거문화(하)》, 열화당 미술책방 016, 열화당, 2001

_____, "중국의 도시구성과 그 상징체계에 관한 연구", 《도시설계: 한국도시설계학회지》, 제1권 제1호, 2000

신경진, "중국 도시 이야기〈4〉: 황제의 도시 베이징(하)", 《중앙일보》(뉴스 클립), 2011년 2월 9일자 기획 기사

村松伸, 《中華中毒: 中國的空間の解剖學》, 東京: 作品社, 1998

村松伸·淺川敏, 《北京: 三〇〇〇年の悠久都市》, 東京: 河出書房新社, 1999

陣內秀信·朱自煊·高村雅彦, 《北京: 都市空間を讀む》, 東京: 鹿島出版會, 1998

伊原弘, 《中國都市の形象: 宋代都市の景觀をよむ》, 東京: 勉誠出版, 2009

熊田俊郎, "梁思成の生涯と北京の都市建設: ナショナリズムと都市を考えるために", 《駿河台法学》, 21卷 2號, 2008

鄧奕·布野修司·重村力, "乾隆京城全図(1750)にみる居住単位に関する考察", 《日本建築学会計畫系論文集》, 第582号, 2004

劉敦楨 (主編), 《中國古代建築史, 第二版》, 中國建築工業出

版社, 1984

A.V. Bunin & T. F. Savarenskaya, *History of Urban Planning Art*, Moscow: Stroizdat, 1979

Edmund N. Bacon, *Design of Cities*, New York: The Viking Press, 1967

National Museum of Chinese History (Editor-in-Chief Yu Weichao), *A Journey into China's Antiquity, vol.4*, Beijing: Morning Glory Publishers, 1997

Wulf Diether Graf zu Castell, *Chinaflug (中國飛行)*, Berlin: Atlantis-Verlag, 1938

Dreams of Spring: Erotic Art in China, from The Bertholet Collection, Amsterdam: The Pepin Press, 1997

제13화 교토: 한 쌍의 6폭 병풍에 담은 에도江戶 시대의 교토

모토 미야 지음, 허유영 옮김,《에도 일본: 현대 일본 문화의 토대》, 일빛, 2006

유홍준,《나의 문화유산 답사기·일본편 3, 교토의 역사》, 창비, 2014

____,《나의 문화유산 답사기·일본편 4, 교토의 명소》, 창비, 2014

並木誠士, "霊地から天下へ─洛中洛外図の成立とその機能",《美術史学》, no.13, 1999

京都造形藝術大學(編),《京都學への招待》, 東京: 角川書店, 2002

黑田日出男,《洛中洛外圖·舟木本を読む》, 東京: 角川選書, 2015

奧平俊六,《洛中洛外圖·舟木本: 町のにぎわいが聞こえる》, 東京: 小學館, 2001

小澤弘·川嶋将生,《図説 上杉本 洛中洛外図屛風を見る》, 東京: 河出書房新社, 1994

伊東宗裕,《別冊 太陽: 京都古地図散歩》, 東京: 平凡社, 1994

小島道裕,《洛中洛外図屛風: つくられた〈京都〉を読み解く》, 東京: 吉川弘文館, 2016

平井聖,《對譯 日本人のすまい》, 東京: 市ヶ谷出版社, 1998

高橋康夫,《京町家·千年のあゆみ: 都にいきづく住まいの原型》, 京都: 學藝出版社, 2001

ブルーノ·タウト,《畵帖 桂離宮》, 東京: 岩波書店, 1981

Arata Isozaki (ed.), *Katsura: Imperial Villa*, New York: Phaidon Press, 2011

Murat Dundar, "An Analysis of Bruno Taut's Thoughts on Japanese Architecture : The Expression of 'Dualism'", *Journal of Architecture and Planning*, vol.71, no.602, 2006

Matthew McKelway, *Capitalscapes: Folding Screens and Political Imagination in Late Medieval Kyoto*, Honolulu: University of Hawaii Press, 2006

Process Architecture - Kyoto: Its Cityscape Traditions and Heritage, Tokyo: Process Architecture, no.116, 1994

제14화 서울: 12폭 병풍에 담은 19세기 도성 밖 한양의 풍경

고동환,《조선시대 서울 도시사》, 태학사, 2007

국립중앙박물관(편),《미술 속 도시, 도시 속 미술》, 국립중앙박물관, 2016

국립중앙박물관(편),《지도예찬: 조선지도 500년, 공간·시간·인간의 이야기》, 국립중앙박물관, 2018

김선경, "조선시대 <경기감영도> 고찰",《옛 그림 속의 경기도》, 경기문화재단, 2005

김영수, "지도를 통해 본 서울 한양 도성 주변부 주거지 형성과 변화",《韓國古地圖研究》, 제5권 제1호, 한국고지도연구학회, 2013

서울역사박물관(편),《탑골에서 부는 바람, 백탑파 이야기》, 서울역사박물관, 2015

안대회, "城市全圖詩와 18세기 서울의 풍경", 《古典文學研究》, 제35호, 한국고전문학회, 2009

양보경, "서울의 공간확대와 시민의 삶",《서울학연구》, 제1호, 서울시립대학교 서울학연구소, 1994

이기봉,《조선의 도시 권위와 상징의 공간》, 새문사, 2008

이선희, "조선 후기 한성부 내 京畿監營의 입지 연구", 《서울학연구》, 제46호, 서울시립대학교 서울학연구소, 2011

이수미, "국립중앙박물관 소장 〈태평성시도〉 병풍 연구", 박사학위 논문, 서울대학교, 2003

_____, "〈태평성시도〉와 조선 후기 상업공간의 묘사", 《미술사와 시각문화》, 제3권 0호, 2004

이태호, 《그림으로 본 옛 서울》, 서울시립대학교 서울학연구소, 1995

_____, "조선 후기 한양 도성의 지도와 회화", 《미술사와 문화유산》, 제4호, 2016

정은주, "규장각 소장 필사본 도성도의 회화적 특성", 《韓國古地圖硏究》, 제5권 제2호, 한국고지도연구학회, 2013

최열, 《옛 그림으로 본 서울: 서울을 그린 거의 모든 그림》, 혜화1117, 2020

한영우·김대벽·김진숙, 《동궐도》, 효형출판, 2007

제15화 뉴욕: 격자 틀 속에 펼쳐진 초고밀의 맨해트니즘

손세관, 《도시주거 형성의 역사》, 열화당, 1993

이중원, 《건축으로 본 뉴욕 이야기: 세계 건축의 심장, 뉴욕에 가다》, 사람의 무늬, 2014

_____, 《초고층 도시 맨해튼: 한 권으로 보는 마천루 건축의 역사》, 사람의 무늬, 2015

Alen G. Hodgkiss, "The Bildkarten of Hermann Bollmann", *The Canadian Cartographer*, vol.10, no.2, 1973

Andrew Alpern, *Luxury Apartment Houses of Manhattan*, New York: Dover Publications, 1992

Anthony Flint, *Wrestling with Moses: How Jane Jacobs Took On New York's Master Builder and Transformed the American City*, New York: Random House, 2009

Gerard Koeppel, *City On A Grid: How New York Became New York*, Boston: Da Capo Press, 2015

Hilary Ballon(ed.), *The Greatest Grid: The Master Plan of Manhattan, 1811-2011*, New York: Columbia University Press, 2012

Hilary Ballon & Kenneth T. Jackson (eds.), *Robert Moses And The Modern City: The Transformation of New York*, New York: W. W. Norton & Company, 2007

Paul E. Cohen & Robert T. Augustyn, *Manhattan in Maps 1527-2014*, New York: Dover Publications, 2014

Rem Koolhaas, *Delirious New York*, New York: The Monacelli Press, 1994

Ric Burns & James Sanders, *New York: An Illustrated History*, New York: Alfred A. Knopf, 2003

Richard Plunz, *A History of Housing in New York City*, New York: Columbia University Press, 2016

Robert Caro, *The Power Broker: Robert Moses and the Fall of New York*, New York: Knopf, 1974

Robert W. De Forst & Lawrence Veiller (eds.), *The Tenement House Problem*, New York: Macmillan & Co. Ltd., 1903

Thomas Mellins & Kate Ascher, *New York Rising: An Illustrated History from the Durst Collection*, New York: The Monacelli Press, 2018

찾아보기

47번 스트리트에서 바라본 6번가 북부　575
4대 강의 분수　324
9인 정부　38
9인 정부의 방　23
RCA 빌딩　571

ㄱ

〈고공기〉　438
《금병매》　55, 56
가쓰라 이궁　505, 506, 507, 509
강희제　196
건륭남순도　198, 451
건륭제　196, 198, 209, 216, 222, 290, 432, 434, 445, 446, 448, 461, 467, 526
게마인데 호프(게마인데바우)　426
경사생춘시의도　439, 448
경조오부도　519
고보리 엔슈　507
고산수 정원(석정)　504
고트프리드 젬퍼　406, 407, 411
구영　53, 56, 514
국공내전　464
그랜드 투어　319
금수하　60
금요 모스크　238, 242, 248, 252, 263
기온마츠리　489

김수철　520
김정호　519
김홍도　513, 531

ㄴ

나보나 광장　322, 324, 344
낭세녕(주세페 카스틸리오네)　432, 434, 435
넬슨 록펠러　575
넵투누스　132, 165
노사나불　480
뉴암스테르담　558
니우마르크트 광장　179
니콜라오 5세　330

ㄷ

《동경몽화록》　61, 62, 76
《동국여도》　533
다니엘 번햄　568
다두　437, 456, 459
다마스쿠스　143
달단가　456
담 광장　158, 166, 168, 179, 183, 185
대불교　485
대불전　480, 481, 483, 494, 495, 496, 499, 521
도메니코 폰타나　328, 329
도성도　517, 519, 533
도쿠가와 이에야스　480, 507
도화서　513, 519, 526, 527, 531, 546
동궐도　532, 533, 545, 556
동사 오중탑　479, 495, 521
동인도회사　165, 181, 185, 234, 254

찾아보기　603

동지사행 531

두칼레 궁전 123, 130, 132, 137

둘째 사람의 법칙 102

ㄹ

라스무센 158

라스타허 171, 179

라쿠요 473

란치 로지아 106

레무스 33, 318

레알 274

레오나르도 계단 153

레오나르도 다빈치 89, 153, 434

레오나르도 브루니 93, 94

레이먼드 후드 571

렘 콜하스 550, 566, 567

로마나 거리 31, 42

로마의 일곱 교회 337

로물루스 33, 318

로버트 모지스 579, 580, 582, 584, 585

로얄 모스크 241

로어맨해튼 고속도로 계획 579

로이만 호프 428

록펠러센터 광장 571

록펠러센터 570, 575

루이 13세 289, 296

루이 14세 286, 291, 297, 301

루이 15세 280, 301

루이스 멈포드 176, 564

리알토 다리 138, 143, 253

리알토 시장 134, 138, 141

리젠트 파크(메릴본 파크) 370, 373, 374

리페타 거리 340

링슈트라세 396, 401, 402, 403, 405, 406, 407, 409, 411, 412, 417, 418, 419, 420, 422, 426, 428

링슈트라세 코르소 417, 418

ㅁ

마치야 499, 501, 502, 503

막센티우스 바실리카 330

만국박람회 353, 394, 555, 567, 584

만돌라 95

메나하타 558

메치나 젠테 20

맹원로 61

모리츠 뢰어 401

모주석기념당 465

모화관 536, 539

무두진 205, 207, 209

문화대혁명 465

미나모토 토요무네 474

미드맨해튼 고속도로 계획 578

미셸 에티엔 튀르고 279

미켈란젤로 86, 139, 334, 335, 336

ㅂ

바그너 학파 424, 426

바사리 회랑(코리도이오 바사리아노) 108, 109

바오로 3세 335

박지원 441, 514

발다사레 페루치 324

발다키노　334

발라토이　42

발렌타인 나이트　359

백악춘효　546

베르니니　324, 329, 334, 344

베이핑　462

벨 에포크　419

변하　59, 60, 62, 79

보주 광장　240, 241, 286, 287, 289, 290, 292, 363, 364

본시뇨리 지도　97, 98, 101, 107, 111

본원사　480, 494

불바르 뇌프　293

붉은 빈　425, 426, 428

브라만테　330, 334

브로드웨이 부기우기　585

브루노 타우트　504, 505, 506, 507

비너스　132

비아 프란치제나　18

비토레 카르파초　138

빅토리 부기우기　587

빈 대학　409

빈 예술아카데미　423

빈 질병　425

빌럼 뵈컬스존　164

ㅅ

〈성시전도시〉　515, 521, 527

〈성시화기〉　513

사파비 왕조　233, 268

사합원　70, 71, 212, 444, 445, 446, 454, 455, 456, 459, 460, 465

산 마르코 광장　130, 134, 135, 137, 139, 143, 146

산 마르코 성당　123, 135, 137

산 조르조 마조레 성당　130

산당하　205, 221

산타 마리아 노벨라　99

산타 마리아 델라파체　344

산타 마리아 마조레 성당　340

산타 크로체　99

산티시마 안눈치아타 광장　100, 101

삼희당　445, 446

서울 풍경　546

서인도회사　165

성 베드로 광장　349

성 베드로 성당　327, 328, 330, 334, 337, 340, 344

성 요한 라테란 성당　330, 343

성 프란체스코　17

성시전도　513, 514, 515, 527

성저십리　536

센트럴파크　561, 563, 567, 577

셰이크 로트폴라흐 모스크　241

수정궁　353, 379

슈퍼블록　581

스키에라 주택　35, 115

스테파노 본시뇨리　97, 98, 100

스테파노 포지　319

시그램 빌딩　572

시뇨리아 광장　104, 105, 107

시모네 마르티니　23

식스토 5세　99, 328, 336, 337, 338, 340, 343, 344, 348

심원　432

십자가의 기적　138

ㅇ

《열하일기》 441, 531

《예기》 444

《운하 책》 193

《위대한 미국 도시의 죽음과 삶》 583

《유럽인의 눈으로 본 일본 예술》 507

아르놀포 디캄비오 84

아르세날레 134, 135, 139, 141

아편전쟁 461, 462

안중식 546

안토넬리 145

안토니오 라프레리 337

안톤 콜브 126, 127, 128, 130

알리카푸 왕궁 241

알베르티 86, 111

앙리 4세 240, 282, 283, 286, 287, 289, 290, 291, 296, 301, 309, 363, 365

야코프 로이만 425

양사성 463, 464, 465

에드윈 채드윅 378

에이 만 166, 171, 181

에퀴타블 빌딩 569

엘리샤 오티스 567

엠파이어스테이트 빌딩 556, 570

연행도 531

영은문 536, 539

오다 노부나가 474

오벨리스크 322, 323, 324, 327, 328, 329, 340, 343

오장하 60

오조대교 483, 485, 496

오토 바그너 411, 418, 419, 420, 422, 423, 424, 426, 428

왕희맹 79

요제프 2세 403

요코야마 카잔 491

우에스기 겐신 474

우에스기 병풍 474, 503

우치다 박 524

우키요에 477, 504

울워스 빌딩 568, 569

웨스트 엔드 362, 363, 371, 373

위대한 빅토리아의 길 379

위원회 계획 559

윌리엄 호가스 366

유베딜 프라이스 372

율리오 2세 330

이노상 공동묘지 274, 282

이니고 존스 363, 364

이맘 광장 237, 240, 241, 248, 254, 255, 258, 265, 268, 271

이몰라 지도 89

이스트 엔드 362, 363, 383, 384

이조성 480, 481, 483, 487, 495, 496

이케다 병풍 483

일월합벽오성연주도 452

ㅈ

《정신착락증의 뉴욕》 550

《주례》 438, 519

자금성 436, 438, 439, 441, 444, 446, 448, 460, 465

자메 모스크 238, 258, 268

자비대령 화원 513, 514

잭 런던 362

전조후침 444, 460

정선 517

정양문대가(전문대가) 448, 456

제인 제이콥스 582, 584

조닝법 569, 572

조르조 바사리 92, 93, 107

조르주 외젠 오스만 268, 301, 303, 306, 309, 338, 359, 381

조셉 바잘제트 379, 381

조셉 팩스턴 379

조지 4세 370

존 내시 370, 371, 372, 373, 375, 378

존 란델 559, 561

존 소블 575

존 오코너 389

주세페 조키 107

중화가 456

지구를 키우는 도시 566

지천회유식 정원 504, 507

진경산수화 517

진매 53

징항대운하 59, 196, 200

ㅊ

차하르 바그 거리 247, 248, 268

찰스 2세 359, 558

채하 60

책란 456

천리강산도 79

천안문 광장 465

청교도 혁명 359

청명상하학 55

청수사 494, 496, 497

ㅋ

카노 에이도쿠 474

카두케우스의 지팡이 129

카라반사라이 253, 258, 265

카를 5세 165

카를 마르크스 호프 428

카를 자이츠 호프 428

카를 하제나우어 406

카밀로 지테 411

카이로 143, 264, 268

칼뱅주의자 160

칼치이우올리 거리 104

칼튼하우스 373, 374

캄포 마르치오 322, 324, 344

캄푸스 마르티우스 319, 322

캄피돌리오 광장 319, 336

캄피돌리오 언덕 335

캄피엘로 147

캐스 길버트 568

케이사라이 게이트 241

케이사라이 바자르 254

코르넬리스 안토니스 165, 179

코르도나타 336

코르소 거리 338

코벤트 가든 363

크라이슬러 빌딩 570

크리몬 유원지 384

크리스토퍼 렌 359

클레멘스 12세 317

클레멘스 7세의 방 92

클로드 루카스 280

ㅌ

탑동계회 521

태평성시도 515, 524, 528, 531

태평천국운동 226

태화전 441, 443, 444, 446, 454, 465

테만차 지도 145

테오 차셰 418

테오필 한센 409

템스강 둑길 389

토스카나 17, 18, 30, 32, 33, 84, 86, 92

ㅍ

《피렌체 찬가》 94

팍스 로마나 336

판테온 319, 322, 334

팔라초 루첼라이 111

팔라초 베키오 91, 92, 106

팔라초 푸블리코(만자의 시계탑) 22

팔라초 피티 101, 108, 109

팔레비 왕조 268

팔림프세스트 322, 347

페즈 143, 232, 233, 259, 264, 266

펠리체 수로 343

평강도 201

평행사선 부감법 533

포르타 로마나 33

포폴로 광장 338

포폴로 성문 338

프란츠 요제프 1세 401

프레더릭 로 옴스테드 563

플랫아이언 빌딩 567

피라네시 319, 327, 347

피트 몬드리안 585, 587

필리포 부르넬레스키 35, 36, 84

ㅎ

《화락명승도회》 496

하링바위스 163

하이드 파크 353

한양전경도 520

험프리 렙튼 373

헤이바스 182

헤이안쿄 472, 501

호프부르크 궁 405, 406, 411

홀리웰 거리 385

화락일람도 470, 491

황제포럼 406, 407, 409

회서교 212

회화식 지도 517

후나키 병풍 474

휘베르트 보스 546

휴 페리스 569